DICCIONARIO PORTUGUES-ESPAÑOL Y ESPAÑOL-PORTUGUES

RODRIGO M. DA COSTA

Depósito Legal: B-5967-1998
Impreso en EDIM, S.C.C.L.
Badajoz, 145 - 08018 Barcelona
Printed in Spain

ISBN 84-303-0144-5

lexicón

DICCIONARIO PORTUGUES-ESPAÑOL Y ESPAÑOL-PORTUGUES

Selección de 25.000 voces con los términos usuales y científicos.

Reglas de pronunciación para el portugués y el español.

EDITORIAL RAMON SOPENA, S.A.

introdução

A importância dos dicionários bilingues

Não está longe o dia em que saber mais de uma língua, será tão fundamental como presentemente é imprescindível estar habilitado para ler e escrever. Os dicionários bilingues, são portanto instrumentos absolutamente necessários para o trabalho e estudo, ligando como pontes inalteráveis os diferentes povos que no fundo, sempre lutam pela compreensão benevolente o conhecimento mútuo.

Vantagens de consultar frequentemente os dicionários

A consulta assídua dos dicionários, serve de transmissão ao conhecimento rigoroso das suas próprias palavras e daquelas que estuda, com o enriquecimento do vocabulário, resolvendo ao mesmo tempo as dúvidas ortográficas.

As características do nosso dicionário LEXICÓN

O dicionário LEXICÓN português-espanhol e espanhol-português que hoje oferecemos ao público, é uma verdadeira novidade. O seu **formato,** cómodo e moderno, permite manejá-lo com uma só mão e metê-lo em qualquer algibeira ou malinha de senhora. A **letra,** de um tipo especial muito fácil de ler, permitiu incluir um máximo de texto dentro dum espaço limitado; do mesmo modo, a variedade de tipos facilita o consultante na procura da palavra desejada. O **léxico,** fruto de uma depurada selecção, compreende os termos mais correntes das duas línguas com as correspondentes equivalências.

introducción

Por qué son necesarios los diccionarios bilingües

No está lejano el día en que poseer más de un idioma será tan elemental como lo es en el presente saber leer y escribir. Los diccionarios bilingües están, pues, llamados a ser un instrumento imprescindible de trabajo y estudio, puentes tendidos entre los pueblos que luchan denodadamente por comprenderse y conocerse.

Ventajas de consultar con frecuencia los diccionarios

La consulta frecuente de los diccionarios conduce a: 1.°, conocer con propiedad la equivalencia exacta entre las palabras del propio dioma y las del que se estudia; 2.°, enriquecer el vocabulario, es decir, el léxico de que se dispone, y 3.°, resolver las dudas ortográficas.

Características de nuestro diccionario LEXICÓN

El diccionario LEXICÓN portugués-español, español-portugués, que hoy ofrecemos es una novedad en nuestro mercado. Su **formato,** cómodo y moderno, permite manejarlo con una sola mano y que quepa en cualquier bolsillo o bolso de señora. La **letra,** de un tipo especial de perfecta legibilidad, ha permitido incluir un máximo de texto en un mínimo de espacio; asimismo, la variedad de tipos facilita al consultante encontrar la palabra buscada. El **léxico,** fruto de una depurada selección, comprende los términos más corrientes de los dos idiomas incluidos, con las equivalencias correspondientes.

normas para el manejo de este diccionario

regras para o emprego deste dicionário

Cuando la voz-guía está dividida en dos partes por una línea inclinada /, significa que la primera parte de ella o *base*, debe repetirse antes de todos los finales de palabras incluidos en el grupo.

Quando a palavra-guia está dividida em duas partes por uma linha inclinada /, significa que a primeira parte da palavra, também chamada *base*, deve-se repetir antes das partes finais das palavras incluidas no grupo.

Ej.:/ex.

cru/ce m. cruzamento. /**cero** m. cruzeiro; encruzilhada; *Mar.* cruzador. /**cial** adj. crucial. /**cificar** tr. crucificar; torturar. /**cifijo** m. crucifixo.

cruce m. cruzamento.
crucero m. cruzeiro; encruzilhada; *Mar.* cruzador.
crucial adj. crucial.
crucificar tr. crucificar; torturar.
crucifijo m. crucifixo.

Cuando la voz-guía *no* está dividida, debe repetirse entera ante todos los finales de palabra incluidos en el grupo.

Quando a palavra-guia *não* está dividida, deve-se repetir inteira antes de todas as partes finais das palavras contidas no grupo.

Ej.:/ex.

derrota f. *Mil.* derrota; pérdida: *Mar.* rumbo; viaje. /**do** adj. derrotado, vencido. /**r** tr. derrotar; destrozar; vencer.

derrota f. *Mil.* derrota; pérdida; *Mar.* rumbo; viaje.
derrotado adj. derrotado, vencido.
derrotar tr. derrotar; destrozar; vencer.

La rayita o signo menos —, representa a la palabra que se está consultando (ya sea voz-guía o palabra formada en derivación) cuando esta palabra forma una combinación con otra.

O traço de união ou travessão —, representa a palavra que consultamos (mesmo que seja palavra-guia ou palavra formada em derivação) quando esta palavra forma una combinação com outra.

Ej.:/ex.

desembaraz/ar tr. desembaraçar; evacuar; **—se** r. desembaraçar-se. **/o** m. desembaraço.	**desembarazar** tr. desembaraçar; evacuar; **desembarazarse** f. desembaraçarse. **desembarazo** m. desembaraço.

El guión -, entre dos palabras, indica una unión conceptual y gráfica.

O traço de união ou hífen -, entre duas palavras, indica uma união conceptual e gráfica.

Ej.:/ex.

guard/ar tr. guardar; conservar. **/a-raios** m. pararrayos. **/a-roupa** m. guardarropa, ropero. **/ião** m. guardián; guardameta, portero.	**guardar** tr. guardar; conservar. **guarda-raios** m. pararrayos. **guarda-roupa** m. guardarropa, ropero. **guardião** m. guardián; guardameta, portero.

observaciones

observações

Las palabras contenidas en este Diccionario siguen un riguroso orden alfabético que no se ha alterado al disponerlas en grupos.

As palavras deste Dicionário, seguem uma ordem alfabética rigorosa sem terem sido alteradas quando foram colocadas em grupos.

Las bases que sirven de lazo de unión a los grupos, no pretenden ser rigurosas en lo que respecta a las raíces genuinas o gramaticales ni a la división silábica normal.

As bases que servem de laço de união aos grupos, não são rigorosas no que diz respeito às raízes próprias ou gramaticais e nem à divisão silábica normal.

En portugués, la *ch* y la *ll* no constituyen una consonante como en español. Las palabras portuguesas que empiezan por *ch* (como *chão, chapéu,* etcétera), deben buscarse en la *c*. Cuando los grupos *ch* y *ll,* aparecen en medio de la palabra, su alfabetización es la de dos consonantes cualesquiera, accidentalmente unidas.
La *ñ* es consonante que sólo existe en español, con la misma pronunciación del grupo portugués *nh*.

Em português, o *ch* e *ll,* não constituem uma consoante como em espanhol. As palavras portuguesas que começam por *ch,* devem-se procurar na letra *c,* em ordem alfabética. Quando os grupos *ch* e *ll,* aparecem no meio de uma palavra, são igualmente duas consoantes acidentalmente unidas.
A consoante *ñ,* que só existe no alfabeto espanhol, tem à mesma pronúncia do grupo português *nh*.

Figura también en este Diccionario un caudal importante de americanismos, particularmente por lo que respecta a las voces y giros brasileños, bajo la abreviatura de (Bras.). Se ha hecho la distinción sobre todas aquellas voces en que la grafía y acentuación brasileña es distinta de la usada en Portugal, poniendo entre paréntesis la vocal cuyo acento ortográfico tiene variación en el Brasil. Ej. *Apre(ê)ço* m. aprecio. *Deno(ô)do* m. denuedo. También están entre paréntesis las letras de las palabras que en Brasil se omiten. Ej. *Ele(c)tricidade* f. electricidad. *A(c)ção* f. acción. *Ó(p)timo* adj. óptimo.

Registra-se neste Dicionário um caudal importante de americanismos, principalmente modismos brasileiros que distinguem-se pela abreviatura (Bras.). Faz-se também a distinção sobre aquelas palavras em que a grafia e acentuação brasileira é diferente da usada em Portugal, pondo-se entre parênteses a vogal cujo acento ortográfico sofre variação no Brasil. Ex. *Aprecio* m. apre(ê)ço. *Denuedo* m. deno(ô)do. Também estão entre parênteses as letras das palavras que são omitidas no Brasil. Ex. *Electricidad* f. ele(c)tricidade. *Acción* f. a(c)ção, a(c)to. *Óptimo* adj. ó(p)timo.

reglas de pronunciación del portugués

Vocales, consonantes y combinaciones consonánticas cuyo sonido difiere del español.

Vocales

La *a*, la *e*, y la *o*, pueden ser abiertas, cerradas y mudas. La *i* y la *u* tienen únicamente un sonido cerrado. Las tres primeras, cuando forman parte de sílaba tónica, se pronuncian como en castellano. En los demás casos, de manera general, cuando forman parte de sílaba tónica con acento circunflejo o seguidas de consonante nasal, tienen un sonido más obscuro y cerrado. Las mudas son átonas que, sobre todo en posición final, suenan muy ensordecidas.

Consonantes

ç La *c* con cedilla suena como *ss*, ante *a, o, u.*
g Antes de *e, i*, se pronuncia como la *g* francesa o la *j* en catalán. Antes de *a, o, u*, es sonora gutural como en castellano.
h Es muda en portugués.
j Sin equivalencia en español. Sonido parecido a la *j* francesa o catalana.
m Sonido nasal después de vocal.
s Se pronuncia como la *s* francesa. Entre dos vocales equivale a la *z* portuguesa. Puede ser sonora o sorda. La *s* sorda va representada por la grafía *ss*, la sonora por *s*.

x La *x* tiene en portugués cinco valores:

De *ch;* se pronuncia como el grupo *ch* portugués y la *ch* francesa. Ej. *chapa*.

De *ss;* sonido parecido al de la *s* castellana. Ej. *máximo*.

De *cs* o *ks;* como la *x* castellana. Ej. *fixo*.

De *z* (portugués); tiene un sonido dental y sonoro como la *s* francesa en la palabra *maison*. Ej. *exercício*.

De *s* final; con pronunciación dental y sonora. Ej. *texto*.

z Tiene un sonido dental y sonoro sin equivalencia en castellano pero igual al de la *s* francesa en la palabra *chose*. Ej. *prazer*.

Las restantes consonantes se pronuncian como en castellano.

Diptongos

Parecidos al castellano excepto los siguientes que tienen sonido nasal:
ãe = como *áim:* Ej. mãe.
ão = como *áum:* Ej. alemão.
õe = como *óin:* Ej. põe.

La tilde (˜) es el signo ortográfico que sirve para indicar las vocales y los diptongos nasales.

El acento circunflejo (^) es obligado en las vocales *a, e, o,* seguidas de consonante nasal o esdrújulas.

Ej. *êxito*.

regras de pronunciação do espanhol

Vogais, consoantes e combinações consonânticas cujo som é diferente do português.

Vogais

Não há dificultades vocálicas como em português. Pronunciam-se como estão escritas e escrevem-se como se pronunciam, excepto a letra *u* de *gue, gui* e de *que, qui,* que é muda.

Consoantes

c Antes de *a, o, u,* pronuncia-se como *k.* Ex. *capa.* Antes de *e, i,* tem o som suave de *c,* sendo uma letra dental. Ex. *ciento.*

ch Tem som mais forte que o *ch* português, com pronúncia de *tch,* formando uma letra.

g Tem dois sons: antes de *a, o, u,* pronuncia-se como em português. Ex. *gato.* Antes de *e, i,* tem som gutural forte e aspirado. Ex. *gimnasio.*

j Pronuncia-se como o *g* gutural forte e aspirado. Ex. *jarabe.*

ll Pronuncia-se como o *lh* português. Ex. *llano.*

ñ Pronuncia-se como o *nh* português. Ex. *ñaque.*

s Pronuncia-se como o *s* português de som sibilante.

x Tem a pronunciação de *ks* em meio de palavra. Ex. *examinar.* Quando no princípio duma palavra pronuncia-se como *ks* ou *sch.* Ex. *xilografía.*

y Pronuncia-se como o *i.* Ex. *yermo.*

z Pronuncia-se como o *c* espanhol antes de e *e* de *i,* com um som suave linguodental. Ex. *zorra.*

Acentuação

Como em português, os acentos gráficos indicam geralmente a pronúncia das palavras que dividem-se em quatro classes:

1.ª *Agudas.* São as palavras com acento tónico na última sílaba. Ex. *papel.*

2.ª *Graves.* São as palavras com acento tónico na penúltima sílaba. Ex. *Cataluña.*

3.ª *Esdrúxulas.* São as palavras com acento tónico na antepenúltima sílaba. Ex. *cántaro.*

4.ª *Bisesdrúxulas.* São as palavras com acento antes da antepenúltima sílaba. Ex. *dábasemelo.*

abreviaturas

abl. ablativo
ac. acción, *acção*
ac. y ef. acción y efecto
ac. e ef. acção e efeito
adj. com. adjetivo común, *adjetivo comum*
Agr. Agricultura
Alb. Albañilería, *Alvenaria*
Álg. Álgebra.
amb. ambiguo, *ambíguo*
ant. anticuado, *antiquado*
arc. arcaico
Arit. Aritmética
Arq. Arquitectura
art. artículo, *artigo*
Artil. Artillería, *Artilharia*
Astr. Astronomía, *Astronomia*
aum. aumentativo
Av. Aviación, *Aviação*
Bact. Bacteriología, *Bacteriologia*
Blas. Blasón, *Brasão (Heráldica)*
Bras. bras. Brasil o brasileño, *Brasil ou brasileiro.*
Carp. Carpintería, *Carpintaria*
Cir. Cirugía, *Cirurgia*
Com. Comercio, *Comércio*
contr. contracción, *contracção*
dem. demostrativo, *demonstrativo*
Dep. Deporte, *Desporto*
Desp. Deporte, *Desporto*
dim. diminutivo
ef. efecto, *efeito*
Elec. Electricidad, *Electricidade*
Esgr. Esgrima
esp. especie, *espécie*
Farm. Farmacia, *Farmácia*
Fís. Física
For. Forense
Fort. Fortificación, *Fortificação*
Fot. Fotografía, *Fotografia*
fr., frs. frase, frases
galic. galicismo
germ. germanía, *gíria*
Gram. Gramática
impers. impersonal, *verbo impessoal*
impes. impersonal, *verbo impessoal*
Impr. Imprenta, *Imprensa*
intr. verbo intransitivo
irón. irónico
loc. locución, *locução*
loc. adv. locución adverbial, *locução adverbial*
Maq. Maquinaria
Mec. Mecánica, *Mecânica*
Mil. Milicia, *Militar*
Min. Minería, *Minas*
Mit. Mitología, *Mitologia*
Neol. Neologismo
num. numeral
Ópt. Óptica
Orni. Ornitología, *Ornitologia*
Pat. Patología, *Patologia*
pers. persona, personal, *pessoa, pessoal*
pes. persona, personal, *pessoa, pessoal*
Pint. Pintura
Pol. Política
pop. popular
p. p. participio pasivo, *particípio passivo*
pos. posesivo, *possessivo*
pref. prefijo, *prefixo*
prov. provincialismo
r. reflexivo, *verbo reflexivo*
Rel. Religión, *Religião*
Ret. Retórica
s. substantivo
s. com. substantivo común, *substantivo comum*
tr. verbo transitivo
Vet. Veterinaria, *Veterinária*
vulg. vulgarismo

português español

A

a art. f. la. pl. **as,** las: *a feira,* la feria; *as feiras,* las ferias, prep. a.
à contr. de la prep. *a* y del art. *la;* a, a la, al.
aba f. orilla, orla; extremidad.
abacalhoar tr. llenar de bacalao.
abaçana/do adj. moreno, amulatado. **/r** tr. oscurecer.
abacaxi m. *Bot.* ananás brasileño.
ábaco m. *Arq.* ábaco.
abad/ar tr. proveer de abad. **/e** m. abad. **/ia** f. abadía, monasterio.
abafa/ção f. sofocación. **/do** adj. sofocado; escondido. **/r** tr. sofocar; arropar; apagar; fig. ocultar.
abaionetar tr. herir con la bayoneta; armar de bayoneta.
abairra/mento m. división por barrios. **/r** tr. dividir en barrios.
abaix/ado adj. humillado; oprimido. **/ar** tr. abajar; reducir; reprimir. **/o** adv. abajo, bajo, debajo de.
abal/ada f. partida; carrera; rumbo. **/ançar** tr. abalanzar, arrojar. **/ar** tr. acudir; alterar; intr. oscilar.
abalaustrar tr. colocar balaustres.
abaliza/do adj. abalizado, limitado; célebre. **/r** tr. abalizar; señalar.
abalo m. conmoción; terremoto; susto.
abalroa/ção f. *Mar.* abordaje. **/r** tr. abordar; embestir.
abaluartar tr. fortificar, abastionar.
abanação f. agitación; vacilación.
abana/dor m. abanico; ventilador. **/r** tr. abanicar, ventilar; agitar; enflaquecer.
abandalhar tr. avillanar.
abandeirar tr. abanderar; empavesar.
abandona/do adj. abandonado; desierto. **/r** tr. abandonar; ceder.
aban/icar tr. abanicar. **/ico** m. abanico. **/o** m. abanico, ventilador.
abaratar tr. abaratar.
abarbarizar tr. barbarizar.
abarca/dor adj. y m. abarcador, monopolizador. **/r** tr. abarcar; monopolizar.
abarraca/do adj. abarracamiento; campamento. **/r** tr. abarracar; acuartelar.
abarrancar tr. e intr. abarrancar; encallar, varar.
abarrega/do adj. amancebado. **/r-se** r. amancebarse.
abarreirar tr. atrincherar, fortificar.
abarrotar tr. abarrotar.
abasbacar-se r. pasmarse.
abast/ado adj. abastado, rico. **/ança** f. abastanza,

riqueza. **/ar** tr. abastar, proveer. **/ar-se** r. suministrarse.
abastardar tr. e intr. bastardear; falsificar.
abastec/er tr. abastecer. **/imento** m. abastecimiento.
abat/er tr. abatir; descontar; debilitar; caer. **/ imento** m. abatimiento; decadencia.
abc m. abecé; alfabeto.
abcesso m. absceso, tumor.
abcisão f. cisión, cisura.
abdica/ção f. abdicación. **/r** tr. e intr. abdicar, ceder.
abdómen m. *Anat.* abdomen, vientre.
abecedário m. abecedario, alfabeto.
abeirar tr. aproximar. **/-se** r. acercarse.
abelha f. *Zool.* abeja. **/ ruco** m. avispero; abejero.
abemolar tr. abemolar; suavizar.
abençoa/do adj. bendito; feliz. **/r** tr. bendecir; proteger.
abert/a f. abertura; inauguración; intervalo. **/o** adj. abierto; fig. sincero; libre; vasto; **risco —,** peligro seguro.
abeto m. *Bot.* abeto.
abetuma/do adj. engrudado; aburrido. **/r** tr. embetumar; disfrazar.
abexim adj. y m. abisinio, etíope.
abezerrado adj. parecido al becerro; fig. testarudo.
abicha/do adj. reservado, introverso. **/r** tr. e intr. abestiarse; agusanarse; lograr, atrapar.
abiqueirado adj. puntiagudo.
abiscoita/do adj. abizcochado. **/r** tr. abizcochar.
abism/ado adj. abismado; maravillado. **/ar** tr. abismar; arruinar; asombrar. **/o** m. abismo; fig. infierno.
abjudica/ção f. adjudicación. **/r** tr. adjudicar.
abjura/ção f. abjuración. **/r** tr. e intr. abjurar, renegar.
ablativo adj. y m. *Gram.* ablativo.
ablega/ção f. ablegación, destierro. **/r** tr. desterrar, exilar.
ablu/ção f. ablución. **/ir** tr. lavar, purificar.
abnega/ção. f. abnegación. **/r** tr. abnegar; reprobar.
abóbada f. *Arq.* bóveda, cimborrio.
aboba/dar tr. abovedar.
aboba/do adj. abobado, atontado.
abóbora f. *Bot.* calabaza; fig. indolente.
aboca/nhar tr. abocadear, masticar; fig. censurar.
abochorna/do adj. bochornoso, caliente. **/r** tr. e intr. abochornar; avergonzarse.
aboleta/mento m. *Mil.* alojamiento. **/r** tr. alojar, acuartelar.
aboli/ção f. abolición, anulación. **/r** tr. abolir, anular.
abolorecer intr. enmohecer; pudrir.
abomina/ção f. abominación, aversión. **/r** tr. abominar, odiar.
abona/ção f. abono, afianzamiento. **/do** adj. abonado, acreditado; rico.
abon/ar tr. abonar, afianzar. **— de rico,** jactarse de ser rico. **/o** m. abono, crédito.
abord/agem f. *Mar.* abordaje; desembarco. **/ar** tr. abordar; intr. atracar.
abordoar tr. abordonar; rodrigar; apoyar.

aborígenes m. pl. **aborígenes**; nativos.
aborrascar-se intr. y r. aborrascarse, nublarse.
aborre/cer tr. aborrecer, aburrir. **/cido** adj. aborrecido.
abo(ô)rto m. aborto; fig. frustración; monstruo.
abotoação f. *Bot.* brotadura, floración.
abotoa/dor s. botonero; abrochador. **/r** tr. abotonar.
abraç/ar tr. abrazar; circundar; aceptar. **/o** m. abrazo.
abranda/mento m. ablandamiento. **/r** tr. ablandar, suavizar; intr. abatir.
abranger tr. abarcar, comprender.
abrasileira/do adj. abrasileñado. **/r** tr. abrasileñar, abrasilar.
abre-latas m. abrelatas.
abren/unciação f. abrenunciación, abdicación. **/unciar** tr. abrenunciar, renunciar. **/úncio!** interj. abrenuncio; ¡Dios me libre!
abrevar tr. abrevar.
abrevia/ção f. abreviación, resumen. **/r** tr. abreviar. **/tura** f. abreviatura; resumen.
abrig/ada f. abrigo; *Mar.* ensenada. **/ar** tr. abrigar, proteger. **/o** m. abrigo; *Mar.* ensenada.
abril m. Abril; fig. primavera; juventud.
abrilhantar tr. abrillantar, bruñir.
abrir tr. e intr. abrir; rajar; iniciar; aclarar.
ab-roga/ção f. abrogación, abolición. **/r** tr. abrogar, abolir.
abrunh/eiro m. *Bot.* ciruelo. **/o** m. ciruela.
abrup/ção f. *Cir.* abrupción. **/to** adj. abrupto; áspero.
abruta/do adj. abrutado, rudo. **/lhar** tr. y r. embrutecer.
abscesso m. absceso, tumor.
absíntio m. *Bot.* absinto, ajenjo.
absol/to adj. absuelto. **/ução** f. absolución, perdón.
absolut/ismo m. absolutismo. **/o** adj. absoluto; despótico.
absolv/er tr. absolver, perdonar. **/ição** f. absolución, indulto.
absor/ção f. absorción; fig. contemplación. **/to** adj. absorto, pensativo.
absorve/dor adj. absorbedor. **/r** tr. absorber; aspirar.
abste/nção f. abstención, renuncia. **/r** tr. detener, impedir.
abstinência f. abstinencia; ayuno.
abstrair tr. e intr. abstraer. **/-se** r. abstenerse.
absurdo adj. absurdo.
abund/ância f. abundancia. **/ar** intr. abundar; bastar.
aburguesa/do adj. aburguesado. **/r-se** r. aburguesarse.
abus/ar intr. abusar, violar. **/o** m. abuso.
abutre m. *Zool.* buitre.
abuzinar intr. bocinar; tr. aturdir.
acaba/do adj. acabado; envejecido. **/r** tr. acabar, terminar; destruir; intr. morir.
acabrunha/do adj. agobiado, triste. **/r** tr. agobiar, afligir.
acácia f. *Bot.* acacia.
acad/emia f. academia. **/é(ê)mico** adj. y m. académico.
açafata f. azafata.
açafr/ão m. *Bot.* azafrán. **/oar** tr. azafranar.
açaim/ar tr. abozalar,

amordazar. **/e** m. **/o** m. bozal, mordaza.
acalca/nhar tr. destalonar, pisar; oprimir. **/r** tr. calcar.
acalm/ação f. quietud, calma. **/ar** tr. calmar, sosegar; intr. humillar.
acalorar tr. acalorar, avivar.
acamaradar intr. vivir en camaradería.
açambarca/dor s. acaparador. **/r** tr. acaparar, monopolizar.
acampainhado adj. acampanado.
acampa/mento m. *Mil.* acampamiento. **/r** tr. e intr. acampar, estacionar.
acanala/do adj. acanalado, estriado. **/r** tr. acanalar; estriar.
acanalhar tr. encanallar; envilecer.
acanha/do adj. encogido; tímido. **/r** tr. apretar, estrechar; despreciar.
acantona/mento m. acantonamiento; acuartelamiento. **/r** tr. acantonar; acuartelar.
ação (Bras.) f. acción.
acarea/ção f. acareamiento. **/r** tr. acarear.
acaricia/dor adj. acariciador. **/r** tr. acariciar.
acarre/ar tr. **/jar** tr. **/tar** tr. acarrear, transportar en carros. **/to** m. acareo.
acasala/ção f. apareación. **/r** tr. aparear, emparejar.
acaso m. acaso, casualidad.
acastela/do adj. acastillado. **/r** tr. acastillar, fortificar.
acata/do adj. acatado, obediente. **/r** tr. acatar, respetar; vigilar.
acatarrado adj. acatarrado, constipado.
acatável adj. acatable, respetable.
acatólico adj. acatólico.
acaud/elar, /ilhar tr. acaudillar, conducir.
acautela/do adj. cautelado, prudente. **/r** tr. cautelar, prevenir.
a(c)ção f. acción; movimiento; batalla; pleito; actividad, energía; **pôr em —,** llevar a cabo.
a(c)ciona/dor m. gesticulador; impulsor. **/r** tr. accionar; gesticular.
a(c)cionista s. *Com.* accionista.
aceder intr. acceder; conceder; sobrevenir.
aceit/ação f. aceptación; aprobación. **/ar** tr. aceptar; acoger; aprobar; **— uma letra,** aceptar una letra. **/e** m. *Com.* aceptación.
acelera/ção f. aceleración. **/r** tr. acelerar; adelantar; avivar. **/r-se** r. precipitarse; fig. irritarse.
acend/edor m. encendedor; farolero; fig. provocador. **/er** tr. encender, incendiar; estimular.
acent/o m. acento. **/uação** f. acentuación. **/uar** tr. acentuar; marcar.
acepipe m. bocado exquisito, gollería.
acéquia f. acequia, zanja.
acerb/idade f. acerbidad; rigor. **/o** adj. acerbo; cruel.
ace(ê)rca adv. y prep. acerca de; en relación con; sobre.
acercar tr. acercar, aproximar. **/-se** r. acercarse.
acertar tr. acertar, adivinar; igualar.
aceso adj. ardiente; vehemente; exaltado.
acess/ão f. accesión; adhesión; acceso. **/ível** adj accesible; abierto. **/o** m. acceso; ataque. **/ório**

adj. y m. accesorio, adicional.
acetato m. *Quím.* acetato.
acetina/do adj. satinado. **/r** tr. satinar; suavizar.
achac/ado adj. enfermo. **/ar** tr. achacar; maltratar; r. enfermar. **/oso** adj. achacoso, enfermizo.
achaque m. achaque, enfermedad; vicio.
achar tr. hallar, encontrar; inventar; verificar. **/-se** r. encontrarse; sentirse.
acharolar tr. acharolar, barnizar.
achata/do adj. achatado, plano; humillado. **/r** tr. achatar, aplanar; fig. humillar.
achega f. adición; ayuda, protección. **/r** tr. allegar, acercar.
achincalhar tr. ridiculizar, criticar.
acident/al adj. accidental, casual. **/ar** tr. accidentar, alterar. **/e** m. accidente, eventualidad; desastre.
acidez f. acidez.
ácido m. *Quím.* ácido.
acigana/do adj. agitanado; bellaco. **/r** tr. e intr. agitanar.
acima adv. encima, sobre, arriba.
acinz/ar tr. acenizar. **/entado** adj. ceniciento, intransigente.
aclama/ção f. aclamación. **/r** tr. aclamar; aplaudir.
aclara/ção f. aclaración; explicación. **/r** tr. aclarar; explicar.
aclima/r tr. aclimatar; acostumbrar. **/tação** f. aclimatación. **/tar** tr. aclimatar; acostumbrar.
aço m. acero; fig. fuerza; coraje; — **de espelho,** alinde del espejo.
acoalhar tr. e intr. cuajar.
acobardar tr. acobardar, intimidar.
acobertar tr. cubrir, tapar; disimular; defender.
acocorar tr. poner en cuclillas; esconder.
acoitar tr. acoger, dar asilo. **/-se** r. refugiarse.
açoit/ar tr. azotar, fustigar. **/e** m. azote; látigo; castigo.
acolá adv. allá, allí, acullá.
acolchoar tr. acolchar, acolchonar.
acolhe/dor adj. y s. acogedor; protector. **/r** tr. acoger, hospedar; admitir.
ac/olitar tr. acolitar; ayudar. **/ólito** m. acólito; monaguillo.
acomet/er tr. acometer, embestir; provocar. **/imento** m. acometimiento, ataque.
acomoda/ção f. acomodación; conciliación. **/r** tr. acomodar; adaptar; hospedar; ajustar.
acompadrar tr. hacer compadre; familiarizar.
acompanha/mento m. acompañamiento, comitiva. **/r** tr. acompañar; seguir.
aconcheg/ar tr. aproximar, unir; amparar. **/o** m. aproximación; agasajo.
acondiciona/ção f. acondicionamiento. **/r** tr. acondicionar; embalar.
aconselha/dor adj. y s. aconsejador. **/r** tr. aconsejar.
acontec/er intr. acontecer, ocurrir. **/imento** m. acontecimiento, suceso.
acoplamento m. conexión, empalme.
açor m. *Zool.* azor.
acórdão f. *For.* sentencia, resolución.
acordar tr. acordar, conciliar, armonizar; deter-

minar; intr. despertar. /-se r. avenirse; despertarse.

acordeão m. *Mús.* acordeón.

aco(ô)rdo m. acuerdo, resolución; arreglo; armonía.

acorrentar tr. encadenar; fig. esclavizar.

acossa/dor adj. y s. acosador; provocador. **/r** tr. acosar; atormentar.

acosta/gem f. *Mar.* acostamiento. **/r** tr. acostar, atracar; juntar.

acostumar tr. e intr. acostumbrar; habituar.

açote(é)ia f. azotea, terraza.

acotovelar tr. codear; empujar.

açougue m. carnicería, matadero. **/iro** m. carnicero.

acovardar tr. acorbardar.

acreditar tr. acreditar; autorizar; abonar.

acredor adj. y s. acreedor.

acresce/ntar tr. acrecentar, aumentar. **/r** tr. e intr. acrecer.

acriançado adj. infantil, aniñado.

acrisola/do adj. acrisolado, puro. **/r** tr. acrisolar, depurar.

acroba/cia f. acrobacia. **/ta** m. acróbata, volatinero. m. acrobatismo.

acrópole f. acrópolis.

a(c)tiv/a f. activa. **/ação** f. activación. **/ar** tr. activar, estimular. **/idade** f. actividad. **/o** adj. activo; diligente.

a(c)to m. acto, acción, hecho.

a(c)' 'or m. actor, comediante. **/riz** f. actriz.

a(c)tu/ação f. actuación. **/al** adj. actual, presente. **/alidade** f. actualidad. **/alização** f. actualización. **/alizar** tr. actualizar, modernizar.

açucarar tr. azucarar, endulzar.

açúcar m. azúcar.

açucena f. *Bot.* azucena.

açude m. azud, presa, dique.

acudir intr. acudir; socorrer; impedir.

açula/dor adj. y s. azuzador, instigador. **/r** tr. azuzar; excitar.

acumula/ção f. acumulación. **/dor** adj. y m. acumulador. **/r** tr. acumular.

acunhar tr. acuñar; fabricar monedas.

acurralar tr. acorralar.

acusa/ção f. acusación, delación. **/r** tr. acusar, imputar.

acústica f. *Fís.* acústica.

acutila/dor m. acuchillador; pendenciero. **/r** tr. acuchillar.

adaga f. daga, puñal. **/da** f. dagazo.

ad/agial tr. proverbial. **/agiar** tr. proverbial. **/ágio** m. adagio, proverbio.

adama/do adj. adamado; afeminado; m. petimetre. **/r-se** r. adamarse, afeminarse.

adapta/ção f. adaptación. **/r** tr. adaptar, acomodar.

adarve m. adarve; muralla.

adega f. bodega, cava. **/r** tr. guardar en la bodega; intr. beber.

adel/a f. ropavejera; fig. alcahueta. **/eiro** m. trapero.

adelgaçar tr. adelgazar, enflaquecer; purificar; atenuar.

ademais adv. además.

adenda f. apéndice, epílogo.

adensar tr. adensar; condensar.

adentr/ar intr. entrar, penetrar. **/o** adv. adentro; interiormente.
adepto adj. adepto, partidario.
adequar tr. adecuar, adaptar; proporcionar.
adereç/ar tr. aderezar; adornar; dirigir. **/o** m. aderezo, adorno; — **de navio,** aparejo de navío.
ader/ência f. adherencia, adhesión; fig. protección. **/ir** tr. adherir.
ades/ão f. adhesión, aprobación. **/ivo** adj. adhesivo; m. pegamento; emplasto.
adestra/do adj. adestrado, enseñado. **/dor** adj. y m. adiestrador, entrenador. **/r** tr. adiestrar, enseñar.
adeus interj. ¡adiós!; m. adiós, despedida.
adiado adj. aplazado, retrasado.
adiant/ado adj. adelantado; anticipado; atrevido. **/amento** m. adelantamiento. **/ar** tr. adelantar; aventajar. **/e** adv. adelante.
adiar tr. aplazar; diferir.
adi/ção f. adición; suma. **/cional** adj. adicional. **/cionar** tr. adicionar; agregar.
adi/cto adj. adicto, adherido; leal. **/do** m. adido; agregado.
adinâmico adj. adinámico.
adinheirado adj. adinerado.
adita/mento m. aditamento; añadidura. **/r** tr. añadir, aumentar.
adivinh/a f. adivinadora; adivinación. **/ação** f. adivinación; enigma. **/ar** tr. adivinar, acertar. **/o** m. adivino.
adjacência f. adyacencia, vecindad; próximo.
adjudica/ção f. adjudicación. **/r** tr. adjudicar, atribuir.
adjunto adj. adjunto, agregado.
adjuração f. adjuración, conjura.
administra/ção f. administración. **/dor** adj. y s. administrador, gerente. **/r** tr. administrar.
admira/ção f. admiración, pasmo. **/r** tr. admirar, asombrar.
admi/ssão f. admisión. **/tir** tr. admitir; reconocer.
admoesta/ção rf. amonestación; censura. **/r** tr. amonestar; avisar.
adoçar tr. adulzar, azucarar; mitigar.
adoe/cer intr. enfermar. **/ntar** intr. enfermar.
adolescência f. adolescencia.
ado(p)ção tr. adopción, afiliación. **/tação** f. adopción. **/tar** tr. adoptar, afiliar.
adora/ção f. adoración; culto. **/r** tr. adorar.
adorme/cer tr. y intr. adormecer, entorpecer; calmar. **/cimiento** m. adormecimiento.
adorn/amento m. adornamiento. **/ar** tr. adornar, engalanar; fig. disfrazar.
ado(ô)rno m. adorno, ornato.
adqui/rição f. adquisición. **/rir** tr. adquirir, obtener.
ad-roga/ção f. *For.* adrogación. **/r** tr. adrogar, adoptar.
adstring/ência f. astringencia. **/ir** tr. astringir, apretar.
adstrito adj. unido, apretado.
adub/ação f. adobamiento, abono. **/ar** tr. adobar, preparar. **/o** m. abono, adobo; salsa.

adula/ção f. adulación, halago. **/r** tr. adular.
adúltera f. adúltera; corrompida.
adultera/ção f. adulteración. **/r** tr. adulterar, falsificar.
adulto m. adulto; crecido.
aduzir tr. aducir; traer; manifestar.
advent/ício adj. y m. adventicio; forastero. **/tista** adj. y s. adventista. **/o** m. adviento, venida.
adv/erbial adj. *Gram.* adverbial. **/érbio** m. adverbio.
advers/ão f. adversión, advertencia. **/ário** m. adversario. **/o** adj. adverso.
advert/ência f. advertencia; aviso. **/ir** tr. advertir.
advo/cacia f. abogacía. **/gado** m. abogado; protector.
aéreo adj. aéreo; fig. vano, imaginario.
aerifica/ção f. *Fís.* aerificación. **/r** tr. aerificar, gasificar.
aerodinâmica f. aerodinámica.
aeródromo m. aeródromo, aeropuerto
aerografia f. *Fís.* aerografía.
aerólito m. aerolito, meteorito.
aeromotor m. aeromotor.
aero/nauta m. aeronauta, aviador. **/náutica** f. aeronáutica. **/nave** f. aeronave, avión. **/plano** m. aeroplano, avión; **— a jacto,** aeroplano a chorro. **/porto** m. aeropuerto.
aerostática f. *Fís.* aerostática.
aerovia f. vía aérea.
afã m. afán; ansia.
afabilidade f. afabilidad, cortesía.
afadig/ar tr. fatigar; molestar; perseguir. **/oso** adj. fatigoso.
afadista/do adj. achulado, con modos de fadista. **/r-se** r. achularse.
afag/ar tr. acariciar, mimar; **— esperanças,** esperanzar. **/o** m. caricia.
afama/do adj. afamado, célebre. **/r** tr. afamar, renombrar.
afasta! interj. ¡fuera!, ¡atrás!, ¡vete!
afastar tr. alejar; desviar; desterrar. **/-se** r. ausentarse.
afável adj. afable, delicado.
afazer tr. acostumbrar; instruir. **/es** m. pl. quehaceres, trabajos.
afear tr. afear, desfigurar; fig. denigrar.
afe(c)t/ação f. afectación; vanidad. **/ar** tr. afectar; presumir; intr. disimular. **/o** m. afecto, amistad.
afeição f. afecto, amor. **/oar** tr. aficionar; enamorar.
afemina/ção f. afeminamiento. **/r** tr. afeminar; suavizar.
aferi/ção f. aferición; confrontación. **/dor** adj. y m. aferidor, marcador, inspector.
aferrar tr. e intr. aferrar, agarrar; anclar.
aferrolha/dor m. carcelero. **/r** tr. acerrojar; encadenar.
aferventar tr. hervir, cocer.
afervorar tr. enfervorizar; estimular.
afetação f. afectación.
afia/ção f. afiladura. **/dor** m. afilador, aguzador.
afiança/do adj. afianzado. **/r** tr. afianzar; asegurar.
afiar tr. afilar; fig. atacar; disponer.
afidalga/do adj. ahidalgado; fam. holgazán. **/r** tr. ennoblecer.

afigura/ção f. figuración, imaginación. **/r** tr. figurar; imaginar.
afilha/da f. ahijada. **/do** m. ahijado; protegido. **/r** intr. ahijar; germinar, brotar.
afilia/ção f. afiliación; partidario. **/r** tr. afiliar; asociar.
afim adj. y s. afín, próximo.
afina/ção f. afinación; purificación. **/r** tr. afinar; acrisolar; purificar; fig. irritar.
afinc/ar tr. ahincar. **/ar-se** r. obstinarse. **/o** m. ahínco, pertinacia.
afirma/ção f. afirmación. **/r** tr. afirmar; consolidar.
afivelar tr. cerrar, sujetar con hebilla.
afix/ação f. fijación. **/ar** tr. fijar; patentizar.
aflauta/do adj. aflautado; atiplado. **/r** tr. atiplar; adelgazar.
afli/ção f. aflicción; dolor. **/gir** tr. afligir; desolar. **/to** adj. aflicto.
aflora/mento m. afloración. **/r** tr. aflorar; nivelar.
aflu/ência f. afluencia; multitud. **/ente** adj. afluente; rico; m. afluente (río). **/ir** intr. afluir. **/xo** m. aflujo; afluencia.
afog/ado adj. ahogado; oprimido. **/ar** tr. ahogar, asfixiar.
afoguear tr. abrasar, quemar.
afoit/ar tr. animar, estimular. **/ar-se** r. atreverse. **/o** adj. atrevido.
afonia f. *Med.* afonía.
afora/ção f. aforación. **/r** tr. *For.* aforar; autorizar.
aformosear tr. hermosear.
afo(ô)rro m. ahorro, economía.
afortalezar tr. fortificar; fig. ratificar.
afreguesa/do adj. aparroquiado; frecuentado. **/r** tr. aparroquiar.
afrentar tr. enfrentar; limitar.
africanismo m. africanismo.
afroditas f. *Bot.* afrodita.
afroixa/mento m. aflojamiento. **/r** tr. aflojar.
afronta f. afrenta; ultraje; violencia. **/r** tr. afrentar; vejar; cansar. **/r-se** r. encolerizarse.
afrouxar tr. aflojar; enflaquecer; ablandar.
afta f. *Pat.* afta.
afugentar tr. ahuyentar; expulsar.
afumar tr. e intr. ahumar; fumigar; oscurecer.
afund/amento m. ahondamiento; sumersión. **/ar** tr. ahondar; afondar; sumergir. **/ar-se** r. hundirse.
afusão f. afusión; aspersión, ducha.
agachar tr. agachar, bajar; esconder.
agaiatar-se r. aniñarse; volverse travieso.
agâmico adj. agámico, asexual.
ágape m. ágape; banquete, festín.
agarota/do adj. travieso, abribonado. **/r-se** r. volverse travieso.
agarra/do adj. agarrado, preso, testarudo; avaro. **/r** tr. agarrar; alcanzar.
agasalh/ador adj. y s. abrigador, hospitalario. **/ar** tr. abrigar; hospedar. **/o** m. abrigo; hospedaje.
ageitar tr. amoldar, ajustar. **/-se** r. adaptarse.
ag/ência f. agencia; gestoría; actividad. **/enciador** s. agenciador; negociador. **/encioso** adj. agencioso; diligente.

agenda f. agenda; memorándum.
agente adj. y s. agente; activo; apoderado.
agigantar tr. agigantar; exagerar. **/-se** r. engrandecerse.
ágil adj. ágil, ligero.
agilidade f. agilidad; actividad.
agiota m. agiotista; prestamista. **/r** tr. agiotar, especular.
agi/r intr. obrar, proceder. **/tação** f. agitación; conmoción. **/tar** tr. agitar; sublevar.
aglomera/ção f. aglomeración. **/r** tr. aglomerar, reunir.
aglutina/ção f. aglutinación. **/r** tr. aglutinar.
agma f. fractura, rotura.
agnação f. agnación.
agoir/al adj. augural. **/ar** tr. e intr. augurar, vaticinar. **/o** m. agüero, presagio.
agolpear tr. golpear.
agoni/a f. agonía; trance. **/ar** tr. agonizar; amargar. **/zar** tr. agonizar.
agora adv. y conj. ahora; en este momento; **até —,** hasta ahora.
ago(ô)sto m. agosto, octavo mes del año.
agour/al adj. augural. **/ar** tr. agorar, profetizar. **/o** m. agüero.
agracia/do adj. agraciado; gentil. **/r** tr. agraciar; favorecer.
agradar tr. agradar. **/-se** r. enamorarse.
agrad/ecer tr. e intr. agradecer. **/ecimento** m. agradecimiento; gratificación. **/o** m. agrado; aprobación; atractivo.
agrav/ação f. agravación. **/iar** tr. agraviar; importunar. **/o** m. agravio.
agredir tr. agredir; herir.
agrega/ção f. agregación; adición. **/do** adj. y m. agregado. **/r** tr. agregar; añadir.
agremia/ção f. agremiación; asociación. **/r** tr. agremiar.
agress/ão f. agresión; ataque. **/or** adj. y m. agresor, invasor.
agreste adj. agreste; salvaje; cruel.
agr/ícola adj. agrícola; m. agricultor. **/icultor** m. agricultor, labrador. **/icultura** f. agricultura.
agrimens/ar tr. medir tierras. **/ura** f. agrimensura.
agro m. agro, campo; adj. agrio; desabrido. **/-doce** adj. agridulce. **/nomia** f. agronomía. **/-pecuária** f. agropecurio.
agrupa/mento m. agrupamiento; reunión. **/r** tr. agrupar.
agrura f. agrura; aspereza.
água f. agua. **/-ardente** f. aguardiente.
agua/ceiro m. aguacero, chaparrón. **/do** adj. aguado; fig. imperfecto.
água/-furtada f. buhardilla. **/-marinha** f. aguamarina.
agu/çar tr. aguzar; adelgazar. **/deza** f. agudeza; astucia; gravedad. **/do** adj. agudo; picante.
aguentar tr. e intr. aguantar; tolerar.
aguerr/ear tr. aguerrir, combatir. **/ido** adj. aguerrir; disciplinar.
águia f. *Zool.* águila.
aguilh/ão m. aguijón; estímulo. **/oada** f. aguijonazo; punzada.
agulh/a f. aguja. **/ão** m. agujón; *Mar.* pequeña brújula. **/eiro** m. alfiletero; agujetero.
aí adv. ahí.
aia f. aya; doncella; nodriza.
aicebergue m. iceberg.

ainda adv. aún, todavía, también; — **agora,** en este momento.
airos/idade f. airosidad, elegancia. **/o** adj. airoso; digno.
ajardinar tr. ajardinar, transformar en jardín.
ajeitar tr. acomodar, arreglar.
ajoelhar tr. e intr. arrodillar. **/-se** r. fig. humillarse.
ajuda f. ayuda, asistencia. **/nte** s. ayudante. **/r** tr. ayudar; favorecer.
ajunta/mento m. juntamiento, ayuntamiento; adición. **/r** tr. ayuntar, juntar; copular.
ajuramenta/ção f. juramento. **/r** tr. juramentar.
ajust/ador m. ajustador. **/ar** tr. ajustar; adaptar; reconciliar. **/e** m. ajuste; convenio; reconciliación.
ajustiçar tr. ajusticiar.
ala f. ala; hilera.
alabard/ar tr. armar con alabarda. **/eiro** m. alabardero, arquero.
alabastr/ino adj. alabastrino. **/o** m. alabastro; fig. blancura.
alacridade f. alacridad, alegría; vigor.
alado adj. alado; aéreo.
alaga/diço adj. alagadizo, pantanoso. **/r** tr. alagar; sumergir; gastar.
alambi/car tr. alambicar, destilar. **/que** m. alambique.
alameda f. alameda. **/r** tr. adornar con árboles.
álamo m. *Bot.* álamo.
alapa/do adj. escondido; agachado. **/r-se** r. esconderse.
alar adj. alar, relativo a ala; tr. *Mar.* halar, izar.
alaranjado adj. anaranjado.
alarde m. alarde; ostentación. **/ador** adj. y m. ostentador. **/ar** tr. alardear.
alarga/do adj. dilatado, extendido. **/r** tr. largar, ensanchar.
alarido m. alarido, algazara.
alarmar tr. alarmar; asustar. **/e** m. alarma; rebato.
alatinar tr. latinizar.
alaúde m. *Mús.* laúd.
alavanca f. palanca, alzaprima.
alazão adj. y s. alazán (caballo).
albacora f. *Zool.* albacora.
albatroz m. Zool. albatros, alcatraz.
alberca f. alberca, tanque para agua.
alberg/ador adj. y s. albergador, hospedero. **/ar** tr. albergar, hospedar, **/ue** m. albergue; asilo.
albirrostro adj. albogue, gaita pastoril.
albor m. albor; blancura; infancia.
albornoz m. albornoz.
albricoque m. *Bot.* albaricoque. **/iro** m. albaricoquero.
albufeira f. albufera, laguna.
álbum m. álbum.
albumina f. albúmina.
alça f. alza; tirantes; presilla.
alcáçar m. alcázar, fortaleza.
alcachofra f. *Bot.* alcachofa.
alcáçova f. alcazaba, fortaleza.
alçada f. alzada; jurisdicción; fig. tribunal.
alçado m. *Arq.* alzado; trazado. **/r** adj. y s. alzador.
alcagoita f. *Bot.* cacahuete.
alcaide m. alcaide.
alcaliza/ção f. alcaliza-

ción. /**r** tr. *Quím.* alcalizar.
alcalóide m. *Quím.* alcaloide; estupefaciente.
alçamento m. alzamiento.
alcanç/adiço adj. alcanzadizo; fig. estúpido. /**ar** tr. alcanzar; lograr; entender. /**e** m. alcance; obtención; talento.
alcantil m. despeñadero, barranco. /**ado** adj. acantilado, escarpado.
alçapão m. trampa, puerta en el suelo.
alcaparra f. *Bot.* alcaparra. /**r** tr. sazonar con alcaparras; estimular.
alcapé m. alzapié, lazo para cazar; engaño.
alçaprema f. alzaprima; palanca; alicates.
alçar tr. alzar, levantar; promover.
alcateia f. manada de lobos; fig. grupo, facción.
alcatifa f. alcatifa, alfombra. /**r** tr. alcatifar.
alcatrão m. alquitrán.
alcatruz m. cangilón, arcaduz de noria. /**ar** tr. poner cangilones; fig. curvar.
alce m. *Zool.* alce, ante.
alcião m. *Zool.* alción.
alcofa f. alcofa, cesta de esparto.
alcoice m. burdel, lupanar.
álcool m. alcohol.
alco/ólico adj. alcohólico. /**olificar** tr. *Quím.* alcocoholificar. /**olismo** m. alcoholismo.
alcorão m. Alcorán; mahometismo.
alcouce m. lupanar.
alcova f. alcoba, dormitorio.
alcovit/ar tr. alcahuetear; intrigar. /**eiro** m. alcahuete, celestino; mediador.
alcunha f. apodo, epíteto. /**r** tr. apodar, alcuniar.
alde/ã adj. y f. aldeana, campesina. /**amento** m. aldeanismo. /**ão** adj. aldeano; rústico. /**ia** f. aldea.
aldrab/ão m. aldabón; embustero, trapacero. /**ar** tr. aldabear.
álea f. avenida; hilera de árboles.
alecrim m. *Bot.* romero.
aleg/ação f. alegación. /**ar** tr. alegar; probar; exponer.
alegor/ia f. alegoría. /**izar** tr. alegorizar.
alegr/ador adj. y s. alegrador, animador. /**ar** tr. alegrar. /**e** adj. alegre; jovial. /**ia** f. alegría.
aleij/ado adj. y m. contusionado, estropeado, defectuoso. /**ar** tr. estropear; herir.
aleit/ação f. lactancia, amamantamiento. /**ar** tr. amamantar; clarear.
aleiv/e m. alevosía, calumnia. /**osia** f. alevosía; traición.
aleluia f. aleluya; alegría.
além adv. allá, más allá, allende; además; — **mundo,** eternidad.
alemão adj. y s. alemán (de Alemania).
alent/ado adj. alentado, valiente. /**ar** tr. alentar; fomentar; intr. respirar. /**o** m. aliento, respiración; vigor.
al/ergia f. *Med.* alergia. /**érgico** adj. alérgico.
alerta adv. alerta; vigilancia, atención; interj. !alerta! /**r** tr. alertar; fig. excitar, alborotar.
aletria f. aletría, fideos.
aleucemia f. *Med.* leucemia.
alevanta/diço adj. tumultuoso, belicoso. /**r** tr. levantar; sublevar; edificar.
alfabet/ação f. alfabetización. /**ar** tr. alfabetizar.

/tizar tr. alfabetizar. **/o** m. alfabeto, abecedario.
alface f. *Bot.* lechuga.
alfaia f. ajuar, aderezo de casa; adorno; herramienta. **/r** tr. amueblar; ornamentar.
alfaiat/a f. costurera, modista. **/aria** f. sastrería. **/e** m. sastre.
alf/ândega f. aduana. **/andegar** tr. aduanar.
alfanje m. alfanje, cimitarra.
alfarr/ábio m. libro viejo, cartapacio. **/abista** m. vendedor de libros viejos.
alfarrob/a f. *Bot.* algarroba. **/eira** f. algarrobo.
alfavaca f. *Bot.* albahaca.
alfazema f. *Bot.* alhucema.
alfen/ado adj. afeminado. **/ar** tr. afeminar; adornar. **/im** m. alfeñique.
alferes m. alférez, sub-teniente.
alfim adv. al fin; finalmente.
alfine/tada f. alfilerazo, pinchazo. **/tar** tr. pinchar con alfiler; fig. criticar. **/(ê)te** m. alfiler; **— -de-ama**, imperdible.
alfombra f. alfombra. **/r** tr. alfombrar.
alforreca f. *Zool.* acalefo.
alforria f. aforra; ahorramiento; emancipación. **/r** tr. aforrar; libertar.
alga f. *Bot.* alga.
alg/ália f. algalia; *Cir.* algalia, sonda. **/aliar** tr. algaliar, sondar.
algar/avia f. algarabía. **/vio** adj. natural de Algarve; fig. hablador.
algarismo m. guarismo, número.
algazarra f. algazara, gritería.
álgebra f. álgebra.
algema f. esposas; grillete. **/r** tr. esposar, maniatar.
algibe m. aljibe, cisterna.
algibeira f. faltriquera, bolsillo.
algidez f. *Pat.* algidez; frialdad.
álgido adj. álgido, helado.
algo pron. indef. algo; m. bienes, riqueza.
algod/ão m. algodón. **/oal** m. algodonal. **/oeiro** m. *Bot.* algodonero, algodón.
algoritm/ia f. *Mat.* algoritmia. **/o** m. algoritmo.
algoz m. verdugo; cruel. **/ar** tr. martirizar.
alguazil m. alguacil.
alguém pron. ind. alguien.
alguidar m. barreño, cuenco.
algum pron. ind. algún, alguno.
algures adv. en alguna parte.
alhe/ação f. enajenación; alienación; olvido. **/ar** tr. enajenar; separar. **/io** adj. ajeno, extraño; lejano.
alho m. *Bot.* ajo.
alí adv. allí.
alia/do adj. y s. aliado; partidario. **/dófilo** adj. y s. aliadófilo. **/r** tr. aliar; unir.
aliás adv. alias, de otro modo; además.
alicate m. alicates, tenacillas.
alicer/çar tr. cimentar; sostener. **/ce** m. cimiento; base, fundamento.
alici/ação f. soborno; seducción. **/ador** adj. y s. seductor, sobornador. **/ar** tr. sobornar, seducir.
aliena/ção f. alienación; desvío. **/r** tr. alienar, enajenar; desviar.
alifafe m. *Vet.* alifafe, tumor; fig. colcha.
aligeirar tr. aligerar, aliviar; reducir.
alij/amento m. alijo; descarga. **/ar** tr. *Mar.* ali-

jar, descargar. **/o** m. alijo; descarga.
aliment/ação f. alimentación; abastecimiento. **/o** m. alimento; incremento.
alindar tr. alindar, hermosear.
alínea f. párrafo.
alinha/do adj. alineado; fig. correcto. **/r** tr. alinear.
alinha/vado adj. hilvanado. **/vão** m. hilván. **/var** tr. hilvanar; fig. proyectar. **/vo** m. hilván.
alinho m. aliño; alineación; aseo.
alisa/do adj. alisado, pulido. **/r** tr. alisar, bruñir.
alista/mento m. alistamiento; reclutamiento. **/r** tr. alistar, reclutar.
aliveloz adj. que vuela rápido.
alívia/ção f. alivio. **/r** tr. consolar; atenuar.
alivio m. alivio; descarga; facilidad.
alizar tr. alisar, pulir.
aljava f. aljaba.
alma f. alma; fig. espíritu; ida; aliento; **dia das —s**, Día de Todos los Santos.
almaço adj. papel de barba.
almanaque m. almanaque,
almargem m. prado, pastizal.
almej/ante ad. anelante. **/ar** tr. anhela,; ansiar; intr. agonizar.
almirant/a f. *Mar.* almiranta, nave que conduce al almirante. **/ado** m. almirantazgo. **/e** m. almirante.
almíscar f. almizcle.
almoç/ar tr. almorzar, comer. **/o** m. almuerzo.
almocreve m. almocrebe, arriero; transportista.
almoeda f. almoneda, subasta. **/r** tr. almonedar.
almofad/a f. almohada. **/ar** tr. almohadillar, acolchonar.
almofariz m. almirez, mortero.
almôndega f. albóndiga, croqueta.
almorreimas f. pl. *Pat.* hemorroides, almorranas·
almotolia f. aceitera, alcuza.
almoxarife m. almojarife.
almude m. almud, antigua medida de capacidad.
alocução f. alocución.
aloendro m. *Bot.* adelfa, baladre.
aloé m. *Bot.* áloe.
aloja/mento m. alojamiento. **/r** tr. alojar, recoger; residir.
alomba/mento m. derrengadura, curvatura. **/r** tr. derrengar, arquear.
alonga/mento m. alongamiento; retraso. **/r** tr. alongar, alargar.
alopatia f. *Med.* alopatía.
alopecia f. *Pat.* alopecia; calvicie.
aloquete m. candado, cerrojo.
alorpado adj. atontado, necio.
alouca/do adj. alocado; aturdido. **/r-se** r. enloquecerse.
alourar tr. teñir de rubio.
alpaca m. *Zool.* alpaca; tejido de alpaca.
alpargat/a f. alpargata, sandalia. **/aria** f. alpargatería.
alpendr/ada f. porche, corbetizo. **/e** m. porche; cobertizo.
alp/estre adj. alpestre, alpino; silvestre. **/inismo** m. alpinismo.
alpista f. *Bot.* alpiste.
alquebra/do adj. cansado, exhausto. **/r** tr. quebrar; debilitar; quebrantar.
alqueire m. medida antigua de capacidad.
alquil/ador m. alquilador

(de caballerías). **/ar** tr. alquilar. **/er** m. alquiler.
alquimia f. *Quím.* alquimia.
alquitara f. alquitara, alambique.
alta f. alta; alza. **/baixo** m. altibajo.
altan/ado adj. altanero; orgulloso; inquieto. **/eiro** adj. altanero.
altar m. altar; fig. religión.
altea/ção f. elevación. **/r** tr. levantar.
alteia f. *Bot.* altea.
altera/ção f. alteración; corrupción; motín. **/r** tr. alterar, cambiar; corromper.
alterca/ção f. altercación. **/r** intr. altercar; luchar.
alterna adj. *Elec.* alterna.
altern/ação f. alternación. **/ar** tr. alternar; variar.
alterno adj. alterno; sucesivo.
alte/roso adj. alteroso; elevado; soberbio. **/za** f. alteza; nobleza.
altifalante adj. que habla alto; m. altavoz.
altiloquência f. altilocuencia.
altimetria f. *Geom.* altimetría.
altíssimo adj. altísimo; el Ser Supremo.
altisson/ância f. altisonancia. **/ante** adj. altisonante; sublime.
altitude f. altitud, altura.
alt/ivez f. altivez; orgullo. **/ivo** adj. altivo; valiente. **/o** adj. alto, elevado; profundo; noble; **— mar,** alta mar. **/o-falante** m. altavoz. **/ura** f. altura, elevación; superioridad.
alua/do adj. alunado, lunático; alocado. **/r** tr. alunar.
alucina/ção f. alucinación; ilusión. **/r** tr. alucinar; turbar.
alude m. alud.
aludir tr. e intr. aludir, mencionar.
alug/ar tr. alquilar, arrendar. **/uer** m. alquiler; renta.
alúmen m. *Quím.* alumbre.
alumia/ção f. iluminación. **/do** adj. alumbrado; fig. inteligente. **/r** tr. alumbrar; instruir; explicar.
alumínio m. *Quím.* aluminio.
aluna/gem f. alunizaje. **/r** tr. alunizar, descender en la luna.
aluno m. alumno; educando; aprendiz.
alusão f. alusión; referencia.
alva f. alba, aurora; alborada. **/cento** adj. albarizo.
alvaneira f. canalón, caño.
alvar adj. albar, blanco; estúpido, tonto.
alvará m. albará; edicto, patente.
alveário m. alvéolo; colmena. *Anat.* alveario.
alveitar m. albéitar, veterinario; curandero.
alvejar tr. albear, blanquear; apuntar, dar en el blanco.
alvéloa f. *Zool.* aguzanieves.
alvenaria f. albañilería.
alvéolo m. alvéolo; cavidad.
alverca f. alberca, tanque; pantanal.
alvescer intr. blanquear.
alvião f. *Agr.* picachón.
alvino adj. *Anat.* alvino, intestinal.
alv/issarar tr. albriciar. **/íssaras** f. pl. albricias.
alvitr/ar tr. aconsejar, sugerir. **/e** m. sugestión, propuesta.
alvo adj. albo, blanco,

cristalino; m. señal, punto de mira.
alvor m. albor, albura; alborada. **/ada** f. alborada, alba: **tocar a —**, tocar diana. **/ecer** intr. alborear; comenzar; tr. blanquear.
alvor/iço m. alboroto; agitación. **/oçador** m. alborotador. **/oçar** tr. alborozar; amotinar. **/o(ô)ço** m. alborozo; inquietud. **/otar** tr. alborotar.
alvura f. albura; pureza.
ama f. ama; nodriza; dueña.
amabilidade f. amabilidad.
amachucar tr. aplastar; arrugar.
amaciar tr. ablandar, suavizar.
amad/a f. querida, novia; amiga **/o** adj. amado; querido; m. amante.
amadrinhar tr. amadrinar.
amadur/ar tr. e intr. madurar; sazonar. **/ecer** tr. e intr. madurar.
âmago m. medula; centro; esencia de algo.
amalandrar-se r. picardearse, hacerse malandrín.
amaldiçoa/do adj. maldecido, maldito. **/r** tr. maldecir; abominar; condenar.
am/álgama f. *Quím*. amalgama; mezcla. **/algamar** tr. amalgamar; combinar.
amaluca/do adj. alocado; maníaco. **/r** tr. e intr. enloquecer.
amamentar tr. amamantar, lactar.
amanceba/do adj. amancebado; amigado. **/r-se** r. amancebarse.
amanhã adv. mañana; m. dia siguiente; futuro.
amanhecer intr. amanecer, alborear.
amansa/dor adj. y s. amansador, domador. **/r** tr. amansar, domesticar; suavizar.
amanteigado adj. mantecoso; fig. flojo.
amantizar-se r. amancebarse.
amanuense m. amanuense, escribiente.
amar tr. amar, adorar; querer.
amara/gem m. amaraje (el hidroavión). **/r** tr. *Mar*. amarar; enmarar.
amarel/ado adj. amarillento. **/ar** tr. amarillear. **/o** adj. y m. amarillo; pálido.
amarfanhar tr. arrugar; maltratar.
amarg/ado adj. amargado; /triste. **/ar** tr. amargar; entristecer. **/o** adj. amargo; acre; doloroso, triste; m. amargura. **/or** m. amargor.
amaricar-se r. afeminarse.
amaridar tr. e intr. maridar, casar; unir.
amarinhar tr. *Mar*. marinar; equipar maniobrar.
amarra f. *Mar*. amarra, cable. **/ção** f. amarre; amarradero. **/r** tr. amarrar, atar.
amarrota/mento m. arrugamiento. **/r** tr. arrugar; vencer.
amásia f. amasia, amante.
amassa/deira f. amasadora; **/r** tr. amasar; machacar; preparar.
amativ/idade f. amatividad. **/o** adj. amativo, que ama; amante.
amável adj. amable.
amaz/ona f. amazona; fig. mujer bélica; jinete. **/ó(ô)nico** adj. amazónico (del Amazonas).
âmbar m. ámbar.
ambi/ção f. ambición; apetito; vehemencia. **/cionar** tr. ambicionar; anhelar. **/cioso** adj. ambicioso.

ambiente adj. ambiente.
ambisséxuo adj. hermafrodita.
âmbito m. ámbito, contorno; recinto.
ambl/ose m. aborto. **/ótico** adj. abortivo.
ambos adj. pl. ambos, uno y otro.
ambulância f. ambulancia; hospital de campaña.
ambula/nte adj. ambulante; movible. **/tório/** adj. ambulatorio.
ambulatriz f. prostituta, meretriz.
ameaç/a f. amenaza. **/ar** tr. e intr. amenazar; anunciar.
amealha/dor adj. y m. ahorrador; tacaño. **/r** tr. economizar, ahorrar.
amedronta/mento m. amedrentamiento. **/r** tr. amedrentar, atemorizar.
ameia f. almena; tronera. **/r** tr. almenar; fortificar.
amêijoa f. *Zool.* almeja.
ameix/a f. *Bot.* ciruela. **/ieira** f. ciruelo.
amém interj. amén; m. afirmación, acuerdo.
am/êndoa f. *Bot.* almendra. **/endoeira** f. almendro.
amendoim m. *Bot.* cacahuet, mandobí.
amenidade f. amenidad; suavidad.
amenina/do adj. aniñado; frágil. **/r-se** r. aniñarse; remozarse.
amen/izar tr. amenizar; suavizar. **/o** adj. ameno; agradable.
amenorreia f. *Pat.* amenorrea.
americani/ce f. excentricidad. **/zar** tr. americanizar.
ameríndio m. amerindio.
amesquinha/do adj. mezquino; miserable. **/r** tr. despreciar; oprimir.
amestra/dor m. adiestrador; maestro. **/r** tr. amaestrar.
amezinha/dor m. curandero. **/r** tr. medicar con remedios caseros.
amianto m. *Min.* amianto.
amido m. almidón. **/ar** tr. almidonar.
amiga f. amiga; concubina. **/lbaço** s. amigazo. **/r** tr. amigar.
amígdala f. *Anat.* amígdala.
amigo m. amigo; amancebado; partidario; — **da onça,** amigo falso.
amima/dor adj. y s. acariciador, cariñoso. **/r.** tr. mimar.
amimia f. *Pat.* amimia.
amisera/ção f. compasión, piedad. **/r** tr. apiadar, compadecer.
ami/udado adj. menudeado, frecuente. **/udar** tr. reiterar, menudear.
amixia f. *Zool.* amixia, reproducción imposible.
amizade f. amistad; dedicación.
amnésia f. *Pat.* amnesia.
amnistia f. amnistía; perdón. **/r** tr. amnistiar.
amo m. amo; dueño.
amobilidade f. amovilidad.
amoeda/ção f. amonedación. **/r** tr. amonedar, acuñar.
amofina/ção f. mohina; aburrimiento. **/r** tr. amohinar; molestar.
amola/ção f. amoladura; fastidio. **/r** tr. amolar, afilar; (fig.) fastidiar.
amolecer tr. ablandar; fig. conmover.
amolgar tr. abollar.
amoníaco m. *Quím.* amoníaco.
amontoa/ção f. amontonamiento; montón; confusión. **/r** tr. amontonar; acumular.
amor m. amor; — **-per-**

feito *Bot.* pensamiento. **/a** f. *Bot.* mora.
amordaçar tr. amordazar.
amoreira f. *Bot.* moral, morera.
amortalhar tr. amortajar.
amortecer tr. amortecer, amortiguar; calmar; debilitar.
amortizar tr. amortizar; liquidar.
amostra f. muestra. **/r** tr. mostrar.
amotina/ção f. amotinamiento; motín. **/dor** adj. y m. amotinador. **/r** tr. amotinar.
ampar/ar tr. amparar. **/o** m. amparo.
amplia/ção f. ampliación. **/dor** adj. y s. ampliador. **/r** tr. ampliar; prorrogar.
ampli/dão f. amplitud. **/ficação** f. amplificación. **ficador** m. amplificador. **/ficar** tr. amplificar.
amplo adj. amplio.
amputa/ção f. amputación. **/r** tr. amputar; mutilar.
amu/ado adj. enfadado, enfurruñado. **/ar** tr. enfadar. **/o** m. enojo; mohina.
amuralhar tr. amurallar.
anã f. enana.
anais m. pl. anales.
analfabeto adj. y m. analfabeto.
analis/ar tr. analizar. **/ta** adj. y s. analista.
análise f. análisis.
análogo adj. análogo.
ananás m. *Bot.* ananás.
anão m. enano.
anarqui/a f. anarquía. **/sta** s. anarquista.
anatomia f. anatomía.
anca f. anca.
anch/o adj. ancho; amplio. **/ova** f. *Zool.* anchoa.
âncora f. áncora, ancla.
andaime o **andaimo** m. andamio.
anda/mento m. andarura. **/r** intr. andar; m. piso; pavimento. **/rilho** m. andarín.
andas f. pl. andas; zancos; parihuelas.
andorinha f. *Zool.* golondrina.
andrajo m. andrajo. **/so** adj. andrajoso.
anedota f. anécdota; chiste.
anel m. anillo; argolla. **/ar** tr. anillar; rizar; anhelar.
anemia f. *Med.* anemia.
anestesia f. *Med.* anestesia.
anex/ação f. anexión. **/ar** tr. anexar; agregar. **/o** adj. y m. anexo; agregado.
anfíbio adj. y s. anfibio.
anfiteatro m. anfiteatro.
anfitrião m. anfitrión.
ânfora f. ánfora.
angariar tr. atraer; reclutar; adquirir; seducir.
angelical adj. angelical.
angina f. *Med.* angina.
anglo-saxão m. anglosajón.
ângulo m. *Geom.* ángulo; esquina.
angústia f. angustia.
angust/iar tr. angustiar. **/o** adj. angosto; reducido.
anidrido m. *Quím.* anhídrido.
anilh/a f. anilla. **/o** m. anillo; argolla.
anilina f. *Quím.* anilina.
anima/ção f. animación. **/l** adj. y m. animal. **/r** tr. animar.
ânimo m. ánimo. **/so** adj. animoso.
aninhar tr. anidar; cobijar, agasajar.
aniquilar tr. aniquilar.
anis m. *Bot.* anís.
aniversário adj. y m. aniversario.
anj/inho m. angelito. **/o** m. ángel.

ano m. año.
anoitecer intr. anochecer.
anomalia f. anomalía.
anó(ô)malo adj. anómalo.
anó(ô)nimo adj. y m. anónimo.
anormal adj. anormal.
anota/ção f. anotación; apunte. **/r** tr. anotar.
anoutecer intr. anochecer.
ânsia f. ansia.
antagoni/smo m. antagonismo. **/sta** adj. y s. antagonista.
antanho adv. antaño.
antecâmara f. antecámara.
anteced/ência f. antecedencia. **/er** tr. e intr. anteceder; preceder.
antecipar tr. anticipar.
antedizer tr. antedecir, predecir.
antemão (de) adv. de antemano.
antena f. antena.
anteontem adv. anteayer.
antepar/a f. antipara. **/ar** tr. resguardar; defender; obstaculizar. **/o** m. resguardo; tabique; precaución; biombo.
antepassado adj. y m. antepasado.
antepor tr. anteponer.
anteproje(c)to m. anteproyecto.
anterior adj. anterior.
antes adv. antes.
antibiótico m. antibiótico.
antig/alha f. antigualla. **/o** adj. antiguo, viejo. **/uidade** f. antigüedad.
antílope m. *Zool.* antílope.
antip/atia f. antipatía. **/ático** adj. antipático.
antítese f. antítesis.
antologia f. antología.
antro m. antro.
anu/al adj. anual. **/ário** m. anuario. **/idade** f. anualidad.
anuir intr. anuir, consentir.
anula/ção f. anulación. **/r** tr. y adj. anular.
anuncia/ção f. anunciación. **/dor** adj. y s. anunciador, anunciante.
anúncio m. anuncio.
ânus m. *Anat.* ano.
anverso m. anverso.
anzol m. anzuelo; fig. ardid.
ao contr. de la prep. **a** y el art. o pron. **o**; al.
aonde adv. adonde; a que parte.
aorta f. *Anat.* aorta.
apadrinhar tr. apadrinar; patrocinar.
apaga/do adj. apagado; cancelado; sumido; indolente. **/r** tr. apagar; amortiguar; abatir.
apaiolar tr. almacenar en el pañol.
apaisanar tr. adoptar maneras de campesino.
apaisar tr. pintar paisajes.
apaixona/do adj. apasionado; exaltado. **/r** tr. apasionar; excitar.
apalaça/do adj. palaciego. **/r** tr. dar forma de palacio.
apaladar tr. condimentar, paladear.
apalavrar tr. apalabrar; combinar.
apalerma/do adj. entontecido, estúpido. **/r-se** r. atontarse.
apalhaçado adj. apayasado.
apalpa/ção f. palpamiento, palpación. **/deira** f. matrona (en aduanas). **/dor** m. manoseador, vista (aduana). **/r** tr. apalpar, palpar; escudriñar.
apanha f. *Agr.* apaño, cosecha. **/r** tr. apañar, coger; sorprender.
a par loc. adv. a la par; paralelamente.
apara f. viruta, limadura.
aparador m. aparador, armario de comedor.
aparafusar tr. atornillar.

apara-lápiz m. afilalápices, sacapuntas.
aparar tr. aparar; cortar, aguzar; adular.
aparat/ar tr. ornamentar. **/o** m. aparato, esplendor; adorno.
aparcela/do adj. dividido en parcelas; *Mar.* lleno de escollos. **/r** tr. parcelar, dividir.
aparec/er intr. aparecer. **/imento** m. aparecimiento.
aparelh/ado adj. aparejado; enjaezado. **/ador** m. aparejador. **/ar** tr. aparejar. **/o** m. aparejo, aparato.
apar/ência f. apariencia, aspecto. **/entar** tr. aparentar; ostentar.
aparição f. aparición; fantasma.
aparo m. plumín, pluma para escribir.
aparta f. apartación, separación; elección. **/do** adj. apartado; retirado; m. apartado de correos. **/mento** m. apartamiento; habitación; soledad. **/r** tr. apartar, separar; escoger.
á parte adv. y prep aparte, separadamente.
aparv/alhado adj. atontado; estúpido. **/alhar** tr. aturdir, atolondrar.
apascenta/ção f. apacentamiento. **/r** tr. apacentar; fomentar; instruir.
apatia f. apatia; indolencia.
apátrida s. apátrida.
apavora/nte adj. amedrentador, pavoroso. **/r** tr. amedrentar.
apazigua/dor adj. y m. apaciguador. **/r** tr. apaciguar, calmar.
apeadeiro m. apeadero.
apeçonha/do adj. emponzoñado. **/r** tr. empozoñar, envenenar; afligir.
apedoirar tr. ahorrar.
apedr/ar tr. apedrear; engastar piedras preciosas. **/ejar** tr. apedrear; insultar.
apeg/ação f. apego. **/adiço** adj. contagioso; pegajoso. **/ar** tr. apegar; contagiar; agarrar.
apel/ação f. *For.* apelación, recurso. **/ar** tr. apelar, recurrir.
apelid/ar tr. apellidar, nombrar. **/o** m. apellido.
ape(ê)lo m. apelación; llamamiento.
apenar tr. apenar; castigar.
apenas adv. apenas, casi no, solamente; luego que.
ap/êndice m. apéndice. **/endicite** f. *Med.* apendicitis.
apens/ar tr. unir, adjuntar; anexar. **/o** adj. y m. anexo, adjunto; inclinado.
apenumbrar tr. sombrear.
apepsia f. *Med.* apepsia.
apequenar tr. empequeñecer; apocar.
aperalta/do adj. presumido **/r** tr. presumir, tornar elegante.
aperceber tr. apercibir; comprender; avistar.
apercep/ção f. apercepción; intuición. **/tível** adj. perceptible.
aperfeiçoa/do adj. perfeccionado. **/r** tr. perfeccionar, refinar.
aperfilhar tr. prohijar.
apergaminha/do adj. apergaminado. **/r** tr. apergaminar.
aperolar tr. dar la forma o color de las perlas.
aperta/do adj. apretado, estrecho; necesitado. **/r** tr. apretar; afligir; afrontar; resumir.
ape(ê)rto m. apretón; opresión; necesidad.

apesar de loc. prep no obstante, a pesar de.
apestar tr. apestar; contaminar.
apet/ecer tr. apetecer. / **ência** f. apetencia. /**ite** m. apetito; ambición.
apetrech/ar tr. pertrechar. /**o** m. pertrecho.
apiedar tr. apiadar.
ápio m. *Bot.* apio.
apito m. pito; silbato.
aplainar tr. acepillar; aplanar.
aplana/dor adj. aplanador. /**r** tr. aplanar; allanar; facilitar.
aplau/dir tr. aplaudir. /**so** m. aplauso.
aplica/ção f. aplicación. /**r** tr. aplicar.
apocalipse f. apocalipsis.
apodrecer tr. pudrir.
apogeu m. apogeo.
apoi/ar tr. apoyar. /**o** m. apoyo.
apólice f. póliza.
aponta/do adj. apuntado; señalado. /**mento** m. apunte; anotación. /**r** tr. apuntar; anotar.
apoplexia f. apoplejía.
apoquenta/ção f. aflicción; importunación. /**r** tr. afligir; molestar.
apor tr. yustaponer; uncir; poner junto a.
aporfiar tr. porfiar.
aporrinhar tr. consumir; importunar; afligir.
após prep y adv. después; atrás.
aposent/ação f. aposentamiento; jubilación; hospedaje. /**ado** m. jubilado. /**ar** tr. aposentar; hospedar; jubilar. /**o** m. aposento; cuarto.
aposição f. aposición; agregación.
aposta f. apuesta. /**r** tr. apostar; resolver.
apostila f. apostilla, aditamento. /**r** tr. apostillar.
apo(ô)sto adj. acrecentado, añadido, anexo; apuesto.
apóstolo m. apóstol.
apóstrof/e f. *Ret.* apóstrofe. /**o** m. *Gram.* apóstrofo.
apostura f. apostura; garbo.
apoteose f. apoteosis.
apouca/do adj. apocado; apocamiento. /**r** tr. apocar.
apraza/do adj. designado, fijado, convenido; aplazado. /**r** tr. aplazar; citar; fijar.
apraz/er intr. aplacer, agradar. /**imento** m. aplacimiento; beneplácito.
apreça/dor m. apreciador; tasador. /**r** tr. apreciar, tasar; estimar.
aprecia/ção f. apreciación. /**r** tr. apreciar; valuar.
apre(ê)ço m. aprecio.
apreen/der tr. aprehender; temer. /**são** f. aprehensión; preocupación. /
apregoa/dor adj. y s. pregonador. /**r** tr. pregonar; divulgar.
aprender tr. aprender.
aprendiz m. aprendiz.
apresar tr. apresar.
apresenta/ção f. presentación; aspecto. /**dor** adj. y s. presentador. /**r** tr. presentar; ofrecer; exhibir.
apressa/do adj. apresurado. /**r.** tr. apresurar; estimular.
aprimorar tr. primorear; perfeccionar.
aprisionar tr. aprisionar.
aproar tr. e intr. aproar; arribar.
aprobatório adj. aprobatorio.
aprontar tr. aprontar.
aprova/ção f. aprobación. /**r** tr. aprobar; autorizar.
aproveita/ção f. aprove-

chamiento. **/r** tr. aprovechar.
aprovisionar tr. aprovisionar.
aproxima/ção f. aproximación. **/r** tr. aproximar.
aprum/ado adj. aplomado; arrogante. **/ar** tr. aplomar. **/o** m. aplomo; corrección.
apside m. ápside.
apt/idão f. aptitud. **/itude** f. aptitud. **/o** adj. apto.
aquário m. acuario.
aquático adj. acuático.
aquec/edor adj. y m. calentador; brasero. **/er** tr. calentar; entusiasmar.
aqueduto m. acueducto.
aqu(ê)le adj. y pron. aquel, aquél, aquello.
aqui adv. aquí.
aquieta/ção f. aquietación, tranquilidad. **/r** tr. aquietar, tranquilizar.
aquilo pron. dem. aquello.
aquisição f. adquisición.
aquoso adj. acuoso.
ar m. tire; apariencia.
ara f. ara.
arado adj. y m. arado.
aragem f. brisa.
aranha f. *Zool.* araña.
arar tr. arar; fig. navegar.
arbitra/gem m. arbitraje. **/r** tr. arbitrar.
árbitro m. árbitro.
arbor/escência f. *Bot.* arborescencia. **/icultura** f. arboricultura. **/izar** tr. arborizar.
arbusto m. *Bot.* arbusto.
arca f. arca; cofre; baúl.
arcabuz m. arcabuz. **/ar** tr. arcabucear, fusilar.
arca/ico adj. arcaico, antiguo. **/ísmo** m. arcaísmo.
arcar tr. arquear, curvar; ceñir. **/ia** f. *Arq.* arquería.
arcebisp/ado m. arzobispado. **/o** m. arzobispo.
archeiro m. archero; arquero.
archote m. antorcha; hacha.
arco m. arco; aro; **— iris,** arco iris.
ár(c)tico adj. *Geog.* ártico, boreal.
arcuar tr. arcuar, arquear.
arde/nte adj. ardiente; picante. **/r** intr. arder.
ardil m. ardid.
ardor m. ardor.
árduo adj. arduo.
área f. *Geom.* área.
arej/ar tr. airear, ventilar. **/o** m. aireamiento, ventilación.
aren/a f. arena. **/ga** f. arenga; disputa. **/oso** adj. arenoso.
arenque m. *Zool.* arenque.
aresta f. arista.
argila f. arcilla.
argola f. argolla, anilla.
argúcia f. argucia.
arguir tr. e intr. argüir; censurar.
argument/ador adj. y s. argumentador. **/ar** tr. e intr. argumentar. **/o** m. argumento.
arguto adj. agudo, sutil.
ária f. *Mús.* aria.
aridez f. aridez.
aristrocra/cia f. aristrocracia. **/ta** s. aristócrata.
aritmética f. *Mat.* aritmética.
arlequim m. arlequín.
arma f. arma. **/ção** f. armazón; aparatos náuticos. **/da** f. armada. **/dor** m. armador. **/dura** f. armadura. **/mento** m. armamento. **/r** tr. armar.
armário m. armario.
armaz/ém m. almacén. **/enar** tr. almacenar. **/enista** s. almacenista.
armeiro m. armero.
arminho m. *Zool.* armiño.

armistício m. armisticio.
aro m. aro. **/ma** f. aroma. **/matizar** tr. aromatizar.
arp/ão m. arpón. **/ejo** m. *Mús.* arpegio. **/oar** tr. arponear.
arque/ação f. arquero. **/ar** tr. e intr. arquear; curvar. **/jo** m. jadeo. **/ologia** f. arqueología.
arquiduque m. archiduque.
arquipélago m. archipiélago.
arquite(c)t/ar tr. edificar, construir; imaginar. **/o** m. arquitecto. **/ura** f. arquitectura.
arquiv/ar tr. archivar. **/ista** s. archivero, archivista. **/o** m. archivo.
arrabalde m. arrabal, suburbio.
arraia f. *Zool.* raya; frontera, raya; plebe, populacho. **/l** m. acampamento de tropas; feria; verbena; romería.
arrais m. *Mar.* arráez.
arranca/da f. arrancada; embestida. **/r** tr. arrancar; forzar; desembarazar.
arranha-céu m. rascacielos.
arranh/ação m. arañadura. **/adela** f. arañazo. **/ar** tr. arañar.
arranj/adeiro adj. diligente, ordenado. **/ar** tr. arreglar; conciliar; obtener; adornar. **/o** m. arreglo; orden; contrato.
arrasa/mento m. arrasamiento. **/r** tr. arrasar; allanar.
arrast/ado adj. arrastrado; miserable. *Mar.* barco de arrastre. **/ar** tr. arrastrar; oprimir; humillar; prolongar. **/o** m. arrastre; pobreza.
arrátel m. arratel, antigua unidad de peso.
arrea/ção f. arreo; ajuar. **/r** tr. arrear; enjaezar; amueblar. **/ta** f. reata, cabestro.
arrebanhar tr. arrebañar, reunir.
arrebat/ado adj. arrebatado; violento; rápido. **/ador** adj. y s. arrebatar; raptar; encantar. **/o** m. arrebato; ímpetu.
arrebent/ação f. *Mar.* reventazón, embate de olas. **/ar** tr. reventar; supurar; brotar. **/o** m. retoño (de una planta).
arrebol m. arrebol (cosmético). **/ar** tr. arrebolar; redondear.
arrecada/ção f. recaudación; depósito. **/dor** adj. y s. recaudador. **/r** tr. recaudar, cobrar; ahorrar.
arrecuar tr. e intr. recular.
arreda! interj. ¡fuera!, ¡para atrás!
arreda/mento m. arredramiento; separación. **/r** tr. arredrar; desviar.
arredondar tr. redondear; completar; armonizar.
arredores m. pl. alrededores, suburbios.
arreeiro m. arriero; fig. grosero.
arrefecer tr. e intr. enfriar.
arregimenta/do adj. incorporado (al regimiento); asociado. **/r** tr. regimentar; juntar.
arregoar tr. e intr. surcar; hendirse.
arregueirar tr. *Agr.* abrir regueros.
arreiga/do adj. arraigado. **/r** tr. arraigar.
arreio m. arreo, jaez.
arreita/do adj. garrido; elegante; lascivo. **/r** tr. excitar la sensualidad.
arreli/a f. mal agüero; disgusto. **/ador** adj. y s. molestador. **/ar** tr. enfadar.
arrelvar tr. encespedar.

arremangar tr. arremangar, arregazar.
arremat/ação f. remate; subasta. **/ador** adj. y s. rematador. **/ar** tr. remate; subasta.
arreme/dar tr. remedar, imitar. **/(ê)do** m. remedo, imitación.
arremessa/dor adj. y s. arrojador; insolente. **/r** tr. arrojar; amenazar.
arremet/er tr. arremeter; embestir. **/imento** m. arremetimiento.
arrenda/ção f. arrendamiento. **/r** tr. arrendar; adornar.
arrene/gação f. renegación; irritación. **/gar** tr. e intr. renegar; aborrecer; blasfemar. **/(ê)go** m. reniego; imprecación.
arrepanhar tr. atrapar; arrugar; robar.
arrepel/ão m. descabello; tirón; reprimenda. **/ar** tr. descabellar; desesperarse.
arrepend/er-se r. arrepentirse; retractarse. **/ido** adj. arrepentido.
arrepi/ado adj. erizado; asustado; tembloroso. **/ar** tr. horripilar; erizar; asustar; r. sentir escalofríos. **/o** m. escalofrío.
arresta/do adj. arrestado; embargo. **/r** tr. embargar; confiscar; arrestar.
arresves/ado adj. enrevesado; intrincado. **/ar** tr. poner del revés; complicar. **/so** m. dificultad.
arriar tr. *Mar.* arriar; inutilizar; rendirse, ceder.
arriba adv. arriba; f. peñasco. **/ção** f. arribo, llegada; **ave de —,** ave de paso. **/r** intr. arribar; fig. convalecer. **/s** f. pl. márgenes, orillas de un río.
arrie/iro m. arriso. **/l** m. alzaprima; barra de oro; argolla.
arrim/ado adj. arrimado. **/ar** tr. arrimar; apoyarse. **/o** m. arrimo; apoyo; protección.
arriscar tr. arriscar, arriesgar.
arroch/ar tr. agarrotar; apretar con exceso. **/o** m. garrote; fig. rigor.
arrog/ância f. arrogancia. **/ar** tr. arrogar, prohijar. **/o** m. arrogancia.
arroio m. arroyo.
arroj/adiço adj. arrojadizo; intrépido. **/ador** s. arrojador. **/ar** tr. arrojar; arrastrar. **/o** m. arrojo; osadía.
arrola/mento m. alistamiento; inventario. **/r** tr. alistar; inscribir; enrollar; arrullar.
arromba/mento m. rompimiento; fractura. **/r** tr. romper; derrumbar; destrozar; humillar.
arroupar tr. arropar.
arroz m. *Bot.* arroz. **/al** m. arrozal. **/eiro** adj. y s. arrocero.
arrua/aça f. motín; alboroto popular. **/ceiro** adj. y m. camorrista; amotinador. **/r** tr. dividir en calles; intr. callejear; mugir.
arrugar tr. arrugar; encrespar.
arruina/do adj. arruinado; destruido. **/r** tr. arruinar; destrozar; perderse.
arrum/ação f. orden; aseo; buena disposicin. **/ador** m. ordenador; acomodador. **/ar** tr. arreglar. **/o** m. orden; arreglo; fig. ocupación; empleo.
arsenal m. arsenal.
arsé(ê)nico adj. y m. arsénico.
arte f. arte.
artéria f. arteria.

artesa f. artesa.
articula/ção f. articulación. **/r** tr. articular.
art/iculista s. articulista. **/ículo** m. artículo.
art/ífice m. artífice. **/ifício** m. artificio.
artigo m. artículo.
artista adj. y s. artista; artífice; fig. ingenioso.
árvore f. *Bot.* árbol.
arvore/cer intr. arborecer. **/do** m. arboledo.
as art. f. pl. las.
às contr. de la prep. *a* con el artículo *as* a las
ás m. as.
asa f. ala; asa, mango.
às avessas loc. adv. al contrario; al revés.
ascen/dência f. ascendencia. **/der** intr. ascender.
áscua f. ascua, brasa.
asfalto m. asfalto.
asfixia f. asfixia. **/r** tr. asfixiar.
asil/ado adj. y s. asilado. **/ar** tr. y r. asilar. **/o** m. asilo; fig. amparo.
asma f. *Med.* asma.
asn/aria f. asnería. **/o** m. *Zool.* asno; fig. ignorante.
aspa f. aspa; pl. comillas. **/r** tr. aspar; fig. mortificar; borrar, tachar; entrecomar.
aspe(c)to m. aspecto.
aspereza f. aspereza; fig. mortificación.
asperidade f. aspereza.
áspero adj. áspero.
aspers/ão f. aspersión. **/ar** tr. aspejar; rociar; hisopear.
aspira/ção f. aspiración. **/dor** adj. aspirante; m. aspirador. **/r** tr. aspirar.
assad/eiro adj. asadero; m. asador. **/o** adj. y m. asado; quemado. **/or** m. asador.
assalaria/do adj. y s. asalariado. **/r** tr. asalariar.
assalt/ador adj. y m. asaltador. **/ar** tr. asaltar.
assanh/ado adj. irritado. **/ar** tr. ensañar, irritar. **/o** m. saña; rabia.
assar tr. asar; quemar.
assassin/ador m. asesino. **/ar** tr. asesinar. **/o** adj. y s. asesino.
assea/do adj. aseado; lindo. **/r** tr. asear, limpiar; adornar.
assedentado adj. sediento.
ass/ediador adj. asediador. **/édio** m. asedio, bloqueo.
assegura/ção f. aseguración. **/dor** m. asegurador; fiador. **/r** tr. asegurar; afianzar.
asseio m. aseo.
asselvaja/do adj. salvaje; brutal. **/r** tr. hacer salvaje.
assemble(é)ia f. asamblea; corporación.
assemelha/ção f. semejanza. **/r** tr. semejar.
assenta/do adj. asentado; ajustado; resuelto. **/mento** m. asentamiento; acuerdo, convenio; alistamiento. **/r** tr. asentar; presuponer; arreglar; reprender.
assent/e adj. asentado; combinado. **/imiento** m. asentimiento; permiso. **/o** m. asiento; residencia; anotación; resolución.
asserção f. aserción, afirmación.
asserenar tr. serenar calmar.
asser/ir tr. afirmar, asentir. **/to** m. aserto.
assess/or m. asesor; adjunto. **/oria** f. asesoría.
assestar tr. asestar, apuntar; disparar.
assevera/ção f. aseveración. **/r** tr. aseverar, afirmar; asegurar.
assexua/do adj. asexuado, asexual. **/l** adj. asexual; ambiguo. **/lidade** f. asexualidad.

assibilar tr. *Gram.* asibilar.
ass/iduidade f. asiduidad; puntualidad. **/íduo** adj. asíduo; aplicado.
assim adv. así, de esta forma; también; **— mesmo,** así mismo; **é —?,** ¿es verdad?
assimila/bilidade f. asimilabilidad. **/dor** adj. asimilador. **/r** tr. asimilar.
assina/ção f. acción de **assinar;** notificación. **/do** m. firmado; solicitud.
assinala/do adj. señalado; ilustre. **/r** tr. señalar; marcar.
assin/ante s. firmante; subscritor. **/ar** tr. e intr. firmar; designar. **/ar-se** r. subscribirse. **/atura** f. firma; subscripción; abono.
assingelar tr. simplificar.
assisa/deira f. mujer murmuradora. **/r** tr. e intr. poner atención; reflexionar.
assist/ência f. asistencia; ayuda; compañia. **/ente** adj. asistente; ayudante. **/ir** intr. asistir, ayudar; presenciar; auxiliar.
assoalha/do adj. solado; asoleado; fig. divulgado; m. suelo. **/r** tr. solar; solear; divulgar.
assoar tr. sonar, limpiar la nariz.
assobi/ada f. silbido; asonada; ruido. **/adela** f. silbido; señal. **/ar** tr. e intr. silbar; patear. **/o** m. m. silbo, silbido.
associa/ção f. asociación; comunidad. **/do** adj. y m. asociado. **/r** tr. asociar; juntar.
assola/ção f. asolación, devastación. **/dor** adj. y s. asolador.
assolapar tr. solapar, ocultar.
assoma/da f. asomada; aparición; altura. **/r** tr. asomar; llegar; irritar; despuntar.
assombr/adiço adj. asombradizo; timorato. **/ado** adj. asombrado; sombreado; atónito. **/ar** tr. asombrar; sombrear; asustar; damnificar. **/o** m. asombro, pasmo.
asson/ância f. asonancia. **/ar** intr. asonar.
asso/pradela f. soplo. **/ (ô)pro** m. soplo.
assoss/egador adj. sosegador. **/egar** tr. sosegar.
assov/elar tr. agujerear; alesnar; fig. incitar. **/inar** tr. agujerear; fig. estimular.
assumir tr. asumir.
assunção f. asunción.
assunto m. asunto.
assusta/diço adj. asustadizo. **/r** tr. asustar.
astro m. astro.
astr/ologia f. astrología. **/ólogo** m. astrólogo.
ast/úcia f. astucia. **/uciar** tr. e intr. inventar, urdir. **/uto** adj. astuto.
atabafa/do adj. cubierto, tapado; fig. encubierto; parado (negocio o proceso). **/r** tr. tapar bien para conservar el calor; encubrir; no dejar seguir un proceso.
ataca/do adj. atacado; atado; lleno; **comércio de —,** comercio al por mayor. **/nte** adj. atacante. **/r** tr. atacar; atar.
atado m. atado; tímido.
atalaia f. atalaya. **/r** tr. atalayar.
atapetar tr. alfombrar.
ataque m. ataque.
atar tr. atar; impedir.
atarantar tr. atarantar, aturdir.
atardar tr. atrasar, retrasar.
atarefa/do adj. atareado. **/r** tr. atarear.
atarraca/do adj. achaparrado. **/r** tr. apretar;

atarragar; embarazar; achaparrar.
atarraxa/dor m. destornillador; terraja. **/r** tr. destornillar; atornillar; aterrajar; apretar mucho.
atascar tr. atascar.
atassalha/dor m. el que atasaja; fig. difamador. **/r** tr. atasajar; fig. difamar.
ataúde m. ataúd.
atavi/ar tr. ataviar. **/o** m. atavío.
até prep. hasta; adv. también; aún.
atear tr. encender; inflamar; abrasar.
ateísmo m. ateísmo.
atemoriza/dor adj. y s. atemorizador. **/r** tr. atemorizar.
atenazar tr. atenazar; mortificar.
atenção f. atención.
atencioso adj. atento.
atender tr. e intr. atender.
ateneu m. ateneo.
atent/ado m. atentado; adj. prudente. **/ar** tr. atentar; atender.
atenuação f. atenuación. **/r** tr. atenuar.
ate/rrador adj. y s. aterrador. **/rragem** m. aterrizaje. **/rraplanar** tr. aplanar. **/arrar** tr. aterrizar; aterrar; terraplenar. **/(ê)rro** m. aterramiento, nivelación de un terreno.
aterrorizar tr. aterrorizar.
atesta/ção f. atestado. **/r** tr. atestar, testificar; certificar; atiborrar.
ateu m. ateo.
atiça/dor adj. y s. atizador; instigador. **/r** tr. atizar; estimular.
ático adj. ático.
atilho m. atadura; bramante.
atinar tr. e intr. atinar; recordar.
atingir tr. alcanzar; corresponder.
atino m. atino; tino.
atira/diço adj. atrevido, osado. **/do** adj. tirado; osado.
atira/dor adj. y s. tirador. **/r** tr. tirar.
atitude f. actitud.
atlântico adj. atlántico.
atlas m. atlas.
atleta s. atleta. **/etismo** m. atletismo.
atmosf/era f. atmósfera. **/érico** adj. atmosférico.
ato (Bras.) V. **acto.**
atoarda f. noticia, rumor.
atocaiar tr. acechar; asaltar de sorpresa.
atol m. atolón. **/adeiro** m. lodazal. **/ar** tr. atollar; atontar.
atoleima/do adj. atontado, imbécil. **/r-se** r. embrutecerse.
atoleiro m. atolladero; abarrancadero.
ató(ô)mico adj. atómico.
atomi/smo m. atomismo. **/zar** tr. atomizar.
átomo m. *Fís.* y *Quím.* átomo.
at/onia f. *Pat.* atonia; inercia. **/ó(ô)mico** adj. atónico; átomo;
ató(ô)nito adj. atónito; estupefacto.
átono adj. *Gram.* átono.
atonta/diço adj. atolondrado; asustadizo. **/r** tr. atontar.
atorácico adj. *Zool.* atorácico.
atordoa/do adj. aturdido, atontado. **/r** tr. atolondrar, aturdir.
atormenta/ção f. atormentación. **/dor** adj. y s. atormentador, mortificador. **/r** tr. atormentar, afligir.
atorrear tr. torrear.
atoxicar tr. e intr. intoxicar, envenenar.
atraca/ção f. *Mar.* atracada. **/r** tr. atracar, abordar; amarrar.
atra/(c)ção f. atracción; simpatía. **/(c)tivo** adj. atractivo.

atraiçoa/dor adj. y s. traicionador, traidor. **/r** tr. traicionar.
atrair tr. atraer; persuadir.
atrapalha/ção f. confusión. **/r** tr. embarazar, confundir.
atrás adv. atrás, detrás.
atras/ado adj. atrasado; negligente. **/ar** tr. atrasar; obstruir. **/o** m. atraso; decadencia.
através adv. a través; transversalmente.
atravessa/do adj. atravesado, cruzado; fig. falso. **/r** tr. atravesar, cruzar.
atreito adj. propenso; acostumbrado.
atrela/do adj. atraillado; remolcado. **/r** tr. atraillar; prender; fig. seducir.
atrev/er-se r. atreverse; insolentarse. **/ido** adj. atrevido.
atribu/ição f. atribución; pl. poderes. **/ir** tr. atribuir.
atribula/ção f. tribulación. **/r** tr. atribular.
atribut/ar tr. atributar. **/o** m. atributo.
atrição f. atrición; arrepentimiento; desgaste.
atrincheirar tr. atrincherar.
átrio m. atrio.
atrito m. fricción; pl. dificultades.
atroa/da f. alboroto, ruido. **/dor** adj. y s. atronador; fig. perturbador. **/r** tr. atronar; aturdir.
atrocidade f. atrocidad.
atrofia f. atrofia; decadencia.
atrope/lação f. atropello, atropellamiento. **/lar** tr. atropellar; fig. menospreciar.
atroz adj. atroz.
atulh/ar tr. colmar; amontonar. **/o** m. amontonamiento; abarrotamiento.
atum m. *Zool.* atún.
atumultuar tr. amotinar; tumultuar.
atundir tr. contundir.
atupir tr. entupir; colmar.
atur/ado adj. asiduo; sufrido. **/ar** tr. soportar; sufrir; continuar.
aturdi/mento m. aturdimiento. **/r** tr. aturdir.
aud/ácia f. audacia. **/az** adj. audaz.
audição f. audición.
audi/ência f. audiencia. **/tor** m. auditor. **/tório** m. auditorio.
auge m. auge, apogeo.
aug/ural adj. augural; misterioso. **/urar** tr. augurar, presagiar.
aula f. aula; lección.
aument/ação f. aumento; aumentación. **/ar** tr. e intr. aumentar.
áureo adj. áureo.
auréola f. aureola.
auricular adj. y m. auricular.
auriflama f. oriflama.
aurora f. aurora.
ausculta/ção f. auscultación. **/r** rt. auscultar.
aus/ência f. ausencia. **/ente** adj. ausente.
auspício m. auspicio, presagio; apoyo, favor.
auster/idade f. austeridad. **/o** adj. austero.
austral adj. austral.
aut/êntica f. auténtica. **/enticar** tr. autenticar, legalizar. **/êntico** adj. auténtico.
auto m. auto. **/carro** m. autobús.
autodinâmico adj. autodinámico.
autom/obilismo m. automovilismo. **/obilista** s. automovilista. **/otora** f. automotora, automotriz. **/óvel** adj. y m. automóvil.
autó(ô)nomo adj. autónomo.
autópsia f. autopsia.
autor m. autor. **/ia** f. con-

dición de autor; facultad.

autori/dade f. autoridad. **/zação** f. autorización. **/zar** tr. autorizar; legalizar.

aux/ilador adj. y s. auxiliador. **/ílio** m. auxilio.

avalancha f. avalancha, alud.

avalia/ção f. valuación; apreciación. **/r** tr. valuar, tasar; apreciar.

avanç/ada f. avanzada; embestida. **/ado** adj. avanzado; progresista. **/ar** tr. e intr. avanzar; progresar.

avare/nto adj. avariento. **/za** f. avaricia.

avaria f. avería; daño. **/r** tr. averiar.

avaro adj. y s. avaro.

avassala/dor adj. y s. avasallador. **/r** tr. avasallar.

aveia f. *Bot.* avena.

ave f. *Zool.* ave.

avel/ã f. avellana. **/eira** f. *Bot.* avellano.

avelórios m. abelorios; fig. bagatelas.

aveludar tr. aterciopelar.

avenca f. *Bot.* culantrillo.

avença f. pacto, acuerdo; abono; ajuste; conciliación. **/r** intr. convenir, contratar.

avenida f. f. avenida.

avental m. adelantal.

aventur/a f. aventura. **/ar** tr. aventurar. **/eiro** adj. y s. aventurero.

averba/mento m. nota en ciertos documentos. **/r** tr. anotar; escribir al margen de; apodar.

averigua/ção f. averiguación. **/r** rt. averiguar.

avermelha/do adj. bermejizo, rojizo. **/r** tr. bermejear, rojear; enrojecer.

aversão f. aversión.

ave/ssado adj. reverso; que está al revés; enrevesado; contrario. **/ssar** tr. hacer al revés. **/(ê)sso** adj. y m. avieso; revés; contrario.

avi/ação f. aviación. **/ador** adj. y m. aviador. **/ão** m. avión.

avi/ário m. avería. **/cultura** f. avicultura.

avidez f. avidez.

avil/anar-se r. avillanarse. **/tar** tr. envilecer; despreciar.

avi/ndo adj. avenido; concorde. **/ndor** adj. y s. mediador; apaciguador. **/r** tr. avenir; ajustar; apaciguar.

avis/ador adj. y s. avisador. **/ar** tr. avisar. **/o** m. aviso; noticia.

avistar tr. avistar.

avitualhar tr. avituallar, abastecer.

avivar tr. avivar.

avizinhar tr. avecinar; aproximarse.

av/ô m. abuelo. **/ó** f. abuela.

avozear tr. vocear.

avulso adj. arrancado; suelto; a granel; fig. no auténtico.

avulta/do adj. abultado.

axila f. axila, sobaco.

axioma m. axioma; proverbio.

azado adj. propicio; favorable.

az/áfama f. prisa. **/afamado** adj. afanoso; rápido. **/afamar** tr. afanar; atarear.

azar m. azar; tr. ocasionar.

aze/damente adv. agriamente. **/dar** tr. acedar; fig. irritar. **/(ê)do** adj. ácido; fig. áspero; irritado.

azeit/e m. aceite; fig. pl. mal humor. **/ona** f. *Bot.* aceituna.

azenh/a f. aceña, molino. **/eiro** m. aceñero.

azeviche m. azabache.

aziago adj. aciago.

ázimo adj. ázimo.

azinhaga f. sendero, vereda.
azo m. oportunidad; origen.
azoa/da f. asonada; gritería. **/r** tr. aturdir; importunar.
azote m. *Quím.* nitrógeno.
azoug/ado adj. azogado; fig. inquieto; bullicioso. **/ar** tr. azogar; desasosegar, estar inquieto. **/ue** m. azogue.
azul adj. y m. azul. **/ar** tr. azular.
azulejo m. azulejo, ladrillo.
azumbra/do adj. corcovado. **/r** tr. corcovar; curvar.
azurado m. *Imp.* azurado.
azurzir tr. zurrar; golpear.

B

bab/a f. baba, saliva. **/ado** adj. babado; enamorado. **/ar** tr. babear.
bacalh/au m. *Zool.* bacalao. **/oada** f. cantidad de bacalao; plato de bacalao; latigazo. **/oeiro** m. barco bacaladero; vendedor o aficionado al bacalao.
bacanal f. bacanal, orgía.
bacará m. bacará (juego de naipes).
bacharel m. bachiller; fig. hablador. **/ar** tr. e intr. bachillerear.
bacia f. bacía, palangana; cuenca; ensenada; *Anat.* pelvis.
bacio m. bacín, orinal.
baço m. *Anat.* bazo; adj. morenuzco; descolorido.
bact/éria f. bacteria, microbio. **/ericida** adj. bactericida.
báculo m. báculo, bastón; amparo.
badal/ada f. badajada; fig. tontería. **/ar** intr. badajear. **/o** m. badajo.
badanal m. confusión, bullicio.
badanar intr. temblar.
baeta f. bayeta (tejido).
bafa/gem f. brisa, bufada; inspiración; hálito. **/r** intr. respirar.
bafej/ar tr. e intr. soplar suavemente; proteger; inspirar; murmurar. **/o** m. vaharada, soplo; fig. ayuda.
bafio m. moho.
bafo m. vaho, hálito; brisa; protección; **— ruim,** olor malo. **/rar** intr. vahear; jactarse.
baga f. *Bot.* baya; fig. gota. **/ceira** f. bagacera; adj. aguardiente de uva. **/ço** m. bagazo; aguardiente; fig. riqueza.
bagatela f. bagatela, insignificancia.
bag/o m. grano; baya. **/ /ulho** m. pepita, simiente; fig. dinero.
baía f. *Geog.* bahía, ensenada.
bai/ar intr. bailar. **/lar** intr. bailar. **/larino** m. bailarín. **/le** m. baile, danza.
bainha f. vaina; estuche.
baioneta f. bayoneta; **calar a —,** calar la bayoneta.
bairr/ismo m. amor por su barrio o tierra. **/o** m. barrio, barriada; arrabal.
baixa f. baja, disminución. **/-mar** f. bajamar. **/r** tr. bajar, disminuir; rebajar. **/r-se** r. humillarse, abatirse.
baixela f. vajilla.

baix/eza f. bajeza, vileza; hondonada; humildad. **/io** m. bajío; obstáculo. **/o** adj. bajo; hondo.
baj/oujar tr. acariciar, lisonjear. **/oujo** adj. baboso, bragazas; enamorado. **/ular** tr. adular.
bala f. bala, proyectil; fardo. **/ço** m. balazo.
balada f. balada.
balan/ça f. balanza; fig. equilibrio. **/çar** tr. balancear; oscilar. **/cear** tr. balancear. **/cete** m. *Com.* balance parcial; cálculo. **/ço** m. balanceo; columpio.
balandra f. *Mar.* balandra.
balão m. globo; fig. rumor.
balar intr. balar, dar balidos.
balastr/agem f. balastaje. **/o** m. balaste, grava.
bala/ustrada f. balaustrada. **/ústre** m. balaustre.
balbucia/ção f. balbuceo. **/r** tr. e intr. balbucear.
balb/úrdia f. barullo, confusión. **/urdiar** tr. barbullar, alborotar.
balcão m. balcón; mostrador.
balde m. balde, cubo. **/ /ação** f. baldeo; transbordo. **/ar** tr. baldear; transbordar.
baldio adj. baldío; inculto.
bale/eira f. *Mar.* ballenera. **/eiro** adj. y m. ballenero. **/ia** f. *Zool.* ballena.
baleote m. *Zool.* ballenato, cachalote.
balhar tr. e intr. bailar, danzar.
bali/do m. balido. **/r** intr. balar.
balística f. balística.
baliza f. *Mar.* baliza; boya. **/gem** f. balizamiento. **/r** tr. balizar; limitar.
balne/ação f. acción de bañarse. **/ário** m. balneario.
balofo adj. fofo, blando; vacío.
baloiç/ador adj. balanceador. **/ar** tr. balancear, columpiar. **/o** m. columpio; balanceo.
balsa f. balsa; lagar.
bals/amar tr. balsamar, perfumar; aliviar. **/âmico** adj. balsámico; aromático. **/amizar** tr. balsamizar; aromatizar; aliviar.
bálsamo m. bálsamo; fig. consuelo.
baluarte m. *Mil.* baluarte, bastión; apoyo.
bambinela f. cortina.
bambu m. *Bot.* bambú.
bambúrrio m. bambarria; buena suerte.
banal adj. banal.
banana f. *Bot.* banano, banana, plátano.
banc/a f. banca; mesa; pupitre; bufete. **/arrota** f. bancarrota. **/o** m. banco.
banda f. banda.
bandarilh/a f. banderilla. **/eiro** m. banderillero.
bandeira f. bandera.
bandeja f. bandeja; cepillo.
bandido m. bandido.
bando m. bando.
bandoleiro m. bandolero.
bandolim m. *Mús.* bandolín.
banha f. unto, manteca de cerdo.
banh/ar tr. bañar. **/eira** f. bañera. **/o** m. baño.
banjo m. *Mús.* banjo.
banqueiro m. banquero.
banquete m. banquete. **/ ar** tr. banquetear.
ba(p)ti/smo m. bautismo. **/stério** m. bautisterio. **/ zado** adj. bautizado; m. bautizo. **/zar** tr. bautizar. **/zo** m. bautizo.
baque m. baque; palpitación fuerte. **/ar** intr.

caer; arruinarse; convencer.
bar m. bar.
baraço m. cuerda, lazo; soga para ahorcar.
barafu/nda f. barahúnda, algazara. **/star** intr. debatirse; decir improperios.
baralh/a f. baraja; fig. desorden; pl. enredos. **/ar** tr. barajar; enredar; amotinarse. **/o** m. baraja.
barão m. barón.
barata f. *Zool.* cucaracha.
barat/ear tr. baratear. **/eio** m. baratura. **/o** adj. barato.
barba f. barba.
barbari/dade f. barbaridad. **/zar** tr. barbarizar.
bárbaro adj. y m. bárbaro.
barbatana f. aleta del pez.
barbe/ar tr. y r. afeitar. **/aria** f. barbería. **-iro** m. barbero.
barbicha f. barba corta y rala.
barbo m. *Zool.* barbo.
barbudo adj. barbudo.
barca f. barca. **/ça** f. barcaza.
barcarola f. *Mús.* barcarola.
barco m. barco.
bargante m. bargante, pícaro.
barítono m. *Mús.* barítono.
barlavento m. *Mar.* barlovento.
baró(ô)metro m. barómetro.
barque/iro m. barquero. **/jar** intr. barquear.
barra f. barra; borde, orilla de un vestido; banda, ribete; lecho; friso.
barrac/a f. barraca. **/ão** m. barracón.
barragem f. embalse, represa; cortina de granadas de artillería.
barranco m. barranco; precipicio; fig. dificultad. **/so** adj. barrancoso.
barraqu/eiro m. barraquero. **/im** m. barraquita.
barreg/ã adj. y f. barragana, concubina. **/ueiro** m. gritería; adj. amancebado.
barreira f. barrera; parapeto; fig. obstáculo.
barrento adj. barroso, arcilloso.
barrete m. bonete, birrete.
barrica f. barrica. **/da** f. barricada.
barriga f. barriga.
barril m. barril.
barro m. barro. **/so** adj. barroso.
barulh/ada f. confusión. **/o** m. barullo, ruido.
basalto m. *Min.* basalto.
base f. base. **/ar** tr. basar.
básico adj. básico.
basílica f. basílica.
basquetebol m. baloncesto.
bastão m. bastón, bordón, báculo.
bastar intr. bastar.
bastard/ear tr. bastardear **/ia** f. bastardía. **/o** m. bastardo.
bastião m. bastión, baluarte.
bastidor m. bastidor.
bata f. bata.
batalh/a f. batalla. **/ão** m. batallón. **/r** tr. e intr. batallar.
batata f. *Bot.* patata.
batedeira f. batidera, batidora.
bátega f. jofaina; chaparrón.
batel m. batel. **/ão** m. barcaza, gabarra.
batente adj. y m. batiente; aldaba.
bater tr. batir; acuñar moneda; agitar las alas.
bateria f. batería.
batina f. sotana; levita

(que usan los estudiantes).
bat/íscafo m. batiscafo. **/isfera** f. batiscafo.
batot/a f. trapeza en el juego; fam. engaño. **/ar** intr. trapacear. **/eiro** m. fullero; trapaceador.
batráquio m. *Zool.* batracio.
batuque m. cierta danza y tambor de los negros, batuque; ruido de golpes repetidos.
batuta f. *Mús.* batuta.
baú m. baúl.
bazar m. bazar.
baz/ófia f. bazofia; fig. jactancia. **/ofiar** intr. jactarse.
bebé m. bebé.
bebed/eira f. borrachera. **/ige** f. embriaguez; fig.
bêbedo m. borracho.
beb/er tr. beber. **/errão** m. borrachín. **/erricar** tr. e intr. beborrotear. **/ida** f. bebida.
begó(ô)nia f. Bot. begonia.
beiço m. bezo, labio grueso; borde saliente.
beij/adela f. beso. **/a-mão** m. besamanos. **/ar** tr. besar. **/o** m. beso. **/oca** f. fam. beso sonoro. **/ocar** tr. besuquear.
beira f. borde; orilla; margen; proximidad. **/-mar** f. litoral; orilla del mar.
beleza f. belleza; excelencia.
beliche m. camarote, litera.
bélico adj. bélico.
belígero adj. belígero, belicoso.
belisc/adura f. pellizco. **/ão** m. pellizco grande. **/ar** tr. pellizcar.
bel/o adj. y m. bello. **/-prazer** m. propia voluntad; albedrío.
bem m. bien; pl. bienes. **/-criado** adj. bien educado. **/-estar** m. bienestar. **/-fadado** adj. afortunado. **/-fazer** intr. beneficiar; m. beneficio. **/-me-quer** m. *Bot.* margarita.
bemol m. *Mús.* bemol.
bênção f. bendición.
bendi/to adj. y m. bendito. **/zer** tr. bendecir.
ben/eficência f. beneficencia. **/eficiar** tr. beneficiar. **/efício** m. beneficio; ganancia. **/emérito** adj. benemérito.
beneplácito m. beneplácito.
ben/évolo adj. benévolo. **/fazejo** adj. bienhechor.
bengal/a f. bastón; bengala. **/eiro** m. bastonero.
benigno adj. benigno.
benzina f. *Quím.* bencina.
benzol m. *Quím.* benzol.
berbigão m. *Zool.* berberecho.
berço m. cuna.
bergantim m. *Mar.* bergantín.
beringela f. *Bot.* berenjena.
berr/a f. berrido; celo. **/ar** intr. berrear, chillar; fig. saltar a la vista un color. **/eiro** m. berrinche; gritos. **/o** m. berrido; grito.
besoiro m. *Zool.* abejorro.
be/(ê)sta f. bestia; ballesta. **/stial** adj. bestial. **/stializar** tr. bestializar.
besugo m. *Zool.* besugo.
besuntar tr. untar; ensuciar.
beterraba f. *Bot.* remolacha, betarraga.
betesga f. callejón; taberna.
betume f. betún.
bexig/a f. vejiga; ampolla; fam. burla; pl. viruelas. **/oso** adj. vejigoso.
bezerr/a f. *Zool.* becerra. **/o** m. *Zool.* becerro.
bibe m. delantal para niño.
biberão m. biberón.

bíbli/a f. Biblia. **/co** adj. bíblico.
biblio/grafia f. bibliografía. **/teca** f. biblioteca.
bicarbonata m. *Quím.* bicarbonato.
bich/a f. *Zool.* sanguijuela; lombriz; culebra; **hilera,** (de personas); persona irritada; divisa. **/aroco** m. bicharraco. **/o** m. bicho; fiera; persona intratable. **/o-da-se(ê)-da** m. gusano de seda.
bicicl/eta f. bicleta. **/ista** s. biciclista.
bic/o m. pico; punta. **/udo** adj. picudo, puntiagudo; fig. difícil.
bidão m. bidón.
bidé m. bidé.
biela f. biela.
bienal adj. bienal.
bife m. bistec. **/steque** m. bistec poco asado.
bifurca/ção f. bifurcación. **/r** tr. bifurcar.
bigamia f. bigamia.
bígamo adj. y s. bígamo.
bigode m. bigote.
bijutaria f. bisutería, quincallería.
bilhar m. billar.
bilhete m. billete. **/ira** f. billetero; taquilla.
bilingue adj. bilingüe.
bílis f. bilis.
biltre adj. y m. bellaco.
bime/nsal adj. bimensual, quincenal. **/stral** adj. bimestral.
bimotor adj. y m. bimotor.
binação f. binación.
binário adj. y m. binario.
binóculo m. binóculo.
biografia f. biografía.
biologia f. biología.
biombo m. biombo.
bioquímica f. bioquímica.
biqueirão m. *Zool.* boquerón, anchoa.
bisagra f. bisagra.
bisão m. *Zool.* bisonte.
bisar tr. bisar.
bisav/ô m. bisabuelo. **/ó** f. bisabuela.
bisbilhot/ar intr. intrigar, chismear. **/eiro** m. chismoso, intrigante.
biscainho o **biscaio** m. vizcaíno, vasco.
biscoit/eira f. bizcochera. **/o** m. bizcocho.
bisel m. bisel. **/ar** tr. biselar.
bismuto m. *Quím.* bismuto.
bisnaga f. tubo.
bisnieto m. biznieto.
bisonh/aria f. bisoñez; ignorancia; novatada. **/o** adj. y s. bisoño; novato; recluta.
bisp/ado m. obispado. **/ar** tr. ver de lejos; sorprender; intr. obtener un obispado. **/o** m. obispo.
bitola f. modelo, patrón; fig. inteligencia; capacidad.
bivacar intr. vivaquear.
bland/ícia f. caricia; adulación; blandura. **/iciar** tr. acariciar; mimar.
blasf/emação f. blasfemia. **/emar** intr. blasfemar. **/é(ê)mia** f. blasfemia.
blasonar intr. blasonar; jactarse.
blinda/gem f. blindaje. **/r** tr. blindar.
bloco m. bloque; coligación de partidos políticos.
bloque/ar tr. bloquear. **/io** m. bloqueo.
blus/a f. blusa. **/ão** m. blusón.
boa f. *Zool.* boa; adj. buena.
boat/ar intr. rumorear; divulgar. **/o** m. rumor.
bob/agem f. bobería. **/ice** f. bobería.
bobina f. bobina; carrete. **/dor** m. bobinador. **/r** tr. bobinar.
bo(ô)bo adj. y m. bobo; bufón.

bo(ô)ca f. boca.
boca/dinho m. pedacito, bocadito; instante. **/do** m. bocado; pedazo; instante, espacio de tiempo.
bocal m. bocal; embocadura; brocal; bozal; bocado; adj. bucal.
bocej/ar intr. bostezar; fig. aburrirse. **/o** m. bostezo.
bócio m. *Med.* bocio.
boda f. boda, casamiento.
bode m. *Zool.* bode.
bodeg/a f. bodega, taberna; inmundicia. **/ada** f. chapucería; porquería.
bodo m. festín; regalo.
boé(ê)mio adj. y m. bohemio; nómada.
bof/ar tr. e intr. exhalar del bofe; eructar; jactarse. **/e** m. *Anat.* bofe, pulmón; fig. carácter.
bofet/ada f. bofetada; injuria. **/ear** tr. abofetear.
boga f. *Zool.* boga.
boi m. *Zool.* buey.
bóia f. boya; baliza.
boicot/agem f. boicoteo. **/ar** tr. boicotear.
boina f. boina.
boj/ador adj. saliente. **/ar** tr. curvar, arquear. **/o** m. barriga; capacidad.
bola f. bola; pelota.
bolacha f. galleta; fam. bofetada.
bolbo m. *Bot.* bulbo.
bolchevi/que adj. y s. bolchevique. **/ismo** m. bolchevismo.
boldrié m. tahalí; cinturón.
boletím m. boletín.
bol/e(ê)to m. boleto; boleta.
bo(ô)lha f. ampolla; burbuja; fig. manía.
bolh/ão m. borbotón; gran burbuja. **/ar** tr. e intr. burbujear; borbotonear.
bólide o **bólido** m. bólido.
bo(ô)lo m. pastel; prestación anual. **/-rei** m. roscón de Reyes.
bolor m. moho; fig. vejez. **/ecer** intr. enmohecer; fig. envejecer.
bolota f. *Bot.* bellota.
bo(ô)lso m. bolso.
bom adj. bueno.
bomba f. bomba. **/rdear** tr. bombardear. **/rdeio** m. bombardeo.
bombeiro m. bombero.
bombazina f. pana (tejido).
bombo m. bombo.
bombom m. bombón.
bombordo m. *Mar.* babor.
bonança f. bonanza.
bondade f. bondad.
boné m. gorra con visera.
bonec/a f. muñeca. **/o** m. muñeco; fig. mequetrefe.
bonificar tr. bonificar; beneficiar.
bonit/eza f. belleza. **/o** adj. bonito; *Zool.* bonito, atún.
bó(ô)nus m. descuento; bonificación; premio.
boquilha f. boquilla.
borbolet/a f. *Zool.* mariposa. **/ear** intr. mariposear; devanear.
borbulh/a f. *Bot.* yema; fig. mácula. **/ar** intr. burbujear; llenarse de brotes una planta.
borda f. borde; margen; orilla.
bordado adj. y m. bordado.
bordar tr. bordar.
borde/ar intr. bordear. **/jar** intr. bordear.
bordel m. burdel.
boreal adj. boreal.
borguista s. juerguista; fiestero.
borla f. borla; birrete.
borlista s. gorrón; el que asiste a un especáculo sin pagar.
bornal m. mochila; macuto.

bo(ô)rra f. borra; heces; bagatela.
borracha f. goma.
borrad/ela f. borrón de tinta; mancha. **/or** adj. papel secante; m. borrador; fam. pintamonas.
borr/ão m. borrón; borrador. **/ar** tr. borrar; ensuciar; defecar.
borrasca f. borrasca.
borre(ê)go m. borrego.
borrif/adela f. rociadura, salpicadura. **/ar** tr. rociar, asperger; intr. lloviznar. **/o** m. rociadura, salpicadura; llovizna.
bosque m. bosque.
bota f. bota; fig. dificultad.
botânica f. botánica.
botão m. botón; yema de las plantas.
botar tr. arrojar; verter.
bote m. *Mar.* bote; cuchillada.
botic/a f. botica. **/ario** m. boticario.
botija f. botija.
bouça f. terreno inculto; matorral. **/r** tr. quemar los rastrojos de los terrenos incultos.
bovino adj. bovino.
boxe m. boxeo.
braça f. braza (medida).
braçadeira f. abrazadera; argolla.
bra/cejar intr. bracear; fig. luchar. **/celete** m. brazalete. **/ço** m. brazo.
bragas f. pl. bragas, calzones.
brâmane m. brahmán.
bram/ar intr. bramar; vociferar; rugir. **/ir** intr. bramar; gritar; retumbar.
branc/acento adj. blancuzco. **/o** adj. blanco, albo; puro. **/ura** f. blancura.
brandir tr. blandir; intr. vibrar, oscilar.
brand/o adj. blando; lento; bondadoso. **/ura** f. blandura; afabilidad.
branque/ação f. blanqueación. **/ar** tr. e intr. blanquear; fig. encanecer. **/jar** intr. blanquear.
brânquia f. *Zool.* branquia.
branqui/dão f. blancura, albura. **/r** tr. blanquear.
braquigrafia f. braquigrafía.
braquiotomia f. *Cir.* braquiotomía.
brasa f. brasa; fig. ardor.
brasão m. blasón; escudo; honor.
braseir/a f. brasero. **/o** m. brasero; hoguera.
brasil m. *Bot.* brasil, palo brasil. **/eirada** f. conjunto de brasileños. **/eirismo** m. brasilismo. **/eiro** adj. y s. brasileño, natural del Brasil.
bravat/a f. bravata, jactancia. **/ão** m. valentón, bravucón.
brav/ejar intr. bravear. **/eza** f. braveza; cólera; amenaza. **/io** adj. bravío, salvaje. **/o** adj. bravo; silvestre.
brecha f. brecha, raja; daño.
brejeir/ada f. bribonada. **/o** adj. y m. tunante; vagabundo.
breque m. breque (carruaje).
breu m. brea, pez.
breve adj. m. breve; ligero; nota musical.
brevetar tr. conceder carné de aviador.
brevi/ário m. breviario. **/dade** f. brevedad; rapidez.
brid/a f. brida. **/ar** tr. poner brida; reprimir, refrenar.
briga f. disputa, riña, lucha.
brigad/a f. *Mil.* brigada; cuadrilla de obreros.

/**eiro** m. general de brigada.
brig/ador adj. y m. peleador, provocador. /**ão** m. peleador. /**ar** intr. bregar, disputar.
brigue m. *Mar.* bergantín.
brilh/ador adj. brillador. /**ante** adj. brillante; célebre; m. brillante (diamante). /**ar** intr. brillar; lucir. /**o** m. brillo; suntuosidad.
brim m. brin (tela).
brinc/adeira f. entretenimiento, juego; broma. /**alhão** adj. y s. bromista. /**ar** intr. jugar, divertirse; bromear; saltar.
brind/ar tr. brindar, obsequiar; intr. brindar, beber a la salud. /**e** m. brindis; regalo.
brinqu/edo m. juguete. /**ilharia** f. juguetería.
brio m. brío; pundonor; bravura. /**so** adj. brioso; valiente.
brisa f. brisa (viento).
brita f. cascajo, balasto. /**deira** f. trituradora de piedras. /**r** tr. quebrar, fragmentar; invalidar.
broca f. broca, barrena. /**r** tr. taladrar.
brocha/do adj. encuadernado en rústica. /**dor** adj. y m. encuadernador. /**r.** tr. encuadernar; clavar con clavos de zapatero.
brônqui/os m. pl. bronquios. /**te** f. *Med.* bronquitis.
bronze m. bronce. /**ador** m. bronceador. /**ar** tr. broncear.
broquear tr. perforar, taladrar.
brotar intr. brotar; manar.
broxa f. brocha. /**r** tr. pintar con brocha.
bruços (de) loc. adv. de bruces, boca abajo.
bruni/dor m. bruñidor. /**r** tr. bruñir; almidonar, planchar; pulir; alisar.
bruno adj. bruno, moreno; fig. sombrío, triste.
brus/co adj. brusco. /**quidão** f. brusquedad.
brut/a (à) loc. adv. a lo bruto. /**alidade** f. brutalidad. /**o** adj. bruto.
brux/a f. bruja; pabilo de lamparilla de luz ténue; brujería. /**o** m. brujo; f. brujería. /**aria** curandero.
buc/ólico adj. bucólico, campestre; inocente. /**olismo** m. bucolismo; inocencia.
budis/mo m. budismo. /**ta** s. com. budista.
búfalo m. *Zool.* búfalo.
bufão m. bufón.
bufar intr. bufar; soplar; jactarse.
bufete m. bufete (aparador de comedor); cantina (en las estaciones); mostrador o mueble de bebidas en teatros, fiestas, etc.
bufo adj. y m. bufo; soplo fuerte y rápido; avaro; policía secreto.
bugiganga f. quincallería, bagatela.
bugre m. árbol leguminoso del Brasil; tribu de indios brasileños.
bula f. bula, decreto pontificio; sello.
bulastenia f. debilitación de la voluntad.
bulb/iforme adj. *Bot.* bulbiforme. /**o** m. bulbo.
bule m. tetera.
bulh/a f. bulla, ruido; confusión. /**ar** intr. alborotar; disputar.
bul/ício m. bullicio, agitación. /**içoso** adj. bullicioso.
bumb/o m. bombo. /**um** m. estruendo; zumbido.
burac/ão m. agujero grande. /**o** m. agujero, orificio.
burel m. burel, hábito de fraile; buriel; sayal; luto.

burg/o m. burgo; arrabal; villa; pazo. **/uês** adj. y m. burgués; ordinario. **/uesía** f. burguesía.
buril m. buril, cincel.
burl/a f. burla; engaño. **/ador** adj. burlador; estafador. **/ão** m. estafador. **/ar** tr. burlar; engañar, defraudar. **/esco** adj. burlesco, ridículo.
burocra/cia f. burocracia. **/cismo** m. burocratismo.
burr/a f. *Zool.* burra; caja de caudales. **/ada** f. burrada; disparate. **/ice** f. burrada, necedad. **/o** m. burro; estúpido.
busca f. busca; investigación. **/r** tr. buscar; investigar.
bússola f. brújula; guía.
busto m. busto.
butano m. *Quím.* butano.
butiró(ô)metro m. *Quím.* butirómetro.
butomáceas f. pl. *Bot.* butomáceas.
buzarate adj. fanfarrón; badulaque.
buzilhão m. alcancia; ropa sucia; persona desaseada.
buzina f. bocina; fig. pregonero. **/r** intr. bocinar; **— aos ouvidos,** importunar.
búzio m. *Zool.* caurí; trompeta; adj. deslucido; obscuro.

C

cá adv. acá, aquí; **cá nesta terra,** en nuestro país.
cã f. cana, cabello blanco.
caba/ça f. *Bot.* calabaza; calabacera; pendiente. **/ ceira** f. calabacera. **/ço** m. calabacín; regadera.
cabal/a f. cábala; intriga. **/ar** intr. intrigar, maquinar.
cabana f. cabaña; tugurio.
caba/nilho m. cesto para frutas. **/z** m. cabás, canasto.
cabe/ça f. cabeza; jefe. **/çada** f. cabezada; fig. disparate. **/çalho** m. encabezamiento; lanza de coche; armazón de madera de una campana. **/ ção** m. cabezón; serreta. **/cear** intr. cabecear; inclinarse.
cabedal m. caudal, bienes; cuero.
cabel/eira f. cabellera; crin. **/eireiro** m. peluquero. **/o** m. cabello. **/udo** adj. cabelludo; peludo.
cab/er intr. caber. **/ida** f. cabida; aceptación.
cabide m. percha.
cabisbaixo adj. cabizbajo; abatido; avergonzado.
cabo m. *Geog.* y *Mil.* cabo; extremidad; mango; cuerda gruesa; jefe.
cabota/gem f. cabotaje. **/r** intr. hacer cabotaje.
cabouc/ar tr. excavar; abrir zanjas. **/o** m. excavación; foso; zanja.
cabr/a f. *Zool.* cabra. **/ ão** m. *Zool.* cabrón. **/eiro** m. cabrero.
cabrestante m. cabrestante.
cabular intr. trapacear; holgazanear.
caca f. caca, porquería, excremento.
caça f. caza; animales que se cazan; persecución; avión de caza. **/deira** f. fusil de caza; cazadora.

/dor s. cazador. **/-minas** m. *Mar.* cazaminas.
cação m. *Zool.* cazón (pez); mujer desnuda.
cacau m. *Bot.* cacao.
cachaça f. aguardiente de melaza.
cacha/ceiro adj. cachazudo; borrachón. **/ço** m. cerviguillo, cogote; arrogancia.
cachalote m. *Zool.* cachalote.
cachecol m. bufanda.
cacheiro adj. que se esconde; **ouriço- —,** puerco espín; fig. astuto.
cachete m. cachete.
cachimb/ar intr. fumar en pipa. **/o** m. pipa.
cachinar intr. reir a carcajadas.
cacho m. racimo.
cachola f. *Pop.* cabeza; juicio; molleja de aves.
cachop/a f. muchacha, moza. **/ada** f. reunión de muchachas y muchachos.
cachorro m. cachorro.
cacifo m. cofre; arquilla; caja; cesto usado por los cazadores; cubículo.
cacimba f. rocío; relente.
cacique m. cacique.
caco m. pedazo de loza; trasto viejo; moco seco; fig. persona vieja y enferma.
caço m. cazo; sartén de barro.
caçoa/da f. broma, mofa. **/r** tr. e intr. mofar, burlar.
cacoso adj. sucio.
cacto m. *Bot.* cacto.
cada adj. y pron. cada.
cadafalso m. cadalso; estrado.
cadastro m. catastro.
cad/áver m. codáver. **/avérico** adj. cadavérico.
cadeado m. candado.
cadeia f. cadena; cárcel; serie; **ponto de —,** punto de cadeneta.
cadeir/a f. silla; cátedra; pl. caderas. **/ão** m. sillón, silla grande.
cadel/a f. *Zool.* perra; fig. mujer disoluta. **/ona** f. ramera.
cad/ência f. cadencia; vocación. **/enciar** tr. dar cadencia; acompasar.
cadern/eta f. cuadernillo; cartilla militar; libro de notas; folleto por entregas; libreta de cantidades depositadas y levantadas **/o** m. cuederno.
cadete m. cadete.
cadinho m. crisol.
cadu/car intr. caducar. **/ co** adj. caduco; decrépito.
caf/é m. *Bot.* café; cafeto; (bebida, establecimiento). **/eteira** f. cafetera. **/ezal** m. cafetal.
cafr/e f. cafre; fig. bárbaro. **/ice** f. salvapería.
cafua f. caverna; escondrijo; prisión.
cafurna f. caverna; escondrijo.
cágado m. *Zool.* tortuga.
cag/anifância f. insignificancia. **/anita** f. cagarruta. **/ão** adj. y s. cagón; cobarde.
caia/ção f. blanqueamiento. **/r** tr. blanquear; disfrazar.
cãibra f. *Pat.* calambre.
ca/ideiro adj. caduco; débil. **/ído** adj. caído, abatido; triste.
caimão m. *Zool.* caimán.
cair intr. caer.
cais m. muelle; andén.
caix/a f. caja. **/ão** m. cajón; ataúd.
caixeiro m. cajero; dependiente de casa comercial.
caixilho m. marco de puerta o ventana; moldura.
caju m. *Bot.* acajú.
cal m. cal.
calaboiço, calabouço m. calabozo.

calabre m. *Mar.* calabrote; amarra.
calado adj. callado; m. *Mar.* calado.
calaf/ate m. calafate. **/etar** tr. calafatear.
calafrio m. escalofrío, calofrío.
calamar m. *Zool.* calamar.
calamidade f. calamidad.
calão m. jerga, germanía, caló.
calar tr. callar; calar, penetrar.
calça f. cinta o anillo que se pone a ciertos animales para distinguirlos de otros; pantalón.
calçada f. calzada.
calçad/eira f. calzador. **/o** adj. y m. calzado; empedrado.
calcanhar m. calcañar; talón.
calcar tr. calcar; hollar; comprimir; pisar.
calçar tr. calzar; empedrar; ponerse los guantes.
calcário adj. y m. calcáreo.
calce(ê)ta f. calceta, grillete.
calcet/ar tr. empedrar. **/eiro** m. empedrador.
calci/ficar tr. calcificar. **/nar** tr. calcinar; abrasar.
calcinhas f. pl. bragas (de mujer).
cálcio m. *Quím.* calcio.
calcorrea/da f. caminata a pie; fatiga. **/r** intr. calcorrear.
calcul/ador adj. y s. calculador. **/ar** tr. e intr. calcular.
cálculo m. cálculo.
calda f. almíbar, jarabe; pl. termas.
caldear tr. caldear; mezclar.
caldeir/a f. caldera. **/ada** f. calderada; pescado guisado a la marinera. **/ão** m. calderón.
caldo m. caldo.
caleira f. canalón; alero; calera.
calendário m. calendario.
calha f. reguera, canal; carril del tren.
calhamaço m. librote, libro grande y sin valor.
calhambeque m. embarcación de cabotaje; coche viejo; trasto.
calhandra f. *Zool.* alondra.
calhar intr. ser oportuno; coincidir; caber justamente.
calhau m. guijarro; fragmento de roca dura.
calibr/ador m. calibrador. **/ar** tr. calibrar.
caliça f. caliza, yeso.
cálice m. cáliz; copita.
caligrafia f. caligrafía.
calista s. callista.
calm/a f. calma. **/ante** adj. y m. calmante. **/ar** tr. calmar.
calo m. callo; fig. insensibilidad.
caloir/ice f. novatada; simpleza. **/o** m. novato.
calor m. calor; ardor; fig. entusiasmo. **/ia** f. caloría. **/oso** adj. caluroso; fig. vehemente.
calote m. *Pop.* deuda; estafa; engaño. **/iro** m. estafador; engañador.
caluda! interj. ¡silencio! ¡a callar!.
cal/únia f. calumnia. **/uniar** tr. e intr. calumniar.
calva f. calva.
calvário m. calvario.
cama f. cama.
camada f. capa; baño; camada; clase, categoría.
câmara f. cámara, aposento; asamblea; **Câmara Municipal**, Ayuntamiento.
camarada s. camarada, colega. **/gem** f. camaradería.
camarão m. *Zool.* camarón.

camarata f. dormitorio de cuartel, colegio, etc.
camar/eira f. camarera. **/eiro** m. camarero, criado noble de la corte.
camarim m. camarín; camarote.
camarinheira f. *Bot.* cambronera.
camarista m. camarista del rey; concejal.
camarote m. palco de teatro; camarote de barco.
camartelo m. martillo de pedrero, pico; escola.
cambale/ante adj. vacilante, inseguro. **/ar** intr. cambalear, tambalear.
camba/lhota f. voltereta, tumbo; reviravuelta. **/lhotar** intr. voltear.
cambetear intr. bambolear; vacilar.
cambia/ção f. cambiante; mudanza de color. **/r** tr. e intr. cambiar, trocar.
câmbio m. cambio; permuta.
cambista s. cambista; banquero.
cambota f. curva, arco; cimbra; cigüeñal.
cambraia f. cambray (tejido).
cambrar tr. *Arq.* abovedar.
cambudo adj. combado, curvo.
cameleiro m. camellero.
camélia f. *Bot.* camelia (flor).
camel/ice f. sandez, estupidez. **/o** m. camello; fig. estúpido, grosero.
camerleng/ado m. camarlengado. **/o** m. camarlengo.
camião m. camión.
camilha f. camilla, cama pequeña.
caminha/da f. caminata, jornada. **/dor** adj. y m. caminante.
caminhão m. camión.
caminh/ar intr. caminar; pasear. **/o** m. camino, recorrido; distancia.
camion/agem f. camionaje. **/eta** f. camioneta.
camis/a f. camisa; envoltorio. **/ão** m. camisón **/aria** f. camisería. **/eta** f. camiseta. **/ola** f. camisola; blusa.
camomila f. *Bot.* camomila, manzanilla.
camoniano adj. y m. relativo a Camões.
campa f. túmulo, losa sepulcral.
campainha f. campanilla.
campal adj. campal; **missa —,** misa de campaña.
campan/a f. campana. **/ado** adj. acampanado. **/ário** m. campanario; fig. aldea.
campanha f. campaña; *Mil.* guerra, lucha.
campanifloro adj. *Bot.* campanifloro.
campe/ador adj. y m. campeador, luchador. **/ão** m. campeón.
campeonato m. campeonato.
camp/esinho o **campesino** adj. y s. campesino; rústico. **/estre** adj. campestre. **/ina** f. campiña, llanura. **/ino** adj. campesino; m. pastor; boyero. **/ismo** m. camping, campamento. **/o** m. campo; **— -santo,** cementerio. **/onês** m. campesino; adj. rústico.
camptologia f. *Gram.* morfología.
camufla/gem f. camuflaje. **/r** tr. camuflar, disfrazar.
camurça f. *Zool.* gamuza; piel fina de este animal.
cana f. *Bot.* caña; **— do leme,** caña del timón; **— da-Índia,** bambú.
canal m. canal.
canalh/a f. canalla, gente vil; niños. **/ada** f. canallada, ruindad.

canali/zação f. canalización. **/zar** tr. canalizar.
canapé m. canapé, sofá.
canário m. *Zool.* canario; fig. persona que canta bien.
canasta f. canasta, juego de naipes.
canastr/a f. canasta, cesto. **/o** m. canasto; fig. el cuerpo humano.
canavial m. canaveral, cañizal.
cancã m. cancán (baile).
canção f. canción.
cancela f. cancela; verja. **/r** tr. cancelar, anular.
câncer m. *Med.* cáncer, úlcera; cáncer (constelación).
cancer/aço f. canceración; ulceración. **/ar** tr. e intr. cancerar; consumir.
can/cioneiro m. cancionero. **/çoneta** f. canconeta.
cancro m. *Pat.* cancro, cáncer.
cande/eiro m. lámpara; candil; velón. **/ia** f. candela, lamparilla. **/la** f. candela. **/labro** m. candelabro.
cand/ência f. candencia. **/ente** adj. candente; brillante.
cândi adj. cande (azúcar).
candial adj. candeal; blanco.
candida/to m. candidato, pretendiente. **/tura** f. candidatura.
cândido adj. cándido, blanco; inocente; sencillo.
candong/a f. contrabando, mercado negro; candonga. **/ar** intr. contrabandear; adular.
cand/or m. pureza, albura. **/ura** f. candor, albura.
caneca f. colodra pequeña; vaso con asa; jarro.
caneiro m. canal pequeño; pozo.
canela/dura f. acanaladura, estría. **/r** tr. e intr. acanalar, estriar.
caneta f. portaplumas. **/-tinteiro** f. estilográfica.
cânfora f. alcanfor.
cangaceiro m. *Bras.* salteador; contrabandista.
canguru m. *Zool.* canguro.
cânhamo m. *Bot.* cáñamo.
canh/ão m. cañón. **/onaço** m. cañonazo. **/oneira** f. cañonero; tronera.
canibal m. caníbal. **/ismo** m. canibalismo.
cani/l m. perrera. **/no** adj. canino; m. diente canino; fig. maligno.
canivete m. cortaplumas, navaja pequeña.
canja f. caldo de gallina con arroz.
cano m. caño, tubo; canalón; cano, blanco.
canoa f. *Mar.* canoa.
cânon m. canon; regla; catálogo; tarifa.
canoni/cato m. canonicato. **/zação** f. canonización. **/zar** tr. canonizar; fig. alabar.
cans/aço f. cansancio. **/ar** tr. cansar. **/eira** f. cansera, cansancio; preocupación.
cantábrico adj. y s. cantábrico.
canta/deira adj. y f. cantadera, cantadora. **/dor** adj. y s. cantador, cantor.
cantão m. cantón.
cantar tr. cantar.
cântaro m. cántaro.
canta/rola f. tarareo; canto destemplado. **/rolar** intr. canturrear; desafinar.
canteir/a f. cantera. **/o** m. cantero; bancal, macizo de flores en jardín.
cântico m. cántico; himno.

canti/ga f. cantiga, canción popular; pl. mentiras. **/lena** f. cantinela.
cantin/a f. cantina. **/eiro** m. cantinero.
canto m. canto; cantón, rincón, esquina; comisura de los labios; trozo de piedra.
cantoneiro m. peón caminero.
cantor m. cantor. **/a** f. cantante.
cão m. *Zool.* can, perro; gatillo.
caos m. caos.
capa f. capa; fig. pretexto.
capacete m. capacete, casco.
capacho m. estera, felpudo; fig. hombre servil.
capaci/dade f. capacidad. **/tar** tr. capacitar.
cap/ão m. capón. **/ar** tr. capar; deschuponar.
capar/ão m. caperuza. **/ azão** m. caparazón.
capataz m. capataz.
capear tr. capear; revestir ocultar con la capa.
capela f. capilla.
capelão m. capellán.
capelo m. capuchón, caperuza.
capilar adj. capilar.
capilé m. almíbar de culantrillo.
capim m. *Bot.* capín.
capital adj. m. y f. capital. **/ismo** m. capitalismo. **/ista** adj. y s. capitalista.
capit/anear tr. capitanear. **/ania** f. capitanía. **/ânia** f. *Mar.* capitana. **/ão** capitán.
capitel m. capitel.
capitólio m. capitolio.
cap/itulação f. capitulación. **/itular** adj. y tr. capitular; ceder. **/ítulo** m. capítulo.
capoeir/a f. gallinero. **/o** m. ladrón de gallinas.
capot/a f. capota. **/e** m. capote; fig. disfraz.
caprich/ar tr. e intr. encapricharse; esmerarse. **/o** m. capricho; anhelo.
caprino adj. caprino.
capta/dor adj. y s. captador. **/r** tr. captar; fig. granjear.
capt/or m. captor. **/ura** f. captura. **/urar** tr. capturar.
capuch/a f. capucha. **/ar** tr. poner capucha; fig. disimular.
capuz m. capuz, capucha.
cara f. cara.
carabin/a f. carabina. **/ eiro** m. carabinero.
caracol m. *Zool.* caracol. **/ar** intr. caracolear.
car/á(c)ter m. carácter. **/a(c)terística** f. característica.
caramanchão m. pabellón; pérgola, emparrado en los jardines.
carambol/a f. carambola; fig. enredo. **/ar** intr. carambolear; fig. engañar.
caramel/izar tr. caramelizar. **/o** m. caramelo; carámbano.
caramulo m. eminencia; montón.
caramunha f. lloriqueo de niños.
caranguejar intr. andar como el cangrejo; retroceder; vagar.
caranguejo m. *Zool.* cangrejo.
carapau m. *Zool.* jurel.
carapinha f. pelo crespo y lanudo de un negro.
carapinhada f. limonada o naranjada helada.
carapuça f. caperuza, capuz; fig. sátira; censura.
carapuço m. colador para el café.
caravana f. caravana.
caravela f. carabela.
carbonato m. *Quím.* carbonato.
carbonizar tr. carbonizar.
carbura/dor m. carbura-

dor. **/nte** m. *Quím.* carburante. **/r** tr. carburar.
carcaça f. caparazón; armazón; esqueleto.
cárcere m. cárcel.
carcom/a f. *Zool.* carcoma; podredumbre. **/er** tr. carcomer; fig. destruir.
cardar tr. cardar.
cardeal m. cardenal. *Zool.* cardario; adj. cardinal.
cardíaco adj. y m. cardiaco.
cardiograma m. cardiograma.
cardiologi/a f. cardiología. **/sta** s. cardiologista, cardiólogo.
cardo m. *Bot.* cardo.
cardume m. cardumen; montón; muchedumbre.
carea/ção f. caricia; adulación; careo. **/r** tr. acariciar; granjear; carear.
careca f. calva.
carena f. *Mar.* carena, quilla; **dar —**, destruir, destrozar.
carência f. carencia.
carestia f. carestía; carencia.
caret/a f. careta; mueca. **/ear** intr. visajear; hacer muecas.
carga f. carga.
cargo m. cargo; gasto; responsabilidad.
cariar intr. cariarse.
caricat/o adj. ridículo, caricato. **/ura** f. caricatura. **/urista** s. caricaturista.
car/ícia f. caricia. **/iciar** tr. acariciar.
caridade f. caridad.
cárie f. caries.
carimb/ar tr. sellar. **/o** m. matasellos; sello.
carinho m. cariño.
carlinga f. carlinga.
carmelita adj. y s. carmelita. **/no** adj. carmelitano.
carm/esim adj. y s. carmesí. **/im** adj. y m. carmín.
carna/ça f. carnaza. **/l** adj. y m. carnal.
carnaval m. carnaval.
carne f. carne.
carneiro m. *Zool.* carnero.
carni/ça f. carniza; mortandad. **/ceiro** adj. y m. carnicero. **/ficina** f, carnificina.
caroch/a f. *Zool.* escarabajo; mariquita; mentira; bruja; capirote de papel. **/inha** f. dim. de **carocha; contos da —**, cuentos para niños; patrañas.
carol/a adj. y m. fanático; apasionado; santurrón. **/ice** f. beatería; tonsura.
carótida f. *Anat.* carótida.
carpa f. *Zool.* carpa.
carpear tr. rastrillar la lana.
carpi/deira f. plañidera. **/dura** f. llanto; lamentación.
carpint/aria f. carpintería. **/eiro** m. carpintero.
carpir tr. carpir; mondar; arañar; lloriquear.
carpo m. *Anat.* carpo, pulso.
carraça f. *Zool.* garrapata.
carranc/a f. semblante enfurruñado; cara fea; ceño; careta; mascarón. **/udo** adj. enfurruñado; sombrío.
carrapito m. moñito; cuerno.
carrasco m. *Bot.* carrasca; verdugo.
carreg/ador m. cargador; mozo de cuerda; fletador. **/amento** m. cargamento, peso. **/ar** tr. cargar.
carreira f. carrera.
carril m. carril.
carrilhão m. carrillón.

carro m. carro; coche; carruaje. **/ça** f. carro, carreta; carroza; fig. persona lenta. **/çaria** f. carrocería.
carrocel m. tiovivo.
carruagem f. carruaje.
carta f. carta.
cartão m. cartón; tarjeta.
cartaz m. cartel; letrero; **ter —,** tener fama.
carteira f. cartera; pupitre.
carteiro m. cartero.
cartilha f. cartilla; catecismo.
carto/lina f. cartulina. / **nar** tr. encuadernar con cartón.
cartório m. notaría; archivo de documentos públicos.
cartuch/eira f. cartuchera. **/o** m. cartucho; cucurucho.
carunch/ar intr. carcomerse; podrirse; fig. envejecer. **/o** m. *Zool.* carcoma; podredumbre; vejez.
carvalho m. *Bot.* roble.
carv/ão m. carbón. **/oaria** f. carbonería.
casa f. casa; ojal.
casac/a f. frac; **cortar na —,** murmurar. **/ão** m. abrigo, gabán, sobretodo; chaquetón. **/o** m. chaqueta.
casal m. marido y mujer; pareja; alquería; caserío.
casament/eiro adj. casamentero. **/o** m. casamiento.
casar tr. e intr. casar; adaptarse.
casarão m. caserón.
casca f. casca; cáscara, **/bulho** m. cascabillo; corteza; fig. experiencia. cantidad de cáscaras o cortezas.
cascalh/eira f. ruido del cascajo; cascajar; jadeo. **/o** m. cascajo; escoria de hierro; escombro.
cascata f. cascada.
cascável m. cascabel.
casco m. casco.
casebre m. tugurio, casa miserable.
caseiro adj. y m. casero; inquilino.
caserna f. *Mil.* caserna.
casino m. casino.
caso m. caso.
caspa f. caspa.
casquilha f. cascarilla.
casquinha f. cáscara fina; plaqué.
cassa f. muselina.
casta f. casta.
cassear intr. *Mar.* cambiar de rumbo.
castanh/a f. *Bot.* castaña. **/eiro** m. *Bot.* castaño.
castanholas f. pl. castañuelas.
castelão m. castellano.
castelhano adj. y s. castellano.
castelo m. castillo.
castiçal m. candelabro.
castiço adj. castizo; legítimo; vernáculo.
casti/dade f. castidad; pureza. **/ficar** tr. castificar.
castig/ador adj. y s. castigador. **/ar** tr. castigar. **/o** m. castigo.
casto adj. casto.
castor m. *Zool.* castor.
castrar tr. castrar.
casual adj. casual. **/idade** f. casualidades.
casulo m. capullo (del gusano de seda); *Bot.* cápsula.
cataclismo m. cataclismo.
catacumbas f. pl. catacumbas.
catafalco m. catafalco.
cat/alogação f. catalogación. **/álogo** m. catálogo.
catamento m. catamiento; pesquisa.
cataplasma f. cataplasma.

catar tr. catar, buscar; espulgar; examinar.
catarata f. catarata.
catarro m. catarro.
catástrofe f. catástrofe.
catatua f. *Zool.* cacatúa.
cata-vento m. cataviento; fig. persona veleta.
catecismo m. catecismo.
cátedra f. cátedra.
catedral adj. catedral.
catedrático m. catedrático.
categori/a f. categoría. / **zar** tr. categorizar.
catita adj. y s. elegante; acicalado.
cativ/ante adj. cautivante. **/ar** tr. cautivar; atraer. **/o** adj. cautivo.
cat/olicismo m. catolicismo. **/ólico** adj. y s. católico. **/olizar** tr. catolizar.
catre m. catre; cama de viaje.
caturr/a m. persona apegada a lo antiguo; pertinaz. **/ar** intr. porfiar; *Mar.* balancear.
caução f. caución; fianza.
cauchu, cauchu m. *Bot.* cauchera; caucho.
cauda f. cola; rabo.
caudatário m. caudatario; fig. persona servil.
caudal adj. y s. caudal.
caudilh/ar tr. acaudillar. **/o** m. caudillo.
caule m. *Bot.* tallo.
causa f. causa. **/dor** adj. y s. causador. **/r** tr. causar.
causticar tr. causticar; fig. molestar.
cautel/a f. cautela, prevención; título indicador de una participación de lotería; **— de casa de penhores,** papeleta de empeño. **/eiro** m. lotero, vendedor ambulante de billetes de lotería,
caut/ério m. cauterio; fig. castigo fuerte. **/erizar** tr. cauterizar; reprender.
cava f. cava; bodega; sisa; sótano.
cavador m. cavador; azadonero.
cavala f. *Zool.* caballa.
caval/ar adj. caballar. / **aria** f. caballería. **/ariça** f. caballeriza, cuadra. / **eiro** m. caballero.
cavalete m. caballete.
cavalga/dura f. cabalgadura; fig. persona mal educada. **/r** intr. cabalgar.
cavalheir/ismo m. caballerosidad. **/o** m. caballero.
cavalidade f. brutalidad; estupidez.
cavalo m. *Zool.* caballo; **— -marinho** m. caballo marino, hipopótamo.
cavaquea/dor adj. y s. hablador, charlatán. **/r** intr. charlar.
cavar tr. cavar.
cave f. bodega; subterráneo; sótano.
caveira f. calavera; fig. cara muy delgada.
caverna f. caverna. **/l** adj. cavernoso.
caviar m. caviar.
cavidade f. cavidad; cueva.
cavila/ção f. cavilación; astucia. **/r** intr. hacer uso de sofismas y sutilezas; cavilar; escarnecer.
cavilha f. clavija; perno.
cea/r tr. e intr. cenar. **/ta** f. cena opípara.
cebola f. *Bot.* cebolla; bulbo. **/da** f. cebollada.
cece/ar intr. cecear. **/io** m. ceceo.
ced/ência f. cesión. **/er** tr. ceder.
cedilha f. zedilla.
ced/inho adv. muy temprano. **/o** adv. temprano; de prisa.
cedro m. *Bot.* cedro.
cédula f. cédula; documento escrito; apunte; póliza; billete.

ceg/ar tr. e intr. cegar; ofuscar. **/o** adj. y s. ciego.
cegonha f. *Zool.* cigueña; cigueñal.
ceia f. cena, última comida por la noche.
ceif/a f. siega. **/ar** tr. segar.
cela f. celda; aposento; celdilla.
celebra/ção f. celebración. **/r** tr. celebrar.
célebre adj. célebre.
celeiro m. granero.
celeridade f. celeridad.
celest/e adj. celeste. **/ial** f. celestial.
celibat/ário adj. y m. célibe. **/o** celibato.
célula f. célula; celda.
celular adj. celular.
celulóide f. celulóide.
celulose f. *Quím.* celulosa.
cem núm. cien, ciento.
cemitério m. cementerio.
cena f. escena; escenario.
cenário m. escenario, decoración.
cenho m. ceño.
cenoura f. *Bot.* zanahoria.
censor m. censor.
censura f. censura. **/dor** adj. y s. censurador; crítico. **/r** tr. censurar.
centauro m. centauro.
centavo m. centavo.
centeio m. *Bot.* centeno.
centenário adj. y m. centenario.
centímetro m. centímetro.
cêntimo m. céntimo.
cento m. ciento.
centopeia f. *Zool.* ciempiés.
centra/l adj. central. **/r** tr. centrar.
centro m. centro.
cent/úria f. centuria. **/ urião** m. centurión.
cepilh/ar tr. cepillar, acepillar. /**o** m. cepillo (de carpintero).
cepo m. cepo.
cer/âmica f. cerámica. **/ amista** s. ceramista.
ce(ê)rca f. y adv. cerca; vallado; casi. **/do** adj. y m. cercado; rodeado.
cercal m. robledal.
cerc/anías f. pl. cercanías. **/ão** adj. cercano. **/ar** tr. e intr. cercar; aproximarse.
ce(ê)rco m. cerco.
cerdo m. *Zool.* cerdo.
cereal m. cereal.
cerebr/al adj. cerebral. **/ ino** adj. cerebral; fig. imaginativo.
cérebro m cerebro.
cerej/a f. *Bot.* cereza. **/ eira** f. cerezo.
cerim/ó(ô)nia f. ceremonia; cortesía; etiqueta; **sem —,** sin cumplidos. **/onial** adj. y m. ceremonial.
ceroulas f. pl. calzoncillos.
cerra/ção f. cerrazón; oscuridad; fig. ronquera. **/r** tr. e intr. cerrar; juntar; obstruir.
cerro m. cerro.
certame o **certâmen** m. certamen.
certe/iro adj. certero; diestro. **/za** f. certeza.
certi/dão f. certificado. **/ ficação** f. certificación. **/ficado** m. certificado. **/ ficar** tr. y r. certificar.
certo adj. cierto.
cervej/a f. cerveza. /**aria** f. cervecería.
cervi/cal adj. cervical. **/z** f. cerviz.
cervo m. *Zool.* ciervo.
cerzi/deira f. zurcidora. **/r** tr. zurcir; intercalar.
cesariano adj. cesariano; **operação cesariana,** operación cesaria.
cessa/ção f. cesación. **/r** intr. y tr. cesar.
ce(ê)sto m. cesto.
cetáceo adj. y m. *Zool.* cetáceo.

cetim m. satén.
cetraria f. cetrería.
céu m. cielo.
cevada f. *Bot.* cebada.
ceva/do adj. y m. cebado; harto. **/dura** f. cebadura; cebo; mortandad. **/r** tr. cebar.
chá m. *Bot.* té; fig. reprensión; **não tomar — em pequeno,** ser mal educado.
chã f. llanura; carne del muslo.
chacal m. *Zool.* chacal.
chácara f. *Bras.* chacra, granja.
chacin/a f. chacina; cecina. **/ar** tr. acecinar; fig. asesinar, matar.
chafariz m. fuente pública.
chafurd/a f. pocilga; lodazal. **/ar** intr. revolcarse en el fango o inmundicia; fig. libertinaje.
chag/a f. llaga. **/uento** adj. llagado; ulcerado.
chala/ça f. broma, burla. **/cear** intr. chancearse. **/ceiro** adj. y s. chancero.
chalé m. chalet.
chaleira f. tetera.
chalupa f. *Mar.* chalupa.
chama f. llama; reclamo; luz; fig. ardor. **/dor** m. llamador. **/r** tr. e intr. llamar; invocar; nombrar; apellidar. **/riz** m. reclamo.
chamejar intr. llamear; fig. encolerizarse.
chaminé f. chimenea.
champanha o **chapanhe** m. champaña.
champu m. champú.
chamusc/adela f. chamusquina, quemadera. **/ar** tr. chamuscar.
chanca f. chanca, chancla; calzado ordinario; pie grande y mal hecho.
chancela f. sello; rúbrica.
chancel/aria f. cancillería. **/er** m. canciller.
chanta/gem f. chantaje. **/jar** intr. chantajear.
chão m. suelo; adj. llano, liso; sencillo.
chapa f. chapa; insignia honorífica; negativo (en fotografía); **de —,** de frente.
chapada f. llanura; claro (en un bosque); bofetada; *Pop.* remiendo de color diferente.
chapar tr. chapear; estampar; r. estrellarse.
chap/elada f. sombrerazo. **/elaria** f. sombrerería. **/éu** m. sombrero.
chapinh/ar tr. e intr. chapotear; salpicar. **/eiro** m. charco.
charada f. charada.
charamela f. charamella; flauta rústica; charanga.
charanga f. charanga.
charão m. barniz de laca de China.
charla f. charla. **/dor** m. charlador. **/r** intr. charlar. **/tão** m. charlatán.
charneca f. erial; terreno inculto donde crece solamente vegetación rastrera.
charneira f. charnela; bisagra; *Zool.* charnela.
charoar tr. lacar, barnizar.
charrua f. arado; fig. agricultura; buque roncero. **/r** tr. arar.
charut/eira f. cigarrera. **/o** m. cigarro puro.
chas/co m. chasco. **/quear** tr. e intr. chasquear.
chat/ear intr. *Pop.* importunar. **/ice** f. *Pop.* cosa despreciable; impertinencia.
chato adj. chato, plano. *Pop.* inoportuno, chinchoso.
chave f. llave. **/iro** m. llavero.
chave/lha f. clavija. **/lhão** m. clavija del arado.
chávena f. taza.

chave(ê)ta f. clavija.
chef/atura f. jefatura. **/e** s. jefe.
chega/da f. llegada; venida. **/r** tr. e intr. llegar; aproximar; pegar; bastar; tocar.
chei/a f. llena, inundación; fig. invasión. **/o** adj. lleno; ocupado; harto.
cheir/ar tr. oler; indagar. **/o** m. olor; fragancia.
cheque m. cheque; jaque; fig. peligro; desaire.
chi m. *Pop.* abrazo.
chia/da f. gritería, algarabía. **/deira** f. chillido; gritería. **/r** intr. chillar; fig. lastimarse.
chiba f. *Zool.* chiva, cabrita; borrachera.
chibata f. vara, látigo. **/r** tr. castigar, azotar.
chib/ato m. *Zool.* chivato. **/o** m. chivo, cabrito.
chicharro m. *Zool.* chicharro, jurel.
chichi m. fam. orina, pipí.
chi-coração m. fam. abrazo muy cariñoso.
chicot/ada f. latigazo. **/ar** tr. chicotear, latiguear. **/e** m. chicote, látigo. **/ear** tr. chicotear.
chifr/e m. cuerno. **/udo** adj. cornudo.
chilique m. pop. desmayo.
chilr/ada f. chillido, chirrido. **/ar** intr. chirriar; gorjear. **/o** m. chirrido; gorjeo; adj. insípido.
chimpanzé m. *Zool.* chimpancé.
china f. china; *Bras.* mestiza; soltera; piedrecita.
chinchilla f. *Zool.* chinchilla.
chinel/a f. chinela. **/o** m. chinela; chancla.
chinês adj. y m. chino.
chique adj. elegante, hermoso.
chiqueiro m. chiquero, pocilga; lugar inmundo.
chisc/a f. pedacito. **/o** m. pedacito, pizca de algo.
chisme m. chisme; *Zool.* chinche.
chispa f. chispa, centella; fig. inteligencia. **/r** intr. chispear; fig. irritarse.
chist/e m. chiste. **/oso** adj. chistoso.
chita f. tejido ordinario de algodón estampado.
choça f. choza.
chocadeira f. incubadora.
chocalh/ada f. sacudimiento; cencerrada. **/ar** tr. e intr. agitar; hacer bascular; fig. divulgar; cencerrear; reír a carcajadas. **/o** m. cencerro; fig. chismoso.
chocar tr. e intr. encobar; fermentar; podrirse; incular; fig. empollar; ofender; disgustarse.
cho(ô)cho adj. seco, vacío (algunos frutos); huero; insípido; insignificado.
cho(ô)co adj. y m. clueco; huero; podrido; fermentado; seco; incubación.
chocolate m. chocolate. **/ira** f. chocolatera.
choldra f. pop. bagatela; mezcolanza.
chor/a f. lloro; m. individuo que siempre se lamenta. **/ão** adj. y s. llorón; *Bot.* sauce llorón. **/r** tr. e intr. llorar.
cho(ô)rro m. chorro.
choru/do adj. pop. gordo; ventajoso; importante. **/me** m. grasa; jugo; fig. substancia; opulencia.
choupana f. choza.
choupo m. *Bot.* chopo.
chouri/ceiro m. choricero. **/ço** m. chorizo; rollo; burlete (para la ventana).
chover intr. llover.
chucha f. mama; chupeta. **/deira** f. chupada; fig.

negocio de provecho; pop. burla.
chuchado adj. chupado, seco; pop. avaro.
chuch/ar tr. chupar; mamar; pop. burlar. **/urrear** tr. beborrotear; chupar.
chuf/a f. chufla, escarnio; *Bot.* chufa. **/ar** tr. e intr. chufar; mofar.
chulé m. pop. mal olor, hedor.
chulipa f. traviesa; puntapié.
chulo adj. y m. grosero; chulo; fadista.
chumaceira f. chumacera.
chumaço m. guata, almohadilla; plumón; compresa; hombrera; volumen.
chupeta f. chupete.
churrasco m. **Bras.** churrasco.
chusma f. chusma; multitud; tripulación.
chut/ar tr. e intr. chutar (fútbol). **/o** m. chut, puntapié.
chuv/a f. lluvia; abundancia. **/ada** f. chaparrón, aguacero. **/inha** f. llovizna.
cianato m. *Quím.* cianato.
cianídrico adj. *Quím.* cianhídrico.
cianureto m. *Quím.* cianuro.
ciar intr. *Mar.* ciar, remar hacia atrás.
ciática f. *Med* ciática.
cicatriz f. cicatriz. **/ação** f. cicatrización. **/ar** tr. e intr. cicatrizar.
cicerone m. cicerone, guía.
cici/amento m. ceceamiento, ceceo. **/ar** intr. cecear; secretear. **/o** m. ceceo, rumor.
ciclis/mo m. ciclismo. **/ta** m. ciclista.
ciclo m. ciclo.
cicl/oidal adj. cicloidal. **/óide** f. *Geom.* cicloide.
cicl/one m. ciclón, huracán. **/ó(ô)nico** adj. ciclónico.
ciclotrão m. *Fís.* ciclotrón.
cicut/a f. *Bot.* cicuta; fig. veneno. **/ina** f. *Quím.* cicutina.
cid m. cid; jefe.
cidad/ania f. ciudadanía. **/ão** m. cidadano. **/e** f. ciudad. **/ela** f. ciudadela.
cidr/a f. *Bot.* cidra. **/al** m. cidral.
cieiro m. grieta, hendidura en el cutis.
ciência f. ciencia.
cient/e adj. ciente, docto. ma; número. **/ão** m. cifra o señal ($) que en el sistema monetario portugués representa los Escudos. **/ar** tr. cifrar; resumir.
cigan/a f. gitana; fig. mujer seductora o falsa. **/agem** f. gitanería; mentira. **/o** adj. y m. gitano; embustero.
cigarr/eira f. cigarrera; petaca. **/o** m. cigarrillo.
cilada f. celada, emboscada.
cilha f. cincha (de caballerías). **/r** tr. cinchar; apretar.
cilindr/ada f. *Mec.* cilindrada. **/o** m. cilindro; rollo.
cílio m. *Anat.* cilio, pestaña; **Bot.** cilio, filamento.
cima f. cima; altura; fin; **para —,** hacia arriba. **/alha** f. cimacio, cornisa.
címbalo m. *Mús.* címbalo.
ciment/ação f. cimentación; fig. fundación. **/o** m. cimento; base.
cimitarra f. cimitarra, alfanje.
cimo m. cima, cumbre.
cimógrafo m. *Med.* cimógrafo.
cinco-réis m. antigua moneda portuguesa; fig. bagatela.

cindir tr. cortar, dividir.
cine m. cine, cinema. **/asta** s. cineasta.
cinegética f. cinegética. **/o** adj. cinegético.
cinema m. cinema, cine. **/scópio** m. cinemascopio. **/tografia** f. cinematografía.
ciner/ação f. cineración, cremación. **/ar** tr. incinerar.
cingi/doiro m. ceñidor, faja. **/r** tr. cingir, apretar.
cínico adj. cínico; impúdico.
cinismo m. cinismo; descaro.
cino/céfalo m. *Zool.* cinocéfalo. **/fagia** f. cinofagia.
cintila f. centella. **/r** tr. centellear, resplandecer.
cint/o m. cinturón; zona. **/ura** f. cintura, talle; zona.
cinz/a f. ceniza; fig. dolor; luto. **/eiro** m. cenicero.
cinzel m. cincel. **/ar** tr. cincelar; fig. esmerar.
cinzento adj. ceniciento; gris.
cio m. celo.
cioso adj. celoso.
cipreste m. *Bot.* ciprés; fig. muerte; luto.
circ/ense adj. circense. **/o** m. circo.
circui/ção f. circuición; giro. **/to** m. circuito.
circula/ção f. circulación; tránsito. **/r** tr. y adj. circular.
círculo m. círculo; gremio.
circunci/dar tr. circuncidar. **/são** f. circuncisión.
circund/ar tr. circundar.
circunferência f. circunferencia.
circunf/lexão f. circunflexión. **/lexo** adj. circunflejo; curvo.
circunlóquio m. circunloquio.
circunscrever tr. circunscribir; limitar.
circunscri/ção f. circunscripción; distrito. **/to** adj. circunscripto; localizado.
circunspe/(c)ção f. circunspección; cordura. **/(c)cionar** tr. mirar al rededor; ponderar.
circunst/ância f. circunstancia; motivo. **/ante** adj. circunstante.
circunva/gar tr. e intr. andar alrededor; vagar. **/lação** f. circunvalación.
círio m. cirio, vela.
cir/urgia f. cirugía. **/urgião** m. cirujano. **/úrgico** adj. quirúrgico.
cism/a m. cisma; devaneo; prevención. **/ar** tr. meditar; proyectar.
cisne m. *Zool.* cisne.
cisterna f. cisterna, pozo.
cita f. cita; citación. **/ção** f. citación; referencia.
citadino adj. y s. ciudadano.
cita/dor adj. y s. citador. **/r** tr. citar; avisar.
cítara f. *Mús.* cítara; inspiración.
citéreo adj. *Poét.* citereo, referente al amor.
citraria f. cetrería.
citrato m. *Quím.* citrato.
ci/umar intr. tener celos. **/úme** m. celos; envidia.
cív/el adj. *For.* civil. **/ico** adj. cívico; patriótico.
civil adj. civil; delicado. **/ização** f. civilización. **/izado** adj. civilizado; culto. **/izar** tr. civilizar; educar.
cizânia f. cizaña; discordia.
clã f. clán; grey; partido.
clama/ção f. clamación. **/r** tr. e intr. clamar.
clâmide m. clámide.
clamor m. clamor.

clandestino adj. clandestino.
clarabóla f. claraboya.
clar/ão m. claridad; indicio; destello. **/ear** tr. e intr. clarear. **/idade** f. claridad.
clarifica/ção f. clarificación. **/r** tr. clarificar; blanquear.
clarim m. *Mús.* clarín.
clarinete m. *Mús.* clarinete.
clarivid/ência f. clarividencia. **/ente** adj. clarividente.
claro adj. adv. y m. claro.
clase f. clase; categoría; aula.
clássico adj. y s. clásico.
classifica/ção f. clasificación. **/dor** adj. y s. clasificador. **/r** tr. clasificar; calificar.
claudica/ção f. claudicación. **/r** intr. claudicar; cojear; dudar.
claustro m. claustro.
clave f. clave.
clavícula f. clavícula.
cláxon m. claxon, bocina.
clem/ência f. clemencia. **/ente** adj. clemente.
clespsidra f. clepsidra.
clerica/l adj. clerical. **/lismo** m. clericalismo.
clero m. clero.
cliché(ê) m. clisé; cliché; matriz.
cliente s. cliente. **/la** s. clientela.
clima m. clima. **/tologia** f. climatología.
clínic/a f. clínica. **/o** adj. y m. clínico.
clister m. clister, lavativa.
cloro m. *Quím.* cloro. **/fila** f. *Quím.* y *Bot.* clorofila. **/fórmio** m. *Quím.* cloroformo.
clube m. club.
coabitar intr. cohabitar.
coadju/tor adj. y m. coadjuntor, coadyutor. **/var** tr. coadyuvar.
coagir tr. coaccionar.
co/agulação f. coagulación. **/agular** tr. e intr. coagular; fig. obstruir. **/águlo** m. coágulo.
coar tr. colar, filtrar; fig. introducirse.
co-arrendar tr. coarrendar.
co-autor s. coautor.
cobaia f. cobaya.
cobalto m. *Min.* cobalto.
cobard/e adj. y s. cobarde. **/ia** f. cobardía.
cobert/a f. cubierta; fig. protección. **/o** adj. cubierto; protegido; m. cobertizo. **/or** m. cobertor, colcha.
cobiç/a f. codicia. **/ar** tr. codiciar.
cobra f. *Zool.* culebra.
cobra/dor s. cobrador. **/nça** f. cobranza. **/r** tr. cobrar.
cobre m. *Min.* cobre.
coça f. paliza.
coçado adj. gastado, muy usado; castigado.
coca/ína f. *Quím.* cocaína. **/inizar** tr. cocainizar.
cocar tr. acechar; m. penacho; distintivo.
coçar tr. rascar; sobar.
cocção m. cocción.
cócegas f. pl. cosquillas.
c/o(ô)che m. coche, carruaje antiguo y suntuoso.
cochina/da f. piara de cerdos; suciedad. **/r** intr. gruñir.
cochinilha f. *Zool.* cochinilla.
cochino m. cochino; fig. hombre sucio.
co(ô)co m. *Bot.* coco; pop. ogro.
cocto adj. cocido.
cocuruto m. coronilla; fig. cumbre.
côdea f. corteza; cáscara; **uma — de pão,** mendrugo.
co-delinqu/ente s. code-

lincuente. **/ir** intr. codelinquir.
co-devedor m. codeudor.
códex m. códice.
códice m. códice.
codificar tr. codificar.
código m. código.
codorniz f. *Zool.* codorniz.
coeducar tr. coeducar.
coeficiente m. coeficiente.
coelh/eira f. conejera; collera del caballo. **/o** m. *Zool.* conejo.
coentro m. *Bot.* cilantro.
coe/rência f. coherencia; nexo. **/rente** adj. coherente; conforme. **/são** f. cohesión; fig. armonía.
coexist/ência f. coexistencia. **/ir** intr. coexistir.
cofre m. cofre; tesoro.
cogita/bundo adj. cogitabundo, cabizbajo. **/r** intr. y tr. cogitar; reflexionar.
cognom/e m. sobrenombre, apellido, cognombre; epíteto. **/inar** tr. cognominar; apodar.
cogul/ar tr. colmar. **/o** m. colmo.
cogumelo m. *Bot.* hongo.
coibi/ção f. cohibición. **/r** tr. cohibir.
coice m. coz. **/ar** intr. cocear.
coifa f. redecilla; cofia.
coincid/ência f. coincidencia. **/ir** intr. coincidir.
cóio m. guarida.
coiraça f. coraza. **/r** tr. acorazar; fig. hacer insensible.
coirão f. mujer fea; ramera.
coiro m. cuero.
coisa f. cosa. **/r** intr. hacer alguna cosa. **-/ruim** f. hechicería; el diablo.
coit/ar tr. vedar, prohibir. **/o** m. coto, vedado; asilo, refugio; coito.
cola f. cola.
colabora/ção f. colaboración. **/dor** adj. y m. colaborador. **/r** intr. colaborar.
colação f. colación; comparación, cotejo.
colacia f. relación entre hermanos de leche; fig. intimidad.
colada f. valle, garganta.
colapso m. colapso.
colar tr. e intr. pegar; colar; juntar; m. collar.
colarinho m. cuello (de camisa).
colateral adj. colateral.
colcha f. colcha; colgadura.
colchão m. colchón.
colcheia f. *Mús.* corchea.
colche(ê)te m. corchete.
colcho/ar tr. acolchonar. **/aria** f. colchonería.
colea/do adj. sinuoso; ondulado. **/r** intr. mover el cuello; serpentear; introducirse subrepticiamente.
cole(c)/ção f. colección. **/cionador** m. coleccionador. **/cionar** tr. coleccionar.
cole(c)/ta f. colecta. **/tâneo** adj. recopilado de varios autores.
cole(c)tiv/idade f. colectividad. **/ismo** m. colectivismo. **/o** adj. y m. colectivo.
colector adj. y m. colector.
col/ega s. colega. **/égio** m. colegio.
coleira f. carlanca, collar de animal.
coleóptero adj. y s. *Zool.* coleóptero.
cólera f. cólera.
cole(ê)te m. chaleco.
colheit/a f. cosecha. **/eiro** m. cosechero.
colhe(ê)r tr. e intr. coger; cosechar; penetrar; sorprender; probar.
colher f. cuchara; cucharada. **/ada** f. cucharada. **/ão** m. cucharón.

colherim m. espátula de pintor o de albañil.
colhida f. cogida.
colibri m. *Zool.* colibrí.
cólica f. *Pat.* cólico; pl. fig. recelo, miedo.
colidir tr. colidir.
coliga/ção f. coligación. **/r** tr. coligar; confederar.
coligir tr. colegir, deducir; juntar.
colina f. colina.
colírio m. colirio.
colisão f. colisión.
coliseu m. coliseo.
colite f. *Pat.* colitis.
colitiga/nte adj. colitigante. **/r** tr. e intr. colitigar.
colmatar tr. colmatar; tapar, cubrir.
colmeia f. colmena.
colmilho m. colmillo.
co(ô)lmo m. rastrojo.
colo m. cuello.
coloca/ção f. colocación. **/r** tr. colocar.
cólon m. *Anat.* colon.
col/ó(ô)nia f. colonia. **/onial** adj. y m. colonial. **/onizador** adj. y s. colonizador. **/onizar** tr. colonizar. **/ono** m. colono; labrador.
colóquio m. coloquio.
color s. color. **/ação** f. coloración. **/ante** adj. colorante. **/ar** tr. colorar.
colorau s. pimentón, pimiento molido.
color/ear tr. colorar. **/ido** adj. y m. colorido. **/ir** tr. colorir; fig. disimular.
coloss/al adj. colosal. **/o** m. coloso.
colubrejar intr. culebrear.
columb/ário m. palomar; *Arq.* columbario. **/ófilo** m. colombófilo.
colun/a f. *Arq.* columna; apoyo. **/ata** f. columnata.
com prep. con.
coma f. cabellera; crines; penacho; m. *Med.* coma.
comadr/e f. comadre; comadrona. **/io** m. comadrazgo; parentesco.
comanda/nte m. *Mil.* comandante. **/r** tr. comandar; dominar.
comandita f. *Com.* comandita.
comando m. comando; poder.
comarc/a f. comarca; región. **/ar** intr. comarcar; colindar.
comari f. pimienta del Brasil.
comatoso adj. *Pat.* comatoso.
combali/do adj. enfermizo, enflaquecido; deteriorado. **/r** tr. abatir, conmover.
combat/e m. combate. **/ente** adj. y s. combatiente. **/er** tr. e intr. combatir.
combina/ção f. combinación; pacto. **/r** tr. combinar; concordar; unir; armonizar.
combo adj. curvo, encorvado.
comboi/ar tr. convoyar, acompañar. **/o** m. convoy; tren.
comborça f. concubina, barragana.
combu/rente adj. comburente. **/stão** f. combustión; fig. conflagración. **/stível** adj. y m. combustible.
começar tr. e intr. comenzar, iniciar.
com/édia f. comedia; farsa. **/ediante** s. comediante.
comedi/do adj. comedido, sobrio. **/r** tr. comedir, moderar.
comedo/iro adj. y m. comedero; comestible. **/r** m. comedor; adj. comilón.
comemora/ção f. conme-

moración. **/r** tr. conmemorar. **/tivo** adj. conmemorativo.
comenda f. encomienda. **/dor** m. comendador.
comensa/l s. comensal. **/lidade** f. comensalidad.
coment/ação f. comentario. **/ar** tr. comentar; analizar. **/ário** m. comentario.
comer tr. e intr. comer; consumir, gastar.
com/ercial adj. comercial. **/erciante** adj. y s. comerciante. **/erciar** tr. comerciar, negociar. **/ércio** m. comercio, negocio; convivencia; **— amoroso,** comercio carnal.
cometa f. *Astr.* cometa.
comet/edor adj. y s. cometedor; autor. **/er** tr. cometer; emprender.
comich/ão f. comezón, picazón; tentación. **/oso** adj. propenso a comezón; impaciente.
comício m. comicio, reunión.
có(ô)mico adj. y m. cómico; ridículo; actor.
comida f. comida, alimento.
comigo prep **com** y pron. pers. **migo;** conmigo.
comilão adj. y s. comilón, glotón.
comirar tr. mirar, examinar.
comiscar intr. comiscar, comisquear.
comisera/ção f. conmiseración, piedad. **/r** tr. conmiserar, compadecer.
comiss/ão f. comisión; encargo; gratificación. **/ariado** m. comisariado. **/ário** m. comisario.
comit/ativo adj. comitativo, que acompaña. **/iva** f. comitiva, séquito.
como conj. como; cuando; pues que; adv. de que manera.
como/ção f. conmoción; desorden. **/cionar** tr. conmover, emocionar.
có(ô)moda f. cómoda (mueble).
comodi/dade f. comodidad; facilidad. **/smo** m. sistema de comodista.
cómodo adj. cómodo; fácil; m. comodidad.
comodoro m. *Mar.* comodoro.
comov/edor adj. conmovedor. **/er** tr. conmover.
compact/o adj. compacto; comprimido. **/uar** tr. pactar con otro.
compadec/edor adj. y m. compadeciente. **/er** tr. compadecer; conmover.
compagina/ção f. compaginación; conexión. **/r** tr. compaginar, unir.
compaixão f. compasión.
companh/a f. tripulación de barco; compañía. **/eiro** adj. y m. compañero; esposo. **/ia** f. compañía; asociación, sociedad.
compara/ção f. comparación. **/r** tr. comparar.
compar/ecente adj. y s. compareciente; presente. **/ecer** intr. comparecer.
comparoquiano m. comparroquiano.
comparsa s. comparsa, figurante.
compart/e adj. y s. comparte; cómplice. **/ição** f. repartición, compartimiento. **/icipar** tr. compartir. **/imento** m. compartimiento; habitación. **/ir** tr. compartir, dividir.
compass/ado adj. compasado; lento. **/ar** tr. compasar. **/o** m. compás; movimiento regulado; regla.
compatr/ício m. compatricio, compatriota. **/iota** adj. y s. compatriota.
compelir tr. compelir; forzar.

comp/endiador adj. y s. compendiador. **/endiar** tr. compendiar, resumir. **/êndio** m. compendio.

compenetra/ção f. compenetración. **/r** tr. compenetrar; convencer.

compensa/ção f. compensación; indemnización. **/r** tr. compensar; equilibrar.

compet/ência f. competencia; rivalidad. **/ição** f. competición; lucha. **/ ir** intr. competir.

compla/cência f. complacencia; indulgencia. **/ cente** adj. complaciente, indulgente.

complana/ção f. nivelación. **/r** tr. nivelar, igualar.

complemen/tar adj. complementario. **/to** m. complemento; conclusión.

complet/ar tr. completar, concluir. **/o** adj. completo; lleno.

complex/ão f. complejo; unión. **/o** adj. complejo.

complica/ção f. complicación. **/r** tr. complicar, embarazar.

compor tr. componer; inventar; arreglar; adornar.

comporta f. compuerta (de presa), esclusa.

comport/amento m. comportamiento, conducta. **/ar** tr. comportar; sufrir; soportar.

composi/ção f. composición; acuerdo; combinación. **/tor** m. compositor; cajista.

compost/o adj. y m. compuesto; arreglado; total. **/ura** f. compostura, aliño; regularidad; actitud.

compra f. compra; fig. soborno. **/dor** adj. y m. comprador. **/r** tr. comprar; sobornar; — **fiado,** comprar a crédito.

compraz/er intr. complacer; transigir. **/imento** m. complacencia.

compreen/dedor adj. y m. comprendedor. **/der** tr. comprender; abrazar. **/ são** f. compresión.

compress/a f. *Cir.* compresa. **/ivo** adj. compresivo. **/or** m. compresor.

compri/do adj. largo, extenso. **/mento** m. largura, extensión; distancia.

comprimi/do adj. comprimido, apretado. **/r** tr. comprimir, apretar; afligir.

compromet/edor adj. comprometedor. **/er** tr. comprometer; arriesgar.

compromiss/ário adj. y m. compromisario; juez. **/o** m. compromiso; obligación.

comprova/ção f. comprobante. **/r** tr. comprobación; prueba.

compulsação f. compulsación.

compuls/ão f. *For.* compulsión. **/ar** tr. compulsar; examinar.

compungi/mento m. compungimiento. **/r** tr. compungir; afligir; punzar.

cômputo m. cómputo, cálculo.

comum adj. común, vulgar, corriente.

comuna f. comuna, ayuntamiento; población.

comun/gar tr. comulgar. **/hão** f. comunión; comunidad de bienes; acuerdo.

comunica/ção f. comunicación. **/r** tr. comunicar.

comunidade f. comunidad.

comunis/mo m. comunismo. **/ta** adj. y s. comunista.

comuta/ção f. conmutación. **/r** conmutar.
concavidade f. concavidad; caverna.
côncavo adj. cóncavo; excavado.
conceb/er tr. concebir. / **ível** adj. concebible; imaginable.
conceder tr. conceder.
conceição f. concepción.
concelho m. concejo, municipio.
concentra/ção f. concentración. **/r** tr. concentrar.
concerta/do adj. concertado. **/r** tr. concertar; arreglar; pactar.
concertina f. *Mús.* concertina.
concertista s. concertista.
conce(ê)rto m. concierto; arreglo; trato.
concess/ão f. concesión; privilegio. **/ionário** adj. y s. concesionario.
concha f. concha; plato de balanza; cucharón.
concidad/ania f. conciudadanía. **/ão.** m. conciudadano.
concili/ábulo m. conciliábulo. **/ação** f. conciliación. **/ar** tr. conciliar; reconciliar; conseguir.
concílio m. concilio.
concis/ão f. concisión. **/o** adj. conciso.
conclav/e m. conclave. / **ista** m. conclavista.
conclu/dente adj. concluyente. **/ir** tr. concluir. **/são** f. conclusión.
concord/ância f. concordancia. **/ar** tr. e intr. concordar.
concorr/ência f. concurrencia. **/ente** adj. y s. concurrente. **/er** intr. concurrir.
concret/izar tr. concretar. **/o** adj. concreto.
concubina f. concubina.
concúbito m. concúbito.
concurso m. concurso; concurrencia.
conda/do m. condado. **/l** adj. condal.
conde m. conde.
condecora/ção f. condecoración. **/r** tr. condecorar.
conden/ação f. condenación. **/ar** tr. condenar; reprobar.
condensa/dor adj. y m. condensador. **/r** tr. condensar; fig. resumir.
condescend/ência f. condescendencia. **/er** intr. condescender.
conde(ê)ssa f. condesa.
condi/ção f. condición. / **cional** adj. y m. condicional. **/cionar** tr. condicionar.
condiment/ar tr. condimentar. **/o** m. condimento.
condiscípulo m. condiscípulo.
condize/nte adj. condicente; que condice; ajustado; conveniente. **/r** intr. condecir; convenir.
condo/er tr. compadecer. **/lência** f. condolencia; pésame.
condor m. *Zool.* cóndor.
condu/ção f. conducción; transporte. **/ta** f. conducta; procedimiento. / **tor** adj. y m. conductor. **/zir** tr. conducir; transportar; comportarse.
cone m. cono.
có(ô)nego m. canónigo.
conex/ão f. conexión; enlace. **/o** adj. conexo.
confabula/ção f. confabulación. **/r** tr. e intr. confabular.
confec/ção f. confección. **/cionar** tr. confeccionar.
confedera/ção f. confederación. **/r** tr. y r. confederar.
confeiç/ão f. confección. **/oar** tr. confeccionar.
confeit/ada f. regalo, ob-

sequio de almendras. / **ar** tr. confitar; fig. suavizar. /**aria** f. confitería.

confer/ência f. conferencia; comparación. /**enciar** intr. conferenciar. /**encista** s. conferenciante.

conferir tr. e intr. conferir, verificar; otorgar; discutir.

confess/ar tr. confesar, declarar. /**ionário** m. confesionario. /**o** adj. *For.* confeso; convertido. /**or** m. confesor.

confi/ado adj. confiado; atrevido. /**ança** f. confianza, esperanza. /**ar** tr. e intr. confiar; revelar. /**dência** f. confidencia; revelación. /**dencial** adj. y s. confidencial, secreto.

configura/ção f. configuración. /**r** tr. configurar.

confirma/ção f. confirmación; ratificación. /**r** tr. confirmar; revalidar.

confisc/ação f. confiscación; aprehensión. /**ar** tr. confiscar.

confissão f. *For.* confesión.

confl/agração f. conflagración; guerra. /**ito** m. conflicto, lucha.

conflu/ência f. confluencia. /**ente** adj. y m. confluente; afluente (río). /**ir** intr. confluir, convergir.

conform/ação f. conformación. /**ar** tr. e intr. conformar; concordar.

confo/rtador adj. confortador. /**rtar** tr. confortar; animar. /**(ô)rto** m. conforte, confortación; bienestar.

confraria f. cofradía.

confrater/nal adj. confraternal. /**nidade** f. confraternidad. /**nizar** intr. confraternizar.

confront/ação f. confrontación; cotejo. /**ar** tr. confrontar. /**o** m. confrontación.

confu/ndido adj. confundido; asustado. /**ndir** tr. confundir, mezclar; amedrentar /**são** f. confusión, desorden.

congela/ção f. congelación; bloqueo. /**dor** adj. y m. congelador; frigorífico. /**r** tr. e intr. congelar, helar; embargar.

congest/ão f. congestión. /**ionar** tr. congestionar; acumular.

conglomera/ção f. conglomeración. /**r** intr. conglomerar; juntarse.

congosta f. camino estrecho y largo.

congratula/ção f. congratulación. /**r** tr. y r. congratular.

congre/gação f. congregación. /**gar** tr. y r. congregar. /**ssista** s. congresista. /**sso** m. congreso.

congro m. *Zool.* congrio.

congru/ência f. congruencia. /**ente** adj. congruente.

conhaque m. coñac.

conhec/edor adj. y s. conocedor. /**er** tr. conocer; apreciar.

có(ô)nico adj. cónico.

conjuga/ção f. conjugación. /**r** tr. conjugar.

cônjuge s. cónyuge.

conjun/ção f. conjunción. /**tar** tr. conjuntar.

conjuntivite f. *Pat.* conjuntivitis.

conjuntivo adj. y m. conjuntivo.

conjunto adj. y m. conjunto.

conjur/a f. conjura. /**ação** f. conjuración. /**ador** m. conjurador. /**ar** tr. conjurar. /**o** m. conjuro.

con(n)osco loc. pron. en nuestra compañía, con nosotros.

conquista f. conquista; adquisición. /**dor** adj. y

s. conquistador. **/r** tr. conquistar; conseguir; dominar.

consagra/ção f. consagración; confirmación. **/r** tr. consagrar; sacrificar.

consangu/íneo adj. y m. consanguíneo. **/inidade** f. consanguinidad.

consci/ência f. conciencia; honradez. **/ente** adj. consciente.

consegui/dor m. conseguidor. **/r** tr. conseguir, obtener.

conselh/eiro adj. y m. consejero; aconsejador. **/o** m. consejo.

consequ/ência f. consecuencia; . importancia **/ente** adj. y m. consecuente; coherente.

conse/rtado adj. concertado; arreglado. **/rtar** tr. concertar. **/(ê)rto** m. concierto; arreglado.

conserva f. conserva. **/ção** f. conservación. **/r** tr. conservar; preservar. **/tório** adj. conservatorio, que conserva; m. escuela de Bellas Artes.

considera/ção f. consideración; estimación. **/r** tr. e intr. considerar; respetar; meditar.

consigna/ção. f. consignación. **/r** tr. consignar; anotar. **/tario** m. consignatario; depositario.

consigo pron. consigo, en su compañía.

consílio m. concilio, reunión.

consist/ência f. consistencia; solidez; espesura. **/ir** intr. consistir; constar.

consoa/da f. colación ligera; aguinaldo; cena de Nochebuena. **/r** intr. consonar, rimar; tomar la colación.

consola/ção f. consolación; lenitivo. **/r** tr. consolar, confortar.

consolida/ção f. consolidación. **/r** tr. consolidar; fortalecer.

conso(ô)lo m. consuelo; placer.

conson/ância f. consonancia; rima. **/antizar** tr. consonar, consonantizar. **/ar** intr. consonar.

cons/orciar tr. asociar, unir. **/orcio** m. consorcio; casamiento; compañía.

consp/icuidade f. calidad de conspicuo; distinción. **/ícuo** adj. conspicuo; sobresaliente; grave, serio.

conspira/ção f. conspiración. **/dor** adj. y s. conspirador. **/r** intr. conspirar; combinar.

const/ância f. constancia; insistencia. **/ar** intr. constar. **/atar** tr. constatar; reconocer.

constela/ção f. constelación. **/r** tr. constelar; adornar.

constipa/ção f. constipación. **/r** tr. constipar.

constitucional adj. constitucional. **/ismo** m. constitucionalismo.

constitui/ção f. constitución. **/r** tr. y r. constituir.

constrang/er tr. constreñir; apretar. **/ido** adj. constringido.

constru/ção f. construcción. **/ir** tr. construir.

cônsul m. cónsul.

consula/do m. consulado. **/r** adj. consular.

consult/a f. consulta. **/ar** tr. e intr. consultar. **/ório** m. consultorio.

consuma/ção f. consumación. **/r** tr. consumar; terminar.

consum/ição f. consumición; mortificación. **/ir** tr. consumir; absorber;

afligir. **/o** m. consumo; venta; extravío.
conta f. cuenta; responsabilidad.
contabili/dade f. contabilidad. **/sta** s. contable.
conta(c)t/ar tr. y r. contactar, poner en contacto; fig. entenderse directamente. **/o** m. contacto.
contado adj. contado; atribuido. **/r** adj. y m. contador.
cont/agiar tr. contagiar. **/ágio** m. contagio.
contamina/ção f. contaminación. **/r** tr. y r. contaminar.
contar tr. y r. contar; relatar; esperar.
contável adj. contable.
contempla/ção f. contemplación. **/r** tr. e intr. contemplar.
contempor/âneo adj. y m. contemporáneo. **/izar** intr. contemporizar; condescender.
conten/cioso adj. contencioso. **/da** f. contienda.
content/adiço adj. contentadizo. **/ar** tr. y r. contentar. **/e** adj. contento.
conterrâneo adj. y s. conterráneo.
contesta/ção f. contestación; polémica; negación. **/r** tr. e intr. contestar; negar; discutir; oponerse.
conteúdo adj. y m. contenido; asunto.
context/o m. contexto; argumento; composición; contextura. **/uar** tr. contextuar.
contigo pron. contigo.
cont/iguar tr. aproximar, hacer contiguo. **/íguo** adj. contiguo; vecino.
continência f. continencia, moderación; ademán; *Mil.* saludo.
continent/al adj. continental. **/e** adj. y m. continente; moderado.
contingente adj. y m. contingente; cuota.
cont/inuação f. continuación. **/inuar** tr. e intr. continuar.
conto/rnar tr. contornear; redondear; contornar; fig. penetrar las intenciones de alguien. **/(ô)rno** m. contorno; perímetro; fig. elegancia de la frase.
contra prep. y m. contra.
contra-almirante. m. *Mar.* contraalmirante.
contrabaixo m. *Mús.* contrabajo.
contraband/ear intr. contrabandear. **/o** m. contrabando.
contra(c)to adj. contracto, contraído.
contradança f. contradanza; vaivén.
contradição f. contradicción; oposición.
contradizer tr. y r. contradecir.
contraforte m. contrafuerte.
contra-harmó(ô)nico adj. contraarmónico.
contra-indica/ção f. contraindicación. **/r** tr. contraindicar.
contrair tr. y r. contraer; adquirir.
contramaré f. contramarea.
contraminar tr. *Mil.* contraminar; frustrar.
contra-ofensiva f. *Mil.* contraofensiva.
contrape(ê)so m. contrapeso; equilibrio.
contraplacado m. contraplacado, contrachapado.
contrapo/r tr. contraponer; confrontar. **/sição** f. contraposición; resistencia.
contraproposta f. contrapropuesta.
contra-revolução f. contrarrevolución.

contr/ariar tr. contrariar; oponer. **/ário** adj. contrario; nocivo; m. enemigo.
contrast/ação f. contraste. **/ar** tr. contrastar; valorar.
contrata f. contrata; contrato. **/r** tr. contratar.
contratempo m. contratiempo.
contrat/ista s. contratista. **/o** m. contrato.
contratorpedeiro m. contratorpedero.
contravenção f. contravención; infracción.
contraveneno m. contraveneno.
contribui/ção f. contribución. **/dor** adj. y s. contribuidor. **/r** intr. contribuir.
contr/olar tr. controlar. **/ôle** m. *Bras.* **/olo** m. control.
contudo conj. con todo.
contund/ente adj. contundente. **/ir** tr. contundir.
conturba/dor adj. conturbador. **/r** tr. conturbar.
contusão f. contusión.
convalesce/nça f. convalecencia. **/nte** adj. y s. convaleciente. **/r** intr. convalecer.
convenção f. convención.
convencer tr. convencer.
convenciona/l adj. convencional. **/lismo** m. convencionalismo.
conveni/ência f. conveniencia. **/ente** adj. conveniente.
convé(ê)nio m. convenio; acuerdo.
convent/icular adj. secreto; clandestino. **/o** m. convento, monasterio; reclusión.
converg/ência f. convergencia. **/ir** intr. convergir.
conversa f. conversa; charla. **/r** intr. conversar.
conver/são f. conversión; transformación. **/sível** adj. convertible. **/so** m. converso; convertido. **/ /ter** tr. convertir, cambiar.
convés m. *Mar.* combnés.
convexo adj. convexo; saliente.
convicção f. convicción.
convi/te m. convite, invitación; festín. **/va** s. convidado, invitado; comensal.
conv/ivência f. convivencia; intimidad. **/iver** intr. convivir.
convoca/ção f. convocación, convite. **/r** tr. convocar; avisar.
convosco loc. pron. con vosotros, en vuestra compañía.
convuls/ão f. convulsión; fig. agitación; cataclismo. **/ionar** tr. convulsionar; agitar. **/o** adj. convulso; trémulo.
coopera/ção f. cooperación; solidaridad. **/r** intr. cooperar, colaborar. **/tiva** f. cooperativa.
coordena/ção f. coordinación; areglo. **/r** tr. coordinar; organizar.
copa f. copa, cima (del árbol); cuba; despensa; aparador. **/do** adj. acopado; frondoso; convexo.
copar tr. dar forma de copa; redondear (los árboles).
co-participa/ção f. coparticipación. **/r** tr. compartir, participar con otros.
copej/ador m. arponero. **/ar** tr. arponar, pescar con arpón.
copela f. copela, crisol. **/r** tr. copelar.
cópia f. copia; abundancia; multitud; imitación, reproducción.
copi/ador m. copiador; copista. **/ar** tr. copiar,

imitar. **/ografar** tr. multicopiar, reproducir.
copios/idade f. copiosidad; abundancia. **/o** adj. copioso, numeroso.
copl/a f. copla, estrofa. **/ista** s. coplista.
copo m. vaso (para beber); copo (de lino, cáñamo, etc.); **— de água,** colación, agasajo, refacción de dulces y licores.
copra f. *Bot.* copra.
co-propriedade f. copropiedad.
copular tr. copular.
coqueir/al m. cocotal. **/o** m. *Bot.* cocotero.
coqueluche f. *Med.* coqueluche.
coquetaria f. coquetería.
co(ô)r f. color.
coração m. corazón.
corado adj. colorado; fig. avergonzado.
cora/gem f. coraje; fig. perseverancia. **/joso** adj. corajoso.
coral m. coral. **/ífero** adj. coralífero.
corão m. corán.
corar tr. colorar; blanquear al sol; ruborizar.
corbelha f. canastillo, cesta.
corça f. *Zool.* corza.
corcel m. corcel, caballo ligero.
corchete m. corchete.
corço m. *Zool.* corzo, ciervo.
corcov/a f. corcova, giba; camino tortuoso. **/ado** adj. y s. corcovado; curvo.
corcunda adj. y f. corcova, jorobado.
cord/a f. cuerda; fig. serie. **/ão** m. cordón.
cordeiro m. *Zool.* cordero.
cordel m. cordel, bramante.
cordial adj. y m. cordial; afectuoso; sincero; bebida confortante. **/idade** f. cordialidad.
cordiforme adj. cordiforme, en forma de corazón.
cordilheira f. cordillera.
cordite f. *Pat.* corditis.
cordura f. cordura, sensatez.
co-reg/ência f. corregencia. **/ente** s. corregente.
coreografia f. coreografía.
coreto m. coro pequeño; tablado para banda de música.
cório m. *Anat.* corión.
corista s. corista.
corja f. canalla, pandilla.
corna f. corneta de pastor; cuerna; especie de bastión. **/da** f. cornada. **/r** tr. cornear.
córnea f. *Anat.* córnea.
cornet/a f. corneta. **/im** m. cornetín.
cornicho m. cuernecillo; antena de los insectos.
cornija f. cornisa.
cornípeto adj. y s. cornúpeto.
co(ô)rno m. cuerno.
co(ô)ro m. coro.
coroa f. corona. **/ção** f. coronación. **/r** tr. coronar; premiar.
corografia f. corografía.
corol/a f. *Bot.* corola. **/iforme** adj. coroliforme.
coron/ado adj. coronado. **/al** adj. y m. coronal; frontal.
coronel m. *Mil.* coronel.
coronha f. cureña.
corpa/ço m. corpazo. **/nzil** m. corpachón.
corp/ete m. justillo, corpiño. **/inho** m. corpiño. **/o** m. cuerpo; materia; corporación; densidad; **— de guarda,** cuerpo de guardia.
corporativ/ismo m. corporativismo. **/o** adj. corporativo.
corpul/ência f. corpulencia, grandeza. **/ento** adj. corpulento, voluminoso.
corpúsculo m. corpúsculo; partícula.

correa/da f. correazo. / **gem** f. correaje. **/r** tr. prender con correa; ceñir.

corre(c)ção f. corrección; rectificación; reprensión. **/cional** adj. y m. correccional. **/to** adj. correcto; perfecto.

corred/iço adj. corredizo. **/or** adj. corredor; m. pasillo, camino cubierto.

correeiro m. correero.

corregedor m. corregidor. **/ia** f. corregidoría.

correia f. correa; soga.

correio m. correo; correspondencia; cartero.

correla/ção f. correlación; igualdad. **/tivo** adj. y s. correlativo.

correligionário adj. y s. correligionario.

corrent/e adj. corriente; habitual; fácil; actual. **/eza** f. corriente (de agua); fila, hilera; fig. desembarazo; continuación.

correr intr. y tr. correr; perseguir; expulsar; deslizar.

correspond/ência f. correspondencia; comunicación. **/ente** adj. y m. correspondiente; conveniente; corresponsal. **/er** intr. corresponder; pertenecer; equivaler.

corri/ar intr. andar con ligereza. **/da** f. corrida, carrera.

corridinho m. música y baile del Algarve.

corrig/enda f. erratas; amonestación. **/ir** tr. corregir; mejorar; castigar.

corrimão m. pasamano (de escalera).

corriqueir/ice f. vulgaridad; trivialidad. **/o** adj. ordinario, vulgar.

corrobora/ção f. corroboración; ratificación. **/r** tr. corroborar; comprobar.

corroer tr. corroer, consumir.

corros/ão f. corrosión. **/ibilidade** f. corrosividad.

corru(p)t/ela f. corruptela; abuso. **/o** adj. corrupto; viciado.

cors/ário adj. y m. corsario; pirata. **/o** m. corso; piratería; desfile de carruajes.

corta-/arame m. alicate corta alambres. **/charutos** m. cortacigarros, cortapuros.

cortad/a f. atajo; cortada. **/ela** f. cortadura, golpe, tajo. **/or** adj. y m. cortador.

cort/ar tr. cortar; atravesar; atajar. **/e** m. corte, cortadura; corte de traje; establo.

co(ô)rte f. corte, residencia real; séquito real; galanteo.

cortej/ador adj. y s. cortejador. **/ar** tr. cortejar, adular.

cort/ês adj. cortés. **/esania** f. cortesanía. **/esão** m. cortesano; delicado. **/esia** f. cortesía; homenaje.

córtex m. *Anat.* y *Bot.* subcórtex; corteza.

corti/ça f. corcho, corteza. **/ço** m. colmena de corcho.

cortina f. cortina. **/do** m. cortinado, cortinaje.

coruj/a f. *Zool.* coruja, curuja. **/ar** intr. graznar como el búho.

corusca/ção f. coruscación; fulgor. **/r** intr. coruscar, fulgurar.

corveta f. *Mar.* corbeta.

corvina f. *Zool.* corvina (pez).

corvo m. *Zool.* cuervo. **/-marinho** m. cuervo marino.

cós m. pretina, cintura de los calzones; lucha.

coscuvilh/ar intr. intrigar, alcahuetear. **/eiro** adj. y m. alcahuete, intrigante.

cose/dor m. cosedor, que cose. **/r** tr. coser; cribar; concertar.
co-signatário m. cosignatario.
cosmético adj. y s. cosmético.
cósmico adj. cósmico.
cosmol/ábio m. *Astr.* cosmolabio, astrolabio. **/ogia** f. cosmología.
cosmopoli/ta adj. y s. cosmopolita. **/tismo** m. cosmopolitismo.
cosmo/rama m. cosmorama. **/s** m. cosmos, universo.
costa f. costa, orilla del mar; cuesta; pl. espalda; *Mar.* **dar à —,** varar. **/do** m. costado, flanco; espalda. **/l** adj. y m. costal; dorsal.
costea/gem f. costeo, cabotaje. **/r** tr. costear; rodear.
costel/a f. *Anat.* costilla. **/eta** f. costilla, chuleta.
costum/ado adj. acostumbrado, habitual. **/ar** tr. acostumbrar. **/e** m. costumbre.
costur/a f. costura; fig. cicatriz; dobladillo. **/ar** tr. coser, costurear. **/eiro** m. costurero, modisto.
cota f. cuota; cota; anotación; armadura antigua. **/ção** f. cotización; importancia, aprecio.
cotej/ar tr. cotejar. **/o** m. cotejo.
cotim m. cotí.
cotiza/ção f. cotización. **/r** tr. cotizar.
cotov/elada f. codazo. **/e(ê)lo** m. codo.
cotovia f. *Zool.* cogujada.
couce m. coz.
couraça f. coraza; blindaje. **/do** adj. y m. acorazado; fig. insensible. **/r** tr. y r acorazar
couro o **coiro** m. cuero; ramera despreciable.
cousa o **coisa** f. cosa.
cout/ada f. coto. **/ar** tr. acotar; vedar. **/o** m. coto; fig. refugio.
couve f. *Bot.* col.
couve-flor f. *Bot.* coliflor.
cov/a f. cueva; sepultura. **/eiro** m. sepulturero.
covil m. cubil.
cox/a f. muslo. **/ão** m. muslo grande y gordo.
coxea/dura f. cojera. **/r** nitr. cojear.
coxim m. cojín; sofá sin respaldo.
coxo adj. y s. cojo; fig. incompleto.
coz/er tr. cocer; digerir. **/imento** m. cocimiento; infusión.
cozinh/a f cocina. **/ar** tr. e intr. cocinar; manipular. **/eiro** m. cocinero.
crânio m. *Zool.* cráneo.
crápula f. crápula.
cratera f. cráter; fig. calamidad.
crava/ção f. engaste; relieve; clavazón. **/r** tr. clavar; engastar; clavetear.
craveiro m. *Bot.* clavel.
craveja/dor m. engastador; herrero. **/r** tr. clavar; engastar; clavetear.
cravelha f. clavija de un instrumento.
cravo m. clavo; *Bot.* clavel.
creche f. guardería infantil.
cred/ência f. credencia. **/encial** adj. y f. credencial.
creditar tr. acreditar, abonar.
crédito m. crédito.
credor m. acreedor.
crédulo adj. y m. crédulo.
cremação f. cremación.
cremalheira f. cremallera.
crema/r tr. incinerar. **/tório** adj. y m. crematorio.
creme m. crema; nata de la leche; licor espeso; natilla.

crença f. creencia; confianza.
cren/deiro adj. y s. simple, bobalicón. **/te** adj. y s. creyente.
crepe m. crespón; gasa negra; fig. luto.
crépido adj. rizado, encrespado.
crepita/ção f. crepitación. **/r** intr. crepitar.
crep/uscular adj. crepuscular. **/úsculo** m. crepúsculo.
crer tr. creer.
cresc/ença f. crecimiento. **/er** intr. crecer; hinchar.
cre(ê)spo adj. crespo; rizado; retorcido; escabroso; obscuro; irritado; pl. arrugas, fruncidos.
cresta f. castrazón; quemazón; rapiña; desfalco; paliza. **/r** tr. chamuscar; castrar; saquear.
cretin/ismo m. cretinismo, estupidez. **/o** adj. y m. cretino, estúpido.
cretone m. cretona.
cria f. cría. **/ção** f. creación; principio; invento; crianza.
criad/a f. criada, sirviente. **/eira** adj. y f. criandera; nodriza; incubadora.
crian/ça f. niño o niña. **/ çada** f. muchachada.
cria/r tr. e intr. criar; lactar; fundar; educar. **/tura** f. criatura.
crim/e m. crimen. **/inal** adj. y m. criminal. **/inoso** adj. y m. criminoso.
crioilo o **crioulo** m. criollo; adj. aborigen.
cripta f. cripta; catacumba.
cripto/brânquio adj. *Zool.* criptobranquio. **/gâmicas** f. pl. *Bot.* criptógamas. **/grama** m. criptograma.
crisântemo m. *Bot.* crisantemo.
crise f. crisis; falta.
crisma f. crisma, óleo santo; cambio de nombre. **/r** tr. crismar; apodar.
criso/carpo adj. *Bot.* crisocarpo. **/filia** f. amor al oro. **/fobia** f. horror al oro.
crisol m. crisol; fig. prueba.
crispa/ção f. crispación. **/r** tr. crispar, contraer.
crista f. cresta (del gallo); penacho; cima.
cristal m. cristal; transparencia. **/eria** f. cristalería. **/izar** tr. e intr. cristalizar; fig. estacionar.
crist/andade f. cristiandad. **/ão** adj. y m. cristiano; — **novo,** judío converso. **/ianismo** m. cristianismo. **/o** m. Cristo.
critério m. criterio; opinión.
cr/ítica f. crítica; censura. **/iticar** tr. criticar; censurar.
criv/a f. criba. **/ar** tr. cribar; agujerear; criticar. **/o** m. criba, cedazo
croché m. crochet; ganchillo.
crocodilo m. *Zool.* cocodrilo, cocodrilo; fig. traidor.
croma/do adj. cromado. **/r** tr. cromar, revestir de cromo.
cromo m. cromo, grabado, colorido.
cró(ô)nica f. crónica.
crono m. crono. **/logía** f. cronología. **/metrar** tr. cronometrar.
cronó(ô)/metro m. cronómetro. **/nimo** m. calendario.
croque m. *Mar.* cloque, bichero.
croquete m. croqueta; albóndiga.
crosta f. costra; corteza; postilla.
cru adj. crudo; fig. cruel; duro.

cruci/ação f. cruciación, crucificación. **/al** adj. crucial. **/ar** tr. cruciar, torturar. **/ficação** f. crucifixión. **/ficar** tr. crucificar; torturar. **/fixo** m. crucifijo.

crue/l adj. cruel; sangriento. **/ldade** f. crueldad.

crustáceo adj. y m. *Zool.* crustáceo; cubierto de costra.

cruz f. cruz; crucero. / **ada** f. cruzada; fig. campaña. **/ador** adj. que cruza; m. *Mar.* crucero. **/ar** tr. cruzar; atravesar. **/eiro** adj. y m. crucero; moneda brasileña.

cu m. ano, culo; asiento.

cuba f. cuba, tonel; m. cacique, hombre poderoso. **/gem** f. cubicación; cubaje.

cubata f. choza, cabaña.

cubicar tr. cubicar.

cúbico adj. cúbico.

cubículo m. cubículo, cuarto pequeño.

cub/ismo m. *Pint.* cubismo. **/o** m. *Geom.* cubo.

cuco m. *Zool.* cuclillo, cuco.

cuecas f. pl. calzoncillos.

cueiro m. culero, pañal (de niños).

cuíca f. *Bras.* instrumento musical; rata anfibia del Brasil.

cuida/do adj. y m. cuidado; tratado; cautela; interj. ¡atención! **/r** tr. e intr. cuidar, vigilar; meditar.

cujo pron. rel. del cual; de la cual; de quien; cuyo.

culatra f. culata; pop. nalgas.

culinária f. culinaria.

culmin/ação f. culminación. **/ar** intr. culminar.

culpa f. culpa. **/r** tr. culpar.

culteranismo m. culteranismo.

cultiv/ação f. cultivación. **/ar** tr. cultivar. **/o** m. cultivo.

cult/o adj. y m. culto. / **ura** f. cultura.

cume m. cumbre; fig. auge.

cúmplice adj. y s. cómplice.

cumplici/ar tr. hacer cómplice. **/dade** f. complicidad.

cumpridor adj. y s. cumplidor; ejecutor.

cumpriment/ador adj. cumplimentador. **/ar** tr. cumplimentar; saludar.

cumprir tr. cumplir.

cumula/ção f. acumulación; abundancia. **/r** tr. acumular.

cúmulo m. cúmulo; amontonamiento.

cunha/dor adj. y m. acuñador. **/r** tr. acuñar; fig. hacer notable.

cunho m. cuño, troquel; sello; fig. marca.

cupão m. cupón.

cupé m. cupé, berlina.

cupidez f. avidez, codicia.

cúpula f. cúpula.

cupulíferas f. pl. *Bot.* cupulíferas.

cura m. y f. cura. **/r** tr. e intr. curar.

cúria f. curia.

curiosidade f. curiosidad.

curral m. corral.

cursar tr. cursar.

curs/ista s. cursante; estudiante. **/o** m. curso.

cursor m. cursor; adj. corredizo.

curti/do adj. curtido. / **r** tr. curtir; endurecer.

curto adj. corto.

curtume m. curtimiento.

curv/a f. curva. **/ar** tr. curvar; doblar; humillar. **/o** adj. curvo; doblado.

cusp/ideira f. escupidera. **/ir** tr. e intr. escupir; lanzar; ultrajar. **/o** m. escupitajo, saliva.

cust/a f. costa, coste; esfuerzo; **à — de,** a costa de. **/ar** tr. costar, importar. **/o** m. coste; esfuerzo.
cust/ódia f. custodia, guardia; tabernáculo. **/ odiar** tr. custodiar, guardar.
cutâneo adj. cutáneo.
cutel/a f. machete, cuchillo grande. **/o** m. cuchillo; machete; fig. violencia.
cúter m. *Mar.* cuter.
cutilada f. cuchillada.
cútis f. cutis.
cutite f. *Pat.* cutitis, dermatitis.
czar m. zar. **/da** f. czarda, baile húngaro.

D

da contrac. de la prep. **de** y **a;** de la.
dação f. *For.* donación, dación.
da(c)ti/lado adj. dactilado. **/lografar** tr. dactilografiar, mecanografiar. **/ lografia** f. dactilografía.
dadaísmo m. dadaísmo.
dádiva f. dádiva, donativo.
dador adj. y m. dador; torgante.
daí contr. de la prep. **de** y adv. **aí;** de ahí.
dalém contr. de la prep. **de** y adv. **além:** de allá.
dalguém contr. de la prep. **de** con el pron. **alguém:** de alguien.
dalgum contr. de la prep. **de** con el pron. **algúm:** de alguno.
dali contr. de la prep. **de** con el adv. **ali:** de allí.
dália f. *Bot.* dalia.
dama f. dama, señora.
dana/ção f. damnación, rabia; condenación. **/dor** adj. y m. dañador. **/r** tr. dañar, perjudicar.
dança f. danza, baile. **/r** intr. danzar; oscilar. **/ rino** m. danzarín, bailarín.
dândi m. dandi, petimetre.
danifica/ção f. damnificación, daño. **/r** tr. damnificar.
dan/inho adj. dañino, nocivo. **/o** m. daño, pérdida.
daquele contr. de la prep. **de** con el pron. **aquele:** de aquél.
daquém contr. de la **prep. de** con el adv. **aquém:** de acá.
daquilo contr. de la prep. **de** y pron. **aquilo:** de aquello.
dar tr. e intr. dar; ceder; regalar; atender; facilitar.
data f. data; fecha; fig. cantidad; tunda, paliza. **/r** tr. datar, fechar.
dátil m. *Bot.* dátil, fruto de la datilera.
datilograf/ar tr. *Bras.* dactilografiar. **/ia** f. dactilografía.
dati/smo m. *Ret.* datismo. **/vo** adj. y m. dativo.
dealba/ção f. dealbación, blanqueamiento. **/r** tr. blanquear; fig. purificar.
deambul/ação f. deambulación; paseo. **/ar** intr. deambular, pasear.
deão m. deán.
debaixo adv. debajo; inferiormente.
debanda/da f. desbandada; dispersión. **/r** tr. e intr. desbandar.
debat/e m. debate, altercación; pelea. **/er** tr. debatir, discutir.

debela/ção f. debelación; represión. **/r** tr. debelar; conquistar.
débil adj. débil, flaco.
debitar tr. adeudar.
débito m. débito, deuda.
debrua/do adj. orlado, galoneado. **/r** tr. orlar, galonear.
debrum m. orladura; dobladillo.
debulha f. *Agr.* desgranamiento. **/r** tr. desgranar, descascarar.
debut/ar intr. debutar, estrenar. **/e** m. debut.
debux/ador adj. y s. dibujante. **/ar** tr. dibujar, esbozar. **/o** m. dibujo; plano.
década f. década, decena.
decad/ência f. decadencia; ruina. **/ente** adj. decadente.
dec/agonal adj. *Geom.* decagonal. **/ágono** m. decágono.
decair intr. decaer; declinar; empobrecer.
decalc/ar tr. calcar un dibujo; plagiar. **/o** m. decalco, copia.
decanado m. decanato, deanato.
decanta/ção f. decantación. **/r** tr. decantar, transvasar.
decapita/ção f. decapitación. **/r** tr. decapitar, degollar.
dec/ência f. decencia; dignidad; aseo. **/ente** adj. decente, honesto.
decentraliza/ção f. descentralización. **/r** tr. descentralizar.
decepa/dor adj. y m. descepador. **/r** tr. descepar; amputar; desunir.
decep/ção f. decepción. **/cionar** tr. decepcionar.
decidi/do adj. decidido. **/r** tr. e intr. decidir; sentenciar.
decifra/ção f. descifración; aclaración. **/r** tr. e intr. descifrar, interpretar.
dec/ígrado m. decígrado. **/ilitro** m. decilitro. **/imal** adj. decimal. **/ímetro** m. decímetro.
declama/ção f. declamación. **/r** tr. e intr. declamar.
declara/ção f. declaración. **/r** tr. declarar; confesar.
decl/inação f. declinación. **/inar** intr. declinar; tr. recusar; desviar. **/ínio** m. declinación, decadencia.
declive m. declive, pendiente.
decoc/ção f. decocción, cocedura. **/to** adj. y m. decocto.
decompo/nente adj. y s. descomponente. **/r** tr. descomponer. **/sição** f. descomposición; disolución.
de cor loc. adv. de memoria.
decora/ção f. decoración. **/dor** m. decorador. **/r** tr. decorar; embellecer.
decot/ado adj. escotado; podado. **/ar** tr. escotar; podar; limpiar. **/e** m. escote; poda.
decr/epidez f. decrepitud; caducidad. **/epitar** intr. decrepitar; decaer.
decret/ar tr. decretar; ordenar. **/o** m. decreto; orden.
decurso adj. y m. decurso; duración; pasado.
dedal m. dedal; fig. trago; pizca.
dédalo adj. y m. dédalo, laberinto.
dedica/ção f. dedicación. **/r** tr. dedicar, ofrecer. **/tória** f. dedicatoria.
ded/ilhação f. movimiento de los dedos. **/ilhar** tr. *Mús.* puntear. **/o** m. *Ant.* dedo; fig. habilidad.
dedu/ção f. deducción;

conclusión. **/zir** tr. deducir; rebajar; interpretar.
defeca/ção f. defecación; depuración. **/r** intr. defecar, evacuar.
defec/ção f. defección, deserción, rebelión. **/tivo** adj. defectivo; defectuoso.
defeit/o m. defecto. **/uoso** adj. defectuoso.
defen/der tr. defender; conservar. **/sor** adj. y m. defensor; abogado.
defer/ência f. deferencia; amabilidad. **/ente** adj. deferente.
deferir tr. e intr. deferir; ceder; consentir.
defes/a f. defensa; protección; abrigo. **/o** adj. y m. defeso, prohibido; veda.
défice m. deficit, saldo negativo.
deficiente adj. deficiente.
definha/do adj. debilitado, flaco. **/r** tr. e intr. debilitar; arruinar; marchitarse.
defini/ção f. definición; significación. **/r** tr. definir, determinar.
deflagra/ção f. deflagración. **/r** intr. deflagrar.
deflexão f. deflexión.
deflora/ção f. desfloración. **/r** tr. desflorar; deshonrar.
defluir intr. manar; fluir.
deflux/ão f. *Med.* fluxión. **/o** m. fluxión; flujo nasal.
deform/ação f. deformación. **/ar** tr. deformar, desfigurar. **/ável** adj. deformable.
defrauda/ção f. defraudación; expoliación. **/r.** tr. defraudar.
defront/ação f. confrontación, posición enfrente de. **/ar** tr. e intr. confrontar, encarar.
defuma/ção f. ahumación; fumigación. **/r** tr. ahumar; perfumar.
defun/ção f. defunción, muerte. **/to** adj. difunto, fallecido; m. cadáver.
degastar tr. disipar; desperdiciar.
dege/lador adj. y m. deshelante, lo que deshiela. **/lar** tr. e intr. deshelar; liquidar; reanimar. **/(ê)lo** m. deshielo, fusión.
degener/ação f. degeneración; corrupción. **/ar** tr. e intr. degenerar; adulterarse.
degola/ção f. degollación. **/r** tr. degollar, decapitar.
degrada/ção f. degradación. **/r** tr. degradar; exonerar; humillar.
degrau m. peldaño, escalón.
degusta/ção f. degustación. **/r** tr. degustar, probar.
deidade f. deidad, ser divino; fig. beldad.
deifica/ção f. deificación. **/r** tr. deificar, divinizar; alabar.
deitar tr. echar; acostar; derramar; exhalar.
deixa f. legado, herencia; dejación; descuido; renuncia. **/r** tr. dejar, abandonar; legar.
dejeju/adoiro m. desayuno. **/ar** intr. desayunar.
dela contr. de la prep. **de** con el pron. **ela:** de ella.
delapida/ção f. dilapidación. **/r** tr. dilapidar; arruinar.
delat/ar tr. delatar, denunciar. **/or** adj. y m. delator, acusador.
dele contr. de la prep. **de** con el pron. **ele:** de él.
delega/ção f. delegación; representación; cedencia. **/r** tr. delegar; investir.
deleit/ação f. deleitación; placer. **/ar** tr. deleitar.
delgad/eza f. delgadez;

fineza. **/o** adj. y m. delgado; delicado; suave.
deliba/ção f. degustación. **/r** tr. degustar, probar.
delibera/ção f. deliberación; decisión. **/r** tr. deliberar.
delicad/eza f. delicadeza. **/o** adj. delicado, cortés; blando; difícil.
del/ícia f. delicia, placer. **/iciar** tr. deleitar.
delimita/ção f. delimitación, demarcación. **/r** tr. delimitar.
delinea/ção f. delineación; esbozo. **/r** tr. delinear; trazar un plano.
delinqu(ü)/ência f. dilincuencia. **/ir** intr. delinquir; transgredir.
del/irante adj. delirante; extraordinario. **/irar** intr. delirar.
delito m. delito, crimen; falta.
delivra/ção f. parto, alumbramiento. **/r-se** r. alumbrar, dar a luz.
demagog/ia f. demagogía. **/o** m. demagogo.
demais adv. además; adj. y pron. ind. restante.
demarca/ção f. demarcación; delimitación. **/r** tr. demarcar; limitar.
demasia f. demasía, exceso; insolencia; temeridade. **/r-se** r. demasiarse, excederse.
dem/encia f. demencia. **/ ente** adj. y s. demente.
demi/ssão f. dimisión; exoneración. **/tir.** tr. dimitir.
demo m. demonio, diablo.
democr/acia f. democracia. **/ático** adj. democrático; popular.
demografia f. demografía.
demoli/çao f. demolición /r tr. demoler, aniquilar, destruir.
dem/ó(ô)nio m. demonio, diablo.
demonstra/ção f. demostración; prueba; señal. **/r** tr. demostrar; mostrar.
demora f. demora, tardanza. **/r** tr. e intr. demorar, retardar.
demover tr. mover; disuadir; desviar.
denega/ção f. denegación. **r** tr. denegar, recusar; desmentir.
denigr/ação f. denigración. **/ir** tr. denegrecer.
deno/dado adj. denodado; atrevido. **/dar** tr. desanudar; desembarazar.
denomina/ção f. denominación. **/r** tr. denominar; nombrar.
denotar tr. denotar; anunciar.
dens/ar tr. hacer denso; coagular. **/idade** f. densidad. **/o** adj. denso; apretado; oscuro.
dent/ada f. dentellada. **/ adura** f. dentadura; cremallera. **/ar** tr. e intr. dentar; morder. **/e** m. *Anat.* diente. **/ição** f. dentición. **/ista** s. dentista; fig. impostor.
dentro adv. dentro, adentro
denudar tr. denudar, desnudar.
den/úncia f. denuncia; declaración. **/unciar** tr. denunciar; revelar. **/unciar-se** r. traicionarse.
departamento m. departamento.
departir tr. departir. repartir.
depaupera/ção f. depauperación. **/r** tr. depauperar; extenuar.
depend/ência f. dependencia; sujección; colonia. **/er** intr. depender, resultar.
dependurar tr. colgar, suspender.
depila/ção f. depilación. **/r** tr. depilar, rapar.
depois adv. después.
depolariza/ção f. despo-

larización. **/r** tr. despoblar; devastar.
depor tr. deponer; dejar; destituir; declarar.
deporta/ção f. deportación, exilio. **/r** tr. deportar; apartar.
dep/osição f. deposición; resignación. **/ósito** m. depósito; almacén.
deprava/ção f. depravación. **/r** tr. deprovar; alterar.
deprecia/ção f. depreciación; rebajamiento. **/r** tr. depreciar.
depreen/der tr. deprehender; deducir. **/são** f. aprehensión.
depressa adv. aprisa, rápidamente.
depr/essão f. depresión; debilitamiento. **/imência** f. depresión.
depura/ção f. depuración. **/r** tr. depurar, purificar.
deputa/ção f. diputación. **/do** m. diputado. **/r** tr. diputar; incumbir.
deriva/ção f. derivación; desviación. **/r** tr. derivar; correr.
derradeiro adj. último; postrero.
derrama f. derrama. **/r** tr. derramar; esparcir; desramar.
derrapar intr. resbalar, patinar, deslizar (la rueda de un vehículo).
derrea/do adj. derrengado. **/r** tr. derrengar; extenuar; desacreditar.
derredor adv. derredor, contorno.
derrenga/do adj. derrengado, extenuado. **/r** tr. y r. derrengar, deslomar.
derreter tr. derretir; liquidar; fig. enternecer; enamorarse.
derriba f. derribamiento. **/r** tr. derribar; arruinar; humillar; subyugar.
derroca/da f. desmoronamiento. **/r** tr. derrocar; destruir; fig. humillar.
derroga/ção f. derogación. **/r** tr. derogar; modificar.
derrota f. derrota; camino; fracaso; viaje. **/r** tr. derrotar, abatir árboles.
derruba/dor adj. y s. derrumbador, destructor. **/r** tr. derrumbar; derribar; extenuar.
derruir tr. derruir; desmoronarse.
desaba/mento m. abatimiento; desmoronamiento. **/r** tr. e intr. abatir, caer; desmoronarse.
desabilitar tr. deshabilitar, inhabilitar.
desabita/do adj. deshabitado; desierto. **/r** tr. deshabitar; abandonar.
desabituar tr. deshabituar.
desabotoar tr. desabotonar; abrir.
desabrido adj. desabrido; desagradable; tempestuoso.
desabrigar tr. desabrigar; desamparar.
desabri/mento m. desabrimiento; rudeza. **/r** tr. desabrir; abandonar.
desacasalar tr. separar animales emparejados.
desacat/ar tr. desacatar; indisciplinar. **/o** m. desacato; profanación.
desaco(ô)rdo m. desacuerdo.
desadora/ção f. desadoración; aversión. **/r** tr. desadorar; repugnar.
desafe(c)t/ação f. naturalidad; ingenuidad. **/o** adj. y s. desafecto; hostil.
desafeiç/ão f. desafección; animosidad. **/oar** tr. desaficionar; alterar.
desafiar tr. desafiar; provocar; rivalizar; desafilar.
desafina/ção f. desafinación; disonancia. **/r** tr. e intr. *Mús.* desafinar.
desafio m. desafío; provocación, lucha.

desafivelar tr. deshebillar, desabrochar.
desafligir tr. sosegar; reconfortar.
desafo/gado adj. desahogado; desembarazado. **/gar** tr. e intr. desahogar; expandir.
desafoguear tr. refrescar; suavizar.
desafreguesar tr. desaparroquiar, quitar los clientes.
desafronta f. desagravio.
desagasalh/ar tr. dispensar mala acogida; desabrigar. **/o** m. mal acogimiento; desabrigo.
desagrad/ar intr. desagradar. **/ável** adj. desagradable.
desagrad/ecer tr. desagradecer. **/o** m. desagrado.
desagrega/ção f. desagregación. **/r** tr. y r. desagregar; separarse.
desagua/dor adj. desaguador. **/r** tr. desaguar.
desaguisa/do m. desaguisado, discordia. **/r** tr. desaguisar; desconcertar.
desajeita/do adj. desastrado, torpe. **/r** tr. desarreglar; deformar.
desajuiza/do adj. desjuiciado; insensato. **/r** tr. hacer perder el juicio; entontecer.
desalent/ado adj. desalentado. **/o** m. desaliento.
desalinh/ado adj. desaliñado; negligente. **/ar** tr. desaliñar.
desaloj/amento m. desalojamiento. **/ar** tr. desalojar.
desamarrar tr. desamarrar; zarpar.
desamarrotar tr. alisar, desarrugar; enderezar.
desampar/ar tr. desamparar. **/o** m. desamparo.
desanda f. pop. reprimenda; paliza.
desanex/ação f. desunión. **/ar** tr. separar, apartar.
des/animado adj. desanimado; cobarde. **/animar** tr. desanimar; acobardar.
desanuvia/do adj. desanublado; límpido; sereno. **/r** tr. desanublar; serenar.
desapaixona/do adj. desapasionado. **/r.** tr. desapasionar; distraer.
desaparafusar tr. destornillar.
desaparec/er intr. desaparecer; fallecer. **/ido** adj. desaparecido; muerto; fugitivo.
desaparelhar tr. desaparejar; desguarnecer.
desaparição f. desaparición.
desape/gar tr. despegar, desprender. **/(ê)go** m. desapego; desinterés.
desapieda/do adj. despiadado; cruel. **/r** tr. desapiadar.
desaponta/do adj. sorprendido; decepcionado. **/r** tr. desilusionar; despuntar.
desapoquentar tr. sosegar, tranquilizar.
desaportuguesar tr. quitar la característica portuguesa.
desapossar tr. desposeer, despojar.
desaprender tr. desaprender.
desapropria/ção f. desapropiación; desapego. **/r** tr. desapropiar; expropiar.
desaprova/ção f. desaprobación. **/r** tr. desaprobar.
desarborizar tr. talar (los árboles).
desarma/mento m. desarmamiento. **/r** tr. e intr. desarmar; desmantelar.
desarm/onia f. desarmonía. **/onizar** tr. desarmonizar, malquistar.
desarraigar tr. desarraigar; destruir.

desarranj/ado adj. desarreglado; negligente. **/ar** tr. desarreglar; trastornar.
desarreigar tr. desarraigar.
desarrugar tr. desarrugar, alisar.
desarruma/ção m. desarreglo; confusión. **/r** tr. desarreglar.
desarticula/ção f. desarticulación. **/r** tr. desarticular, descoyuntar.
desartilha/do adj. *Mil.* desarrillado. **/r** tr. desartillar.
desarvora/do adj. *Mar.* desarbolado. **/r** tr. desarbolar; huir.
desassombr/ado adj. sin sombra, sombrío; osado, audaz. **/ar** tr. iluminar, desanublar; alegrar.
desastr/ado adj. desastrado; infeliz. **/e** m. desastre, accidente; calamidad.
desatapetar tr. desalfombrar.
desatar tr. desatar, desprender; anular; decidir.
desatarraxar tr. destornillar.
desatin/ação f. desatino; confusión. **/ar** tr. e intr. desatinar; perturbar.
desatolar tr. desatollar.
desatraca/ção f. *Mar.* desatraque. **/r** tr. e intr. desatracar.
desautor/ação f. desautorización; destitución. **/ar** tr. desautorizar.
desavença f. desavenencia, hostilidad.
desavergonha/do adj. desvergonzado. **/r** tr. hacer perder la vergüenza.
desavi/ar tr. desaviar; impedir. **/r** tr. desavenir, discordar.
desbancar tr. desbancar; aventajar, vencer.
desba(p)tizar tr. desbautizar; excomulgar.
desbarata/dor adj. y s. desbaratador, gastador. **/r** tr. desbaratar; malgastar.
desbeiçar tr. desbocar; desgolletar.
desbloque/ar tr. desbloquear. **/io** m. desbloqueo.
desboca/do adj. desbocado; desenfrenado; atrevido. **/r** tr. desbocar; vaciar.
desbordar intr. desbordar; derramar.
desbota/do adj. descolorido; marchito; pálido. **/r** tr. descolorar; deslustrar.
desbraga/do adj. desbragado; fig. disoluto. **/r** tr. desvergonzar.
desbrasileirar tr. hacer perder los modos brasileños.
desbrava/do adj. roturado (terreno); civilizado. **/r** tr. desbravar; limpiar.
descabela/do adj. descabellado; fig. violento. **/r** tr. descabellar.
descabido adj. descabido; inoportuno.
descala/bro m. descalabro; ruina. **/vrado** adj. descalabrado.
descalça/deira f. calzador. **/dela** f. reprensión; insulto. **/r** tr. descalzar; fig. desamparar.
descalcifica/ção f. descalcificación. **/r** tr. descalcificar.
descalço adj. descalzo; fig. desprovisto; **não estar—**, estar prevenido.
descamisa/do adj. descamisado; pobre. **/r** tr. descamisar.
descampado m. descampado; llanura.
descans/ado adj. descansado; tranquilo. **/ar** tr. descansar; aliviar. **/o** m.

descanso, reposo; pausa; apoyo.
descapotável adj. descapotable (vehículo).
descara(c)terizar tr. descaracterizar; disfrazar.
descara/do adj. descarado; insolente. **/mento** m. descaramiento.
descarg/a f. descarga; disparo. **/o** m. descargo; satisfacción; disculpa.
descarna/do adj. descarnado; delgado, flaco. **/r** tr. descarnar; adelgazar.
descaroça/dor m. desgranador; deshuesadora. **/r** tr. desgranar, deshuesar; fig. explicar.
descarrega/dor adj. y m. descargador. **/r** tr. descargar; aliviar; vaciar; abonar; confesar.
descarte m. descarte (en juego); fig. excusa.
descasa/mento m. descasamiento; divorcio. **/r** tr. descasar; desemparejar.
descascar tr. descascar; limpiar.
descatoliza/ção f. descatolización. **/r** tr. descatolizar.
descend/ência f. descendencia; linaje; genealogía. **/er** intr. descender, provenir.
descentraliza/ção f. descentralización. **/r** tr. descentralizar.
descer tr. e intr. descender, bajar.
descerebra/do adj. falto de juicio; ignorante. **/r** tr. descerebrar.
descerrar tr. descerrar, abrir; manifestar.
descida f. descenso, bajada; declive.
descimbrar tr. *Arq.* descimbrar.
desclassifica/do adj. y s. desclasificado; excluido. **/r** tr. desclasificar; exonerar.
desclipsar tr. descubrir, averiguar.
descob/erta f. descubrimiento; invención. **/ridor** adj. y s. descubridor; explorador. **/rir** tr. descubrir; inventar; denunciar.
descodear tr. descortezar.
descola/gem f. levantar vuelo (avión); desencoladura. **/r** tr. descolar, despegar; despegar, levantar vuelo.
descolora/ção f. decoloración. **/r** tr. descolorar; desteñir.
descomodidade f. descomodidad; molestia.
descompaginar tr. descompaginar; desunir.
descompaixão f. falta de compasión.
descompo/r tr. descomponer; alterar; insultar. **/sto** adj. descompuesto; descortés.
descompr/essão f. descompresión. **/imir** tr. descomprimir.
descomun/gar tr. levantar la excomunión. **/hão** f. acto de levantar la excomunión.
desconcentrar tr. desconcentrar.
desconce/rtar tr. desconcertar; desordenar. **/(ê)rto** m. desconcierto; discordia.
desconfia/nça f. desconfianza. **/r** tr. e intr. desconfiar
desconform/e adj. disconforme; grandioso. **/idade** f. desconformidad.
desconfo/rtar tr. desconsolar; desalentar, **/(ô)rto** m. incomodidad; desaliento.
descongela/ção f. descongelación. **/dor** adj. y s. descongelador. **/r** tr. descongelar; fundir.
descongestionar tr. descongestionar, desembarazar.
desconhec/edor adj. y s. desconocedor ignorante.

/er tr. desconocer; negar; ignorar.
desconju/gar tr. separar; descasar. **/ntar** tr. descoyuntar, separar.
desconse(ê)rto m. desconcierto; desareglo
desconsidera/ção f. desconsideración. **/r** tr. desconsiderar; despreciar.
desconso/lação f. desconsolación, tristeza. **/(ô)lo** m. desconsuelo.
descont/ar t. descontar, deducir. **/ável** adj. descontable.
desconto m. descuento, rebaja.
descontrair tr. descontraer.
descontrolar tr. descontrolar, dejar de comprobar.
desconveni/ência f. desconveniencia. **/ente** adj. desconveniente; desventajoso.
desconversar tr. e intr. desconversar.
descor f. decoloración. **/ar** tr. descolorar; olvidar; intr. palidecer.
descortês adj. descortés, grosero.
descortinar tr. descortinar, divisar.
descos/er tr. descoser; desunir; fig. divulgar. **/ido** adj. descosido.
descrav/ar tr. desclavar; desengastar. **/ejar** tr. desclavar; desengastar.
descravizar tr. libertar; desoprimir.
descrédito m. descrédito, deshonra.
descre/nça f. descreencia; irreligiosidad. **/nte** adj. y s. descreído, ateo.
descr/ever tr. describir, narrar; trazar. **/ição** f. descripción; narración.
descuid/ado adj. descuidado; negligente. **/ar** tr. descuidar.
desculpa f. disculpa, perdón. **/r** tr. disculpar.
desde prep. desde, después de, a partir de.
desd/ém m. desdén, desprecio; orgullo. **/enhar** tr. e intr. desdeñar; motejar.
desdenta/do adj. y m. desdentado. **/r** tr. desdentar.
desdita f. desdicha, desgracia.
desdizer tr. desdecir, negar.
desdobrar tr. desdoblar, extender; fraccionar.
deseca/ção f. desecación. **/r** tr. desecar.
desej/ado adj. deseado, esperado; soñado. **/ar** tr. e intr. desear, anhelar; querer. **/o** m. deseo; apetito.
deselegância f. inelegancia, incorrección.
desembaciar tr. desempañar.
desembainhar tr. desenvainar; desprender.
desembandeirar tr. quitar la bandera.
desembara/çado adj. desembarazado, desenvuelto; libre. **/çar** tr. desembarazar; evacuar.
desembaralhar tr. desenmarañar, desembrollar.
desembarca/doiro m. desembarcadero. **/r** tr. e intr. desembarcar.
desembocar tr. desembocar; desaguar.
desembolado adj. desembolado.
desembo/lsar tr. desembolsar; gastar. **/(ô)lso** m. desembolso; préstamo.
desemboscar tr. desemboscar.
desembraia/gem m. *Mec.* desembrague; desconexión. **/r** tr. desembragar, desconectar.
desembrulh/ar tr. desempaquetar; desdoblar; fig. desenredar. **/o** m. desembrollo, despliegue.

desembrutecer tr. desembrutecer; civilizar.
desembruxar tr. deshechizar; desembrujar.
desempacotar tr. desempaquetar.
desempalmar tr. desempalmar; desligar.
desemparceirar tr. desemparejar; descasar.
desempat/ar tr. desempatar; decidir; — **um negócio,** resolver un negocio. **/e** m. desempate; resolución.
desempena/do adj. derecho; desembarazado; escuadrado, nivelado. **/r** tr. enderezar; escuadrar.
desempestar tr. desinfectar.
desempo/ar tr. desempolvar; sacudir. **/eirado** adj. desempolvado; modesto.
desempre/gado adj. y s. desempleado. **/(ê)go** m. desempleo; paro.
desemprenhar tr. desembarazar; abortar; fig. desembuchar.
desencabresta/do adj. sin cabestro; desenfrenado. **/r** tr. tr. desencabestrar.
desencadernar tr. y r. desencuadernar; desalinarse.
desencaix/ar tr. y r. desencajar; desempaquetar. **/e** m. desencaje.
desencaixotar tr. desencajonar.
desencalhar tr. e intr. desencallar.
desencaminha/do adj. desencaminado. **/r** tr. desencaminar; fig. pervertir.
desencapotar tr. desencapotar; fig. descubrir.
desencarcerar tr. y r. desencarcelar; libertar.
desencardir tr. limpiar; blanquear.
desencharcar tr. desencharcar; secar.
desencher tr. vaciar.
desencobrir tr. descubrir.
desencolerizar tr. desencolerizar.
desencontr/ado adj. opuesto; disconforme. / **o** m. oposición; divergencia; dirección opuesta.
desencorajar tr. desanimar.
desencorpora/ção f. desincorporación. **/r** tr. y r. desincorporar; separarse.
desencravar tr. desclavar; fig. sacar de apuros.
desencrespar tr. y r. desencrespar; alisar.
desendividar tr. pagar la deuda de; exonerar; desobligar.
desenevoar tr. desnublar; fig. alegrar; aclarar.
desenfarruscar tr. deshollinar; limpiar.
desenfeitar tr. y r. desadornar, desguarnecer.
desenfeitiçar tr. deshechizar; desembrujar.
desenferrujar tr. desenmohecer; fig. desentorpecer; instruir.
desenfrea/do adj. desenfrenado; libertino. **/r** tr. desenfrenar.
desenfurecer tr. desenfurecer; serenar.
desenganchar tr. desenganchar.
desengano m. desengaño; desilución.
desengarrafar tr. desembotellar.
desengatar tr. desengastar; desenganchar; soltar.
desenglobar tr. desenglobar.
desengomar tr. desalmidonar, desengomar.
desengonça/do adj. desengoznado; descoyuntado. **/r** tr. desgonzar; desarticular.
desengord/ar tr. desengrasar; enflaquecer. **/urar** tr. desengrasar.
desenguiçar tr. desenhechizar; desenredar.

desenh/ador adj. y m. diseñador, dibujante. **/ar** tr. dibujar. **/o** m. dibujo; plano; fig. intento.
desenjoar tr. quitar las náuseas; desempalagar; desenfadar.
desenla/çar tr. desenlazar; separar; aclarar. / **ce** m. desenlace; fig. solución.
desenovelar tr. desovillar, desenredar.
desenquadrar tr. desenmarcar, quitar del marco.
desenraizar tr. desarraigar.
desenrasca/do adj. expedito, desembarazado. **/r** tr. desembarazar.
desenre/dar tr. desenredar; resolver. **/(ê)do** m. desenredo; solución.
desenrijar tr. ablandar.
desenrolar tr. desenrollar; desarrollar; destorcer.
desenroscar tr. desenroscar; desatornillar.
desenroupar tr. desarropar; desnudar.
desenrugar tr. desarrugar, alisar.
desentarraxar tr. desatornillar; desapretar.
desentender tr. e intr. desentender. **/-se** r. enemistarse.
desenterra/do adj. desenterrado; pálido. **/r** tr. desenterrar, exhumar; escudriñar.
desentoa/ção f. *Mús.* desentonación; desafinación. **/r** tr. desentonar.
desentolher tr. desentumecer.
desentorpecer tr. desentorpecer; reanimar.
desentoxica/ção f. desintoxicación. **/r** tr. desintoxicar.
desentristecer tr. e intr. desentristecer, alegrar.
desentronizar tr. destronar, desentronizar.
desentulhar tr. desaterrar; desobstruir.
desentupir tr. destapar; desobstruir.
desenvolto adj. desenvuelto; desarrollado; ágil; travieso.
desenvolv/er tr. desenvolver; desarrollar; desempachar. **/imento** m. desenvolvimiento; progreso.
desenxofrar tr. *Quím.* dezufrar; fig. desenfadar.
desenxovalha/do adj. limpio; sin calumnia; bien arreglado. **/r** tr. limpiar; rehabilitar.
deserção f. deserción; abandono.
deserda/ção f. desheredación. **/r** tr. desheredar; desamparar.
desertar tr. desertar; abandonar, huir.
des/értico adj. desértico; despoblado. **/erto** m. desierto; adj. abandonado.
desertor adj. y m. desertor, tránsfuga.
desespera/do adj. y m. desesperado; colérico; obstinado; alocado. **/r** tr. desesperar; irritar.
desestima f. desestima; desprecio. **/r** tr. desestimar, desechar.
desfadiga f. alivio, descanso. **/r** tr. aliviar, reposar.
desfalca/do adj. desfalcado; disminuido; perjudicado. **/r** tr. desfalcar; defraudar.
desfalec/er tr. desfallecer; desalentar; intr. desmayar, decaer. **/imento** m. desfallecimiento; desmayo.
desfalque m. desfalco; desvío (dinero).
desfanatizar tr. desfanatizar.
desfavor m. desfavor; hostilidad; desgracia. **/ecer** tr. desfavorecer; desestimar.

desfazer tr. deshacer; **ani**quilar; desterrar; desvanecer.
desfertilizar tr. desfertilizar.
desfia/do adj. deshilado. **/r** tr. deshilar; deshilachar; intr. desmenuzar.
desfibrar tr. desfibrar; desmenuzar.
desfigura/ção f. desfigurado, alterado. **/r** tr. desfigurar; afear; disimular.
desfiladeiro m. desfiladero.
desfil/ar intr. *Mil.* desfilar, marchar. **/e** m. desfile.
desfilhar tr. desfollonar, podar; deshijar.
desflora/ção f. desfloración. **/r** tr. desflorar; fig. deshonrar, desvirgar.
desfocar tr. desenfocar.
desfolha f. deshoje, deshojamiento. **/da** f. deshojada; descamisada. **/r** tr. deshojar, despampanar; fig. extinguir.
desforra f. desquite; venganza; reparación, desagravio.
desfort/alecer tr. desfortalecer. **/ificar** tr. desfortificar.
desfortuna f. desventura, infelicidad.
desfranzir tr. desarrugar, alisar; desfruncir.
desgalante adj. descortés.
desgalgar tr. desgalgar; despeñar.
desgalvaniza/ção f. desgalvanización. **/r** tr. desgalvanizar.
desgarrada f. danza y canto improvisado; **à —,** a desafío.
desgarra/do adj. desgarrado; descaminado; suelto; libertino. **/r** tr. extraviar; pervertir; *Mar.* garrar, levar anclas.
desgast/ado adj. desgastado; arruinado. **/ar** tr. desgastar; consumir.
desgelar tr. deshelar.
desgovern/ação f. desgobierno; desorden. **/ar** tr. desgobernar; desperdiciar.
desgra/ça f. desgracia; calamidad. **/çar** tr. desgraciar; perjudicar.
desgravida/ção f. desembarazo, parto. **/r** tr. desembarazar; alumbrar; desocupar.
desgrenhar tr. desgreñar, despeinar.
desgrudar tr. desengrudar; despegar.
desguarnec/er tr. desguarnecer; desardornar. **/ido** adj. desguarnecido.
desídia f. desidia; pereza; negligencia.
desidrata/ção f. deshidratación. **/r** tr. deshidratar.
designa/ção f. designación; denominación. **/r** tr. designar; mostrar; escoger.
desigual adj. desigual; irregular. **/ar** tr. desigualar; diferenciar.
desiludi/do adj. desilusionado. **/r** tr. desilucionar; desengañar.
desilusão f. desilución; desengaño.
desimpedir tr. desembarazar; facilitar.
desimpressionar tr. desimpresionar; desengañar.
desincorpora/ção f. desincorporación; separación. **/r** tr. desincorporar; licenciar tropas; apartar.
desinência f. desinencia; extremidad; término.
desinfamar tr. rehabilitar, deshumillar.
desinfe(c)/ção f. desinfección. **/tar** tr. desinfectar.
desinflama/ção f. desinflamación. **/r** tr. desinflamar.
desinquieta/ção f. desinquietud. **/r** tr. desinquietar, incomodar.

desintegra/ção f. desintegración. **/r** tr. desintegrar.
desinteligência f. desinteligencia.
desintere/ssado adj. desinteresado; imparcial. **/ssar** tr. desinteresar; compensar.
desintoxica/ção f. desintoxicación. **/r** tr. desintoxicar.
desirm/anar tr. deshermanar, desemparejar. **/anar-se** f. desavenirse.
desist/ência f. desistencia; abandono. **/ir** intr. desistir, renunciar.
desjeju/ar intr. desayunar. **/m** m. desayuno.
desjuizar tr. enloquecer; embrutecer.
desjuntar tr. desunir, dividir.
desladrilhar tr. desenladrillar; desempedrar.
deslajear tr. desenlosar; desempedrar.
deslastrar tr. *Mar.* deslastrar.
desleal adj. desleal; traidor; falso. **/dade** f. deslealtad.
desleix/ar tr. descuidar; olvidar. **/o** m. descuido; indolencia.
deslembra/nça f. olvido, descuido. **/r** tr. olvidar, descuidar.
desli/ar tr. desligar. **/gar** tr. desligar, desatar. **gar-se** r. desobligarse.
deslindar tr. deslindar; demarcar; desenredar.
desliz/adeiro m. deslizadero. **/ar** intr. deslizar, resbalar; evadirse.
desloca/ção f. dislocación; luxación. **/r** tr. dislocar; separar; desarticular.
deslumbra/do adj. deslumbrado; fascinado. **/r** tr. deslumbrar; fascinar.
deslustr/ar tr. deslustrar, deslucir; manchar, desacreditar. **/e** m. deslustre; descrédito.
desluzi/do adj. deslucido; desacreditado. **/r** tr. deslucir; depreciar.
desmagnetiza/ção f. desmagnetización. **/r** tr. desmagnetizar.
desmai/ado adj. desmayado; débil; descolorido. **/ar** tr. desmayar. **/o** m. desmayo; desfallecimiento.
desmanar tr. desmanar; apartar.
desmanch/adão m. desordenado; negligente. **/ar** tr. deshacer; desarreglar; anular; provocar aborto. **/o** m. desarreglo; aborto.
desmando m. desmando; desorden; abuso.
desmantela/do adj. desmantelado; arruinado. **/r** tr. desmantelar, demoler; desarmar.
desmaranh/ar tr. enmarañar, desenredar. **/o** m. desenredo; desorden.
desmarca/do adj. desmesurado; excesivo. **/r** tr. desmarcar.
desmascarar tr. desenmascarar; aclarar; descubrir.
desmastr/ar tr. *Mar.* desarbolar; desaparejar un navío. **/ear** tr. desarbolar.
desmelindrar tr. desagraviar.
desmembra/ção f. desmembración; división. **/r** tr. desmembrar; desunir.
desmenti/do m. desmentido; perjuro. **/r** tr. desmentir, contradecir.
desmérito m. demérito.
desmilitariza/ção f. desmilitarización. **/r** tr. desmilitarizar.
desmobila/do adj. desamueblado; vacío. **/r** tr. desamueblar.
desmobiliza/ção f. desmovilización. **/r** tr. desmovilizar.

desmontar tr. desmontar, apear; abatir.
desmoraliza/ção f. desmoralización. **/r** tr. desmoralizar; viciar; acobardar.
desmorona/mento m. desmoronamiento; destrucción. **/r** tr. desmoronar, arrasar.
desmudar tr. e intr. demudar, cambiar.
desnacional adj. desnacional, antipatriótico.
desnasalação f. transformación de un sonido nasal en oral.
desnata/ção f. desnatación. **/r** tr. desnatar.
desnatural adj. desnatural; excéntrico. **/ização** f. desnaturalización. **/izar** tr. desnaturalizar; expatriar; desfigurar.
desnavegável adj. inavegable.
desnecessário adj. innecesario, desnecesario.
desn/ível m. desnivel. **/ivelar** tr. desnivelar.
desnortea/do adj. desorientado; extraviado. **/r** tr. desorientar; confundir.
desnud/ação f. desnudamiento. **/ar** tr. desnudar; despojar. **/o** adj. desnudo.
desnutri/ção f. desnutrición, depauperación. **/r** tr. desnutrir; enflaquecer
desobed/ecer intr. desobedecer; violar **/iência** f. desobediencia.
desobstruir tr. desobstruir, desocupar; limpiar.
desola/ção f. desolación, devastación; ruina; tristeza. **/r** tr. desolar; arruinar; afligir.
desonest/ar tr. deshonestar; deshonrar. **/o** adj. deshonesto; indigno.
desonr/a f. deshonra; infamia; violación. **/ar** tr. deshonrar; violar.
desorbitar tr. desorbitar; exorbitar.
desorde/iro adj. y s. perturbador, pendenciero. **/m** m. desorden, confusión; tumulto.
desorienta/ção f. desorientación; desatino. **/r** tr. desorientar.
desornar tr. desadornar; desaliñar.
desoxida/ção f. desoxidación. **/r** tr. desoxidar.
despach/ado adj. despachado, diligente; resuelto; muerto. **/ante** m. despachante, agente de aduana. **/ar** tr. despachar; enviar; vender. **/o** m. despacho; resolución; comunicación; desembarazo.
desparafusar tr. destornillar; desapretar.
desparamentar tr. quitar los paramentos; desnudar.
despartir tr. despartir, separar; pacificar.
despedaça/dor adj. despedazador. **/r** tr. despedazar, descuartizar.
despedi/da f. despedida; separación; terminación. **/r** tr. despedir; licenciar, esparcir; remitir.
despe/gar tr. despegar; desunir; abandonar. **/(ê)go** m. despego; aspereza.
despej/ado adj. despejado; libre; atrevido; vacío. **/ar** tr. despejar, desembarazar; aclarar.
despenar tr. despenar, consolar; desplumar.
despendurar tr. descolgar.
despenh/adeiro m. despeñadero, precipicio; peligro. **/ar** tr. despeñar, precipitar; desgraciar.
despentear tr. despeinar.
desperceber tr. desapercibir.
despert/ador m. despertador (reloj); estimulante. **/ar** tr. despertar.

despesa f. gasto; consumo.
despied/ade f. inhumanidad. **/ar-se** r. desapiadarse.
despir tr. desnudar; despojar.
despistar tr. despistar.
desplant/ar tr. desplantar. **/e** m. desplante; osadía.
desplumar tr. desplumar.
despoetizar tr. despoetizar.
desp/ojador adj. y s. despojador. **/ojar** tr. despojar; desnudar. **/o(ô)jo** m. despojo; pl. restos.
desponsório m. esponsales.
desponta/dor adj. y m. despuntador. **/r** tr. despuntar; embotar; surgir.
desport/e m. deporte; divertimiento. **/ismo** m. deportismo. **/o** m. deporte.
despos/ar tr. desposar. **/ório** m. desposorio
déspota s. déspota.
despovoa/ção f. despoblación. **/r** tr. despoblar.
despraz/er intr. y m. desplacer; desagradar. **/ível** adj. desapacible.
desprega/dura f. desplegadura. **/r** tr. desplegar; desclavar; soltar.
desprend/er tr. desprender; soltar. **/imento** m. desprendimiento.
despreocupa/ção f. despreocupación. **/r** tr. y r. despreocuparse.
desprest/igiar tr. desprestigiar. **/ígio** m. desprestigio.
despreven/ção f. desprevención. **/ir** tr. desprevenir.
despre/zador adj. y s. despreciador. **/zar** tr. despreciar. **/(ê)zo** m. desprecio.
despropor/ção f. desproporción. **/cionar** tr. desproporcionar.
desprote/(c)ção f. desamparo. **/ger** desamparar; abandonar; descubrirse.
desqualifica/ção f. descalificación. **/r** tr. descalificar.
desquit/ação f. desquite; separación judicial. **/e** m. desquite; divorcio; separación.
desraizar tr. desenraizar, desarraigar.
desramar tr. desramar.
desratiza/ção f. desratización. **/r** tr. desratizar.
desrespeit/ador adj. y s. irrespetuoso. **/ar** tr. irrespetar.
desrugar tr. desarrugar.
dessabor m. desabor; insipidez.
dessal/ar tr. desalar. **/gar** tr. desalar.
dessangrar tr. desangrar; arruinar.
de(ê)sse contrac. de la prep. *de* con el pron. o adj. *esse,* de ese.
dessocorrer tr. abandonar.
dessoldar tr. desoldar.
dessubstanciar tr. desubstanciar; exprimir.
dessulfura/ção f. *Quím.* desulfuración. **/r** tr. desulfurar.
destac/ado adj. destacado; saliente. **/ar** tr. destacar; resaltar; enviar. **/ável** adj. destacable; separable.
destapa/mento m. destapadura. **/r** tr. destapar; descubrir.
destaque m. evidencia; saliente; golpe de florete.
de(ê)ste contr. de la prep. **de** con pron. o adj. **este:** de éste; a mi lado.
destem/idez f. intrepidez; coraje. **/ido** adj. intrépido, valiente.
destempe/rar tr. destemplar; desorganizar; desafinar. **/(ê)ro** m. destemple; desarreglo; tontería.

deste/rrar tr. desterrar, deportar; oscilar. **/(ê)rro** m. destierro, exilio; fig. lugar yermo.
destila/ção f. destilación. **/r** tr. destilar; insinuar. **/ria** f. destilería.
destino m. destino; dirección; fatalidad; suerte.
destitui/ção f. destitución; privación. **/r** tr. destituir, exonerar.
destorcer tr. destorcer; disimular.
destramente adv. diestramente.
destrava/do adj. desenfrenado; fig. insolente. **/r** tr. desfrenar; desvariar.
destreza f. destreza; aptitud.
destripar tr. destripar.
destro adj. diestro; hábil; lado derecho.
destrocar tr. destrocar, deshacer el trueque o cambio.
destro/çar tr. destrozar; dispersar; aniquilar. **/(ô)ço** m. destrozo; ruina.
destron/ar tr. destronar; humillar. **/izar** tr. destronar.
destrui/ção f. destrucción. **/r** tr. destruir.
desuman/ar tr. deshumanar. **/idade** f. deshumanidad; crueldad. **/o** adj. deshumano, feroz.
desuni/ão f. desunión, división. **/r** tr. desunir; desarmonizar.
desvair/ado adj. desvariado; loco. **/ar** tr. desvariar, delirar.
desvalido adj. y m. desvalido; miserable.
desvaloriza/ção f. desvalorización. **/r** tr. desvalorizar.
desvanecer tr. e intr. desvanecer; esfumar; desmayar; olvidar.
desvantagem f. desventaja; inferioridad.
desvão m. desván; rincón.
desvari/ar tr. e intr. desvariar; delirar. **/o** m. desvarío; disparate.
desvendar tr. desvendar.
desventra/ção f. destripamiento. **/r** tr. destripar.
desventur/a f. desventura; infelicidad. **/ar** tr. desgraciar.
desvergonhar tr. desvergonzar.
desvia/do adj. desviado; alejado. **/r** tr. desviar; sustraer; divergir.
desvirga/mento m. desvirgación, estupro. **/r** tr. desvirgar, desflorar.
desvirilizar tr. desvirilizar, castrear.
desvirtu/ar tr. desvirtuar, desprestigiar. **/de** f. pecado; defecto.
detalh/ar tr. detallar. **/e** m. detalle, minuciosidad.
dete(c)t/ar tr. detectar. **/ive** m. detective, policía secreto. **/or** m. detector.
dete/nção f. detención. **/r** tr. detener; suspender; aprehender.
determina/ção f. determinación; resolución; coraje. **/r** tr. determinar; ordenar.
detersão f. *Med.* detersión.
detestar tr. detestar; odiar; condenar.
detido adj. detenido, preso; parado.
detona/ção f. detonación, estampido. **/dor** m. detonador. **/r** intr. detonar; explotar.
detrás adv. detrás; después.
deturpar tr. deturpar; estropear; infamar.
Deus m. Dios, el Creador; **graças a —,** gracias a Dios. **/a** f. diosa; mujer hermosa.
devagar adv. despacio; lentamente.
devass/idão f. deprava-

ción; corrupción. **/o** adj. y s. disoluto; libertino.
devasta/ção f. devastación, aniquilación. **/r** tr. devastar.
deve m. *Com.* debe. **/dor** adj. y s. debedor; deudor. **/r** tr. deber; m. obligación.
deveras adv. de veras; realmente.
devoção f. devoción; abnegación.
devolução f. devolución; restitución.
devolver tr. devolver; reenviar; transferir.
devora/ção f. consumición; destrucción. **/r** tr. devorar; tragar; destruir.
dez num. card. y m. diez. **/asseis** num. card. y m. dieciséis.
dezembro m. diciembre.
dezena f. *Mat.* decena.
dia m. día; fig. vida, existencia; claridad solar; época; **bons dias,** buenos días.
diab/etes f. pl. *Med.* diabetes. **/ético** adj. y m. diabético.
diadema m. diadema; corona.
diáfano adj. diáfano; translúcido.
diáfise f. *Anat.* diáfesis.
diafragma m. diafragma.
diagn/ose f. diagnosis. **/óstico** m. diagnóstico.
diagonal f. *Geom.* diagonal; oblicuo.
diagrama m. diagrama; delineación.
dial/e(c)tal adj. dialectal. **/é(c)tica** f. dialéctica; lógica. **/e(c)to** m. dialecto.
diálise f. *Quím.* diálisis.
di/alogar tr. e intr. dialogar, conversar. **/álogo** m. diálogo.
diamant/e m. *Min.* diamante. **/ino** adj. diamantino; puro; duro.
diâmetro m. *Geom.* diámetro.
diante adv. delante; enfrente. **/iro** adj. y m. delantero.
diapositivo m. *Fot.* diapositiva.
diário adj. diario, cotidiano; m. periódico libro comercial.
diarre(é)ia f. *Med.* diarrea.
diartrose f. *Anat.* diartrosis.
diató(ô)mico adj. *Quím.* diatómico; bivalente.
diató(ô)nico adj. *Mús.* diatónico.
diatribe f. diatriba; invectiva; crítica severa; sátira.
di(c)ção f. dicción; expresión; sonido.
dicéfalo adj. dicéfalo, bicéfalo.
dicion/ário m. diccionario, léxico. **/arista** s. diccionarista, lexicógrafo.
didá/(c)tica f. didáctica. **/(c)tologia** f. didactología.
diedro adj. y s. *Geom.* diedro.
dielé(c)trico m. dieléctrico.
dieta f. dieta.
difama/ção f. difamación. **/r** tr. difamar, calumniar.
difásico adj. difásico.
diferen/ça f. diferencia; alteración. **/çar** tr. diferenciar; distinguir. **/ciar** tr. diferenciar.
dif/ícil adj. difícil; costoso. **/iculdade** f. dificultad. **/icultar** tr. dificultar; complicar.
difonia f. *Mús.* difonía, armonía.
difu/ndir tr. difundir; dilatar. **/são** f. difusión; propagación. **/so** adj. difuso; dilatado; derramado.
dige/rir tr. digerir; sufrir. **/stão** f. digestión. **/stivo** adj. y m. digestivo.

digit/ação f. digitación. **/al** adj y f. digital.
digladia/ção f. digladiación; combate. **/r** intr. digladiar, batallar.
dign/idade f. dignidad; honor. **/ificar** tr. dignificar; honrar. **/o** adj. digno; decoroso; proporcionado.
digress/ção f. digresión. **/ivo** adj. digresivo, divergente.
dilação f. dilación; demora.
dilacera/ção f. dilaceración. **/r** tr. dilacerar; atormentar.
dilata/ção f. dilatación; ampliación. **/r** tr. dilatar, ampliar; retardar; divulgar.
dilig/ência f. diligencia; actividad; celeridad; investigación oficial; antiguo carruaje. **/enciar** tr. diligenciar; procurar.
dil/uvião f. terreno diluvial. **/úvio** m. diluvio.
dimana/ção f. dimanación; derivación. **/r** intr. dimanar, fluir.
dimens/ão f. dimensión, tamaño; superficie. **/ionar** tr. medir.
diminu/ição f. diminución. **/ir** tr. disminuir, reducir; debilitar. **/to** adj. diminuto; deficiente; pequeño.
dinâmic/a f. *Fís.* dinámica. **/o** adj. dinámico; activo.
dinamit/ar tr. dinamitar. **/e** f. dinamita.
dínamo m. *Fís.* dinamo.
dinastia f. dinastía.
dinheir/al m. dineral. **/o** m. dinero; cantidad; riqueza.
dinossauro m. dinosaurio.
diocese f. diócesis.
dioptria f. *Fís.* dioptría.
diplom/a m. diploma; título; dignidad. **/acia** f. diplomacia, carrera diplomática; circunspección; astucia; cortesía. **/ado** adj. y s. diplomado. **/ata** m. diplomático; astuto.
dique m. dique; presa; obstáculo.
dire(c)ção f. dirección; administración; rumbo; señas. **/to** adj. directo; inmediato; formal. **/tor** adj. y m. director.
direito adj. y m. derecho, recto; íntegro, legal; jurisprudencia; tributos.
dirig/ente adj. y s. dirigente; director. **/ir** tr. dirigir; guiar enviar.
dirimir tr. dirimir; anular; desunir.
discern/ente adj. discerniente. **/ir** tr. discernir; apreciar; diferenciar; decidir.
disciplina f. disciplina; ciencia; enseñanza; asignatura; autoridad, respeto. **/r** tr. disciplinar; corregir; castigar.
discípulo m. discípulo; sectario.
disc/o m. disco. **/óbolo** m. discóbolo (atleta).
díscolo adj. y s. díscolo; perturbador.
disc/ordância f. discordancia; divergencia. **/ordar** intr discordar; desafinar.
discorrer intr. discurrir, caminar; meditar.
discoteca f. discoteca.
disco-voador m. platillo volante.
discrep/ância f. discrepancia. **/ar** intr. discrepar, discordar.
discr/etamente adv. discretamente. **/eto** adj. y m. discreto; reservado; prudente. **/ição** f. discreción; reserva.
discrimina/ção f. discriminación; separación. **/r** tr. discriminar, separar.
discurs/ador adj. y m. dis-

cursante. **/ar** tr. e intr. discursar. **/o** m. discurso; oración, conferencia.
discu/ssão f. discusión, controversia; disputa. **/ tir** tr. e intr. discutir; investigar.
disfar/çado adj. disfrazado; falso. **/çar** tr. e intr. disfrazar, disimular.
disjun/ção f. disyunción. **/gir** tr. disyuncir; desunir.
díspar adj. dispar, desigual, distinto.
dispar/ar tr. e intr. disparar; arrojar; redundar. **/atado** adj. disparatado; absurdo.
disparo m. disparo; estampido.
disp/êndio m. dispendio; consumo; perjuicio. **/endioso** adj. dispendioso.
dispensa f. dispensa; licencia. **/r** tr. dispensar; eximir; ceder.
dispensário m. dispensario.
dispers/ão f. dispersión; diseminación. **/ar** tr. dispersar. **/o** adj. disperso; desordenado; dividido.
dispo/nente adj. y s. disponente. **/r** tr. disponer; ordenar; inducir. **/sição** f. disposición; tendencia; testamento.
disputa f. disputa, contienda.
dissabor m. desabor; insipidez; pesar.
disseca/ção f. disecación; análisis. **/r** tr. disecar; analizar.
dissépalo adj. *Bot.* disépalo.
disserta/ção f. disertación. **/r** intr. disertar discursar.
dissid/ência f. desidencia. **/iar** tr. disidir; desunir.
dissílabo adj. gram. disílabo.
dissimul/ação f. disimulación. **/ar** tr. e intr. disimular.
dissip/ação f. disipación. **/ar** tr. e intr. disipar.
disso contr. de la prep. *de* con el pron. *isso,* de eso.
dissocia/ção f. disociación. **/r** tr. y r. disociar; desagregarse.
dissol/ução f. disolución; libertinaje. **/uto** adj. disoluto; lascivo. **/úvel** adj. disoluble
dissolve/nte adj. y m. disolvente; fig. desorganizador. **/r** tr. y r. disolver; desagregar.
disson/ância f. disonancia; discordancia. **/ar** intr. disonar; discrepar.
dissua/dido adj. disuadido. **/dir** tr. y r. disuadir.
dist/ância f. distancia. **/ar** intr. distar; fig. discrepar.
dístico m. dístico; letrero; título.
distin/ção f. distinción. **/ guir** tr. distinguir; notar.
distintivo adj. distintivo; m. emblema; insignia.
disto contr de la prep. *de* con el pron. *isto,* de esto.
distor/ção f. distorsión. **/ cer** tr. destorcer.
distra/(c)ção f. distracción. **/ir** tr. y r. distraer; descuidar.
distribui/ção f. distribución. **/r** tr. distribuir.
distrito m. distrito.
dist/urbar tr. disturbar. **/úrbio** m. disturbio.
dita f. dicha.
ditado m. dictado; proverbio; refrán.
ditad/or m. dictador. **/ura** f. dictadura.
ditame m. dictamen; inspiración.
ditar tr. dictar; fig. inspirar.
dito m. dicho; intriga; re.

frán; máxima; adj. citado, mencionado.
ditongo m. *Gram.* diptongo.
dítono m. *Mús.* dítono.
ditoso adj. dichoso.
diurético adj. y m. diurético.
diurno adj. y m. diurno.
divã m. diván.
divaga/ção f. divagación. **/r** intr. divagar.
diverg/ência f. divergencia. **/ente** adj. divergente; discordante. **/ir** intr. divergir.
divers/ão f. desvío; diversión. **/ificar** tr. diversificar. **/o** adj. diverso; discorde; pl. varios; muchos; algunos.
diverti/do adj. divertido. **/r** tr. y r. divertir.
dívida f. deuda; fig. pecado.
divid/endo adj. y m. dividendo. **/ir** tr. dividir.
divin/dade f. divinidad. **/ização** f. divinización. **/izar** tr. divinizar; exaltar. **/o** adj. divino; fig. sublime.
divisa f. divisa; emblema; demarcación.
divisão f. *Mat.* y *Mil.* división; discordia; compartimiento; límite.
divisar tr. divisar; vislumbrar.
divis/ível adj. divisible. **/or** adj. y s. divisor. **/ório** adj. divisorio, separador.
div/orciado adj. y s. divorciado; apartado. **/orciar** tr. y r. divorciar; alejar.
divulga/ção f. divulgación. **/r** tr. y r. divulgar.
dizer tr. intr. y r. decir; llamarse; m. lo que se dice; impuesto.
dizima/dor adj. y s. diezmador. **/r** tr. diezmar; asolar.
do contr. de la prep. *de* con el art. o pron. *o;* del.
dó m. dolor, luto; compasión; *Mús.* do.
doa/ção f. donación. **/dor** adj. y m. donador. **/r** tr. donar.
doble adj. y m. doble; duplicado; fig. hipócrita.
dobra f. pliegue; arruga.
dobrada m. callos; vísceras; ondulación de un terreno.
dobradiç/a f. bisagra, gozne. **/o** adj. plegable; flexible.
do/brar tr. doblar. **/brável** adj. plegable; doblegadizo. **/bre** m. doble; fingido. **/(ô)bro** m. duplo.
doca f. muelle, dársena.
do/çar tr. adulzar. **/çaria** f. dulcería, confitería. **/ce** adj. y m. dulce; apacible.
docente adj. docente.
dócil adj. dócil.
document/ação f. documentación. **/ar** tr. documentar. **/ário** adj. documentario, documental. **/o** m. documento.
doçura f. dulzura.
doe/nça f. dolencia, enfermedad. **/nte** adj. y s. enfermo. **/ntio** adj. enfermizo; insalubre. **/r** intr. y r. doler; apenar.
dogma m. dogma. **/tismo** m. dogmatismo.
dói m. herida.
doid/a f. loca; **à —,** alocadamente. **/ice** f. locura; disparate. **/o** adj. y s. loco; extravagante.
doirado o **doura/do** adj. y m. dorado. **/r** tr. dorar; fig. disfrazar.
dois adj. y num. card. dos; segundo.
dólar m. dólar.
dólmen m. dolmen.
dolor/ido adj. dolorido. **/oso** adj. doloroso.
dom m. don.

doma/ção f. doma. **/dor** adj. y s. domador. **/r** tr. domar.
doméstica f. mujer que se emplea en trabajos caseros.
domestica/ção f. domesticación. **/r** tr. y r. domesticar; domar; amansarse.
domic/iliar tr. y r. domiciliar. **/ílio** m. domicilio.
domina/ção f. dominación. **/r** tr. e intr. dominar.
doming/al adj. dominguero; dominical. **/o** m. Domingo.
dominica/l adj. dominical; **Oração Dominical**, el Padrenuestro. **/no** adj. y s. dominicano, domínico.
domínio m. dominio; poder; mando.
dominó m. dominó (traje carnavalesco y juego).
domo m. *Arq.* domo, cúpula.
dom-quixote m. Don Quijote; fanfarrón; visionario; aventurero.
dona f. doña, señora.
donat/ário m. donatario. **/ivo** m. donativo; limosna.
donde contr. de la prep. **de** y del adv. **onde;** de donde.
dono m. dueño, señor.
donzel adj. y m. doncel; paje real; puro. **/a** adj. y f. doncella; virgen.
dor f. dolor, sufrimiento; martirio.
doravante adv. de ahora en adelante.
dórico adj. y m. *Arq.* dórico.
dorm/ência f. somnolencia. **/ente** adj. y m. durmiente, adormecido; parado. **/ir** intr. dormir. **/itório** m. dormitorio.
dors/al adj. *Anat.* dorsal. **/o** m. dorso; lomo.
dos/agem f. dosificación. **/ar** tr. dosificar. **/e** f. dosis.
dot/ação f. dotación; dote. **/ar** tr. dotar; beneficiar. **/e** m. dote; don natural.
doura/da f. *Zool.* dorada (pez). **/do** adj. y m. dorado (color del oro). **/r** tr. dorar; encubrir.
douto adj. docto; sabio. **/r** m. doctor; licenciado. **/rado** adj. y m. doctorado. **/ramento** m. doctoramiento. **/rar** tr. doctorar.
doutrina f. doctrina; norma; asignatura. **/ção** f. doctrinamiento. **/r** tr. doctrinar; catequizar.
doutro contr. de la prep. **de** con adj. o pron. **outro:** de otro.
draga f. *Mar.* draga.
dragão m. dragón; monstruo.
dragar tr. dragar.
dram/a m. drama; tragedia. **/ático** adj. dramático. **/atizar** tr. dramatizar.
drástico adj. drástico; poderoso.
droga f. droga. **/ria** f. droguería.
dromedário m. *Zool.* dromedario.
duali/dade f. dualidad. **/smo** m. dualismo. **/zar** tr. dualizar.
dúbio adj. dudoso, indeciso; vago.
ducado m. ducado, dignidad de duque.
duch/ar tr. duchar. **/e** m. ducha, acto de duchar.
dúctil adj. dúctil; flexible; dócil.
duelo m. duelo, desafío.
dueto m. *Mús.* dueto, dúo.
dul/cidão f. dulzura. **/cificar** tr. dulcificar; suavizar. **/çura** f. dulzura.
dum contr. de la prep. **de** y el art. **um:** de un.

duma contr. de la prep. **de** y el art. **uma:** de una.
duna f. duna (montículo de arena).
duod/ecimal adj. duodecimal. **/écimo** num. ord. y adj. duodécimo, décimo segundo.
duodeno m. *Anat.* duodeno.
dupl/amente adv. duplamente. **/icação** f. duplicación. **/icado** adj. y m. duplicado; copia. **/o** adj. y m. duplo.
duque m. duque. **/sa** f. duquesa.
duração f. duración.
durar intr. durar; persistir; continuar.
durez(a) f. dureza; consistencia; vigor.
duro adj. y m. duro; sólido; áspero; severo; — **de roer,** difícil de soportar.
dúvida f. duda, incertidumbre; sospecha; dificultad.
duvid/ar tr. e intr. dudar, recelar, vacilar.
duzentos num. card. y adj. doscientos.
dúzia f. docena **às —s,** por docenas.

E

ebanista m. ebanista; entallador.
ébano m. *Bot.* ébano; fig. negro.
ébrio adj. ebrio, embriagado; exaltado.
ebuli/ção f. ebullición. **/ente** adj. hirviente.
ebúrneo adj. ebúrneo.
eclesiástico adj. y m. eclesiástico, sacerdote.
eclips/ado adj. eclipsado; apagado. **/ar** eclipsar; ofuscar. **/e** m. eclipse.
eclodir intr. surgir; aparecer.
eclusa f. esclusa; dique, compuerta.
eco m. eco; rumor. **/ar** intr. hacer eco; retumbar.
economia f. economía. **/ó-(ô)mico** adj. económico. **/omizar** tr. e intr. economizar.
ecumé(ê)nico adj. ecuménico.
eczema m. *Med.* eczema.
eda/ce adj. voraz. **/cidade** f. edacidad, voracidad.
edição f. edición.
edi(c)t/al adj. edictal. **/o** m. edicto; decreto.
edif/icação f. edificación. **/icar** tr. e intr. edificar; instruir. **/ício** m. edificio.
edil m. edil.
edital m. edicto.
editar tr. editar; fig. ostentar.
editor m. editor. **/ial** adj. y f. editorial.
edredão m. edredón.
educa/ção f. educación. **/dor** m. educador. **/r** tr. y r. educar.
eduzir tr. educir; inferir; extraer.
efebo m. efebo; adolescente.
efe(c)ti/vação f. efectuación. **/var** tr. efectuar; realizar.
efe(c)tua/ção f. efectuación, realización. **/r** tr. efectuar; realizar; verificar.
efeito m. efecto; resultado; realización; título comercial.

efeméride f. efeméride.
efemina/ção f. efeminación. **/r** tr. e intr. afeminar, adamarse.
efervesc/ência f. efervescencia; excitación. **/er** intr. hervir; agitarse.
efic/ácia f. eficacia; virtud. **/az** adj. eficaz; útil.
efígie f. efigie; retrato.
efloresc/ência f. eflorescencia; aparecimiento. **/er** intr. eflorescer; brotar.
efl/uência f. efluencia; irradiación. **/uir** intr. efluir; irradiar.
efluxão f. *Med.* efusión.
efundir tr. efundir; verter, derramar.
efus/ão f. efusión; fervor. **/ivo** adj. efusivo; cariñoso; jovial.
egoísmo m. egoísmo.
egrégio adj. egregio; insigne.
égua f. *Zool.* yegua.
eira f. era. **/do** m. terrado, azotea.
eiró f. *Zool.* especie de anguila.
eis adv. aquí está; he aquí.
eixo m. eje; sustentáculo.
ejacula/ção f. eyaculación; evacuación; fig. verborrea. **/r** tr. eyacular.
eje(c)ção f. eyección; vómito; defecación. **'/tar** tr. eyectar; expulsar.
elabora/ção f. elaboración. **/r** tr. elaborar, trabajar.
el/asticidade f. elasticidad. **/ástico** adj. y m. elástico; flexible.
e(ê)le pron. pers. él.
ele(c)tri/cidad f. *Fís.* electricidad. **/ficação** f. electrificación.
ele(c)tro/cardiografia f. electrocardiografía. **/cução** f. electrocución. **/cutar** tr. electrocutar.
ele(c)trodi/apasão m. *Fís.* electrodiapasón. **/nâmica** f. electrodinámica.
ele(c)trónico f. *Fís.* electrónico.
ele(c)tro/stática f. electrostática. **/técnico** adj. y s. electrotécnico.
elefante m. *Zool.* elefante.
eleg/ângia f. elegancia, finura; hermosura. **/ante** adj. elegante; esbelto.
eleger tr. elegir; escoger.
elei/ção f. elección; preferenciai. **/tor** m. elector. **/toral** adj. electoral.
elementar adj. elemental.
elenco m. elenco; lista.
eleva/ção f. elevación; altura. **/r** tr. elevar; levantar.
elimina/ção f. eliminación; omisión. **/r** tr. eliminar, suprimir.
elisão f. *Gram.* elisión.
elite f. elite, lo selecto.
elixir m. elixir; remedio.
elmo m. elmo, yelmo.
elo m. aro, eslabón.
elocução f. elocución; estilo.
elogi/ar tr. elogiar; alabar. **/o** m. elogio.
eloqu(ü)ência f. elocuencia.
elucida/ção f. elucidación; explicación. **/r** tr. elucidar.
emaciar tr. e intr. enmagrecer, enflaquecer.
emagrecer tr. e intr. enmagrecer; enflaquecer.
emalhar tr. e intr. enmallar; enredarse.
emana/ção f. emanación. **/r** intr. emanar; brotar.
emancipa/ção f. emancipación. **/r.** tr. emancipar, libertar.
emaranhar tr. enmarañar, enredar.
emba/çar tr. e intr. embazar; oscurecer; marchitar; deslucir. **/ciar** tr. e intr. embazar, deslustrar; avergonzar.

embaixad/a f. embajada. **/or** m. embajador; emisario.
embala/gem f. embalaje; enfardamiento. **/r** tr. mecer la cuna; enfardar.
embalsama/ção f. embalsamamiento. **/r** tr. embalsamar; aromatizar.
embandeirar tr. embanderar; empavesar.
embaraç/ado adj. y s. embarazado; confuso. **/ar** tr. embarazar; complicar; encintar. **/o** m. embarazo; preñez.
embaralhar tr. barajar.
embarca/ção f. embarcación, barco. **/doiro** m. embarcadero; muelle. **/r** tr. e intr. embarcar.
embarga/do adj. *For.* embargado. **/r** tr. embargar; reprimir.
embarrancar tr. e intr. embarrancar; varar.
embasbacado adj. aturdido, embobado.
embate m. embate; choque. **/r** tr. e intr. chocar; embatir.
embatocar tr. taponar.
embebedar tr. embriagar; atontar.
embeber tr. embeber; empapar; infiltrar.
embelezar tr. embellecer.
embevec/er tr. extasiar; cautivar; embebecer. **/ido** adj. embebecido.
embezerrar intr. pop. enfurruñar; obstinarse.
embigo m. pop. ombligo.
embilhar tr. e intr. embotijar, meter en un cántaro; vacilar, dudar; luchar.
embirra f. obstinación; ojeriza. **/r** tr. obstinar; antipatizar; provocar.
embobina/dor adj. y s. embobinador. **/r** tr. embobinar.
emb/oçar tr. revocar. **/o-(ô)ço** m. revoque.
embófia f. soberbia, vanidad; patraña.
embolia f. *Med.* embolia.
êmbolo m. émbolo.
embo/lsar tr. y r. embolsar; recibir; pagar a. **/(ô)lso** m. embolso; pago.
embonecar tr. y r. acicalar; adornarse.
embosca/da f. emboscada; ardid. **/r** tr. emboscar; esconder.
embotar tr. y r. embotar.
embraia/gem f. embrague. **/r** tr. embragar.
embranquecer tr. y r. emblanquecer, blanquear.
embravecer tr. e intr. embravecer; irritar.
embrenhar tr. y r. embreñar.
embriag/ado adj. embriagado. **/ar** tr. y r. embriagar; fig. entusiasmar.
embrião m. embrión.
embricar tr. adornar; acicalar.
embroma/ção f. embromación; patraña. **/r** tr. *Bras.* embromar.
embrulh/ada f. embrollo. **/ar** tr. embrollar; empaquetar; envolver; complicar; empeorar (el tiempo); causar náuseas. **/o** m. paquete; lío; embrollo; desorden.
embrutecer tr. embrutecer.
embruxa/do adj. embrujado. **/r** tr. embrujar.
embuçar tr. y r. embozar; disimular; encubrir.
emburr/ar tr. embrutecer; lograr; quedar parado. **/icar** tr. hechizar; engañar.
embuti/do adj. y s. embutido. **/r** tr. embutir, incrustar.
emenda f. enmienda; castigo **/r** tr. enmendar.
ement/a f. apunte; resumen; menú; lista. **/ar** tr. apuntar; recordar; rezar por los muertos.

emerg/ência f. emergencia; nacimiento; fig. suceso inesperado. **/ir** intr. emerger; elevarse; acontecer.
emérito adj. emérito; jubilado; distinguido; notable.
emersão f. emersión.
emigra/ção f. emigración. **/nte** adj. y s. emigrante. **/r** intr. emigrar.
emin/ência f. eminencia. **/ente** adj. eminente; excelente.
emi/ssão f. emisión. **/ssário** adj. y m. emisario. **/ssor** adj. y s. emisor. **/tir** tr. emitir.
emo/ção f. emoción. **/cionar** tr. emocionar.
emoldurar tr. encuadrar; encajar.
emolumento m. emolumento; gratificación; retribución; ganancia.
empacota/dor adj. y s. empaquetador. **/r** tr. empaquetar; embalar.
empalha/do adj. empajado. **/r** tr. empajar.
empalidecer intr. empalidecer.
empanad/a f. empanada. **/ilha** f. empanadilla.
empantufar tr. y r. calzar pantuflas; fig. ensoberbecerse.
empanturra/do adj. hartado; orgulloso. **/r** tr. e r. hartar; enorgullecerse.
empapelar tr. empapelar.
emparceirar tr. emparejar.
emparcelar tr. parcelar; fraccionar.
emparelhar tr. e intr. emparejar.
emparr/ar tr. y r. emparrar. **/eirar** tr. emparrar.
empata/dor adj. y s. empatador. **/r** tr. empatar.
empeça/do adj. enredado. **/r** tr. y r. enredar; tropezar; enmarañarse.
empecilh/ar tr. estorbar. **/o** m. obstáculo.
empeçonhar tr. emponzoñar, envenenar.
empedern/ecer intr. empedernecer. **/ir** tr. e intr. empedernir.
empedra/mento m. empedramiento. **/r** tr. e intr. empedrar; pavimentar.
empenh/ar tr. empeñar; comprometer. **/o** m. empeño; préstamo; deuda; recomendación.
empeno m. alabeo, torcedura; obstáculo; error.
emperra/mento m. emperramiento, dificultad. **/r** tr. quedarse sin movimiento.
empertiga/do adj. aplomado; altivo. **/r** tr. atiesar; infatuar.
empesta/dor adj. empestador, pestilento. **/r** tr. empestar; contaminar.
empilha/mento m. empilamiento. **/r** tr. empilar, amontonar.
empinar tr. empinar, levantar.
empiorar tr. e intr. empeorar.
emplasmar tr. emplastar.
emplastr/ação f. emplastación, emplastadura. **/o** m. emplastro; remiendo.
empoa/do adj. empolvado. **/r** tr. empolvar; ensuciar de polvo.
empobrecer tr. e intr. empobrecer.
empoeira/do adj. empolvado; fig. vanidoso. **/r** tr. empolvar.
empo/(ô)la f. ampolla. **/lar** tr. intr. y r. ampollar; ensoberbecerse.
empoleira/do adj. que está en el aseladero; fig. elevado. **/r** tr. y r. poner en el aseladero; encumbrarse.
emporcalhar tr. emporcar, ensuciar.
empório m. emporio.

emposs/ar tr. posesionar. **/e** m. posesión.

empreende/dor adj. y s. emprendedor. **/r** tr. emprender.

empr/egado adj. y m. aplicado; ocupado; empleado. **/egar** tr. y r. emplear. **/e(ê)go** m. empleo.

empreit/ada f. destajo. **/eiro** m. contratista; destajero.

emprenhar tr. empreñar.

empre(ê)sa f. empresa.

empresário m. empresario.

empr/estador adj. y s. emprestador, prestador. **/estar** tr. prestar. **/éstimo** m. empréstito, préstamo.

empulha/ção f. engaño; trampa. **/r** tr. burlar; engañar.

empunha/dura f. empuñadura, punho. **/r** tr. empuñar.

empurr/ação f. empuje. **/ão** m. empujón. **/ar** tr. empujar.

empuxar tr. empujar; impeler.

em redor loc. adv. alrededor de.

emudecer tr. e intr. enmudecer; callar.

emula/ção f. emulación. **/r** intr. emular.

é(ê)mulo adj. y s. émulo; envidioso.

emuls/ão f. emulsión. **/ionar** tr. emulsionar.

enaltece/dor adj. y s. enaltecedor. **/r** tr. enaltecer.

enamora/do adj. y s. enamorado. **/r** tr. y r. enamorar.

encabeça/mento m. encabezamiento; comienzo. **/r** tr. encabezar; registrar; persuadir.

encabrita/do adj. encabritado; enfurecido. **/r-se** r. encabritarse; empinarse.

encadea/ção f. encadenación; sucesión. **/r** tr. encadenar, cautivar, esclavizar; coordinar.

encaderna/ção f. encuadernación; vestido. **/r** tr. encuadernar.

encaix/ado adj. encajado. **/ar** tr. encajar; introducir; ensamblar.

encaixilhar tr. encuadrar.

encaixota/mento m. encajonamiento; embalaje. **/r** tr. encajonar.

encalço m. persecución; pista.

encalh/ar tr. *Mar.* encallar, varar. **/e** m. encallamiento.

encaminha/dor adj. y s. encaminador, guía. **/r** tr. encaminar; aconsejar.

encana/ção f. canalización. **/r** tr. encañar, encanalizar; enyesar.

encande/ar tr. encandilar; deslumbrar. **/scer** tr. encandecer.

encangar tr. uncir, enyuntar; encorvar.

encant/ado adj. encantado; deslumbrado. **/ar** tr. encantar. **/o** m. encanto; fascinación.

encanudar tr. encanudar; abarquillar; rizar.

encapela/do adj. agitado, encrespado; alterado. **/r** tr. encrespar, agitar; doctorar.

encapotar tr. e intr. encapotar; disfrazar.

encapu/char tr. encapuchar. **/zar** tr. encaperuzar.

encaracolar tr. encaracolar.

encarapinhar tr. e intr. rizar, caracolear; congelar.

encarar tr. encarar; arrostrar; analizar.

encarcera/ção f. encarcelación; reclusión. **/r** tr. encarcelar, prender.

encardir tr. ensuciar, enmugrecer.
encargo m. encargo; empleo; obligación.
encarna/ção f. encarnación; cicatrización. **/do** adj. y m. encarnado; colorado, color rojo.
encarniça/do adj. encarnizado; feroz. **/r** tr. encarnizar; excitar.
encarquilhar tr. e intr. arrugar.
encarrega/do adj. y m. encargado. **/r** tr. encargar.
encarr/eirar tr. e intr. encarrilar, dirigir. **/ilar** tr. e intr. encarrilar; acertar.
encartar tr. registrar; encartar; desterrar.
encasaca/do adj. vestido de casaca; bien vestido. **/r** tr. y r. vestirse de ceremonia.
encastela/do adj. encastillado; sobrepuesto; amontonado. **/r** tr. encastillar; fortificar; amontonar.
encastoar tr. engastar, incrustar.
encavacar intr. enfurruñarse; turbarse.
encaval/ar tr. encaballar; sobreponer. **/gar** tr. cabalgar.
encavar tr. encajar; excavar; ajustar.
encavernar tr. meter en una caverna.
encéfalo m. *Anat.* encéfalo.
encefal/ografia f. encefalografía. **/ologia** f. encefalología.
enceleirar tr. engranerar; amontonar.
encena/ção f. escenificación. **/r** tr. escenificar, poner en escena; representar.
encender tr. encender; entusiasmar.
encerebra/ção f. desarrollo intelectual; raciocinio. **/r** tr. decorar, aprender de memoria.
encerra/mento m. encerramiento; conclusión. **/r** tr. encerrar; limitar; ocultar.
encharcar tr. encharcar; inundar.
enche/deira f. embudo para chorizos; choricera. **/r** tr. llenar; ocupar.
enchova f. anchoa.
encíclica f. encíclica, carta papal.
enciclopédia f. enciclopedia.
encilha/mento m. ensillamiento. **/r** tr. ensillar, aparejar.
encimar tr. encimar, rematar.
encinho m. rastrillo.
enclaus/trar tr. enclaustrar. **/ura** f. clausura. **/urar** tr. enclaustrar; prender.
encoberta f. encubierta, escondrijo; ardid. **/r** tr. encubertar.
encobri/deira f. encubridora; alcahuete. **/r** tr. encubrir; disimular.
encolerizar tr. encolerizar, enfadar.
encolher tr. e intr. encoger; decrecer; refrenar.
encomenda f. encomienda, encargo; incumbencia. **/r** tr. encomendar, encargar; recomendar; confiar.
encontr/ão m. encontrón; choque. **/ar** tr. encontrar; descubrir. **/o** m. encuentro, choque, disputa.
encorajar tr. encorajar; alentar.
encorpa/do adj. consistente; fuerte. **/r** tr. engruesar; aumentar.
encosta f. cuesta, vertiente, declive.
enco(ô)sto m. apoyo; respaldo; amparo.

encov/ado adj. encorvado; hundido. **/ar** tr. encovar, enterrar; esconder.
encravar tr. enclavar; fijar; fig. engañar; intr. entupir.
encrenca f. dificultad; intriga; desorden.
encrespa/do adj. encrespado; rizado. **/r** tr. e intr. encrespar, rizar; arrugar.
encrua/do adj. encrudecido; endurecido. **/r** tr. e intr. encrudecer; irritar.
encruz/ar tr. encruzar; atravesar. **/ilhar** tr. cruzar.
encuba/ção f. encubación. **/r** tr. encubar; envasar.
encurta/mento m. encortamiento. **/r** tr. encortar; abreviar.
encurvar tr. encorvar; humillar.
end/emia f. *Med.* endemia. **/é(ê)mico** adj. ennémico.
endere/çar tr. enderezar, dirigir; remitir. **/(ê)ço** m. enderezo, dirección.
eudeusa/do adj. endiosado; soberbio. **/r** tr. endiosar.
endiabra/do adj. endiablado; travieso. **/r** tr. endiablar.
endireitar tr. enderezar; corregir.
endoid/ar tr. e intr. enloquecer. **/ecer** tr. enloquecer fig. desorientar.
endossa/do adj. y m. endosado. **/dor** adj. y s. endosador. **/r** tr. endosar.
endurecer tr. endurecer; robustecer.
enegrec/er tr. e intr. ennegrecer, ofuscar; desacreditar. **/imento** m. ennegricimiento.
energ/ético adj. *Fís.* energético. **/ia** f. energía; actividad; vigor.
energúmeno m. energúmeno; exaltado.
enerva/ção f. *Med.* enervación; extenuación. **/r** tr. enervar; debilitar.
enevoa/do adj. nublado; obscuro. **/r** tr. anublar; obscurecer.
enfaixar tr. envolver en pañales y fajas.
enfarda/dor adj. y s. enfardador. **/mento** m. enfardar.
enfarpelar tr. y r. vestirse; endomingarse.
enfarruscar tr. ennegrecer.
enfart/amento m. infarto; hartura; obstrucción. **/e** m. infarto; hartazgo.
ênfase f. énfasis.
enfastia/diço adj. fastidioso, importuno. **/r** tr. fastidiar, aburrir.
enfeit/amento m. ornamento. **/ar** tr. embellecer, adornar.
enfe/rmar intr. enfermar. **/rmaria** f. enfermería. **/(ê)rmo** adj. y s. enfermo; anormal.
enferrujar tr. e intr. oxidar, herrumbrar.
enfeza/do adj. raquítico; avergonzado. **/r** tr. impedir el desarrollo; dañar; fastidiar.
enfia/da f. hilera, fila; serie. **/r** tr. e intr. enfilar; palidecer.
enfileira/mento m. enfilamiento. **/r** tr. e intr. alinear.
enfim adj. en fin; en conclusión.
enflor/ar tr. e intr. enflorar, florear. **/escer** intr. florecer.
enforca/do adj. y m. ahorcado. **/r** tr. enhorcar; estrangular.
enfornar tr. enhornar.
enforquilhar tr. ahorquillar; bifurcar.

enfraquecer tr. enflaquecer, debilitar.
enfrascar tr. enfrascar; embotellar; enredar.
enfrea/mento m. enfrenamiento; reprensión. **/r** tr. refrenar; domar; contener.
enfrenesiar tr. impacientar.
enfriar tr. enfriar.
enfronhar tr. enfundar; disfrazar; instruir.
enfrouxecer tr. aflojar; debilitar.
enfumaçar tr. ahumar.
enfurecer tr. enfurecer; enfadar.
enfuscar tr. enfoscar; ennegrecer.
engaiola/do adj. enjaulado; preso. **/r** tr. enjaular; encarcelar.
engaja/do adj. enganchado, contratado. **/dor** m. contratado; enganchador. **/r** tr. enganchar, alistar.
engalanar tr. engalanar, ataviar.
engana/ção f. mentira, engaño; falsedad. **/r** tr. engañar, seducir.
enganchar tr. enganchar, prender.
engano m. engaño; timo.
engarrafa/do adj. embotellado. **/r** tr. embotellar; bloquear.
engasg/ar tr. atragantar; ahogar. **/ue** m. atragantamiento; obstáculo.
engastar tr. engastar, embutir.
engatar tr. engatillar; enganchar.
engavetar tr. encajonar; encarcelar.
engelha f. pliegue, arruga. **/r** tr. e intr. arrugar; marchitar.
engenh/aria f. ingeniería. **/eiro** m. ingeniero. **/o** m. ingenio; habilidoso.
engessa/dor adj. y s. enyesador. **/r** tr. enyesar.
englobar tr. englobar; reunir.
engo/dador m. engatusador, zalamero. **/(ô)do** m. cebo para pescar o cazar; adulación; engaño.
engoli/dor adj. y s. engullidor; devorador. **/r** tr. engullir.
engoma/deira f. planchadora. **/r** tr. planchar (la ropa).
engord/ar tr. e intr. engordar, cebar. **/urar** tr. engrasar.
engraça/do adj. gracioso; divertido. **/r** tr. dar gracia; realzar; intr. simpatizar.
engrad/ado m. enrejado; embalaje. **/ar** tr. enrejar.
engrandec/er tr. engrandecer, aumentar. **/imiento** m. engrandecimiento.
engravidar tr. empreñar.
engraxa m. limpiabotas; fig. adulador. **/dor** m. limpiabotas; zalamero. **/r** tr. engrasar, limpiar el calzado; lisonjear.
engrena/gem f. engranaje. **/r** tr. e intr. engranar, endentar.
engrossar tr. engrosar; enriquecer; engordar.
enguia f. *Zool.* anguila.
enguiça/do adj. desafortunado, azaroso; raquítico. **/r** tr. azarar; debilitar; desgraciar.
enigm/a m. enigma. **/ático** adj. enigmático.
enjaular tr. enjaular.
enjeitar tr. abandonar; recusar; repudiar.
enjo/ar tr. e intr. marearse; nausearse; fig. enfadarse. **/(ô)o** m. náusea; mareo; tedio; repugnancia.
enla/çar tr. enlazar. **/ce** m. enlace; fig. perplejidad; vacilación.
enlatar tr. enlatar; emparrar.
enle/ado adj. entrelazado;

atado; fig. perplejo. **/ar** tr. ligar; enlazar; embrollar; cautivar.

enl/evação f. embelesamiento. **/e(ê)vo** m. arrobo; maravilla.

enloda/çar tr. enlodazar. **/r** tr. enlodar.

enlou/car tr. e intr. enloquecer. **/quecer** tr. e intr. enloquecer.

enluvar tr. y r. enguantar.

enobrece/dor adj. y s. ennoblecedor. **/r** tr. ennoblecer.

anoit/ar tr. obscurecer; anochecer. **/ecer** tr. y intr. anochecer.

enorm/e adj. enorme. **/idade** f. enormidad.

enovelar tr. y r. ovillar; devanar; enmarañar.

enquadrar tr. encuadrar; enmarcar; fig. meter en grupo.

enquanto conj. mientras que; durante el tiempo en que.

enraivecer tr. e intr. enrabiar; encolerizar.

enraizar intr. y tr. arraigar; enraizar.

enrama/da f. enramada. **/r** tr. y r. enramar.

enrarecer tr. e intr. enrarecer.

enrasca/da f. dificultad. **/r** tr. y r. dificultar; engañar; enredar.

enre/dador adj. y s. enredador. **/dar** tr. enredar; intriga. **/(ê)do** m. enredo; chisme.

enregelar tr. e intr. aterir; resfriar.

enrevesar tr. poner del revés; confundir.

enrija/mento m. endurecimiento. **/r** tr. e intr. endurecer; robustecer; sanar.

enriquecer tr. e intr. enriquecer; engrandecer.

enroc/ado adj. rocoso, peñascoso. **/ar** tr. enrocar; plegar.

enrodilha/dor adj. y s. enredador. **/r** tr. enrollar; torcer; enroscar; fig. confundir.

enrola/mento m. enrollamiento. **/r** tr. enrollar; enroscar; empaquetar; fig. ocultar.

enroscar tr. enroscar; enrollar.

enroupar tr. arropar; abrigar.

enrouquecer tr. enronquecer.

ensai/ar tr. ensayar. **/o** m. ensayo.

ensalm/ador adj. y m. ensalmador. **/o** m. ensalmo.

ensambla/dor adj. y s. ensamblador. **/r** tr. ensamblar.

ensanguentar tr. y r. ensangrentar.

ensarilhar tr. devanar; enmarañar, embrollar.

enseada f. ensenada.

ensebar tr. ensebar; manchar.

ensej/ar tr. esperar la oportunidad; proporcionar. **/o** m. oportunidad, ocasión.

ensin/ação f. enseñamiento. **/ador** adj. y m. enseñante, profesor. **/ar** tr. enseñar; castigar. **/o** m. enseñanza; fig. castigo.

ensombr/ar tr. asombrar; entristecer. **/o** m. toldo; abrigo.

ensonado adj. somnoliento.

ensopa/do adj. y m. ensopado, encharcado; guiso de sopas. **/r** tr. ensopar; embeber; guizar.

ensosso adj. soso, insulso, sin sal.

ensurdece/dor adj. ensordecedor; estrepitoso. **/r** tr. e intr. ensordecer, asordar; callarse.

entabu/ar tr. entablar; en-

durecer. **/lar** tr. entablar; comenzar; ordenar.
entaipa/do adj. entapiado, emparedado. **/r** tr. entapiar; encerrar.
entalar tr. entablar; apretar; comprometer.
entalh/ador m. entallador, grabador; escultor. **/ar** tr. e intr. entallar, esculpir. **/e** m. entalle, escultura, grabado.
então adv. entonces; **en** aquel tiempo.
entap/etar tr. tapizar, alfombrar. **/izar** tr. tapizar; adornar.
entardecer intr. atardecer.
ente m. ente; cosa; persona; substancia. **/ado** m. entenado, hijastro.
entelhar tr. entejar, tejar.
entend/edor adj. y m. entendedor; hábil. **/er** tr. entender; interpretar.
entenebrecer tr. e intr. entenebrecer; obscurecer.
ente/rração f. enterramiento. **/rrado** adj. enterrado; oculto. **/rrar** tr. enterrar, sepultar. **/(ê)rro** m. entierro.
entesar tr. entesar; enderezar, endurecer.
entibiar tr. entibiar; suavizar.
entidade f. entidad; individualidad.
enton/ação f. entonación. **/ar** tr. y r. entonar.
entorna/dura f. entornadura, derame. **/r** tr. entornar; verter.
entorpecer tr. entorpecer; retardar; deslustrar.
entor/se f. torcedura, esguince. **/tar** tr. entortar; curvar.
entrada f. entrada; principio; puerta; billete de ingreso.
entrança/dor adj. y m. entrenzador. **/r** tr. entrenzar.
entranha f. entraña; víscera; fig. íntimo, sentimiento.
entrapa/do adj. andrajoso; arropado. **/r** tr. cubrir con trapos; emplastar.
entrar tr. e intr. entrar, penetrar; ingresar; empezar; contribuir.
entrav/ar tr. dificultar; obstruir. **/e** m. traba, obstáculo.
entre prep. entre; — **nós**, entre nosotros.
entreaberto adj. entreabierto.
entrea(c)to m. entreacto, intermedio.
entrecena f. entreacto, intermedio.
entreforro m. entreforro, almilla, entretela.
entrega f. entrega; rendición. **/r** tr. entregar; dar; traicionar.
entrelaça/do adj. y m. entrelazado; enredado. **/r** tr. entrelazar; mezclar.
entrelinha f. entrelínea.
entreluzir tr. entrelucir; visiumbrar.
entremanhã f. amanecer, crepúsculo matutino.
entreme/ado adj. entremediado; mezclado. **/ar** tr. e intr. entremediar. **/io** m. intermedio; intervalo.
entreouvir tr. entreoir.
entrepor tr. entreponer; intervenir.
entresseio m. cavidad, sinuosidad.
entressonhar tr. e intr. soñar vagamente; fantasear; imaginar.
entretela f. entretela; contrafuerte.
entret/er tr. entretener; retardar; distraer. **/imento** m. entretenimiento; pasatiempo.
entreva/do adj. y s. entenebrado; tullido. **/r** tr. e intr. entenebrecer; tullir; paralizar.

entrever tr. entrever; divisar; presentir.
entrevista f. entrevista; cita. **/r** tr. entrevistar.
entristecer tr. e intr. entristecer; afligir.
entronca/mento m. entroncamiento; articulación. **/r** tr. entroncar; engrosar.
entronizar tr. entronizar; exaltar.
entrud/ada f. carnavalada, divertimiento. **/o** m. carnaval, antruejo.
entulh/ar tr. llenar de escombros; amontonar. **/o** m. escombro.
entupi/do adj. entupido, obstruido. **/r** tr. entupir, obstruir.
entur/bar tr. e intr. enturbiar; perturbar. **/var** tr. enturbiar; obscurecer.
entusias/mar tr. entusiasmar. **/mo** m. entusiasmo; vigor.
enumera/ção f. enumeración. **/r** tr. enumerar; especificar.
enuncia/ção f. enunciación. **/r** tr. enunciar; exponer.
envaginar tr. invaginar.
envaidecer tr. envanecer.
envas/ar tr. envasar, embotellar. **/ilhar** tr. envasijar, embotellar.
envelhecer tr. e intr. envejecer.
envelope m. sobre, sobrecarta.
envenena/dor adj. y m. envenenador. **/r** tr. envenenar.
enverdecer tr. e intr. enverdecer; rejuvenecer.
envergonhar tr. avergonzar; humillar.
envermelhecer tr. e intr. ruborizar; enrojecerse.
enverniza/dor adj. y m. barnizador. **/r** tr. barnizar; lustrar.
enverrugar tr. e intr. arrugar, criar verrugas.
envés m. revés; reverso.
envia/do m. enviado, remitido; mensajero; embajador. **/r** tr. enviar; dirigir; lanzar.
envidraçar tr. envidrar.
enviesar tr. sesgar, torcer.
envio m. envío.
enviuvar intr. enviudar.
enxabido adj. insípido.
enxad/a f. azada. **/ão** m. azadón.
enxaguar tr. enjuagar, aclarar.
enxame m. enjambre; fig. multitud.
enxaqueca f. *Pat.* jaqueca.
enxaropar tr. y r. jarabear.
enxe(ê)rg/a f. jergón; catre. **/ão** m. jergón.
enxergar tr. divisar, vislumbrar.
enxe/rtador adj. y s. injertador. **/(ê)rto** m. injerto.
enxó f. azuela.
enxo/frar tr. y r. azufrar; irritar. **/(ô)fre** m. *Quím.* azufre.
enxota/dor adj. y m. ahuyentador. **/r** tr. ahuyentar; expulsar.
enxoval m. ajuar.
enxovalh/ar tr. y r. manchar, ensuciar; arrugar; injuriar; desacreditarse. **/o** m. suciedad; deshonor; humillación.
enxovia f. cárcel o calabozo subterráneoa.
enxuga/dor adj. y s. secador. **/r** tr. y r. secar, enjuagar.
enxurr/ada f. venida de aguas de lluvia; corriente de aguas sucias; fig. gran cantidad. **/ar** tr. e intr. inundar; desbandar; fig. abundar.
enxuto adj. seco; fig. lágrimas; vacío.
enzinha o **enzinheira** f. *Bot.* encina.
epicentro m. *Geol.* epicentro.

épico adj. y m. épico.
epid/emia f. epidemia. / **é(ê)mico** adj. epidémico.
epiderme f. epidermis.
epifania f. epifanía.
epiglote f. *Anat.* epiglotis.
ep/igrafar tr. titular; inscribir. **/ígrafe** m. epígrafe; inscripción; título.
epigrama m. epigrama.
epilepsia f. *Pat.* epilepsia.
ep/ilogar tr. epilogar. **/ílogo** m. epílogo.
episcopa/do m. episcopado. **/l** adj. episcopal.
epis/odiar tr. episodiar. **/ódio** m. episodio.
ep/ístola f. epístola. **/istolar** adj. y tr. epistolar.
epitáfio m. epitafio.
época f. época.
epopeia f. epopeya.
épsilon m. épsilon.
equação f. ecuación.
Equador m. Ecuador.
equ/ânime adj. ecuánime. **/animidade** f. ecuanimidad.
equável adj. equitativo; igual.
equ(ü)estre adj. ecuestre.
equil/ibrado adj. equilibrado. **/ibrar.** tr. y r. equilibrar. **/íbrio** m. equilibrio.
equipa f. equipo. **/gem** m. equipaje; tripulación. **/r** tr. equipar; tripular.
equipar/ação f. equiparación. **/ar** tr. y r. equiparar; igualar.
equita/ção f. equitación. **/dor** m. buen jinete.
equival/ência f. equivalencia. **/ente** adj. y m. equivalente.
equ/ivocação f. equivocación. **/ivocar** tr. y r. equivocar.
era f. era, época; tiempo.
erário m. erario.
ere(c)ção f. erección; fundación; edificación. **/to** adj. erecto; erguido.
eremita s. eremita; asceta.
erguer tr. erguir, levantar; fundar.
eriçar tr. erizar, levantar.
erigir tr. erigir; edificar; fundar.
ermi/da f. ermita. **/ta** s. eremita, ermitaño. **/tão** m. eremita.
ermo adj. ermo, yermo; despoblado.
erosão f. erosión, corrosión.
er/ótico adj. erótico; sexual. **/otismo** m. erotismo, sexualidad.
erra/bundo adj. errabundo, vagabundo. **/r** tr. e intr. errar; engañar; vaguear.
errata f. errata; enmienda.
e(ê)rro m. erro; error.
erudi/ção f. erudición; saber. **/to** adj. y m. erudito, culto.
erupção f. erupción.
erva f. *Bot.* hierba. **/nário** m. herbolario.
esbaforido adj. cansado, anhelante.
esbandalha/do adj. harapiento; desarreglado. **/r** tr. desbaratar; destrozar; dividir.
esbanja/dor adj. y s. disipador; pródigo. **/r** tr. malgastar.
esbarrar tr. e intr. tropezar, chocar.
esbarrigar tr. e intr. desbarrigar; destripar.
esbelt/ez f. esbeltez, elegancia. **/o** adj. esbelto; gentil.
esbo/çado adj. esbozado. **çar** tr. esbozar, trazar. **/(ô)ço** m. esbozo, croquis; resumen.
esbofetea/dor m. abofeteador. **/r** tr. abofetear.
esborrachar tr. aplastar; pisar.
esbracejar intr. bracear.
esbranquiça/do adj. blanquecino; descolorido. **/r** tr. blanquear.

esbrasear tr. ruborizar; calentar.
esbulh/ar tr. despojar; robar. **/o** m. robo; pillaje; espolio.
esburacar tr. agujerear.
escabeçar tr. descabezar.
escabeche m. escabeche; fig. ardid, trampa; gritería.
escabros/idade f. escabrosidad; dificultad. **/o** adj. escabroso; pedregoso; indecente.
escad/a f. escalera. **/aria** f. escalinata. **/ote** f. escalera pequeña portátil.
escafandro m. escafandro (de buzo).
escaiola f. escayola; estuco.
escala f. escala.
escalad/a f. escalada. **/or** adj. y m. escalador.
escalafrio m. escalofrío; enfriamiento.
escalar tr. escalar, trepar; asaltar; alcanzar.
escalda/dela f. escaldadura; castigo. **/r** tr. escaldar; fig. escarmentar.
escaler m. *Mar.* bote, lancha.
escalfar tr. escalfar, calentar.
escalona/do adj. escalonado. **/r** tr. escalonar.
escama f. escama.
escamondar tr. escamondar, podar.
escamot/ar tr. escamotear; hurtar. **/eação** f. escamoteo.
escancarar tr. abrir completamente.
esc/andalizador adj. y m. escandalizador. **/ândalo** m. escándalo.
escandec/ência f. escandecencia; irritación; entusiasmo. **/er** intr. escandecer; quemar; irritar.
escangalhar tr. desconyuntar, quebrar.
escanhoa/dor m. barbero. **/r** tr. afeitar.
escantilhão m. escantillón.
escapa/da f. escapada, fuga; culpa. **/r** intr. escapar, evadirse.
escápula f. escarpia (clavo). *Anat.* escápula.
escapulário m. escapulario.
escaramuça f. escaramuza; disputa.
escaravelho m. *Zool.* escarabajo.
escarcha f. escarcha; copos de nieve; helada.
escarea/dor m. escariador. **/r** tr. escariar.
escarlate m. encarnado, color rojo; escarlatina.
escarolar tr. desgranar, limpiar.
escarpa f. escarpa, declive. **/r** tr. escarpar.
escarr/adeira f. escupidera. **/ar** tr. e intr. escupir. **/o** m. esputo; insulto.
escarvar tr. escarbar.
escarvoar tr. dibujar a carbón.
escass/ear intr. escasear. **/o** adj. escaso.
escavação f. excavación.
escava/dor adj. y m. excavador. **/r** tr. excavar, cavar alrededor; fig. investigar.
esclarec/er tr. e intr. esclarecer; elucidar; amanecer; informarse. **/ido** adj. esclarecido; explicado.
esclerose m. *Med.* esclerosis.
esclusa f. esclusa.
escoa/dor adj. y m. colador; sumidero. **/r** tr. escurrir; deslizar; huir.
escol m. lo más escogido o selecto.
escola f. escuela. **/r** adj. y s. escolar.
escolh/a f. escogimeinto; opción. **/er** tr. e intr. escoger; optar.
escolho m. escollo; fig. obstáculo.
escolta f. escolta. **/r** tr. escoltar.

escombros m. pl. escombros; ruinas.
escond/edor m. escondedor; receptador. **/er** tr. esconder. **/erijo** m. escondrijo.
escopet/a f. escopeta. **/ ear** tr. escopetear.
escora f. escora; fig. amparo. **/r** tr. escorar, apuntalar; apoyarse.
escorbuto m. *Pat.* escorbuto.
escórdio m. *Bot.* escordio.
escorn/ar tr. cornear; fig. maltratar. **/ear** tr. cornear.
escorraça/do adj. desconfiado; ahuyentado; arisco. **/r** tr. ahuyentar; expulsar.
escorreg/adela f. resbalón. **/ar** intr. resbalar.
escorrer tr. e intr. escurrir; resbalar; secar; gotear.
escote m. escote.
escoteiro adj. y m. escotero; leve; veloz.
escotilh/a f. *Mar.* escotilla. **/ão** m. escotillón.
escotismo m. escotismo.
esco/(ô)va f. cepillo. **/var** tr. cepillar; reprender.
escrav/atura f. esclavitud. **/idão** f. esclavitud. **/izar** tr. esclavizar. **/o** adj. y s. esclavo.
escrev/aninha f. escritorio; escribanía. **/ente** adj. y s. escribiente; amanuense. **/er** tr. e intr. escribir.
escriba m. escriba; escribano.
escri/ta f. escritura; caligafía; contabilidad comercial. **/tor** m. escritor. **/tório** m. despacho; escritorio. **/turação** f. contabilidad. **/turário** m. escriturario, escribiente. **/ vão** m. escribano; pop. notario; escribiente.
escr/ófula f. *Pat.* escrófula. **/ofulismo** m. escrofulismo.
escroque m. estafador, timador.
escr/úpulo m. escrúpulo; repugnancia; recelo. **/upuloso** adj. escrupuloso, minucioso.
escrut/ar tr. escrutar; examinar. **/ínio** m. escrutinio.
escud/ar tr. escudar; proteger. **/eiro** m. escudero. **/o** m. escudo; amparo; moneda portuguesa.
escul/pidor m. esculpidor; grabador. **/pir** tr. esculpir. **/tor** m. escultor.
escur/as f. pl. **às —,** a obscuras. **/ecer** tr. e intr. obscurecer; fig. eclipsar. **/o** adj. obscuro; m. obscuridad.
escuta f. escucha; centinela. **/r** tr. e intr. escuchar; auscultar.
escuteiro m. explorador.
esdrúxulo adj. y m. esdrújulo; extravagante.
esface/lar tr. despedazar; deshacer; estropear. **/(ê)lo** m. destrucción; destrozo.
esfaima/do adj. hambriento. **/r** tr. y r. hambrear.
esfar/par tr. deshilachar; despedazar. **/rapar** tr. desgarrar; dilacerar.
esf/era f. esfera; fig. autoridad; zona. **/érula** f. esférula; gota.
esfinge f. esfinge.
esfola/dela f. desolladura; fig. engaño. **/r** tr. desollar; arañar; excoriar; fig. vender muy caro.
esfolhar tr. deshojar.
esfolia/ção f. exfoliación **/r** tr. y r. exfoliar.
esfomea/do adj. hambriento. **/r** tr. hambrear.
esfo/rçado adj. esforzado. **/(ô)rço** m. esfuerzo.
esfreg/a f. fregado; fig. reprensión. **/ador** adj.

y s. fregador; rodilla para fregar. **/alho** m. estropajo; fregador. **/ar** tr. fregar; friccionar; pop. golpear.

esfriar tr. e intr. enfriar; fig. desanimar.

esfuma/ção f. esfumación. **/çar** tr. defumar. **/r** tr. esfumar; ennegrecer.

esfuminh/ar tr. esfuminar. **/o** m. esfumino.

esgalh/ar tr. y r. desgajar. **/o** m. vástago; asta; ramificación.

esgana/ção f. estrangulación; fig. avidez. **/r** tr. y r. estrangular.

esgar m. gesto, mueca.

esgaratujar tr. e intr. garrapatear.

esgaravata/dor adj. y s. escarbador; mondadientes. **/r** tr. escarbar; fig. investigar.

esgarrar tr. e intr. descaminar; extraviar.

esgatanhar tr. arañar.

esgazea/do adj. desmayado; muy abierto. **/r** tr. desorbitar (los ojos); desvanecer.

esgo/tador adj. y m. agotador; achicador. **/tar** tr. y r. achicar; agotar; apurar. **/(ô)to** m. albañal, sumidero.

esgrim/a f. esgrima. **/ir** tr. e intr. esgrimir. **/ista** adj. y s. esgrimista.

esguedelha/do adj. desgreñado. **/r** tr. y r. desgreñar; despeinarse.

esgueirar tr. y r. desviar; hurtar; huir.

esguio adj. delgado y alto; sin vuelo (falda); sin caderas.

esmaecer intr. palidecer; enflaquecer; desmayo.

esmaga/dor adj. y s. aplastador. **/r** tr. aplastar; triturar; fig. oprimir.

esmalt/ador adj. y s. esmaltador. **/ar** tr. esmaltar. **/e** m. esmalte.

esmeralda f. esmeralda.

esmerar tr. esmerar.

esmeril m. esmeril. **/ar** tr. esmerilar; fig. perfeccionar; pesquisar.

esmero m. esmero.

esmigalha/mento m. aplastamiento. **/r** tr. desmigajar; aplastar.

esmiolar tr. desmigajar.

esmiuçar tr. desmenuzar.

esmoe/dor adj. y m. moledor, triturador. **/r** tr. moler, triturar; digerir.

esmol/a f. limosna; beneficio. **/ar** tr. e intr. mendigar.

esmord/açar tr. remorder, mordisquear. **/icar** tr. mordiscar.

esmorec/er tr. e intr. esmorecer, desanimar. **/imento** m. desaliento.

esmurra/çar tr. apuñear; despuntar. **/r** tr. apuñear.

és-nordeste m. esnordeste.

esófago m. *Anat.* esófago.

espaç/ado adj. espaciado, separado; lento. **/ar** tr. espaciar; dilatar; divulgar. **/o** m. espacio; área; lentitud.

espad/a f. espada (arma); m. matador de toros; *Zool.* pez espada. **/ada** f. espadazo. **/ão** m. espadón.

espádua f. espalda, omoplato.

espalma/do adj. achatado. **/r** tr. aplanar; alisar.

espanca/dor adj. y m. apaleador; pendenciero. **/r** tr. apalear, pegar.

espanhol adj. y m. español, castellano, relativo a España. **/ada** f. españolada; fanfarronada. **/ar** tr. españolar. **/ismo** m. españolismo.

espanta/diço adj. espantadizo; asustadizo. **/lho** m. espantajo; espantapá-

jaros. **/r** tr. espantar, atemorizar.
espargi/mento m. esparcimiento; difusión. **/r** tr. esparcir; aspergear; divulgar.
espargo m. *Bot.* espárrago.
espartilh/ar tr. encorsetar, apretar con corsé. **/o** m. corsé.
esparto m. *Bot.* esparto.
esparzir tr. esparcir.
espasm/o m. *Pat.* espasmo; fig. éxtasis. **/ódico** adj. espasmódico.
espatifar tr. despedazar; dividir; gastar.
espátula f. espátula.
espavent/ar tr. espantar, asombrar, asustar. **/o** m. aspaviento, asombro; horror; ostentación.
espavorir tr. y r. asustar; despavorirse.
especial adj. especial. **/ ista** adj. y s. especialista.
esp/eciaria f. especiería. **/écie** f. especie; apariencia. **/ecificar** tr. especificar.
espe(c)t/acular adj. espectacular. **/áculo** m. espectáculo. **/ador** adj. y m. espectador.
especula/dor adj. y s. especulador. **/r** tr. e intr. especular.
espelh/ar tr. e intr. poner claro o limpio como un espejo; reflejarse. **/o** m. espejo.
esperança f. esperanza. **/r** tr. y r. esperanzar.
esperanto m. esperanto.
esperar tr. esperar.
esperma m. esperma. **/tologia** f. espermatología. **/tozóide** m. espermatozoide.
espert/alhaco o **/alhão** hombre muy astuto. **/ar** tr. e intr. avivar; excitar; perder el sueño. **/eza** f. vivacidad; destreza. **/o** adj. despierto; astuto.
espe/ssar tr. e intr. espesar. **/(ê)sso** adj. espeso.
espe/tar tr. espetar; atravesar; fig. torturar; perjudicar. **/(ê)to** m. espetón, asador; fig. persona alta y delgada.
espevita/deira f. despabiladeras. **/r** tr. y r. despabilar; estimular; enojarse.
espi/a s. espía. **/ão** m. espión, espía. **/ar** tr. e intr. espiar.
espig/a f. *Bot.* espiga; fig. contratiempo. **/ar** intr. criar espigas; medrar.
espinha f. espina; fig. dificultad.
espiona/gem f. espionaje. **/r** tr. espiar.
esp/írito m. espíritu. **/iritual** adj. espiritual. **/iritualismo** m. espiritualismo.
espirr/ar intr. y tr. estornudar; ofenderse; expeler. **/o** m. estornudo.
esplanada f. explanada; planicie.
espl/endidez f. esplendidez. **/êndido** adj. espléndido.
espolia/ção f. expoliación. **/r** tr. expoliar.
espólio m. expolio; botín; restos; expoliación.
esponj/a f. *Zool.* esponja. **/ar** tr. borrar con esponja; fig. hurtar.
esponsais m. pl. esponsales.
espont/âneo adj. espontáneo. **/ar** tr. despuntar.
espora f. espuela; fig. estímulo.
esporádico adj. esporádico; fig. casual.
esporte m. deporte.
espo/sar tr. desposar. **/ (ô)so** m. esposo. **/sório** m. desposorio; esponsales.
espraiar tr. y r. explayar; ensanchar.

espreguiçar tr. desperezar; extender.
espreme/dor adj. y m. exprimidor. **/r** tr. exprimir; forzar.
espum/a f. espuma; baba. **/ar** tr. e intr. espumar. **/oso** adj. y m. espumoso; vino espumoso.
esput/ação f. esputación. **/ar** intr. esputar, expectorar.
esquadr/a f. *Mil.* y *Mar.* escuadra; puesto policial. **/ão** m. *Mil.* escuadrón. **/ar** tr. escuadrar. **/ia** f. escuadría; escuadra; simetría. **/ilha** f. escuadrilla, flotilla de barcos.
esquadrinha/dor adj. y m. escudriñador, investigador. **/r** tr. escudriñar.
esqualo m. *Zool.* escualo.
esquarte/jamento m. descuartizamiento. **/jar** tr. descuartizar.
esquec/ediço adj. olvidadizo. **/er** tr. e intr. olvidar.
esquel/ético adj. esquelético. **/eto** m. esqueleto.
esquema m. esquema; resumen.
esquenta/ção f. calentamiento; inflamación; blenorragia. **/dor** m. calentador. **/r** tr. calentar.
esquerd/a f. izquierda. **/ista** adj. y s. izquierdista. **/o** adj. izquierdo, zurdo; torcido.
esqui m. esquí. **/ador** m. esquiador. **/ar** tr. esquiar.
esquife m. *Mar.* esquife; féretro; ataúd.
esquilo m. *Zool.* esquilo, ardilla.
esquimó s. esquimal.
esquina f. esquina; ángulo. **/r** tr. esquinar.
esquisit/ice f. extravagancia; originalidad. **/o** adj. excéntrico; impertinente.
esquiv/ança f. desprecio, esquivez. **/ar** tr. e intr. esquivar, rehusar; huir.
essa f. catafalco.
e(ê)sse pron. y adj. ese; ése.
ess/ência f. esencia; substancia, existencia. **/encial** adj. esencial; necesario; importante.
és-sueste m. estesudeste.
estabelec/er tr. establecer; fijar; ordenar. **/imento** m. establecimiento; casa comercial.
estabili/dade f. estabilidad; duración. **/zar** tr. e intr. estabilizar; permanecer.
estábulo m. establo.
estação f. estación.
estacar tr. estacar. **/ia** f. estacada; empalizada.
estacion/ar intr. estacionar. **/ário** adj. estacionario.
estádio m. estadio.
estad/ista s. estadista. **/ística** f. estadística.
estado m. estado.
estafa o **estafadela** f. cansancio. **/r** tr. y r. fatigar; romper; estafar.
estafermo m. estafermo.
est/agiar intr. practicar, adiestrarse. **/agiário** adj. y s. practicante de cualquier profesión. **/ágio** m. aprendizaje.
estagna/ção f. estancación; inercia. **/r** tr. estancar, represar.
estalage/iro m. hostelero. **/m** f. posada, albergue.
estalagmite f. estalagmita.
estalar tr. e intr. estallar, reventar; romper.
estaleiro m. *Mar.* astillero.
estampa f. estampa, imagen. **/gem** f. estampación. **/r** tr. estampar; imprimir.
estanca/ção f. estancación; detención. **/r** tr. estancar; vedar.

est/ância f. estancia. / **anciar** intr. habitar, morar; descansar.
estandardizar tr. uniformar.
estandarte m. estandarte, bandera; partido.
estanque adj. y m. estancado, obstruido; estancación; monopolio.
estante f. estante, armario para libros; pupitre.
estar intr. estar, existir; hallarse; residir.
estarola s. persona ligera y liviana.
estase f. estasis.
estatal adj. estatal.
estático adj. estático.
estatística f. estadística.
est/átua f. estatua. /**atuário** adj. y m. estatuario.
estatura f. estatura.
estatuto m. estatuto; decreto.
estável adj. estable; durable.
este m. *Geog.* Este, punto cardinal.
e(ê)ste adj. y pron. dem. este, esto.
estearina f. *Quím.* estearina.
esteio m. puntal para asegurar; apoyo.
esteira f. estera; surco; rastro. /**r** tr. esterar.
estend/al m. tendal; tendedero. /**er** tr. extender; desarrollar; disponer.
esten/ografar tr. estenografiar. /**ografia** f. estenografía, taquigrafía.
estepe f. estepa.
este/rcar tr. estercolar; abonar. /**(ê)rco** m. estiércol; basura.
estere m. estéreo (medida).
estereofó(ô)nico adj. estereofónico.
est/éril adj. estéril; árido. /**erilidade** f. esterilidad. /**erilizar** tr. esterilizar; castrar.
esterno m. *Anat.* esternón.
esternutação f. estornudo.
esterqueiro m. estercolero; porquería.
estertor m. *Med.* estertor. /**ar** intr. agonizar.
estética f. estética.
estia/gem f. estiaje. /**r** intr. dejar de llover; bajar el nivel del agua.
estibordo m. *Mar.* estribor.
estigma m. estigma; marca; cicatriz; ofensa. /**tismo** m. estigmatismo.
estilete m. estilete.
estilha f. astilla; fragmento. /**ço** m. astillazo, fragmento. /**r** tr. astillar.
estil/ismo m. estilismo. / **ização** f. estilización. /**izar** tr. estilizar. /**o** m. estilo; modo; costumbre.
estilografia f. estilografía.
estima f. estima; aprecio. /**ção** f. estimación; cálculo. /**r** tr. e intr. r. apreciarse.
est/imulação f. estimulación. /**imulante** adj. estimulante. /**imular.** tr. estimular; activar.
estio m. estío; fig. calor.
estip/endiar tr. estipendiar, asalariar. /**êndio** m. estipendio, salario.
estipula/ção f. estipulación; contrato. /**r** tr. estipular, acordar.
estira/çar tr. estirazar, extender. /**r** tr. estirar; alargar.
estirpe f. estirpe; raíz; linaje.
estiva f. *Mar.* estiba. /**dor** adj. y m. estibador. /**r** tr. estibar, cargar (barco); despachar (aduana).
estocada f. estocada; bellaquería; astucia.
estof/ador m. estofador. /**ar** tr. estofar, acolchonar.
estoir/ar tr. e intr. reventar, estallar. /**o** m. es-

tampido; fragor; desorden.
esto(ô)jo m. estuche.
est/omacal adj. estomacal; digestivo. **/ômago** m. *Anat.* estómago.
esto/(ô)pa f. estopa (tejido). **/par** tr. estopear; calafatear; aburrir, importunar.
estoque m. estoque.
estorce/gar tr. pellizcar; dislocar. **/r** tr. e intr. torcer; contorsionar; desorientarse.
estore m. estor, cortina.
esto/rva f. estorbo; dificultad. **/rvar** tr. estorbar, embarazar. **/(ô)rvo** m. estorbo, obstáculo.
estoutro contr. del adj. o pron. dem. **este** con el adj. o pron. ind. **outro:** este otro.
estouvado adj. alocado; imbécil; holgazán.
estr/ábico adj. estrábico; bizco. **/abismo** m. *Med.* estrabismo.
estrada f. carretera, camino.
estrado m. estrado, escabel.
estrafalário adj. estrafalario; desaliñado.
estraga/ção f. estrago; destrucción. **/r** tr. estragar, dañar.
estrambó/lico adj. estrambólico; extravagante. **/tico** adj. estrambótico.
estrangeir/ada f. grupo de extranjeros. **/ismo** m. extranjerismo; barbarismo. **/o** adj. y m. extranjero.
estrangula/ção f. estrangulación. **/r** tr. estrangular; matar.
estranh/ar tr. extrañar; admirar; censurar. **/o** adj. y s. extraño; raro; extranjero.
estrat/agema m. estratagema, ardid. **/égia** f. estrategia.
estratosfera f. estratosfera.
estrea/nte adj. y s. debutante. **/r** tr. estrenar, debutar.
estrebaria f. caballeriza, cuadra.
estreia f. estreno; comienzo.
estreit/ar tr. estrechar, apretar. **/o** adj. y m. estrecho, apretado.
estre(ê)la f. *Astr.* estrella; cometa; signo. **/la-polar** f. Estrella polar.
estreme/ção m. estremecimiento. **/cer** tr. e intr. estremecer, temblar; atemorizar, asustar.
estrénuo adj. estrenuo, valeroso.
estr/epitar intr. estrepitar. **/épito** m. estrépito, estruendo; ostentación.
estreptomicina f. estreptomicina.
estria f. estría; surco.
estrib/ar tr. estribar; apoyar. **/o** m. estribo; apoyo.
estrinçar tr. mordiscar, dentellear; despedazar.
estripa/ção f. destripamiento. **/r** tr. estripar, destripar.
estr/ofe f. *Ret.* estrofa. **/ófico** adj. estrófico.
estroin/a adj. y s. juerguista; malgastador. **/ar** intr. derrochar; farrear.
estrond/ear intr. hacer estruendo; alborotar. **/o** m. estruendo, ruido; ostentación.
estropalho m. estropajo.
estrugi/dor adj. estrepitoso, ruidoso. **/r** tr. e intr. atronar; alborotar.
estrum/ar tr. abonar; estercolar. **/e** m. abono, estiércol.
estrutura f. estructura. **/r** estructurar.
est/udar tr. estudiar; analizar. **/údio** m. estudio.

estufa f. estufa; invernadero. **/r** tr. estufar.
estupef/a(c)ção f. estupefacción. **/aciente** adj. y s. estupefaciente. **/icar** tr. asombrar; entorpecer.
estupendo adj. estupendo; asombroso.
est/upidez f. estupidez. **/úpido** adj. y m. estúpido; bruto.
estupr/ar tr. estuprar, violar. **/o** m. estupro, violación.
estuque m. estuque.
esva/ecer tr. e intr. desvanecer; desmayar. **/ir** tr. desvanecer; evaporar; desmayar.
esvaziar tr. vaciar.
esventrar tr. destripar, estripar.
esverd/eado adj. verdoso. **/ear** tr. e intr. verdear.
esvoaçar intr. revolotear; aletear.
etapa f. etapa; ración; periodo; progreso.
éter m. *Quím.* éter.
etern/ar tr. eternizar. **/idade** f. eternidad. **/o** adj. eterno; inmortal.
ética f. *Filos.* ética.
etil/izado adj. etilizado; embriagado. **/izar** tr. etilizar.
etiqueta f. etiqueta; cumplimiento. **/r** tr. rotular.
étnico adj. étnico; gentilicio.
eu pron pers. Yo; m. yo, la conciencia.
eucaína f. *Quím.* eucaína.
eucrasia f. eucrasia, temperamento.
euf/emismo m. eufemismo. **/ónico** adj. eufónico; suave.
euforia f. euforia; entusiasmo.
eunuco m. eunuco; estéril.
eupatia f. eupatía; resignación.
europe/ísmo m. europeísmo. **/u** adj. y m. europeo; relativo a Europa.
euscaro m. éuscaro, vascongado.
eussemia f. *Pat.* eusemia.
eutanásia f. eutanasia; muerte sin dolor.
eutrofia f. eutrofia; robustez.
evacua/ção f. evacuación. **/r** tr. e intr. evacuar; defecar.
evadir tr. evadir; huir; engañar.
envangel/ho m. Evangelio. **/ismo** m. envangelismo. **/ização** f. evangelización. **/izar** tr. evangelizar; enseñar.
evapor/ação f. evaporación. **/ar** tr. evaporar; disipar.
evasão f. evasión, fuga.
event/o m. evento; contingencia. **/ual** adj. eventual; casual.
ever/são f. eversión, desolación. **/ter** tr. subvertir; destruir.
evid/ência f. evidencia. **/enciar** tr. evidenciar; comprobar.
evitar tr. evitar; impedir; eludir.
evo m. evo; eternidad.
evoca/ção f. evocación. **/r** tr. evocar, invocar.
evolar-se r. evaporarse; desaparecer.
evol/ução f. evolución. **/ucionar** intr. evolucionar; alterar.
evoluta f. *Geom.* evoluta.
exabundar intr. superabundar.
exacerba/ção f. exacerbación. **/r** tr. y r. exacerbar; agravarse.
exa(c)t/idão f. exactitud. **/o** adj. exacto.
exage/ração f. exageración. **/rar** tr. exagerar. **/(ê)ro** m. exageración.
exala/ção f. exhalación. **/r** tr. y r. exhalar.

exalta/ção f. exaltación. **/r** tr. y r. exaltar.
exam/e m. examen. **/inador** adj. y s. examinador. **/inar** tr. y r. examinar.
exangue adj. exangüe.
ex/animação f. exanimación; desmayo. **/ânime** adj. exánime.
exarar tr. grabar; registrar; inscribir.
exaspe/ração f. exasperación. **/rar** tr. exasperar.
exaurir tr. agotar; depauperar.
exaust/ar tr. agotar. **/o** adj. exhausto.
exautorar tr. desautorizar.
excava/ção f. excavación. **/r** tr. excavar.
excede/nte adj. y m. excedente; sobrante.
excel/ência f. excelencia. **/situde** f. excelsitud. **/so** adj. excelso.
exc/entricidade f. excentricidad.
exce(p)ção f. excepción.
excess/ivo adj. excesivo. **/o** m. exceso.
excita/ção f. excitación. **/r** tr. y r. excitar.
exclama/ção f. exclamación. **/r** intr. y tr. exclamar.
exclu/ir tr. y r. excluir. **/são** f. exclusión. m. exclusivismo. **/sivo** adj. y m. exclusivo; monopolio.
excomun/gado adj. y m. excomulgado. **/gar** tr. excomulgar.
excre/ção f. excreción. **/mento** m. excremento.
excurs/ão f. excursión; fig. divagación. **/ionar** intr. hacer excursiones. **/ionista** s. excursionista.
execra/dor adj. y m. execrador. **/r** tr. execrar.
execu/ção f. ejecución. **/tar** tr. ejecutar.
exempl/ar m. ejemplar. **/ificar** tr. ejemplificar. **/o** m. ejemplo.
exequatur m. exequatur.
exéquias f. pl. exequias.
exercer tr. ejercer; desempeñar.
exercício m. ejercicio.
exercita/dor adj. y m. ejercitador. **/r** tr. y r. ejercitar.
exército m. ejército.
exibi/ção f. exhibición. **/r** tr. y r. exhibir.
exig/ência f. exigencia. **/ir** tr. exigir.
ex/iguidade f. exigüidad. **/íguo** adj. exiguo.
exila/do adj. y m. exilado. **/r** tr. y r. exilar.
exílio m. exilio; fig. soledad.
ex/imição f. eximición. **/ímio** adj. eximio; superior.
exist/ência f. existencia. existir.
êxito m. éxito.
êxodo m. exodo.
exonera/ção f. exoneración. **/r** tr. y r. exonerar.
exorbit/ância f. exorbitancia. **/ar** intr. exorbitar.
exorta/ção f. exhortación; amonestación. **/r** tr. exhortar; convencer.
exótico adj. exótico; extranjero; raro.
expan/dir tr. expandir; difundir; dilatar. **/são** f. expansión; alegría. **/sivo** adj. expansivo; franco.
expatria/ção f. expatriación. **/r** tr. expatriar; exiliar.
expe(c)ta/dor m. espectador. **/tiva** f. expectativa.
expe(c)tora/ção f. expectoración. **/r** tr. expectorar.
expedi/ção f. expedición. **/cionário** m. expedicionario. **/r** tr. expedir; enviar. **/to** adj. expedito; activo.
expelir tr. expeler; expulsar.

exper/iência f. experiencia; ensayo. **/imental** adj. experimental. **/imentar** tr. experimentar; ensayar; examinar. **/to** adj. y s. experto; sabedor.

expira/ção f. expiración. **/r** tr. e intr. espirar, exhalar; expirar, morir.

explica/ção f. explicación. **/r** tr. explicar; interpretar.

explodir intr. explotar, estallar.

explora/ção f. exploración; investigación. **/r** tr. explorar; pesquisar.

explos/ão f. explosión. **/ivo** adj. y m. explosivo.

expoente adj. y m. exponente.

expor tr. exponer; declarar.

exporta/ção f. exportación. **/dor** adj. y m. exportador. **/r.** tr. exportar.

expos/ição f. exposición; declaración. **/to** adj. y m. expuesto; expósito; evidente.

express/ão f. expresión; frase. **/ar** tr. expresar. **/o** adj. y m. expreso; claro; evidente; tren rápido.

exprobrar tr. exprobar, censurar.

expropria/ção f. expropiación. **/r** tr. expropiar.

expugnar tr. expugnar; conquistar.

expuls/ão f. expulsión. **/ar** tr. expulsar; expatriar. **/o** adj. expulso; desterrado.

expurg/ação f. expurgación; evacuación. **/ar** tr. expurgar; purgar; purificar.

êxtase m. éxtasis.

extens/ão f. extensión; dimensión. **/o** adj. extenso; amplio; duradero.

extenua/ção f. extenuación; debilidad. **/r** tr. extenuar; consumir.

exterior adj. y m. exterior; apariencia; el extranjero.

exterm/inação f. exterminación. **/inar** tr. exterminar; aniquilar.

extern/ato m. externado. **/o** adj. y m. externo; exterior.

extin/ção f. extinción; destrucción; abolición. **/guir** tr. extinguir; anular.

extirpa/ção f. extirpación. **/r** tr. extirpar, extraer.

extorsão f. extorsión; usurpación.

extra(c)t/ar tr. extractar, resumir. **/o** m. extracto; resumen.

extradi/ção f. *For.* extradicción. **/tar** tr. aplicar la extradición.

extrair tr. extraer; arrancar.

extra-oficial adj. extraoficial, particular.

extraordinário adj. y m. extraordinario; anormal; maravilloso.

extraterritorialidade f. extraterritorialidad.

extravag/ância f. extravagancia; capricho. **/ante** adj. y m. extravagante; raro; malgastador.

extravi/ar tr. extraviar, perder, descaminar. **/o** m. extravío.

extremar tr. extremar; exaltar.

extrema-unção f. extremaunción.

extrem/idade f. extremidad; límite. **/o** adj. y m. extremo; último; distante.

exuber/ância f. exuberancia; abundancia. **/ar** tr. e intr. exuberar, superabundar.

exuma/ção f. exhumación.

/r tr. exhumar, desenterrar; extraer.
exunda/ção f. inundación.
/r intr. inundar; derramarse.
ex-voto m. exvoto.

F

fábrica f. fábrica; **fig.** origen.
fabri/cação f. fabricación. **/car** tr. fabricar.
fábula f. fábula.
faca f. cuchillo. **/da** f. cuchillada; fig. sablazo; sorpresa dolorosa.
façanha f. hazaña. **/eiro** adj. y s. hazañoso.
fa(c)/ção f. facción. **/cioso** adj. y s. faccioso.
face f. faz, cara.
face/(ê)ta f. faceta; fig. aspecto. **/tar** tr. lapidar.
facial adj. facial.
f/ácil adj. fácil. **/acilitar** tr. y r. facilitar.
facínora adj. y m. facineroso.
fac-símile m. facsímil.
fa(c)to m. hecho; suceso; caso; circunstancia.
fa(c)tura f. factura. **/r** tr. facturar.
facul/dade f. facultad. **/tar** tr. facultar.
fac/úndia f. facundia. **/undidade** f. facundidad.
fad/a f. hada. **/ário** m. hado; fig. fatiga.
fadiga f. fatiga, cansera.
fad/ista s. fadista, persona que toca o canta el fado; rufián; prostituta. **/o** m. fado, canción popular portuguesa; vida de burdel; fatalidad.
faiança f. mayólica, loza fina.
faina f. faena; trabajo.
faisão m. *Zool.* faisán.
fa/ísca f. chispa, centella. **/iscar** intr. chispear; brillar.
faix/a f. faja, cinta; friso. **/ar** tr. fajar.
fala f. habla; idioma; palabra. **/dor** adj. y s. hablador.
falang/e f. falange; legión; partido. **/eta** f. *Anat.* falangeta. **/ista** m. falangista.
fala/r tr. hablar; declarar, narrar; combinar; — **a verdade,** decir la verdad. **/rio** m. murmullo; algazara. **/z** adj. falaz; hipócrita; falso.
falcão m. *Zool.* halcón.
fal/ecer intr. fallecer, morir. **/ecimento** m. fallecimiento, muerte; carencia. **/ência** f. quiebra; falta.
falésia f. acantilado.
falh/a f. falla, quiebra; falta. **/ar** tr. e intr. rajar; faltar; frustrarse. **/o** adj. fallo; rajado; falto.
fali/do adj. y s. fallido, insolvente. **/r** intr. quebrar; faltar.
fals/ar tr. e intr. falsear, engañar; romper. **/ário** m. falsario, falsificador. **/idade** f. falsedad; fraude. **/ificação** f. falsificación. **/o** adj. y m. falso; mentiroso.
falta f. falta; defecto. **/r** intr. faltar.
falua f. *Mar.* falúa.
fama f. fama; reputación.
famélico adj. famélico; desnutrido.
fam/ília f. familia; linaje. **/iliar** adj. familiar.
faminto adj. hambriento; ansioso.
famoso adj. famoso; excelente.

fan/ático adj. y s. fanático.
fandango m. *Mús.* fandango; bulla, jaleo.
fanfarra f. charanga, banda de música.
fanfarr/ão adj. y s. fanfarrón, impostor. **/ear** fanfarria, bravata. **/onar** intr. fanfarronear.
fanqueiro m. lencero, comerciante de tejidos.
fantasi/a f. fantasía; ficción. **/ar** tr. e intr. fantasear, idear.
fantasma m. fantasma; quimera.
fantoch/ada f. fantochada, payasada. **/e** m. fantoche.
faqueiro m. estuche de cubiertos; cuchillero, fabricante de cuchillos.
faquir m. faquir, santón mahometano.
faraó m. faraón.
faraute m. faraute, mensajero; intérprete; guía.
farda f. uniforme (vestidura); vida militar; librea. **/r** tr. uniformar, proveer de uniforme.
fardo m. fardo; paquete; peso.
farej/ar tr. e intr. olfatear, oler; fig. descubrir. **/o** m. olfateo.
faring/e f. *Anat.* faringe. **/ite** f. *Pat.* faringitis.
farinha f. harina.
farm/acêutico adj. y s. farmacéutico. **/ácia** f. farmacia.
farnel m. fardel; merienda que se lleva en viaje.
faro m. olfato; fig. perspicacia.
farol m. faro. **/eiro** m. farolero.
farp/a f. farpa; desgarrón. **/ar** tr. poner farpa en; desgarrar.
farpela f. vestuario; gancho.
farra f. *Bras.* lupanar.
farrusco adj. tiznado.
fars/a f. farsa. **/isla** s. farsante.
fart/adela f. hartazgo. **/ar** tr. y r. hartar; cansar. **/o** adj. harto; lleno; cansado.
fartum m. hedor.
fascículo m. fascículo.
fascina/ção f. fascinación. **/r** tr. fascinar.
facis/mo m. facismo. **/ta** adj. y s. fascista.
fase f. fase.
fastio m. hastio; fastidio; fig. enfado.
fast/o adj. y m. fausto; feliz. **/oso** o **/uoso** adj. fastuoso.
fatal adj. fatal. **/idade** f. fatalidad.
fateixa f. arpeo; arpón.
fatia f. rebanada; tajada.
fatiga/dor adj. y s. fatigador. **/r** tr. fatigar.
fato m. traje; vestuario; manada.
fauna f. fauna.
fauno m. fauno.
fausto adj. y m. fausto.
fava f. *Bot.* haba.
favo m. panal de miel; celdilla.
favor m. favor. **/ecer** tr. y r. favorecer.
fazend/a f. hacienda; estancia; bienes; tela; tejido de lana; Hacienda. **/ário** adj. financiero.
fazer tr. hacer.
fé f. fe.
fealdade f. fealdad.
febra f. carne sin hueso; fibra.
febr/e f. *Med.* fiebre. **/il** adj. febril.
fech/ado adj. cerrado; reservado. **/adura** f. cerradura. **/ar** tr. cerrar; acabar. **/o** m. cerrojo, pestillo; remate; fin.
fécula f. fécula.
fecund/ação f. fecundación. **/ar** tr. e intr. fecundar; procrear. **/o** adj. fecundo; criador.

fedelho m. chico, novato, mozalbete.
federa/ção f. federación; asociación. **/l** adj. federal. **/lismo** m. federalismo. **/r** tr. confederar, unir.
fe/eria f. maravilla; esplendor. **/érico** adj. maravilloso; mágico.
feição f. facción; fisionomía.
feij/ão m. *Bot.* judía. **/oada** f. plato de judías.
feio adj. feo; deforme; repulsivo; indecente.
feira f. feria, mercado. **/nte** s. feriante.
feiti/çaria f. hechicería; seducción. **/ceiro** m. hechicero, brujo; hermoso. **/ço** m. hechizo; amuleto.
feitor adj. y m. administrador; gerente. **/ia** f. factoría.
feixe m. haz, manojo; porción.
fel m. hiel, bilis; mal humor; tormento.
feldspato m. *Min.* feldespato.
felici/dade f. felicidad. **/tação** f. felicitación, congratulación.
felino adj. felino (gato); fig. falso; fingido.
feliz adj. y m. feliz; próspero.
feltr/ar tr. e intr. fieltrar; tapizar. **/o** m. fieltro.
fêmea f. hembra; mujer.
femini/dade adj. femineidad. **/no** adj. y m. femenino; mujeril.
fémur m. *Anat.* fémur.
fend/a f. fenda; grieta, raja. **/er** tr. hender; separar.
fenix f. fénix, ave fabulosa.
feno m. *Bot.* heno.
fenol m. *Quím.* fenol, fénico.
fera f. fiera; fig. cruel.
féretro m. féretro, tumba.
fereza f. fiereza, crueldad.
féria f. día de semana; salario; pl. vacaciones; descanso.
feria/do adj. y m. día de fiesta. **/r** tr. e intr. descansar, holgar.
feri/da f. herida; llaga; dolor. **/r** tr. herir; ofender.
ferment/ação f. fermentación. **/ar** tr. fermentar; agitar. **/o** m. fermento; levadura; origen.
fero adj. feroz, fiero. **/z** adj. feroz; cruel.
ferra/gem f. herraje. **/menta** f. herramienta.
ferro m. hierro; áncora; pl. esposas, grilletes; — **em folha,** hierro laminado. **/ar** tr. aguijonear, picar. **/cró(ô)mio** m. aleación de hierro y cromo.
ferro-velho m. chatarrero, ropavejero.
ferrovi/a f. ferrocarril. **/ário** adj. y m. ferroviario.
ferrug/em f. herrumbre; fig. vejez. **/ento** adj. herrumbroso; antiguo.
fértil adj. fertil; abundante.
ferv/edoiro m. hervidero; efervescencia. hirviente; ardiente. **/er** tr. hervir; fermentar; intr. agitarse. **/ura** f. hervor, ebullición.
fest/a f. fiesta; diversión; caricia. **/ejar** tr. festejar; agasajar; celebrar. **/ival** adj. y m. festival; espectáculo.
feta/ção f. gestación. **/l** adj. fetal, relativo al feto; m. *Bot.* helechal.
fétido adj. y m. fétido, pestífero; hedor.
feto m. *Biol.* feto; *Bot.* helecho.
feud/al adj. feudal, medieval. **/alismo** m. feudalismo. **/o** m. feudo; vasallaje.

fevereiro m. Febrero.
fezes f. pl. heces, excrementos.
fia/ção f. hilado; hilandería. **/da** f. hilada. **/dor** m. fiador.
fiambre m. fiambre, jamón dulce.
fiança f. fianza, caución; seguridad.
fia/ndeira f. hilandera. **/r** tr. e intr. hilar; urdir; afianzar; fiar, confiar.
fibr/a f. fibra; nervio; vigor. **/ocartilagem** f. *Anat.* fibrocelular. **/oma** m. *Med.* fibroma. **/omuscular** adj. fiibromuscular. **/oso** adj. fibroso.
ficar intr. quedar; subsistir; acabar.
ficção f. ficción; simulación; invención; fantasía.
fich/a f. ficha; cédula. **/eiro** m. fichero.
fidalg/o m. hidalgo; noble. **/uia** f. hidalguía; distinción.
fidedigno adj. fidedigno.
fidel/idade f. fidelidad; veracidad. **/íssimo** adj. fidelísimo.
fieira f. hilera.
fiel adj. y m. fiel; leal; seguro.
fígado m. *Anat.* hígado; fig. índole; valentía.
fig/o m. *Bot.* higo. **/ueira** f. higuera.
figur/a f. figura; aspecto. **/açao** f. figuración. **/ar** tr. figurar; delinear; imaginar. **/ino** m. figurín; modelo.
fila f. fila, ringlera.
filantr/opia f. filantropía. **/ópico** adj. filantrópico.
filão m. *Min.* filón, manantial.
filarmó(ô)ni/ca f. filarmónica. **/co** adj. y m. filarmónico.
filat/elia f. filatelia. **/élico** adj. filatélico.
fileira f. hilera, ringlera.
filete m. ribete, guarnición; filete (de carne).
filh/a f. hija. **/ar** tr. prohijar; retoñar. **/o** m. hijo; vástago.
filhó f. filloa, buyuelo.
filia/ção f. filiación; origen. **/l** adj. y f. filial; sucursal. **/r** tr. prohijar, afiliar.
filigrana f. filigrana. **/r** tr. e intr. filigranar.
film/agem f. filmación. **/ar** tr. filmar. **/e** m. película, film.
filo/logia f. filología. **/matia** f. filomatía.
filtr/ação f. filtración. **/ar** tr. filtrar; fig. insinuar. **/o** m. filtro.
fim m. fin.
fina f. finura; precaución; astucia.
finado adj. y s. finado.
final adj. y m. final. **/izar** tr. e intr. finalizar.
finan/ça f. finanza; pl. hacienda pública. **/ceiro** adj. y s. financiero. **/ciar** tr. financiar.
finar intr. y r. finar; acabar; morir.
fineza f. fineza; fig. amabilidad; obsequio.
fingi/do adj. y m. fingido; aparente. **/r** tr. fingir.
fin/o adj. fino; delgado; excelente; astuto. **/ura** f. finura; delicadeza; astucia.
fio m. hilo; filo.
fiorde m. fiordo.
firm/a f. firma, rúbrica; razón social. **/ação.** f. afirmación. **/amento** m. firmamento; fundamento. **/ar** tr. afirmar; confirmar, pactar. **/e** adj. y m. firme; fuerte; sereno. **/eza** f. firmeza, seguridad; constancia.
fiscal adj. y m. fiscal, inspector; crítico. **/ização** f. fiscalización. **/izar** tr. e intr. fiscalizar.
fisco m. fisco; foraje.

físic/a f. física. **/o** adj. y m. físico; material; médico.
fissura f. *Cir.* fisura, fractura.
fístula f. *Pat.* fístula.
fita f. cinta; faja; película cinematográfica.
fitar tr. fijar la vista; mirar.
fivel/a f. hebilla. **/ão** m. hebillón.
fix/ação f. fijación. **/ador** m. fijador. **/ar** tr. fijar; clavar; limitar. **/o** adj. fijo; firme; invariable.
flácido adj. fláccido; lánguido.
flagel/ação f. flagelación; tormento. **/ar** tr. flagelar; azotar; martirizar.
flagra/nte adj. flagrante; evidente. **/r** intr. flagrar; inflamarse.
flam/a f. flama, llama; pasión. **/ejante** adj. flameante.
flamengo adj. y m. flamenco.
flâmula f. *Mar.* flámula, bandera.
flanela f. franela (tejido).
flanquear tr. *Mil.* flanquear; acompañar.
flaut/a f. *Mús.* flauta, pífano. **/ear** intr. tocar la flauta; vagabundear; tr. engañar. **/im** m. flautín.
flébil adj. flébil; triste.
flecha f. flecha; saeta, dardo.
fle(c)tir tr. flexionar; doblar.
fleum/a f. *Med.* flema, pituita; lentitud; paciencia; indiferencia. **/ático** adj. flemático; calmoso.
flex/ão f. flexión. **/ionar** tr. e intr. flexionar; curvar.
flibusteiro m. filibustero.
floco m. copo, vedija de nieve.
flor f. *Bot.* flor; juventud. **/a** f. flora, vegetación. **/ação** f. *Bot.* floración. **/ar** intr. florar. **/escer** tr. florescer; brotar. **/esta** f. floresta; confusión. **/icultor** m. floricultor. **/icultura** f. floricultura. **/ir** intr. florecer. **/ista** s. florista.
flotilha f. *Mar.* flotilla, escuadrilla.
flu/ência f. fluencia; abundancia. **/idez** f. fluidez. **/ido** adj. y m. fluido; blando. **/ir** intr. fluir, brotar.
flutua/bilidade f. fluctuabilidad. **/ção** f. fluctuación; vacilación. **/r** intr. flotar; oscilar.
fluvi/al adj. fluvial. **/ó(ô)metro** m. *Fís.* fluviómetro.
foca f. *Zool.* foca.
foca/gem f. enfocamiento, focalización. **/r** tr. enfocar.
focinh/eira f. jeta, hocico; muserola; bozal; fig. enfurruñado. **/o** m. hocico.
foco m. foco.
fog/ão m. fogón. **/areiro** m. hornillo para cocinar con carbón.
fog/o m. fuego; incendio; entusiasmo; **errar fogo,** errar el blanco. **/ueira** f. hoguera.
foguet/ão m. foguetón. **/e** m. cohete.
foice f. hoz, guadaña.
foito adj. atrevido.
folar m. bollo de Pascua.
folclore m. folklore.
fole m. fuelle.
fôlego m. aliento, respiración fuerte.
folg/a f. holganza, descanso. **/ar** tr. holgar; intr. divertirse. **/uedo** m. holgorio; diversión.
fo(ô)lha f. *Bot.* hoja; hoja; hoja de papel, de espada, etc.; **— corrida,** certificado de penales.
folh/agem f. follaje, ra-

maje. **/etim** m. folletín. **/eto** m. folleto.
folia f. folía, juerga.
foli/ão adj. y m. fiestero; farsante. **/ar** intr. foliar; jugar; adj. relativo a hojas.
fólio m. folio; libro comercial.
fome f. hambre; fig. miseria.
foment/ação f. fomentación. **/ar** tr. fomentar; excitar. **/o** m. fomento; apoyo; progreso.
fon/ema m. *Gram.* fonema. **/ética** f. fonética.
fonofilme m. película sonora.
font/ainha f. fuentecilla. **/anário** adj. fontanal. **/e** f. fuente (de agua); origen.
fora adj. fuera, exteriormente; excepto; **deitar —,** abandonar.
foragido adj. forajido, fugitivo.
foral m. foral.
fo(ô)rca f. horca; patíbulo.
fo(ô)rça f. fuerza; valentía.
forcado m. *Agr.* horquilla; **moço de —,** mozo que conduce los toros.
força/do adj. y m. forzado obligatorio; condenado a trabajos forzados.
forense adj. forense, judicial.
forja f. forja, fragua. **/dor** adj. y s. forjador; inventor. **/r** tr. forjar; fabricar; idear.
fo(ô)rma f. forma, hechura exterior; figura; método; horma, molde.
forma/ção f. formación. **/l** adj. y m. formal; positivo. **/r** tr. e intr. formar; armar; imaginar; descubrir. **/tura** f. licenciatura (universitaria); *Mil.* alineación.
formic/ação f. hormigueo, prurito. **/ida** adj. y m. formicida.
formidável adj. formidable.
formig/a f. *Zool.* hormiga. **/ueiro** m. hormiguero; multitud; picazón.
formol m. *Quím.* formol.
formoso adj. hermoso; perpecto.
f/órmula f. fórmula; costumbre. **/ormular** tr. e intr. formular; recetar.
fornecer tr. proveer, abastecer.
fornica/ção f. fornicación, coito. **/r** tr. fornicar, copular; fig. importunar.
forno m. horno.
fo(ô)ro m. *For.* foro, abogacía; privilegio; jurisdicción.
forr/ar tr. forrar, entretelar; economizar. **/o** m. forro; entretela; ahorrado.
fort/alecer tr. fortalecer. **/aleza** f. fortaleza; fortificación; vigor. **/e** adj. fuerte; valiente; fortaleza. **/ificação** f. fortificación. **/ificar** tr. fortificar.
fortuito adj. fortuito.
fortuna f. fortuna; riqueza; suerte; ventura.
fósforo m. *Quím.* fósforo; cerilla; pop. inteligencia.
fóssil m. fósil.
fossiliza/ção f. fosilización, petrificación. **/r** tr. e intr. fosilizar, petrificar.
fo(ô)sso m. foso, zanja.
foto f. foto, fotografía. **/cópia** f. fotocopia. **/elé(c)trico** adj. fotoeléctrico. **/grafia** f. fotografía. **/gravura** f. fotograbado. **/metria** f. fotometría. **/química** adj. fotoquímica. **/therapia** f. fototerapia. **/tipografia,** fototipografía. **/zincografia** f. fotocincografía.

foz f. embocadura; desembocadura. (del río).
fracasso m. fracaso; desgracia.
fra(c)/ção f. *Arit.* fracción; segmento. **/cionar** tr. fraccionar.
fraco adj. y m. flaco, débil; delgado.
fra(c)tura f. fractura; quiebra.
frade m. fraile.
fraga f. peñasco; breña. **/l** adj. y m. peñascoso; áspero.
fragat/a f. *Mar.* fragata. **/eiro** m. barquero de fragata del Tajo.
frágil adj. frágil, débil.
fragment/ação f. fragmentación. **/ar** tr. fragmentar. **/o** m. fragmento, fracción.
fragância f. fragancia; aroma.
frágua f. fragua, forja; disgusto.
framboes/a f. *Bot.* frambuesa. **/eira** f. frambueso.
franco adj. y m. franco; liberal; sincero.
franco-atirador m. francotirador, guerrillero.
franco-maç/ão f. francmasón. **/onaria** f. francmasonería.
frangalhote m. pollo crecido; gastador; bohemio.
franqu/ear tr. franquear; exentar. **/ia** f. franquía; exención. **/iar** tr. franquear, sellar.
franzi/do m. fruncido, pliegue. **/r** tr. fruncir, arrugar.
fraque m. frac.
fraque/jar intr. flaquear; desanimar. **/za** f. flaqueza; cobardía; debilidad.
frasco m. frasco.
frase f. frase.
frasqueira f. frasquera.
frat/erna f. y adj. fraterna. **/ernidade** f. fraternidad. **/erno** adj. fraterno.
fraud/ação f. defraudación. **/ar** tr. defraudar, engañar. **/e** f. fraude.
fregu/ês m. feligrés; cliente. **/esia** f. feligrasía, parroquia.
frei m. fray.
freio m. freno.
freir/a f. religiosa, monja. **/aria** f. frailería.
frem/ência f. temblor. **/ir** intr. temblar; bramar, rugir; agitar.
fré(ê)mito m. frémito; rugido; ruido.
frenesi m. frenesí.
frente f. frente; vanguardia.
frequ(ü)/ência f. frecuencia. **/entar** tr. frecuentar.
fresc/a f. fresca, frescor. **/o** adj. fresco. **/or** m. frescor.
fressura f. asadura.
fresta f. lumbrera; grieta.
fria/gem f. frialdad. **/ldade** f. frialdad.
fricassé m. fricasé.
fric/ção f. fricción. **/cionar** tr. friccionar.
frieira f. sabañón.
frieza f. frialdad.
frigideira f. sartén.
frigor/ífero adj. y m. frigorífero. **/ificar** tr. frigorizar.
frio adj. frío.
frisa f. frisa.
frisa/do adj. encrespado, rizado. **/r** tr. frisar; rizar; acentuar; encresparse.
friso m. friso; filete.
frita/da f. fritada. **/r** tr. freír.
fr/ivolidade f. frivolidad. **/ívolo** adj. frívolo.
froix/eza f. flojedad; languidez; irresolución. **/o** adj. flojo; lánguido; blando; indolente.
fronha f. funda de almohada.

front/al adj. y m. frontal; dintel. **/aria** f. fachada; fig. apariencia; exterior. **/e** f. fachada; frontispicio; frente; rostro; delantera.

fronteira f. frontera.

frontispício m. frontispicio.

frota f. flota.

froux/eza o **froux/idão** f. flojedad. **/o** adj. flojo; blando.

frugal adj. frugal.

frustra/ção f. frustración. **/r** tr. frustrar.

frut/a f. fruta. **/ear** intr. frutear; fructificar. **/icultor** m. fruticultor. **/icultura** f. fruticultura. **/ificar** intr. fructificar. **/o** m. fruto; provecho.

fug/a f. fuga; huida. **/az** adj. fugaz. **/ir** intr. huir.

fulcro m. fulcro; apoyo.

fulg/ência f. fulgencia. **/ir** intr. y tr. fulgir. **/urar** intr. fulgurar; resplandecer.

fulig/em f. hollín. **/inoso** adj. fuliginoso.

fulmina/ção f. fulminación. **/r** tr. fulminar; detonar.

fulo adj. furioso; violen-

fum/aça f. fumarada; altivez. **/ador** adj. y s. fumador. **/ar** tr. e intr. fumar; ahumar. **/igação** f. fumigación. **/igar** tr. fumigar; desinfectar. **/o** m. humo; tabaco; fig. vanidad.

função f. función; acto; práctica; solemnidad.

funcion/al adj. funcional. **/amento** m. funcionamiento; actividad. **/ar** intr. funcionar. **/ário** m. funcionario; empleado.

funda/ção f. fundación; origen. **/dor** adj. y s. fundador. **/mentar** tr. fundamentar; documentar. **/r** tr. fundar; erigir.

fundear intr. *Mar.* fondear, anclar.

fund/ente adj. fundente. **/ição** f. fundición. **/ir** tr. fundir, derretir; unir; gastar.

fundo adj. y m. hondo; fondo; arraigado; denso; esencia.

fúnebre adj. fúnebre; triste.

fune/ral adj. y m. funeral; entierro. **/sto** adj. funesto.

funil m. embudo.

furacão m. huracán; tifón.

fur/ar tr. perforar, agujerear; frustar. **/ável** adj. perforable.

furg/ão m. furgón. **/oneta** f. furgoneta.

fúria f. furia; ímpetu.

furna f. furnia; subterráneo.

furo m. agujero; abertura.

furor m. furor; fuerza; entusiasmo.

furriel m. *Mil.* furriel.

furt/adela f. hurto, robo; esquivez. **/ar** tr. hurtar, robar; esquivar; desviar. **/o** m. hurto; sustracción.

fusão f. fusión; unión.

fusco adj. fosco, obscuro.

fuselagem f. fuselaje, chasis del avión.

fusível adj. fusible; fúsil.

fuso m. huso.

fustiga/ção f. fustigación; estímulo. **/r** tr. fustigar; maltratar.

futebol m. fútbol (juego).

fútil adj. fútil; insignificante.

futur/ação f. pronóstico, suposición. **/ar** tr. pronosticar, suponer, predecir. **/ismo** m. futurismo. **/o** adj. y m. futuro; venidero; novio.

fuzil m. fusil, escopeta; relámpago. **/ar** tr. e intr. fusilar; relampaguear, chispear. **/aria** f. fusilería. **/eiro** m. fusilero.

G

gaba/ção f. alabanza; elogio. **/r** tr. alabar, elogiar.
gabardina f. gabardina.
gabarola adj. y s. fanfarrón; jactancioso.
gabinete m. gabinete; despacho.
gabiru adj. y m. bellaco; astuto.
gadelh/a f. cabello desgreñado, greña. **/udo** adj. greñudo, cabelludo.
gado m. ganado; casta.
gaf/ar tr. e intr. contagiar lepra o sarna. **/aria** f. leprosería. **/o** adj. gafo, leproso; corrupto.
gag/o adj. y s. gago, tartamudo. **/uejar** intr. gaguear.
gaifona f. tontería, idiotez.
gaiola f. jaula; prisión.
gait/a f. *Mús.* gaita; fig. reprobación; pene, miembro viril; **gaita de foles,** sampoña. **/ar** tr. e intr. suspender, catear en los estudios. **/eiro** adj. y m. gaitero; garrido; elegante.
gaj/ada f. *germ.* multitud de **gajos. /ão** m. pícaro, mañoso, astuto.
gajeiro m. *Mar.* gaviero; adj. trepador.
gal/a f. gala; pompa; ostentación; **Dia de —,** día de fiesta. **/ã** m. galán, actor.
galactit/a o **/e** f. *Miner.* galactita.
galaico-portugués adj. galaicoportugués, relativo a Galicia y Portugal.
galamatias m. galimatías, confusión.
galant/aria f. falantería; gentileza. **/e** adj. y s. galante. **/eio** m. galanteo.
galão m. galón; trencilla; medida de líquidos.
galar tr. gallar.
galard/ão m. galardón, premio; gloria. **/oar** tr. galardonar.
galdéri/a f. prostituta, ramera. **/o** adj. y m. disipador, vago.
galé f. *Mar.* galera; m. condenado a galeras.
galeão m. *Mar.* galeón.
galego adj. y m. gallego, de Galicia.
gale/ota f. *Mar.* galeota. **/ra** f. galera; carroza.
galeria f. galería.
galerno adj. y m. blando; viento del Noroeste.
galgar tr. e intr. alinear; enrasar, igualar; trepar, subir.
galgo m. *Zool.* galgo.
galhardete m. gallardete, banderola.
galhard/ia f. gallardía; elegancia. **/o** adj. gallardo; valiente.
galheteiro m. vinagreras.
galicar tr. contagiar la sífilis.
galicismo m. galicismo.
galimatias m. galimatías; asunto embrollado.
galin/áceas f. pl. *Zool.* gallináceas. **/ha** f. gallina; persona enferma; **andar com —,** tener mala suerte. **/heiro** gallinero.
galo m. *Zool.* gallo.
galucho m. soldado bisoño, recluta.
galvan/ismo m. *Fís.* galvanismo. **/ização** f. galvanización. **/izar** tr. galvanizar; entusiasmar

gamela f. gamella, hortera.
gamo m. *Zool.* gamo.
gana f. gana; hambre, deseo.
ganad/aria f. ganadería. **/eiro** m. ganadero, vaquero.
ganância f. ganancia; ambición.
gancho m. gancho; horquilla.
gandul/ar intr. gandulear, bribonear. **/o** m. gandul, vagabundo.
gânglio m. *Anat.* ganglio.
gangren/a f. *Pat.* gangrena. **/ar** tr. e intr. gangrenar; viciar; destruir.
ganha/dor adj. y m. ganador; jornalero. **/r** tr. ganar; conquistar; recibir.
ganso m. *Zool.* ganso.
garafunhos m. pl. muecas, gestos ridículos.
garagem f. garaje.
garanhão m. garañón, semental.
garanti/a f. garantía, fianza; seguridad. **/r** tr. garantir, afianzar.
garatusa f. garatusa; embuste.
garbo m. garbo, brío; valor. **/so** adj. garboso.
garça f. *Zool.* garza.
gare f. andén; estación.
garf/ar tr. garfear. **/o** m. tenedor; horquilla.
gargalha/da f. carcajada. **/r** intr. carcajear, reir a carcajadas.
gargalo m. cuello de una vasija; pop. pescuezo.
gargant/a f. *Anat.* garganta; fig. desfiladero. **/ear** tr. e intr. gargantear; trinar; gorjear.
gargarejar intr. gargarizar.
garimp/ar intr. *Bras.* buscar piedras preciosas. **/eiro** m. buscador de metales o diamantes. **/o** m. mina de diamantes; contrabando de minerales.
garlopa f. garlopa, cepillo.
garo/tada f. bribonada, travesura. **/(ô)to** m. niño; muchacho holgazán, disoluto.
garra f. garra; pl. manos, uñas (de animales).
garraf/a f. botella. **/ão** m. garrafa, garrafón. **/eira** f. frasquera; bodega, despensa para guardar vinos en botellas.
garrai/ada f. novillada, corrida de becerros. **/o** m. novillo.
garrano m. potro, caballo pequeño.
garrar tr. e intr. garrar, garrear.
garrid/ice f. elegancia; galantería. **/o** adj. garrido; bizarro; pisaverde.
garrotilho m. *Med.* garrotillo, difteria.
garupa f. grupa, anca del caballo.
gás m. gas; petróleo; calor; ventosidad.
gas/ear tr. gasear. **/ificar** tr. *Quím.* gasificar.
gasolina f. gasolina.
gasó(ô)metro m. gasómetro; depósito de gas.
gasos/a f. gaseosa; pop. rapidez. **/o** adj. gaseoso; aeriforme.
gaspacho m. gazpacho, sopa fría.
gasta/dor adj. y s. gastador. **/r** tr. gastar; consumir; debilitar.
gastro/logia f. gastrología. **/mania** f. gastromanía, glotonería.
gatilho m. gatillo; disparador.
gat/inhar intr. gatear. **/o** m. *Zool.* gato; grapa; — **bravo,** gato montés.
gatun/ar intr. robar, hurtar. **/o** m. ladrón; estafador; ratero.
gaúcho m. gaucho.
gavet/a f. gaveta, cajón. **/o** m. gavetón, cajón grande.

gavião m. *Zool.* gavilán.
gazela f. *Zool.* gacela.
gazet/a f. gaceta; faltar a la escuela, novillos. / **ilha** f. gacetilla.
gazua f. ganzúa.
gea/da f. helada. **/r** intr. e tr. helar; congelar.
gebar tr. abollar.
gela/deira f. heladera; nevera; fresquera. **/do** adj. y m. helado. **/r** tr. e intr. helar.
gelatina f. gelatina.
geleia f. jalea.
ge/leira f. nevera; mon tón de hielo **/(ê)lo** m. hielo.
gema f. yema; gema.
gé(ê)meo adj. y s. gemelo.
gem/er intr. gemir. **/ido** m. gemido.
genebra f. ginebra.
general adj. y m. general.
generalizar tr. generalizar.
genérico adj. genérico; vago.
gé(ê)nero m. género.
generoso adj. generoso.
genial adj. genial.
gengiva f. encía.
gé(ê)nio m. genio.
genit/al adj. genital. **/or** m. genitor.
genro m. yerno.
gente f. gente; familia; pl. naciones.
gentil adj. gentil; elegante; amable. **/eza** f. gentileza.
genufle/(c)tir intr. arrodillarse. **/xão** f. genuflexión.
genuíno adj. genuino.
geofísica f. geofísica.
ge/ografia f. geografía. / **ógrafo** m. geógrafo.
geol/ogia f. geología. **/ógico** adj. geológico.
geom/etria f. geometría. **/étrico** adj. geométrico.
gera/ção f. generación; procreación. **/dor** adj. y m. generador.
geral adj. y m. general.
gerânio m. *Bot.* geranio.
gerar tr. y r. engendrar; crear.
ger/ência f. gerencia. / **ente** adj. y s. gerente.
gerir tr. administrar; regentar; dirigir; gobernar.
germanar tr. hermanar; reunir.
germ/ánico adj. y s. germánico. **/anizar** tr. germanizar.
germe o **gérmen** m. germen.
germina/ção. f. germinación. **/r** intr. y tr. germinar.
gerúndio m. *Gram.* gerundio.
ge(ê)sso m. yeso.
gesta f. gesta, hazaña.
gestação f. gestación.
gesticula/ção f. gesticulación. **/r** intr. y tr. gesticular.
gesto m. gesto.
gestor m. gestor, administrador.
gibão m. jubón.
giesta f. *Bot.* retama.
giga f. canasta.
gigante adj. y m. gigante.
gin/ásio m. gimnasio. / **ástica** f. gimnasia.
gincana f. gincana, fiesta deportiva.
ginete m. jinete, caballero que monta; caballo de buena raza.
ginga f. *Mar.* remo en la popa. **/r** tr. e intr. balancear; junglar.
gira f. gira; ronda; paseo.
gira-discos m. tocadiscos.
girafa f. *Zool.* jirafa.
girar intr. girar; lidiar; correr; tr. circundar.
girassol m. *Bot.* girasol.
gíria f. germanía, caló; astucia.
giro m. giro; rotación; paseo; negocio.
giz m. tiza, arcilla blanca.
glacé m. glasé (seda).
glacia/l adj. glacial; re-

servado. **/r** m. glaciar; tr. helar.
gladia/dor m. gladiador. **/r** intr. luchar; esgrimir.
gladíolo m. *Bot.* gladíolo.
glândula f. *Anat.* glándula.
glicerina f. *Quím.* glicerina.
glicínia f. *Bot.* glicina.
glob/al adj. global. **/o** m. globo; esfera terrestre.
glóbulo m. *Fisiol.* glóbulo.
glória f. gloria; fama; alegría; cielo.
glori/ficação f. glorificación; ascensión. **/ficar** tr. glorificar; honrar.
glosa f. glosa. **/r** tr. glosar; explicar; criticar.
glossário m. glosario (vocabulario).
glossologia f. *Filol.* glosología; lingüística.
glot/e f. *Anat.* glotis. **/ite** f. *Pat.* glotitis.
glutão adj. y s. glotón, comilón.
glúten m. gluten.
go(ô)do adj. godo, gótico.
goela f. garganta.
goiva f. gubia (formón). **/r** tr. cortar con gubia.
goivo m. *Bot.* alhelí.
gola f. cuello, parte del traje; moldura; gorga, remolino.
gole m. trago, bocanada. **/jar** intr. beber a tragos.
goleta f. *Mar.* goleta; canal estrecho.
golfa/da f. vómito; chorro. **/r** tr. e intr. chorrear; vomitar; borbotar.
golfe m. golf (juego).
golfinho m. *Zool.* golfín, delfín.
golfo m. *Geog.* golfo.
golpe m. golpe; contusión; rasgo; desgracia. **/ar** tr. golpear, maltratar, apalear.
goma f. goma; pegamento; tumor sifilítico. **/-arábica** f. goma arábiga.
gomo. m. *Bot.* yema, botón de planta.
gôndola f. góndola.
gongo m. gongo, tantán.
goni/ógrafo m. *Top.* goniógrafo. **/ometria** f. goniometría.
gonzo m. gozne; bisagra.
gorar tr. e intr. malograr, frustrar; abortar.
gord/o adj. y m. gordo, graso. **/ura** f. gordura, sebo; obesidad.
gorila m. *Zool.* gorila.
gorja f. gorja, nuca.
gorjea/do adj. y m. gorjeado, trinado; trino. **/r** intr. gorjear; trinar.
gorjeta f. propina, gratificación.
gorrião m. *Zool.* gorrión.
gorro m. gorro, caperuza, barrete.
go/star tr. e intr. gustar; saborear; agradar. **/(ô)sto** m. gusto; sabor; complacencia.
go/(ô)ta f. gota. **/tejar** intr. gotear.
gótico adj. gótico.
govern/ação f. gobernación. **/ador** adj. y m. gobernador. **/ar** tr. e intr. gobernar; administrar. **/o** m. gobierno; dirección; mando; **— geral,** gobierno general.
go/zar tr. e intr. gozar; disfrutar. **/(ô)zo** m. gozo; placer.
grã f. apócope de grande, gran.
gra/ça f. gracia; favor; agrado, elegancia; perdón. **/cejar** tr. e intr. gracejar.
grada/ção f. gradación. **/r** tr. *Agr.* gradar.
grade f. grada; reja.
grad/o adj. granado; ilustre, notable; crecido, maduro; m. galardón; gusto; grado. **/uação** f. graduación; categoría. **/uar** tr. graduar; clasificar.

gr/afia f. grafía; **ortografía.** **/áfico** adj. y m. gráfico; trazado, diagrama.
grafologia f. grafología.
grafonola f. gramófono.
grainha f. pepita, semilla de frutos.
gral m. mortero, almofariz.
gralha f. grajo (pájaro); mujer habladora; errata tipográfica. **/r** intr. graznar, grajear; charlar.
grama f. *Bot.* grama, planta medicinal; m. gramo, unidad de peso.
gram/ática f. gramática. **/ático** adj. y m. gramático. **/atiquice** f. gramatiquería.
graminho m. gramil.
gramofone m. gramófono.
gramp/a f. *Mar.* grampa, grapa. **/ar** tr. prender con grapas. **/o** m. grapa; alfiler.
granad/a f. granada. **/eiro** m. granadero.
grande adj. y m. grande.
granel m. granero; **a —,** en montón; mezclado.
granito m. granito.
graniz/ada f. granizada. **/ar** intr. granizar.
granja f. granja.
granjear tr. granjear, obtener.
granula/ção f. granulación. **/r** tr. granular.
grão m. y adv. grano; gran; garbanzo.
grasn/ada f. graznido. **/ar** intr. graznar.
grassar intr. propagarse.
gratidão f. gratitud.
gratifica/ção f. gratificación. **/r** tr. gratificar.
grátis adv. gratis.
grato adj. grato.
gratuito adj. gratuito.
gratula/ção f. gratulación; felicitación. **/r** tr. gratular.
grau m. grado.
graúdo adj. grande; importante; pl. personas importantes.
grava/ção f. grabado; agravio. **/dor** adj. y m. grabador.
gravame m. gravamen; vejación.
gravar tr. grabar; señalar; molestar.
gravata f. corbata.
grave adj. grave.
gravidade f. gravedad.
gravid/ar tr. e intr. empreñar. **/ez** f. gravidez, embarazo.
gravura f. grabado; estampa.
graxa f. betún; pop. adulación.
grego adj. y s. griego.
grei f. grey.
grelar intr. brotar; espigar; germinar.
grelha f. parrillas; rejilla. **/r** tr. asar o tostar en la parrilla.
gre(ê)lo m. grelo, nabizas; brote, pimpollo.
gré(ê)mio m. gremio.
gre/(ê)ta f. grieta. **/tar** tr. intr. y r. agrietar.
grev/e f. huelga. **/ista** s. huelguista.
grilo m. *Zool.* grillo.
grinalda f. guirnalda.
gripe f. *Med.* gripe.
gris adj. gris. **/alho** adj. grisáceo; entrecano.
grisu m. grisú.
grit/a f. gritería. **/o** m. grito.
grosseir/ão adj. y m. ordinario. **/o** adj. grosero; ordinario.
grosso adj. y m. grueso; espeso; pop. embriagado.
grou m. *Zool.* grulla.
grua f. grúa; *Zool.* grulla.
grud/ador adj. y s. engrudador; pegador. **/ar** tr. e intr. engrudar; pegar; unirse.
grumete m. *Mar.* grumete.
grunhi/do m. gruñido. **/r** intr. gruñir.

grup/ar tr. agrupar. **/o** m. grupo.
gruta f. gruta.
guarani m. guaraní.
guarda f. guarda; guardia. **/-chuva** m. paraguas. **/-costas** m. guardacostas. **/-fatos** m. ropero. **/-fiscal** f. cuerpo militar portugués de aduanas y fronteras. **/-jóias** m. joyero. **/-lama** m. guardabarros. **/-livros** m. tenedor de libros, contable. **/-marinha** m. guardiamarina.
guardanapo m. servilleta.
guarda/-no(c)turno m. guardia nocturno, sereno. **/-pó** m. guardapolvo. **/r** tr. guardar. **/-re(ê)des** m. guardameta, portero. **/-republicana** f. cuerpo encargado de la defensa del orden público. **/-sol** m. guardasol; sombrilla.
guardião m. guardián.
guarita f. garita.
guarnecer tr. guarnecer; estucar paredes.
guarni/ção f. guarnición. **/cioneiro** m. guarnicionero.
guerr/a f. guerra. **/ear** tr. guerrear. **/eiro** m. guerrero. **/ilha** f. guerrilla.
gui/a adj., f. y m. guía. **/ar** tr. intr. y r. guiar.
guilhotina f. guillotina. **/r** tr. guillotinar.
guinar intr. y tr. guiñar desviar; volver rápidamente.
guinch/ada f. gritería. **/o** m. grito agudo; aullido.
guinda/leta f. *Mar.* guindaleta. **/r** tr. y r. guindar. **/ste** m. guindaste, grua.
guisa/do m. guisado. **/r** tr. guisar.
guita f. guita.
guitarr/a f. *Mús.* instrumento de cuerda, típico portugués, de forma semejante a la mandolina. **/ista** s. guitarrista.
gul/a f. gula. **/oseima** f. golosina; gula. **/o(ô)so** adj. y s. goloso.
gume m. filo, corte; fig. penetración.
guri m. *Bras.* niño.
gutural adj. gutural.

H

hábil adj. hábil.
habilitação f. habilitación; pl. estudios; conocimientos adquiridos.
habita/ção f. habitación; morada. **/r** tr. e intr. habitar.
hábito m. hábito; rutina.
habitua/ção f. habituación, hábito. **/r** tr. habituar.
hálito m. hálito.
hangar m. hangar.
harém m. harén.
harmonia f. armonía.
harmó(ô)ni/ca f. *Mús.* armónica; armonio. **/o** m. armonio.
harmoniza/ção f. armonización. **/r** tr. y r. armonizar.
harpa f. *Mús.* arpa.
hasta f. lanza; subasta; asta.
haste f. asta; pedúnculo; cuerno.
haver tr. haber.
hebr/aico m. hebraico. **/eu** m. hebreo.
hecatomba o **hecatombe** f. hecatombe.
hect/are m. hectárea. **/olitro** m. hectolitro.
helcose f. *Pat.* helcosis.
hélice s. hélice

helicóptero m. helicóptero.
helvético adj. helvético, suizo.
hemato/logía f. *Med.* hematología. **/ma** m. hematoma.
hemisfério m. hemisferio.
hemorr/agia f. *Med.* hemorragia. **/óidas** o **/óides** f. pl. hemorroides, almorranas.
hep/ático adj. y m. hepático. **/atologia** f. *Med.* hepatología.
hera f. *Bot.* yedra.
heráldic/a f. heráldica. **/o** adj. y s. heráldico.
herança f. herencia.
herb/áceo adj. herbáceo. **/orizar** tr. herborizar.
hércules m. hércules.
herd/ade f. heredad. **/ar** tr. heredar.
here/ge adj. y s. hereje. **/sia** f. herejía.
herm/ético adj. hermético. **/etismo** m. hermetismo.
hérnia f. *Med.* hernia.
her/ói m. héroe. **/oísmo** m. heroísmo.
hesita/ção f. hesitación. **/r** intr. hesitar, dudar.
hex/agonal adj. *Geom.* hexagonal. **/ágono** m. hexágono.
hiberna/l adj. hibernal. **/r** intr. invernar; estar en hibernación.
híbrido adj. híbrido.
hidrat/ar tr. y r. hidratar. **/o** m. *Quím.* hidrato.
hidráulico adj. hidráulico.
hidroavião m. hidroavión.
hidrófilo adj. hidrófilo.
hidrofobia f. hidrofobia.
hidrogé(ê)nio m. *Quím.* hidrógeno.
hidrografia f. hidrografía.
hidromotor m. hidromotor.
hiena f. *Zool.* hiena.
hierarquia f. hierarquía, jerarquía.
hieroglífico adj. y m. hieroglífico, jeroglífico.
hífen m. *Gram.* hifén, trazo de unión.
higien/e f. higiene; limpieza. **/izar** tr. higienizar; sanear.
hidr/ofobia f. hidrofobia, rabia. **/ófobo** adj. hidrófobo, rabioso.
hilar/e adj. alegre; optimista. **/idade** f. hilaridad; alegría.
hímen m. *Anat.* hímen.
hino m. himno; cántico.
hipérbole f. *Ret.* hipérbole; *Geom.* hipérbola.
hiper/físico dj. hiperfísico; sobrenatural. **/-humano** adj. sobrehumano.
hipertonia f. *Pat.* hipertonía, hipertensión.
hipno/se f. hipnosis. **/tismo** m. hipnotismo. **/tizar** tr. hipnotizar.
hip/ocrisia f. hipocresía, fingimiento. **/ócrita** adj. y s. hipócrita, fingido.
hipod/erme f. *Anat.* hipodermis. **/érmico** adj. hipodérmico.
hipó/dromo m. hipódromo. **/fago** adj. y s. hipófago.
hipopótamo m. *Zool.* hipopótamo.
hipossulf/ato m. *Quím.* hiposulfato. **/ito** m. hiposulfito.
hipoteca f. hipoteca.
hipotensão f. *Pat.* hipotensión.
hipotenusa f. *Geom.* hipotenusa.
hipótese f. hipótesis, suposición, posibilidad; teoría.
hir/suto adj. hirsuto, erizado (el pelo). **/to** adj. yerto, tieso; inmóvil.
hisp/ânico adj. hispánico, español. **/ano-luso** adj. hispanoluso.
hist/eria f. *Med.* histeria. **/erismo** m. histerismo.
hist/ória f. historia; na-

rración; cuento. **/oriador** m. historiador. **/órico** adj. histórico.
hitleris/mo m. hitlerismo. **/ta** adj. y s. hitlerista.
hoje adv. hoy.
holocausto m. holocausto.
holofote m. foco eléctrico; proyector.
homem m. hombre.
homenage/ado adj. y s. homenajeado. **/ar** tr. homejanear. **/m** f. homenaje.
homic/ida adj. y s. homicida. **/ídio** m. homicidio.
homogé(ê)neo adj. homonéneo.
homologar tr. homologar.
homó(ô)nimo adj. y s. homónimo.
homossexual adj. y s. homosexual.
honest/ar tr. honestar; honrar. **/idade** f. honestidad. **/o** adj. y m. honesto.
honor m. honor. **/ário** adj. m. honorario; honorífico; pl. estipendios, honorarios.
honr/a f. honra; gracia; virginidad. **/ar** tr. honrar; glorificar. **/aria** f. honores; título honorífico.
hor/a f. hora. **/ário** adj. y m. horario.
horda f. horda.
horizont/al adj. y f. horizontal. **/e** m. horizonte.
hormona f. hormona.
horoscópio o **horóscopo** m. horóscopo.
horr/endo adj. horrendo. **/ífero** adj. horrífico. **/ipilar** tr. y r. horripilar. **/or** m. horror.
horta f. huerta. **/liça** f. ortaliza.
hortelão m. hortelano.
horticult/or m. horticultor. **/ura** f. horticultura.
hospeda/dor adj. y s. hospedador. **/r** tr. hospedar.
hóspede s. huésped; adj. extraño.
hospital m. hospital. **/idade** f. hospitalidad.
hoste f. hoste; ejército; multitud.
hóstia f. hostia.
hostil adj. **hostil;** enemigo; nocivo. **/izar** tr. hostilizar.
hotel m. hotel.
hulh/a f. hulla. **/eira** adj. hullera, mina de hulla.
human/ar tr. humanar, humanizar. **/idade** f. humanidad; afabilidad. **/ização** f. humanización. **/izar** tr. humanizar. **/o** adj. y m. humano; filantrópico.
h/umidade f. humedad. **/úmido** adj. húmedo; mojado.
humild/ação f. humillación. **/ar** tr. humillar. **/e** adj. y s. humilde; sencillo.
humilha/ção f. humillación; sumisión. **/r** tr. humillar, postrar, ofender.
humor m. humor; humedad; carácter; jovialidad; purulencia; **está de —,** tener humor para algo. **/ado** adj. humorado. **/ista** adj. y s. humorista; cómico.
hurra! interj. ¡Hurra!, grito de entusiasmo.

I

iaca f. *Bras.* hedor, fetidez.
iaiá f. *Bras* niña; doncella.
iate m. *Mar.* yate.
ibéri/a f. *Geog.* Iberia. **/co** adj. y s. ibérico.
ibero-americano adj. y s. iberoamericano.
icebergue m. iceberg.
ida f. ida; partida.
idade f. edad; tiempo; vejez; **a flor da —,** la flor de la edad.
ide/ação f. ideación. **/al** adj. y m. edeal; fantástico; aspiración; perfección. **/alizar** tr. e intr. idealizar; imaginar. **/ar** tr. idear; delinear. **/(ê)ia** f. idea; opinión; proyecto.
idem adv. lat. ídem, lo mismo
id/êntico adj. idéntico, igual. **/entidade** f. identidad; **bilhete de —,** carné de identidad. **/entificação** f. identificación.
ideologia f. *Filos.* ideología.
idílio m. idilio; amor puro; sueño.
idiolatria f. idiolatría, egolatría.
idioma m. idioma; lengua; dialecto.
idiot/a adj. y s. idiota; bobo, tonto. **/ice** f. idiotez, tontería.
idolatr/ar tr. idolatrar; amar. **/ia** f. idolatría.
ídolo m. ídolo.
idó(ô)neo adj. idóneo; apto.
idoso adj. edoso, viejo.
ign/escência f. ignescencia. **/ição** f. ignición; inflamación
ign/óbil adj. ignóbil; vil. **/omínia** f. ignominia; afrenta; bajeza.
igno/rância f. ignorancia; impericia. **/rante** adj. y m. ignorante; analfabeto. **/rar** tr. ignorar, desconocer.
igreja f. iglesia, templo.
igual adj. y m. igual; uniforme; idéntico. **/ar** tr. e intr. igualar; aplanar. **/dade** f. igualdad.
ilegal adj. ilegal. **/idade** f. ilegalidad.
ilegítimo adj. ilegítimo; ilegal; falso.
ilegível adj. ilegible.
ileso adj. ileso; salvo.
iletrado adj. iletrado; analfabeto.
ilha f. isla; grupo de casas pobres.
ilharga f. lado, ijar, ijada.
ilh/éu adj. y m. isleño. **/ota** o **/ote** m. islote.
ilíaco adj. *Anat.* ilíaco.
iliba/ção f. rehabilitación; pureza. **/r** tr. purificar; rehabilitar.
ilí/cito adj. ilícito, ilegal. **/dimo** adj. ilegítimo.
iliterato adj. y s. iliterato, analfabeto.
iludir tr. iludir; engañar.
ilumin/ação f. iluminación; alumbrado; inspiración. **/ar** tr. iluminar; adornar.
ilusão f. ilusión; engaño.
ilustr/ação f. ilustración; dibujo; cultura. **/ado** adj. ilustrado; instruido; **/ar** tr. ilustrar; instruir. **/e** adj. ilustre; noble.
imaculado adj. inmaculado, puro.
imag/em f. imagen; retrato; copia; divinidad. **/inar** tr. imaginar; pensar.

ímán m. *Fís.* imán.
imaterial adj. inmaterial; sobrenatural.
imbecil adj. y s. imbécil, idiota.
imedia/ção f. inmediación; pl. alrededores; proximidades. **/to** adj. inmediato; instantáneo.
imens/idade f. inmensidad. **/o** adj. inmenso.
imer/gir tr. e intr. inmergir, sumergir. **/so** adj. inmergido; zambullido.
imigra/ção f. inmigración. **/nte** adj. y s. inmigrante. **/r** intr. inmigrar.
iminente adj. inminente.
imiscui/ção f. intromisión. **/r-se** r. inmiscuirse; mezclarse.
imita/ção f. imitación. **/r** tr. imitar.
imitir tr. investir de un cargo; nombrar.
im/óbil adj. inmóvil. **/obiliário** adj. inmobiliario.
imobiliza/ção f. inmovilización. **/r** tr. y r. inmovilizar.
imola/ção f. inmolación; holocausto. **/r** tr. inmolar, sacrificar.
imoral adj. inmoral.
imorta/l adj. y s. inmortal; glorioso. **/lizar** tr. inmortalizar.
im/oto adj. inmoto; fijo. **/óvel** adj. y m. inmoble, inmóvil.
impaci/ência f. impaciencia. **/entar** tr. impacientar; importunar.
imparcial adj. imparcial; justo, recto; neutral.
imp/avidez f. impavidez; audacia. **/ávido** adj. impávido, arrojado.
impecável adj. impecable.
impedi/ção f. impedimento; obstáculo. **/r** tr. impedir; obstruir.
impelir tr. impeler; incitar.
impera/dor m. emperador, soberano. **/r** tr. imperar, gobernar. **/triz** adj. y f. emperatriz.
imperceptível adj. imperceptible; sutil.
imperdoável adj. imperdonable.
imperfei/ção f. imperfección; defecto. **/to** adj. y m. imperfecto.
imperial adj. y f. imperial; arrogante. **/ismo** m. imperialismo.
império m. imperio; poder; arrogancia.
imperme/abilizar tr. impermeabilizar. **/ável** adj. y m. impermeable.
impermutável adj. impermutable.
impessoal adj. impersonal.
ímpeto m. ímpetu; furor.
impetuos/idade f. impetuosidad; violento. **/o** adj. impetuoso, arrebatado.
impiedade f. impiedad.
impingir tr. engañar; coaccionar.
ímpio adj. y s. impío; ateo; cruel.
implacável adj. implacable.
implanta/ção f. implantación; inauguración. **/r** tr. implantar; inaugurar.
implica/ção f. implicación; enredo. **/r** tr. e intr. implicar; importunar.
implora/ção f. imploración; súplica. **/r** tr. implorar; rogar.
implume adj. *Zool.* implume, que no tiene plumas.
impon/ência f. imponencia; grandeza. **/ente** adj. imponente; majestuoso.
impopular adj. impopular.
impor tr. e intr. imponer; despedir.
importa/ção f. importación; entrada. **/dor** adj. y s. importador.
importância f. importancia; gran valor; autoridad.

importe m. importe, costo, precio.
imposição f. imposición; impuesto.
imposs/ibilidade f. imposibilidad. **/ível** adj. y m. imposible.
impo(ô)sto m. impuesto; contribución.
impost/or adj. impostor; embustero. **/urar** tr. e intr. engañar; alardear.
impotente adj. y m. impotente; flaco.
impraticável adj. impracticable.
imprensa f. imprenta; prensa. **/r** tr. imprimir; prensar.
impress/ão f. impresión; efecto; edición. **/o** m. impreso; folleto.
imprevid/ência f. imprevisión; descuido. **/ente** adj. imprevisor; negligente.
imprimi/dor m. imprimidor, impresor. **/r** tr. imprimir, grabar.
improdu/ção f. falta de producción; infecundidad. **/tivo** adj. improductivo; estéril.
impróprio adj. impropio; inconveniente.
improrrogável adj. improrrogable.
improvis/ar tr. improvisar; inventar. **/o** adj. y m. improviso, súbito; discurso sin preparación.
imprud/ência f. imprudencia; descuido. **/ente** adj. y s. imprudente.
imp/uberdade f. impubertad. **/udência** f. impudencia; descaro. **/udor** m. impudor, descaro.
impuls/ão f. impulsión, impulso. **/ar** tr. impulsar. **/ionar** tr. impulsar; activar. **/o** m. impulso; estímulo.
impun/e adj. impune. **/idade** f. impunidad.
impur/eza f. impureza; mácula. **/o** adj. impuro; inmundo.
imputar tr. imputar; acusar, reprochar.
imundo adj. inmundo, sucio.
imun/e adj. inmune, exento. **/idade** f. inmunidad; exención.
inabitar tr. inhabitar; despoblar.
ina(c)ção f. inacción; inercia.
inactiv/idade f. inactividad; ociosidad. **/o** adj. inactivo; ocioso.
inadaptação f. inadaptación.
inala/ção f. inhalación. **/r** tr. inhalar, absorber.
inaltera/bilidade f. inalterabilidad; constancia. **/do** adj. inalterado.
in/ane adj. inane; vacío; inútil. **/anição** f. *Pat.* inanición.
inapt/idão f. inaptitud; inhabilidad. **/o** adj. inapto; incapaz.
inarmonia f. desarmonía, disonancia.
inatacável adj. inatacable.
inato adj. innato; connatural; congénito.
inaugura/ção f. inauguración; fundación. **/r** tr. inaugurar; empezar.
incandesc/ência f. incandescencia; ímpetu. **/er** tr. e intr. encandecer; exaltar.
incansável adj. incansable; activo.
incapa/citar tr. incapacitar; inhabilitar. **/z** adj. incapaz; inepto; ignorante.
inc/endiar tr. incendiar; quemar; entusiasmar. **/endiário** adj. y s. incendiario; revolucionario. **/êndio** m. incendio; fuego.
incert/eza f. incertidumbre; indecisión. **/o** adj. incierto; variable.

incha/ção f. hinchazón, tumor; arrogancia. **/r** tr. e intr. hinchar.
incid/ência f. incidencia. **/ir** intr. incidir; sobrevenir.
incinera/ção f. incineración; cremación. **/r** tr. incinerar.
incipiente adj. incipiente.
incis/ão f. incisión; cesura. **/ar** tr. cortar, dividir.
incita/ção f. incitación; excitación. **/r** tr. incitar; atizar; provocar.
incivi/l adj. incivil; descortés. **/lizado** adj. incivilizado; salvaje. **/smo** m. incivismo; antipatriotismo.
inclina/ção f. inclinación; vocación. **/r** tr. e intr. inclinar; curvar; impulsar.
incluir tr. incluir; insertar.
incoerente adj. incoherente; discrepante.
incógnito adj. y m. incógnito; anónimo; misterioso.
incólume adj. incólume; ileso.
incomod/ar tr. incomodar; molestar. **/idade** f. incomodidad; disgusto.
incompat/íbilidade f. incompatibilidad. **/ível** adj. incompatible; inconciliable.
incompetente adj. incompetente; inapto.
incompreensão f. incomprensión.
incomunic/ação f. incomunicación. **/ar** tr. incomunicar.
incondicional adj. incondicional; absoluto.
inconf/esso adj. incofeso. **/idência** f. inconfidencia; deslealtad.
inconfundível adj. inconfundible; único.
inconjugável adj. inconjugable.
inconquistável adj. inconquistable, invencible.
inconstitucional adj. inconstitucional.
incontin/ência f. incontinencia; lujuria. **/ente** adj. y s. incontinente, lascivo.
inconversável adj. inconversable; insociable.
incorpora/ção f. incorporación, agregación. **/r** tr. e intr. incorporar.
incorre(c)ção f. incorrección.
incorrigível adj. incorregible.
incorru(p)/ção f. incorrupción; pureza. **/to** adj. incorrupto; inalterable.
incrementar tr. incrementar; fomentar.
increpa/ção f. increpación; censura. **/r** tr. increpar.
incrimina/ção f. incriminación; acusación. **/r** tr. incriminar; culpar.
incrusta/ção f. incrustación. **/r** tr. incrustar.
incuba/ção f. incubación. **/r** tr. e intr. incubar; premeditar.
inculp/ação f. inculpación. **/ar** tr. inculpar.
incumb/ência f. incumbencia. **/ir** r. incumbir.
incurável adj. incurable.
incursão f. incursión.
incutir tr. infundir; sugerir.
indaga/ção f. indagación. **/r** tr. indagar.
indec/ência f. indecencia. **/ente** adj. indecente.
indecifrável adj. indescifrable.
indecis/ão f. indecisión. **/o** adj. indeciso.
indeferi/do adj. denegado. **/r** tr. denegar.
indelével adj. indeleble.
indelicad/eza f. indelica-

deza; descortesía. **/o** adj. indelicado; inconveniente.
inde(m)niza/ção f. indemnización. **/r** tr. indemnizar.
independ/ência f. independencia. **/ente** adj. independiente.
indesejável adj. y s. indeseable.
indetermina/ção f. indeterminación. **/do** adj. y m. indeterminado.
índex m. índece.
indiano adj. y m. indiano.
indica/ção f. indicación. **/r** tr. indicar. **/tivo** adj. y m. indicativo.
índice m. índice.
indiferen/ça f. indiferencia. **/tismo** m. indiferentismo.
indígena adj. y s. indígena.
indig/ência f. indigencia. **/ente** adj. y s. indigente.
indige/rível adj. indigestible. **/stão** f. indigestión.
indign/ação f. indignación. **/ar** tr. y r. indignar. **/o** adj. indigno.
indilig/ência f. indiligencia; pereza. **/ente** adj. indiligente.
índio adj. y s. indio.
indire(c)to adj. indirecto.
indisciplina f. indisciplina.
indiscr/eto adj. y m. indiscreto. **/ição** f. indiscreción.
indispo/r tr. y r. indisponer. **/sto** adj. indispuesto.
indiv/idual adj. individual. **/idualismo** m. inindividuo.
indochinês adj. y m. indochino.
indócil adj. indócil.
índole f. índole.
indol/ência f. indolencia. **/ente** adj. indolente; insensible al dolor.
ind/omável adj. indomable. **/o(ô)mito** adj. indómito.
indostão m. Indostán.
indul/gência f. indulgencia; clemencia. **/tar** tr. indultar; perdonar. **/to** m. indulto, perdón.
ind/ústria f. industria; profesión; sagacidad. **/ustrial** adj. y s. industrial. **/ustrializar** tr. industrializar.
indu/tor adj. y m. inductor. **/zir** tr. inducir, instigar.
inédito adj. y m. inédito; original.
inefic/az adj. ineficaz; inútil. **/iente** adj. ineficiente.
inegável adj. innegable; verdadero.
inept/idão f. ineptitud; incapacidad. **/o** adj. inepto; absurdo.
inerte adj. inerte; estéril, inútil.
inervar tr. inervar; activar.
inesgotável adj. inagotable.
inesperado adj. inesperado; imprevisto.
inesquecível adj. inolvidable.
inestético adj. antiestético.
inexistência f. inexistencia.
inexper/iência f. inexperiencia. **/to** adj. inexperto.
inexplicável adj. inexplicable.
inexplorado adj. inexplorado. **/ável** adj. inexplorable.
inexpress/ão f. inexpreción. **/ivo** adj. inexpresivo.
inexpugnável adj. inexpugnable.
infalível adj. infalible.
inf/amação f. infama-

ción. /**amar** tr. infamar. /**âmia** f. infamia.
infância f. infancia.
infantaria f. *Mil.* infantería.
infante m. infante.
infantil adj. infantil.
infantigável adj. infantigable.
infausto adj. infausto.
infe(c)/ção f. infección. /**cionar** tr. infeccionar. /**tar** tr. e intr. infectar.
infeli/cidade f. infelicidad. /**z** adj. y s. infeliz.
inferior adj. y s. inferior.
infern/al adj. infernal. /**o** m. infierno.
infértil adj. estéril.
infest/ação f. infestación. /**ar** tr. infestar.
infi/delidade f. infidelidad. /**el** adj. infiel.
infiltra/ção f. infiltración. /**r** tr. e intr. infiltrar.
infini/dade f. infinidad. /**to** adj. y m. infinitivo.
inflama/ção f. inflamación. /**r** tr. y r. inflamar; excitar.
inflexão f. inflexión.
influ/ência f. influencia. /**enciar** tr. influenciar. /**ir** tr. e intr. influir.
inform/ação f. información. /**ar** tr. y r. informar. /**e** adj. informe.
infortuna f. infortuna.
infra(c)ção f. infracción.
infu/ndado adj. infundado. /**ndir** tr. infundir; macerar; inspirar.
ing/enuidade f. ingenuidad. /**é(ê)nuo** adj. y m. ingenuo; franco.
inger/ência f. ingerencia; interferencia. /**ir** tr. ingerir; insertar.
ingrat/idão f. ingratitud. /**o** adj. ingrato; difícil; desleal.
ingrediente m. ingrediente.
íngreme adj. empinado; escarpado; difícil.
ingress/ão f. ingresión; admisión. /**ar** intr. ingresar. /**o** m. ingreso; admisión comienzo.
inibi/ção f. inhibición; prohibición. /**r** tr. inhibir.
inicia/ção f. iniciación. /**l** adj. y f. inicial. /**r** tr. iniciar, comenzar.
inimi/go adj. y m. enemigo. /**zade** f. enemistad; hostilidad.
ininteligível adj. ininteligible.
inje(c)/ção f. inyección; molestia. /**tar** tr. inyectar, introducir.
inj/úria f. injuria, ofensa. /**uriar** tr. injuriar, ofender.
injust/iça f. injusticia. /**o** adj. y m. injusto; inexacto.
inoc/ência f. inocencia; virginidad. /**ente** adj. y s. inocente.
inocula/ção f. inoculación; transmisión. /**r** tr. inocular; vacunar; propagar.
inofensivo adj. inofensivo.
inolvidável adj. inolvidable.
inosculação f. *Anat.* inosculación.
inova/ção f. innovación; alteración. /**r** tr. innovar; modificar.
inoxidável adj. inoxidable.
inquérito m. indagación; inquisición.
inquieta/ção f. inquietación. /**r** tr. inquietar; excitar.
inquilin/ato m. inquilinato. /**o** m. inquilino.
inquiri/ção f. inquisición, indagación. /**r** tr. inquirir, averiguar.
inquisição f. inquisición.
insaciável adj. insaciable; ávido.
insatisfação f. insatisfacción.

inscr/ever tr. inscribir; esculpir. **/ição** f. inscripción; letero.
inse(c)t/icida adj. y m. insecticida. **/o** m. *Zool.* insecto.
insensat/ez f. insensatez. **/o** adj. insensato.
insens/ibilidade f. insensibilidad. **/ibilizar** tr. insensibilizar.
insepulto adj. insepulto.
insígnia f. insignia.
insignificante adj. y s. insignificante.
insinua/ção f. insinuación. **/r** tr. y r. insinuar.
insist/ência f. insistencia. **/ir** intr. insistir.
insocial adj. insocial.
insola/ção f. insolación **/r** tr. insolar.
insólito adj. insólito.
insolúvel adj. insoluble.
insondável adj. insondable.
insó(ô)nia f. insomnio.
inso(ô)sso adj. insulso, soso.
inspe(c)ção f. inspección. **/cionar** tr. inspeccionar. **/tor** adj. y m. inspector.
inspira/ção f. inspiración. **/r** tr. inspirar.
instala/ção f. instalación. **/r** tr. y r. instalar.
instância f. instancia; solicitud.
insta/ntâneo adj. y m. instantãneo. **/r** tr. e intr. instar.
instaura/ção f. instauración. **/dor** adj. y s. instaurador. **/r** tr. instaurar.
instiga/ção f. instigación. **/r** tr. instigar.
instin/tivo adj. instintivo. **/to** m. instituto; inspiración.
instintor m. instintor.
institu/cional adj. institución. **/ir** tr. instituir.
instituto m. instituto.
instru/ção f. instrucción. **/ir** tr. instruir; documentar.
instrument/ação f. instrumentación. **/ar** tr. instrumentar. **/o** m. instrumento.
instrutor adj. y s. instructor.
insubordina/ção f. insubordinación. **/r** tr. insubordinar.
insuficiente adj. insuficiente; fig. incompetente.
ínsula f. ínsula.
insult/ador adj. y s. insultador. **/ar** tr. insultar. **/o** m. insulto.
insuperável adj. insuperable.
insuportável adj. insoportable.
insuspeito adj. fidedigno; no sospechoso.
integr/ação f. integración. **/ar** tr. integrar. **/idrade** f. integridad.
intelectual adj. y s. intelectual. **/ismo** m. intelectualismo.
intelig/ência f. inteligencia. **/ente** adj. inteligente.
intenção f. intención.
intend/ência f. intendencia. **/ente** m. intendente.
intens/ão f. intención. **/o** adj. intenso.
intent/ar tr. intentar. **/o** m. intento
intercala/ção f. intercalación. **/r** adj. y tr. intercalar.
intercâmbio m. intercambio.
intercomunicação f. intercomunicación.
intercontinental adj. intercontinental.
interdi/to adj. y m. interdicto; prohibido. **/zer** tr. interdecir, prohibir.
inter/essado adj. y s. interesado. **/essar** tr. y r. interesar. **/e(ê)sse** m. interés.
interfer/ência f. interferencia. **/ir** tr. interferir; intervenir.

ínterim m. interín.
interior adj. y m. interior.
interjeição f. *Gram.* interjección.
interlocutor m. interlocutor.
internacional adj. y m. internacional. **/ismo** m. internacionalismo.
intern/ado adj. y m. internado. **/ar** tr. y r. internar. **/o** adj. y s. interno; interior.
internúncio m. internuncio; mensajero.
interpela/dor adj. y s. interpelador. **/r** tr. interpelar.
interplanetário adj. interplanetario.
interpreta/ção f. interpretación. **/r** tr. interpretar.
intérprete s. intérprete.
interroga/ção f. interrogación **/dor** adj. y s. interrogador. **/r** tr. interrogar.
interromper tr. y r. interrumpir.
interurbano adj. interurbano.
intervalo m. intervalo.
interv/enção f. intervención. **/ir** intr. intervenir; interceder.
intestino adj. y m. intestino.
intima/ção f. intimación. **/r** tr. intimar.
íntimo adj. y m. íntimo.
intoxica/ção f. intoxicación. **r/** tr. intoxicar.
intraduzível adj. intraducible.
intramuscular adj. intramuscular.
intratável adj. intratable.
intravenoso adj. intravenoso.
intrépido adj. intrépido.
intrig/a f. intriga. **/ar** tr. e intr. intrigar.
introdu/ção f. introducción. **/zir** tr. y r. introducir.
introm/eter tr. y r. entrometer. **/issão** f. intromisión.
intruj/ão adj. y s. embustero. **/jar** tr. engañar.
inuma/ção f. inhumación; enterramiento. **/r** tr. inhumar; sepultar.
inumerável adj. innumerable.
inunda/ção f. inundación. **/r** tr. inundar, alagar.
inútil adj. inútil.
invadir tr. invadir; conquistar.
invaginação f. *Pat.* invaginación.
inv/alidar tr. invalidar. **/álido** adj. y m. inválido; incapaz.
invas/ão f. invasión. **/or** adj. y m. invasor.
invej/a f. envidia **/ar** tr. envidiar, codiciar.
invencível adj. invencible; insuperable.
invento m. invento. **/r** adj. y m. inventor; autor.
invern/al adj. invernal.
inver/são f. inversión. **/sor** adj. y m. inversor; conmutador.
invertebrado adj. y s. *Zool.* invertebrado.
inverter tr. invertir.
invés m. envés, revés.
investiga/ção f. investigación. **/dor** adj. y s. investigador. **/r** tr. investigar; inquirir.
investir tr. e intr. investir; asaltar; censurar.
inviolável adj. inviolable.
invoca/ção f. invocación; llamamiento; alegación. **/r** tr. invocar; suplicar.
invólucro m. involucro; envoltura.
involuntário adj. involuntario; inconsciente.
invulgar adj. invulgar; desusado.
invulnerável adj. invulnerable.

iod/ar tr. yodar. **/ato** m. yodato. **/o** m. yodo.
íon m. *Fís.* ión.
ir intr. ir; marchar, andar; dirigirse; suceder; propasar.
ira f. ira, cólera; venganza.
irm/ã f. hermana. **/anar** tr. hermanar; emparejar; unir. **/ão** m. hermano; adj. semejante, igual.
ir/onia f. ironía. **/ónico** adj. irónico, sarcástico. **/onizar** tr. e intr. ironizar
irra! interj. ¡caramba!
irradia/ção f. irradiación; difusión. **/r** tr. e intr. irradiar; expandir.
irreal adj. irreal; ilusorio.
irreflex/ão f. irrellexión; imprudencia. **/o** adj. irrellejo.
irrefreável adj. irrefrenable; irreprimible.
irregular adj. irregular.
irremediável adj. irremediable.
irreparável adj. irreparable.
irreprimível adj. irreprimible.
irrequieto adj. inquieto; turbulento.
irresistível adj. irresistible.
irresponsável adj. irresponsable.
irrever/ência f. irreverencia. **/enciar** tr. irreverenciar.
irriga/ção f. irrigación. **/r** tr. irrigar.
irrita/ção f. irritación. **/r** tr. irritar.
irromper intr. humedecer; rociar.
irrupção f. irrupción.
isca f. cebo; pedazo de bacalao o hígado frito; pequeña porción; fig. anzuelo.
isen/ção f. exención. **/tar** tr. exentar.
isola/ção f. aislamiento. **/r** tr. aislar.
isqueiro m. mechero, encendedor.
israelita s. israelita.
istmo m. istmo.
isto pron. esto.
itinerário adj. y m. itinerario.

J

já adv. ya.
jacaré m. *Zool.* caimán.
jacente adj. y m. yacente.
jacinto m. *Bot.* jacinto.
ja(c)t/ância f. jactancia. **/ar-se** r. jactarse.
jáculo m. jáculo; tiro.
jaez m. jaez; fig. calidad.
jamais adv. jamás.
janeiro m. enero.
janela f. ventana.
jangada f. *Mar.* jangada.
janota adj. y s. elegante.
jantar m. cena. **/ada** f. comilona, gran cena.
japonês adj. y s. japonés.
jaquet/a f. chaqueta. **/ão** m. chaquetón.
jardi/m m. jardín. **/nagem** f. jardinería.
jarr/a f. jarra. **/ão** m. jarrón; fig. carabina.
jarreteira j. jarretera.
jarro m. jarro; *Bot.* lirio de agua.
jasmim m. *Bot.* jazmín.
jaula f. jaula.
java/li m. *Zool.* jabalí. **/rdo** m. jabalí; fig. grosero; sucio.
jazer intr. yacer; estar sepultado; permanecer

jazi/da f. yacija; sepultura; yacimiento; serenidad. **/go** m. yacija, sepultura; yacimiento; cueva.
jeju/ador adj. y s. ayunador. **/m** m. ayuno; abstención.
jerar/ca m. jerarca. **/quia** f. jerarquía; orden, clase.
jeric/ada f. burrada; paseo en burro; disparate. **/o** m. borrico, asno.
jesuita m. jesuita.
Jesús m. Jesús. **/-Cristo** m. Jesucristo.
joalh/aria f. joyería. **/eiro** adj. y m. joyero; lapidario.
jocos/idade f. jocosidad; alegría **/o** adj. jocoso; gracioso.
joeira f. criba, cedazo; selección, acción de cribar. **/r** tr. cribar, acechar; investigar.
jog/ada f. jugada. **/ador** adj. y m. jugador. **/ar** tr. e intr. jugar; ejecutar; oscilar. **/o** m. juego, diversión; astucia.
jóia f. joya; premio.
jó(ô)nico adj. jónico.
jóquei m. joquey (caballero).
jorna/da f. jornada; expedición. **/l** m. jornal, salario; periódico diario. **/lismo** m. periodismo. **/lista** s. periodista.
jov/em adj. y s. joven, adolescente. **/ial** adj. jovial; alegre.
juba f. juba, crim del león.
jubil/ação f. jubilación; jocosidad. **/ar** tr. e intr. jubilar; alegrar.
jud/aico adj. judaico, hebraico. **/aísmo** m. judaísmo. **/eu** adj. y m. judío, hebreo; fig. usurero. **/iaria** f. judería; judiada.
judici/al adj. judicial. **/ar** intr. juzgar.
judio adj. y m. judío, israelita.
judo m. judo, jiu-jitsu.
jugula/ção f. yugulación. **/r** adj. y s. yugular; tr. sofocar, dominar.
juiz m. juez; árbitro.
juízo m. juicio; opinión; cordura; dictamen.
julga/do adj. y m. juzgado; sentenciado. **/mento** m. juzgamiento. **/r** tr. e intr. juzgar, sentenciar; creer, imaginar.
julho m. julio, séptimo mes.
jument/ada f. borricada; sandez. **/o** m. *Zool.* jumento, burro.
junção f. junción, juntura; reunión.
junc/ar tr. cubrir de juncos; espaciar, extender. **/o** m. *Bot.* juneo.
jungir tr. uncir. atar al yugo; ligar; someter.
junho m. junio, sexto mes.
júnior adj. y m. junior; más joven; practicante.
junt/ar tr. juntar; acumular. **/o** adj. junto; unido; próximo.
Júpiter m. *Astr.* Júpiter.
jura/do adj. y m. jurado. **/mento** m. juramento; blasfemia. **/r** tr. e intr. jurar.
júri m. jurado.
jurídico adj. jurídico.
juris/consulto m. jurisconsulto. **/dição** f. jurisdicción.
juro m. beneficio, interés; fig. recompensa.
justiça f. justicia.
justific/ação f. justificación. **/ar** tr. y r. justificar.
juta f. *Bot.* yute.
juven/il adj. juvenil. **/tude** f. juventud.

K

kermesse f. kermese.
kilowatt m. kilovatio.

L

lá adv. *Gram.* allá; m. *Mús.* la.
lã f. lana.
labareda f. llama; fig. ardor.
lábio m. labio.
labirinto m. laberinto.
labita f. levita.
labor m. labor; trabajo. **/ação** f. labor; trabajo; ejercicio. **/ar** intr. laborar; trabajar; maniobrar.
laboratório m. laboratorio.
labuta f. trabajo; profesión. **/r** intr. trabajar; lidiar.
lacaio m. lacayo, criado; esclavo.
laçar tr. lazar; apresar; atar.
lacera/ção f. laceración, dilaceración. **/r** tr. lacerar; magullar.
laço m. lazo, nudo corredizo; trampa, traición.
lac/(ô)nico adj. lacónico, sobrio; sumario. **/onizar** tr. e intr. sintetizar; resumir.
lacra/dor adj. y s. lacrador. **/r** tr. lacrar, sellar.
lacre m. lacre.
lacrim/ação f. lacrimación, llanto. **/al** adj. y m. lacrimal.
lact/ante adj. lactante. **/ar** tr. e intr. lactar, amamantar.
lácteo adj. lácteo; lechoso.
lacustr/al adj. lagunar, lacustre. **/e** adj. lacustre.
ladeira f. ladera, declive.
lado m. lado; filanco; lugar; dirección.
ladrão adj. y m. ladrón, hurtador; bellaco, truhán.
ladrar intr. ladrar; parlotear.
ladrill/ador adj. y m. enladrillador. **/o** m. ladrillo.
laganha f. legaña.
lagar m. lagar; trujal.
lagart/a f. *Zool.* oruga. **/ixa** f. *Zool.* lagartija. **/o** m. *Zool.* lagarto.
lago m. lago. **/a** f. laguna, lago pequeño.
lagost/a f. *Zool.* langosta. **/im** m. langostín.
lágrim/a f. lágrima; fig. gota, pequeña cantidad. **/oso** adj. lagrimoso.
laguna f. laguna.
laic/ismo m. laicismo. **/o** adj. laico; lego.
laja o **laj/e** f. laja, lancha; losa. **/eado** adj. enlosado. **/ear** tr. enlosar, losar. **/em** f. laja; losa.
lama f. lama, lodo, barro; fig. mácula; insulo; m. *Zool.* llama. **/çal** m. lodazal; paúl.
lamb/er tr. lamer; lambucear. **/isqueiro** adj. y s. comilón; entrometido.
lambril m. *Arq.* friso, zócalo.
lameir/a f. lamedal, pantano. **/al** m. lamedal, lodazal. **/o** m. lamedal; paúl.

lament/ação f. lamentación; plañido. **/ar** tr. lamentar; plañir. **/o** m. lamento; quejido.
lâmina f. lámina.
lamina/ção f. laminación. **/gem** f. laminación, laminado.
lamiré m. diapasón.
lâmpada f. lámpara; candil; bombilla.
lampad/ário m. lampadario, candelabro. **/ejar** intr. centellear; oscilar.
lamparina f. lamparilla; linterna.
lamp/ejante adj. centelleante. **/ejar** intr. relampaguear. **/ião** m. lampión; farol.
lam/úria f. lamentación; queja. **/uriar** intr. quejarse; lamentarse.
lanar adj. lanar, lanígero.
lança f. lanza. **/-bombas** m. lanzabombas. **/-chamas** m. lanzallamas. **/-granadas** m. lanzagranadas. **/r** tr. lanzar; arrojar; producir; *Mar.* **— ferro,** fondear, anclar. **/-torpedos** m. lanzatorpedos.
lance m. lance; impulso; ocurrencia; incidente. **/(ê)ta** f. *Cir.* lanceta; bisturí. **/tar** tr. cortar con lanceta.
lanch/a f. *Mar.* lancha. **/ão** m. lanchón.
lanch/ar tr. e intr. merendar. **/e** m. merienda. **/eira** f. fiambrera.
lanço m. lance; puja en almoneda; extensión.
langu/ento adj. lánguido; enfermizo. **/idez** f. languidez; postración.
lânguido adj. lánguido, flaco.
lan/ífero adj. lanífero. **/ifício** m. lanificio.
lantejo/ila o **/ula** f. lentejuela.
lantern/a f. linterna. **/im** m. linterna pequeña; tragaluz, portillo.
lanzudo adj. lanudo; fig. grosero; tosco.
lapa f. gruta, caverna; *Zool.* lapa (molusco).
lapela f. solapa.
lápid/a o **/e** f. lápide.
lapid/ação f. lapidación. **/ar** tr. lapidar; pulir; educar.
l/ápis m. lápiz. **/apiseira** f. lapicero.
lapso m. lapso; error; falta.
lar m. hogar; lar; familia.
laracha f. broma, chanza; m. gracioso, bromista.
laranj/a f. *Bot.* naranja. **/ada** f. naranjada. **/al** m. naranjal.
lar/apiar tr. robar; rapiñar. **/ápio** m. ladrón.
lareira f. lar, hogar; piedra del lar.
larg/ada f. largada; salida. **/ar** tr. e intr. largar; soltar; abandonar. **/o** adj. y m. ancho; espacioso; importante; **mar —,** alta mar. **/ura** f. anchura.
laring/e f. *Anat.* laringe. **/ite** f. *Pat.* laringitis.
larv/a f. *Zool.* larva; oruga. **/ado** adj. larvado; disfrazado.
lasc/ívia f. lascivia, lujuria. **/ivo** adj. y s. lascivo.
lass/ar tr. laxar; aflojar; desfallecer. **/o** adj. laso; flojo; libertino.
l/ástima f. lástima; compasión. **/astimar** tr. lastimar; desplorar.
lata f. lata, hojalata.
latão m. *Quím.* latón.
látego m. látigo, vergajo; castigo.
late/jante adj. palpitante. **/jar** intr. palpitar, pulsar. **/r** intr. latir, palpitar.
lateral adj. lateral.
látex m. *Bot.* látex.

latifúndio m. latifundio.
lati/m m. latín **/nizar** tr. latinizar. **/no** adj. y m. latino.
latir intr. latir.
lat/itude f. latitud. **/o** adj. lato; dilatado.
latrina f. letrina.
latroc/inar tr. latrocinar, hurtar. **/ínio** m. latrocinio.
laudável adj. laudable.
laur/eado adj. laureado; galardonado. **/ear** tr. e intr. laurear; premiar; festejar.
lava f. lava.
lava/bo m. lavabo. **/ção** f. lavación. **/deira** f. lavandera; lavadora. **/ndeira** f. lavandera. **/r** tr. y r. lavar. **/tório** m. lavabo.
lavor m. labor.
lav/oura f. labranza; agricultura. **/ra** f. labranza; arada. **/rador** adj. y m. labrador. **/rar** tr. arar; labrar; redactar actas o sentencias.
laxa/ção f. laxación. /r tr. laxar; fig. atenuar; aflojar.
lázaro m. lázaro, leproso.
lãzudo adj. lanudo; pop. grosero.
leal adj. leal. **/dade** f. lealtad.
lebr/ão m. *Zool.* lebrón. **/e** f. *Zool.* liebre.
le(c)ciona/dor adj. y m. profesor; explicador. **/r** tr. e intr. aleccionar; enseñar; explicar.
lega/ção m. legación. **/do** m. legado.
legal adj. legal. **/idade** f. legalidad. **/ização** f. legalización. **/izar** tr. legalizar; legitimar.
lega/r tr. legar. **/tário** m. legatorio.
legend/a f. leyenda; letrero. **/ário** adj. y m. legendario.
legi/ão f. legión. **/onário** adj. y m. legionario.
legisla/ção f. legislación. **/dor** adj. y m. legislador. **/r** tr. e intr. legislar.
legítima f. legítima.
leg/itimação f. legitimación. **/itimar** tr. legitimar; legalizar.
legível adj. legible.
légua f. legua.
legume m. legumbre, hortaliza.
lei f. ley.
leigo adj. y m. lego; ignorante.
leil/ão m. subasta. **/oar** tr. subastar; pujar.
leitão m. lechón.
leit/aria f. lechería. **/e** m. leche. **/eiro** adj. y m. lechero.
leito m. lecho.
leit/or adj. y s. lector. **/orado** m. lectorado. **/ura** f. lectura.
lembra/dor adj. y s. recordador. **/nça** f. recuerdo; memoria; regalo; pl. recuerdos; saludos. **/r** tr. y r. recordar; celebrar; amonestar.
leme m. timón.
lenç/aria f. pañolería; lencería. **/o** m. pañuelo; lienzo. **/ol** m. sábana; aljibe.
lend/a f. leyenda; cuento; fantasía. **/ário** adj. legendario, leyendario.
lêndea f. liendre.
lenh/a f. leña. **/ador** m. leñador.
lente adj. y m. lector; catedrático; f. lente, cristal óptico.
lentejo/ila o **/ula** f. lentejuela.
lentilha f. *Bot.* lenteja.
lento adj. lento; perezoso; viscoso.
leo/a f. *Zool.* leona. **/neira** f. leonera. adj. leonino; pérfido; malo.
leopardo m. *Zool.* leopardo.

lepr/a f. *Pat.* lepra. **/osaria** f. leprosería; lazareto. **/oso** adj. y m. leproso; lázaro; corrupto.
leque m. abanico; *Zool.* venera (molusco).
ler tr. leer.
lerd/aço adj. y s. estúpido. **/o** adj. lerdo; lento.
les/ão f. lesión. **/ar** tr. lesionar; perjudicar; molestar.
lesto adj. ligero; rápido.
letra f. letra. **/do** adj. y s. letrado; jurisconsulto.
leucemia f. *Med.* leucemia.
levanta/dor adj. y s. levantador; amotinador; elevador. **/r** tr. levantar; sublevar; exaltar.
levante m. levante.
levar tr. llevar; retirar; guiar.
leve adj. leve.
lev/eza f. ligereza; liviandad. **/iandade** f. liviandad; imprudencia.
léxico m. léxico.
lexiologia f. lexicología.
lezíria f. tierras inundadas en las márgenes de un río; marisma.
lhan/eza f. llaneza; modestia. **/o** adj. llano; afable.
lia/me m. unión; conexión, prisión. **/r** tr. liar, atar.
libelo m. libelo.
libélula f. *Zool.* libélula.
liberal adj. y s. liberal. **/ismo** m. liberalismo. **/izar** tr. liberalizar.
liber/ar tr. liberar; eximir. **/dade** f. libertad. **/tação** f. libertación. **/tar** tr. libertar.
libra f. libra.
libré f. librea.
liça f. liza; lid.
lição f. lección.
licença f. permiso; consentimiento; autorización; licencia; vida disoluta.
licencia/do adj. y s. licenciado. **/r** tr. licenciar.
licencioso adj. licencioso; libertino.
liceu m. instituto; liceo.
lícito adj. lícito.
licor m. licor. **/eira** o **/eiro** m. licorera.
lid/a f. lidia; trabajo; fatiga. **/ar** tr. e intr. lidiar; trabajar; combatir. **/e** f. lidia; trabajo; lucha; toreo.
lídimo adj. legítimo; fidedigno.
liga f. liga; ligación; alianza; mezcla. **/ção** f. ligación; unión. **/dura** f. ligadura; vendaje. **/r** tr. e intr. ligar; unir; atar.
ligeiro adj. ligero.
lima f. lima.
limão m. *Bot.* limón.
limar tr. limar.
limit/ação f. limitación. **/ar** tr. y r. limitar; fijar. **/e** m. límite; meta.
limítrofe adj. limítrofe.
limp/a f. limpia; erial. **/a-botas** m. limpiabotas. **/ador** adj. y s. limpiador. **/ar** tr. limpiar. **/eza** f. limpieza.
lince m. *Zool.* lince.
linchar tr. linchar.
lindo adj. lindo.
linear adj. linear.
linga f. eslinga, correa de cuerdas. **/r** tr. eslingar, apretar, levantar con **linga.**
lingote m. lingote.
língua f. *Anat.* lengua; idioma.
linguado m. *Zool.* lenguado; lámina larga.
lingua/gem f. lenguaje, lengua; idioma; estilo. **/reiro** adj. y m. lenguaraz; charlatán.
linguiça f. longaniza, chorizo; s. persona alta.
linha f. *Geom.* línea; renglón, raya; hilera; hilo.
linhaça f. linaza.
linhagem f. linaje, genea-

logía; raza, casta; tejido de lino grosero.
linho m. *Bot.* lino.
lin/otipia f. linotipia. **/ótipo** m. linotipia (máquina tipográfica).
lio m. lío; fardo, haz; embrollo.
liqu/ação f. *Fís.* liquefacción, licuación. **/efazer** tr. derretir; licuar.
líquen m. *Bot.* liquen.
liquid/ação f. liquidación. **/ar** tr. e intr. liquidar; pagar; acabar.
líquido adj. líquido.
lírico adj. lírico; sentimental.
lírio m. *Bot.* lírio, azucena.
lis s. *Bot.* lis, lirio.
lisbo/eta o **/nense** adj. y s. lisbonense, relativo o natural de Lisboa.
liso adj. liso.
lisonj/a f. lisonja. **/ear** tr. y r. lisonjear.
list/a f. lista; tira. **/ão** m. listón.
listra f. lista. **/r** tr. rayar; listar.
litania f. letanía.
liteira f. litera.
literal adj. literal.
liter/ário adj. literario. **/atura** f. literatura.
lit/igação f. litigio. **/igar** tr. e intr. litigar. **/ígio** m. litigio.
litografia f. litografía.
litoral adj. y m. litoral.
litro m. litro.
liturgia f. liturgia.
lívido adj. lívido.
livra/ção liberación; libramiento; absolución. **/r** tr. y r. librar; libertar; defenderse.
livraria f. librería.
livre adj. libre.
livro m. libro.
lixa f. *Zool.* lija; papel de lija. **/r** tr. lijar; pop. perjudicar; molestar.
lixívia f. lejía.
lixo m. basura.
loa f. loa, elogio; pop. mentira.
lo(ô)bo m. *Zool.* lobo.
lôbrego adj. lóbrego.
lobrigar tr. entrever; percibir.
loca/ção f. locación, arrendamiento. **/dor** m. locador, arrendador.
local adj. y m. local. **/ização** f. localización. **/izar** tr. y r. localizar.
loção f. loción.
loca/r tr. alquilar. **/tário** m. locatario, inquilino.
locomo/ção f. locomoción. **/tiva** f. locomotora.
locução f. locución; expresión.
locut/or adj. y m. locutor. **/ório** m. locutorio.
lo/daçal m. lodazal; fig. vida disoluta. **/(ô)do** m. lodo, barro; degradación.
logaritmo m. *Bat.* logaritmo.
lógic/a f. lógica. **/o** adj. y m. lógico.
logo adj. luego; sin tardanza.
logração f. engaño, ardid.
logr/ador adj. y s. engañador, mentiroso. **/ar** tr. e intr. lograr; engañar; estafar; gozar.
lo(ô)gro m. logro; engaño; ardid.
lo/iça o **uça** f. loza.
loir/ecer o **lour/ecer** tr. e intr. amarillecer. **/ejar** intr. amarillear. **/o** adj. rubio; m. *Bot.* laurel; fig. triunfo.
loj/a m. tienda; logia. **/ista** s. tendero, comerciante.
lomba f. loma, cumbre; declive. **/r** adj. lumbar.
lombarda f. *Bot.* lombarda (col).
lombo m. lomo, dorso.
lombri/cal adj. lumbrical. **/ga** f. lombriz intestinal.

longânimo adj. longánimo; magnánimo.
longe adv. lejos; adj. lejano, distante. **/vidade** f. longevidad.
longínquo adj. longincuo; distante.
longitude f. *Geom.* longitud.
longo adj. largo; dilatado; dilatado; extenso; luengo.
longueirão m. *Zool.* navaja (molusco).
loqua/cidade f. locuacidad, verbosidad. **/z** adj. locuaz.
lorp/a adj. y s. necio, bobo; grosero. **/ice** f. imbecilidad.
lota f. lonja. **/ção** f. capacidad de un barco; cálculo; valoración. **/r** tr. lotear; calcular, sortear. **/ria** f. lotería; sorteo.
lote m. lote; grupo; calidad.
louça f. loza; vajilla.
louc/o adj. y m. loco demente; imprudente. **/ura** f. locura.
lour/a f. mujer rubia. **/ecer** tr. e intr. amarillear.
loureiro m. *Bot.* laurel.
lour/ejante adj. dorado; tostado. **/o** adj. rubio, dorado; m. *Bot.* laurel, papagayo; pl. laureles, triunfo; premio.
lous/a f. losa, piedra; sepultura; lápida. **/eira** f. pizarrería (cantera).
louv/ação f. elogio, alabanza; valoración; arbitramento; sentencia. **/ar** tr. alabar; aprobar. **/ável** adj. laudable. **/or** m. alabar, elogiar; honra.
lua f. *Astr.* luna. **/r** m. claridad de la luna.
lúbrico adj. lúbrico; sensual.
lubrifica/ção f. lubrificación. **/r** tr. lubrificar, untar.
lucr/ar tr. e intr. lucrar, ganar. **/o** m. lucro; ganancia; ventaja.
lucubra/ção f. lucubración; meditación; vigilia. **/r** intr. lucubrar.
ludo m. ludo, torneo; lucha de atletas.
lufa f. vendaval, huracán; prisa. **/da** f. ráfaga de viento; apresuramiento.
lugar m. lugar; sitio; orden; cargo; ocasión. **/ejo** m. lugarejo; aldehuela.
lugre m. *Mar.* lugre, velero.
lúgubre adj. lúgubre; funesto; obscuro.
luir tr. luir, purificar; pagar.
lume m. lumbre; clarón; fuego; brillo.
lun/ação f. *Astr.* lunación. **/ático** adj. y m. lunático; fig. maniático.
luneta f. luneta, impertinente; tragaluz.
lupanar m. lupanar; burdel.
lus/íada s. lusiada, portugués. **/ificar** tr. aportuguesar. **/itanismo** m. lusitanismo. **/itano** adj. y m. lusitano, portugués. **/o** adj. y m. luso, lusitano. **/o-brasileiro** adj. lusobrasileño. **/o-castelhano** adj. lusocastellano.
lustra/ção f. lustración; purificación. **/r** tr. e intr. lustrar; pulir; iluminar.
lustro m. lustro; lustre, brillo.
luta f. lucha; pelea. **/r** intr. luchar; combatir.
lut/o m. luto; tristeza. **/uoso** adj. luctuoso; triste.
luva f. guante; pl. gratificación.
luxa/ção f. *Med.* luxación. **/r** tr. e intr. descoyuntar, dislocar (huesos).

lux/o m. lujo; ornamento; vicio. **/uoso** adj. lujoso; magnífico.
lux/úria f. lujuria; sensualidad. **/uriante** adj. lujuriante.
luz f. luz; brillo; verdad. **/idio** adj. brillante, lúcido.
luzi/mento m. lucimiento; fausto. **/r** intr. lucir; brillar; sobresalir.

má adj. mala; *Vet.* tumor.
maça f. maza, clava, porra; pisón.
maçã f. manzana, fruto del manzano; **— -de-Adão,** nuez de Adán.
macabro adj. macabro, fúnebre.
macac/ada f. cantidad de macacos; ademanes grotescos. **/o** m. macaco, mono; crío, gato para levantar pesos; adj. astuto; traicionero; mono (traje).
macadam/e m. macadam (pavimento). **/izar** tr. macadamizar, pavimentar.
maçane(ê)ta f. manzanilla; baqueta del tambor.
maçanilha f. manzanilla.
maçapão m. mazapán.
macaqu/ear tr. imitar grotescamente. **/ice** f. monerías; carantoñas; adulación.
maçar tr. macear, machacar; importunar, aburrir.
maçãzeira f. manzano (árbol).
macera/ção f. maceración; mortificación de la carne. **/r** tr. macerar, ablandar.
machete m. machete.
machuca/dor adj. y s. machucador. **/r** tr. machucar; golpear; machacar; fig. maltratar.
maciar tr. suavizar, ablandar.
maciço adj. y m. macizo; compacto; sólido.
macieira f. *Bot.* manzano.
maci/ez o **/eza** f. blandura; suavidad. **/o** adj. suave; blando.
maço m. mazo.
maçonaria f. masonería.
maculador adj. y s. maculador. **/r** tr. macular; desacreditar.
madeir/a f. madera. **/amento** m. maderamen.
madeixa f. madeja; mechón.
madra/çaria f. ociosidad. **/cear** intr. haraganear. **/ço** adj. y s. holgazán.
madrasta f. madrastra.
madre f. madre.
madrinha f. madrina.
madruga/da f. madrugada. **/r** intr. madrugar.
madur/ação f. maduración. **/ar** tr. e intr. madurar. **/o** adj. maduro.
mãe f. madre.
maestr/ia f. maestría. **/o** m. maestro.
magazi/m o **/ne** m. magazine, revista; figurín.
magia f. magia.
magistério m. magisterio.
magistra/do m. magistrado; juez. **/tura** f. magistratura.
magnânimo adj. magnánimo.
magn/ético adj. magnético. **/etismo** m. magnetismo.
magn/ificação f. magnificación. **/ificar** tr. magnificar.

magn/itude f. magnitud. **/o** adj. magno.
mago m. mago.
magoar tr. contundir; ofender; afligir; disgustar.
magr/eza f. magreza, delgadez. **/iço** m. fig. paladín de señoras; defensor ridículo. **/izela** s. flacucho. **/o** adj. magro, flaco; fig. escaso.
maio m. mayo.
maiólica f. mayólica.
maionese f. mahonesa.
maior adj. mayor. **/idade** f. mayoría; mayoridad.
maiorquino adj. y m. mallorquín.
mais adv. más; adj. mayor.
maiúscula f. mayúscula.
majest/ade s. majestad. **/oso** adj. majestuoso.
major m. y adj. comandante; mayor.
mal s. mal.
mala f. maleta; baúl.
malabaris/mo m. malabarismo. **/ta** s. malabarista.
malandr/agem f. conjunto de bellacos. **/ice** f. holgazanería; granujería. **/o** adj. y m. malandrín; bellaco; haragán.
mala-posta f. malaposta.
malária f. *Pat.* malaria.
malcheiroso adj. maloliente.
malcriado adj. malcriado; sin educación.
maldade f. maldad.
maldiç/ão f. maldición. **/oar** tr. maldecir.
mal-educado adj. malcriado, mal educado.
maleta f. maleta.
mal/evolência f. malevolencia. **/évolo** adj. malévolo.
maleza f. maleza
malfada/do adj. malhadado, desafortunado. **/r** tr. desgraciar, vaticinar mala suerte.
malfalante adj. y s. maldiciente; mal educado.
malfaze/jo adj. maligno, nocivo. **/r** intr. perjudicar, hacer daño.
malfeito adj. malhecho, deforme; mal ejecutado; fig. injusto.
malha f. malla; punto (tejido); mancha; armadilla.
mal/ícia f. malicia. **/icioso** adj. malicioso, mordaz.
malign/ar tr. e intr. malignar; viciar. **/o** adj. maligno.
má-língua adj. y s. mala lengua, maldiciente.
malmequer m. *Bot.* margarita.
malo/grar tr. malograr, frustrar. **/(ô)gro** m. malogro, fracaso.
malta f. bando, pandilla, canalla.
malte m. malta (cebada).
maltratar tr. maltratar; insultar; golpear.
malu/car intr. loquear. **/co** adj. y m. loco, maníaco.
mama f. mama, glándula mamaria.
mamã f. mamá, madre.
mamadeira f. mamadera, pezonera; biberón.
mamífero adj. y m. *Zool.* mamífero.
mamilo m. mamelón, pezón.
mana f. hermana.
maná m. maná, alimento.
manada f. manada, hato de ganado.
manancial m. manantial; origen.
manar tr. e intr. verter; producir; manar, brotar.
manceb/a f. manceba, concubina. **/o** m. mancebo; soltero.
mancha f. mancha; mácula, tacha; defecto. **/r** tr. manchar; ensuciar; deshonrar.

mancipa/ção f. emancipación. **/r** tr. emancipar.
mand/adeiro adj. y s. mandadero; recadero. **/ar** tr. mandar.
mandarim m. mandarín.
mandat/ário m. mandatario. **/o** m. mandato.
mandíbula f. mandíbula.
mando m. mando; orden.
mandr/anice f. holgazanería. **/ião** adj. y s. perezoso. **/iar** intr. holgazanear.
manducar tr. e intr. pop. manducar, comer.
maneira f. manera; pl. actitudes; gestos.
manej/ar tr. e intr. manejar. **/ável** adj. manejable
manequim m. maniquí.
maneta adj. y s. manco.
manga f. manga.
mangané(ê)s m. *Quím.* manganeso.
mangueira f. manguera; *Bot.* mango.
manguito m. manguito; mitón; pop. gesto obsceno.
manha f. maña.
manhã f. mañana.
manhoso adj. mañoso; ingenioso.
man/ia f. manía; terquedad. **/íaco** adj. y s. maníaco.
maniatar tr. maniatar.
manicómio m. manicomio.
manietar tr. maniatar.
manifest/ação f. manifestación. **/ar** tr. manifestar; declarar. **/o** adj. y m. manifiesto; notorio; declaración.
manilha f. manilla; caño de barro; aro.
manipula/ção f. manipulación. **/r** tr. manipular.
manivela f. *Mec.* manivela.
manj/ar m. manjar; golleria; tr. e intr. comer. **/edoira** f. pesebre.
mano m. fam. hermano; cuñado.
manobr/a f. maniobra; fig. ardid. **/ar** tr. e intr. maniobrar; funcionar.
mans/ão f. mansión, hogar; dormitorio. **/arda** f. buhardilla.
mans/idade f. mansedumbre, suavidad. **/o** adj. manso, suave.
mant/a f. manta, cobertor. **/ear** tr. e intr. mantear; importunar.
manteig/a f. manteca; fig. adulación. **/aria** f. mantequería.
mantel m. mantel.
mante/nça f. manutención; alimento; defensa. **/r** tr. mantener; alimentar; conservar.
mantilha f. mantilla.
mantimento m. mantenimiento, víveres.
manto m. manto.
manual adj. y m. manual; portátil; sumario.
manufa(c)t/or m. manufacturero. **/ura** f. manufactura; trabajo manual. **/urar** tr. manufacturar; fabricar.
manutenção f. manutención; conservación.
mão f. *Anat.* mano; flanco; autoridad.
maometan/ismo m. mahometanismo. **/o** adj. y m. mahometano.
mapa m. mapa; relación.
maqueta f. maqueta, modelo.
maquiavélico adj. maquiavélico; pérfido; traidor.
maquilhar tr. maquillar; caracterizar.
máquina f. máquina; locomotora.
maquin/ação f. maquinación; fig. intriga. **/ar** tr. maquinar; intrigar. **/aria** f. maquinaria.
mar m. mar.
marafon/a f. prostituta; muñeca de trapo; mujer

desaliñada. **/ear** intr. putear.
marasmo m. marasmo; indolencia.
marau adj. pillo, tunante.
maravalhas f. pl. virutas; fig. fruslerías.
maravilh/a f. y *Bot.* maravilla. **/ar** tr. y r. maravillar.
marca f. marca. **/dor** adj. y s. marcador.
marçano m. aprendiz, dependiente.
marcar tr. marcar.
marcen/aria f. ebanistería, carpintería. **/eiro** m. ebanista, carpintero.
marcha f. marcha; jornada; cortejo. **/r** intr. marchar, andar.
marcial adj. marcial; belicoso.
marco m. marco; linde; moneda alemana; **— postal,** buzón de correo.
março m. marzo, tercer mes del año.
mar/é f. marea (del mar); oportunidad. **/ear** tr. e intr. marear; deslustrar.
marechal m. *Mil.* mariscal.
marfim m. marfil.
margarida f. *Bot.* margarita.
margarina f. *Quím.* margarina.
marg/ear tr. marginar. **/em f.** margen, orilla; fig. facilidad. **/inar** tr. marginar; apostillar.
maria-da-fonte f. tumulto, contienda; *Mús.* himno portugués.
maricas m. maricón, invertido.
marid/ança f. maridaje. **/ar** tr. e intr. maridar, casar; enlazar. **/o** m. marido.
marinh/a f. marina, marinería; salina. **/aria** o **/eiraria** f. marinería. **/eiro** adj. y m. marinero. **/o** adj. y m. marino; marítimo.
mario/la m. granuja, sinvergüenza. **/lão** adj. y s. granuja, pillastrón.
marioneta f. marioneta; títere.
maris/co m. *Zool.* marisco. **/queiro** adj. y m. marisquero.
marítimo adj. marítimo; marinero.
marmel/ada f. mermelada de membrillo; embrollo. **/o** m. membrillo.
marmita f. marmita, fiambrera.
mármore m. mármol.
marquês m. marqués.
marquise f. marquesina, cobertizo.
marrano m. marrano, sucio; excomulgado.
marrar intr. topetar; chocar; dar una cabezada; desatinar.
mars/upial adj. y m. marsupial; pl. *Zool.* marsupiales. **/úpio** m. bolsa ventral.
martel/ada f. martillazo. **/o** m. martillo.
martinete m. martinete.
m/ártir s. mártir. **/artirizar** tr. martirizar.
maruj/a f. tripulación de un navío. **/ada** f. marinaje, marinería. **/o** m. marinero.
marxis/mo m. marxismo. **/ta** adj. y s. marxista.
mas conj. pero, todavía; m. obstáculo.
m/áscara f. máscara; careta; disfraz. **/ascarar** tr. enmascarar; disimular.
mascarrar tr. mascarar, tiznar, manchar.
mascote f. mascota; talismán.
masculin/izar tr. masculinizar. **/o** adj. masculino; varonil.
masmorra f. mazmorra, prisión.
massa f. masa; pasta ali-

menticia; totalidad; dinero.
massacr/ar intr. masacrar. **/e** m. masacre.
massag/em f. masaje. **/ista** s. masajista.
mastiga/ção f. masticación. **/r** tr. masticar, mascar.
mastodonte m. mastodonte. mamífero fósil.
mastr/eação f. *Mar.* arboladura. **/o** m. mástil, palo.
mata f. mata, bosque. **/-bicho** m. pop. trago de bebida en ayunas. **/-borrão** m. papel secante.
matado/r adj. y m. matador; asesino. **/uro** m. matadero.
matagal m. matorral.
mata/nça f. matanza; mortandad. **/r** tr. matar; apagar.
matemática f. matemática.
mat/éria f. materia; fig. causa. **/erial** adj. material. **/erializar** tr. materializar; embrutecer. **/ éria-prima** f. primera materia.
matern/al adj. maternal; cariñoso. **/idade** f. maternidad. **/o** adj. materno.
matilha f. jauría; caterva.
matiza/ção f. matización. **/r** tr. matizar; graduar.
mato m. mato, bosque.
matr/ícula f. matrícula. **/icular** tr. matricular.
matrim/onial adj. matrimonial. **/ó(ô)nio** m. matrimonio; nupcias.
matriz f. matriz, útero; molde.
matul/a f. caterva; bando; vagabundos. **/ão** m. corpulento y grosero; tunante.
matur/ação f. maduración. **/ar** tr. e intr. madurar. **/o** adj. maduro; perfecto.
matutino adj. matutino; madrugador.
mau adj. malo; imperfecto; nocivo.
mausoléu m. mausoleo.
mavioso adj. armonioso; agradable; dulce.
maxil/a f. *Anat.* maxila. **/ar** adj. y m. maxilar.
máxim/a f. máxima, sentencia; principio. **/o** adj. y m. máximo; sumo; superior.
maxixe m. música y danza originaria del Brasil; *Bot.* fruto del **maxixeiro.**
mazel/a f. llaga, herida; defecto. **/ar** tr. llagar; infamar.
mazurca f. *Mús.* mazurca.
me pron. pers. me, a mí, para mí.
meã adj mediana; mediocre.
meação f. mediación; mitad.
mealh/a f. meaja, migaja. **/eiro** adj. y m. hucha; alcancía.
me/ão adj. y m. mediano; mediocre. **/ar** tr. e intr. mediar.
mec/ânica f. mecánica. **/ânico** adj. y m. mecánico; automático. **/anismo** m. mecanismo.
meças f. pl. comparación; medición.
medalh/a f. medalla; condecoración. **/ão** m. medallón. **/ar** tr. condecorar, honrar con una medalla.
média f. *Mat.* media, promedio.
media/ção f. mediación. **/dor** adj. y m. medianero. **/no** adj. mediano; regular. **/r** tr. e intr. mediar; separar, dividir.
medic/ação f. medicación. **/amento** m. medicamento, remedio.

medição f. medición; **va**luación.
medic/ar tr. medicar, medicinar. **/ina** f. medicina; remedio.
médico adj. y m. médico; medicinal.
medida f. medida; orden.
mediev/al adj. medieval. **/o** adj. medieval.
médio adj. medio; médium; moderado.
medíocre adj. y m. mediocre; insignificante.
medir tr. e intr. medir; calcular; considerar; rivalizar.
mediterrâneo adj. y m. Mediterráneo (mar); interior.
me(ê)do m. miedo, pavor; susto.
medra f. medra, medro; desarrollo, progreso. **/r** tr. e intr. medrar, aumentar; mejorar.
medula f. *Anat.* medula, tuétano.
medusa f. *Zool.* medusa.
meeiro adj. y m. mediero.
megafone m. *Fís.* megáfono; altavoz; bocina.
megâmetro m. *Mar.* y *Astr.* megámetro.
megera f. megera, malvada.
meia f. media; calcetín. **/-esquadria** f. bisectriz. **/-lua** f. media luna; semicírculo. **/-noite** f. medianoche.
meig/o adj. cariñoso; suave. **/uice** f. ternura, cariño.
meio m. medio; centro; vía, camino, ardid. **/-dia** m. mediodía; el Sur. **/ -tom** m. medio tono.
meirinho m. merino, alguacil.
mel m. miel; fig. suavidad; **lua-de- —,** luna de miel. **/aço** m. melaza; jarabe.
melancia f. *Bot.* sandía.
melanc/olia f. melancolía; disgusto. **/ólico** adj. melancólico.
melão m. *Bot.* melón.
melena f. melena.
melhor adj. y m. mejor; superior. **/ar** tr. e intr. mejorar; perfeccionar.
meliante m. maleante; vagabundo.
melindr/ar tr. ofender; molestar. **/e** m. melindre, afectación; pudor.
meloal m. melonar.
mel/odia f. *Mús.* melodia. **/ódico** adj. melódico, armonioso.
melodram/a m. melodrama; ópera. **/ático** adj. melodramático.
meloso adj. meloso; dulce; suave.
membrado adj. membrudo.
membran/a f. membrana; piel. **/áceo** adj. membranáceo.
membr/o m. miembro. **/udo** adj. membrudo; robusto.
mem/oração f. conmemoración. **/orável** adj. memorable; célebre. **/ória** f. memoria. **/orial** adj. y m. memorial; apuntamiento.
menagem f. homenaje; prisión; **torre de —,** torre del homenaje.
men/ção f. mención, registro. **/cionar** tr. mencionar; referir.
mendi/cância f. mendicación. **/gar** tr. e intr. mendigar; rogar. **/go** m. mendigo, indigente.
menestrel m. trovador, juglar.
menina f. niña; doncella; señorita; **— de olho,** pupila, niña del ojo.
mening/e f. *Anat.* meninges. **/ite** f. *Pat.* meningitis.
menin/ice f. niñez, infancia. **/o** m. niño; adj. joven experto.

menopausa f. menopausia.
menor adj. y m. menor, inferior.
menorr/agia f. *Med.* menorragia. **/e(ê)ia** f. menorrea; catamenia.
menos adv. menos; la menor cosa.
menos/cabar tr. menoscabar; despreciar; disminuir. **/prezar** tr. menospreciar. **/prezível** adj. menospreciable.
mensage/iro adj. y m. mensajero, portador. **/m** f. mensaje
mensal adj. mensual. **/idade** f. mensualidad.
menstruação f. menstruación, menstruo.
mensura f. mensura, medida. **/r** tr. mensurar, medir.
ment/al adj. mental; intelectual. **/alidade** f. mentalidad. **/e** f. mente, inteligencia; pensamiento. **/ecapto** m. mentecato; alienado.
mentir intr. mentir; disfrazar. **/a** f. mentira, embuste. **/oso** adj. y s. mentiroso; falso.
mento m. *Anat.* mentón, barbilla.
mentol m. *Quím.* mentol.
merca/dejar intr. marcadear, negociar. **/do** m. mercado; feria. **/dor** m. mercadero, comerciante. **/doria** f. mercancía. **/r** tr. mercar, negociar.
mercê f. merced, favor, perdón; galardón.
merce/aria f. tienda de ultramarinos. **/eiro** m. tendero.
mercenário adj. y m. mercenario; jornalero.
merc/úrio m. *Quím.* mercurio. **/urocromo** m. mercuriocromo (antiséptico).
merend/a f. merienda. **/ar** tr. e intr. merendar.
mergulh/ador adj. y s. buceador, zambullidor. **/ar** tr. e intr. bucear, zambullir; desaparecer.
meridi/ano m. *Astr.* meridiano. **/onal** adj. y m. meridional; austral.
mérito m. mérito; aptitud.
merlo m. *Zool.* milro.
mês m. mes; mensualidad.
mesa f. mesa (mueble); tribunal de examen.
mescla f. mezcla, mixtura. **/r** tr. mezclar, mixturar; unir.
meseta f. meseta.
mesm/a f. misma. **/o** adj. y pron. mismo; adv. igualmente; semejante.
mesquinh/ar tr. tacañear, regatear. **/o** adj. mezquino, avaro; pobre.
mesquita f. mezquita.
mestiç/agem f. mestizaje. **/ar** tr. mestizar. **/o** adj. y m. mestizo; mulato.
mestr/a f. maestra; profesora. **/e** m. maestro, profesor; maestre.
meta f. meta, fin.
metade f. mitad, medio; centro.
metafísica f. metafísica; abstracción.
met/afonia f. *Gram.* metafonía. **/áfora** f. metáfora.
metal m. metal; tono de voz; dinero.
metaformose f. metamorfosis; modificación.
metano m. *Quím.* metano (gas).
metaplasmo m. *Gram.* metaplasmo.
mete/órico adj. meteórico; fig. fugaz. **/orologia** f. meteorología.
meter tr. e intr. meter; insinuar; mover; emplear; entrar.
meticuloso adj. meticuloso; timorato.
metileno m. *Quím.* metileno.
m/etódico adj. metódico;

ponderado. **/étodo** m. método, orden.
metragem f. metraje.
metralha f. metralla; fig. enjambre. **/dora** f. ametralladora. **/r** tr. ametrallar; disparar.
m/étrico adj. métrico. **/etro** m. metro; ritmo; metropolitano.
metrópole f. metrópoli; capital.
metropolitano adj. y m. metropolitano; metro, ferrocarril subterráneo.
meu adj. y pron. mío, el mío.
miasmas m. pl. miasmas.
mica f. *Miner*. mica; pedacito, migaja.
micção f. micción, acto de orinar.
micra f. migaja; insignificancia.
micr/obiano adj. microbiano. **/óbio** m. microbio.
microcéfalo adj. microcéfalo; idiota.
microfilme m. microfilme.
microfon/e m. micrófono. **/ógrafo** m. microfonógrafo.
microfotografia f. microfotografía.
microgravar tr. grabar discos microsurcos.
microsc/opia f. microscopia. **/ópio** m. microscopio.
microzoário m. microzoario; protozoario.
mictório adj. y m. mictorio, urinario.
miga f. miga, migaja; migas, sopas de pan. **/lha** f. migaja, resto.
migra/ção f. migración, emigración. **/r** intr. emigrar.
mij/adeiro m. meadero, urinario. **/ar** tr. e intr. mear, orinar. **/o** m. orina.
milagr/e m. milagro. **/oso** adj. milagroso; maravilloso.
milenário adj. y m. milenario; milenio.
milha f. milla.
milh/ão m. y num. millón. **/ar** m. y num. millar.
milho m. *Bot*. maíz, mijo.
miliar adj. miliar.
mil/ícia f. milicia; ejército. **/iciano** adj. y m. miliciano.
mili/grama m. miligramo. **/litro** m. mililittro.
milion/ário adj. y s. millonario; ricachón. **/ésima** f. millonésima.
milita/nça f. milicia; los militares. **/r** adj. y m. militar.
mim pron. pers. mí.
m/ímica f. mímica; gesticulación. **/imo** m. mimo; cariño; regalo.
mimosa f. *Bot*. mimosa.
mimos/ear tr. mimosear, agasajar. **/o** adj. y m. mimoso; delicado.
mina f. mina; fuente. **/r** tr. e intr. minar; excavar; atormentar.
minarete m. *Arq*. minarete, alminar.
min/eiro adj. y m. minero. **/eral** adj. y m. mineral. **/ério** m. mineral.
ming/ar intr. menguar. **/uar** intr. menguar, disminuir.
minha adj. y pron. pos. mía.
miniatura f. *Pint*. miniatura.
mínim/a f. *Mús*. mínima. **/o** adj. y m. mínimo; dedo meñique.
mínio m. *Quím*. minio, óxido de plomo.
minist/erial adj. ministerial. **/ério** m. ministerio; profesión. **/ro** m. ministro.
minor/ar tr. minorar; aliviar. **/ia** f. minoría.
min/úcia f. minucia; par-

ticularidad. /**udenciar** tr. detallar.
minuto m. minuto; instante.
miocárdio m. *Anat.* miocardio.
miolo m. *Anat.* seso, cerebro; miga del pan; medula.
m/íope adj. y s. miope, corto de vista. /**iopia** f. miopía.
mira f. *Mil.* mira; puntería; fig. atención.
mira/da f. mirada; ojeada. /**gem** f. miraje; ilusión. /**r** tr. mirar.
mirra f. *Bot.* mirra; desmirriada, persona delgada; avaro. /**r** tr. enflaquecer; desecar.
mirtáceas f. pl. *Bot.* mirtáceas.
misantr/opia f. misantropía; melancolía. /**opo** adj. y m. misántropo.
miscelânea f. miscelánea; mezcla; confusión.
mis/eração f. miseración, compasión. /**erar** tr. e intr. miserear, regatear. /**erável** adj. y s. miserable; avariento; infeliz. /**éria** f. miseria; pobreza; ridiculez. /**ericórdia** f. misericordia; piedad, caridad.
missa f. *Rel.* misa; oficio divino. /**l** m. misal.
missanga f. abalorios, mostacilla; bagatela.
missão f. misión, comisión.
míssil adj. y m. misil (proyectil o cohete); arrojadizo.
mission/ar tr. e intr. misionar; evangelizar. /**ário** m. misionero.
missiva f. misiva; nota.
mist/ério m. misterio, enigma. /**erioso** adj. misterioso; obscuro.
místico adj. y m. místico; espiritual; mezclado.
mistilingue adj. relativo a varias lenguas; poliglota.
misto adj. y m. mixto, mezclado; conjunto.
mistur/a f. mixtura, mezcla. /**ar** tr. mixturar, mezclar.
mitiga/ção f. mitigación; alivio. /**r** tr. mitigar; acalmar.
mito m. mito; fábula, leyenda; símbolo.
mi/udagem f. menuderías; insignificancias; ralea. /**údo** adj. y m. menudo, muy pequeño; niño; pl. despojos; calderilla.
mó f. muela, piedra de molino; piedra para filar; muchedumbre.
moage/iro m. molinero. /**m** f. molienda.
móbil adj. y m. móvil.
mob/ilador adj. y m. amueblador. /**ilar** tr. amueblar. /**ília** f. mobiliario.
mobilidade f. movilidad.
mobiliza/ção f. mil. movilización. /**r** tr. movilizar.
moca f. cachiporra, porra; *Bras* mentira; chanza.
mo(ô)ça f. moza.
mocambo m. *Bras.* choza; abrigo para el ganado.
moção f. moción; conmoción.
mochila f. mochila.
mo(ô)cho m. *Zool.* buho; adj. desmochado; mutilado.
mo/cidade f. mocedad, juventud. /**(ô)ço** adj. mozo; fig. inexperto; m. criado. /**çoila** f. mozuela.
moda f. moda. /**lidade** f. modalidad.
mode/lação f. modelación. /**lar** tr. y r. modelar. /**(ê)lo** m. modelo.
modera/ção f. moderación. /**r** tr. y r. moderar.
modern/ice f. modernismo. /**ismo** m. modernis-

mo. **/izar** tr. modernizar. **/o** adj. moderno.
mod/estamente adv. modestamente. **/esto** adj. modesto.
módico adj. módico.
modifica/ção f. modificación. **/r** tr. y r. modificar.
modismo m. modismo.
modist/a f. modista. **/o** m. modisto.
modo m. modo.
modula/ção f. modulación. **/r** tr. modular.
módulo m. módulo.
moeda f. moneda.
mofa f. mofa. **/r** tr. e intr. mofar.
mo(ô)fo m. moho; verdete, orín.
mogno m. caoba (árbol y madera).
moina f. pequeña suscripción; vida airada; m. gandul, vago; holgazanear. **/r** intr. holgazanear, gandulear.
moinho m. molino, aceña.
moir/a f. mora, musulmana; salmuera. **/ejar** tr. trabajar mucho; sudar. **/o** adj. y m. moro, morisco; infiel.
moita f. matorral espeso.
mola f. muelle, ballesta; inteligencia.
mold/ador adj. y m. moldeador; amoldador. **/ar** tr. moldear; adaptar. **/e** m. molde. **/ura** f. moldura; marco de cuadro.
mole f. mole, volumen grande; adj. muelle, blando; multitud.
molécula f. *Quím.* molécula.
moleiro m. molinero.
molha/dela f. mojadura, remojón. **/r** tr. mojar; humedecer.
molhe m. *Mar.* muelle, malecón.
mo(ô)lho m. salsa, mojo.
moluscos m. pl. *Zool.* moluscos.
moment/âneo adj. momentáneo. **/o** m. momento; instante.
mona f. *Zool.* mona, hembra del mono; fig. muñeca de trapo; borrachera.
monar/ca m. monarca, soberano. **/quia** f. monarquía.
mon/astical adj. monacal. **/ástico** adj. monástico.
monção f. monzón (viento); oportunidad.
monda f. *Agr.* monda; desmochadura. **/r** tr. e intr. mondar; escamondar.
monetário adj. y m. monetario, relativo a la moneda.
monit/or m. monitor; avisador, amonestador; navío blindado de guerra; prefecto. **/ória** f. monitorio; consejo; reprensión.
mono m. *Zool.* mono, mico; adj. necio, estúpido; triste; feo.
monoató(ô)mico adj. *Quím.* monoatómico.
monóculo m. monóculo.
monólito m. monolito.
mon/ologar intr. monologar. **/ólogo** m. monólogo.
monó(ô)metro m. monómetro.
monop/ólio m. monopolio. **/olização** f. monopolización. **/olizar** tr. monopolizar.
monossílabo m. monosílabo.
mon/otonia f. monotonía. **/ótono** adj. monótono.
monsenhor m. monseñor.
monstr/o m. monstruo. **/uosidade** f. monstruosidad.
monta f. monta, importe; precio.
montagem f. montaje.
montanh/a f. montaña; gran volumen. **/eira** f.

montañera. **/oso** adj. montañoso; accidentado.
montar tr. montar; cabalgar.
monte m. monte; acerbo; propiedad rústica aislada. **/iro** adj. y m. montero; montés; guardabosques.
montepio adj. montepío, sociedad de socorros mutuos.
montra f. escaparate, vitrina.
monument/al adj. monumental; grandioso; magnífico. **/o** m. monumento.
morad/a f. morada, domicilio. **/or** adj. y s. morador, habitante.
moral f. moral. **/idade** f. moralidad.
morang/al m. fresal. **/o** m. fresa (fruto). **/ueiro** m. fresa (planta).
morar intr. morar, habitar.
m/órbido adj. mórbido, lánguido, enfermo; suave. **/orboso** adj. morboso, enfermo.
morcela f. morcilla.
morda/ça f. mordaza. **/z** adj. mordaz; satírico.
mord/edela f. mordedura. **/er** tr. e intr. morder, mordisquear; murmurar. **/iscar** tr. mordiscar.
moreno adj. y m. moreno, trigueño, oscuro.
morfe(ê)ia f. *Pat.* morfea, lepra.
morfina f. *Quím.* morfina.
morfologia f. morfología.
morgue f. necroterio, morgue.
moribundo adj. y s. moribundo; exhausto.
mormente adv. mayormente, principalmente.
mo(ô)rno adj. templado, tibio; mohíno, triste; débil.
moros/idade f. morosidad, lentitud. **/o** adj. moroso.
morrão m. mecha para pegar fuego; pabilo.
morrer intr. morir; expirar; olvidar.
morrinhar intr. lloviznar.
morro m. morro, monte pequeño.
morsa f. *Zool.* morsa.
morseg/ão m. dentada, mordisco. **/ar** tr. mordisquear; pellizcar.
mort/al adj. y m. mortal. **/alidade** f. mortalidad. **/e** f. muerte; término.
morteiro m. *Mil.* mortero; almirez.
mort/icínio m. mortandad. **/ificação** f. mortificación; molestia; tormento. **/ificar** tr. mortificar, torturar. **/o** adj. y m. muerto, cadáver; paralizado.
mosaico m. mosaico; miscelánea.
mosca f. *Zool.* mosca. **/rdo** m. moscardón.
moscatel adj. y m. moscatel (vino y uva).
mosquet/aço m. mosquetazo. **/e** m. mosquete. **/eiro** m. mosquetero.
mosquit/eiro m. mosquitero. **/o** m. *Zool.* mosquito.
mossa f. muesca; mella que deja un golpe. **/r** tr. machucar, abollar.
mosseg/ão m. pellizco; bocado; dentellada. **/ar** tr. mordisquear; pellizcar.
mosteiro m. monasterio.
mosto m. mosto.
mostruário m. muestrario.
mote m. mote; epígrafe.
motej/ador adj. y s. motejador. **/ar** tr. e intr. motejar.
motete m. *Mús.* motete; apode; vaya.
moti/m m. motín. **/nar** tr. amotinar.

motiv/ador adj. y s. motivador. **/o** adj. y m. motivo.
moto m. moto; movimiento. **/cicleta** f. motocicleta.
motor adj. y m. motor. **/izar** tr. motorizar.
motriz adj. y s. motriz.
mour/a f. mora; salmuera; chorizo. **/raria** f. morería. **/o** adj. y s. moro.
moved/iço adj. movedizo. **/or** y s. movedor.
móvel adj. y s. móvil; mueble; fig. voluble.
mov/er tr. y r. mover. **/imentar** tr. y r. movimentar.
muda f. muda. **/r** tr. e intr. mudar; sustituir.
mud/ez f. mudez. **/o** adj. y m. mundo.
mufla f. mufla.
mugi/do m. mugido. **/r** intr. mugir.
mugre m. herrumbre, suciedad.
mui adv. muy. **/to** adj. pron. y adv. mucho; muy.
mulato adj. y s. mulato.
mulet/a f. muleta. **/eiro** m. muletero; arriero.
mulher f. mujer; esposa. **/il** adj. mujeril.
mulo m. mulo.
multa f. multa. **/r** tr. multar.
multidão f. multitud.
multiplica/ção multiplicación. **/r** tr. multiplicar.
m/úmia f. momia. **/umificar** tr. momificar.
mundan/alidade f. mundanalidad. **/o** adj. mundano.
mundial adj. mundial.
mungir tr. ordeñar (leche); exprimir.
muni/ção f. munición; proyectiles. **/ciar** tr. municiar.
munic/ipal adj. y m. municipal. **/ipalidade** f. municipalidad, ayuntamiento.
munir tr. munir; proveer; defender.
mura/l adj. mural; parietal. **/lha** f. muralla. **/r** tr. e intr. murar, amurallar.
murça f. muceta.
murch/ar tr. e intr. marchitar; entristecer. **/ecer** tr. e intr. marchitar. **/o** adj. marchito; abatido.
mur/mulhar intr. murmullar; murmurar. **/ulho** m. murmullo; murmurio. **/urar** tr. e intr. murmurar; censurar.
muro m. muro, tapia; muralla.
musa f. *Mit.* musa.
m/uscular adj. muscular. **/úsculo** m. *Anat.* músculo; fig. fuerza.
muse/ografia f. museografía. **/u** m. museo.
musgo m. *Bot.* musgo.
m/úsica f. música; armonía; orquesta. **/usical** adj. musical, armonioso.
muta/bilidade f. mutabilidad; volubilidad. **/ção** f. mutación; mudanza.
mutila/ção f. mutilación, amputación. **/do** adj. y m. mutilado. **/r** tr. mutilar, cortar; desfigurar.
mutismo m. mutismo; silencio.
mutua/ção f. mutualidad; reciprocidad. **/l** adj. mutual. **/lidade** f. mutualidad. **/r** tr. permutar; prestar.
mútuo adj. y m. mutuo, mutual; recíproco; préstamo.
muxo/xar tr. *Bras.* besar; acariciar. **/(ô)xo** m. beso.

N

nab/ada f. guisado con nabos; nabería. **/iça** f. *Bot.* nabiza. **/o** m. nabo.
nação f. nación; patria; pueblo; territorio.
n/ácar m. nácar. **/acarar** tr. nacarar.
nacional adj. y m. nacional. **/idade** f. nacionalidad. **/ismo** m. nacionalismo. **/izar** tr. nacionalizar; aclimatar.
naco m. pedazo, tajada.
nada m. nada; inutilidad; fruslería.
nada/dor adj. y m. nadador. **/r** intr. nadar; boyar.
nádega f. nalga; posaderas.
nalgum contr. de la prep. **em** con el adj. o pron. **algum;** en alguno.
namora/ção f. enamoramiento. **/do** adj. y s. enamorado; apasionado. **/r** tr. enamorar; galantear.
não adv. no, negativa; m. excusa.
naqu/ele contr. de la prep. **em** y el adj. o pron. **aquele;** en aquél. **/ilo** contr. de la prep. **em** y el pron. **aquilo;** en aquello.
narco/se f. narcosis; anestesia; somnolencia. **/ti zação** f. narcotización; anestesia. **/tizar** tr. narcotizar; anestesiar.
nari/gão m. narigón, narigudo. **/z** m. nariz; hocico; sagacidad.
narra/ção f. narración; historia. **/r** tr. narrar; describir.
nasal adj. y m. nasal; vocal nasal. **/ação** f. nasalización. **/ar** tr. nasalizar.
nasc/ença f. nacencia; origen. **/er** intr. nacer; nacimiento; origen.
natação f. natación.
Natal m. Natividad, Navidad. **/ício** adj. y s. natalicio.
Natividade f. Natividad.
nat/ivo adj. y m. nativo; vernáculo; indígena. **/o** adj. nato, natural.
natur/a f. natura, nacimiento. **/al** adj. y m. natural; propio; originario; nativo. **/alização** f. naturalización. **/alizar** tr. naturalizar; aclimatar. **/eza** f. naturaleza; temperamento.
nau f. *Mar.* nao, nave.
naufr/agar intr. naufragar; perderse. **/ágio** m. naufragio; ruina.
nause/abundo adj. nauseabundo; repugnante. **/ar** tr. e intr. nausear; marearse.
n/auta m. nauta, navegante. **/áutica** f. náutica.
navalh/a f. navaja, cuchillo. **/ada** f. navajada.
nav/e f. *Mar.* nave, nao; *Arq.* nave. **/egação** f. navegación. **/egar** tr. e intr. navegar. **/igabilidade** f. navegabilidad. **/io** m. navío, nave.
nazareno adj. y m. nazareno; fig. cristiano.
neb/lina f. neblina; obscuridad. **/ulosidade** f. nebulosidad; niebla; sombra.
necess/ário adj. necesario; inevitable. **/idade** f. necesidad; pobreza; defecar.
necr/obiose f. *Patol.* necrobiosis; necrosis. **/ologia** f. necrología. **/oman-**

cia f. necromancia f. / **ópole** f. necrópolis. /**otério** m. morgue.
n/éctar m. néctar; bebida excelente. /**ectariar** tr. endulzar.
nefa/ndo adj. nefando; abominable. /**sto** adj. nefasto, funesto.
nega f. negación; fallo. /**r** tr. e intr. negar, recusar. /**tivo** adj. negativo; nulo.
neglig/ência f. negligencia; desatención. /**enciar** tr. omitir, descuidar.
neg/ociação f. negociación /**ociar** tr. e intr. negociar; ajustar. /**ócio** m. negocio.
ne(ê)le contrac. en él.
nem conj. ni; tampoco; adv. no.
nené(ê) m. fam. niño recién nacido.
nenhum adj. y pron. ningún.
neoclassicismo m. neoclasicismo.
nervo m. nervio; energía.
néscio adj. y s. necio.
nêspera f. *Bot.* níspola.
neto m. nieto.
neur/algia f. *Pat.* neuralgia. /**ólogo** m. neurólogo.
neutr/al adj. neutral. /**alizar.** /**o** adj. neutro.
nev/ar tr. nevar. /**e** f. nieve. /**eira** f. nevera.
névoa f. niebla.
nexo m. nexo.
nicho m. nicho; fig. casa pequeña.
nímio adj. nimio.
ninar tr. e intr. arrullar.
ninfa f. *Mit.* y *Zool.* ninfa.
ninguém pron. indef. nadie.
ninho m. nido.
n/íquel m. *Quím.* níquel. /**iquelar** tr. niquelar.
nisto contrac. en esto.
nítido adj. nítido; claro.
nitr/ato m. *Quím.* nitrato. /**ificar** tr. nitrificar.
n/ível m. nivel. /**ivelar** tr. nivelar.
níveo adj. níveo
nó m. nudo.
nob/iliário adj. y s. nobiliario. /**re** adj. y s. noble; célebre. /**reza** f. nobleza.
noção f. noción.
nocivo adj. nocivo.
no(c)t/ambular intr. noctambular. /**ívago** adj. nocturno.
n/ódoa f. mancha; equimosis; deshonra. /**odoar** tr. manchar.
noit/ada f. espacio de una noche; vigilia; insomnio. /**e** f. noche.
noiv/ar intr. cortejar, enamorar; casa. /**o** m. novio.
noj/eira f. asco; suciedad. /**o** m. repugnancia; asco; pesar; tristeza.
nome m. nombre; fama. /**ação** f. nombramiento. /**ar** tr. y r. nombrar.
nó(ô)mina f. nómina.
nomina/ção f. nombramiento. /**l** adj. nominal.
nora f. noria; nuera.
n/ordeste m. nordeste. /**órdico** adj. y m. nórdico.
norma f. norma. /**l** adj. normal. /**lização** f. normalización. /**lizar** tr. normalizar.
nor/oeste m. *Geog.* noroeste. /**tada** f. nortada. /**te** adj. y m. norte; norteño; destino. /**te-americano** adj. y m. norteamericano. /**tear** tr. nortear; orientar.
nos pron. pers. y contr. de **em** y **os**; en los.
nós pron. pers. nosotros.
nosso adj. y pron. pos. nuestro; pl. los parientes, los partidarios.
nostalgia f. nostalgia; añoranza.

nota f. nota; marca; voz; apuntamiento; billete de banco; observación.
nota/bilidade f. notabilidad. **/bilizar** tr. notabilizar.
nota/ção f. notación, anotación. **/r** tr. notar, anotar; acusar; advertir.
not/ariado m. notariado. **/ário** m. notario, escribano.
notável adj. y m. notable; insigne.
not/ícia f. noticia; novedad; anuncio. **/iciário** m. noticiario. **/ificação** f. notificación, citación. **/ificar** tr. notificar; anunciar. **/iciário** m. notificiario.
not/oriedade f. notoriedad; nombradía. **/ório** adj. notorio; manifiesto.
nout/ada f. vigilia, velada durante la noche. **/e** f. noche; fig. tristeza; ignorancia.
noutro contr. de la prep. **em** y pron. o adj. **outro;** en otro.
nove m. y num. nueve. **/ centos** num. novecientos.
novel/a f. novela; enredo, ficción. **/ista** s. novelista; enredador.
nove(ê)lo m. ovillo; fig. embrollo, enredo.
novembro m. noviembre.
novi/ça f. novicia. **/ciar** intr. practicar el noviciado; iniciarse.
novi/dade f. novedad. **/ lheiro** m. novillero (torero de novillos). **/lho** m. novillo, becerro.
no(ô)vo adj. y m. nuevo; joven.
noz f. *Bot.* nuez, fruto del nogal.
nu adj. desnudo, nudo; desabrigado; mal vestido; evidente; sencillo; **estilo nu,** estilo seco, desnudo.
n/úbil adj. núbil. **/ubilidade** f. nubilidad; pubertad.
nuca f. *Anat.* nuca.
nuclear adj. nuclear; nucleado; **energia —,** energía nuclear.
núcleo m. núcleo; centro; esencia.
nudis/mo m. nudismo. **/ta** s. nudista.
nul/idade f. nulidad; ineptitud; incapacidad. **/o** adj. nulo; incapaz; inútil.
num contr. de la prep. **em** e el art. **um;** en un.
numera/ção f. numeración. **/dor** adj. y m. numerador. **/r** tr. numerar; incluir.
número m. número; unidad; porción.
num/ismal adj. numismal. **/ismática** f. numismática.
nunca adv. nunca, jamás.
n/unciatura f. nunciatura. **/úncio** m. nuncio, embajador papal; mensajero; precursor.
nunes adj. nones, impar.
n/upcial adj. nupcial. **/úpcias** f. pl. nupcias, casamiento.
nutr/ição f. nutrición; alimentación. **/ice** f. nutriz, nodriza.
nutri/do adj. nutrido; gordo; abundante. **/ficar** tr. nutrir; alimentar; cargar. **/r** tr. nutrir; alimentar; engordar; favorecer. **/tivo** adj. nutritivo.
nuvem f. nube; fig. obscuridad; tristeza; multitud **entre nuvens,** muy alto.
nylon *Quím.* nylón (tejido sintético).

O

ó! interj. ¿oh, ah!
oásis m. oasis; reposo; tregua.
obceca/ção f. obcecación; tozudez. **/r** tr. obcecar; ofuscar.
obducto adj. oculto; tapad[illegible]
ob[illegible]/ecer intr. obedecer in[illegible]. obedecer, cumplir. **/iência** f. obediencia; va[illegible]allaje.
obes/idade f. obesidad; gordura. **/o** adj. obeso; gordo; panzudo.
óbice m. óbice, impedimento.
óbito m. óbito, defunción.
obje(c)ção f. objeción; contestación; dificultad. **/tar** tr. objetar; refutar. **/tiva** f. *Fís.* objectivo, lente fotográfica. **/tivo** adj. y m. objetivo; blanco; propósito. **/to** m. objeto; asunto; propósito.
objurga/ção f. reprimenda; censura; castigo. **/r** tr. reprender; censurar.
obla/ção f. oblación. **/ta** f. oblata.
óbolo m. óbolo.
obra f. obra.
obra/dor adj. y s. obrador; obrero. **/-prima** f. obra prima. **/r** tr. e intr. obrar; pop. defecar.
obriga/ção f. obligación; título; favor. **/do** adj. y s. obligado; agradecido; forzado; sujeto a deuda; interj. gracias. **/r** tr. y r. obligar.
ob-rogar tr. y intr. derogar, abolir.
obscur/ecer tr. y r. obscurecer. **/o** adj. obscuro.
obs/equiador adj. y s. obsequiador. **/equiar** tr. obsequiar. **/équio** s. obsequio.
observa/ção f. observación. **/dor** adj. y s. observador. **/r** tr. y r. observar.
obst/áculo m. obstáculo. **/ar** intr. obstar, impedir.
obstina/ção f. obstinación. **/r** tr. y r. obstinar.
obstru/ção f. obstrucción. **/ir** tr. y r. obstruir.
obte/nção f. obtención. **/r** tr. obtener.
obtura/ção f. obturación. **/dor** adj. y m. obturador.
óbvio adj. obvio.
oca f. *Zool.* oca.
ocas/ião f. ocasión. **/ionar** tr. ocasionar.
ocaso m. ocaso.
oceano m. océano. **/grafia** f. oceanografía.
ocident/al adj. y s. occidental. **/e** m. occidente.
ócio m. ocio.
oclus/ão f. oclusión. **/o** adj. ocluso.
o(ô)co adj. y m. hueco.
ocorr/ência f. ocurrencia. **/er** intr. ocurrir.
ocre m. ocre.
octogenário adj. y s. octogenario.
ocul/ar adj. y s. ocular. **/ista** s. oculista.
óculo m. anteojo; pl. lentes, gafas.
ocult/ação f. ocultación. **/ar** tr. y r. ocultar. **/o** adj. oculto.
ocupa/ção f. ocupación. **/dor** adj. y s. ocupador. **/r** tr. ocupar.
odiar tr. odiar.
odisseia f. odisea.
odont/algia f. odontalgia. **/ologia** f. odontología.
oeste m. oeste.

ofe/gante adj. jadeante; ansioso. **/gar** intr. jadear.
ofen/der tr. y r. ofender. **/sa** f. ofensa. **/sor** adj. y s. ofensor.
ofer/ecer tr. y r. ofrecer. **/enda** f. ofrenda. **/ta** f. oferta; regalo.
oficial adj. y s. oficial. **/idade** f. *Mil.* oficialidad.
oficia/nte adj. y s. oficiante. **/r** intr. oficiar.
of/icina f. taller. **/ício** m. oficio.
ofídio m. *Zool.* ofidio.
oftalmol/ogia f. *Anat.* oftalmología. **/ogista** s. oftalmologista.
ofuscação f. ofuscación.
ogiva f. ojiva.
oiro m. oro.
oit/avo num. octavo. **/o** num. ocho.
olá! interj. ¡hola!.
óleo m. óleo, aceite.
olfa(c)to m. olfato.
olh/adela f. ojeada. **/ar** tr. mirar; ojear; examinar. **/eiras** f. pl. ojeras.
o(ô)lho m. ojo
ol/impíada f. olimpiada. **/ímpico** adj. olímpico.
oliv/a f. *Bot.* aceituna. **/eira** f. olivera. **/icultura** f. oleicultura, olivicultura.
olor m. olor.
ombr/eira f. hombrera; umbral; dintel. **/o** m. hombro.
omeleta f. tortilla.
omi/ssão f. omisión. **/tir** tr. omitir.
o(m)nipotente adj. y m. omnipotente.
omoplata m. *Anat.* omoplata.
onça f. *Zool.* onza.
onda f. onda, ola.
onde adv. donde; adonde.
onde/ar tr. e intr. ondear. **/jar** tr. e intr. ondear.
ondula/ção f. ondulación. /r tr. e intr. ondular.
oner/ar tr. onearar; oprimir. **/oso** adj. oneroso; vejatorio.
ó(ô)nibus m. ómnibus.
onomástica f. onomástica.
ontem adv. ayer.
ó(ô)nus f. peso, carga; gravamen; impuesto.
opac/idade f. opacidad; obscuridad. **/o** adj. opaco; obscuro.
opal/a f. *Min.* ópalo. **/escer** tr. opalizar.
opção f. opción; preferencia.
ópera f. ópera.
opera/ção f. operación. **/r** tr. e intr. operar; realizar.
operário m. obrero, operario.
opila/ção f. opilación; obstrucción. **/r** tr. e intr. opilar, obstruir.
opin/ar tr. e intr. opinar; juzgar. **/ião** f. opinión, parecer.
ópio m. opio.
opor tr. oponer; enfrentar; contradecir.
oportun/idade f. oportunidad. **/o** adj. oportuno; conveniente.
opos/ição f. oposición; desacuerdo; partido contra el Gobierno. **/itor** m. opositor. **/to** adj. opuesto, adversario.
opr/essão f. opresión; tiranía. **/essor** adj. y m. opresor; tirano. **/imir** tr. oprimir.
óptic/a f. óptica; perspectiva. **/o** adj. y s. óptico.
ó(p)timo adj. y m. óptimo; excelente.
opugna/ção f. opugnación; antagonismo. **/r** tr. opugnar; contradecir; rechazar.
opul/ência f. opulencia; lujo; abundancia. **/ento** adj. opulento; abundante.
opúsculo m. opúsculo, folleto.
ora conj. ora, ahora; se-

gún esto; **por —,** por ahora.

oração f. oración; plegaria; súplica; discurso; alocución.

or/acular adj. oracular. **/áculo** m. oráculo; profecía.

ora/r intr. orar, rezar. **/tória** f. oratoria.

orb/e m. orbe; Mundo. **/ícola** adj. y m. orbícola; cosmopolita.

órbita f. *Astr.* órbita; área.

orça/mental adj. presupuestario. **/mento** m. presupuesto. **/r** tr. e intr. presupuestar; calcular; *Mar.* orzar.

orchata f. horchata (refresco).

orde/iro adj. ordenado; pacífico. **/m** f. orden; método; comunidad; mandato. **/nação** f. ordenación. **/nar** tr. e intr. ordenar; mandar.

ordenhar tr. ordeñar.

ordinal adj. ordinal.

ordinário adj. y m. ordinario.

orégão m. *Bot.* orégano.

orelh/a f. *Anat.* oreja. **/udo** adj. orejudo; fig. cabezón.

órfão adj. y m. huérfano.

orfeão m. *Mús.* orfeón.

organdi m. organdí.

org/ânico adj. orgánico. **/anismo** m. organismo.

organiza/ção f. organización. **/r** tr. organizar.

órgão m. órgano.

orgia f. orgía.

orgulh/ar tr. y r. ufanar; ensoberbecer. **/o** m. orgullo.

orienta/ção f. orientación. **/dor** adj. y s. orientador.

orient/al adj. oriental. **/alismo** m. orientalismo. **/ar** tr. y r. orientar; guiar. **/e** m. oriente; fig. principio.

orifício m. orificio.

orig/em f. origen; pretexto. **/inal** adj. y m. original. **/inário** adj. originario.

oriundo adj. oriundo.

orla f. orla; margen. **/r** tr. orlar; odablar.

orna/dor adj. y s. adornador. **/mento** m. ornamento, adorno. **/r** tr. ornar, adornar. **/to** m. ornato.

orquestra f. orquesta. **/r** tr. orquestar.

ortodox/ia f. ortodoxia. **/o** adj. y s. ortodoxo.

ortografia f. ortografía.

orvalh/ar tr. e intr. rociar, lloviznar. **/o** m. rocío; escarcha; orvallo.

oscila/ção f. oscilación. **/r** intr. oscilar.

oss/ificação f. osificación. **/ificar** tr. y r. osificar. **/udo** adj. huesudo.

osten/são f. ostentación. **/tação** f. ostentación; lujo. **/tar** tr. ostentar.

ostra f. *Zool.* ostra.

ourela f. orilla; orla; borde.

our/ives m. platero, orfebre. **/ivesaria** f. platería, joyería. **/o** m. *Min.* oro; fig. riqueza.

ousa/dia f. osadía. **/r** intr. osar; emprender.

outeiro m. otero; colina.

outon/ada f. otoñada. **/o** m. otoño; decadencia.

outorga f. otorgamiento; concesión. **/r** tr. otorgar; donar; aprobar.

outr/em pron. indef. otro, otra persona; otros. **/o** adj. y pron. otro; diverso, distinto; semejante. **/ora** adv. otrora, en otro tiempo.

outubro m. octubre.

ouvi/do m. oído; oreja. **/nte** s. oyente. **/r** tr. oír; escuchar.

ova f. hueva, ovario. **/ção** f. hueva, ovario de lo

peces; ovación, aplauso. **/cionar** tr. ovacionar, aclamar. **/r** intr. huevar, aovar.
ovário m. *Anat.* ovario.
ouvelh/a f. *Zool.* oveja. **/um** adj. ovejuno.
oxalá interj. !ojalá!
oxida/ção f. *Quím.* oxidación. **/r** tr. oxidar.
óxido m. *Quím.* óxido.
oxig/enação f. oxigenación. **/énio** m. oxígeno.
ozon/e m. *Quím.* ozono, ozona. **/ização** f. ozonización.

P

pá f. pala; *Mar.* achicador; pala de remo.
paci/ência f. paciencia. **/ente** adj. y s. paciente; enfermo.
pac/ificação f. pacificación. **/ificar** tr. pacificar. **/ífico** adj. pacífico.
paço m. pazo.
pacote m. paquete, lío, fardo.
pact/ar intr. pactar. **/o** m. pacto. **/uar** tr. e intr. pactar.
padaria f. panadería.
padecer tr. e intr. padecer.
padeiro m. panadero.
padrão m. patrón; modelo; título auténtico.
padr/asto m. padrasto. **/e** m. padre, sacerdote. **/inho** m. padrino. **/oeiro** adj. y s. patrón; protector.
pag/anismo m. paganismo. **/ão** adj .y s. pagano.
pag/ar tr. pagar. **/ável** adj. pagable.
página f. página.
pago adj. y m. pago; paga; recompensa.
pagod/e m. pagoda; pop. juerga. **/eiro** adj. y s. juerguista. **/ice** f. juerga.
pai m. padre.
painço m. *Bot.* panizo.
painel m. painel.
pai-nosso m. padrenuestro.
paiol m. *Mar.* pañol.
país m. país.
paisag/em f. paisaje. **/ista** s. paisajista.
paisano adj. y s. paisano.
paixão f. pasión.
pajem m. paje.
pala f. pala; bisera.
pal/acete m. palacete. **/ácio** m. palacio.
paladar m. *Anat.* paladar.
palanca f. palanca, fortín.
palavr/a f. palabra. **/ear** intr. palabrear, charlar.
palco m. escenario, tablado.
palerm/a adj. y s. estúpido. **/ice** f. estupidez.
palestra f. palestra; charla; discusión literaria o científica.
paleta f. paleta.
palha f. paja.
palhaç/ada f. payasada. **/o** adj. y s. payaso.
palheiro m. pajar; depósito de sal.
paliçada f. palizada; empalizada.
pálido adj. pálido.
pálio m. palio.
palit/ar tr. e intr. mondar los dientes; burlarse. **/eiro** m. palillero. **o/** m. palillo, mondadientes.
palm/a f. palma. **/ar** m. palmar; tr. empalmar, hurtar.
palmatória f. palmeta; palmatoria.
palmeira f. *Bot.* palmera.
palmo m. palmo.

palpa/ção f. palpación. **/r** tr. palpar.
pálpebra f. *Anat.* pálpebra.
palpit/ação f. palpitación. **/ar** intr. palpitar.
palr/a f. pop. charla. **/ador** adj. y s. charlatán. **/ar** intr. charlar; divulgar.
paludismo m. *Med.* paludismo.
panasca m. sodomita, invertido.
pança f. panza, bandullo; vientre.
pancada f. pancada, golpe, colisión; garrotazo; palpitación; presentimiento.
pâncreas m. *Anat.* páncreas.
pancromático adj. *Fot.* pancromático.
pândega f. juerga, parranda.
pandeir/eta f. *Mús.* pandereta. **/o** m. pandero.
panejar tr. e intr. *Mar.* agitarse las velas, flamear; pintar el vestuario de una figura.
panel/a f. olla, puchero; cazuela. **/inha** f. pucherito, olla pequeña; pandilla; intriga.
panflet/ário m. panfletero, libelista. **/o** m. panfleto, libelo.
pânico adj. y m. pánico, terror.
panifica/ção f. panificación. **/r** tr. panificar, panadear.
panóplia f. panoplia; trofeo.
panor/ama m. panorama, paisaje. **/âmico** adj. panorámico.
pantalha f. pantalla.
pântano m. pantano, lodazal; dificultad.
panteão m. panteón, tumba.
pantera f. *Zool.* pantera.
pantomi/ma f. pantomima; engaño; timo. **/nar** intr. engañar.
pão m. pan; alimento.
papá m. papá, padre.
papag/aio m. *Zool.* papagayo, loro; cometa, pandero. **/uear** tr. e intr. charlar, parlotear.
papai m. *Bras.* papá.
papalv/ice f. tontería, bobada. **/o** m. papanata, simplón; gato montés.
pap/ança f. comilona, banquetazo. **/ar** tr. e intr. papar, comer; recorrer; vencer.
papel m. papel; títulos; **— moeda,** papel moneda. **/ão** m. cartón, papelón. **/aria** f. papelería.
papiro m. *Bot.* papiro.
papo m. papo de las aves; fig. estómago; papera.
papo/ila o **/ula** f. *Bot.* amapola.
paque/bote m. *Mar.* paquebot. **/(ê)te** m. paquebot, paquete; botones, recadero.
par adj. y m. par, semejante, igual; conjunto de dos cosas iguales; título de alta dignidad.
para prep. para; a fin de; hacia; disposición; aptitud.
parabéns m. pl. parabién, felicitación, enhorabuena.
parábola f. parábola.
pára/-brisas m. parabrisas (de vehículo). **/-choques** m. pl. parachoques. **/-chuva** m. paraguas.
parafin/a f. *Quím.* parafina. **/izar** tr. parafinar.
parafus/ador adj. y m. atornillador. **/ar** tr. e intr. atornillar. **/o** m. tornillo.
paragem f. parada; paraje; pausa.
paraíso m. paraíso; edén; sitio delicioso.
paralel/a f. *Geom.* pa-

ralela. **/ismo** m. paralelismo.

par/alisação f. paralización; interrupción. **/alisar** tr. e intr. paralizar; neutralizar. **/alítico** adj. y s. paralítico.

paraninf/a f. madrina; protectora. **/o** m. paraninfo, padrino.

parapeito m. parapeto, antepecho.

paraple/gia f. *Med.* paraplejía. **/xia** f. paraplexia, parálisis.

pára-qued/as m. paracaídas. **/ismo** m. paracaidismo.

parar tr. e intr. parar; descansar.

pára-raios m. pararrayos.

parasit/a s. parásito. **/ar** intr. llevar vida de parásito.

pára-sol m. parasol.

parcela f. parcela; fragmento. **/r** tr. parcelar, dividir.

parceria f. parcería; sociedad.

parcial adj. y s. parcial.

parda/cento adj. parduzco. **/l** m. *Zool.* gorrión, pardal; astuto.

pared/ão m. paredón. **/e** f. pared; barrera.

parente adj. y m. parente, pariente; parecido.

parêntese m. *Gram.* paréntesis.

paridade f. paridad, igualdad.

parietal m. *Anat.* parietal.

parir tr. parir; producir.

parissílabo adj. *Gram.* parisílabo.

parla/mentação f. parlamentación. **/mento** m. parlamento.

pároco m. *Rel.* párroco, sacerdote.

par/ódia f. parodia; imitación; juerga. **/odiar** tr. parodiar.

parolo adj. y m. palurdo; grosero.

par/óquia f. parroquia; feligresía. **/oquial** adj. parroquial.

parque m. parque.

parqu/é o **/ete** m. parqué, suelo de madera.

parreira f. parral, parra.

parric/ida s. *For.* parricia. **/ídio** m. parricidio.

parte f. parte, fracción; lugar; **tomar —,** participar.

parte/ira f. partera, comadrona. **/jar** tr. partear; brotar.

parti/ção f. partición, repartición. **/cipar** tr. e intr. participar; anunciar.

partícula f. partícula, parte pequeña.

partid/a f. partida; salida; broma; **/ário** adj. y m. partidario; adepto. **/o** adj. y m. partido; amparo; ventaja; grupo.

parti/lha f. *For.* partija; dote. **/r** tr. e intr. partir; separar; dividir; comenzar. **/tura** f. *Mús.* partitura.

part/o m. parto. **/urição** f. parturición.

parv/alhão m. muy estúpido. **/alhice** f. necesidad, imbecilidad. **/o** adj. y m. parvo, idiota.

pascal adj. pascual, relativo a Pascua.

p/áscoa f. Pascua, pascual; **— de Natividade,** Navidad. **/ascoal** adj. pascual. **/ascoela** f. Pascuilla.

pasm/acear intr. pasmarse; holgazanear. **/ado** adj y s. pasmado, espantado. **/ar** tr. e intr. pasmar; asombrar; desmayar.

passa f. pasa, uva seca.

passad/eira f. pasadera; abrazadera. **/o** adj. y m. pasado; seco; admirado.

/or adj. y m. pasador; colador.
passage/iro adj. y s. pasajero, viajante. **/m** f. pasaje; pasada; tránsito.
passajar tr. remendar, zurcir ropa.
passamento m. pasamento, fallecimiento; agonía.
passaporte m. pasaporte; salvoconducto.
passar tr. e intr. pasar, atravesar; conducir; transmitir; correr; fallecer; — **a ferro**, planchar (ropa).
p/assarada f. pajarería. **/ássaro** m. pájaro.
passatempo m. pasatiempo, distracción.
passe m. pase, licencia, pasaporte.
passe/ar tr. e intr. pasear, recorrer; divagar. **/io** m. paseo; acera.
passional adj. y m. pasional.
passiv/a f. *Gram.* pasiva. **/o** adj. y m. pasivo; indiferente.
paso m. paso; gestión; acto.
pasta f. pasta, masa; cartera para documentos.
pasta/gem f. pasto, pacedero. **/r** tr. e intr. pastar, apacentar.
pastel m. pastel, dulce; persona indolente. **/ão** m. pastelón. **/aria** f. pastelería.
pasteuriza/ção f. pasteurización. **/r** tr. pausterizar, pasterizar.
pastilha f. pastilla.
past/io m. pasto, pastizal. **/o** m. pasto; **casa de —**, restaurante. **/or** m. pastor.
pata f. pata, pie de una cosa; hembra del pato.
pataco m. pataco, antigua moneda de Portugal.
patea/da f. pateadura. **/r** tr. e intr. patear; desaprobar; morir.
pateg/o adj. y s. labriego; rústico. **/uice** f. rustiquez; grosería.
patente adj. y f. patente; abierto; visible; diploma.
patern/al adj. paternal; afectuoso. **/o** adj. paterno.
pat/ibular adj. patibulario, lúgubre. **/íbulo** m. patíbulo.
patim m. patín; descansillo de escalera; calzado con ruedas para patinar.
pátio m. patio; atrio.
patologia f. *Med.* patología.
patrão m. patrón; dueño.
Pátria f. Patria.
patriarca m. patriarca.
patr/ício adj. y m. patricio; aristocrático; compatriota. **/iota** s. patriota. **/iotismo** m. patriotismo.
patrulha f. *Mil.* patrulla. **/r** tr. e intr. patrullar.
patus/cada f. comilona, francachela; juerga. **/car** intr. ir de comilona; divertirse.
pau m. palo; bastón.
paul m. paúl, lodazal.
paulada f. golpe con palo; paliza.
paulatino adj. paulatino, lento.
pausar tr. pausar, descansar.
pauta f. pauta; modelo; relación. **/r** tr. pautar; registrar; regular.
pávido adj. pávido, tímido.
pavilhão m. pabellón.
paviment/ação f. pavimentación. **/ar** tr. pavimentar. **/o** m. pavimento, piso.
pavio m. pabilo; torcida.
pavo/a f. *Zool.* pava. **/near** tr. pavonear, ostentar.
pavor m. pavor.
paz f. paz; concordia.

pé m. *Anat.* pie; base; medida.
peanha f. peana, pedestal; apoyo.
peão m. peón, peatón; infante (soldado de infantería).
peça f. pieza; obra teatral; cañón.
peca/bilidade f. pecabilidad. **/do** m. pecado. **/r** intr. pecar.
peçonh/a f. ponzoña (veneno); maldad. **/entar** tr. envenenar.
pecuária f. pecuaria.
pedaço m. pedazo; fragmento.
pedag/ogia f. pedagogía. **/ógico** adj. pedagógico.
pedal m. pedal. **/ar** intr. pedalear.
pedant/eria f. pendantería. **/e** adj. y s. pedante, presumido.
pederastia f. pederastia, sodomía.
pedestr/e adj. pedestre. **/ianismo** m. pedestrismo.
pedido m. pedido; súplica.
pedi/nchão adj. y m. pedigón, **/nchar** tr. e intr. pedigüeñar, pedir mucho. **/nte** adj. y s. pidiente, mendigante. **/r** tr. pedir; requerir; rogar.
pedr/a f. piedra. **/ada** f. pedrada. **/a-pomes** f. piedra pómez. **/egal** m. pedregal. **/eiro** m. pedrero; albañil.
pegada f. pisada, huella del pie.
peguilho m. obstáculo; pretexto.
peit/ilho m. peto, pechera. **/o** m. pecho. **/oral** adj. y m. pectoral.
peixe m. *Zool.* pez.
pej/ado adj. repleto; avergonzado; f. preñada. **/ar** tr. llenar; estorbar; concebir; avergonzarse. **/o** m. vergüenza, pudor.
péla f. pelota.
pelado adj. y s. pelado; calvo.
pel/ame m. pelambre; curtiduría. **/ar** tr. pelar. **/e** f. piel.
peleja f. pelea. **/r** intr. pelear.
peliça f. pelliza.
pelicano m. *Zool.* pelícano.
película f. película.
pelintr/a adj. y s. pelado; mezquino; andrajoso. **/ice** f. mezquindad.
pêlo m. pelo.
pelve f. *Anat.* pelvis.
pena f. pena; pluma; correctivo. **/cho** m. penacho; ostentación. **/l** adj. penal.
penca f. penca.
pendão m. pendón.
pend/ência f. pendencia. **/ente** adj. y s. pendiente. **/er** intr. y tr. pender; colgar.
pêndul/a f. péndula; reloj. **/o** adj. y m. péndulo.
pendurar tr. y r. colgar, suspender; fijar.
pened/ia f. peñascal; roca. **/o** m. peñasco.
penetra/ção f. penetración. **/r** tr. y r. penetrar; comprender.
penha f. peña. **/sco** m. peñasco.
penhor m. prenda. **/ar** tr. y r. empeñar.
penicilina f. penicilina.
pen/ínsula f. península. **/insular** adj. y s. peninsular.
penit/ência f. penitencia. **/enciar** tr. y r. penitenciar. **/enciária** f. penitenciaria. **/ente** adj y s. penitente.
penol m. *Mar.* penol.
pensa/dor adj. y s. pensador. **/mento** m. pensamiento.
pensão f. pensión.
pensar tr. e intr. pensar.

pênsil adj. pensil.
pension/ar tr. pensionar. **/ato** m. pensionado. **/ista** adj. y s. pensionista.
pentágono m. *Geom.* pentágono.
pente m. peine. **/ado** m. peinado. **/ar** tr. peinar.
pentecostes m. *Rel.* Pentecostés.
penugem f. plumón; pelusa; vello.
penúltimo adj. penúltimo.
penumbra f. penumbra.
penúria f. penuria.
pepita f. pepita.
peque/na f. muchacha; niña; novia. **/nez** f. pequeñez.
perante prep. delante de; en presencia de.
perce(ê)be m. *Zool.* percebe (marisco).
perceber tr. e intr. percibir; comprender; recibir.
percentagem f. porcentaje.
percha f. pértiga.
percorrer tr. recorrer; examinar.
percu/ssão f. percusión. **/tir** tr. percutir.
perdão m. perdón.
perd/er tr. y r. perder. **/ição** f. perdición.
perdi/gão m. *Zool.* perdigón. **/gueiro** adj. y s. perdiguero. **/z** f. perdiz.
perdoar tr. e intr. perdonar.
perdura/ção f. perduración. **/r** intr. perdurar.
perece/dor adj. perecedor. **/r** intr. perecer.
peregrin/ação f. peregrinación. **/ar** tr. e intr. peregrinar; recorrer. **/o** adj. y s. peregrino; extraño.
pereira f. *Bot.* peral.
perfazer tr. completar; cumplir.
perfei/ção f. perfección; hermosura. **/to** adj. perfecto.
pérfido adj. y s. pérfido, infiel.
perfil m. perfil; carácter.
perfilha/ção f. prohijamiento. **/r** tr. prohijar, adoptar.
perfloração f. *Bot.* florescencia.
perfum/ado adj. perfumado. **/ar** tr. perfumar, aromatizar. **/e** m. perfume; dulzura.
perfura/ção f. perforación; abertura. **/r** tr. perforar; abrir.
pérgula f. pérgola, galería, balcón.
pergunta f. pregunta; interrogación. **/r** tr. e intr. preguntar; investigar.
perícia f. pericia, experiencia.
per/iferia f. periferia, contorno. **/ífrase** f. *Gram.* perífrasi, circunloquio, rodeo gramatical.
perig/ar intr. peligrar. **/o** m. peligro; aborto.
per/imetria f. perimetria. **/imetro** m. perímetro; ámbito.
perimir tr. *For.* extinguir, anular; prescribir.
per/iódico adj. y m. periódico. **/iodismo** m. periodista; compositor. **/íodo** m. período.
peripécia f. peripecia; suceso, episodio.
périplo m. periplo, circunnavegación.
periscópio m. *Fís.* periscopio.
perito adj. y m. perito, práctico.
periton/eu m. *Anat.* peritoneo. **/ite** f. peritonitis.
perj/urar tr. e intr. perjurar; apostatar. **/úrio** m. perjuicio.
perla f. perla.
perman/ecer intr. permanecer; perseverar. **/ente** adj. y f. permanente; perpetuo; **caneta de tinta —**, pluma estilográfica.
permiss/ão f. permisión;

licencia. **/ível** adj. permisible.

permitir tr. e intr. permitir, autorizar.

permuta f. permuta, cambio. **/r** tr. permutar, cambiar; comunicar.

pern/a f. *Anat.* pierna. **/altas** f. pl. *Zool.* zancudas. **/ão** adj. y m. pernil; pernaza.

pern/ície f. devastación; perjuicio. **/iciosa** f. *Pat.* perniciosa, malaria (fiebre).

perno/itar o **/utar** intr. pernoctar.

pêro m. *Bot.* pero.

p/érola f. perla. **/erolar** tr. perlificar; rociar.

peró(ô)nio adj. y m. *Anat.* peroné.

perpend/icular adj. y f. *Geom.* perpendicular. **/ículo** m. perpendículo, plomada.

perpetrar tr. perpetrar; realizar.

perp/etuação f. perpetuación. **/etuar** tr. perpetuar, inmortalizar.

perqui/rição f. perquisición; investigación. **/rir** tr. perquirir.

perscruta/ção f. indagación. **/r** tr. investigar, escudriñar.

perse/cução f. pesecución. **/guir** tr. perseguir; importunar.

persevera/nça f. perseverancia; firmeza. **/r** intr. perseverar; persistir.

persiana f. persiana, celosía.

persigna/ção f. acción de persignarse. **/r-se** r. persignarse.

persist/ência f. persistencia; firmeza. **/ir** intr. persistir.

person/agem f. personaje. **/alidade** f. personalidad. **/alizar** tr. e intr. personalizar, individualizar.

perspe(c)tiva f. perspectiva; probabilidad.

perspicácia f. perspicacia, sagacidad.

·**perten/ça** f. pertenencia. **/cer** intr. pertenecer.

pértiga f. pértiga.

perto adv. cerca.

perturba/ção f. perturbación. **/r** tr. perturbar.

perver/são f. perversión. **/ter** tr. y r. pervertir.

pesadelo m. pesadilla.

pêsame m. pésame.

pesa/-papéis m. pisapapeles. **/r** tr. y m. pesar.

pesca f. pesca; fig. investigación. **/da** f. *Zool.* merluza. **/dor** m. pescador. **/r** tr. pescar.

pescoço m. pescuezo; cuello.

pesebre m. pesebre.

peseta f. peseta.

pe(ê)so m. peso.

pesqueiro adj. y s. pesquero.

pesquisa f. pesquisa.

p/êssego m. *Bot.* pérsico; melocotón. **/essegueiro** m. *Bot.* pérsico; melocotonero.

pessimis/mo m. pesimismo. **/ta** adj. y s. pesimista.

péssimo adj. pésimo.

pessoa f. persona.

pestan/a f. pestaña. **/ejar** intr. pestañear.

pest/e f. peste. **/ilência** f. pestilencia.

pestilo m. pestillo.

pe(ê)ta f. mentira; patraña.

pétala f. *Bot.* pétalo.

peti/ção f. petición. **/cionar** intr. pedir, solicitar.

petis/car tr. comer poco; probar, saborear. **/co** m. golosina; manjar delicioso.

petiz adj. y s. niño, chiquillo.

petrech/ar tr. pertrechar. **/os** m. pertrechos.

petrifica/ção f. petrifica-

ción. **/r** tr. e intr. petrificar.
petr/oleiro m. petrolero. **/óleo** m. petróleo.
petu/lância f. petulancia. **/lante** adj. petulante.
peúga f. calcetín.
peugada f. huella.
pevide f. pepita.
pez m. pez.
pia f. pila, artesa de piedra.
piad/a f. chiste; alusión maliciosa; piada. **/inha** f. indirecta; chiste.
pian/ista s. pianista. **/o** adv. y m. piano.
pião m. peón.
piar intr. piar; hablar.
pica/deiro m. picadero. **/dela** f. picadura; pinchazo. **/-flor** m. *Zool.* colibrí, picaflor. **/-pau** m. *Zool.* picamaderos. **/-peixe** m. martinete. **/r** tr. picar; pinchar; estimular.
picardia f. picardía.
picareta f. pico.
pícaro adj. pícaro.
piçarra f. pizarra.
pico m. pico; cumbre; cúspide; acidez; malicia. **/tar** tr. picar, horadar.
piedade f. piedad; misericordia.
pifar tr. robar; rapiñar.
pífaro m. *Mús.* pífaro.
pigment/ação f. pigmentación. **/ar** tr. pigmentar.
pijama m. pijama.
pil/ador adj. y m. pelador; machacador. **/ar** tr. pisar, machacar; m. *Arq* pilar, columna.
pilé adj. dícese del azúcar en terrón.
pilha f. pila; rima, montón; m. ratero, ladrón. **/gem** f. pillaje, saqueo. **/r** tr. pillar, robar.
pilo/tagem f. *Mar.* pilotaje. **/tar** tr. pilotar. **/(ô)to** m. piloto; guía.
pílula f. píldora.
piment/a f. *Bot.* pimienta; pimentero. **/ão** m. pimentón.
pináculo m. pináculo, cúpula; cumbre.
pinça f. pinza, tenazuelas.
píncaro m. pináculo.
pincel m. pincel; brocha; fig. pintor.
ping/a f. gota, trago; m. mequetrefe; **gostar da —**, gustar del vino. **/ado** adj. goteado, salpicado; borracho. **/ar** tr. e intr. gotear; lloviznar. **/o** m. gota; mancha.
pingue-pongue m. ping pong, juego de tenis de mesa.
pingu(ü)im m. *Zool.* pingüino.
pinh/a f. *Bot.* piña; conglomerado. **/al** m. pinar. **/ão** m. piñón; golpe. **/eiro** m. pino. **/o** m. pino, madera del pino.
pinote m. coz; salto, respingo. **/ar** intr. cocear; respingar.
pinta f. pinta; salpicón; gallina joven.
pinta/lgar tr. pintorrear; mezclar. **/r** tr. e intr. pintar; describir; engañar.
pinto m. pollo, pollito.
pint/or m. pintor; mentiroso. **/ura** f. pintura; cuadro.
piolh/ada f. piojería; miseria. **/eira** f. miseria; porquería; pocilga. **/o** m. *Zool.* piojo (insecto parásito).
pioneiro m. pionero; precursor.
pior adj. y m. peor. **/ar** tr. e intr. empeorar; agraagravarse.
piorre(é)ia f. *Pat.* piorrea.
pipa f. pipa, tonel.
pir/amidal adj. piramidal; grandioso. **/âmide** pirámide.
pirat/a m. pirata; corsa-

rio. /**ear** tr. e intr. piratear, robar.
piren/aico adj. *Geog.* pirenaico, relativo a los Pirineos. /**éu** adj. pirenaico.
pires m. platillo; adj. ordinario, vil, grosero.
pírex m. pirex, vidrio refractario.
pirita f. *Min.* pirita.
piroga f. piragua.
pirot/ecnia f. pirotecnia. /**écnico** adj. y m. pirotécnico.
pirra/ça f. jugarreta, broma; desilusión. /**çar** tr. e intr. contrariar.
pirueta f. pirueta, cabriola.
pírula f. pildora; fig. pesadumbre.
pisa f. pisa; paliza. /**dela** f. pisada. /**r** tr. e intr. pisar, calcar; magullar; subyugar; humillar.
pisca/dela f. guiñada, pestañeo. /**r** tr. guiñar (el ojo).
pisc/atório adj. piscatorio. /**ícola** adj. piscícola. /**icultura** f. piscicultura.
piscina f. piscina, estanque.
piso m. piso; pavimento.
pista f. pista; huella; pista de juegos; búsqueda.
pistão m. pistón, émbolo de bomba.
pistilo m. *Bot.* pistilo.
pistol/a f. pistola. /**eiro** m. armero.
pitéu m. golosina, golleria.
pitoresco adj. y m. pintoresco; pictórico; vistoso.
pl/ácito m. beneplácito; aprobación; pacto. /**acitude** f. sosiego; tranquilidad.
pl/agiador m. plagiario; imitador. /**agiar** tr. e intr. plagiar, imitar.
plaina f. cepillo (para alisar madera).
planalto m. planalto; meseta.
planar intr. planear.
plâncton m. plancton.
plane/ar tr. planear. /**jar** tr. planear.
plane(ê)ta m. planeta.
plan/ície f. planicie. /**ificar** tr. planear. /**o** adj. y m. plano.
plant/a f. planta. /**ação** f. plantación. /**ar** tr. plantar.
plasma m. plasma.
plasmar tr. plasmar, crear, modelar.
pl/asticizar tr. modelar; tornar plástico. /**ástico** adj. y m. plástico.
plataforma f. plataforma.
plateia f. platea.
platina f. platina.
plebe f. plebe. /**u** adj. y s. plebeyo.
plebiscito m. plebiscito.
pleit/eador adj. y m. pleiteador. /**o** m. pleito.
plenário adj. y m. plenario; completo.
plenipot/ência f. plenipotencia. /**enciário** adj. y s. plenipotenciario.
plen/itude f. plenitud; grandeza. /**o** adj. pleno, lleno; perfecto.
pleu/ra f. *Anat.* pleura. /**risia** f. pleuresía.
plissa/do adj. y s. plisado. /**r** tr. plisar, plegar.
pluma f. pluma; penacho. /**gem** f. plumaje.
plumbagina f. *Min.* plumbagina, grafito.
plural adj. y m. *Gram.* plural. /**idade** f. pluralidad; multitud.
pluriforme adj. multiforme; polifacético.
plurilingue adj. plurilingüe, políglota.
pluvi/al adj. y m. pluvial. /**ó(ô)metro** m. *Fís.* pluviómetro.
pneumátic/a f. *Fís.* neumática. /**o** adj. neumático; cubierta (de rueda).

pó m. polvo, polvillo; cosa sin valor.
pobre adj. y s. pobre, indigente; estéril. **/za** f. pobreza; miseria.
pocilga f. pocilga; casa inmunda.
poço m. pozo; abismo; hoyo.
podar tr. podar, cortar.
poder tr. e intr. poder; m. energía, capacidad; dominio. **/io** m. poderío, autoridad.
podr/e adj. y m. podre, putrefacto; pl. vicios. **/ idão** f. podredumbre; depravación.
poeir/a f. polvo; fig. vanidad; barullo. **/ento** adj. polvoriento.
poema m. poema.
poente adj. y m. poniente, occidente.
po/esia f. poesía; inspiración. **/eta** adj. y m. poeta; soñador. **/ético** adj. poético.
poial m. poyo; montadero; poíno.
pois conj. pues; por consiguiente, así; por tanto.
poisa/da f. posada. **/r** tr. posar.
polaina f. polaina.
polar adj. polar. **/izar** tr. polarizar.
polca f. polca.
polegar m. pulgar.
pol/émica f. polémica. **/ emizar** intr. polemizar.
pólen m. polen.
polichinelo m. polichinela.
polícia f. policía.
policlínica f. policlínica.
policromia f. policromía.
polid/ez f. delicadeza. **/o** adj. cortés; pulido; delicado.
polígamo adj. y s. polígamo.
poliglota adj. y m. poliglota.
polígono m. *Geom.* polígono.
poliomielite f. *Pat.* poliomielitis.
polir tr. y r. pulir; bruñir.
politécnica f. politecnia.
pol/ítica f. política; fig. astucia. **/ítico** adj. y m. político; fig. delicado.
pólo m. polo; guía.
poltrão adj. y s. poltrón.
poltron/a f. butacón. **/ ear** intr. y r. poltronear; recostarse.
polu/ir tr. y tr. profanar; deshonrarse. **/to** adj. poluto; manchado; profanado.
polvo m. *Zool.* pulpo.
p/ólvora f. pólvora. **/olvorim** m. polvorín.
pomada f. pomada.
pomar m. pomar; frutería.
pomb/a f. *Zool.* paloma. **/al** m. palomar. **/o** m. palomo.
pomes m. piedra pómez.
pom/icultura f. pomicultura, fruticultura. **/o** m. pomo, fruto carnoso; seno de mujer. **/ologia** f. pomología.
pomp/a f. pompa; ostentación. **/oso** adj. pomposo.
pó(ô)mulo m. *Ant.* pómulo.
ponder/ação f. ponderación, sensatez. **/ar** tr. e intr. ponderar; reflexionar.
ponente adj. poniente, occidente.
pont/al adj. y m. puntual. **/ão** m. pontón; escora, apoyo; puente pequeño.
pontapé m. puntapié; ofensa.
pont/ar tr. e intr. apuntar (en el teatro); construir puentes. **/aria** f. puntería. **/e** f. puente; *Mar.* cubierta.
pont/eiro m. puntero; aguja de reloj. **/iagudo** adj. puntiagudo.

pont/ificado m. Pontificado. **/ífice** m. Pontífice, Papa.
pontilha/do m. punteado. **/r** tr. puntear.
pontilho m. puntilla.
ponto m. punto.
pontual adj. puntual.
po(ô)pa f. *Mar.* popa.
popelina f. popelina.
popu/laça f. populacho. **/lação** f. población. / **lar** adj. y m. popular.
por prep. por.
pôr tr. poner.
porão m. *Mar.* bodega de un buque.
porca f. puerca; tuerca. / **lhão** adj. y m. sucio, cochino.
porção f. porción.
porcaria f. porquería.
porcelana f. porcelana.
porc/ino adj. porcino. **/o** adj. y s. *Zool.* puerco; sucio. **/o-espinho** m. puerco espín.
porém conj. no obstante; pero; por eso.
porfia f. porfía. **/r** intr. porfiar.
pormenor m. pormenor.
porn/ografia f. pornografía. **/ógrafo** m. pornógrafo.
poro m. poro.
porqu/e conj. y adv. porqué; para qué. **/ê** m. y adv. porqué; causa, motivo.
porra f. porra.
porta f. puerta; abertura.
porta-/aviões m. portaaviones. **/bandeira** m. *Mil.* abanderado.
portada f. portada.
porta-jóias m. joyero.
porta-/moedas m. portamonedas. **/novas** m. chismoso.
portanto conj. por tanto; por consiguiente.
portátil adj. y s. portátil.
porte m. porte; franqueo. **/ar** tr. franquear.
porteiro m. portero; subastador.
po(ô)rto m. puerto; fig. asilo.
portugu/ês adj. y s. portugués. **/esismo** m. portuguesismo.
posar intr. posar.
poscé(ê)nio m. proscenio.
pós-data f. postdata.
pose f. pose.
posição f. posición.
positiv/ar tr. positivar. / **ismo** m. positivismo. **/o** adj. y m. positivo.
possan/ça f. valentía; poder. **/te** adj. poderoso; fuerte.
posse f. posesión; pl. medios. **/ssão** f. posesión. **/ssivo** adj. posesivo.
possibili/dade f. posibilidad. **/tar** tr. posibilitar.
possui/dor adj. y s. poseedor. **/r** tr. poseer.
posta f. tajada; posta.
postal adj. y s. postal.
poste m. poste.
posterga/ção f. postergación. **/r** tr. postergar.
posteridade f. posteridad.
postiço adj. y m. postizo.
postigo m. postigo.
po(ô)sto adj. y m. puesto; empleo; dignidad; graduación; parage; tenderete.
postre m. postre, postres.
póstumo adj. póstumo.
postura f. postura; actitud.
pot/assa f. *Quím.* potasa. **/ássio** m. potasio.
pot/ência f. potencia; vigor; dominación. **/enciação** f. *Mat.* potenciación. **/entado** m. potentado; opulento. **/ente** adj. potente.
pouco adj. y pron. ind. poco, escaso; limitado; reducido; adv. insuficiente.
poupa/dor adj. y m. ahorrador. **/r** tr. e intr. ahorrar.
pous/ada f. posada, hospedaje. **/ar** tr. e intr.

posar, colocar; fijar; pernoctar.
povo m. pueblo, población; nación; raza; plebe. **/ação** f. población, lugar habitado. **/ar** tr. poblar.
pra/ça f. plaza; mercado; baluarte; subasta. **/cear** tr. subastar.
prad/aria f. pradería, prado. **/o** m. prado.
praga f. plaga; calamidad; peste; blasfemia.
pragueja/dor adj. y s. imprecador; jurador. **/r** tr. e intr. jurar; maldecir.
praia f. playa; litoral. **/-mar** f. plena mar, mar llena.
pranch/a f. plancha; hoja de metal. **/eta** f. plancheta, tablero para dibujo.
prat/a f. *Min.* plata; vajilla de plata. **/ear** tr. platear.
pr/ática f. práctica; costumbre. **/aticar** tr. e intr. practicar; realizar. **/ático** adj. y m. práctico; diestro.
prato adj. y m. plato, platillo.
praxe f. práctica, costumbre; etiqueta.
praze/nte adj. placentero, agradable. **/nteiro** adj. placentero, apacible; alegre. **/r** intr. placer, agradar; m. distracción, alegría.
prazo m. plazo; aplazamiento.
pré m. *Mil.* prest., pre, soldado.
preanunciar tr. anunciar anticipadamente.
prec/ário adj. precario, inseguro; frágil. **/atar** tr. precaver, prevenir. **/aução** f. precaución, cautela. **/aver** tr. y r. precaver, prevenir.
prece f. oración, pedido a Dios; pl. preces.
preced/ência f. precedencia, prioridad. **/er** tr. e intr. preceder.
precint/a f. precinta. **/ar** tr. precintar.
precios/idade f. preciosidad. **/o** adj. precioso, excelente.
precip/ício m. precipicio; abismo; peligro. **/itação** f. precipitación. **/itar** tr. e intr. precipitar; despeñar; acelerar.
precis/ão f. precisión; puntualidad. **/ar** tr. e intr. precisar.
preço m. precio; estimación; importancia.
precoc/e adj. precoz; prematuro. **/idade** f. precocidad.
preconceber tr. preconcebir.
preconiza/ção f. preconización. **/r** tr. preconizar; elogiar.
precursor adj. y m. precursor.
predial adj. predial.
predi/cado m. cualidad; talento; *Gram.* predicado. **/cador** adj. y m. predicador. **/cável** adj. predicable.
predispo/r tr. predisponer. **/sição** f. predisposición; aptitud.
predizer tr. predecir, vaticinar.
predomina/ção f. predominación; influencia. **/r** intr. predominar; sobresalir.
preencher tr. rellenar; satisfacer; cumplir.
pref/ação f. prefacio, prólogo. **/ácio** m. prefacio.
prefeit/o m. prefecto. **/ura** f. prefectura.
prefer/êrencia f. preferencia. **/ir** tr. preferir.
prefix/ar tr. prefijar. **/o** adj. y s. prefijo.
prega f. pliegue; arruga.
prega/ção f. predicación. sermón; clavamiento. **/dor** adj. y m. predicador; clavador; broche.

/r tr. predicar; preconizar; clavar; fruncir; intr. evangelizar.

prego m. clavo, brocha; mentira; **pôr no —,** empeñar.

prego/ar tr. pregonar, revelar. **/eiro** m. pregonero; subastador.

pregui/ça f. pereza, indolencia. **/çoso** adj. perezoso; ocioso.

pré-história f. prehistoria.

preia-mar f. pleamar.

preit/ear tr. pleitear; homenajear. **/o** m. convenio; homenaje; vasallaje.

preju/dicar tr. perjudicar; inutilizar. **/ízo** m. perjuicio; daño.

prelação f. *For.* prelación.

preliminar adj. y m. preliminar; introducción, prólogo.

prélio m. pelea; discusión.

preluzir intr. prelucir.

prematuro adj. prematuro, anticipado.

premedita/ção f. premeditación. **/r** tr. premeditar.

pr/emiar tr. premiar; remunerar. **/é(ê)mio** m. premio; lucro.

pré-natal adj. prenatal.

prenda f. prenda, regalo; pop. persona ruin. **/r** tr. premiar.

prender tr. prender, agarrar; cautivar; ligar.

prenhe adj. preñada; repleto. **/z** f. preñez.

prenom/e m. prenombre, nombre de pila. **/inar** tr. prenombrar, nombrar.

prensa f. prensa. **/r** tr. prensar; apretar.

preocupa/ção f. preocupación. **/r** tr. preocupar.

prepar/ação f. preparación. **/ar** tr. preparar, aprestar.

prepo/r tr. preponer; preferir. **/sição** f. preposición.

prepotência f. prepotencia.

prerrogativa f. prerrogativa.

pre/(ê)sa f. presa. **/sar** tr. apresar.

presb/itério m. prebiterio. **/ítero** m. presbítero.

prescindir intr. prescindir.

prescr/ever tr. e intr. prescribir. **/ição** f. prescripción.

presen/ça f. presencia. **/ciar** tr. presenciar.

presenta/ção f. presentación. **/r** tr. presentar.

presente adj. y m. presente; regalo. **/ar** tr. regalar.

presepe o **presépio** m. presepio; belén.

preserva/ção f. preservación. **/r** tr. preservar.

presid/ência f. presidencia. **/ente** adj. y s. presidente.

pres/idiário adj. y s. presidiario. **/ídio** m. presidio.

presidir tr. e intr. presidir.

pre(ê)so adj. y s. preso.

pressa f. prisa.

press/agiar tr. presagiar. **/ágio** m. presagio.

pressão f. presión.

presta/ção f. prestación. **/mista** s. prestamista. **/r** tr. e intr. prestar; ofrecerse; servir; aprovechar; condescender.

prest/idigitação f. prestidigitación. **/igiador** m. prestigiador.

préstito m. acompañamiento; procesión.

presunto m. jamón, pernil.

preten/dente adj. y s. pretendiente; candidato. **/der** tr. pretender.

pret/erir tr. preterir; ultrapasar; omitir. **/érito** adj. y m. pretérito.

pret/idão f. negrura. **/o** adj. y s. negro; oscuro.

preval/ecer intr. prevale-

cer, predominar. **/ência** f. preponderancia.
preve/nção f. prevención; precaución. **/nir** tr. prevenir, preparar; avisar.
previdência f. previsión; cautela.
pr/évio adj. previo; anticipado. /**evisão** f. previsión.
preza/do adj. apreciado, querido. **/r** tr. preciar, estimar.
prima f. *Mús.* prima (cuerda); hija de tío carnal. **/cial** adj. primacial; superior. **/do** m. primado; supremacía.
primaver/a f. primavera; juventud; principio. **/al** adj. primaveral.
primeiro adj. primero; principal. **/-ministro** m. primer ministro.
prim/ícias f. pl. primicias; comienzos de algo. **/igé(ê)nio** adj. primigenio, originario.
primo adj. y m. primo, hijo de tío; fig. fundamento; — **irmão,** primo hermano. **/genitor** m. primogenitor; pl. antepasados.
primor m. primor, belleza. **/oso** adj. primoroso, esmerado.
principado m. principado, principazgo.
principal adj. y m. principal; fundamental.
pr/íncipe m. príncipe. **/incipesco** adj. principesco; suntuoso.
princ/ipiante adj. y s. intr. principiar. **/ipiar** tr. e intr. principio; origen; educación.
prior m. *Rel.* prior. /**ado** m. priorato.
pris/ão f. prisión, captura. **/ioneiro** adj. y m. prisionero, cautivo.
prism/a m. *Geom.* prisma. **/ático** adj. prismático.
priva/ção f. privación. **/r** tr. e intr. privar, destituir.
pró m. y adv. **pro;** ventajas; en favor de.
proa f. *Mar.* proa; frente; vanidad.
probabili/dade f. probabilidad. **/zar** tr. hacer probable.
problema m. problema; misterio.
proced/ência f. procedencia, principio. **/er** intr. proceder; conducirse.
process/ar tr. *For.* procesar; verificar. **/o** m. *For.* proceso; demanda; norma; método; sistema; procedimiento.
procissão f. procesión.
proclama m. proclama. **/r** tr. y r. proclamar.
procria/ção f. procreación. **/r** tr. e intr. procrear.
procura f. búsqueda; investigación; aceptación. **/r** tr. e intr. procurar; indagar; diligenciar; ejercer el cargo de procurador.
prodigali/dade f. prodigalidad. **/zar** tr. prodigalizar.
prodígio m. prodigio.
pródigo adj. pródigo.
produ/ção f. producción; producto. **/to** m. producto; provecho. **/zir** tr. producir.
proeza f. proeza.
profan/ação f. profanación. **/ar** tr. profanar. **/o** adj. y s. profano.
profecia f. profecía.
profess/ar tr. e intr. profesar. **/o** adj. y s. profeso.
profess/or m. profesor. **/orado** m. profesorado.
profet/a m. profeta. **/izar** tr. profetizar.
profilaxia f. *Med.* profilaxia.
profiss/ão profesión. **/ional** adj. y m. profesional.

prófugo adj. y s. prófogo.
profund/ador adj. y s. profundizador. **/ar** tr. e intr. profundizar; penetrar.
profus/ão f. profusión. **/o** adj. profuso.
progn/ose f. *Med.* prognosis. **/ostigar** tr. e intr. prognosticar.
programa m. programa.
progre/dir intr. progresar; adelantarse. **/sso** m. progreso.
proibi/ção f. prohibición. **/r** tr. prohibir.
proje(c)/ção f. proyección. **/tar** tr. y r. proyectar. **/til** adj. y s. proyectil. **/to** m. proyecto. **/tor** m. proyector.
prole f. prole.
proletário m. proletario.
prol/iferar intr. proliferar. **/ífero** adj. prolífero.
prólogo m. prólogo.
prolonga/ção f. prolongación. **/r** tr. prolongar.
prome/ssa f. promesa. **/ter** tr. e intr. prometer.
promiscui/dade f. promiscuidad. **/r-se** r. promiscuarse.
promoção f. promoción.
promontório m. promontorio.
promotor adj. y s. promotor.
promover tr. promover.
promulga/ção f. promulgación. **/r** tr. promulgar.
pronome m. *Gram.* pronombre.
pront/idão f. prontitud. **/ificar** tr. y r. ofrecer; disponerse.
prontuário m. prontuario.
pron/úncia f. pronunciación. **/unciação** f. pronunciación. **/unciar** tr. pronunciar; revolver.
propag/ação f. propagación; dilatación. **/anda** f. propaganda. **/ar** tr. e intr. propagar; vulgarizar; enseñar.
propalar tr. propalar; publicar.
propano m. *Quím.* propano.
propina f. cuota de entrada; matrícula de colegio; aguinaldo; regalo.
propo/nente adj. y s. proponente. **/r** tr. proponer; promover. procurar.
propor/ção f. proporción; armonía; tamaño. **/cionar** tr. proporcionar; simetrizar.
prop/osição f. proposición. **/osta** f. propuesta; ofrecimiento.
proprie/dade f. propiedad; patrimonio. **/tário** adj. y s. propietario.
próprio adj. propio, característico; exclusivo; m. portador.
propuls/ão f. propulsión; impulso. **/ar** tr. propulsar, impeler. **/or** m. propulsor.
prorrog/ação f. prorrogación; dilación. **/ar** tr. prorrogar, aplazar.
prosa f. prosa; soberbia. **/dor** m. prosador, prosista. **/r** intr. prosaizar.
proscr/ever tr. proscribir; extinguir; expulsar. **/ição** f. proscripción; abolición.
prosódia f. *Gram.* prosodia.
prosónimo m. apellido;
prospecção f. prospección. alcuña.
prospe(c)to m. prospecto; anuncio; plano.
pr/osperar tr. e intr. prosperar; mejorar. **/osperidade** f. prosperidad; éxito; fortuna; auge.
prossegui/ção f. prosecución. **/r** tr. e intr. proseguir; continuar.
próstata f. *Anat.* próstata.
prosterna/ção f. prosternación. **/r** intr. prosternar; humillar.
próstese f. próstesis.

prost/ibular adj prostibulario. **/ituição** f. prostitución. **/ituta** f. prostituta.
protagonista s. protagonista.
prote/(c)ção f. protección; amparo; socorro. **/ger** tr. proteger; auxiliar.
proteínas f. pl. proteínas.
protest/ação f. protestación. **/ante** adj. y s. protestante. **/ar** tr. e intr. protestar. **/o** m. protesto.
protocol/ar adj. protocolario. **/o** m. protocolo.
protoplasma m. protoplasma.
protótipo m. prototipo; modelo.
protozoário m. *Zool.* protozoario.
protuberância f. protuberancia.
prova f. prueba; **/ção** f. prueba; desdicha. **/r** tr. probar; ensayar.
provedor m. proveedor. **/ia** f. proveduría.
proveito m. provecho; utilidad.
proveni/ência f. proveniencia, origen. **/ente** adj. provinente.
prover tr. e intr. preveer, prevenir; conferir.
prov/erbial adj. proverbial; sentencioso. **/érbio** m. proverbio, adagio.
proveta f. *Quím.* probeta.
provid/ência f. providencia; Dios. **/enciar** intr. providenciar; ordenar.
provimento m. proveimiento; provisión.
prov/íncia f. provincia. **/incial** adj. y m. provincial.
provir intr. provenir, derivar.
provis/ão f. provisión, suministro. **/ionar** tr. aprovisionar; suministrar. **/ório** adj. provisional.
provoca/ção f. provocación. **/r** tr. provocar, incitar.
pr/oximidade f. proximidad. **/óximo** adj. próximo, cercano.
prud/ência f. prudencia. **/ente** adj. prudente.
prum/ada o **/agem** f. plomada. **/ar** intr. aplomar. **/o** m. plomada; fig. prudencia.
pruri/do m. prurito. **/r** tr. causar prurito; fig. estimular.
pseudó(ô)nimo m. pseudónimo.
psic/análise f. psicanálisis. **/ologia** f. psicología. **/ose** f. psicosis.
psiquiatr/a s. psiquiatra. **/ia** f. psiquiatría.
púbis f. *Anat.* pubis.
public/ação f. publicación. **/ar** tr. publicar. **/idade** f. publicidad.
público adj. y s. público.
púcaro m. vasija de barro con asa.
pudor m. pudor, honestidad.
puer/ícia f. puericia. **/icultura** f. puericultura. **/il** adj. pueril; ingenuo.
pugil/ar intr. apuñetear, pelear. **/ismo** m. pugilismo, boxeo.
puja/nça f. pujanza; abundancia. **/r** tr. e intr. pujar; aventajar.
pulcr/itude f. pulcritud; perfección. **/o** adj. pulcro, bello; perfecto.
pulm/ão m. *Anat.* pulmón. **/onar** adj. pulmonar. **/onia** f. pulmonía.
pulo m. salto; agitación; brinco.
púlpito m. púlpito.
puls/ação f. pulsación; palpitación. **/ar** tr. e intr. pulsar; ansiar.
puls/ear intr. pulsear. **/eira** f. pulsera. **/o** m. pulso; fig. fuerza.
pun/ção s. punción (operación; punzón; estilete. **/çar** tr. punchar.

pung/ente adj. pungente; agudo; conmoviente. **/ir** tr. e intr. pungir, herir; torturar.

punh/ada f. puñada, puñetazo. **/al** m. puñal. **/o** m. puño.

pureza f. pureza, limpidez, inocencia.

purga f. purga, purgante. **/ção** f. purgación; gonorrea. **/nte** adj. y m. purgante. **/r** tr. e intr. purgar, purificar, limpiar.

puni/ção f. punición. **/r** tr. e intr. punir, castigar.

pupil/a f. *Anat.* pupila, niña del ojo; educanda. **/agem** f. pupilaje.

puri/dade f. puridad; secreto. **/ficar** tr. purificar; santificar.

pur/ismo m. purismo. **/itano** adj. y m. puritano; austero. **/o** adj. puro; claro; casto; correcto.

pu/rulência f. *Med.* purulencia **/s** m. pus, materia.

putre/fa(c)ção f. putrefacción; corrupción. **/fa(c)to** adj. putrefacto, podrido. **/fazer** tr. descomponer, podrir.

puxa/dor m. tirador. **/nte** adj. tirante, empujante; estimulante. **/r** tr. e intr. tirar; empujar; provocar.

Q

quadra f. cuarteto, cuatro versos; cuatro, naipe; fig. época; tiempo; trozo de muralla. **/do** m. cuadrado. **/nte** m. *Mar.* cuadrante. **/r** tr. e intr. cuadrar; cuadricular.

quadricular tr. cuadricular.

quadriga f. cuadriga.

quadril m. cuadril, cadera.

quadrilh/a f. cuadrilla; jauría; chusma. **/eiro** m. cuadrillero; salteador.

quadrímano adj. *Zool.* cuadrúmano.

quadrimestral adj. cuadrimestral.

quadrimotor m. cuadrimotor, tetramotor (avión).

quadro m. cuadro.

quadrúpede adj. y s. *Zool.* cuadrúpedo.

quadruplicar tr. y r. cuadruplicar.

qual adj. pron. y conj. cual; como.

qualidade f. cualidad; calidad.

qualifica/ção f. calificación. **/r** tr. y r. calificar.

qualquer pron. y adj. indef. cualquier.

quando adv. y conj. cuando.

quanti/a f. cantidad. **/dade** f. cantidad; multitud.

qu/anto pron. adj. y adv. cuanto. **/ão** adv. cuanto.

quaresma f. cuaresma.

quarta-feira f. miércoles.

quarteirão m. cuarterón; cuarta parte de un ciento; manzana de casas.

quartel m. cuartel.

quarteto m. cuarteto.

quarto num. y s. cuarto.

quase adv. cuasi; casi; aproximadamente.

quatro adj. y num. y s. cuatro. **/centos** num. cuatrocientos.

qu/e adj. y pron. rel. que. **/ê** m. alguma coisa; complicación; pron. interr. qué?

queij/aria f. quesería. **/o** m. queso.

queima f. quema; incen-

dio. /**do** adj. quemado; tostado. /**r** tr. quemar.
queixo m. mentón; quijada.
queix/oso adj. y s. quejoso. /**ume** m. quejumbre; quejido.
quem pron. quien.
quente adj. y s. caliente.
quer/er tr. querer. /**ido** adj. y s. querido.
quest/ão f. cuestión. /**ionario** m. cuestionario.
quiet/ação f. quietación; tranquilidad. /**ar** tr. aquietar; sosegar. /**o** adj. quieto.
quilha f. quilla.
quilograma m. kilogramo.
quiló(ô)metro m. kilómetro.
químic/a f. química. /**o** adj. y s. químico.
quimono m. quimono.
quina f. quina.
quinhentos num. quinientos.
quinina f. *Quím.* quinina.
quinquenal adj. quinquenal.
quinta f. quinta; hacienda. /**-feira** f. jueves. /**l** m. quinta pequeña; quintal; huerto o jardín de una casa.
quinze adj. y num. quince. /**na** f. quincena.
quiosque m. quiosco.
quisto m. *Pat.* quiste.
quixotismo m. quijotismo.
quota f. cuota.
quotizar tr. cotizar.

R

rã f. *Zool.* rana.
rábano m. *Bot.* rábano.
rabec/a f. *Mús.* rabel; pop. jergón. /**ão** m. contrabajo.
r/ábia f. rabia. /**abiar** intr. rabiar.
rabin/ismo m. rabinismo. /**o** adj. y s. rabino; travieso.
rabiosque m. pop. nalgas.
rabisc/a f. garabatos. /**ar** intr. garrapatear.
rabo m. rabo; cola; pop. nalgas; mango.
rabu/ge f. sarna; fig. impertinencia. /**gento** adj. sarnoso; fig. regañón; impertinente. /**jar** intr. irritarse; estar de mal humor; lloriquear.
raça f. raza.
ração f. ración.
racha f. grieta. /**r** tr. rajar, agrietar.
racial adj. racial.
racioc/inador adj. y s. raciocinador. /**inar** intr. raciocinar.
racional adj. y m. racional. /**ismo** m. racionalismo.
raciona/mento m. racionamiento. /**r** tr. racionar.
racis/mo m. racismo. /**ta** s. racista.
radar m. radar.
radia/ção f. radiación. /**(c)tividade** f. radiactividad. /**nte** adj. radiante; resplandeciente. /**r** intr. y tr. radiar.
radicação f. radicación. /**l** adj. y s. radical.
rádio m. radio.
radio/difusão f. radiodifusión. /**emissor** m. radioemisor.
radiograf/ar tr. radiografiar. /**ia** f. radiografía.
radiotécnica f. radiotécnica.
radiotelegrafi/a f. radiotelegrafía. /**sta** s. radiotelegrafista.
radiotelevis/ão f. radiote-

levisión. **/or** m. televisor.
radioterapia f. *Med.* radioterapia.
radiouvinte s. radioyente.
raia f. raya.
rainha f. reina.
raio m. rayo; radio.
raiva f. rabia.
raiz f. raíz; origen.
rajá m. rajá.
rajada f. ráfaga; ataque.
rala/ção f. disgusto. **/r** tr. rallar; molestar; afligir.
ralh/ação f. regaño. **/ar** intr. reñir, regañar; gritar. **/o** m. riña, regaño.
rama f. rama. **/gem** f. ramaje.
rameira f. ramera.
ramifica/ção f. ramificación. **/r** tr. y r. ramificar.
ramo m. *Bot.* ramo; ramillete; rama.
rampa f. rampa.
ranço m. rancio.
rancor m. rencor.
rang/er intr. y tr. rechinar, crujir. **/ido** m. crujido, rechino.
ranho m. moco.
ranhura f. ranura, muesca.
rapac/e adj. y f. rapaz. **/idade** f. rapacidad.
rapar tr. raspar; desgastar; robar; afeitarse.
rapa/riga f. muchacha; niña; moza. **/z** m. rapaz, muchacho. **/ziada** f. muchachada.
rapé m. rapé.
r/apidez f. rapidez. **/ápido** adj. y s. rápido.
rapina f. rapiña. **/r** tr. e intr. rapiñar, hurtar.
rapo(ô)sa f. *Zool.* raposa, zorra.
raps/ódia f. *Mús.* rapsodia. **/odista** s. rapsodista.
rapt/ar tr. raptar. **/o** m. rapto.
raqueta f. raqueta.
raquitismo m. *Med.* raquitismo.
rar/ear tr. enrarecer. **/o** adj. raro; ralo.
rasa/nte adj. rasante. **/r** tr. rasar.
rascunh/ar tr. rasguñar; esbozar; hacer un borrador. **/o** m. borrador; rasguño; esbozo; minuta.
rasga/do adj. rasgado. **/r** tr. rasgar.
raso adj. raso; rapado; plano.
raspa/deira f. raspador. **/dor** adj. y s. raspador. **/nça** f. raspadura; regaño. **r** tr. y r. raspar; arañar; rozar.
rastear tr. e intr. rastrear.
rastej/ador adj. y s. rastreador. **/ar** tr. e intr. rastrear; humillarse.
rast/o m. rastro. **/reio** m. rastreo.
raticida adj. y s. raticida.
ratifica/ção f. ratificación. **/r** tr. y r. ratificar.
razão f. razón.
razia f. razzia.
razo/ador m. razonador. **/ar** intr. razonar.
reabilita/ção r. rehabilitación. **/r** tr. y r. rehabilitar.
reabrir tr. e intr. reabrir.
rea(c)/ção f. reacción. **/cionário** adj. y m. reaccionario. **/tor** adj. y m. reactor.
reajustar tr. reajustar.
real adj. real.
real/çar tr. y r. realzar. **/ce** o **/ço** m. realce.
realejo m. *Mús.* realejo.
realeza f. realeza.
reali/dade f. realidad. **/smo** m. realismo.
realiza/ção f. realización. **/r** tr. y r. realizar.
reanima/ção f. reanimación. **/r** tr. y r. reanimar.
reapar/ecer intr. reaparecer. **/ição** f. reaparición.
reaver tr. recuperar; recobrar.

rebaix/a f. rebaja. **/ar** tr. rebajar; humillar.
rebanho m. rebaño.
rebarba f. reborde.
rebate m. rebate; señal de alarma; descuento; amenaza. **/r** tr. rebatir; rechazar; descontar.
rebel/ar tr. rebelar, sublevar. **/de** adj. y s. rebelde; indomable. **/dia** f. rebeldía.
rebent/ão m. *Bot.* reventón, renuevo. **/ar** intr. y tr. reventar; brotar. **/o** m. yema, botón; hijo.
reboca/dor adj. y s. revocador; *Mar.* remolcador. **/r** tr. revocar; arrastrar; remolcar.
rebord/ar tr. bordear, rebordear. **/o** m. reborde.
rebuscar tr. rebuscar.
recad/eiro m. recadero. **/o** m. recado; aviso; censura.
recanto m. rincón retirado; escondrijo.
recapitula/ção f. recapitulación; sumario. **/r** tr. recapitular.
recargar tr. recargar.
recear tr. e intr. recelar; desconfiar.
recebe/dor m. recibidor; cobrador. **/r** tr. recibir; obtener; cobrar; agasajar.
receit/a f. receta; ingreso; consejo. **/ar** tr. e intr. recetar; aconsejar.
recém-/casado adj. y m. recién casado. **/nascido** adj. y s. recién nacido.
recense/ado adj. y m. empadronado, inscrito. **/ar** tr. empadronar; enumerar.
recente adj. reciente.
recep/ção f. recepción. **/táculo** m. receptáculo; recipiente.
rechaçar tr. rechazar; repeler.
rechea/do adj. y m. relleno, repleto. **/r** tr. rellenar.
recibo m. recibo, declaración de pago; recepción.
recife m. arrecife; escollo; obstáculo.
recipiente adj. y m. recipiente, receptáculo.
rec/iprocar tr. reciprocar; retornar. **/iprocidade** f. reciprocidad.
recita/ção f. recitación. **/r** tr. e intr. recitar; declamar.
reclam/ação f. reclamación, protesto. **/ar** tr. e intr. reclamar, protestar.
reclina/ção f. reclinación. **/r** tr. reclinar, doblegar.
reclus/ão f. reclusión, prisión. **/o** adj. y m. recluso; encarcelado.
recobrir tr. recubrir.
recolh/eita f. recolección; cosecha. **/er** tr. recoger, recolectar; guardar.
recomeçar tr. recomenzar.
recomend/ação f. recomenlación; consejo. **/ar** tr. recomendar, rogar; confiar.
recompens/a f. recompensa; premio. **/ar** tr. recompensar; indemnizar.
recompor tr. recomponer; reconstruir.
recôncavo m. concavidad, cueva.
reconcilia/ção f. reconciliación. **/r** tr. reconciliar; absolver.
recôndito adj. y m. recóndito; escondrijo.
recondu/ção f. reconducducción. **/zir** tr. reconducir; reelegir; volver.
reconfo/rtante adj. y m. reconfortante; tónico. **/rtar** tr. reconfortar; reanimar.
reconhecer tr. reconocer; recompensar; observar.
reconstitui/ção f. reconstitución. **/r** tr. reconstituir; restaurar.
reconstru/ção f. reconstrucción. **/ir** tr. reconstruir.

recopila/ção f. recopilación; resumen. **/r** tr. recopilar; resumir; reunir.
recorda/ção f. recuerdo; regalo. **/r** tr. recordar; evocar.
recorde m. record; marca deportiva.
recort/ado adj. y m. recortado; sinuoso. **/ar** tr. recortar; intercalar.
recoser tr. recoser.
recozer r. recocer.
recrea/ção f. recleación; pasatiempo. **/ar** tr. recrear; alegrar.
recrimina/ção f. recriminación; reproche. **/r** tr. recriminar.
recrudesc/ência f. recrudescencia. **/er** intr. recrudecer.
recruta m. *Mil.* recluta. **/ mento** m. reclutamiento. **/r** tr. reclutar, alistar.
re(c)t/a f. *Geom.* recta. **/ângulo** adj. y s. rectángulo.
re(c)tifica/ção f. rectificación. **/r** tr. rectificar, corregir.
récua f. recua; caterva.
recuar tr. e intr. recular, retroceder.
recuper/ação f. recuperación. **/ar** tr. recuperar.
recurso m. recurso; refugio; cura.
recusa f. recusación, negativa. **/r** tr. recusar, rehusar.
reda(c)/ção f. redacción. **/tor** m. redactor.
re(ê)de f. red, tejido de mallas; engaño, ardid.
rédea f. rienda.
reden/ção f. redención; salvación. **/tor** adj. y m. redentor; Jesucristo.
redigir tr. redactar.
redil m. redil; aprisco.
redimir tr. redimir; perdonar.
rédito m. rédito; ganancia; rendimiento.
redoma fig. redoma; fanal.
redond/ear tr. redondear. **/el** m. redondel, la arena; círculo. **/o** adj. redondo, cilíndrico.
redopiar intr. remolinear.
redor m. rededor, alrededor.
redução f. reducción; cambio.
redund/ância f. redundancia; prolijidad. **/ar** intr. redundar.
reduto m. reducto, baluarte.
redu/tor adj. y s. reductor. **/zir** tr. reducir; minorar.
reedição f. reedición, nueva edición.
reencarna/ção f. reencarnación. **/r** intr. reencarnar.
reentrância f. concavidad.
reenviar tr. reenviar; devolver.
refei/ção f. refección. **/ tório** m. refectorio.
refém s. rehén.
refer/ência f. referencia; alusión. **/endar** tr. refrendar. **/ir** tr. e intr. referir; citar; imputar.
refil/ão adj. y s. contestón, atrevido. **/ar** intr. recalcitrar; resistir.
refina/ção f. refinación; delicadeza. **/r** tr. e intr. refinar; purificar. **/ria** f. refinería.
refirmar tr. refirmar; asegurar.
refle(c)t/ir tr. e intr. reflejar; reproducir; ponderar; meditar. **/or** m. reflector.
reflex/ão f. reflexión; ponderación; comentario. **/o** adj. y m. reflejo; resplandor.
refluxo m. reflujo descenso de la marea.
reforça/do adj. reforzado; robusto; aumentado. **/r** tr. reforzar, fortalecer.
reform/a m. reforma; restauración; jubilación. **/ado** adj. y m. reformado;

jubilado. **/ar** tr. reformar; reparar; jubilar.
refra(c)/ção f. *Fís.* refracción. **/tar** tr. refractar. **/tário** adj. y m. refractario; rebelde; obstinado; prófugo.
refrão m. refrán; proverbio; adagio.
refrear tr. refrenar, reprimir.
refrega f. refriega, combate.
refresc/ante adj. refrescante. **/ar** tr. e intr. refrescar, enfriar; moderar; reanimar. **/o** m. refresco; auxilio.
refrig/eração f. refrigeración. **/erador** m. refrigerador, refrigerante. **/erar** tr. refrigerar, enfriar; suavizar.
ref/ugiado adj. y m. refugiado. **/ugiar-se** r. refugiarse; abrigarse. **/úgio** m. refugio; asilo.
refugo m. desperdicio; ralea.
refulg/ência f. refulgencia, resplandor. **/ir** intr. refulgir, brillar.
refundi/ção f. refundición. **/r** tr. e intr. refundir; transformar; derretirse.
refut/ação f. refutación; contestación. **/ar** tr. refutar; desaprobar.
rega f. riego; mojadura.
regaç/ar tr. regazar, arremangar. **/o** m. regazo; interior.
regad/io adj. y m. regadío; riego. **/or** adj. y m. regador; regadera.
regalia f. regalía; inmunidad.
regalo m. regalo, placer; bienestar; manguito (de señora).
regar tr. regar, humedecer.
regata f. *Mar.* regata.
regat/ear tr. e intr. regatear; disminuir; despreciar; discutir. **/eio** m. regateo.
rege/lado adj. congelado, gélido. **/lar** tr. e intr. congelar; helarse.
regência f. regencia.
regenera/ção f. regeneración; renovación. **/r** tr. regenerar.
rege/nte adj. y s. regente. **/r** tr. regir, gobernar.
região f. región; espacio; punto.
reg/ime o **/ímen** m. régimen; disciplina; estatutos. **/imento** m. regimiento; cuerpo de tropas; régimen; estatuto; muchedumbre.
régio adj. regio, real; suntuoso.
regional adj. regional, local. **/ismo** m. regionalismo.
regist/ação f. registro. **/ar** tr. registrar; anotar. **/o** m. registro; certificado. **/rar** tr. registrar, anotar; certificar. **/ro** m. registro.
regozij/ar tr. regocijar; alegrar. **/o** m. regocijo, júbilo.
regra f. regla; precepto; estatuto; pauta; menstruación. **/r** tr. reglar; ajustar.
regress/ão f. regresión, vuelta. **/ar** intr. regresar, retroceder. **/o** m. regreso, vuelta.
r/égua f. regla, listón para rayar. **/aguada** f. reglazo.
regueir/a f. reguera, arroyuelo. **/ão** f. reguera grande.
regula/ção f. regulación; norma. **/dor** adj. y m. regulador. **/mentação** f. reglamentación. **/mentar** tr. reglamentar; regular. **/mento** m. reglamento; regulación. **/r** tr. e intr. regular, ajustar; adj. normal; uniforme.

rei m. rey, soberano.
reimpr/essão f. reimpresión. **/imir** tr. reimprimir.
reincid/ência f. reincidencia; pertinacia. **/ir** intr. reincidir.
reincorpora/ção f. reincorporación. **/r** tr. reincorporar.
reino m. reino.
reintegrar tr. reintegrar; reconstruir.
reitor m. rector; párroco. **/ia** f. rectoría.
reivindica/ção f. reivindicación. **/r** tr. reivindicar.
rejei/ção f. recusación. **/tar** tr. desechar, recusar.
rej/ubilar tr. e intr. rejubilar, alegrar. **/úbilo** m. júbilo, gran placer.
rela/ção f. relación; vínculo; correspondencia; relato. **/cionar** tr. y r. relacionar; referir.
rel/âmpado o **/âmpago** m. relámpago; transitoriedad. **/ampaguear** intr. relampaguear, centellear.
relat/ar tr. relatar, narrar; menionar. **/o** m. relato; narración. **/ório** m. relación, descripción.
relax/ação f. relajación, laxitud; dejadez. **/ar** tr. e intr. relajar; laxar; ablandar. **/e** m. relajación.
relé f. ralea; casta, raza.
reler tr. releer.
reles adj. grosero, despreciable.
rele/vação f. relevación; exoneración. **/vância** f. relevancia; ventaja. **/var** tr. e intr. relevar; absolver; excusar; sobresalir. **/(ê)vo** m. relieve, brillo; relevo.
relicário m. relicario.
reli/gião f. religión; doctrina. **/gioso** adj. y m. religioso; devoto; fraile; escrupuloso.
relincho m. relincho.
relíquia f. reliquia.
rel/ógio m. reloj. **/ojoaria** f. relojería.
relut/ação f. reluctancia, oposición. **/ância** f. reluctancia.
reluz/ente adj. reluciente. **/ir** intr. relucir, centellear.
relv/a f. *Bot.* césped. **/ado** m. encespedado. **/ar** tr. e intr. encespedar.
remar intr. *Mar.* remar.
remarcar tr. remarcar; contrastar.
remat/ação f. rematamiento. **/ar** tr. e intr. rematar; finalizar.
rem/ediar tr. remediar, subsanar; corregir; abastecer. **/édio** m. remedio; recurso; auxilio.
rememora/ção f. rememoración. **/r** tr. rememorar, recordar.
remend/ado adj. remendado. **/ar** tr. e intr. remendar. **/o** m. remiendo; enmienda.
remesa f. remesa, envío.
remete/nte adj. y s. remitente. **/r** tr. y r. remitir; aplazar.
remex/er tr. e intr. remecer; agitar; revolver. **/ido** adj. inquieto; bullicioso.
remi/ssão f. remisión; perdón. **/ssível** adj. remisible; disculpable. **/tir** tr. e intr. remitir; restituir.
remo m. remo.
remodela/ção f. reorganización; transformación. **/r** tr. reorganizar; modificar.
remoinho m. remolino; confusión.
remorder tr. remorder; inquietar.
remorso m. remordimiento.
remoto adj. remoto, lejano; olvidado.
remuner/ação f. remune-

ración; paga. **/ar** tr. remunerar; premiar.
rena f. *Zool.* reno.
renasc/ença f. renacimiento. **/entismo** m. renacentismo; época del Renacimiento. **/er** intr. renacer; recurgir. **/imento** m. renacentismo, renacimiento.
rend/a f. encaje, randa. **/eiro** m. encajero; rentista.
rend/er tr. e intr. rendir; entregar; rentar. **/ição** f. rendición; capitulación.
rend/imento m. rendimiento, renta. **/osso** adj. rentoso, lucrativo.
renegar tr. e intr. renegar, abominar; traicionar; olvidar.
renhi/do adj. reñido, disputado. **/r** tr. e intr. reñir, pelear.
renome m. renombre.
reno/vação f. renovación; regeneración. **/var** tr. e intr. renovar.
ren/úncia f. renuncia. **/ unciar** tr. e intr. renunciar, desistir.
reorganiza/ção f. reorganización. **/r** tr. reorganizar.
repara/ção f. reparación; indemnización. **/r** tr. e intr. reparar, restaurar; advertir.
reparti/ção f. repartición; división. **/r** tr. repartir; dividir.
repassar tr. e intr. repasar.
repatria/ção f. repatriación. **/r** tr. repatriar.
repelir tr. repeler; expulsar.
repercu/ssão f. repercusión. **/tir** tr. e intr. repercutir.
repertório m. repertorio; colección.
repet/ente adj. y s. repetidor. **/ir** tr. repetir; reflejar.
repicar tr. repicar; trasplantar.
replanta/ção f. replantación. **/r** tr. replantar.
repleto adj. repleto; abarrotado.
r/éplica f. réplica.**/eplicar** tr. e intr. replicar, contestar.
repor tr. reponer, suplir.
reporta/ção f. reportación; moderación. **/gem** f. reportaje; noticiario. **/r** tr. reportar, reprimir; lograr.
repórter m. repórter, periodista.
reposi/ção f. reposición; restitución. **/tório** adj. repositorio; m. compilación; depósito.
reposteiro m. repostero, cortinaje.
repousar tr. e intr. reposar; yacer.
repovoa/ção f. o **/mento** m. repoblación. **/r** tr. repoblar.
repreen/der tr. reprehender; censurar. **/são** f. reprensión.
represent/ação f. representación; exhibición. **/ar** tr. e intr. representar; simbolizar.
repressão f. represión, cohibición.
reprodu/ção f. reproducción. **/zir** tr. y r. reproducir.
reprov/ação f. reprobación; fig. censura. **/ar** tr. reprobar. **/ável** adj. reprobable.
réptil adj. y s. reptil.
repto m. reto.
rep/ública f. república. **/ublicanizar** tr. republicanizar. **/ublicano** adj. y s. republicano.
rep/udiação f. repudiación. **/udiar** tr. repudiar.
repugn/ância f. repugnancia. **/ar** tr. repugnar.
repuls/ão f. repulsión. **/ar** tr. repulsar; empujar; repeler.

reputa/ção f. reputación. **/r** tr. reputar.
reque/brador adj. y s. requebrador. **/(ê)bro** m. requiebro.
requeijão m. requesón.
requentar tr. recalentar.
requer/edor adj. y s. requeridor. **/er** tr. requerir; solicitar. **/imento** m. requerimiento; solicitud.
requint/ado adj. primoroso; refinado. **/ar** tr. e intr. requintar; excederse.
requisi/ção f. requisición. **/tar** tr. requisar; requerir; solicitar.
rês f. res.
rés adj. y adv. raso.
rescald/ar tr. rescaldar, escaldar. **/o** m. rescaldo.
resci/ndir tr. rescindir; anular; cancelar. **/são** f. rescinsión.
rés-do-chão m. bajo, piso de una casa al nivel de la calle.
reserv/a f. reserva. **/ar** tr. reservar; defender. **/atório** m. reservatorio; recipiente. **/ista** m. reservista.
resf/olegar tr. e intr. respirar; resollar; tomar aliento. **/ôlego** m. resuello. **/o(ô)lgo** m. resuello; descanso.
resfria/do adj. y s. resfriado. **/r** tr. resfriar.
resguard/ar tr. y r. resguardar. **/o** m. resguardo.
resid/ência f. residencia, morada. **/ente** adj. y m. residente. **/ir** intr. residir.
resíduo adj. y m. residuo; sedimentos.
resigna/ção f. resignación; conformidad. **/r** tr. resignar.
resin/a f. resina. **/ar** tr. resinar.
resist/ência f. resistencia; obstinación. **/ente** adj. resistente; duradero. **/ir** intr. resistir.
resma f. resma, quinientas hojas de papel.
resol/ução f. resolución, deliberación. **/ver** tr. resolver; determinar; trasformar.
respe(c)tivo adj. respectivo; propio; recíproco.
respeit/abilidade f. respetar, acatar; soportar. **/ável** adj. respetable; formidable. **/o** m. respeto, sumisión.
respir/ação f. respiración. **/ar** intr. respirar; manifestar. **/o** m. respiro; respiradero; alivio.
respl/andecência f. resplandecencia. **/andecer** intr. resplandecer; florecer. **/ender** intr. resplandecer.
responder. tr. e intr. responder; replicar.
responsabili/dade f. responsabilidad. **/zar** tr. responsabilizar.
resposta f. respuesta, réplica; solución.
ressalt/ar tr. e intr resaltar, realzar; respingar. **/o** m. resalto; saliencia.
ressenti/mento m. resentimiento. **/r** tr. volver a sentir. **/r-se** r. resentirse.
ressurg/ência f. resurgimiento. **/ir** intr. resurgir, reaparecer.
ressu/rreição f. resurrección. **/scitação** f. resurrección; renovación.
restabelecer tr restablecer; renovar.
resta/nte adj. y m. restante. **/r** tr. e intr. restar, sobrar; sobrevivir.
restaur/ação f. restauración. **/ante** adj. y m. restaurante, que restaura; casa de comidas. **/ar** tr. restaurar, arreglar.
restitui/ção f. restitución. **/r** tr. restituir; restablecer.
resto m. resto; resíduo; pl.

ruinas; **—s mortais,** restos mortales.
restri/ção f. restricción; limitación. **/ngência** f. calidad de restringente. **/ngir** tr. restringir, reducir.
resulta/do m. resultado; fin; lucro. **/r** intr. resultar.
resum/ido adj. resumido. **/ir** tr. e intr. resumir; abreviar. **/o** m. resumen; sumario.
resval/adiço adj. y m. resbaladizo; peligroso. **/ar** intr. resbalar.
retaguarda f. retaguardia.
retalh/ador adj. y s. retajador. **/ar** tr. retajar; herir; vender al por menor; dividir. **/o** m. pedazo; fracción; trozo; **/a —,** al por menor.
rete/nção f. retención; reserva. **/r** tr. retener, asegurar; refrenar.
retic/ência f. reticencia; pl. *Gram.* puntos suspensivos. **/enciar** tr. usar de reticencias.
retido adj. retenido, preso.
retina f. *Anat.* retina.
retir/ada f. retirada. **/ar** tr. retirar; desviar. **/o** m. retiro; refugio.
retoque m. retoque.
retor/ção f. retorcedura; objeción. **/cer** tr. retorcer.
retorquir tr. redargüir; objectar.
retor/são f. retorsión. **/ta** f. retorta.
retraçar tr. retazar; volver a trazar.
retra(c)t/ação f. retractación. **/ar** tr. retractar.
retransmi/ssão f. retransmisión. **/tir** tr. retransmitir.
retrat/ar tr. retratar, fotografiar; copiar. **/o** m. retrato; imagen.
retrete f. retrete, sentina.
retribui/ção f. retribución; gratificación. **/r** tr. retribuir.
retroversão f. retroversión.
retrucar tr. retrucar, contestar, replicar.
retumb/ância f. resonancia; atronamiento; alarde; fama. **/ar** tr. e intr. retumbar, atronar.
réu adj. y m. reo, culpable; criminal.
reum/a f. *Pat.* reuma. **/ático** m. reumático. **/atismo** m. reumatismo.
reuni/ão f. reunión. **/r** tr. e intr. reunir; amontonar.
revacina/ção f. revacunación. **/r** tr. revacunar.
revalorização f. revalorización.
revela/ção f. revelación. **/dor** adj. revelador; m. *Fot.* revelador. **/r** tr. revelar; descubrir.
revelia f. *For.* rebeldía, incomparecencia en juicio.
revend/a f. reventa. **/er** tr. revender.
rever tr. e intr. rever; corregir; sospechar; rezumar.
reverde/cer tr. e intr. rejuvenecer; renacer. **/jante** adj. reverdeciente.
rever/ência f. reverencia; mesura. **/enciar** tr. reverenciar. **/endo** adj. y m. reverendo; respetable.
reverso adj. reverso; m. revés.
reverter intr. revertir; devolver; retornar.
revés. m. revés, reverso.
revesti/mento m. revestimiento. **/r** tr. revestir, envolver; adornar.
revezar tr. e intr. revezar, sustituir.
revigorar tr. revigorizar, fortalecer.
revindica/ção f. reivindicación. **/r** tr. reivindicar, reclamar; rehabilitar.

revir/amento m. cambio de opinión; transformación. **/ar** tr. e intr. revirar, cambiar; regresar.
revis/ão f. revisión. **/ar** tr. revisar, corregir. **/or** adj. y m. revisor; corrector. **/ta** f. revista; obra teatral. **/tar** tr. revistar, registrar.
reviv/er intr. revivir, renacer. **/ificar** tr. revivificar, reanimar.
revol/ta f. revuelta, sublevación. **/tar** tr. e intr. revolucionar, sublevar; indignar. **/ução** f. revolución.
revólver m. revólver.
reza f. rezo, oración. **/r** tr. e intr. rezar; orar; refunfuñar.
ria f. ría; ensenada. **/cho** m. riachuelo, río pequeño.
riba f. riba; despeñadero.
ribanceira f. ribazo; despeñadero.
ribeir/a f. ribera; riachuelo. **/inho** adj. y m. ribereño, marginal. **/o** m. riachuelo.
rico adj. y m. rico, adinerado; abundante; magnífico; feliz.
ricoche(ê)te m. rebote, rechazo; vuelta.
rifa f. rifa, sorteo.
rifão m. refrán, sentencia, adagio.
rifar tr. rifar, sortear.
rifle m. rifle (fusil).
r/ígido adj. rígido, duro; austero. **/igor** m. rigor, severidad. **/ijo** adj. rígido; fuerte.
rim m. *Anat.* riñón.
rima f. rima; montón, pila; grieta, abertura. **/r** tr. e intr. rimar, versificar; corresponder, armonizar.
rinha f. riña, lucha. **/r** intr. luchar (los gallos).
rinoceronte m. *Zool.* rinoceronte.
rio m. río; fig. abundancia.
ripostar intr. replicar; responder.
riqueza f. riqueza; opulencia; lujo.
ri/r intr. reír; chancear; m. risa. **/sada** f. risada, carcajada.
risc/a f. trazo; surco; línea. **/ar** tr. e intr. rayar; inutilizar; prohibir. **/o** m. raya, línea; plano, planta; peligro.
ris/o m. risa; mofa, vejación; alegría. **/onho** adj. risueño; alegre.
ríspido adj. ríspido, severo.
ritmo m. ritmo; cadencia.
rit/o m. rito; ceremonial; secta. **/ual** adj. y m. ritual; ceremonial.
rival adj. y s. rival; adversario. **/izar** intr. rivalizar.
rixa f. riña, contienda. /
roble m. Bot. roble.
robor/ação f. roboración; confirmación. **/ar** tr. roborar; fortificar; ratificar.
robust/ecer tr. e intr. robustecer; corroborar. **/o** adj. robusto; valiente.
roca f. rueca para hilar; roca, peñasco.
rocambolesco adj. rocambolesco; aventurero.
roça/mento m. rozamiento, roce. **/r** tr. e intr. rozar; desgastar; fregar.
rocega f. *Mar.* rastreo. **/r** tr. rastrear.
roch/a f. roca; peñasco; dureza. **/edo** m. roquedo, peñasco.
rocio m. rocío; orvallo.
rod/a f. rueda; círculo. **/agem** f. rodaje. **/apé** m. rodapié; friso. **/ar** tr. rodar, rodear. **/ear** tr. e intr. rodear; circundar. **/eio** m. rodeo; vuelta; subterfugios. **/ilha** f. rodilla; aljofifa.
redopi/ar intr. remoli-

near. **/o** m. remolino; vértigo.
rodovia f. carretera; camino.
roe/dor adj. roedor; m. pl. *Zool.* roedores. **/r** tr. roer; consumir.
roga/ção f. rogación, súplica. **/r** tr. e intr. rogar, suplicar.
rol m. rol, relación, lista.
ro(ô)la f. *Zool.* tórtola.
roldana f. roldana; polea.
ro(ô)lha f. tapón; fig. tunante. **/r** tr. entaponar, encorchar (botellas).
ro(ô)lo m. rollo, cilindro; mechón de pelo; desorden, motín.
romagem f. peregrinación, romería.
romanc/e m. adj. y m. romance; novela; fantasía. **/ear** tr. e intr. romancear; novelar. **/eiro** m. romancero. **/ismo** m. romanticismo.
rom/ânico adj. románico; neolatino. **/anizar** tr. e intr. romanizar. **/ano** adj. y s. romano.
rom/anticismo m. romanticismo. **/ântico** adj. y m. romántico; sentimental; novelesco.
romaria f. romería; multitud.
romãzeira f. *Bot.* granado.
ronca f. ronquido; bravata; criticar. **/r** intr. roncar; resollar.
ronco m. ronco, ronquido; gruñido.
rond/a f. ronda; patrulla. **/ar** tr. rondar; vigilar.
ros/a f. *Bot.* rosa; **— -dos-ventos,** rosa de los vientos. **/áceas** f. pl. *Bot.* rosáceas. **/al** m. rosaleda.
rosário m. rosario.
rosbife m. rosbif.
roscar; atornillar.
rose/ira f. *Bot.* rosal. **/iral** m. rosaleda.
rosn/ado m. rezongo. **/ar** tr. e intr. roznar, rezongar; gruñir; criticar.
rossio m. plaza pública espaciosa.
rost/o m. rostro, cara; frente; **— a —,** cara a cara. **/ro** m. rostro, pico del ave; hocico.
rota f. ruta, dirección; pelea.
rota/ção f. rotación; ciclo. **/r** intr. rodar, girar. **/tiva** adj. y f. rotativa (máquina de imprimir).
rotin/a f. rutina. **/eiro** adj. y m. rutinero, rutinario.
ro(ô)to adj. y m. roto; rasgado; andrajoso.
r/ótula f. *Anat.* rótula.
r/otulagem f. rotulación. **/ótulo** m. rótulo, letrero.
rotunda f. rotonda.
roub/ar tr. robar; plagiar. **/o** m. robo.
roup/a f. ropa, vestuario. **/ão** m. ropón. **/eiro** m. ropero.
rouqu/eira f. ronquera. **/ejar** intr. ronquear; rugir.
rouxinol m. *Zool.* ruiseñor.
rox/ear tr. purpurear, amoratar. **/o** adj. y s. violado, amoratado.
rua f. calle; fig. plebe.
rubi m. *Min.* rubí.
rub/ificar tr. rubificar. **/im** m. rubí, piedra preciosa. **/or** m. rubor; timidez. **/orizar** tr. ruborizar.
rubrica f. rúbrica; título. tr. rubricar; firmar.
rubro adj. rubro, rojo.
ruç/ar tr. hacer parduzco; envejecer. **/o** adj. y m. pardusco; descolorido.
rud/e adj. rudo; grosero; violento. **/eza** f. rudeza, grosería.
rufi/a m. rufián; perverso. **/ão** m. rufián; chulo,

fadista. **/ar** intr. rufianear.
ruga f. arruga, pliegue. **/r** tr. rugar, arrugar.
rugi/do m. rugido. **/r** tr. e intr. rugir (el león); resonar.
rugos/idade f. rugosidad. **/o** adj. rugoso.
ruim adj. ruin; vil; malo.
ru/ína f. ruina; destrucción. **/inoso** adj. ruinoso. **/ir** intr. caer, despeñarse; arruinarse.
ruiv/a f. *Bot.* rubia; mujer rubia. **/o** adj. y m. rubio, rubicán; pelirrojo.
rum m. ron (bebida).
rumi/ar tr. e intr. rumiar. **/nação** f. rumiadura; masticación. **/nar** tr. e intr. rumiar; fig. reflexionar; planear.
rumo m. *Mar.* rumbo; dirección.
rumor m. rumor; murmullo.
rural adj. rural, campestre.
rusga f. redada (de la policía); desorden.
r/usticar intr. rusticar. **/ústico** adj. y m. rústico; grosero; campesino.
r/utilação f. rutilación, brillo. **/utilar** tr. e intr. rutilar, brillar.
rutina f. *Quím.* rutina.

S

sã adj. sana, saludable; sincero; entero.
sábado m. sábado, séptimo día de la semana; fig. orgía; confusión.
sabão m. jabón; reprensión.
sabati/na f. sebatina, oficio divino; sabatina, lección; riña. **/no** adj. sabatino.
sabe/dor adj. y m. sabedor. **/r** tr. e intr. saber; entender; conocer.
sábio adj. y m. sabio, perito.
sabo/aria f. jabonería. **/nete** m. jabonete, jabón de tocador; reprimenda.
sabor m. sabor, paladar; índole. **/ear** tr. saborear.
sabota/gem f. sabotaje. **/r** tr. sabotear.
sabre m. sable (arma blanca). **/-baioneta** m. sable bayoneta.
sacan/a m. pillo, granuja; canalla. **/ice** f. bellaquería; truhanería.
sacar tr. e intr. extraer; librar.
sacar/ímetro m. *Quím.* sacarímetro. **/ina** f. sacarina.
saca-rolhas m. sacacorchos; tirabuzón.
sacerd/ócio m. sacerdocio. **/otal** adj. sacerdotal; sagrado. **/ote** m. sacerdote.
sach/a f. *Agr.* sacho; escarda. **/ador** adj. y m. sachador; escardador. **/ar** tr. sachar. **/o** m. sacho, picaza.
saciar tr. saciar; hartar.
saco m. saco; bolsa; macuto; hábito.
sacr/amentado adj. sacramentado. **/amental** adj. sacramental; obligatorio.
sacri/ficado adj. sacrificado; resignado. **/ficar** tr. e intr. sacrificar, inmolar; renunciar. **/fício** m. sacrificio; inmolación. **/légio** m. sacrilegio.
sacr/ista m. sacrista. **/istão** m. sacristán. **/istia**

f. sacristía. **/o adj.** sacro, sagrado; respetable.
sacudi/dela f. sacudida. **/r** tr. sacudir; menear; expulsar.
sádico adj. y m. sádico.
sadio adj. sano; saludable.
sadismo m. sadismo; crueldad.
safa/não m. sacudidón; bofetón. **/r** tr. extraer; borrar; desembarazar.
safio m. *Zool.* zafio, especie de congrio.
safira f. *Min.* zafir, zafiro.
saga/cidade f. sagacidad; astucia. **/z** adj. sagaz, astuto.
sagital adj. *Bot.* sagital, sagitado.
sagra/ção f. consagración. **/do** adj. y m. sagrado; inviolable. **/r** tr. consagrar; santificar; bendecir.
saguão m. zaguán, patio que sirve de vestíbulo.
saia f. saya, falda.
saíd/a f. salida; exportación; ocurrencia. **/o** adj. salido; ausente; experto.
sair tr. e intr. salir; ausentarse; separarse.
sal m. *Quím.* sal; fig. chiste; malicia.
sala f. sala, salón.
salad/a f. ensalada; confusión. **/eira** f. ensaladera.
salão m. salón, sala grande.
sal/ariado m. salariado. **/ário** m. salario, jornal.
salchicha f. salchicha.
sald/ar tr. saldar. **/o** m. saldo, diferencia; ajuste de cuentas.
saleiro m. salero.
salga/ção f. salazón, saladura. **/deira** f. saladero; *Bot.* saladilla. **/do** adj. y m. salado; chistoso. **/r** tr. e intr. salar.
sali/ência f. saliencia; protuberancia. **/entar** tr. destacar; sobresalir.
sali/ficação f. salificación. **/na** f. salina, mina de sal. **/neiro** adj. y m. salinero.
salitre m. *Quím.* salitre.
saliva f. saliva; baba. **/ção** f. salivación.
salmão m. **Zool.** salmón.
salmoira f. salmuera.
salobr/e o **/o** adj. salobre, salino.
saloi/ada f. grupo de aldeanos; grosería. **/o** adj. y m. aldeano, campesino; rústico.
salpic/ado adj. salpicado, matizado. **/ar** tr. salpicar; manchar.
salsa f. *Bot.* perejil.
salsaparrilha f. *Bot.* zarzaparrilla.
salsich/a f. salchicha, chorizo. **/ão** m. salchichón.
salt/ada f. salto; embestida. **/ar** tr. e intr. saltar; omitir; brotar. **/eador** adj. y m. salteador, ladrón.
saltimbanco m. saltimbanco; truhán.
salt/itar intr. salticar. **/o** m. salto; tacón del calzado; cascada.
salubr/e adj. salubre. **/idade** f. salubridad.
salutar adj. saludable, salubre, beneficioso.
salva/ção f. salvación; salutación. **/dor** adj. y m. salvador. **/guardar** tr. salvaguardar; patrocinar. **/mento** m. salvamento; buen éxito. **/r** tr. salvar; saludar.
salva-vidas m. *Mar.* salvavidas.
samarra f. zamarra, prenda de vestir de piel.
samba m. *Mús.* samba, baile popular brasileño. **/r** intr. bailar la samba.
sana/ção f. cura; término. **/r** tr. sanar; curar; remediar. **/tório** m. sanatorio.

san/ção f. sanción; **confirmación.** **/cionar** tr. sancionar; aprobar.
sandália f. sandalia; abarca.
sanduíche f. bocadillo.
sanea/dor adj. y s. saneador. **/mento** m. saneamiento; reparación. **/r** tr. sanear; reparar; **— um erro,** reparar un error.
sang/rar tr. e intr. sangrar; atormentar; matar; extraer. **/ria** f. sangría. **/ue** m. *Anat.* sangre; menstruación; jugo.
sanguessuga f. *Zool.* sanguijuela.
sangu/inário adj. sanguinario; cruel. **/íneo** adj. y m. sanguíneo.
sanidade f. sanidad.
sant/a adj. y f. santa; hosantón. **/arrão** m. santurrón. **/idade** f. santidad. **/ificar** tr. santificar, canonizar. **/o** adj. y s. santo, sagrado; puro.
santola f. *Zool.* centolla.
sant/oral m. santoral; recto. **/uário** m. santuario.
são adj. y s. sano; recto, justo; santo.
sapa f. zapa. **/dor** m. *Mil.* zapador. **/r** intr. zapar.
sapat/aria f. zapatería. **/eiro** m. zapatero. **/o** m. zapato.
sapi/ência f. sapiencia. **/ente** adj. sapiente.
sapo m. *Zool.* sapo.
saponária f. *Bot.* saponaria.
saque s. saque; saqueo; letra de cambio girada. **/ador** adj. y s. saqueador. **/ar** tr. saquear. **/io** m. saqueo.
saraiva f. pedrisco; granizo. **/r** tr. granizar.
sarampo m. *Med.* sarampión.
sarapinta/do adj. pintado o mezclado con varios colores; moteado. **/r** tr. salpicar de pintas o motas.
sarar tr. sanar; corregir.
sarau m. sarao.
sargasmo m. sarcasmo.
sarcófago m. sarcófago.
sarcoma m. *Pat.* sarcoma.
sarda f. peca; *Zool.* sarda.
sardão m. *Zool.* lagarto.
sardento adj. pecoso.
sardinh/a f. *Zool.* sardina. **/eira** f. sardinera; *Bot.* geranio.
sargento m. *Mil.* sargento.
sarjeta f. cuneta de la calle; arroyo; albañal, reguera.
sarment/áceo adj. *Bot.* sarmentáceo; sarmentoso. **/o** m. sarmiento.
sarna f. *Med.* sarna.
sarro m. sarro; sedimento.
sartã f. sartén.
Sat/ã m. Satán, Satanás. **/anás** m. Satanás. **/ânico** adj. satánico, infernal, diabólico.
satélite m. *Astr.* satélite.
s/átira f. *Ret.* sátira; ironía. **/atírico** adj. y s. satírico. **/átiro** m. sátiro.
satisfa/ção f. satisfacción; alegría; expiación. **/zer** tr. satisfacer; liquidar; solucionar.
satura/ção f. saturación. **/r** tr. saturar; saciar.
sauda/ção f. salutación; cumplimientos. **/de** f. nostalgia, añoranza. **/r** tr. saludar; aclamar; m. saludo.
sa/udável adj. saludable; beneficioso. **/úde** f. salud; robustez; **casa de —,** clínica, hospital.
saxão adj. y s. sajón.
saz/ão f. sazón; madurez; oportunidad. **/onar** tr. sazonar.
se pron. si, a sí.

sé f. sede catedral, iglesia episcopal.
seara f. campo sembrado de cereales.
sebe f. sebe, seto.
sebenta f. apuntes.
seb/ento adj. sebáceo, sucio. **/o** m. sebo; grasa.
se/(ê)ca f. seca; sequía; fig. importunación. **/cadoiro** m. secadero. **/car** tr. e intr. secar; marchitar; molestar; adelgazar.
se(c)ção f. sección.
se(ê)co adj. y s. seco; marchito; bajío.
secreção f. secreción.
secret/aria f. secretaría. **/ário** m. secretario.
secreto adj. secreto.
secta f. secta. **/rismo** m. secretarismo.
se(c)tor m. sector.
secular adj. y m. secular.
século m. siglo; vida secular.
secund/ar tr. secundar; repetir. **/ário** adj secundario.
se(ê)da f. seda.
se(ê)de f. sed; avidez; pequeña porción; centro; sede; sequedad; asiento; silla; poyo.
sedi/ção f. sedición. **/cioso** adj. y s. sedicioso, insubordinado.
sediment/ação f. sedimentación. **/ar** intr. sedimentar; adj. sedimentario.
sedu/ção f. seducción. **/zir** tr. seducir.
se/(ê)ga f. siega; reja del arado. **/gar** tr. segar.
segment/ação f. segmentación. **/o** m. segmento.
segre/dar tr. e intr. secretear. **/(ê)do** m. secreto.
segrega/ção f. segregación, apartamiento. **/r** tr. segregar; desligar.
segui/mento m. seguimiento. **/nte** adj. y s. siguiente. **/r** tr. e intr. seguir, acompañar; observar.
segunda-feira f. lunes.
segur/ação f. seguridad. **/ar** tr. asegurar, afirmar. **/idade** f. seguridad. **/o** adj. y m. seguro; prudente; protección.
seio m. seno; fig. corazón; profundidad.
seira f. sera.
seita f. secta; partido.
seiva f. *Bot.* savia; fuerza; sangre.
sela f. silla de montar
sela/dor adj. y m. sellador. **/r** tr. sellar; ensillar.
sele(c)/ção f. selección. **/cionador** adj. y m. seleccionador. **/cionar** tr. seleccionar. **/to** adj. selecto; escogido; extra.
selim m. sillín, silla de montar.
se(ê)lo m. sello; estampilla; señal, marca.
selva f. selva, bosque. **/gem** adj. y s. salvaje; bravío; inculto.
sem prep. sin; — **mais**, sin más.
semáforo m. semáforo; poste de señales.
seman/a f. semana. **/al** adj. semanal. **/ário** adj. y m. semanario.
semântica f. semántica.
semea/ção f. sembradura. **/dor** adj. y m. sembrador; propagandista. **/r** tr. sembrar; propagar.
semelha/nça f. semejanza; analogía. **/r** intr. semejar comparar.
s/émen m. semen, esperma; semilla. **/emente** f. semilla; germen. **/ementeira** f. sementera; vivero; origen.
semestre m. semestre; adj. semestral.
semicírculo m. *Geom.* semicírculo.
semin/ário m. seminario. **/arista** m. seminarista.

semioficial adj. casi oficial.
semi-re(c)ta f. *Geom.* semirrecta.
semita s. semita, judío.
sempre adv. siempre, eternamente; realmente.
senado m. senado.
senão conj. sino, cuando no, pero; m. defecto, falta; pl. inconvenientes.
sendeiro adj. burro o caballo viejo; m. sendero; fig. despreciable.
senha f. seña; contraseña.
senhor m. señor. **/a** f. senhora. **/io** m. señorío. **/ita** f. señorita.
senil adj. senil.
seno m. seno.
sensabor adj. y s. sinsabor; insípido.
sensa/ção f. sensación. **/cional** adj. sensacional.
sensibili/dade f. sensibilidad. **/zar** tr. sensibilizar.
sensual adj. sensual. **/idade** f. sensualidad.
sentar tr. y r. sentar; sentarse; fijarse.
senten/ça f. sentencia. **/ciar** tr. sentenciar.
sentiment/al adj. sentimental. **/alismo** m. sentimentalismo. **/o** s. sentimiento.
sentina f. sentina.
sentinela f. centinela.
sentir tr. sentir m. sentimiento.
senzala f. aldea o cabaña de negros; fig. algazara.
separ/ação f. separación. **/ar** tr. y r. separar; divorciarse. **/atismo** m. separatismo.
sepul/cral adj. sepulcral. **/cro** m. sepulcro. **/tar** tr. sepultar. **/tura** f. sepultura.
sequ(ü)ência f. seguimiento; persecución; continuación; escala.
sequer adv. siquier, siquiera.
sequ(ü)estr/ação f. secuestración. **/ar** tr. secuestrar; aislar; raptar. **/o** m. secuestro, rapto; clausura.
séquito m. séquito, cortejo.
ser intr. ser; existir, vivir; acontecer.
serão m. velada, tertulia.
serapilheira f. arpillera (tejido).
sereia f. *Mit.* sirena.
serenar tr. e intr. serenar, acalmar.
serenata f. *Mús.* serenata.
sereno adj. y m. sereno; claro; tranquilo; relente, humedad de la noche; vigilante.
série f. serie; sucesión.
seriedade f. seriedad.
sering/a f. jeringa. **/ar** tr. jeringar; inyectar.
sério adj. y m. serio; sensato; majestuoso.
sermão m. sermón; reprensión.
serpentária f. *Bot.* serpentaria.
serpente f. *Zool.* serpiente. **/ar** intr. serpentear.
serpentina f. serpentina.
serra f. sierra. **/dor** adj. y s. serrador, aserrador.
serr/ania f. serranía. **/ano** adj. y s. serrano.
serrar tr. e intr. serrar, aserrar. **/ia** f. aserradero.
sertã f. sartén.
sert/anejo adj. y s. habitante de una región interior y salvaje; rudo; habitante del **sertão. /ão s.** lugar muy apartado de la costa y salvaje; floresta.
serv/a f. sierva; criada. **/içal** adj. y s. servicial; criado. **/iço** m. servicio; servidumbre; vajilla. **/idão** f. servidumbre; esclavitud. **/il** adj. servil;

adulador. **/ir** tr. servir; convenir. **/o** m siervo; criado.
sessão f. sesión.
sessenta num. sesenta.
seta f. saeta; flecha; seta.
seteir/a f. saetera. **/o** adj. y s. saetero.
setembro s. septiembre.
setentrional adj. septentrional.
seu pron. o adj. poses. su, suyo; de él, de ella, de ellos; vuestro, vuestra.
sever/idade f. severidad. **/o** adj. severo.
sexagésimo adj. y s. sexagésimo.
sexo m. sexo.
sexta f. sexta. **/-feira** f. viernes.
sexual adj. sexual. **/ismo** s. sexualismo.
si pron. pers. sí; s. *Mús.* si.
siá f. *Bras.* señora, ama.
siamês adj. y s. siamés.
sibil/ação s. sibilación. **/ar** intr. silbar.
sid/eração f. *Astr.* sideración. **/eral** adj. sideral. **/erar** tr. fulminar; dictar sentencias.
sidra f. sidra (vino).
sifão m. *Fís.* sifón.
sífilis f. *Med.* sífilis.
sigil/ação f. sigilación. **/o** m. sigilo; silencio; secreto.
signa f. marca; bandera; insignia.
sign/ificação f. significación, sentido. **/ificar** tr. significar; manifestar. **/o** m. *Astr.* signo; horóscopo.
s/ílaba f. *Gram.* sílaba. **/ilabação** f. silabeo. **/ilábico** adj. silábico.
sil/enciar tr. e intr. silenciar. **/êncio** m. silencio; secreto.
silhueta f. silueta.
silv/estre adj. silvestre, selvático. **/icultor** m. silvicultor. **/icultura** f. silvicultura.
silvo m. silbido, silbo.
sim adv. si; anuencia.
s/imbólico adj. simbólico; alegórico. **/imbólizar** tr. e intr. simbolizar. **/ímbolo** m. símbolo; emblema; divisa.
simetri/a f. simetria, armonía. **/zar** tr. e intr. disponer o tener simetría.
s/ímil adj. y s. simil, semejante. **/imilar** adj. y m. similar.
simp/lezó(ô)metro m. *Fís.* simplezómetro. **/licidade** f. simplicidad; franqueza. **/lificar** tr. simplificar. **/lório** adj. y s. simplón, papanatas.
simula/ção. f. simulación. **/r** tr. simular; disfrazar.
simultâneo adj. simultáneo.
sina f. sino, destino, suerte.
sinagoga f. sinagoga.
sinal m. señal; cicatriz; marca; — **-da-cruz,** señal de la cruz. **/eiro** m. el que hace señales; guardia del tráfico. **/izar** tr. e intr. señalar.
sinapismo m. *Med.* sinapismo, cataplasma.
sincer/idade f. sinceridad; franqueza. **/o** adj. sincero; leal.
sincip/ital adj. *Anat.* sincipital. **/úcio** m. sincipucio.
síncope f. *Pat.* síncope.
sincr/ó(ô)nico adj. sincrónico. **/onismo** m. sincronismo; simultaneidad. **/onizar** tr. sincronizar.
sindica/ção f. inquérito, investigación; sindicación. **/do** adj. y m. inquirido, procesado; funciones de síndico. **/l** adj. sindical. **/lismo** m. sindicalismo. **/r** tr. e intr. sindicar; averiguar; procesar. **/to** m. sindicato.
síndroma f. *Méd.* síndrome.

sinf/onia f. sinfonía; armonía. **/ó(ô)nico** adj. sinfónico.
singel/ez f. sencillez, simplicidad; inocencia. **/o** adj. sencillo; sincero; natural.
singrar intr. singlar, navegar a vela; proseguir.
singular adj. singular; único, solo; extraño; notable.
sinh/á f. *Bras.* señora; ama. **/àzinha** f. señorita. **/ô** m. señor; amo.
sinistra f. siniestra, izquierda.
sinistr/ado adj. y m. siniestrado; averiado. **/ar** intr. sufrir un siniestro; perderse. **/o** adj. y m. siniestro, izquierdo; desastre; naufragio.
sino m. campana.
sínodo m. sínodo, concilio de eclesiásticos.
sinó(ô)nimo adj. y m. sinónimo; equivalente.
sin/opse f. sinopsis; sumario; síntesis. **/óptico** adj. sinóptico; resumido.
sintaxe f. *Gram.* sintaxis.
s/íntese f. síntesis; unión; reunión. **/intetizar** tr. sintetizar; condensar.
sintoniza/ção f. sintonización. **/r** tr. sintonizar.
sinuos/idade f. sinuosidad; curva; evasiva. **/o** adj. sinuoso.
sinusite f. *Pat.* sinusitis.
sisa f. sisa (impuesto).
sisal m. *Bot.* sisal, fibra de la pita.
sism/o m. seismo, temblor de tierra. **/ografia** f. sismografía. **/ógrafo** m. sismógrafo. **/ó(ô)metro** m. sismómetro, sismógrafo.
sistema m. sistema; método. **/tizar** tr. sistematizar; ordenar; resumir.
sitia/do adj. y s. sitiado, cercado. **/r** tr. sitiar, asediar.
sítio m. sitio, lugar; cerco.
situa/ção f. situación. **/r** tr. situar, colocar.
só adj. y adv. solo; sólo.
soalh/ar tr. solear; solar; divulgar. **/eira** f. solana; calor; ardor del sol.
soalho m. entarimado, pavimento de madera, suelo.
soar intr. sonar; divulgarse.
sob prep. bajo, debajo.
sobej/ar tr. sobrar. **/o** adj. sobrado; m. pl. restos.
soberan/ia s. soberanía. **/o** adj. y m. soberano; poderoso.
soberb/a f. soberbia; arrogancia. **/ia** f. soberbia.
sobra f. sobra, demasía; hartura; pl. restos.
sobrado adj. y m. sobrado; demasiado; piso, suelo.
sobrancelha f. *Anat.* ceja.
sobrar intr. sobrar, superabundar.
so(ô)bre prep. sobre, encima de; además; a cargo de.
sobreapelido m. segundo apellido.
sobrecâmara f. sobrecámara; sótano; buhardilla.
sobrecarregar tr. sobrecargar; humillar.
sobrecasaca f. levita.
sobredito adj. sobredicho, arriba dicho.
sobrerguer tr. sobrealzar.
sobreloja f. *Arq.* entresuelo.
sobremesa f. sobremesa; postre.
sobrenatural adj. y m. sobrenatural; milagroso.
sobrenome m. sobrenombre, apellido.
sobrepor intr. sobreponer; añadir.
sobrescr/ever tr. sobrescribir. **/ito** m. sobrescrito, sobre; dirección.
sobressalt/ar tr. sobresaltar, acometer; sorpren-

der. **/o** m. sobresalto; temor; agitación.
sobretaxa f. sobretasa, tasa adicional.
sobretudo m. sobretodo, abrigo, gabán; adv. sobre todo, especialmente.
sobrevive/nte adj. y m. sobreviviente. **/r** intr. sobrevivir.
sobrev/oar tr. sobrevolar. **/o(ô)o** m. sobrevuelo.
sobridade f. sobriedad; moderación; reserva.
sobrinho m. sobrino.
sóbrio adj. sobrio.
sobrolho m. ceja.
soci/al adj. social. **/alismo** m. socialismo. **/alista** adj. y s. socialista. **/edade** f. sociedad.
sócio m. socio.
sociologia f. sociología.
socorr/edor adj. y s. socorredor. **/er** tr. y r. socorrer. **/o** s. socorro.
soda f. soda.
soez adj. soez.
sofá m. sofá.
sofisma m. sofisma.
sofr/er tr. sufrir. **/ível** adj. sufrible.
sogro m. suegro.
soja f. *Bot.* soja.
sol m. sol.
sola f. suela.
solar adj. y s. solar.
soldado adj. y s. soldado.
solda/dor adj. y s. soldador. **/gem** s. soldadura. **/r** tr. soldar.
so(ô)ldo m. sueldo.
solen/e adj. solemne. **/izar** tr. solemnizar.
solf/a f. solfa. **/ejar** tr. e intr. solfear. **/ejo** m. solfeo.
sol/icitação f. solicitación. **/icitar** intr. solicitar. **/icitude** f. solicitud.
solidão f. soledad.
solidari/edade f. solidaridad. **/zar** tr. solidarizar.
solid/ez f. solidez. **/ificar** tr. y r. solidificar.
sólido adj. sólido.
solitária f. solitaria, tenia.
solitário adj. y s. solitario.
solo m. suelo; solo; terreno arable.
soltar tr. y r. soltar.
solteir/ão adj. y s. solterón. **/o** adj. y s. soltero.
solução f. solución; desenlace.
soluço m. sollozo; gemido.
solv/ência f. solvencia. **/er** tr.. solver; solventar; disolver; saldar.
som m. son, sonido.
soma f. suma; cantidad. **/r** tr. e intr. sumar; reunir.
sombr/a f. sombra; oscuridad; silueta; mancha. **/ejar** tr. e intr. sombrear. **/inha** f. sombrilla. **/io** adj. y m. sombrío; oscuro; triste; severidad.
sòmente adv. solamente.
son/ambulismo m. somnambulismo. **/âmbulo** adj. y s. somnámbulo.
sonância f. sonancia; armonía.
sonda f. sonda. **/r** tr. sondar; investigar.
sonega/ção f. ocultación. **/r** tr. ocultar; encubrir.
sonh/ar tr. e intr. soñar; pensar. **/o** m. sueño.
son/ífero adj. y m. somnífero. **/o** m. sueño; indolencia. **/olência** f. somnolencia; letargo.
sono/metria f. *Fís.* sonometría. **/rizar** tr. sonorizar. **/ro** adj. sonoro, vibrante; melodioso.
sons/ice f. fingimiento; picardía, astucia. **/o** adj. disimulado, cazurro.
sopa f. sopa; pop. criada.
sopé m. base de un monte, falda.
sopeira f. sopera (vasija); sirvienta.
sopor m. *Pat.* sopor; somnolencia. **/ífero** adj. soporífero.

sopra/no m. *Mús.* **sopra**no, tiple. **/r** tr. e intr. soplar; insinuar.
so(ô)pro m. soplo; aliento; insinuación.
sor m. sor, síncopa de señor; hermana religiosa.
sorn/a f. sorna, indolencia. **/ar** intr. sornar; dormir.
so(ô)ro m. suero.
sorri/dente adj. sonriente; alegre. **/r** intr. sonreir; prometer. **/so** m. sonrisa.
sorte f. suerte; fortuna. / **/io** m. sorteo, rifa.
sortido adj. y m. surtido, variado; suministrado.
sortilégio m. sortilegio; hechicería.
sorve/doiro o **/douro** m. sumidero; abismo; remolino. **/r** tr. sorber; chupar; absorber; sumergir.
sorvete m sorbete, helado. **/ira** f. sorbetera.
sostenido adj. *Mús.* sostenido.
sotaina f. sotana, traje talar; m. sacerdote.
sótão m. buhardilla, sotabanco; prov. sótano, habitación subterránea.
sotavento m. *Mar.* sotavento.
soterr/âneo adj. y m. subterráneo. **/ar** tr. soterrar, enterrar.
souto m. soto; mata, bosque; castañal.
sova f. soba, tunda, paliza.
sovaco m. *Anat.* sobaco, axila.
sovar tr. sobar; golpear; amasar; pisar.
sovela f. subilla, lezna (de zapatero). **/r** tr. agujerear con lezna.
sovietismo m. sovietismo, bolchevismo.
sua adj. y pron. pos. suya, su.
sua/do adj. sudado. **/r** tr. e intr. sudar; gotear; destilar.
suav/e adj. suave; apacible; dulce. **/idade** f. suavidad.
subaltern/ar tr. e intr. subalternar. **/o** adj. y m. subalterno.
subaquático adj. subacuático.
subaxilar adj. *Anat.* subaxilar.
subchefe m. subjefe.
subcomiss/ão f. subcomisión. **/ário** m. subcomisario.
subcutâneo adj. y m. subcutáneo.
subdire(c)/ção f. subdirección. **/tor** m. subdirector.
súbdito adj. y s. súbdito; vasallo.
subdivi/dir tr. subdividir. **/são** f. subdivisión.
subir tr. e intr. subir; crecer.
subjacente adj. subyacente.
subjuntivo adj. *Gram.* subjuntivo.
subleva/ção f. sublevación, rebelión. **/r** tr. sublevar; amotinar.
sublima/ção f. sublimación; volatilización. **/r** tr. sublimar; purificar.
sublinhar tr. subrayar.
subm/arino adj. y m. *Mar.* submarino. **/ergir** tr. sumergir; inundar. **/erso** adj. submerso; inundado; oculto.
submeter tr. someter; subyugar.
subministra/ção f. suministración. **/r** tr. suministrar.
submissão f. sumisión; obediencia.
subordina/ção f. subordinación. **/r** tr. subordinar; sujetar.
suborn/ação f. sobornamiento. **/o** m. soborno.
sub-raça f. subraza.
sub-roga/ção f. subroga-

ción. **/r** tr. subrogar; transferir.
subscr/ever tr. e intr. suscribir, firmar; acceder. **/ ição** f. subscripción; abono. **/itor** adj. y m. subscritor; accionista.
subsist/ência f. subsistencia. **/ir** intr. subsistir; persistir.
subsolo m. subsuelo.
subst/ância f. substancia; naturaleza; concepto. **/ ancial** adj. y m. sustancial, esencial. **/anciar** tr. sustanciar; extractar; fortalecer.
substantivo adj. y m. *Gram.* substantivo.
substitu/ição f. substitución. **/ir** tr. substituir. **/to** adj. y s. substituto; suplente.
subterfúgio m. subterfugio; evasiva.
subterr/âneo adj. y m. subterráneo sótano. **/ar** tr. soterrar.
subtil adj. subtil, sutil, delicado; hábil. **/eza** f. sutileza; astucia.
subtítulo m. subtítulo.
subtra/(c)ção f. substracción; disminución; privación. **/ir** tr. substraer, sacar, disminuir; robar.
subver/são f. subversión, revuelta; destrucción. **/ ter** tr. subvertir; desordenar.
sucat/a f. chatarra; cosa inútil. **/eiro** m. chatarrero; chapucero.
su(c)ção f. succión, absorción.
suce/der intr. suceder; ocurrir, acontecer. **/ssão** f. sucesión, continuación; herencia; generación.
sucesso m. suceso; caso; parto. **/r** adj. y m. sucesor; heredero.
suco m. suco, zumo, jugo.
sucul/ência f. suculencia. **/ento** ad. suculento; substancial.
sucumbir intr. sucumbir, desfallecer; entregarse.
sucursal ad. sucursal, filial.
sud/ação f. *Med.* sudación; sudadero. **/ário** m. sudario; mortaja.
sud/este m. Sudeste, Sueste. **/oeste** m. Sudoeste.
suest/ada f. viento del Sudeste. **/e** adj. y m. Sueste, Sudeste.
sufici/ência f. suficiencia; aptitud. **/ente** adj. y m. suficiente; apto.
sufixo m. *Gram.* sufijo.
sufoca/ção f. sufocación, asfixia. **/r** tr. e intr. sufocar, ahogar; oprimir.
sufr/agar tr. sufragar; proteger. **/ágio** m. sufragio; ayuda; adhesión.
suga/ção f. succión. **/r** tr. chupar; absorber.
suge/rir tr. sugerir; aconsejar; inspirar. **/stão** f. sugestión; inspiración. **/stionar** tr. sugestionar; inspirar.
suíças f. pl. patillas.
suic/ida adj. y s. suicida. **/ídio** m. suicidio.
sujar tr. e intr. ensuciar; manchar.
sujei/ção f. sujeción; vasallaje. **/tar** tr. sujetar; subyugar; fijar.
suj/idade f. suciedad, porquería; basura. **/o** adj. sucio; deshonesto.
Sul m. Sur, Sud, mediodía. **/-africano** adj. y m. sudafricano. **/-americano** adj. y m. sudamericano.
sulca/dor adj. y m. surcador. **/r** tr. surcar; labrar.
sulfat/ar tr. sulfatar. **/o** m. *Quím.* sulfato.
sult/ana f. sultana. **/anato** m. sultanato, sultanía. **/ão** m. sultán.
sum/ariar tr. sumariar, resumir. **/ário** adj. y m. sumario, resumen.

sumo adj. sumo, altísimo; máximo; jugo, zumo; m. el ápice de algo; — **Pontífice,** Sumo Pontífice, el Papa.
sumpt/o m. gasto, desembolso; total de gastos. **/uário** adj. suntuario. **/uoso** adj. suntuoso, pomposo.
suor m. sudor.
superar tr. superar; exceder; subyugar.
superf/icial adj. superficial; aparente. **/ície** f. superficie
supérfluo adj. superfluo; inútil.
super-homem m. superhombre.
superlativ/ar tr. *Gram.* superlativar. **/o** adj. y m. superlativo.
superprodução f. superproducción.
superstição f. superstición; fanatismo.
supervisor m. consejero (artístico); inspector.
supervivente adj. y s. superviviente.
suplemento m. suplemento.
suple/nte adj. y s. suplente. **/tório** adj. supletorio.
s/úplica f. súplica. **/uplicar** tr. suplicar.
supl/iciador adj. y s. supliciador. **/ício** m. suplicio.
suport/ação f. soportación. **/ar** tr. soportar.
suposição f. suposición.
supositório m. supositorio.
suposto adj. y s. supuesto.
suprem/acia f. supremacía. **/o** adj. y s. supremo.
supressão f. supresión.
suprimir tr. suprimir.
supura/ção f. supuración. **/r** tr. e intr. supurar.
surdez f. sordez.
surdo adj. y s. sordo. **/-mudo** adj. y s. sordomudo.
surgir intr. surgir.
surpre/ender tr. sorprender. **/(ê)sa** f. sorpresa.
surrealis/mo m. surrealismo. **/ta** adj. y s. surrealista.
surripiar tr. pop. hurtar.
suscita/ção f. suscitación. **/r** tr. suscitar.
suspei/ção f. suspección. **/ta** f. sospecha. **/tar** tr. sospechar.
suspen/der tr. suspender. **/são** f. suspensión. **/so** adj. suspenso.
suspir/ar tr. e intr. suspirar. **/o** m. suspiro.
sussurr/ar intr. susurrar. **/o** m. susurro.
suste/nido m. *Mús.* sostenido. **/ntar** tr. sustentar; mantener; amparar. **/nto** m. sustento; mantenimiento; apoyo. **/r** tr. sostener; alimentar; soportar.
susto m. susto.
suxar tr. aflojar; moderar.

T

taba/caria f. tabaquería. **/co** m. *Bot.* tabaco. **/ queira** f. tabaquera. /
tabardo m. tabardo.
tabela f. lista; tarifa; horario; catálogo; índice.
tabeli/ado m. notariado. **/ão** m. notario público; escribano.
taberna f. taberna.
t/ábua f. tabla; lista; índice; cuadro de cálculo;

tablero; mesa de juego. **/abulado** m. enrejado de tablas; tablado.
tabuleta f. escaparate; letrero; tablilla; indicaciones; señal; pop. rostro.
taça f. copa.
tacanh/ear intr. tacañear. **/o** adj. tacaño.
tacão m. tacón.
tacho m. cazuela, vasija para guisar; pop. alimentación.
t/ácito adj. tácito, callado; sobreentendido. **/aciturno** adj. taciturno.
t/a(c)tear tr. palpar; indagar. **/á(c)tica** f. táctica. **/a(c)to** m. tacto.
tafetá m. tafetán.
taip/a f. tapia, tabique. / **/ar** tr. tapiar.
tal adj., adv. y pron. tal, igual; este, ese aquél, aquello; alguno.
talão m. talón.
talco m. talco.
talhe m. talle.
talher m. cubierto.
talho m. tajo; carnicería.
talismã m. talismán.
talo m. *Bot.* tallo.
talude m. talud; declive.
talvez adv. tal vez.
tamanco m. zueco.
tamanho adj. y s. tamaño.
também adv. y conj. también, igualmente; además; otrosí.
tambor m. *Mús.* tambor; el que toca el tambor.
tambori/l m. tamboril, tambor pequeño; *Zool.* rape, perjesapo (pez). / **lar** intr. tamborilar, tocar el tamboril. **/leiro** adj. y s. tamborilero. **/m** m. tamborín, tamboril.
tamp/a f. tapadera, tapa. **/ão** m. tapón, tapa.
tampouco adv. tampoco.
tandem m. tándem (bicicleta).
tanga f. taparrabo.
tange/dor adj. y s. tañedor. **/r** tr. e intr. tañer, tocar; sonar; m. sonido, tañido.
tangerin/a f. *Bot.* mandarina. **/eira** f. mandarino.
tangível adj. tangible.
tang/o m. tango. **/uista** s. tanguista.
tano/aria f. tonelería. **/eiro** m. tonelero.
tanque m. tanque; estanque; depósito.
tanso adj. pop. estúpido.
tântalo m. *Quím.* tántalo.
tanto adj. s. y adv. tanto; cantidad; de tal modo.
tão adv. tan; tanto.
tapa f. tapa. **/da** f. parque cercado. **/r** tr. tapar.
tape/çar tr. tapizar. **/çaria** f. tapicería; tapiz. **/te** m. alfombra, tapete.
tapioca f. tapioca.
tapume m. cerca, vallado.
taqu/igrafia f. taquigrafía. **/ígrafo** m. taquígrafo.
tara f. tara.
tard/ança f. tardanza; lentitud. **/e** adv. y f. tarde; **boas tardes,** buenas tardes. **/ívago** adj. lento; noctámbulo.
tareco adj. y m. escandaloso, ruidoso; pl. trastos, tarecos, muebles viejos.
tarefa f. tarea, trabajo.
tareia f. paliza, tunda.
tarifa f. tarifa; arancel.
tarrax/a f. tornillo; orgullo **/ar** tr. atornillar; fig. solicitar.
tarro m. tarro (vasija).
tartaruga f. *Zool.* tortuga.
tas/ca f. tasca. **/queiro** m. tabernero. **/quinhar** tr. e intr. tascar; pop. comer poco.
tataravô m. tatarabuelo.
tatu m. *Zool.* tatú.
tatua/gem f. tatuaje. **/r** tr. tatuar.
taumaturg/ia f. taumaturgia. **/o** adj. y s. taumaturgo.
taurino adj. taurino.
taxa f. tasa. **/r** tr. tasar.

t/áxi m. taxi. **/axímetro** m. taxímetro.
teaça f. tela de araña.
tea/gem f. tela. **/r** m. telar.
teatr/al adj. teatral. **/o** m. teatro.
teca f. *Bot.* teca.
tec/edeira f. tejedora. **/elagem** f. tejedura. **/elão** m. tejedor; **/er** tr. tejer. **/ido** m. tejido.
tecla f. tecla.
t/écnica f. técnica. **/écnico** adj. y s. técnico.
te(c)to m. techo.
tédio m. tedio.
teia f. tela; intriga.
teim/a f. terquedad. **/ar** tr. e intr. obstinarse. **/oso** adj. y s. obstinado, tozudo.
tejadilho m. tejadillo.
tela f. tela.
telefon/ar tr. telefonear. **/e** m. teléfono. **/ista** s. telefonista.
tel/egrafar tr. e intr. telegrafiar. **/egrafia** f. telegrafía. **/égrafo** m. telégrafo. **/egrama** m. telegrama.
telé(ê)metro m. telémetro.
teleobje(c)tiva f. teleobjetivo.
televis/ão f. televisión. **/or** adj. y s. televisor.
telh/a f. teja; fig. manía. **/ado** m. tejado.
tema m. tema.
temerário adj. y s. temerario.
temo/eiro m. timón; timonel. **/nar** tr. timonear.
temor m. temor.
t/êmpera f. templadura, temple; estilo; gusto; carácter; índole. **/emperar** tr. temperar; condimentar; templar; moderar.
temperatura f. temperatura.
tempest/ade f. tempestad. adj. tempestuoso.
templo m. templo.
tempo m. tiempo. **/rada** f. temporada. **/rão** adj. tempranal, prematuro.
tenaz adj. tenaz.
tenda f. tienda.
tendão m. *Anat.* tendón.
tend/ência f. tendencia. **/er** tr. e intr. tender; inclinarse.
tenebroso adj. tenebroso.
té(ê)nia f. *Zool.* tenia.
t/é(ê)nis m. tenis. **/enista** s. tenista.
tenor m. tenor.
tenr/eiro adj. tierno; m. ternero. **/o** adj. tierno.
tens/ão f. tensión. **/o** adj. tenso. **/or** adj. tensor.
tentáculo m. *Zool.* tentáculo.
tenta/dor adj. y s. tentador. **/r** tr. tentar.
tento m. tiento, tino.
te/ologismo m. teologismo. **/ólogo** m. teólogo.
teor m. tenor, contenido literal de un escrito; norma.
te/oria f. teoría. **/órico** adj. teórico.
tépido adj. templado, tibio.
ter tr. tener; poseer; contener.
terapêutica f. terapéutica.
te/(ê)rça adj. y f. tercera. **/-feira** f. martes. **/rceiro** num. tercero.
te(ê)rço m. tercio.
terçol m. orzuelo.
tergal adj. tergal.
tergiversa/ção f. tergiversación. **/r** intr. tergiversar.
termas f. pl. termas.
t/erminação f. terminación. **/erminal** adj. y s. terminal. **/erminar** tr. e intr. terminar.
te(ê)rmo m. termo; término; límite; mojón; fin; vocablo; pl. trámites maneras.
termologia f. *Fís.* termología.
termó(ô)metro m. termómetro.

termóstato m. *Fís.* termostato.
terra f. tierra.
terraço m. terraza; azotea.
terramicina f. terramicina.
terramoto m. terremoto.
terraplenar tr. terraplenar.
terráqueo adj. terráqueo.
terre/nal adj. terrenal. **/no** adj. y s. terreno. **/stre** adj. terrestre.
terrina f. sopera.
territ/orial adj. territorial. **/ório** m. territorio.
terr/ível adj. terrible. **/or** m. terror. **/orismo** m. terrorismo.
tesão f. tesón.
tese f. tesis; tema.
teso adj. y s. tieso; terco; germ. sin dinero.
tesoura f. tijera.
tesour/aria f. tesonería. **/eiro** m. tesorero. **/o** m. tesoro.
testa f. testa, frente; cabeza; vanguardia. **/çudo** adj. cabezudo.
testa/dor adj. y s. testador. **/mento** m. testamento.
teste f. testigo; m. examen, prueba.
testemunh/a f. testigo. **/ar** tr. testimoniar.
testículo m. *Anat.* testículo.
testifica/ção f. testificación. **/r** tr. testificar.
te(ê)ta f. *Anat.* teta.
tétano m. tétano.
teu adj. y pron. tuyo.
têxtil adj. textil.
text/o m. texto. **/ual** adj. textual.
tíbia f. *Anat.* tibia.
tijolo m. ladrillo.
til m. tilde.
t/ília f. *Bot.* tila, tilo. **/iliáceas** f. pl. tiliáceas.
timbr/ador adj. y s. timbrador. **/ar** tr. timbrar. **/e** m.timbre; sello.
t/imidez f. timidez. **/ímido** adj. y s. tímido.
tímpano m. *Anat.* tímpano.
tingir tr. teñir.
tinha f. *Pat.* tiña.
tint/a f. tinte. **/eiro** m. tintero.
tint/o adj. tinto; manchado. **/ura** f. tintura. **/uraria** f. tintorería.
tio m. tío.
tipa f. pop. fulana, pájara.
típico adj. típico.
tip/o m. tipo. **/ografia** f. tipografía. **/ógrafo** m. tipógrafo.
tira f. tira.
gem f. tirada.
tirani/a f. tiranía. **/o** m. tirano.
tira-nódoas m. quitamanchas.
tira/nte adj. y s. tirante. **/r** tr. e intr. tirar; quitar; arrojar; exceptuar; exceptuar; disminuir.
tiritar intr. tiritar.
tiro m. tiro.
tirocínio m. tirocinio, aprendizaje.
tirolês adj. y s. tirolés.
tísico adj. y s. tísico.
tisn/ar tr. tiznar. **/e** m. tizne.
tit/ã f. titán. **/ânico** adj. titánico.
titube/ação f. titubeación. **/ar** intr. titubear.
t/itular adj. y s. titular; honorario; tr. intitular; registrar. **/ítulo** m. título.
toada f. entonación; canto; rumor; estilo.
toalh/a f. toalla; mantel. **/eiro** m. toallero.
toca f. escondrijo, cubil, madriguera.
tocar tr. e intr. tocar; tañer.
toch/a f. blandón; cirio; antorcha. **/eira** f. candelabro.
to(ô)co m. cepa, tocón; muñón.
todavia adv. y conj. todavía, aún; sin embargo.

todo adj. y pron. todo. **/-poderoso** m. Todopoderoso.
toga f. toga.
toir/ear intr. torear. **/o** m. toro.
toler/ância f. tolerancia. **/ar** tr. tolerar.
tol/ice f. tontería. **/o** adj. y s. vanidoso; aturdido.
tom m. tono; sonido.
toma/da f. tomada, toma; enchufe. **/r** tr. e intr. tomar.
tomate m. *Bot.* tomate. **/ira** m. tomatera.
tomb/ar tr. tumbar. **/o** m. caída; archivo; inventario.
tômbola f. tómbola.
tomo m. tomo.
tonel m. tonel. **/ada** f. tonelada. **/agem** f. tonelaje.
tó(ô)nico adj. y s. tónico; reconstituyente.
tonifica/ção f. tonificación. **/r** tr. tonificar.
tono m. tono; aria.
tont/aria f. tontería. **/o** adj. y s. tonto.
topázio m. topacio.
tópico adj. y m. tópico.
top/ografia f. topografía. **/ógrafo** m. topógrafo.
tórax m. tórax.
torcer tr. torcer.
tordo m. *Zool.* tordo.
torment/a f. tormenta, tempestad. **/oso** adj. tormentoso; trabajoso; difícil.
torna f. torna, vuelta; compensación. **/r** tr. e intr. tornar, volver; convertir. **/ssol** tornasol. *Bot.* girasol.
torn/ear tr. e intr. tornear; arredondear. **/eio** m. torneo; combate; polémica; certamen.
torneira f. grifo.
torn/ilho m. tornillo, torno pequeño; antiguo castigo militar; aprieto, situación dificil; *Zool.* estornino. **/o** m. torno (máquina).
toro m. rollizo, tronco de árbol.
torp/eza f. torpeza; deshonestidad. **/or** m. torpor, entorpecimiento; indiferencia.
torquês f. turquesa; tenaza, alicates.
torra/ção f. torrefacción. **/da** f. tostada de pan. **/deira** f. tostadera. **/r** tr. torrar, tostar.
to(ô)rre f. torre; castillo.
torrefa/(c)ção f. torrefacción, tostadura. **/(c)to** adj. torrefacto, torrado.
torren/cial adj. torrencial. **/te** f. torrente, corriente de agua; arroyo.
tórrido adj. tórrido; abrasador.
torso m. torso, busto de persona; adj. tuerto, torcido.
tort/o adj. tuerto, torcido; bizco. **/uosidade** f. tortuosidad; injusticia.
tortura f. tortura; suplicio. **/r** tr. torturar.
torva/ção f. turbación; conturbación; intranquilidad. **/r** tr. torvar, ensombrecer; turbar, perturbar.
torvelinho m. torbellino, remolino.
to(ô)sco adj. tosco; grosero.
toss/e f. tos. **/ir** tr. e intr. toser.
tostão m. m. tostón, antigua moneda portuguesa.
tostar tr. tostar, chamuscar.
total adj. y m. total; todo. **/idade** f. totalidad. **/itário** adj. totalitario.
toucinh/eiro m. tocinero, salchichero. **/o** m. tocino.
toupeira f. *Zool.* topo.
tour/ada f. torada; corrida de toros; burla. **/ear** tr. e intr. torear; desa-

fiar. **/eio** m. toreo, lidia. **/eiro** m. torero. **/o** m. *Zool.* toro, buey bravo.
tóxico adj. y s. tóxico, venenoso.
trabalh/adeira adj. y f. trabajadora. **/ador** adj. y m. trabajador. **/ar** tr. trabajar; manipular. **/o** m. trabajo.
tra/ça f. *Zool.* polilla (insecto); dibujo; ardid; traza. **/çar** tr. e intr. trazar; delinear; cortar. **/cejar** intr. trazar; delinear. **/ço** m. trazo; vestigio.
tracoma m. *Pat.* tracoma.
tra(c)tor m. tractor.
trade/ar tr. taladrar, barrenar. **/la** f. taladro.
tradi/ção f. tradición. **/cional** adj. tradicional.
trado m. taladro, agujero.
tradu/ção f. traducción; reflejo. **/tor** adj. y s. traductor. **/zir** tr. traducir; interpretar.
tr/áfega f. trajín, tráfago. **/afegar** intr. trafagar; trajinar. **/aficante** adj. y s. traficante. **/aficar** tr. e intr. traficar, negociar. **/áfico** m. tráfico, negocio.
tr/agédia f. tragedia. **/ágico** adj. trágico.
trago m. trago.
trai/ção f. traición. **/dor** adj. y s. traidor.
traineira f. trainera.
trair tr. traicionar.
traj/ar tr. vestir, trajear. **/e** m. traje.
traje(c)t/o m. trayecto. **/ória** f. trayectoria.
trajo m. traje.
trama f. trama. **/dor** adj. y s. tramador; urdidor. **/r** tr. tramar.
trâmite m. trámite.
tramo m. tramo.
tramóia f. tramoya; intriga.
trampa f. excremento; bagatela.
trampolim m. trampolín.
tranca f. tranca.
trança f. trenza.
tranqu(ü)ili/dade f. tranquilidad. **/zador** adj. tranquilizador. **/zar** tr. tranquilizar.
transa(c)/ção f. transación. **/cionar** tr. e intr. negociar, vender; contratar.
transatlântico adj. y s. transatlántico.
transbo/rdador m. guindaste; transbordador. **/rdar** intr. transbordar.
transcend/ência f. transcendencia. **/er** tr. e intr. transcender.
transcontinental adj. transcontinental.
transcr/ever tr. transcribir, copiar. **/ição** f. transcripción.
transe m. trance; momento; crisis; peligro.
transeunte adj. y m. transeunte, caminante.
transf/erência f. transferencia; mudanza. **/erir** tr. transferir, mudar.
transfigu/ração f. transfiguración. **/rar** tr. transfigurar; alterar.
transform/ação f. transformación; alteración. **/ar** tr. transformar; disfrazar.
tr/ânsfuga s. tránsfuga, desertor. **/ansfugir** intr. tránfuga, desertor.
transfusão f. transfusión.
transgre/dir tr. transgredir; violar. **/ssão** f. transgresión.
transição f. transición.
transig/ência f. transigencia, tolerancia. **/ir** tr. e intr. transigir; ceder.
tr/ansitar intr. transitar, andar. **/ansitável** adj. transitable. **/ânsito** m. tránsito; concurrencia, circulación; muerte.
transla/ção f. traslación, translación. **/dação** f. trasladación; transferen-

cia. **/dar** tr. trasladar, transferir.
transluzir r. e intr. traslucirse; revelarse.
transmigra/ção f. transmigración o transmigracción. o transmigración. **/r** tr. e intr. transmigrar.
transmi/são f. transmisión. **/ssor** adj. y m. transmisor. **/tir** tr. transmitir; expedir.
transmu/dar tr. transmudar; alterar. **/tar** tr. transmutar.
transoceânico adj. transoceánico, ultramarino.
transpar/ecer intr. transparentarse; traslucir; revelarse. **/ência** f. transparencia. **/ente** adj. y m. transparente, claro; evidente.
transpir/ação f. transpiración. **/ar** tr. e intr. transpirar, sudar; constar.
transp/lantação f. trasplantación; traducción. / **lantar** tr. trasplantar; traspasar; traducir. **/or** tr. transponer, trasplantar; cambiar.
transport/ação f. transportación; fig. arrebato, éxtasis. **/ar** tr. transportar; traducir; extasiar. **/e** m. transporte.
transto/rnação f. trastorno. **/rnar** tr. trastornar; desfigurar; desorganizar. **/(ô)rno** m. trastorno; contrariedad.
transvasar tr. transvasar, trasegar.
transvers/al adj. y m. transversal. **/o** adj. y m. transverso.
tranvia f. tranvía, ferrocarril.
trap/alhada f. trapería; enredo; confusión. **/alhona** adj. y f. embustera, mentirosa. **/aria** f. trapería. **/eiro** m. trapero.
trapézio m. trapecio.
trapo m. trapo.
traqueia f. *Anat.* tráquea.
traquin/a o **/as** adj. y s. travieso; inquieto. **/ada** f. travesura; embrollo. **/ar** intr. travesear; revolucionar. **/ice** f. diablura.
trás prep. detrás; después; interj. golpe ruidoso, ¡pum!, ¡zas!.
trasbo/rdante adj. trasbordante. **/rdar** tr. e intr. trasbordar, derramar.
traseiro adj. e m. trasero; las nalgas.
trasla/ção f. traslación. / **dação** f. trasladación. / **dar** tr. trasladar, transferir; traducir.
trastornar tr. trastornar, perturbar; retroceder.
tratad/ista s. tratadista. **/o** adj. y m. tratado, contrato; examinado, discutido.
trat/amento m. tratamiento; trato; modos. **/ar** tr. e intr. tratar; discutir; curar; discurrir. **/o** m. trato; ajuste; contrato.
traum/a m. trauma, contusión. **/ático** adj. *Cir.* traumático. **/atismo** m. traumatismo.
trautear tr. e intr. tatarear; burlar.
trav/ação f. trabamiento; conexión. **/agem** f. trabamiento. **/ão** m. freno, traba. **/ar** tr. trabar, frenar; estorbar.
trave f. trabe, viga.
trav/és m. través; oblicuidad. **/essa** f. traviesa, viga; travesía (calle); travesaño. **/essar** tr. atravesar. **/esseiro** m. travesero; funda de almohada. **/essia** f. travesía.
trazer tr. traer; usar; conducir; sentir; **— entre mãos,** traer entre manos.
trecho m. trecho; extracto; espacio.
tredo adj. falso, traidor.
trégua f. tregua.

trein/ador adj. y s. entrenador. **/ar** tr. entrenar. **/o** m. entrenamiento.
trela f. traílla; fig. charla.
trem m. tren; muebles; comitiva; carruaje.
treme/dor adj. y s. temblador. **/lejar** intr. oscilar; vacilar.
trem/er tr. e intr. temblar; tremer. **/ido** adj. y s. trémulo; peligroso; temblor; vacilante.
tremo(ô)ço m. *Bot.* altramuz.
tr/emor m. tremor; temor. **/emular** tr. e intr. tremolar, enarbolar; intr. centellear.
trenó m. trineo.
trepad/eira adj. y s. trepadora. **/or** adj. y s. trepador.
tr/epanar tr. *Cir.* trepanar. **/épano** m. trépano.
trepar tr. trepar.
tr/epidação f. trepidación, **/épido** adj. trépido; asustar.
três num. tres.
treslouca/do adj. y s. loco. **/r** tr. enloquecer.
tresnoitar tr. e intr. trasnochar.
trespass/ar tr. traspasar. **/e** m. traspaso; transferencia; fig. muerte.
treta f. treta; engaño, ardid.
treva f. tiniebla; noche.
trevo m. *Bot.* trébol.
tríad/a o **/e** f. tríada; trinidad.
tri/angulação f. *Geom.* triangulación. **/angular** adj. y tr. triangular.
triató(ô)mico adj. *Quím.* triatómico.
tribo f. tribu; familia.
tribula/ção f. tribulación; angustia. **/r** tr. atribular, amargar.
tribun/a f. tribuna; oratoria. **/al** m. tribunal. **/o** m. tribuno; orador.
tribut/ação f. tributación. **/ar** tr. tributar; contribuir. **/o** m. tributo; impuesto; obligación.
triciclo m. triciclo.
triclínio m. triclinio.
tricolor adj. tricolor.
tridente adj. y m. tridente.
tri/enal adj. trienal. **/é(ê)nio** m. trienio.
trifásico adj. *Fís.* trifásico.
trifurca/ção f. trifurcación. **/r** tr. trifurcar, tripartir.
trigar tr. acelerar, apresurar.
triglota adj. triglota, trilingüe.
trigo m. *Bot.* trigo.
trigonometria f. *Mat.* trigonometría.
trilh/a o **/ada** f. trilla; vestigio, huella; vereda, camino. **/ar** tr. trillar; pisar; surcar. **/o** m. trillo; camino, vereda; norma.
trilião m. *Arit.* un millón de billones.
trilinear adj. trilineal.
trilingue adj. trilingüe.
trime/nsal adj. trimensual. **/stre** m. trimestre.
trimotor adj. y m. trimotor (avión).
trincad/ela f. dentellada, mordedura. **/o** adj. trincado, mordido; sagaz.
trincheira f. *Mil.* trinchera. **/r** tr. atrincherar.
trinco m. pestillo, picaporte; estallido.
trindade f. *Rel.* Trinidad.
trinta núm. card. treinta. ría.
trio m. *Mús.* trío, terceto.
tripa f. tripa, intestino.
triparti/ção f. tripartición. **/r** tr. tripartir.
tripé m. trípode.
tripétalo adj. *Bot.* tripétalo.
triplano m. triplano.
tripl/e adj. triple, tríplice. **/icar** tr. triplicar. **/o** adj. y m. triple.

triíptico m. tríptico.
tripula/ção f. tripulación. **/nte** adj. y s. tripulante. **/r** tr. tripular.
trist/e adj. triste. **/eza** f. tristeza.
tritão m. tritón.
tritongo m. *Gram.* triptongo.
tritura/ção f. trituración. **/r** tr. triturar.
triunf/ador adj. y s. triunfador. **/ar** intr. triunfar. **/o** m. triunfo.
trivial adj. y s. trivial.
troa/da f. tronada; estruendo; tiroteo. **/r** intr. tronar.
trocar tr. y r. trocar. cambiar; equivocar.
troçar tr. burlar, escarnecer.
tro(ô)co m. cambio, troca; réplica.
trólei m. trole de los tranvías eléctricos. **/bus** m. trolebús.
tromb/a f. tromba; hocico. **/ejar** intr. trompear.
trombet/a f. *Mús.* trompeta; clarín; pop. nariz grande. **/ada** f. trompetada. **/eiro** m. trompetero.
trom/bone m. *Mús.* trombón. **/pa** f. trompa. **/peta** f. trompeta.
tronar intr. tronar.
troneira f. tronera.
trono m. trono.
tropa f. tropa.
trope/ção m. tropezón. **/çar** intr. tropezar.
trôpego adj. torpe.
tropical adj. tropical.
tropo m. *Ret.* tropo. **/logia** f. tropología.
troquel m. troquel, cuño.
trot/ador adj. y s. trotador. **/ar** intr. trotar (del caballo). **/e** m. trote.
trova f. trova, verso; cantar. **/dor** m. trovador.
trov/ão m. trueno. **/ejar** tr. e intr. tronar.
trucida/ção f. trituración, mutilación. **/r** tr. trucidar, mutilar.
trucul/ência f. truculencia, ferocidad. **/ento** adj. truculento.
tu pron. pers. tú; m. tuteo, el tratamiento de tú. **/a** adj. tuya, fem. de **teu.**
tubagem f. tubería.
tubarão m. *Zool.* tiburón.
tub/erculinizar tr. inyectar tuberculina. **/érculo** m. tubérculo. **/erculose** f. tuberculosis.
tub/iforme adj. tubiforme. **/o** m. tubo; caño, canal. **/ular** adj. tubular.
tudo pron. indef. todo; la totalidad; **em — e por —**, en todo y por todo.
tuf/ão m. tifón. **/ar** tr. e intr. hinchar; entumecer.
tufo m. montón; porción de plantas; volante o bollo de un vestido.
tugúrio m. tugurio, habitación pobre; refugio.
tule m. tul (tejido).
tulipa o **túlipa** f. *Bot.* tulipán.
tumba f. tumba, sepulcro.
tume/fa(c)ção f. tumefacción. **/fa(c)to** adj. tumefacto, hinchado. **/fazer** tr. tumefacer. **/nte** adj. hinchado.
tumor m. *Pat.* tumor.
t/umular adj. sepulcral; tumulario; tr. sepultar. **/úmulo** m. túmulo; mausoleo.
tumult/o m. tumulto; sedición. **/uario** adj. tumultuario; confuso.
tunda f. tunda, paliza.
túnel m. túnel.
tungsté(ê)nio m. *Quím.* tungsteno, volframio.
túnica f. túnica, manto.
turba f. turba, multitud. **/ção** f. turbación; confusión. **/multa** f. turbamulta.
turbante m. turbante.

turbar tr. turbar; inquietar; obscurecer.
turbilhão m. torbellino; turbamulta.
turb/ina f. *Mec.* turbina. **/o-rea(c)tor** m. turborreactor.
turbul/ência f. turbulencia, alboroto. **/ento** adj. y m. turbulento.
turg/ência f. turgencia; tumefacción. **/escer** tr. e intr. entumecer, hinchar.
turis/mo m. turismo. **/ta** s. turista.
tur/ma f. turma; grupo, bando; *Mil.* esquadrón; multitud. **/no** m. turno; grupo; orden.
turqu/esa f. *Min.* turquesa, piedra preciosa. **/i** adj. turquí, azul fuerte.
turv/ação f. turbación; confusión. **/ar** tr. e intr. turbar, enturbiar; oscurecer; embriagar. **/o** adj. y m. turbio; oscuro.
tutano m. tuétano, medula.
tutela f. tutela; amparo. **/r** adj. tutelar, protector; tr. proteger; resguardar.
tut/or m. tutor; protector; consejero. **/oria** f. tutoría; protección. **/riz** f. tutriz, tutora.

U

uber/ar tr. e intr. fecundar; producir. **/dade** f. fertilidad, riqueza.
ufan/ar tr. ufanar. **/o** adj. ufano; vanidoso; alegre.
ui! interj. ¡Huy!, ¡ay!.
uiv/ador adj. y s. aullador. **/ar** tr. e intr. aullar; gritar.
úlcera f. *Med.* úlcera, llaga; fig. vicio.
ulterior adj. ulterior; futuro; posterior.
ultima/ção f. ultimación; conclusión. **/r** tr. ultimar. **/to** m. ultimato, ultimátum.
último adj. y s. último.
ultraj/ador adj. y s. ultrajador. **/ar** ultrajar.
ultramar m. ultramar. **/ino** adj. ultramarino; colonial.
ultravioleta adj. *Fís.* ultravioleta.
ulula/ção f. ululación. **/r** m. y intr. ulular; ululación, alarido.
ulva f. *Bot.* ulva.
um num. pron. y art. uno; un.
umbi/go m. *Anat.* ombligo. **/lical** adj. umbilical.
umbral m. umbral.
unânime adj. unánime.
unção f. unción.
ungu(ü)ento m. ungüento.
unha f. uña. **/r** tr. arañar; amugronar; *Bras.* robar.
união f. unión.
único adj. único.
uni/dade f. unidad. **/ficação** f. unificación; federación. **/ficar** tr. unificar.
uniform/e adj. y s. uniforme. **/idade** f. uniformidad. **/izar** tr. uniformar.
unilateral adj. unilateral.
unir tr. unir; casa.
uníssono adj. unísono.
universal adj. y s. universal. **/izar** tr. universalizar.
universi/dade f. universidad. **/tário** adj. y s. universitario.
universo m. universo.
uno adj. uno.

unt/ador adj. y s. untador. **/ar** tr. untar. **/o** m. unto.
urânio m. *Quím.* uranio.
urban/idade f. urbanidad. **/ismo** m. urbanismo. **/ização** f. urbanización. **/o** adj. urbano.
uretr/a f. *Anat.* uretra. **algia** f. uretralgia.
urg/ência f. urgencia; prisa. **/ente** adj. urgente.
úrico adj. *Quím.* úrico.
urin/a f. orina. **/ar** tr. e intr. orinar. **/ol** m. urinario, bacín; meadero.
urna f. urna, ataúd.
urr/ar intr. bramar; rugir; gritar. **/o** m. rugido.
urs/ino adj. ursino. **/o** m. *Zool.* oso.
urti/cação f. *Pat.* urticación. **/cária** f. *Med.* urticaria. **/ga** f. *Bot.* ortiga.
usar tr. e intr. usar; practicar; acostumbrar.
ust/ório adj. ustorio, abrasador. **/ular** tr. quemar levemente.
usu/al adj. usual, frecuente. **/ário** adj. y m. usuario.
usufru/ir tr. usufructuar; poseer. **/to** m. usufructo.
usur/a f. usura; avaricia. **/ar** intr. usurar.
usurpa/ção f. usurpación. **/r** tr. usurpar; despojar.
uten/sílio m. utensilio. **/te** adj. utente, usuario.
útero m. *Anat.* útero.
útil adj. y m. útil; ventajoso; productivo.
utili/dade f. utilidad; beneficio; conveniencia. **/zar** tr. e intr. utilizar.
utopia f. utopía, fantasía.
uva f. *Bot.* uva.
úvula f. *Anat.* úvula, epiglotis.

V

vá! interj. designa cautela, precaución.
vã adj. vana; frívola; falsa; irreal.
vaca f. *Zool.* vaca; carne de vaca. **/da** f. vacada.
vac/ância f. vacancia; lugar vacante. **/ante** adj. vacante.
vacaria f. vaquería; manada de vacas; lechería.
vacila/ção f. vacilación. **/r** tr. e intr. vacilar; dudar, titubear; oscilar.
vacin/a f. vacuna; vacunación. **/ar** tr. vacunar.
vacum adj. y m. vacuno; ganado bovino.
vadea/ção f. vadeamiento, vadeo. **/r** tr. vadear; pasar.
vadi/agem f. vagancia, holgazanería. **/ar** intr. vaguear, gandulear. **/o** adj. y s. vago; vagabundo.
vaga f. ola, onda; fig. muchedumbre.
vagabund/ear intr. vagabundear. **/o** adj. y m. vagabundo, holgazán; nómada.
vag/ância f. vagancia. **/ante** adj. vagante; vacante.
vagão m. vagón.
vagem f. vaina.
vagido m. vagido.
vagina f. *Anat.* vagina.
vago adj. y m. vago; vacante; vaguedad.
vagoneta f. vagoneta.
vaguea/ção f. vagueación. **/r** intr. vaguear.
vaia f. vaya, burla. **/r** tr. e intr. burlarse.
vaid/ade f. vanidad. **/oso** adj. y s. vanidoso.

vaivém m. vaivén .
vala f. zanja, foso.
vale m. vale; valle.
valent/e adj. y s. valiente. **/ia** f. valentía.
valer tr. e intr. valer; socorrer.
valeta f. cuneta; reguero.
válido adj. válido.
valor m. valor. **/ização** f. valorización. **/izar** tr. valorizar.
valsa f. vals.
válvula f. válvula.
vampir/esa f. vampiresa. **/o** m. vampiro.
v/andalismo m. vandalismo. **/ândalo** m. vándalo.
vangl/ória f. vanagloria. **/oriar** tr. y r. vanagloriar
vanguarda f. vanguardia.
vapor m. vapor. **/ar** intr. y r. vaporar, evaporar. **/ização** f. vaporización. **/izar** tr. vaporizar.
vaqueiro m. vaquero.
varadouro m. varadero.
varanda f. balcón; terraza.
varandim m. barandilla.
varão m. varón.
varar tr. e intr. varar encallar un buque.
varg/a f. vega, planície alagadiza; variedad de red de pescar. **/em** f. campiña, planície cultivada.
varia/bilidade f. variabilidad. **/ção** f. variación. **/do** adj. variado, diferente; liviano. **/r** tr. e intr. variar, cambiar; desvariar.
varie/dade f. variedad; diferencia. **/gar** tr. variar.
var/íola f. *Med.* viruela. **/iolado** adj. *Pat.* variolado, virolento.
variz f. *Pat.* variz, varice.
varo/a adj. varona, mujer fuerte; heroína. **/nil** adj. varonil; viril; enérgico.
varre/dela f. barredura, barrida, escobada. **/dor** adj. y m. barredor. **/r** tr. e intr. barrer, limpiar; borrar; dispersar.
várzea f. vega; planicie; campiña.
vascular adj. vascular. **/ização** f. vascularización.
vasculh/ador adj. y m. barredor, barrendero. **/ar** tr. barrer, limpiar; investigar; escudriñar.
vas/ilha f. vasija; pipa. **/ilhame** m. vasilla, conjunto de vasijas. **/o** m. vaso; jarrón; tazón; embarcación; orinal.
vassal/agem f. vasallaje; obediencia. **/o** adj. y m. vasallo; súbdito.
vasso/ira o **/ura** f. escoba para barrer. **/irar** tr. e intr. escobar, barrer.
vast/idão f. vastedad; anchura; grandeza. **/o** adj. vasto; grande.
vate m. vate; profeta; poeta.
vatic/inação f. vaticinación; profecía. **/inar** tr. vaticinar, adivinar.
vátio m. *Elec.* vatio.
vau m. vado; bajío; deseo.
vaz/ador adj. y m. vaciador, flujo; desagüe; solución; venta. **/ar** tr. e intr. vaciar; derramar. **/io** adj. y m. vacío; vacante.
veda/ção f. vedamiento, veda; vallado. **/r** tr. e intr. vedar; estancar; prohibir; tapar.
veem/ência f. vehemencia; impetuosidad; interés. **/ente** adj. vehemente; caluroso.
vegeta/bilidade f. vegetabilidad. **/ção** f. vegetación. **/l** adj. y m. vegetal. **/r** intr. vegetar; pulular. **/riano** adj. y s. vegetariano.
veia f. *Anat.* vena; vocación.

veículo m. vehículo, medio de transporte.
vela f. vela (de barco); vigilia; centinela nocturna; bujía; cirio. **/do** adj. velado, oculto; debilitado. **/me** o **velâmen** m. velamen, velaje. **/r** tr. e intr. velar; ocultar, tapar; vigilar; estar sin dormir.
velha f. vieja.
velh/aria f. vejestorio; antigualla. **/o** adj. y m. viejo; anticuado.
veloc/e adj. veloz. **/idade** f. velocidad.
veloz adj. veloz.
veludo adj. y s. velludo, terciopelo.
venc/edor adj. y s. vencedor. **/er** tr. vencer. **/imento** m. vencimiento; sueldo, salario.
venda f. venta; taberna; venda. **/r** tr. vendar.
vendaval m. vendaval.
vend/ável adj. vendible. **/er** tr. vender.
venera/ção f. veneración. **/dor** adj. y s. venerador. **/r** tr. venerar.
venéreo adj. y s. venéreo.
venial adj. venial.
venoso adj. venoso.
ventila/ção f. ventilación, oreamiento. **/dor** adj. y s. ventilador. **/r** tr. ventilar; refrescar; fig. discutir.
vento m. viento. **/inha** f. ventilador; molinete; veleta.
ventre m. vientre.
ventur/a f. ventura; riesgo; felicidad. **/eiro** adj. arriesgado; aventurero.
vé(ê)nus f. Venus.
ver tr. ver.
veracidade f. veracidad.
ver/aneante adj. y s. veraneante. **/anear** intr. veranear. **/ão** m. verano.
verbal adj. verbal.
verbena f. verbena; *Bot.* verbena.
verbera/ção f. verberación. **/r** tr. verberar; reprender; censurar.
verbo m. verbo.
verdade f. verdad.
verde adj. verde. **/jar** intr. verdear.
verdura f. verdura; verdor; hortaliza; mocedad.
verea/ção f. concejalía, edilidad; ayuntamiento. **/dor** m. concejal. **/r** tr. e intr. administrar como concejal.
vereda f. vereda, senda.
veredicto m. *For.* veredicto.
vergadura f. encorvadura.
vergonh/a f. vergüenza; deshonra. **/oso** adj. vergonzoso; obsceno.
ver/icidade f. veracidad. **/ídico** adj. verídico, verdadero.
verifica/ção f. verificación. **/r** tr. verificar; controlar.
verme m. *Zool.* verme, gusano.
vermelh/ão m. bermellón; bermejo; carmín. **/ar** tr. e intr. bermejear, rojear. **/o** adj. y m. bermejo, bermellón; colorado.
vern/aculidade f. calidad de vernáculo; pureza. **/áculo** adj. vernáculo; nativo, nacional; correcto.
verniz m. barniz; pulimento; charol; elegancia.
verruma f. barrena, taladro. **/r** tr. taladrar, perforar; torturar.
vers/ado adj. versado, instruido. **/ão** f. versión; interpretación; traducción. **/ar** tr. e intr. versar; practicar; ponderar; versificar. **/ejar** tr. e intr. versificar. **/ificar** tr. e intr. versificar; metrificar. **/o** m. verso; reverso.
v/értebra f. *Anat.* vértebra. **/ertebrado** adj. y m. *Zool.* vertebrado.

verte/dor adj. y m. vertedor; traductor. **/nte** adj. y f. vertiente; pendiente. **/r** tr. e intr. verter; difundir.
vértice m. vértice.
vertig/em f. vértigo; vahido. **/inoso** adj. vertiginoso; impetuoso.
vesgo adj. y s. **bizco, estrábico.**
vesp/a f. *Zool.* vespa, avispa. **/ão** m. vispón.
véspera f. víspera, día anterior.
vest/e f. veste, traje. **/iário** m. vestuario; ropero.
vestid/o m. vestido, traje. **/ura** f. vestidura, vestido.
vestígio m. vestigio; rastro; restos.
vest/imenta f. vestimenta; hábitos. **/ir** tr. vestir; adornar; resguardar. **/uário** m. vestuario.
vetar tr. vetar; impedir; obstaculizar.
veterano adj. y m. veterano.
veterinária f. veterinaria, albeitería.
veto m. veto, prohibición.
vetusto adj. vetusto.
véu m. velo (tejido); fig. oscuridad; apariencia.
vexa/ção f. vejación; operación. **/me** m. vejamen; ignominia. **/r** tr. vejar, molestar; humillar.
vez f. vez, ocasión; tiempo; época; orden; alteración; **em — de,** en lugar de.
via f. vía, camino; dirección; intermedio **— sacra,** vía crucis. **/bilidade** f. viabilidad. **/ção** f. conducción; vías de comunicación; impuesto. **/duto** m. viaducto. **/geiro** adj. y m. viajero. **/gem** f. viaje. **/jante** adj. y s. viajante. **/jar** tr. e intr. viajar.
viatura f. vehículo, coche.
viável adj. viable; realizable.
víbora f. *Zool.* víbora.
vibr/ação f. vibración, temblor. **/ador** adj. vibrador. **/ar** tr. e intr. vibrar; agitar; temblar.
vic/arial adj. vicarial. **/ário** adj. vicario; substituto.
vicej/ar tr. e intr. lozanear; ostentar; lucirse. **/o** m. lozanía, verdor; vigor.
vice-versa loc. adv. viceversa, por el contrario.
vicia/ção f. viciamiento. **/r** tr. viciar; falsificar.
vício m. vicio; costumbre.
vicissitude f. vicisitud; revés.
viço m. lozanía; vigor; ardor. **/so** adj. lozano, vicioso; mimoso.
vida f. vida.
vide f. *Bot.* vid. **/ira** f. vid.
vid/ência f. videncia. **/ente** adj. y s. vidente; profeta.
vidr/aria f. vidriería. **/eiro** m. vidriero. **/o** m. vidrio.
viela f. callejuela.
viés m. bies, sesgo, oblicuidad.
viga f. viga, madero. **/mento** m. viguería, conjunto de vigas.
vig/ência f. vigencia. /en**te** adj. vigente.
vigésimo adj. y m. vigésimo; veinteavo.
vigi/a vigía; centinela; torre. **/ar** tr. vigilar. **/lância** f. vigilancia.
vigor m. vigor, energía; ordenar. **/ar** tr. e intr. vigorar; fortalecer.
vil adj. y s. vil; despreciable; mísero.
vil/ania f. villanía; bajeza. **/ão** adj. y m. villano; despreciable; infame, ruin; avariento.

vilegiatura f. veraneo; excursión.
vim/a o **/e** f. *Bot.* vimbre, mimbre.
vinagre m. vinagre. **/ira** f. vinagrera.
vinc/ada f. arruga, marca. **/ar** tr. doblar; plisar; arrugar; grabar. **/o** m. pliegue; raya; verdugón; surco.
v/inculado adj. vinculado. **/incular** tr. vincular.
vinda f. venida, llegada.
vindica/dor adj. y s. vindicador. **/r** tr. vindicar; reivindicar.
vindima f. vendimia. **/dor** adj. y s. vendimiador. **/r** tr. e intr. vendimiar.
vinga/dor adj. y s. vengador. **/nça** f. venganza. **/r** tr. vengar.
vinh/a f. viña. **/arrão** m. vino de gran calidad. **/ateiro** adj. y s. viñador; vinicultor; vinatero. **/edo** m. viñedo, parral. **/eiro** m. viñadero, viñador.
vinheta f. *Impr.* viñeta.
vin/ho m. vino. **/icultor** m. vinicultor. **/icultura** f. vinicultura.
violação f. violación; estupro.
viol/ar tr. violar; transgredir. **/ência** f. violencia; tiranía. **/entar** tr. violentar; desflorar.
vir intr. venir; regresar; **— ao Mundo,** nacer.
vira f. vira, música y baile popular portugués.
viragem f. viraje, cambio de rumbo; baño en fotografía.
vira/r tr. e intr. virar, volver; invertir. **/volta** f. voltereta, vuelta entera; contratiempo.
virga f. violencia; opresión.
virg/em adj. y s. virgen, doncella; inocente, casto. **/inal** adj. virginal; puro. **/o** m. *Astr.* virgo; virginidad.
vírgula f. *Gram.* coma.
viril adj. y m. viril, varonil; robusto.
virilha f. *Anat.* ingle.
viri/lidade f. virilidad; energía. **/lismo** m. virilismo.
virtu/al adj. virtual; posible. **/de** f. virtud; castidad. **/osidade** f. virtuosidad, virtuosismo.
v/irulência f. virulencia. **/írus** m. *Pat.* virus.
vis/agem f. visaje, gesto; visión; fantasma. **/ão** f. visión; sueño.
víscera f. *Anat.* víscera.
viscos/idade f. viscosidad. **/o** adj. viscoso, pegajoso.
viseira f. visera; aspecto.
visibilidade f. visibilidad.
visita f. visita. **/r** tr. e intr. visitar; inspeccionar; viajar.
vis/ível adj. visible; evidente. **/ivo** adj. visivo, visual.
visor m. *Fot.* visor.
vis/ta f. vista; panorama; fin; **à —,** a la vista. **/to** adj. y m. visto.
visual adj. visual.
vital adj. vital; fundamental. **/ício** adj. vitalicio. **/izar** tr. vitalizar.
vitamina f. vitamina.
vitela f. vitela; ternera.
v/íctima f. víctima. **/itimar** tr. victimar; sacrificar.
vit/ória f. victoria. **/oriar** tr. victorear.
v/itral m. vitral. **/ítro** adj. vítreo; transparente. **/itrificação** f. vitrificación. **/itrina** f. vitrina.
vitup/eração f. vituperación. **/erador** adj. y s. vituperador. **/erar** tr. vituperar.
vi/uvar intr. enviudar. **/úvo** m. viudo.
viv/eza f. viveza. **/ificar** tr. vivificar.

vivo. adj. y s. vivo.
vizinh/ança f. vecindad. **/ar** intr. y r. ser vecino de; aproximarse. **/o** adj. y s. vecino.
voa/dor adj. y s. volador. **/r** intr. volar.
voc/abulário m. vocabulario. **/ábulo** m. vocablo; voz.
vocação f. vocación.
vocal adj. vocal. **/ista** s. vocalista. **/ização** f. vocalización. **/izar** tr. vocalizar.
você pron. usted.
vocifera/ção f. vociferación. **/dor** adj. y s. vociferador. **/r** tr. vociferar.
voga f. boga; moda.
vogal adj. y s. f. *Gram.* vocal; com. vocal.
vol/ataria f. volatería. **/átil** adj. volátil.
volt/a f. vuelta; circuito. **/agem** f. voltaje.
voltar intr. volver; girar.
voluntário adj. y s. voluntario.
volúvel adj. voluble.
v/omição f. vómito. **/omitar** tr. vomitar. **/ó(ô)mito** m. vómito.
vontade f. voluntad.
vo(ô)o m. vuelo.
vora/cidade f. voracidad. **/gem** f. vorágine; torbellino. **/z** adj. voraz; destructor.
vos pron. pers. vos, forma de complemento de la 2ª persona del plural.
vós pron. pers. vos, vosotros, forma del sujeto de la 2ª persona del plural.
vosso adj. y pron. pos. vuestro.
vot/ação f. votación. **/ar** tr. votar. **/o** m. voto.
voz f. voz. **/ear** intr. vocear. **/eria** f. vocerío.
vulcaniza/ção f. vulcanización. **/r** tr. vulcanizar.
vulcão f. volcán.
vulgar adj. y s. vulgar. **/idade** f. vulgaridad. **/izar** tr. y r. vulgarizar.
vulgo m. vulgo.
vulnera/ção f. vulneración. **/r** tr. vulnerar.
vult/o m. rostro, semblante; bulto; grandeza; imagen; notabilidad. **/uoso** adj. vultuoso; congestionado.
vurm/ar tr. criar pus. **/o** m. pus de las llagas.

X

xabouqueiro adj. y s. chapucero, grosero.
xácara f. jácara, composición poética.
xadrez m. ajedrez (juego); pop. prisión.
xaguão m. zaguán, patio interior.
xaile m. chal.
xaque m. jeque.
xarém m. harina o papas de maíz; baile popular.
xarop/ar tr. jaropar, jarabear; molestar. **/e** adj. y m. jarope, jarabe; importuno.
xenofobia f. xenofobia.
xeque m. jaque; fig. peligro.
xerga f. jerga.
xícara f. jícara.
xilindró m. (*Bras.*) cárcel.
xilografia f. xilografía.
xis m. equis.
xisto m. xisto; pizarra.
xixica f. *Bras.* propina.
xurreira f. cloaca; arroyada.

Z

zabumbar tr e intr. aturdir; pegar.
zagaia f. zagaya.
zagalote m. perdigón.
zambro adj. zambo.
zanaga adj. y s. bizco.
zanga f. enfado; aversión.
zangalhão m. hombre mal proporcionado.
zang/ão adj. y s. irascible; susceptible. **/ar** tr. enfadar, importunar.
zângão m. zángano; importuno; parásito.
zaragat/a f. zaragata, alboroto. **/eiro** adj. y s. zaragatero, alborotador.
zaranza adj. y s. atolondrado; borracho.
zarolho adj. y s. bizco; tuerto.
zarpar tr. e intr. zarpar.
zê m. zeta.
ze(ê)bra f. *Zool.* cebra.
zebu m. *Zool.* cebú.
zéfiro m. céfiro; brisa.
ze/lação f. celo. **/lador** adj. y s. celador; fiscal. **/lar** tr. celar; sentir celos.
zé-ninguém m. hombre insignificante.
zé(ê)nite m. cenit; fig. auge.
zepelim m. zepelín.
zero m. cero; nada.
zimbório m. cimborio.
zimbr/eiro m. *Bot.* mimbrera, mimbre. **/o** mimbrera; sabina; rocío.
zinc/ar tr. revestir de zinc. **/o** m. zinc.
zíngaro m. cíngaro.
zizânia f. *Bot.* cizaña; fig. discordia.
zoa/da f. zumbido; sonido fuerte. **/r** intr. zumbar; sonar.
zodíaco m. *Astr.* zodíaco.
zomb/ador adj. y s. zumbón. **/ar** tr. e intr. zumbar; mofarse. **/aria** f. zumba, chanza, broma; escarnio.
zona f. zona; lista; banda.
zool/ogia f. zoología. **/ógico** adj. zoológico.
zorra f. zorra, carro bajo y fuerte; red de pescar cangrejos; *Zool.* zorra; persona astuta; meretriz.
zorrão m. holgazán, indolente; hombre astuto.
zorro m. *Zool.* zorro, raposo; adj. mañoso; astuto.
zui/doiro m. zumbido continuo. **/r** tr. zumbar.
zular tr. zumbar, apalear.
zumbaia f. adulación; cortesía profunda.
zumbar intr. zumbar, pegar.
zumb/ido m. zumbido, ruido continuado. **/ir** intr. zumbar; susurrar.
zun/ido m. zumbido, silbido. **/ir** intr. silbar; **/zum** m. runrún, zumbido; intriga.
zurca f. borrachera.
zurr/ador adj. y m. rebuznador. **/ar** tr. e intr. rebuznar, roznar; decir memeces. **/o** m. rebuzno, roznido del burro.
zurz/a f. zurra, paliza. **/ir** tr. zurrar, apalear; censurar; criticar.

espanhol português

a f. a, primeira letra e primeira vogal do alfabeto; prep. a, até, com, de, por, so(ô)bre.
abad m. abade. **/esa** f. abade(ê)ssa. **/ía** f. abadia.
abajo adv. abaixo, em baixo, inferiormente; interj. abaixo!, morra!, fora!
abalanzar tr. balancear; arrojar. **/se** r. abalançar-se, arrojar-se.
abaliza/miento m. abalizamento. **/r** tr. abalizar, balizar; aboiar.
abandon/ado adj. abandonado; deserto, inculto. **/ar** tr. abandonar. **/o** m. abandono, abandonamento.
abanic/ar tr. abanicar, abanar. **/o** m. leque.
abarcar tr. abarcar; abranger; compreender.
abarro/tar tr. barrar; abarrotar, entulhar. **/tero** m. merceeiro, tendeiro.
abastec/edor m. abastecedor. **/er** tr. abastecer. **/imiento** m. abastecimento.
abasto m. abasto, provisão.
abdica/ción f. abdicação. **/r** tr. abdicar; desistir.
abdomen m. abdó(ô)men.
abec/é m. abac, alfabeto. **/edario** m. abecedário, alfabeto.
abeja f. *Zool.* abelha.
aberración f. aberração.
abertura f. abertura.
abeto m. *Bot.* abeto.
abierto adj. aberto; amplo.
abism/al adj. abismal. **/ar** vt. abismar; humilhar. **/o** m. abismo.
abjura/ción f. abjuração. **/r** tr. abjurar, renunciar.
ablandar tr. abrandar, atenuar.
abnega/ción f. abnegação. **/r** tr. abnegar, renunciar.
abofetear tr. esbofetear; insultar.
aboga/cía f. advogacia. **/do** m. advogado; medianeiro. **/r** tr. advogar; defender.
aboli/ción f. abolição; derrogação. **/r** tr. abolir, derrogar; destruir.
abolla/do adj. amolgado; aborrecido. **/dura** f. amolgadura. **/r** tr. amolgar; aborrecer.
abomina/ble adj. abominável. **/ción** s. abominação; ódio. **/r** tr. abominar, imprecar.
abon/ado adj. e s. abonado, assinante; afiançado. **/ar** tr. abonar; pagar; adubar. **/o** m. abono; garantia; adubo.
aborigen adj. aborígene, nativo.
aborrec/er tr. aborrecer. **/ible** adj. aborrecível.

abort/ar intr. abortar; frustrar. **/ivo** adj. abortivo. **/o** m. abo(ô)rto; frustração.
abrasar tr. abrasar, incendiar; dissipar.
abraz/ar tr. abraçar; alcançar. **/o** m. abraço.
abrevia/ción f. abreviação; resumo. **/r** tr. abreviar; despachar. **/tura** f. abreviatura.
abrig/ar tr. abrigar; defender. **/o** m. abrigo; refúgio.
abril m. Abril.
abrillantar tr. abrilhantar; ornamentar.
abrir tr. abrir; começar.
abrochar tr. abrochar; apertar.
ábside m. f. ábside.
absol/ución f. absolução, perdão. **/utismo** m. absolutismo. **/uto** adj. absoluto. **/ver** tr. absolver; exonerar.
absor/ber tr. absorver, aspirar; enlevar. **/ción** f. absorção. **/to** adj. absorto, pensativo.
abst/emio adj. abstê(ê)mio. **/ención** f. abstenção. **/enerse** r. abster-se, reprimir-se. **/inencia** f. abastinência.
abstra/cción f. abstra(c)ção. **/cto** adj. abstra(c)to. **/er** tr. abstrair.
absuelto adj. absolto, indultado.
absurdo adj. absurdo; falso; m. contrasenso; asneira.
abuel/a f. avó. **/o** m. avô; pl. antepassados.
abund/ancia f. abundância. **/ante** adj. abundante, cheio. **/ar** intr. abundar.
aburri/do adj. aborrido, aborrecido. **/miento** m. aborrecimento. **/r** tr. aborrecer; incomodar.
abus/ar tr. abusar; enganar. **/ivo** adj. abusivo. **/o** m. abuso.
acá adv. cá, aqui, aquém.
acaba/do adj. acabado; perfeito. **/miento** m. acabamento; morte. **/r** tr. acabar; morrer.
acad/emia f. academia; escola. **/émico** adj. acadé(ê)mico; m. academista.
acaecer intr. acontecer.
acanala/do adj. acanalado; estriado. **/r** tr. acanalar.
acantilado adj. alcantilado, escarpado. m. costa escarpada.
acapara/dor adj. e s. açambarcador, monopolizador. **/miento** m. açambarcamento. **/r** tr. açambarcar.
acaso m. acaso; sorte, destino. adv. por acaso; quiçá.
acatar tr. acatar, cumprir.
acaudala/do adj. opulento. **/r** tr. ganhar; capitalizar.
acaudillar tr. comandar, acaudilhar.
acceder intr. aceder; aderir.
acces/ible adj. acessível. **/o** m. acesso; ataque. **/orio** adj. acessório.
accident/ado adj. acidentado. **/al** adj. acidental. **/e** m. acidente.
acción f. a(a)ção, a(c)to; pleito; luta.
acechar tr. espreitar; indagar. **/o** m. espreitadela.
aceit/ar tr. azeitar. **/e** m. azeite; óleo. **/una** f. azeitona.
acelera/ción f. aceleração. **/dor** m. acelerador. **/r** tr. acelerar.
acento m. acento; inflexão da voz. **/uación** f. acentuação. **/uar** tr. acentuar; marcar.
acepción f. acepção.

acepta/ble adj. aceitável. **/ción** f. aceitação. **/dor** m. aceitador. **/r** tr. aceitar.
acequia f. acéquia; aqueduto.
acera f. passeio da rua; casas em fila.
acerca adv. ace(ê)rca; perto. **/r** tr. aproximar, acercar. **/rse** r. acercar-se.
acero m. aço. fig. vigor; **— de fundición,** aço fundido.
acerta/do adj. acertado; atingido. **/r** tr. acertar; descobrir.
aciago adj. aziago.
acid/ez f. acidez. **/o** adj. ácido, aze(ê)do.
acierto m. ace(ê)rto; prudência.
aclama/ción f. aclamação. **/r** tr. aclamar.
aclara/ción f. aclaração; explicação. **/r** tr. aclarar, explicar; purificar.
acog/edor adj. acolhedor. **/er** tr. acolher, protegar, socorrer. **/erse** r. acolher-se. **/ida** f. acolhida, recepção.
acometer tr. acometer, atacar.
acomod/ación f. acomodação. **/ado** adj. acomodado; rico. **/ador** m. acomodador. **/ar** tr. acomodar, ajustar. **/arse** r. acomodar-se. **/aticio** adj. acomodatício; transigente.
acompaña/miento m. acompanhamento, comitiva. **/r** tr. acompanhar.
acondiciona/do adj. acondicionado. **/r** tr. acondicionar; embalar.
aconseja/ble adj. aconselhável. **/r** tr. aionselhar; alvitrar. **/rse** r. aconselhar-se.
acontec/er intr. acontecer, suceder. **/imiento** m. acontecimento.
acorazado adj. couraçado, blindado. m. barco couraçado.
acord/ar tr. acordar, resolver. **/arse** r. lembrar, recordar-se. **/e** adj. acorde, concorde. m. *Mús.* acorde. **/eón** m. acordeão, sanfona.
acordonar tr. cercar, acordoar.
acortar tr. encurtar.
acosa/miento m. acossamento. **/r** tr. acossar; apertar.
acosta/da f. dormida, deitada. **/r** tr. deitar na cama; atracar. **/rse** r. deitar-se.
acostumbrar tr. acostumar; aclimatar. **/se** r. acostumar-se.
acrecentar tr. acrescentar, juntar.
acredita/do adj. acreditado. **/r** tr. acreditar, afiançar.
acreedor adj. e s. credor, acredor; merecedor.
acribillar tr. furar, crivar; importunar.
acróbata s. acróbata.
acta f. a(c)ta; relação.
actitud f. atitude.
activ/ar tr. a(c)tivar. **/idad** f. a(c)tividade; iniciativa. **/o** adj. a(c)tivo.
acto m. a(c)to; a(c)ção; cerimó(ô)nia. **/r** m. a(c)tor, comediante.
actriz f. a(c)triz.
actua/ción f. a(c)tuação. **/l** adj. a(c)tual, presente. **/lidad** f. a(c)tualidade. **/r** tr. a(c)tuar.
acuarela f. aguarela, aquarela.
acuario m. aquário.
acuático adj. aquático.
acudir tr. acudir; chegar; concorrer.
acueducto m. aqueduto.
acuerdo m. aco(ô)rdo, convenção.
acullá adv. acolá, além.

acumula/ción f. acumulação. **/dor** m. acumulador. **/r** tr. acumular.
acuñar tr. cunhar; amoedar.
acuoso adj. aquoso.
acusa/ción f. acusação; crítica. **/dor** m. acusador; impostor. **/r** tr. acusar, culpar.
acústic/a f. acústica. **/o** adj. acústico.
acha/car tr. achacar, imputar. **/coso** adj. achacoso, adoentado. **/que** m. achaque.
adagio m. adágio; provérbio. *Mús.* adágio.
adapta/ción f. adaptação. **/r** tr. adaptar.
adelant/ado adj. adiantado, avançado. **/amiento** m. adiantamento. **/ar** tr. adiantar. **/arse** r. adiantar-se. **/e** adv. adiante, **/o** m. avanço; progresso.
adelgazar tr. adelgaçar; emagrecer.
además adv. ademais, além de; por cima de.
adepto adj. e s. adepto.
adestrar tr. adestrar, instruir.
adeudar tr. endividar, dever.
adhe/rencia f. aderência. **/rir** intr. aderir. **/rirse** r. aderir-se. **/sión** f. adesão; aprovação.
adición f. adição.
adicto adj. adicto, afeiçoado; adjunto.
adiestra/dor s. adestrador. **/miento** m. adestramento, treino. **/r** tr. adestrar, ensinar.
adiós interj. adeus! despedir-se.
adivin/a f. adivinha. **/ación** f. adivinhação; presságio. **/anza** f. adivinhação, enigma. **/ar** tr. adivinhar. **/o** m. adivinho, profeta.
adjetivo m. *Gram.* adje(c)tivo.
adjunt/ar tr. ajuntar. **/o** adj. e m. adjunto, anexo.
administra/ción f. administração. **/dor** m. administrador, gerente. **/r** tr. administrar, governar. **/tivo** adj. administrativo.
admira/ble adj. admirável. **/ción** f. admiração. **/r** tr. admirar. **/rse** r. admirar-se.
admi/sible adj. admissível. **/sión** f. admissão. **/tir** tr. admitir, aceitar.
adolecer intr. adoecer.
adolescen/cia f. adolescência; mocidade. **/te** adj. e s. adolescente.
adonde adv. adonde, aonde.
adop/ción f. adopção. **/tar** tr. ado(p)tar. **/tivo** adj. ado(p)tivo.
adoquín m. laja, laje.
adora/ble adj. adorável. **/ción** f. adoração. **/dor** m. adorador, apaixonado. **/r** tr. adorar, amar.
adorm/ecer tr. adormecer; acalmar. **/ecerse** r. adormecer-se.
adorn/ar tr. adornar. **/o** m. ado(ô)rno.
adqui/rir tr. adquirir, obter; ganhar. **/sición** f. a(d)quisição.
aduan/a m. alfândega. **/ero** adj. e s. aduaneiro, alfandegário.
aducir tr. aduzir.
adula/ción f. adulação, lisonja. **/r** tr. adular.
ad/últera s. adúltera. **/ulteración** f. adulteração. **/ulterar** tr. adulterar. **/ulterio** m. adultério. **/últero** adj. e s. adúltero.
adulto adj. e s. adulto; crescido.
adverbio m. *Gram.* advérbio.
adver/sario adj. e s. adversário. **/sidad** f. adversidade. **/so** adj. adverso. **/tencia** f. adver-

tência; aviso. **/tir** tr. advertir, avisar; corrigir.
adviento m. advento.
adyacente adj. adjacente.
aéreo adj. aéreo; **correo —**, aeroposta, correio aéreo.
aer/odinámico adj. aerodinâmico. **/ódromo** m. aeródromo, aeroporto. **/onáutico** adj. aeronáutico. **/onave** f. aeronave. **/oplano** m. aeroplano, avião.
afab/ilidad f. afabilidade. **/le** adj. afável.
af/án m. afã; ambição. **/anar** intr. afanar, afadigar. **/anarse** r. afadigar-se. **/anoso** adj. afanoso, penoso.
afec/ción f. afe(c)ção, afeição. **/tación** f. afe(c)tação. **/tado** adj. afe(c)tado; fingido. **/tar** tr. afe(c)tar; simular. **/tivo** adj. afe(c)tivo. **/to** m. afe(c)to, dedicado, amor. adj. afeiçoado; pendente. **/tuoso** ad. afe(c)tuoso; fraterno.
afeit/ar tr. barbear: tosquiar; enfeitar. **/arse** r. barbear-se. **/e** m. enfeite; cosmético.
afianzar tr. afiançar.
afici/ón f. afeição, dedicação; afã. **/onado** m. afeiçoado, enamorado. **/onarse** r. afeiçoar-se; apegar-se.
afila/do adj. afiado; agudo. **/r** tr. afiar; aguçar.
afín adj. afim, semelhante. s. parente.
afinar tr. afinar; aperfeiçoar; polir. **/se** r. refinar-se.
afirma/ción f. afirmação. **/r** tr. afirmar. **/tivo** adj. afirmativo.
afli/cción f. aflição; agonia. **/gir** tr. afligir; supliciar.
aflojar tr. aflouxar; diminuir.
aflu/encia f. afluência, abundância. **/ente** adj. afluente; facundo. m. afluente dum rio. **/ir** tr. afluir; abundar.
afonía f. *Med.* afonia.
afrent/a f. afronta, ultraje. **/ar** tr. afrontar, ofender.
afrontar tr. afrontar, enfrentar; injuriar.
afuera adv. fora, por fora. interj. arreda! afasta! **/s** f. arredores; exterior.
agachar tr. agachar; ocultar. **/se** r. agachar-se, abaixar-se.
agarra/dero m. pegadeira, asa ou cabo. **/do** adj. agarrado; avaro. **/r** tr. agarrar.
agarrotar tr. garrotar, comprimir.
agasaj/ar tr. agasalhar; hospedar. **/o** s. agasalho; acolhimento.
agen/cia f. agência. **/ciar** tr. agenciar. **/da** f. agenda; ementário. **/te** m. agente.
ágil adj. ágil, ligeiro.
agita/ción f. agitação; motim. **/dor** m. agitador, amotinador. **/r** tr. agitar; sublevar; alterar.
aglomerar tr. aglomerar, ajuntar.
agobi/ar tr. dobrar, curvar. **/o** m. curvatura; opressão.
agolparse r. agrupar-se.
agon/ía f. agonia; estertor. **/izante** adj. e m. agonizante. **/izar** intr. agonizar, estertorar.
agost/ar tr. abrasar; murchar. **/o** m. Agosto.
agota/do adj. esgotado; estéril. **/miento** m. esgotamento. **/r** tr. esgotar; extenuar.
agrada/ble adj. agradável. **/r** tr. agradar; gostar.
agradec/er tr. agradecer. **/ido** adj. agradecido;

grato. **/imiento** m. agradecimento; gratificação.
agrandar tr. engrandecer.
agrario adj. agrário; rural.
agravar tr. agravar; avivar.
agravi/ar tr. agravar. **/o** m. agravo; apelação.
agredir tr. agredir.
agrega/do adj. agregado, adido. m. agregado; reunião. **/r** tr. agregar, juntar.
agresi/ón f. agressão. **/vidad** f. agressividade.
agriar tr. azedar; exasperar.
agrícola adj. agrícola.
agricult/or m. agricultor, lavrador. **/ura** f. agricultura, lavoura.
agrio adj. agro, aze(ê)do; áspero.
agronomía f. agronomia.
agrupa/ción f. agrupamento; reunião. **/r** tr. agrupar, reunir.
agua s. água. — **potable,** água potável. **/cero** m. aguaceiro, chuvaceiro. **/dor** m. aguadeiro.
aguant/ar tr. aguentar, sustentar. **/arse** r. aguentar-se. **/e** m. constância; resignação.
aguardar tr. aguardar; prorrogar.
agud/eza f. agudeza. **/o** adj. agudo; sagaz; tenso.
agüero m. agouro; vaticínio.
águila f. *Zool.* águia.
aguinaldo m. consoada, presente feito pelo Natal.
aguj/a f. agulha; bússola; ponteiro de relógio. **/erear** tr. esburacar. **/ero** m. buraco; entrada. **/eta** f. agulheta (Bras.) agulhêta.
aguzar vt. aguçar.
¡ah! interj. ah!
ahí adv. aí, nesse lugar.
ahija/da f. afilhada. **/do** m. afilhado; protegido. **/r** tr. afilhar; ado(p)tar.
ahínco m. afinco; pertinácia.
ahog/ado adj. afogado; comprometido. **/ar** tr. afogar; impedir. **/arse** r. afogar-se. **/o** m. afo(ô)fio; indigência.
ahondar tr. afundar; aprofundar.
ahora adv. agora, a(c)tualmente.
ahorr/ar tr. poupar, economizar. **/o** m. afo(ô)rro; economia.
ahumar tr. afumar; fumigar.
ahuyentar tr. afugentar, repelir.
air/e m. ar; vento; fig. aparência; garbo. **/oso** adj. airoso; engraçado.
aisla/do adj. isolado. **/r** tr. isolar; insular.
ajeno adj. alheio; contrário; distante; isento.
ajuar m. enxoval; alfaia.
ajust/ado adj. justo; exa(c)to. **/ador** m. ajustador, montador. **/ar** tr. ajustar; assentar. **/e** m. ajuste; pacto. **/iciar** tr. justiciar, castigar.
al art. ao.
ala f. asa; fileira; flanco; aba.
alaba/nza f. louvor; abonação. **/r** tr. louvar.
alabastro m. alabastro.
alambi/cado adj. alambicado; sútil. **/car** tr. alambicar, destilar. **/que** m. alambique, destilador.
alambre m. arame.
alameda f. alameda; avenida com ároores.
alarde m. alarde, ostentação. **/ar** intr. alardear.
alargar tr. alongar; dilatar.
alarido m. alarido, gritaria.
alarma f. alarma, rebate.

/**r** tr. alarmar; atemorizar.
alba f. alva; madrugada.
albedrío m. alvedrio; arbitragem.
alberg/ar tr. abergar. /**ue** m. albergue; abrigo; asilo.
alb/ino adj. e m. albino. /**o** adj. alvo, branco.
albóndiga f. almôndega
albor m. albor, alvor; maldrugada. /**ada** f. alvorada; amanhecer.
albornoz m. albornoz.
alborot/ar tr. alvorotar; sublevar. /**arse** r. alvorotar-se. /**o** m. motim.
alboroz/ar tr. alvoroçar; amotinar. /**arse** r. alvoroçar-se; alegrar-se. /**o** alvoro(ô)ço.
albricias f. pl. alvíssaras; interj. alvíssaras.
álbum m. álbum.
albúmina f. *Quím.* albumina.
alcaide m. alcaide.
alcald/e m. presidente da Câmara Municipal; alcaide. /**esa** f. alcaidessa. /**ía** f. alcaidia; alcaidaria.
alcantarilla f. cloaca; sumidouro; esgo(ô)to.
alcanzar vt. alcançar; tocar; obter.
alcoba f. alcova; quarto de dormir.
alcoh/ol m. álcool. /**ólico** adj. alcoólico.
aldea f. aldeia. /**na** aldeã. /**no** m. aldeão; grosseiro.
alega/ción f. alegação. /**r** tr. alegar, citar. /**to** m. alegação por escrito.
aleg/oría f. alegoria. /**órico** adj. alegórico.
alegr/ar tr. alegrar; avivar o lume ou luz; aformosear. /**arse** embriagar-se; alegrar-se. /**e** adj. alegre; ligeiramente embriagado. /**ía** f. alegria.
aleja/miento m. afastamento. /**r** tr. afastar. / **rse** r. afastar-se, alongar-se.
alem/án adj. e m. alemão. /**ana** adj. e f. alemã.
alentar tr. alentar, animar, animar; intr. respirar.
alerta f. alerta, alarme.
aleta f. barbatana de peixe; aleta.
aletarga/do adj. aletargado. /**r** tr. cair em letargo. /**rse** r. aletargar-se.
alfabeto m. alfabeto.
alfalfa f. *Bot.* alfalfa.
alfarer/ía f. olaria; loja de louça de barro. /**o** m. oleiro.
alférez m. alferes; porta-bandeira.
alfil m. alfil, bispo, no j(ô)go do xadrez.
alfiler m. alfine(ê)te. /**azo** m. alfinietada.
alfombra f. alfombra; alcatifa; tape(ê)te.
alforja f. alforge.
alga f. *Bot.* alga, sargaço.
algazara f. algazarra.
álgebra f. álgebra.
algo pron. algo; alguma coisa; adv. um tanto.
algodón m. algodão; *Bot.* algoeiro.
alguacil m. aguazil.
alguien pron. alguén; (fig.) pessoa importante.
algún, alguno adj. algum.
alhaja f. jóia; ado(ô)rno.
alia/do adj. e s. aliado. / **nza** aliança. /**r** tr. aliar.
alias adv. aliás.
alicates m. pl. alicate.
aliciente m. aliciente; sedução, atra(c)tivo.
aliena/ción f. alienação. /**r** tr. alienar.
aliento m. alento; respiração; coragem.
aligerar tr. aligeirar; atenuar; abreviar.
aliment/ación f. alimentação. /**ar** alimentar. / **icio** adj. alimentício. /**o** m. alimento, nutrição.

alinear tr. alinhar; **enfileirar.**
alisar tr. alisar.
alista/miento m. **alistamento**, recrutamento. **/r** tr. alistar; prevenir. **/rse** r. alistar-se.
alivi/ar tr. aliviar; **atenuar.** **/o** m. alívio.
aljibe m. algibe.
alma f. alma.
almac/én m. armazén. **/enar** tr. armazenar. **/enista** m. armazenista.
almanaque m. almanaque, calendário.
almeja f. *Zool.* amêijoa.
almendr/a f. *Bot.* amêndoa. **/o** m. amendoeira.
almirant/azgo m. almirantado. **/e** almirante.
almirez m. almofariz.
almohad/a f. almofada; travesseiro. **/illa** almofadinha.
alm/orzar tr. almoçar. **/uerzo** m. almo(ô)ço.
alocado adj. aloucado.
alocución f. alocução.
aloja/miento m. alojamento. **/r** tr. alojar.
alpargata f. alparcata, sandália.
alpinis/mo m. alpinismo. **/ta** m. e f. alpinista.
alpiste m. *Bot.* alpista.
alquil/ar tr. alugar; arrendar. **/er** m. aluguer.
alrededor adv. ao redor, ao derredor. **/es** m. pl. arredores.
alta f. alta; licença para sair do hospital; **dar de —**, dar alta.
altaner/ía f. altanaria, orgulho. **/o** adj. altaneiro.
altavoz m. altofalante.
altera/ción f. alteração. **/r** tr. aliterar; agitar.
alterca/do m. altercação, rixa. **/r** tr. altercar; contender.
altern/ar tr. alternar; conviver. **/ativa** f. alternativa; opção; entrega pelo matador da muleta ao novilheiro. **/o** adj. alterno.
alt/eza f. alteza; altura. **/ísimo** adj. altíssimo; m. Altíssimo, Deus. **/ivez** adj. altixez, orgulho. **/o** adj. alto. **/ura** f. altura.
alubia f. *Bot.* feijão.
alucina/ción f. alucinação. **/do** adj. alucinado. **/r** tr. alucinar.
alud m. alude, avalancha.
aludir intr. aludir, mencionar.
alumbra/do m. alumiado; m. iluminação. **/miento** m. iluminação; parto; delivramento. **/r** tr. alumiar; parir; ilustrar; acender; alegrar; aluminar.
alumn/a f. aluna. **/o** m. aluno, estudante.
aluniza/je m. alunagem. **/r** tr. alunar.
alza f. alça; alta súbita de preços. **/da** f. apelação; altura. **/miento** m. alçamento; revolta; quebra fraudulenta. **/r** tr. alçar; apelar; altear. **/rse** r. alçar-se.
allá adv. lá; além. **el más —**, o outro mundo.
allana/miento m. aplanamento; conformação com uma demanda ou decisão; afabilidade. **/r** tr. alhanar; entrar à fo(ô)rça em casa alheia.
allí adv. ali.
ama f. ama; criada grave.
amab/ilidad f. amabilidade. **/le** adj. amável.
amador adj. amador.
amaestrar tr. amestrar, ensinar.
amainar tr. amainar; abrandar.
amamantar tr. amamentar; alimentar.
amanecer intr. amanhecer.
amante m. amante.
amapola f. *Bot.* papoula.
amar tr. amar.

amarg/ado adj. amargado. **/ar** tr. amargar. **/o** adj. amargo; acre. **/ura** f. amargura.
amarill/ear intr. amarelecer. **/ento** adj. amarelento. **/o** adj. amarelo.
amarra f. calabre; pl. prote(c)ção. **/r** tr. amarrar.
amas/ar tr. amassar. **/ijo** f. amassilho.
ámbar m. âmbar.
ambici/ón f. ambição. **/onar** tr. ambicionar. **/oso** ambicioso.
ambiente adj. ambiente; m. ambiente, o ar; meio.
ambos adj. ambos.
ambulan/cia f. ambulância. **/te** adj. ambulante.
amén m. amém ou ámen.
amenazar f. ameaça. **/r** tr. ameaçar.
amen/idad f. amenidade. **/izar** tr. amenizar. **/o** adj. ameno.
american/a f. casaco; adj. americana. **/izar** tr. americanizar. **/o** adj. americano.
ametralla/dora f. metralhadora. **/r** tr. metralhar.
amianto m. *Min.* amianto.
amig/a f. amiga. **/able** adj. amigável. **/o** amigo.
amistad f. amizade.
amnistía f. a(m)nistia.
amo m. amo; proprietário.
amoldar tr. amoldar. **/se** r. almoldar-se.
amonesta/ción f. admoestação; publicação de banhos; aviso. **/r** tr. admoestar.
amor m. amor.
amoratado adj. violáceo; lívido.
amoroso adj. amoroso.
amortajar tr. amortalhar.
amortiguar tr. amortecer; acalmar.
amortiza/ción f. amortização. **/r** tr. amortizar.
amotinar tr. amotinar; perturbar. **/se** r. amotinar-se.
ampar/ar tr. amparar. **/o** m. amparo, prote(c)ção.
ampli/ación f. ampliação. **/ar** tr. ampliar. **/ficar** tr. amplificar. **/o** adj. amplo, vasto. **/tud** f. amplitude.
amputa/ción f. amputação. **/r** intr. amputar.
amueblar tr. mobilar.
amuleto m. amuleto.
amuralla/do adj. amuralhado. **/r** tr. amuralhar.
anacoreta m. anacoreta.
anacronismo m. anacronismo.
analfabet/ismo m. analfabetismo. **/o** m. analfabeto.
an/álisis m. e f. análise. **/alítico** adj. analítico. **/alizar** tr. analisar.
an/alogía f. analogia. **/álogo** adj. análogo.
an/arquía f. anarquia. **/árquico** adj. anárquico.
anatema m. e f. anátema. **/tizar** tr. anatematizar.
anat/omía f. anatomia. **/ómico** adj. anató(ô)mico.
anca f. anca; garupa.
ancian/idad f. ancianidade. **/o** adj. ancião; antiguo.
ancla f. âncora.
ancho adj. largo, ancho, amplo.
anchoa f. anchova.
anchura f. anchura, largura; desafo(ô)go.
andamio m. andaimo.
anda/nte adj. andante. **/nza** f. andança; acontecimento; pl. aventuras. **/r** intr. andar.
andén m. cais de estação de caminho de ferro; ândito; prateleira.
anécdota f. anedota.
ane/jo adj. anexo. **/xión** f. anexação. **/xo** adj. e m. anexo.
anfibio adj. anfíbio.
anfiteatro m. anfiteatro.
ángel m. anjo.

angelical adj. angelical.
angina f. *Med.* angina.
anguila f. *Zool.* enguia.
ángulo m. ângulo, esquina.
angustia f. angústia. **/r** tr. angustiar.
anill/a f. anilha. **/o** m. anel.
ánima f. alma.
anima/ción f. animação. **/l** animal. **/r** tr. animar. **/rse** r. animar-se.
ánimo m. ânimo; coragem.
aniquila/ción f. aniquilação. **/r** tr. aniquilar.
anís m. *Bot.* anis.
aniversario m. aniversário.
ano m. *Anat.* ânus.
anoche adv. na noite passada. **/cer** intr. anoitecer; m. anoitecer.
an/omalía f. anomalia. **/omalo** adj. anó(ô)malo.
anónimo adj. anó(ô)nimo.
anota/ción f. anotação. **/r** tr. anotar.
ansi/a f. ânsia. **/ar** tr. ansiar. **/edad** f. ansiedade. **/oso** adj. ansioso.
antag/ónico adj. antagó(ô)nico. **/onista** m. e f. antagonista.
antaño adv. antanho.
antártico adj. antár(c)tico.
ante prep. ante, diante de.
ante/anoche adv. anteontem à noite. **/ayer** adv. anteontem. **/brazo** m. antebraço. **/cedente** m. antecedente. **/ceder** tr. anteceder. **/lación** f. antelação. **/mano** adv. de antemão.
antena f. antena.
ante/ojo m. óculo de grande alcançe; luneta; pl. binóculos. **/pasados** m. pl. antepassados. **/poner** tr. antepor. **/rior** adj. anterior. **/rioridad** f. anterioridade.
anticipa/ción f. antecipação. **/r** tr. antecipar.
anticua/do adj. antiquado. **/rio** m. antiquário.
antídoto m. antídoto.
anti/natural adj. antinatural. **/patía** f. antipatia. **/pático** adj. antipático.
ant/ítesis f. antítese. **/itético** adj. antitético.
antol/ogía f. antologia. **/ógico** adj. antológico.
antro m. antro.
antrop/ófago adj. e s. antropófago. **/ología** f. antropologia.
anual adj. anual. **/idad** f. anualidade.
anula/ción f. anulação. **/r** tr. anular.
anunci/ación f. anunciação. **/ar** tr. anunciar. **/o** m. anúncio.
anverso m. anverso.
anzuelo m. anzol.
añadi/dura f. aumento, acréscimo. **/r** tr. acrescentar.
añejo adj. antigo, velho.
año m. ano; — **bisiesto**, ano bissexto.
añoranza f. saudade.
apaciguar tr. apaziguar, pacificar.
apadrinar tr. apadrinhar; (fig.) proteger.
apalear tr. apalear.
apara/dor m. aparador, guarda-loiça. **/to** m. aparato; aparelho. **/toso** adj. aparatoso.
aparec/er tr. aparecer. **/ido** m. fantasma.
aparej/ador m. aparelhador; agente técnico de construção. **/ar** tr. aparelhar. **/o** m. aparelho; preparo.
aparent/ar tr. aparentar. **/e** adj. aparente.
apari/ción f. aparição. **/encia** f. aparência.
apart/ado adj. apartado. **/amento** m. apartamento. **/amiento** m. apartamento. **/ar** tr. apartar. **/arse** r. apartar-se. **/e** adv. à parte; separadamente.

apasionar tr. apaixonar. **/se** r. apaixonar-se.
ap/atía f. apatia. **/ático** adj. apático.
apea/dero m. apeadeiro. **/r** tr. apear. **/arse** r. apear-se.
apela/ción f. apelação. **/r** intr. apelar.
apellid/ado adj. chamado. **/ar** tr. apelidar. **/o** m. apelido.
apenas adv. apenas; ùnicamente; quase não.
apéndice m. apêndice.
apendicitis f. *Med.* apendicite.
aperitivo adj. aperitivo.
apertura f. abertura.
apete/cer tr. apetecer. **/cible** adj. apetecível. **/ncia** f. apetência.
apetito m. apetite; estímulo. **/so** adj. apetitoso.
apiadar tr. apiedar. **/se** r. apiedar-se.
ápice m. ápice.
apicultura f. apicultura.
apiñar tr. apinhar.
aplanar tr. aplanar.
aplastar tr. esmagar; achatar; oprimir.
aplau/dir tr. aplaudir. **/so** m. aplauso.
aplaza/miento m. aprazamento. **/r** tr. aprazar.
aplica/ción f. aplicação. **/do** adj. aplicado. **/r** tr. aplicar; adjudicar. **/rse** tr. aplicar-se.
apodar tr. apodar.
apodera/do adj. e s. apoderado, procurador. **/rse** apoderar-se.
apodo m. apo(ô)do.
apogeo. m. apogeu.
apolilla/do adj. traçado; carunchoso. **/r** tr. traçar. **/rse** r. traçar-se.
aportar tr. ocasionar; contribuir; intr. aportar.
aposent/ar tr. aposentar. **/o** m. aposento.
apósito m. *Med.* apósito.
apostar tr. apostar; competir.
ap/ostasía f. apostasia. **/óstata** m. e f. apóstata. **/ostatar** intr. apostatar.
ap/óstol m. apóstolo. **/ostolado** m. apostolado. **/ostólico** adj. apostólico.
apoteosis f. apoteose.
apoy/ar tr. apoiar; amparar. **/arse** r. apoiar-se. **/o** m. apoio; prote(c)ção.
apreci/able adj. apreciável; respeitável. **/ación** f. apreciação. **/ar** tr. apreciar. **/o** m. apre(ê)ço.
apremi/ar tr. apressurar. **/o** m. mandado compulsório; constrangimento; sobrecarga.
aprend/er tr. aprender. **/iz** m. aprendiz. **/izaje** m. aprendizagem.
aprensi/ón f. apreensão. **/vo** adj. apreensivo.
apresar tr. apresar.
apresura/miento m. apressuramento. **/r** tr. apressurar. **/rse** r. apressurar-se.
apret/ar tr. apertar. **/ón** m. apertão.
aprieto m. ape(ê)rto.
aprisa adv. à pressa.
aprisionar tr. aprisionar.
aproba/ción f. aprovação. **/do** m. aprovado; nota de habilitação em exames. **/r** tr. aprovar.
apropia/ción f. apropriação. **/do** adj. apropriado. **/rse** r. apropriar-se.
aprovecha/ble adj. aproveitável. **/do** adj. aproveitado. **/miento** m. aproveitamento. **/r** tr. aproveitar. **/rse** r. aproveitar-se.
aproxima/ción f. aproximação. **/r** tr. aproximar.
apt/itud f. aptidão. **/o** adj. apto.
apuesta f. aposta.
apunt/ación f. anotação, nota. **/ador** m. apontador; *Teatr.* ponto. **/alar** tr. escorar; assegurar. /

ar tr. apontar. **/e** m. apontamento.
apuñalar tr. apunhalar.
apur/ado adj. apurado; pobre. **/ar** tr. apurar; esgotar. **/arse** r. afligir-se; esmerar-se. **/o** m. apuro.
aqu/el pron. aque(ê)le. / **ella** pron. aquela.
aquí adv. aqui.
ara f. ara, altar.
arabesco m. arabe(ê)sco.
arado m. arado.
arancel m. tarifa; pauta.
araña f. *Zool.* aranha; lustre. **/r** tr. arranhar. / **zo** m. arranhão.
arar tr. arar.
arbitr/aje m. arbitragem. **/ar** tr. arbitrar. **/ariedad** f. arbitrariedade. **/ario** adj. arbitrário. **/io** m. arbítrio.
árbitro m. árbitro.
árbol m. árvore.
arbusto m. arbusto.
arca f. arca.
arcaico adj. arcaico.
arcángel m. arcanjo.
arcill/a f. argila. **/oso** adj. argiloso.
arcipreste m. arcipreste.
arco m. arco.
archipiélago m. arquipélago.
archiv/ar tr. arquivar. / **ero** m. arquivista. **/o** m. arquivo.
arder intr. arder.
ardid m. ardil, manha.
ardilla f. *Zool.* esquilo.
ardor m. ardor; afã.
arduo adj. árduo.
área f. área.
arena f. areia. **/l** m. areal.
argamasa f. argamassa.
argent/ado adj. argentado, prateado. **/ino** adj. argentino; argênteo.
argolla f. argola, aro grosso.
argot m. gíria, calão.
arg/ucia f. argúcia. **/üir** intr. arguir. **/umentación** f. argumentação. **/umentar** intr. argumentar. / **umento** m. argumento.
árido adj. árido.
arisco adj. arisco.
arista f. arista, aresta.
arist/ocracia f. aristocracia. **/ócrata** m. e f. aristocrata. **/ocrático** adj. aristocrático.
aritmética f. aritmética.
arma f. arma. **/da** f. armada. **/do** adj. armado; aparelhado. **/mento** m. armamento. **/r** tr. armar; equipar.
armario m. armário.
armazón m. armação.
armer/ía f. armaria. **/o** m. armeiro.
armiño m. *Zool.* arminho.
armisticio m. armistício.
arm/onía f. harmonia. / **ónico** adj. harmó(ô)nico. **/onizar** tr. harmonizar.
aro m. aro, argola.
arom/a f. aroma, cheiro. **/ático** adj. aromático. / **atizar** tr. aromatizar.
arpillera f. serapilheira.
arp/ón m. arpão. **/on(e)ar** tr. arpoar.
arque/ología f. arqueologia. **/ólogo** m. arqueólogo.
arquitect/o m. arquite(c)to. **/ónico** adj. arquitető(ô)nico. **/ura** f. arquite(c)tura.
arrabal m. arrabalde, subúrbios.
arran/car tr. arrancar; intr. sair de repente. / **que** m. arrancadura; ímpeto.
arrasar tr. arrasar, nivelar; derribar.
arrastr/ar tr. arrastar; atrair. **/arse** r. humilhar-se vilmente.
arrecife m. calçada; recife, baixio.
arregl/ado adj. regulado, regrado; acomodado. **/ar** tr. regular; arranjar; assentar. **/arse** r. acomodar-se. **/o** m. regra, or-

dem; arranjo; conse(ê)rto.
arrenda/dor m. arrendatário; alugador. **/miento** m. arrendamento; contrato de renda. **/tario** m. arrendatário, alugador.
arrepenti/do adj. arrependido, contrito. **/miento.** m. arrependimento. **/rse** r. arrpender-se.
arrest/ar tr. prender; arrestar. **/o** m. detenção; audácia.
arriba adv. arriba, acima, em lugar alto.
arriesga/do adj. arriscado. **/r** tr. arriscar; aventurar. **/rse** r. arriscar-se.
arrimar tr. arrimar, encostar.
arrinconar tr. arrincoar; retirar a confiança.
arrodillarse r. ajoelhar-se.
arrogan/cia f. arrogância. **/te** adj. arrogante.
arroja/dizo adj. arrojadiço; audacioso. **/do** adj. arrojado. **/r** tr. arrojar; arremessar; vomitar.
arrollar tr. enrolar; rolar.
arroz m. arroz. **/al** m. arrozal.
arruga f. ruga; prega. **/r** tr. arrugar.
arruinar tr. arruinar; destruir. **/se** r. arruinar-se.
arrull/ar tr. arrulhar. **/o** m. arrulho.
arsenal m. arsenal.
arte m. arte; manha; **bellas —,** belas artes.
artefacto m. artefa(c)to.
arteria f. *Anat.* artéria.
artesano m. artesão, artífice.
ártico adj. ar(c)tico.
articula/ción f. articulação. **/r** tr. articular.
artículo m. artigo.
art/ífice m. e f. artífice. **/ificial** adj. artificial. **/ificio** m. artificio; astúcia.
artiller/ia f. artilharia. **/o** m. artilheiro.
artista s. artista.
arzobisp/ado m. arcebispado. **/o** m. arcebispo.
as m. ás.
asa f. asa; ocasião, pretexto.
asad/o adj. assado; m. carne assada. **/or** assador, espe(ê)to.
asalt/ador adj. assaltador, assaltante. **/ar** tr. assaltar. **/o** m. assalto.
asamblea f. assemble(é)ia; convocação; congresso.
asar tr. assar.
ascende/ncia f. ascendência. **/nte** adj. ascendente.
ascens/ión f. ascenção. **/o** m. ascensão.
asco m. asco, nojo; aversão.
asear tr. assear.
asedi/ar tr. assediar; importunar. **/o** m. assédio, ce(ê)rco; (Bras.) insistência.
asegura/dor m. segurador; afirmador. **/r** tr. assegurar; segurar; afirmar. **/rse** r. assegurar-se; verificar.
asemejar tr. assemelhar. **/se** r. assimilar-se; parecer-se.
asenta/do adj. assentado; sereno, sossegado. **/r** tr. assentar.
asentir intr. assentir.
aseo m. asstio.
aséptico adj. assé(p)tico.
asequible adj. exequível.
aserra/do adj. serrado; dentado. **/r** tr. serrar.
asesin/ar tr. assassinar, matar. **/ato** m. assassinato. **/o** m. assassino, matador.
asesor adj. e s. assessor; conselheiro. **/ar** tr. assessorar, aconselhar. **/arse** r. tomar conselho. **/ía** f. assessoria.
asevera/ción f. asseveração. **/r** tr. asseverar, afirmar.
asfalto m. asfalto.
asfixia f. asfixia. **/r** tr. asfixiar.

así adv. assim.
asiático adj. e s. asiático.
asidu/idad f. assiduidade. **/o** adj. assíduo.
asiento m. assento.
asigna/ción f. vencimento; consignação; pensão. **/r** tr. destinar; fixar, assinalar; designar. **/tura** f. cadeira, disciplina.
asilo m. asilo.
asimilación f. assimilação; semelhança.
asimismo adv. também, assim mesmo.
asist/encia f. assistência; ajuda. **/ente** adj. assistente; impedido dum oficial. **/ir** intr. assistir; tratar de um doente.
asm/a f. *Med.* asma. **/ático** adj. asmático.
asno m. *Zool.* asno.
asocia/ción f. asociação. **/do** adj. asociado, sócio. **/r** tr. asociar.
asomar intr. assomar. **/se** r. mostrar-se, aparecer.
asombr/ar tr. assombar. **/arse** r. assombrar-se. **/o** m. assombro. **/oso** adj. assombroso.
aspa f. aspa.
aspecto m. aspe(c)to, aparência.
aspereza f. aspereza.
áspero adj. áspero; desejo.
asque/ar tr. asquear; ter nojo. **/rosidad** f. asquerosidade. **/roso** adj. asqueroso.
asta f. hasta, lança; chifre, haste; mastro.
asterisco m. asterisco.
astill/a f. astilha. **/ar** tr. estilhaçar. **/ero** m. estaleiro.
astr/o m. astro. **/ología** f. astrología. **/ológico** adj. astrológico. **/ólogo** m. astrólogo. **/onomía** m. astronomía. **/onómico** adj. astronó(ô)mico. **ónomo** m. astró(ô)nomo.
astu/cia f. astúcia. **/to** adj. astuto, manhoso.
asueto m. sueto.
asu/mir tr. assumir. **/nción** f. assunçao. **/nto** m. assunto.
asusta/dizo adj. assustadiço. **/r** tr. assustar. **/rse** r. assustar-se.
atacar tr. atacar.
atadura f. atadura.
atalaya f. atalaia; m. sentinela.
ataque m. ataque.
atar tr. atar; unir.
ataúd m. ataúde.
atav/iado adj. ataviado, adornado. **/iar** tr. ataviar. **/ío** m. atavio, ado(ô)rno; asseio.
ateísmo m. ateísmo.
atemorizar tr. atemorizar.
aten/ción f. atenção. **/der** intr. atender.
ateneo m. ateneu.
atenerse r. ater-se, aderir-se.
atentado m. atentado.
atento adj. atento; cortês.
atenua/nte adj. atenuante. **/r** tr. atenuar.
ateo m. ateu.
aterriza/je m. aterragem. **/r** intr. aterrar.
aterrorizar tr. aterrorizar.
atesta/ción f. atestação, testemunho. **/do** adj. atestado; m. atestação, declaração escrita e assinada de um fa(c)to. **/r** tr. abarrotar, encher; atestar, testemunhar.
ático m. ático.
atinar intr. atinar.
atizar tr. atiçar, atear. (o fogo); incitar.
atl/ántico adj. atlântico. **/as** m. atlas. **/eta** m. atleta. **/ético** adj. atlético. **/etismo** m. atletismo.
atm/ósfera f. atmosfera. **/osférico** adj. atmosférico.
atolondra/do adj. aturdido. **/miento** m. estouvamento; aturdimento. **/r** tr. aturdir; apatetar.

atómico adj. ató(ô)mico.
átomo m. átomo.
atonta/do adj. apatetado; aturdido. **/r** tr. atontar, aturdir.
atormentar tr. atormentar.
atornillar tr. atarraxar, aparafusar.
atrac/ador m. salteador, ladrão. **/ar** tr. *Mar.* atracar; encher, fartar; assaltar. **/arse** r. fartar-se. **/o** m. assalto.
atra/cción f. atra(c)ção. **/ctivo** adj. atra(c)tivo; m. graça, atractivo. **/er** tr. atrair.
atr/ás adv. atrás, detrás. **/asado** adj. atrasado. **/asar** tr. atrasar; demorar. **/aso** m. atraso; **pl.** rendas vencidas e ainda não recebidas.
atravesar tr. atravessar; trespassar. **/se** r. intrometer-se.
atrayente adj. atraente.
atrev/erse r. atrever-se, ousar. **/ido** adj. atrevido. **/imiento** m. atrevimento.
atribu/ción f. atribuição. **/ir** tr. atribuir. **/irse** r. atribuir-se.
atributo m. atributo.
atrio m. átrio.
atrocidad f. atrocidade.
atrofia f. atrofia. **/rse** r. atrofiar-se.
atropell/adamente adv. atropeladamente. **/ar** tr. atropelar; maltratar. **/arse** r. atropelar-se. **/o** m. atrope(ê)lo.
atroz adj. atroz.
atún m. *Zool.* atum.
aturdi/do adj. aturdido. **/r** tr. aturdir. **/rse** r. aturdir-se.
auda/cia f. audácia. **/z** adj. audaz; atiradiço.
audi/encia f. audiência; sessão de um tribunal judicial. **/tor** m. auditor. **/torio** adj. auditório; audiência.
augurar tr. augurar, agourar.
aula f. aula.
aull/ar intr. uivar. **/ido** m. uivo.
aument/ar tr. aumentar. **/o** m. aumento.
aún adv. ainda, todavia, também.
aunque adv. se bem que; ainda que; mesmo que.
áureo adj. áureo. **/la** f. auréola.
auscultar tr. auscultar.
ausen/cia f. ausência. **/tar** tr. afastar. **/tarse** r. ausentar-se. **/te** adj. ausente.
auste/ridad f. austeridade. **/ro** adj. austero.
aut/enticar tr. autenticar. **/éntico** adj. autêntico; legalizado.
auto m. (fam.) automóvel, carro.
aut/obús m. autobus, autocarro (Bras.) autoônibus. **/ocar** m. autocarro. **/ógrafo** m. autógrafo. **/omático** adj. automático. **/omóvil** m. automóvel. **/omovilismo** m. automobilismo. **/omovilista** m. e f. automobilista. **/onomía** f. autonomia. **/opsia** f. autópsia.
autor m. autor. **/a** f. autora.
autori/dad f. autoridade. **/zado** adj. autorizado. **/zar** tr. autorizar.
auxili/ar tr. auxiliar; adj. auxiliar; ajudante. **/o** m. auxílio.
aval m. aval, garantia firmada.
avan/ce m. avance, avanço; adiantamento. **/zada** f. avançada. **/zar** intr. avançar.
avar/icia f. avareza. **/icioso** adj. avarento. **/iento** adj. avarento. **/o** adj. avaro; mesquinho.
avasallar tr. avassalar.
ave f. *Zool.* ave, pássaro.

avecinar tr. avizinhar.
avenida f. enchente fluvial; avenida.
aventaja/do adj. aventajado; proveitoso. **/r** tr. avantajar.
aventur/a f. aventura. **/ ado** adj. aventurado. **/ero** m. aventurero.
avergonzar tr. envergonhar. **/se** r. envergonhar-se.
averigua/ción f. averiguação. **/r** tr. averiguar.
aversión f. aversão.
avia/ción f. aviação. **/dor** adj. e s. aviador.
avidez f. avidez.
ávido adj. ávido.
avieso adj. ave(ê)sso.
avión m. avião, aeroplano.
avis/ado adj. avisado. **/ar** tr. avisar. **/o** m. aviso.
avisp/a f. *Zool.* vespa. **/ado** adj. esperto.
avistar tr. avistar.
avivar tr. avivar.
axila f. axila.
axioma m. axioma.
¡ay! interj. ai!
aya f. aia.
ayer adv. ontem.
ayo m. aio; preceptor.
ayuda f. ajuda; auxílio. **/nte** adj. e m. oficial subalterno; ajudante. **/r** tr. ajudar; auxiliar.
ayun/ar intr. jejuar. **/o** adj. em jejum; m. jejum; abstinência.
Ayuntamiento m. ajuntamento; Câmara Municipal.
azafata f. açafata hospedeira de bordo (Bras.) aeromoça.
azora/miento m. sobressalto; irritação; atordoamento. **/r** tr. conturbar, sobressaltar.
azotea m. açote(é)ia, sote(é)ia.
az/úcar m. açúcar. **/ucarar** tr. açúcarar; dulcificar. **/ucarera** f. açucareiro.
azucena f. *Bot.* açucena.
azufre m. enxo(ô)fre.
azul adj. azul. **/ado** adj. azulado. **/ar** tr. azular. **/ejo** m. azulejo.

bab/a f. baba, saliva. **/ ear** intr. babar; galantear. **/ero** m. babeiro.
babor m. *Mar.* bombordo.
bacalao m. bacalhau.
bacanal f. bacanal.
bacilo m. bacilo.
bacteria f. bactéria.
bache m. cova, desigualdade nos caminhos ou ruas.
bachiller m. bacharel; fam. tagarela. **/ato** m. bacharelato.
badén m. sulco ou re(ê)go; valeta.
bahía f. baia.
bail/ador m. bailador. **/ ar** tr. bailar, dançar; oscilar. **/e** m. baile.
baja f. baixa, diminuição de preço; perda; cessação definitiva; decrescimento. **/da** f. baixada, descida. **/r** intr. baixar, descer; diminuir; apear.
bala f. bala; fardo apertado; atado de dez resmas de papel.
balanc/e m. balanço. **/ ear** tr. balancear. **/earse** r. jogar o navio; estar irresoluto. **/eo** m. balanço. **/ín** m. balancim.
balanza f. balança.

balbuc/ear intr. balbuciar. **/iente** adj. balbuciente, gago. **/ir** intr. balbuciar.
balcón m. balcão, varanda.
balde m. *Mar.* balde; **de** —, de graça; **en** — em vão, inùtilmente.
baldío adj. baldio; inútil; vadio.
baldosa f. ladrilho, tijolo.
balneario m. balneário.
balón m. bola para jogar; balão; fardo grande.
balsa f. balsa, pântano; dorna; jangada, balsa.
balsámico adj. balsâmico.
baluarte m. baluarte.
ballen/a f. *Zool.* baleia. **/ero** m. pescador de baleias.
ballest/a f. balestra; mola. **/ear** tr. balestrear. **/ero** m. besteiro.
ban/ca f. banco, cadeira sem costas; comércio bancário. **/carrota** f. bancarrota. **/co** m. banco.
banda f. banda; bando; partido; lado.
bandeja f. bandeja, salva.
bandera f. bandeira.
banderill/a f. bandarilha, farpa. **/ear** tr. bandarilhar, farpear. **/ero** m. bandarilheiro.
bandido adj. e s. bandido.
bando m. bando; proclamação; partido, fa(c)ção.
bandolero m. bandoleiro.
banque/ro m. banqueiro. **/te** m. banquete.
bañ/ador m. trajo de banho; banheiro. **/ar** tr. banhar; inundar. **/era** f. banheira. **/o** m. banho.
baptisterio m. ba(p)tistério.
bar m. bar, botequim.
barand/a f. corrimão, grande, varanda. **/illa** f. corrimão; parapeito da balaustrada.
barat/ija f. bagatela, coisa miúda e de pouco valor; pl. insignificâncias. **/illo** m. coisas de pouco preço postas à venda; lugar onde se faz esta venda; adelo. **/o** adj. barato. **/ura** f. barateza.
barba f. barba; **por** —, por pessoa.
bárbaro adj. e s. bárbaro.
barber/ía f. barbearia. **/o** m. barbeiro.
barbudo adj. barbudo.
barc/a f. barca. **/aza** f. barcaça, gabarra. **/o** m. barco; embarcação.
barítono m. barítono.
barniz m. verniz. **/ar** tr. envernizar; charoar.
barómetro m. baró(ô)metro.
bar/ón m. barão. **/onesa** f. baronesa.
barra f. barra; alavanca; listra.
barraca f. barraca.
barrena f. verruma; broca. **/r** tr. verrumar; brocar.
barrendero m. varredor.
barren/ero m. verrumeiro. **/o** m. verrumão; buraco.
barreño m. alguidar.
barrer tr. varrer; levar, arrastar.
barrera f. barreira; parapeito.
barriada f. bairro ou parte dele; arrabalde.
barricada f. barricada.
barrig/a f. barriga; bo(ô)jo, parte saliente. **/udo** adj. barrigudo.
barril m. barril.
barrio m. bairro; arrabalde; **el otro** —, o outro mundo.
barr/izal m. lamaçal. **/o** m. lama, lo(ô)do; barro; coisa desprezível; espinhas do rosto.
barullo m. barulho, confusão.
basa f. base; pedestal.
basca f. vasca, náusea.
báscula f. báscula.

base f. base, fundamento; alicerce.
basílica f. basílica.
bastardo adj. e s. bastardo; degenerado.
bastidor m. bastidor.
basto adj. grosseiro, to(ô)sco; m. basto, às **de** paus.
bast/ón m. bastão, bengala. **/onazo** m. bengalada, paulada.
basur/a f. lixo, imundícia, varredura. **/ero** m. varredor, lixeiro.
bata f. bata, roupão.
batall/a f. batalha. **/ar** intr. batalhar; porfiar; brigar. **/ón** m. batalhão.
batería f. batería; **— de cocina,** bateria de cozinha.
batir tr. bater; derrotar; derrubar; agitar.
batuta f. batuta; (fig.) domínio.
baúl m. baú, arca.
bauti/smo ba(p)tismo. **/zar** tr. ba(p)tizar; (fam.) adulterar o vinho, misturando-o com água. **/zo** m. ba(p)tismo.
bazar m. bazar.
bazo adj. baço.
beat/a f. beata. **/ería** f. beatice. **/ificar** tr. beatificar. **/itud** f. beatitude.
beb/edor adj. e s. bebedor. **/er** tr. beber. **/ida** f. bebida. **/ido** adj. bebido.
beca f. bo(ô)lsa de estudo.
becerro m. *Zool.* bezerro.
bedel m. bedel.
befa f. burla. **/ar** tr. burlar; mover os beiços.
beldad f. beldade.
belga adj. e s. belga.
beli/coso adj. belicoso; agressivo. **/gerante** adj. beligerante.
bell/eza f. beleza. **/o** adj. belo.
bend/ecir tr. abençoar. **/ición** f. bênção. **/ito** adj. bendito; abençoado.
benef/icencia f. beneficência. **/iciar** tr. beneficiar; melhorar; consertar. **/icio** m. benefício, proveito. **/icioso** adj. beneficioso.
ben/emérito adj. benemérito; merecedor. **/eplácito** m. beneplácito; consentimento. **/evolencia** f. benevolência. **/évolo** adj. benévolo. **/ignidad** f. benignidade. **/igno** adj. benigno; suave.
benzol m. benzol.
bes/ar tr. beijar; tocar-se. **/o** m. beijo; encontro.
bestia f. be(ê)sta; fig. pessoa rude. **/l** adj. bestial, brutal. **/lidad** f. bestialidade.
besuque/ar tr. beijocar. **/o** m. beijos muito frequentes.
betún m. betume; graxa para o calçado.
biberón m. biberão, mamadeira
Biblia f. Bíblia.
bibli/ófilo m. bibliófilo. **/ográfico** adj. bibliográfico. **/ógrafo** m. bibliógrafo. **/ómano** m. bibliómano. **/oteca** f. biblioteca. **/otecario** m. bibliotecário.
bicarbonato m. bicarbonato.
bicicleta f. bicicleta.
bicho m. bicho; fig. pessoa intratável.
bidón m. vasilha, caixa de fo(ô)lha.
biela f. biela.
bien m. bem; benefício; pl. bens; adv. bem; muito; assim; ainda.
bienal adj. bienal.
bienio m. bié(ê)nio.
bienvenida f. boas-vindas.
biftec m. bife.
bifurca/ción f. bifurcação. **/r** tr. bifurcar. **/rse** r. bifurcar-se.

bigamía f. bigamia.
bigote m. bigode.
bilingüe adj bili(í)ngu(ü)e.
bili/oso adj. bilioso. **/s** f. bílis; fig. irascibilidade.
billar m. bilhar.
billete m. bilhete; senha; nota.
bi/ografía f. biografia. **/ográfico** adj. biográfico. **/ógrafo** m. biógrafo.
biombo m. biombo.
bis adv. bis.
bisabuel/a f. bisavó. **/o** m. bisavô.
bisagra f. bisagra, dobradiça.
bis/emanal adj. bissemanal. **/iesto** adj. bissexto.
bisonte m. *Zool.* bisonte.
bisturí m. bisturi.
bizco adj. estrábico.
blanc/o adj. branco; alvo. **/ura** f. brancura.
blandir tr. brandir.
bland/o adj. brando; macio. **/ura** f. brandura; doçura.
blanque/ar tr. branquear; caiar. **/o** m. branqueamento.
blasfem/ar intr. blasfemar. **/ia** f. blasfé(ê)mia.
blinda/do adj. blindado. **/je** m. blindagem. **/r** tr. blindar, couraçar, proteger.
bloque/ar tr. bloquear. **/o** m. bloqueio.
blusa f. blusa.
boato m. pompa, ostentaçao.
bobina f. bobina.
bobo adj. e s. bo(ô)bo, estúpido.
boca f. bo(ô)ca; entrada, saída; abertura. **/calle** f. embocadura, entrada de rua. **/dillo** m. sanduiche, merenda, refeição ligeira. **/do** m. bocado; dentada. **/nada** f. bochechada; gole.
bocina f. buzina; claxon; trombeta
bochorno m. bochorno; erubescência. **/so** adj. bochornoso; fig. vergonhoso.
boda f. boda.
bodeg/a f. adega; armazém; despensa dos comestíveis; porão do navio; bodega. **/ón** m. taberna, bodega; quadro representando comestíveis.
bofet/ada f. bofetada; fig. insulto. **/ón** m. bofetão.
bohemio m. boé(ê)mio.
boicot m. boicotagem. **ear** tr. boicotar.
boletín m. boletim.
bolo m. fito; bola; almofadinha para fazer bordados.
bols/a f. bo(ô)lsa; ruga. **/illo** m. algibeira; bolsa. **/ista** m. bolsista. **/o** m. bo(ô)lso, bolsa.
bomba f. bomba. **/rdear** tr. bombardear. **/rdeo** m. bombardeamento.
bombero m. bombeiro.
bombilla f. lâmpada elé(c)trica.
bombón m. bombom.
bombona f. vasilha de vidro, de bo(ô)ca estreira e de muita capacidade.
bonanza f. bonança; fig. prosperidade.
bondad f. bondade. **/oso** adj. bondoso.
bonito adj. bonito; m. *Zool.* bonito, atum.
bono m. título de crédito, vale.
borda f. *Mar.* borda.
borda/do adj. e s. bordado. **/dora** f. bordadora. **/r** tr. bordar.
borde m. borda, margem, orla.
bordo m. *Mar.* bordo; **a —,** a bordo, dentro do navio.
borla f. borla; barrete de doutor.
borra f. borre(ê)ga; fezes; cotão, fe(ê)lpa.
borrach/era f. borracheira; fig. extravagância. **/o**

adj. e s. borracho, bêbedo.
borra/dor m. minuta, borrão; livro de apontamentos. **/r** tr. borrar, apagar.
borrasc/a f. borrasca. **/ oso** adj. borrascoso.
borrón m. borrão, nódoa de tinta; rascunho.
borroso adj. confuso, impreciso.
bosque m. bosque; mata.
bosquej/ar tr. bosquejar. **/o** m. bosquejo, esbo(ô)ço.
bota f. bota.
botadura f. *Mar.* bota-fora, lançamento de um navio à água.
botánic/a f. botânica. **/o** adj. e s. botânico.
botar tr. botar, atirar; lançar um navio à água; governar a embarcação com o leme.
bote m. bote, cutilada; salto, pulo; boião; **estar de — en —**, estar completamente cheio.
botella f. garrafa, frasco.
botica f. botica, farmácia. **/rio** m. boticário, farmacêutico.
botín m. pre(ê)sa de guerra.
botiquín m. botica portátil, caixa de medicamentos.
bot/ón m. botão. **/ones** m. paquete, rapaz, moço (Bras.) môço de recados.
bóveda f. abóbada.
boxe/ador m. boxador. **/ ar** tr. jogar boxe. **/o** m. boxe.
boya f. bóia; baliza.
brace/ar intr. bracear; forcejar. **/ro** m. trabalhador, jornaleiro.
brag/a f. bragas, calças. **/uero** m. bragueiro.
bram/ar intr. bramar; gritar. **/ido** m. bramido, berro.
bras/a f. brasa; ardor. **/ ero** m. braseira.
brav/ata f. bravata. **/ío** adj. bravio; inculto; rústico. **/o** adj. bravo; áspero; interj. muito bem! **/ura** f. bravura.
braz/a f. braça. **/ada** f. braçada. **/al** m. braçal; re(ê)go. **/alete** m. bracelete, pulseira. **/o** m. braço.
brev/e adj. breve; curto; conciso. **/edad** f. brevidade. **/iario** m. breviário.
brib/ón adj. e s. velhaco; preguiçoso. **/onada** f. velhacaria. **/onear** intr. vadiar; fazer picardias.
brida f. brida.
brigada f. brigada.
brill/ante adj. brilhante, fulgurante; m. brilhante, diamante. **/antina** f. brilhantina. **/ar** intr. brilhar. **/o** m. brilho.
brinc/ar intr. brincar, saltar; dissimular. **/o** m. brinco, salto.
brind/ar intr. brindar; oferecer. **/is** m. brinde, saudação; oferta.
br/ío m. brio. **/ioso** adj. brioso.
brisa f. brisa.
británico adj. britânico.
broca f. broca; prego de sapateiro.
brocha f. broxa, pincel.
broche m. broche, colche(ê)te.
brom/a f. broma, verrumão; bulha; chalaça. **/ ear** intr. gracejar. **/ista** m. brincalhão, trocista.
bronce m. bronze. **/ado** m. bronzagem; adj. bronzeado. **/ar** tr. bronzear.
bronquitis f. bronquite.
brot/ar intr. brotar; manar. **/e** m. gomo, pimp(ô)lho.
bruj/a f. bruxa. **/ería** f. bruxaria, malefício. **/o** m. bruxo.
brújula f. *Mar.* bússola.
bruma f. bruma, nevoeiro.

brusc/amente adv. bruscamente. **/o** adj. brusco; inesperado.
brut/al adj. brutal. **/alidad** f. brutalidade. **/o** adj. e s. bruto.
bucólico adj. bucólico.
buen adj. bom. **/amente** adv. boamente. **/aventura** f. boa ventura. **/o** adj. bom; são; divertido.
buey m. *Zool.* boi.
bufanda f. cachecol.
bufete m. bufete; banca e clientela de advogado.
buf/o adj. bufo, bufão. **/ón** m. bufão. **/onada** f. chalaça; bufonária. das, trapeira; desvão.
buitre m. *Zool.* abutre.
bujía f. bugia, vela.
bulbo m. *Bot.* bolbo.
bulto m. vulto; fardo; pacote; tamanho.
bull/a f. bulha, confusão. **/anguero** adj. e s. alvoroçador. **/icio** m. bulício. adj. buliçoso, inquieto. **/ir** intr. ferver; agitar-se, bulir.
buñuelo m. filhó; fig. coisa mal feita.
buque m. buco, espaço; navio.
burbuj/a f. borbulha; bo-(ô)lha. **/ear** intr. bolhar,
burdel m. bordel.
burl/a f. burla. **/ador** adj. e s. burlador; libertino. **/ar** tr. burlar; seduzir. **/arse** r. burlar-se. **/esco** adj. burlesco. **/ón** m. burlão.
burocracia f. burocracia.
burr/a f. *Zool.* burra. **/da** f. burricada; fig. asneira. **/o** m. burro: fig. ignorante.
busca f. busca, procura. **/r** tr. buscar.
busto m. busto.
butaca f. poltrona; assento de teatro.
butano f. butano.
buzo m. mergulhador, búzio.
buzón m. caixa de correiro; tampão, tampa; conducto por onde desaguam os tanques.

cabal adj. cabal; justo.
cabalga/da f. cavalgada. **/dura** f. cavalgadura, be-(ê)sta. **/r** intr. cavalgar. **/ta** f. cavalgata, cavalgada.
caball/eresco adj. cavalheiroso. **/erete** m. cavaleiro jovem, presumido no traje e nas a(c)ções. **/ería** f. cavalgadura; cavalaria; fig. delicadeza. **/ero** adj. cavalgador; m. cavaleiro; fidalgo. **/erosidad** f. cavalheirismo; distinção. **/eroso** adj. cavalheiroso; delicado; afidalgado. **/ete** m. cavalete de pintor; cavalete, cumeeira; potro de madeira. **/o** m. *Zool,* cavalo.
cabaña f. choupana.
cabec/ear intr. cabecear; *Mar.* arfar. **/eo** m. cabeceio. **/era** f. cabeceira. **/illa** m. cabecilha, caudilho.
cabell/era f. cabeleira. **/o** m. cabelo. **/udo** adj. cabeulo.
caber intr. caber; ser possível.
cabez/a f. cabeça; parte superior. **/ada** f. cabeçada. **/al** m. cabeçal, travesseiro. **/udo** adj. cabeçudo; fig. teimoso.

cabina f. cabine.
cable m. cabo, corda grossa. **/grafiar** intr. transmitir um cabograma. **/grama** m. cabograma.
cabo m. cabo; extremidade; pacote; caudilho, chefe; parte, sítio; fim; ponta; *mil.* cabo; pl. peças usadas nos vestidos. **/taje** m. cabotagem.
caca f. fam. caca, excremento.
caca/huete m. amendoim. **/o** m. cacaueiro; cacau.
cacería f. caçada.
cacerola f. caçarola.
cacique m. cacique.
caco m. fig. ladrão.
cacto m. *Bot.* ca(c)to.
cachalote m. *Zool.* cachalote.
cachaza f. fleuma, lentidão.
cachear tr. revistar, passar revista a gente suspeitosa.
cachete m. bofetada; murro, so(ô)co; bochecha.
cachiporra f. cachamorra.
cacho m. pedaço de alguma coisa, fra(c)ção; cacho de bananas.
cachorro m. cachorro.
cadalso m. cadafalso, patíbulo; estrado.
cad/áver m. cadáver. **/avérico** adj. cadavérico.
cadena f. cadeia; cordilheira.
cadencia f. cadência.
cadera f. cadeiras, quadris.
cadete m. cadete.
caduc/ar intr. caducar. **/idad** f. caducidade. **/o** adj. caduco.
caer intr. cair.
caf/é m. café. **/etera** f. cafeteira.
cafre adj. e s. cafre; fig. cruel.
caga/do adj. cagado: fig. poltrão. **/r** tr. defecar, (vulg.) cagar.
caimán m. *Zool.* caimão.
caj/a f. caixa; cofre; vão de escada; **— de ahorros**, caixa (econó(ô)mica). **/era** f. caixa; tesoureira. **/ero** m. caixa; caixeiro. **/ista** m. caixista. **/ón** m. caixão; gaveta.
cal f. cal.
cala f. cala.
calabozo m. calaboiço.
calambre m. cãibra.
calami/dad f. calamidade. **/toso** adj. calamitoso.
calar tr. calar, penetrar; entalhar; fazer crivo.
calavera f. caveira; calaveira. **/da** f. calaveirada.
calcar tr. calcar.
calcáreo adj. calcário.
calcul/ador m. calculador. **/ar** tr. calcular.
calder/a f. caldeira. **/illa** f. miúdos. **/o** m. caldeiro.
caldo m. caldo.
calefacción f. calefa(c)ção.
calendario m. calendário.
calent/ador m. aquecedor. **/ar** tr. aquecer. **/ura** f. calentura. **/uriento** adj. febricitante.
caleta f. calheta.
calidad f. qualidade.
caliente adj. quente; ardente.
califica/ción f. qualificação. **/do** adj. qualificado; considerado. **/r** tr. qualificar; aprovar; classificar.
caligrafía f. caligrafia.
cáliz m. cálice; *Bot.* cálice.
caliza f. calcário.
calm/a f. calma. **/ante** adj. calmante; m. sedante. **/ar** tr. acalmar. **/oso** adj. calmoso; preguiçoso.
calor m. calor. **/ía** f. caloria.
calumnia f. calúnia. **/r** tr. caluniar.
calv/a f. calva. **/ario** m. calvário. **/icie** f. calvície. **/o** adj. calvo.
calz/a f. calça. **/ada** f. calçada. **/ado** adj. e m.

calçado. /**ador** m. calçadeira. /**ar** tr. calçar; **pôr** um calço. /**oncillos** m. pl. cuecas.
calla/do adj. calado. /**r** intr. calar.
calle f. rua. /**ja** f. ruazinha. /**jear** intr. vaguear. /**jero** m. que gosta andar na rua; roteiro. /**jón** m. beco; — **sin salida**, **beco sem saída**. /**juela** f. **rua** estreita, betesga.
call/icida m. calicida. /**ista** m. e f. calista. /**o** m. calo; dobrada.
cama f. cama; leito; **guardar** —, estar doente. /**da** f. ninhada; camada.
cámara f. câmara.
camarada m. camarada.
camarer/a f. camareira. /**o** m. camareiro, criado.
camarilla f. camarilha.
camarín m. camarim.
camilla f. camilha; maca; braseira.
camin/ante m. caminhante. /**ar** intr. caminhar, andar. /**ata** f. caminhada. /**o** m. caminho.
camis/a f. camisa; invólucro. /**ería** f. camisaria. /**eta** f. camisola. /**ón** m. camisa de dormir.
campamento m. acampamento.
campan/a f. sino. /**ada** f. badalada; fig. escândalo ou novidade ruidosa. /**ario** m. campanário. /**ero** m. sineiro. /**illa** f. campainha; sine(ê)ta; *Bot.* campainha. /**illazo** m. campainhada.
campaña f. campanha.
campe/ón m. campeão. /**onato** m. campeonato.
campesino adj. e s. camponês.
campiña f. campina.
campo m. campo; — **santo**, cemitério.
can m. *Zool.* cão.
canal m. canal; re(ê)go. /**izar** tr. canalizar.
canast/a f. canastra. /**ero** m. canastreiro. /**illa** f. enxoval. /**os!** interj. signicando surpre(ê)sa.
cancela f. gradil de porta; portão de ferro. /**ción** f. cancelação. /**r** tr. cancelar.
cáncer m. cancro.
canciller m. chanceler.
canci/ón f. canção. /**onero** m. cancioneiro.
candado m. cadeado.
candela f. candeia.
candel/abro m. candelabro. /**aria** f. Candelária; *Bot.* verbasco. /**ero** m. castiçal.
candente adj. candente.
candidat/o m. candidato. /**ura** f. candidatura.
candil m. candil. /**eja** f. pl. gambiarras nos palcos dos teatros.
caníbal adj. e s. canibal.
canícula f. canícula.
canino adj. canino.
canje m. troca. /**ar** tr. trocar, permutar.
cano adj. cano.
canoa f. canoa.
can/on m. cânon. /**ónico** adj. canó(ô)nico. /**ónigo** m. có(ô)nego. /**onización** f. canonização. /**onizar** tr. canonizar. /**onjía** adj. canonicato.
cansa/do adj. e s. cansado. /**ncio** m. cansaço, fadiga. /**r** tr. cansar; importunar.
canta/dor m. cantador. /**nte** adj. e s. cantante. /**r** tr. cantar; m. cantar, canção.
cántaro m. cântaro, bilha; **llover a** —, chover a cântaros.
canter/a f. canteira. /**o** m. canteiro.
cántico m. cântico, canção.
cantidad f. quantidade; abundância.
cantimplora f. cantimplora; sifão; cantil.
cantina f. cantina; adega.

canto m. canto. **/r** m. cantor. **/ra** f. cantora.
caña f. *Bot.* cana; copo cilíndrico. **/da** f. canhada. **/veral** m. canavial, caniçal.
cañ/ería f. tubagem, encanamento; desaguadeiro. **/o** m. tubo; bica. **/ón** m. tubo, cano; canhão. **/onazo** m. canhonaço. **/onear** tr. canhonear.
caoba f. *Bot.* acaju.
caos m. caos, confusão.
capa f. capa; revestimento; fig. pretexto.
capacidad f. capacidade; aptidão.
capar tr. capar; castrar.
capataz m. capataz.
capaz adj. capaz.
capellán m. capelão.
capilar adj. capilar.
capilla f. capela, capuz.
capital adj. capital; principal; m. capital; dinheiro. **/ismo** m. capitalismo. **/ista** adj. e s. capitalista. **/izar** tr. capitalizar.
capit/án m. capitão; fig. caudilho. **/anear** tr. capitanear.
capitel m. capitel.
capitula/ción f. capitulação. **/r** adj. e intr. capitular.
capítulo m. capítulo.
capricho m. capricho. **/so** adj. caprichoso.
cápsula f. cápsula.
capt/ar tr. captar. **/urar** f. capturar.
capuch/a f. capucha. **/ino** m. capuchinho.
capullo m. capulho; casulo; botão da flor.
caqui m. caqui.
cara f. cara; aparência; frente; fig. atrevimento.
carabela f. caravela.
caracol m. *Zool.* caracol; anel de cabelo.
carácter m. cará(c)ter.
caracter/ístico adj. cara(c)terístico. **/izar** tr. cara(c)terizar.
¡caramba! interj. caramba!
caramelo m. caramelo.
caravana f. caravana.
carbón m. carvão. **/ato** m. carbonato. **/cillo** m. carvão para desenho. **/ería** f. carvoaria. **/izar** tr. carbonizar. **/o** m. carbono.
carburador m. carburador.
carcajada f. gargalhada.
cárcel f. cárcere, prisão.
cardenal m. cardeal; equimose. **/ato** m. cardinalato. **/icio** adj. cardinalício.
cardíaco adj. e s. cardíaco.
carear tr. carear; confrontar.
care/cer intr. carecer. **/ncía** f. carência.
careo m. careio; confrontação.
carestía f. carestia.
careta f. careta, máscara.
carga f. carga; fardo. **/do** adj. carregado. **/dor** m. carregador; mo(ô)ço de fretes. **/mento** m. carregamento. **/r** tr. carregar; fig. aumentar; incomodar.
cariar tr. cariar.
caricatur/a f. caricatura. **/izar** tr. caricaturar.
caricia f. carícia.
caridad f. caridade; esmola.
cariño m. carinho; carícia. **/so** adj. carinhoso.
caritativo adj. caritativo.
cariz m. cariz; aspe(c)to.
carm/esí adj. carmesim. **/ím** m. carmim.
carnal adj. carnal; lascivo.
carnaval m. carnaval.
carne f. carne. **/cería** f. ver **carnicería.** **/ro** m. *Zool.* carneiro. **/stolendas** f. pl. carnaval.
carn/icería f. carniçaria. talho; fig. carnificina. **/icero** adj. e s. carniceiro. **/ívoro** adj. e s. carnívo-

ro. **/oso** adj. carnoso; cheio.
caro adj. caro; querido.
carpa f. *Zool.* carpa.
carpeta f. pasta; capa; cobertura.
carpinter/ía f. carpintaria. **/o** m. carpinteiro.
carrera f. carreira; corrida.
carret/a f. carre(ê)ta. **/ada** f. carrada; fig. grande quantidade. **/era** f. estrada. **/ero** m. carroceiro. **/illa** f. carretilha. **/ /ón** m. carreta; carrinho de crianças.
carril m. sulco; trilho; carrril: vereda.
carro m. carro, carruagem, carroça.
carro/cería f. carroçaria. **/mato** m. carromato.
carr/oza f. carroça. **/uaje** m. carruagem.
carta f. carta; mapa; — **certificada,** carta registada.
cartel m. cartaz; cartel.
cartera f. carteira.
cartero m. carteiro.
cartílago m. cartilagem.
cartilla f. cartilha; qualquer tratado breve e elemental.
cartón m. cartão, papelão; — **piedra,** cartão-pedra.
cartuch/era f. cartucheira. **/o** m. cartucho.
cartulina f. cartolina.
casa f. casa; — **de empeños,** casa de penho(ô)res; **poner —,** alugar e mobilar uma casa; — *de* **citas,** alcoice.
casa/mentero adj. e s. casamenteiro. **/miento** m. casamento. **/r** tr. casar; harmonizar-se.
casca/bel m. cascavel, guizo. **/da** f. cascata. **/ dura** f. quebradura. **/ nueces** m. quebra-nozes. **/r** tr. quebrar, fender; fam. bater.
cáscara f. casca.
caser/a f. caseira. **/ío** m. casaria. **/o** adj. caseiro; simples; m. caseiro; senhorio.
caseta f. casa rústica; casinha para trocar de roupa na praia.
casi adv. quase; aproximadamente.
casilla f. casinha; bilheteira; divisão.
casino m. casino.
caso m. caso.
caspa f. caspa.
castañ/a f. castanha. **/ero** m. castanheiro. **/o** adj. castanho; m. *Bot.* castanheiro. **/uela** f. castanhola.
castellano adj. e s. castelhano.
castig/ador adj. e s. castigador. **/ar** tr. castigar. **/o** m. castigo.
castillo m. castelo.
castizo adj. castiço; puro.
casto adj. casto; puro.
castor m. *Zool.* castor.
castra/ción f. castração. **/dor** m. castrador. **/r** tr. castrar.
casual adj. casual. **/idad** f. casualidade.
cataclismo m. cataclismo.
catad/or m. provador. **/ura** f. prova; aspe(c)to.
catalán adj. e m. catalão.
catalejo m. binóculo.
catar tr. catar, provar.
catarata f. catarata.
catarro m. catarro.
catástrofe f. catástrofe.
catecismo m. catecismo.
cátedra f. cátedra; classe.
catedral f. catedral.
catedrático m. catedrático.
categ/oría f. categoria. **/órico** adj. categórico.
caterva f. caterva.
cat/olicismo m. catolicismo. **/ólico** adj. e s. católico.
catorce adj. catorze.
catre m. catre.
cauce m. leito dos rios; regueiro.
caución f. caução; fiança.

caudal m. caudal. **/oso** adj. caudaloso; lucrativo.
caudillo m. caudilho.
causa f. causa. **/nte** adj. e m. causante. **/r** tr. causar; demandar.
cáustico adj. cáustico.
cautel/a f. cautela. **/oso** adj. cauteloso.
cautiv/ar tr. cativar; prender. **/erio** m. cativeiro. **/o** adj. e s. cativo.
cava f. cava; adega. **/dor** m. cavador. **/dura** f. cavadela. **/r** tr. cavar.
cavern/a f. caverna; cavidade. **/oso** adj. cavernoso.
cavidad f. cavidade.
caza f. caça; perseguição; — **mayor,** caça grossa. **/dor** m. caçador. **/dora** f. casaco. **/r** tr. caçar; apanhar.
caz/o m. caço; concha. **/oleta** f. caçoleta. **/uela** f. caçarola.
cebo m. ce(ê)vo; isca.
cebolla f. *Bot.* cebola.
cedazo m. peneira, crivo.
ceder tr. ceder; tranferir.
cedro m. *Bot.* cedro.
cédula f. cédula; documento oficial.
ceg/ar tr. cegar. **/ato** adj. fam. curto de vista. **/uera** f. cegueira.
ceja f. sobrancelha.
celador adj. e s. zelador.
celar intr. zelar.
celda f. cela.
celebra/ción f. celebração. **/r** tr. celebrar, festejar; dizer missa; encomiar.
célebre adj. célebre, famoso; fam. excêntrico.
celeridad f. celeridade.
celest/e adj. celeste; da co(ô)r do céu. **/ial** adj. celestial.
celibato m. celibato.
celo m. ze(ê)lo; esme(ê)ro; pl. ciúme. **/so** adj. zeloso; ciumento.
célula f. célula.
cementerio m. cemitério.
celular adj. celular.
cemento m. cemento; cimento.
cena f. ceia, jantar. **/r** tr. cear, jantar.
cenicero m. cinzeiro.
ceniza f. cinza.
censo m. censo.
cens/or m. censor. **/ura** f. censura. **/urable** adj. censurável. **/urar** tr. censurar.
centell/a f. centelha; brilho momentâneo. **/ear** tr. cintilar, faiscar.
centena m. centena. **/r** m. centena. **/rio** adj. centenário; m. século.
centeno m. *Bot.* centeio.
centésimo adj. centésimo.
centígrado adj. centígrado.
céntimo m. cêntimo.
centinela f. sentinela.
central adj. central. **/ismo** m. centralismo. **/ista** adj. e s. centralista.
céntrico adj. central.
centro m. centro.
ceñi/do adj. poupado, econó(ô)mico. **/r** tr. cingir; reduzir.
ceñ/o m. cenho. **/udo** adj. carrancudo, cenhoso.
cepill/ar tr. acepilhar, aplainar; escovar. **/o** m. caixa de esmolas; cepilho; esco(ô)va.
cera f. ce(ê)ra.
cerámic/a f. cerâmica. **/o** adj. cerâmico.
cerca f. ce(ê)rca, sebe; adv. cerca; quase; deredor. **/nía** f. cercania. **/no** adj. cercano. **/r** tr. cercar.
cerco m. ce(ê)rco; aro; assédio.
cerd/a f. cerda. **/o** m. *Zool.* cerdo, porco.
cereal m. *Bot.* cereal.
cerebr/al adj. cerebral. **/o** m. cérebro; fig. juízo.
ceremoni/a f. cerimó(ô)nia. **/al** m. cerimonial **/oso** adj. cerimonioso.
cerilla f. fósforo.

cero m. zero; nada.
cerrad/o adj. fechado; taciturno; denso. **/ura** f. fechadura.
cerrajer/ía f. serralharia. **/o** m. serralheiro.
cerrar tr. fechar; apertar; saldar.
cerrojo m. ferro(ô)lho.
certamen m. certame literário.
cert/ero adj. certeiro. **/eza** f. certeza; evidência. **/ificado** m. certificado; adj. registado. **/ificar** tr. certificar; registar.
cerve/cería f. cervejaria. **/za** f. cerveja.
ces/ación f. cessação; interrupção. **/ante** adj. cessante; em disponibilidade. **/ar** intr. cessar. **/e** m. suspensão; demissão. **/ión** f. cessão; tranferência.
césped m. relva; córtex.
cest/a f. cesta; alco(ô)fa. **/ería** f. cestaria. **/o** m. ce(ê)sto.
cetro m. ce(p)tro.
chabacan/ada f. **/ería** f. grosseria, indecência. **/o** adj. grosseiro, to(ô)sco.
chacal m. *Zool.* chacal.
chafar tr. esmagar.
chaflán m. chanfro, bisel.
chal m. xaile.
chaleco m. cole(ê)te.
chalet m. chalé, casa campestre.
chalupa f. *Mar.* chalupa.
chamus/cado adj. chamuscado. **/car** tr. chamuscar. **/quina** f. chamusco.
chantaj/e m. chantagem. **/ista** s. chantagista.
chanza f. troça; dito burlesco.
chapa f. chapa; roseta avermelhada. **/r** tr. chapar.
chaparrón m. pancada de água, aguaceiro forte.
chapuce/ría f. imperfeição; mentira. **/ro** m. incompetente, rústico.
chapurr/ado m. algaravia. **/ear** tr. algaraviar.
chaqueta f. jaqueta, casaco curto.
charco m. charco.
charla f. charla. **/duría** f. tagarelice. **/r** intr. charlar. **/tán** adj. e s. charlatão.
charol m. charão, verniz.
chasco m. chasco, engano; decepção.
chasis m. chassis; caixilho; bastidor.
chato adj. chato, listo; diz-se do nariz achatado.
chaval adj. e s. rapaz. **/a** adj. e s. rapariga.
cheque m. cheque.
chico adj. e s. pequeno; menino; rapaz.
chifladura f. silvo; desatino.
chill/ar intr. chiar; guinchar. **/ido** m. chio, guincho. **/ón** adj. e s. chiador.
chimenea f. chaminé.
chino adj. e s. chinês.
chiquero m. chiqueiro.
chiquill/ada f. criancice. **/o** m. criança, menino.
chirri/ar intr. chiar; guinchar. **/do** m. chio; guincho.
chism/e m. intriga, boato. **/oso** adj. intrigante.
chisp/a f. chispa; migalha. **/ear** intr. chispar; reluzir.
chistoso adj. chistoso; **en**graçado.
¡chitón! interj. chitão! caluda!
chivo m. *Zool.* chibo.
choca/nte adj. chocante. **/r** intr. chocar; bater.
chocolate m. chocolate. **/ra** f. chocolateira.
chófer m. motorista, condutor.
chopo m. *Bot.* choupo.
choque m. choque.

chorr/ear intr. gotejar, pingar. **/o** m. cho(ô)rro.
choza f. choça, choupana.
chubasco m. aguaceiro, chuvada.
chul/ería f. chularia. **/o** m. chulo.
chup/ado adj. chupadela. **/ar** tr. chupar. **/ete** m. chupador; chupeta. **/ón** m. *Bot.* rebento; adj. chupista.
churr/ería f. lugar onde se vendem **churros**. **/o** m. massa frita semelhante às farturas.
chusma f. chusma, plebe.
cicatriz f. cicatriz; ressentimento. **/ar** tr. cicatrizar.
ciclis/mo m. ciclismo. **/ta** s. ciclista.
ciclo m. ciclo.
cidra f. *Bot.* cidra.
ciego adj. cego.
cielo m. céu.
cien adj. cem.
ciencia f. ciência.
científico adj. científico.
ciento adj. cento.
ciert/amente adv. certamente. **/o** adj. certo.
cierv/a f. *Zool.* cerva. **/o** m. cervo, veado.
cifra f. cifra, número.
cigarra f. *Zool.* cigarra.
cigarr/illo m. cigarro. **/o** m. charuto.
cigüeña f. *Zool.* cegonha. **/l** m. *Mec.* árvore da manivela.
cilindro m. cilindro.
cima f. cima; to(ô)po.
cilíndrico adj. cilíndrico.
cimentar tr. cimentar.
cimiento m. alicerce; cimento; fig. fundamento.
cinc m. cinco.
cincel m. cinzel. **/ar** tr. cincelar, gravar.
cinco m. cinco.
cine m. fam. cinema.
matógrafo m. cinematografo.
cínico adj. cínico.
cint/a f. cinta, fita, faixa; cinto; — **magnetofónica**, fita magnetofo(ô)nica. **/ura** f. cintura. **/urón** m. cintuarão.
cipres m. *Bot.* cipreste.
circ/o m. circo; anfiteatro. **/uito** m. circuito. **/ulación** f. circulação. **/ulante** adj. circulante. **/ular** adj. circular; intr. circular; ir e vir.
círculo m. círculo; jurisdição; associção.
circun/cidar tr. circuncidar. **/cisión** f. circuncisão. **/dar** tr. circundar. **/ferencia** f. circunferência. **/specciòn** f. circunspe(c)ção. **/specto** adj. circunspe(c)to. **/stancia** f. circunstância.
cirio m. círio.
ciru/gía f. cirurgia. **/jano** m. cirurgião.
cism/a f. cisma; discórdia. **/ático** adj. cismático.
cisne m. *Zool.* cisne.
cisterna f. cisterna.
cita f. encontro combinado; cita, citação; apontamento. **/r** tr. citar; convocar.
ciudad f. cidade. **/anía.** f. cidadania. **/ano** m. cidadão.
cívico adj. cívico.
civil adj. civil; delicado. **/ización** f. civilização. **/izar** tr. civilizar.
civismo m. civismo.
clam/ar tr. clamar; protestar; lamentar. **/or** m. clamor; protesto.
clandestino adj. clandestino, secreto.
claque f. claque.
clar/a f. clara; clareira. **/aboya** f. clarabóia, fresta. **/ear** tr. clarear, alumiar. **/eza** f. clareza. **/idad** f. claridade; alvura. **/ín** m. clarim. **/inete** m. clarinete; clarinetista. **/o** adj. claro; iluminado;

puro; ilustre. m. clareira; vácuo. adv. claramente; fàcilmente; **poner en —**, pôr em claro. **/oscuro** m. claro-escuro.
clase f. classe; ordem, divisão; aula.
clásico adj. clássico.
clasifica/ción f. classificação. **/r** tr. classificar.
claustr/al adj. claustral. **/o** m. claustro.
clausura f. clausura; prisão. **/r** tr. clausurar, fechar.
clav/ar tr. cravar; fincar; enganar. **/arse** r. encravar-se.
clave m. chave; nota. *Mús.* clave.
clavo m. cravo, prego; mágoa.
clemen/cia f. clemência; bondade. **/te** adj. clemente.
cliente s. cliente, freguês. **/la** f. clientela, freguesia; prote(c)ção.
clima f. clima; temperatura.
clínic/a f. clínica; hospital privado; aula de clínica. **/o** adj. clínico, médico.
clisé m. clichéO; matriz.
cloaca f. cloaca, esgo(ô)to; sentina.
cloro m. *Quím.* cloro. **/fila** f. clorofila. **/formo** m. clorofórmio.
club m. clube; associação.
coac/ción f. coa(c)ção. **/tivo** adj. coa(c)tivo.
coadyuv/ante adj. coadjuvante. **/ar** tr. coadjuvar; auxiliar.
coagul/ación f. coagulação. **/ar** tr. coagular. **/arse** r. coalhar-se. **/o** m. coágulo.
coalición f. coalizão, união.
cobalto m. cobalto.
cobard/e adj. e s. cobarde. **/ía** f. cobardia.
cobert/izo m. alpendre. **/or** m. cobertor; colcha. **/ura** f. cobertura.
cobra/dor m. cobrador; arrecadador. **/nza** f. cobrança; arrecadação. **/r** tr. cobrar; apanhar a caça.
cobre m. cobre.
cocaína f. cocaina
cocción f. cocção.
cocear tr. escoicear.
cocin/a cozinha. **/ar** tr. tr. cozinhar **/era** f. cozinheira. **/ero** m. cozinheiro.
coche m. co(ô)che, carro, carruagem. **/ra** f. cocheira. **/ro** m. cocheiro.
cod/azo m. cotovelada. **/ear** tr. conseguir dinheiro; intr. acotovelar; equiparar-se.
códice m. códice.
codici/a f. cobiça. **/oso** adj. cobiçoso.
código m. código.
codo m. cotove(ê)io.
coeficiente adj. coeficiente.
coexist/encia f. coexistência. **/ir** intr. coexistir.
cofrad/e m. confrade. **/ía** f. confraria.
cofre m. cofre.
cog/er tr. pegar; colhe(ê)r. **/ida** f. colheita; colhida.
cohabitar intr. coabitar; amaridar.
coherente adj. coerente, lógico.
cohesión f. coesão.
cohete m. foguete.
cohibir tr. coibir, impedir.
coinci/dencia f. coincidência. **/dir** intr. coincidir.
coito m. coito.
cojín m. coxim.
cojinete m. coxim pequeno. *Mec.* chumaceira.
cojo adj. e s. coxo.
cola f. cauda, rabo; cola, grude.

colabora/dor m. colaborador. **/r** tr. colaborar.
cola/da f. colagem; colada. **/dera** f. coadeira. **/ dor** m. coador. **/dura** f. coadura; engano. **/r** tr. colar; coar, depurar. **/ rse** r. coar-se.
colch/a m. colcha, cobertor. **/ón** m. colchão.
colec/ción f. cole(c)ção. **/cionar** tr. cole(c)cionar. **/tivo** adj. cole(c)tivo.
colega f. colega.
colegi/al adj. e m. colegial; aluno de colégio; novato. **/ala** f. colegial, aluna. **/o** m. colégio, escola.
cólera f. cólera; irritação, enfado.
colga/dero adj. próprio para ser pendurado. m. escápula. **/dura** f. colgadura; tapeçaria. **/nte** adj. suspenso. **/r** tr. colgar, pendurar.
cólico adj. adj. e m. cólico, cólica.
coliflor f. couve-flor.
colilla f. ponta de cigarro, beata.
colina f. colina.
coliseo m. coliseu, circo.
colisión f. colisão, choque.
colma/do adj. colmado, abundante. m. restaurante; mercearia. **/r** tr. colmar; saturar.
colmena f. colmeia.
colmillo m. colmilho, dente.
colmo m. cúmulo; limite.
coloca/ción f. colocação; cargo. **/r** tr. colocar; acomodar.
colon/ia f. coló(ô)nia; **agua de —**, água de Colónia. **/ial** adj. colonial. **/ización** f. colonização. **/izar** tr. colonizar. **/o** m. colono, povoador.
coloquio m. colóquio.
color m. co(ô)r. **/ado** adj. colorado, rosado. **/ete** m. vermelhão.
columna f. coluna. **/ta** f. colunata.
columpi/ar tr. balançar. **/o** m. baloiço.
collar m. colar.
coma f. vírgula. *Med.* coma.
comadr/e f. comadre. **/ eja** f. *Zool.* doninha.
comanda/ncia f. comando; quartel do comandante. **/nte** m. comandante.
comandita f. *Com.* comandita.
comando m. *Mil.* comando, mando.
comarca f. comarca, região.
combat/e m. combate. **/ iente** adj. e s. combatente. **/ir** tr. e intr. combater; acometer.
combina/ción f. combinação. **/do** adj. combinado. **/r** tr. combinar.
combusti/ble adj. e m. combustível. **/ón** f. combustão.
comedia f. comédia. **/nte** s. comediante; farsante.
comedor m. sala de jantar.
comensal m. e f. comensal.
comenta/dor m. e f. comentador. **/r** tr. comentar. **/rio** m. comentário.
comenzar tr. começar, principiar.
comer tr. e m. comer.
comerci/al adj. comercial. **/ante** adj. e s. comerciante. **/ar** tr. comerciar. **/o** m. comércio.
comestible adj. comestível; m. pl. víveres, mantimento.
cometa f. *Astr.* cometa; f. papagaio.
comet/er tr. cometer. **/ido** m. cometido.
cómico adj. e s. có(ô)mico; actor (Bras.) ator.

comida f. comida, refeição.
comienzo m. come(ê)ço.
comilón m. comilão.
comisar/ía f. comissaria, comissariado. **/io** m. comissário.
comisión f. comissão.
comitiva f. comitiva, cortejo.
como adv. como, assim.
comodidad f. comodidade.
compadre m. compadre; fam. amigo íntimo.
compañ/erismo m. companheirismo, camaradagem. **/ero** s. companheiro. **/ía** f. companhia.
compara/ción f. comparação. **/r** tr. comparar.
comparecer intr. comparecer.
comparti/miento m. compartição; quarto. **/r** intr. compartir.
compás m. compasso; ritmo.
compasi/ón f. compaixão. **/vo** adj. compassivo.
compatib/ilidad f. compatibilidade. **/le** adj. compatível.
compatriota m. compatriota.
compendi/ar tr. compendiar. **/o** m. compêndio; sumário.
compensa/ción f. compensação. **/r** tr. e intr. compensar.
compet/encia f. competência. **/ente** adj. competente. **/idor** m. competidor. **/idora** f. competidora. **/ir** intr. competir.
complac/encia f. complacência. **/er** tr. comprazer; agradar. **/iente** adj. complacente, condescendente.
complejo adj. e m. complexo.
complet/ar tr. completar. **/o** adj. completo.
complica/ción f. complicação. **/do** adj. complicado. **/r** tr. complicar.
cómplice m. cúmplice.
complot m. intriga, conspiração, conjuração.
compone/nte adj. e s. componente. **/r** tr. compor; enfeitar.
composi/ción f. composição. **/tor** adj. e s. compositor.
compra f. compra. **/dor** adj. e s. comprador. **/r** tr. comprar.
compren/der tr. compreender; abranger; entender. **/sión** f. compreensão. **/sivo** adj. compreensivo.
compres/a f. compressa; almofadinha. **/ión** f. compressão. **/or** m. compressor.
comprimir tr. comprimir; fig. afligir.
comproba/ción f. comprovação, prova. **/ar** tr. comprovar, verificar.
comprom/eter tr. comprometer. **/iso** m. compromisso; promessa. **/eterse** r. comprometer-se; — a, encarregar-se de.
computar tr. computar.
cómputo m. cômputo.
comulgar tr. comungar.
común adj. comum.
comunal adj. comunal.
comunica/ción f. comunicação. **/do** m. comunicado. **/r** tr. comunicar, informar.
comunidad f. comunidade.
comunión f. comunhão.
comunis/mo m. comunismo. **/ta** adj. e s. comunista.
con prep. com.
cóncavo adj. côncavo.
concebir tr. e intr. conceber; imaginar.
conceder tr. conceder.

concej/al m. conselheiro, membro dum conselho. /**o** m. concelho, vereação.
concentra/ción f. concentração. /**r** tr. concentrar.
concep/ción f. conceição; concepção. /**to** m. conceito.
concesión f. concessão.
concien/cia f. consciência. /**zudo** adj. consciencioso; minucioso.
concierto m. conce(ê)rto; compostura.
concili/ar tr. e adj. conciliar. /**o** m. concílio.
conclu/ir tr. concluir. /**sión** f. conclusão.
concordia f. concórdia.
concret/ar tr. concretizar. /**o** adj. concreto.
concupiscencia f. concupiscência.
concurr/encia f. concorrência. /**ido** adj. frecuentado. /**ir** intr. concorrer; coincidir.
concurso m. concurso.
concha f. concha.
cond/ado m. condado. /**e** m. conde.
condecora/ción f. condecoração. /**r** tr. condecorar.
condena f. sentença condenatória. /**ble** adj. condenável. /**ción** f. condenação. /**do** adj. condenado. /**r** tr. condenar.
condensa/ción f. condensação. /**do** adj. condensado; concentrado. /**dor** m. condensador. /**r** tr. condensar.
condici/ón f. condição. /**onal** adj. condicional. /**onar** tr. condicionar.
condiment/ar tr. condimentar. /**o** m. condimento.
condiscípulo m. condiscípulo.
condolerse r. condoer-se.
conduc/ir tr. conduzir; dirigir; governar. /**irse** r. conduzir-se. /**ta** f. conduta; comportamento. /**to** m. conducto; intermediário. /**tor** adj. conductor.
conejo m. *Zool.* coelho.
conex/ión f. conexão. /**o** adj. conexo, unido.
confabula/ción f. confabulação. /**rse** r. confabular-se; conluiar.
confección f. confecção, acabamento; medicamento.
confedera/ción f. confederação. /**do** adj. confederado, aliado. /**r** tr. confederar.
conferencia f. conferência; entrevista. /**r** tr. conferenciar; discutir.
conferir tr. conferir; comparar.
confes/ar tr. confessar. /**ión** f. confissão. /**ionario** m. confessionário. /**or** m. confessor.
confia/do adj. confiado. /**nza** f. confiança; esperança; ousadia. /**r** intr. confiar; contar.
confidencia f. confidência. /**l** adj. confidencial.
configura/ción f. configuração. /**r** tr. configurar.
confín adj. e m. confim; confins; limite.
confinar tr. e intr. confinar, limitar.
confirma/ción f. confirmação; revalidação. /**r** tr. confirmar, aprovar.
confisca/ción f. confiscação. /**dor** adj. e s. confiscador. /**r** tr. confiscar.
conflicto m. conflito.
conflu/encia f. confluência. /**ir** intr. confluir, convergir.
conform/ar tr. conformar. /**arse** r. resignar-se. /**e** adj. conforme; idêntico; resignado. /**idad** f. conformidade.
conforta/ble adj. confor-

tável. **/r** tr. confortar; alentar.
confraternidad f. confraternidade.
confronta/ción f. confrontação. **/r** tr. confrontar.
confu/ndir tr. confundir; misturar. **/ndirse** r. confundir-se; enganar-se. **/sión** f. confusão. **/so** adj. confuso; envergonhado.
congelar tr. congelar; bloquear. **/se** r. gelar-se.
congénito adj. congé(ê)nito.
congraciarse r. congraçar-se; harmonizar-se.
congratulación f. congratulação.
congre/gación f. congregação, confraria. **/garse** r. congregar-se. **/so** m. congresso, reunião.
congruente adj. congruente; oportuno.
cónico adj. *Geom.* có(ô)nico.
conjetura f. conje(c)tura. **/r** tr. conje(c)turar.
conjuga/ción f. conjugação. **/r** tr. conjugar.
conjun/ción f. conjunção. **/to** adj. e m. conjunto; próximo; cole(c)ção; turma, equipa.
conmemora/ción f. comemoração. **/r** tr. comemorar.
conmigo pron. comigo.
conmiseración f. comiseração; piedade.
conmo/ción f. comoção; tumulto. **/vedor** adj. comovedor. **/ver** tr. comover; perturbar; apaixonar.
cono m. cone.
conoc/edor adj. e s. conhecedor; perito. **/er** tr. conhecer; saber. **/ido** adj. conhecido; ilustre. **/imiento** m. conhecimento; fig. educação.
conquista f. conquista; ganho. **/dor** adj. e s. conquistador. **/r** tr. conquistar; alcançar.
consabido adj. consabido. **/r** adj. e s. consabedor.
consagra/ción f. consagração. **/do** adj. consagrado. **/r** tr. consagrar; dedicar.
consanguíneo adj. e s. consanguíneo.
consciente adj. consciente.
consecu/ción f. consecução. **/encia** f. consequência. **/ente** adj. e m. consequente. **/tivo** adj. consecutivo.
conseguir tr. conseguir; alcançar; conquistar.
consej/ero s. conselheiro; assessor. **/o** m. conselho; assemble(é)ia; parecer.
consenti/do adj. consentido; tolerado. **/miento** m. consentimento. **/r** tr. consentir; aprovar.
conserje m. encarregado de chaves e conservação dum edifício; porteiro. **/ría** f. profissão e cargo de **conserje;** habitação que este ocupa.
conserva f. conserva. **/r** tr. conservar. **/toria** m. conservatório.
considera/ble adj. considerável. **/ción** f. consideração. **/do adj.** considerado. **/r** tr. considerar.
consigna f. *Mil.* ordem. **/ción** f. consignação. **/r** tr. consignar. **/tario** m. consignatário.
consisten/cia f. consistência. **/te** adj. consistente.
consistir intr. consistir.
consistor/ial adj. consistorial. **/io** m. consistório.
consola/ción f. consolação; confo(ô)rto. **/dor** adj. e s. consolador. **/r** tr. consolar.
consor/cio m. consórcio. **/te** m. e f. consorte.

conspira/ción f. conspiração. **/dor** m. e f. conspirador. **/r** intr. conspirar.
consta/ncia f. constância. **/nte** adj. e s. constante; persistente. **/r** intr. constar; ser notório.
consterna/ción f. consternação. **/r** tr. consternar.
constipa/ción f. constipação. **/do** m. constipado. **/r** tr. constipar. **/rse** r. constipar-se.
constitu/ción f. constituição. **/cional** adj. constitucional. **/ir** tr. constituir. **/tivo** adj. constitutivo.
constru/cción f. construção. **/ctor** adj. e s. construtor. **/ir** tr. construir.
consuelo m. conso(ô)lo.
cónsul m. cônsul.
consulado m. consulado.
consult/a f. consulta. **/ar** tr. consultar. **/ivo** adj. consultivo.
consultorio m. consultório.
consum/ido adj. consumido; abatido. **/idor** m. consumidor; gastador. **/ ir** tr. consumir. **/o** m. consumo.
contab/ilidad f. contabilidade. **/le** m. contabilista.
contacto m. conta(c)to.
contag/iar tr. contagiar. **/ io** m. contágio. **/ioso** adj. contagioso.
contar tr. contar.
contempla/ción f. contemplação. **/r** tr. contemplar; comprazer.
conten/ción f. contenção. **/der** intr. contender. **/ diente** adj. contendente.
content/ar tr. contentar. **/arse** r. contentar-se; aprazer-se. **/o** adj. contente.
contesta/ble adj. contestável. **/ción** f. contestação. **/r** tr. contestar.
context/o m. contexto. **/ ura** f. contextura.
contienda f. contenda.
contigo pron. contigo, em tua companhia.
contiguo adj. contíguo.
continencia f. continência.
continent/al adj. continental. **/e** adj. e m. continente.
cotingen/cia f. contingência. **/te** adj. contingente.
continu/ación f. continuação. **/ar** tr. continuar. **/idad** f. continuidade. **/o** adj. contínuo.
contorno m. conto(ô)rno.
contorsión f. contorsão.
contra prep. contra; em troca de. **/bandista** adj. e s. contrabandista. **/ bando** m. contrabando.
contracción f. contra(c)ção.
contrad/ecir tr. contradizer; desmentir. **/icción** f. contradição. **/ictorio** adj. contraditório.
contraer tr. e intr. contrair. **/se** r. contrair-se; limitar-se.
contrari/ar tr. contrariar. **/edad** f. contrariedade. **/o** adj. e m. contrário; desfavorável; rival; antagonista.
contrarrestar tr. contrarestar.
contrast/ar tr. contrastar. **/e** m. contraste.
contrat/a f. contrata, contrato. **/acción** f. contratação; comércio. **/ante** adj. contratante. **/ar** tr. contratar. **/ista** m. e f. contratista, empreiteiro. **/o** m. contrato, ajuste.
contratiempo m. contratempo.
contribu/ción f. contribuição; impo(ô)sto. **/ir** tr. contribuir.
contricción f. contrição.
contrincante m. contendor; rival; inimigo.
control m. controlo (Bras.) contrôle. **/ar** tr. controlar.

controver/sia f. controvérsia; contestação. **/tir** tr. contraverter; discutir.
contundente adj. contundente.
contu/sión f. contusão. **/o** adj. contuso.
convalece/ncia f. convalescença. **/r** tr. convalescer.
convenc/er tr. convencer. revalidar. **/erse** r. convencer-se, persuadir-se. **/imiento** m. convencimento.
convenci/ón f. convenção. **/onal** adj. convencional.
convenien/cia f. conveniência. **/te** adj. conveniente.
conveni/o m. convé(ê)nio; pacto. **/r** intr. convir; contratar.
convent/o m. convento. **/ ual** adj. conventual.
convergencia f. convergência.
conversa/ción f. conversação; familiaridade. **/r** intr. conversar.
conver/sión f. conversão. **/so** m. converso. **/tible** adj. convertível. **/tir** tr. converter. **/tirse** r. converter-se.
convic/ción f. convicção. **/to** adj. convicto.
convida/do adj. e s. convidado. **/r** tr. convidar.
convite m. convite; banquete.
convulsión f. convulsão.
conyugal adj. conjugal.
cónyuge m. e f. cônjuge, consorte.
coñac m. conhaque.
coopera/ción f. cooperação. **/dor** adj. e s. cooperador. **/r** tr. cooperar.
coordina/ción f. coordenação. **/r** tr. coordenar; organizar.
copa f. copa; taça; cálice. **/do** adj. copado. **/r** tr. (mil.) cortar a retirada.
copi/a f. cópia. **/ar** tr. copiar. **/oso** adj. copioso, abundante. **/sta** s. copista.
copla f. copla; par.
copo m. copo; estriga; floco.
coque m. coque.
coquet/a f. coqueta. **/ear** tr. procurar agradar aos homens. **/ería** f. coquetismo.
coraje m. coragem.
coral m. coral.
coraz/a f. couraça. **/ón** m. coração; centro. **/onada** f. pressentimento.
corbata f. gravata.
corbeta f. *Mar.* corveta.
corchete m. colche(ê)te.
corcho m. corcho, cortiça; ro(ô)lha.
cordel m. cordel.
cordero m. cordeiro.
cordial adj. cordial. **/idad** f. cordialidade.
cordillera f. cordilheira.
cordón m. cordão.
cordura f. cordura.
core/ografía f. coreografia. **/ógrafo** m. coreógrafo.
corista m. e f. corista.
córneo adj. e s. córneo.
corneta f. corneta.
cornisa f. cornija.
cornudo adj. e s. cornudo.
coro m. co(ô)ro.
coron/a f. coroa; auréola. **/ación** f. coroação. **/ar** tr. coroar. **/el** m. coronel.
corp/achón m. corpanzil. **/iño** m. corpinho. **/oración** f. corporação. **/oral** adj. corporal. **/óreo** adj. corpóreo. **/ulencia** f. corpulência. **/ulento** adj. corpulento.
corral m. curral.
correa f. correia. **/je** m. correagem.
correc/ción f. corre(c)ção. **/cional** adj. corre(c)cional. **/tivo** adj. e m. corre(c)tivo. **/to** adj. corre(c)to). **/tor** adj. e s. corre(c)tor; revisor de provas.

corregi/ble adj. corrigível. /dor adj. e s. corre(c)tor; corresgedor. /r tr. corrigir.
correlación f. correlação.
correo m. correio; carteiro; **buzón de —,** marco ou caixa do correio.
correr tr. e intr. correr. /**ía** f. correria, incursão.
correspon/dencia f. correspondência. /**der** tr. corresponder. /**diente** adj. e m. correspondente. /**sal** s. corresponsal.
corretaje m. corretagem.
corrid/a f. corrida; — **de toros,** tourada. /**o** adj. corrido.
corriente adj. corrente; vulgar; m. curso; correnteza.
corro m. corro, círculo.
corromp/er tr. corromper. /**erse** r. corromper-se. /**ido** adj. corrompido.
corrup/ción f. corrupção. /**tela** f. corru(p)tela, abuso. /**tor** m. corru(p)tor.
cort/ado adj. cortado; interrompido. /**apisa** f. quartepisa; condição. / **aplumas** m. canivete de aparar penas. /**ar** tr. cortar. /**e** m. corte; gume; f. co(ô)rte; galanteio; pl. parlamento.
cortej/ar tr. cortejar. /**o** m. cortejo; galanteio.
cortés adj. cortês.
cortina f. cortina. /**je** m. cortinado.
corto adj. curto; tímido.
cosa f. coisa, cousa.
cosech/a f. colheita; abundância. /**ar** tr. colhe(ê)r, fazer a colheita. /**ero** m. colheiteiro.
coser tr. coser.
coso m. circo, arena.
cosquill/as f. pl. cócegas; **hacer —,** cocegar.
cost/a f. custo; despesa; costa; brunidor. /**ado** m. intr. custar; causar. /**e** costado; *Mil.* flanco. /**ar** m. custo, preço. /**ear** tr. custear; *Mar.* costear. / **illa** f. costela; fig. espo(ô)sa. /**o** m. custo. /**oso** adj. custoso.
costumbre f. costume.
costur/a f. costura; cicatriz. /**era** f. costureira.
cotidiano adj. quotidiano.
cotización f. cotização.
coto m. couto; baliza.
coyuntura f. junta; fig. jonjuntura.
coz f. coice.
cráneo m. crânio.
cráter m. cratera.
crea/ción f. criação. /**dor** m. criador. /**r** tr. criar.
crec/er intr. crescer. / **ida** f. crescida. /**iente** f. crescente; cheia. /**imiento** m. crescimiento.
credencial adj. e f. credencial.
crédito m. crédito.
credo m. credo.
credulidad f. credulidade.
crema f. creme; trema. / **llera** f. cremalheira; fecho de correr. /**torio** adj. crematório.
crep/uscular adj. crepuscular. /**úsculo** m. crepúsculo; fig. decadência.
crespo adj. cre(ê)spo.
cresta f. crista.
cría f. criação, cria; menino de peito.
cria/da f. criada. /**dero** m. criadoiro. /**do** adj. educado; m. criado. / **dor** adj. e s. criador. /**nza** f. criança. /**r** tr. criar. /**tura** f. criatura.
criba f. crivo, joeira. /**r** tr. crivar, joeirar.
crim/en m. crime. /**inal** adj. criminal.
crío m. criança de peito.
crisis f. crise.
crisol m. crisol.
cristal m. cristal, vidro. /**ino** adj. cristalino; límpido. /**izar** tr. cristalizar.

cristian/ar tr. ba(p)tizar. **/dad** f. cristandade. **/ ismo** m. cristianismo. **/izar** tr. cristianizar. **/o** adj. e s. cristão.
Cristo m. Cristo.
criterio m. critério.
criticar tr. criticar.
cromo m. cromo.
crónic/a f. cró(ô)nica. **/o** adj. cró(ô)nico.
croni/cón m. cronição. **/ ista** s. cronista.
cronómetro m. cronó(ô)metro.
cruc/e m. cruzamento. **/ ificar** tr. crucificar. **/ifijo** m. crucifixo. **/ifixión** f. crucifixão.
crud/eza f. crueza; fig. crueldade. **/o** adj. cru; cruel.
cruel adj. cruel. **/dad** f. crueldade.
cruz f. cruz. **/ada** f. cruzada. **/ar** tr. cruzar.
cuaderno m. caderno.
cuadra f. quadra; cavalariça. **/do** adj. quadrado. **/nte** m. quadrante. **/r** tr. quadrar.
cuadr/icular adj. e tr. quadricular. **/ilátero** adj. e m. quadrilátero. **/illa** f. quadrilla. **/o** m. quadro.
cual pron. qual, que, o qual; quem.
cualidad f. qualidade.
cualquiera pron. qualquer.
cuant/ía f. quantia, quantidade. **/ioso** adj. quantioso, numeroso.
cuanto adj. quanto.
cuarent/a adj. e s. quarenta. **/ena** f. quarentena.
cuaresma f. quaresma.
cuarta f. quarta.
cuarto m. quarto; alojamento.
cuarzo m. *Min.* quartzo.
cuatro adj. quatro.
cuba f. cuba, tonel.
cúbico adj. cúbico.
cubiert/a f. cobertura; tampa. **/o** adj. coberto; m. talher.
cubrir tr. cobrir; fecundar. **/se** r. cobrir-se; acautelar-se.
cuchar/a f. colher. **/ada** f. colherada. **/illa** f. colherzinha. **/ón** m. concha; colherão.
cuchill/a f. cutela, machadinha. **/ada** f. facada, cutilada. **/o** m. faca.
cuello m. pescoço; gola; colarinho.
cuent/a f. conta. **/agotas** m. conta-go(ô)tas. **/ista** adj. e s. bisbilhoteiro. **/o** m. conto.
cuerda f. corda.
cuerno m. co(ô)rno.
cuero m. couro, coiro.
cuerpo m. corpo; volume.
cuesta f. costa, ladeira; cole(c)ta.
cuesti/ón f. questão; pergunta. **/onable** adj. questionável. **/onario** m. questionário.
cueva f. cova; madrigueira.
cuida/do m. cuidado; solicitude. **/doso** adj. cuidadoso. **/r** tr. cuidar.
culebra f. *Zool.* cobra.
culmina/ción f. culminação. **/r** intr. culminar.
culo m. cu; fundo.
culpa f. culpa; pecado. **/bilidad** f. culpabilidade. **/ble** adj. culpável. **/r** tr. culpar.
cultiv/ador adj. e s. cultivador. **/ar** tr. cultivar. **/o** m. cultivo.
cult/o adj. cultivado; culto; civilizado; m. culto, adoração. **/ura** f. cultura.
cumbre f. cume; altura.
cumpl/eaños m. dia de anos. **/ido** adj. abundante; m. amabilidade. **/ imentar** tr. cumprimentar. **/ir** intr cumplir. **/ irse** r. cumplir-se, realizar-se.

cuna f. berço; fig. origem.
cuneta f. valeta.
cuña f. cunha. /**da** f. cunhada. /**do** m. cunhado.
cuño m. troquel.
cuota f. quota, cota.
cupl/é m. quadra, canção, copla. /**etista** f. cançonetista.
cupón m. cupão.
cúpula f. cúpula.
cura m. cura, pároco; f. cura. /**ble** adj. curável. /**ción** f. cura. /**do** adj. curado; curtido. /**ndero** m. e f. curandeiro; medicastro. /**r** tr. curar; curtir.
curios/idad f. curiosidade. /**o** adj. e s. curioso.
curso m. curso; tratado; circulação.
curv/a f. curva. /**atura** f. curvatura./**o** adj. curvo.
cúspide f. cúspide.
custod/ia f. custódia. /**iar** tr. custodiar.
cut/áneo adj. cutâneo. /**is** m. cútis.
cuyo pron. cujo.

D

dable adj. possível.
dactilógrafo m. e f. da(c)tilógrafo.
dádiva f. dádiva.
dadivoso adj. dadivoso.
dado m. dado. /**r** adj. e s. dador.
dam/a f. dama; pl. jo(ô)go das damas. /**isela** f. rapariga alegre e bonita, com ares de senhora; cortesã.
damnificar tr. danificar.
danza f. dança. /**nte** adj. e s. dançante. /**r** tr. e intr. dançar; bambolear-se. /**rina** f. dançarina.
dañ/ar tr. danificar, danar. /**ino** adj. daninho, nocivo. /**o** m. dano; destruição. /**oso** adj. danoso.
dar tr. dar; confiar.
dársena f. bacia; dique.
data f. data; quantidade. /**r** tr. datar; assentar.
dato m. dato; indicação.
de prep. de.
deán m. deão.
debajo adv. debaixo, sob.
debat/e m. debate; altercação. /**ir** tr. debater.
deber m. dever, obrigação; tr. dever, cumplir.
débil adj. débil; fraco.
débito m. débito; deve.
deca/dencia f. decadência. /**er** intr. decair. /**imiento** m. decaimiento.
decálogo m. decálogo.
decan/ato m. decanato. /**o** m. decano.
decapitar tr. decapitar.
decena f. dezena.
decen/cia f. decência. /**te** adj. decente.
decepci/ón f. decepção. /**onar** tr. desapontar, desiludir.
decimal adj. decimal.
décimo adj. décimo.
decir tr. dizer; nomear.
decisi/ón f. decisão. /**vo** adj. decisivo.
declama/ción f. declamação. /**r** intr. declamar.
declara/ción f. declaração. /**r** tr. declarar; contestar.
declive m. declive.
decora/ción f. decoração. /**dor** m. decorador. /**r** tr. decorar.
decret/ar tr. decretar. /**o** m. decreto.
dedal m. dedal.
dedica/ción f. dedicação; dedicatoria. /**r** tr. dedi-

car; destinar. **/toria** f. dedicatória.
dedo m. dedo.
deduc/ción f. dedução. / **ir** tr. deduzir.
defect/o m. defeito; vício. **/uoso** adj. defeituoso.
defen/der tr. defender, proteger. **/sa** f. defensa. **/siva** f. defensiva. **/sor** adj. e s. defensor.
defer/encia f. deferência. **/ente** adj. deferente; respeitoso. **/ir** intr. deferir.
deficien/cia f. deficiência. **/te** adj. deficiente; débil.
deform/ación f. deformação. **/ar** tr. deformar. **/e** adj. deforme, disforme. **/idad** f. deformidade; e(ê)rro.
defraudar tr. defraudar; furtar.
defunción f. defunção, morte.
degolla/ción f. degolação. **/r** tr. degolar; destruir.
degrada/ción f. degradação. **/r** tr. degradar, aviltar.
degustación f. degustação, delibação.
dei/dad f. deidade. **/ficación** f. deificação. **/ficar** tr. deificar. **/smo** m. deísmo. **/sta** s. deísta.
delación f. delação, acusação.
delantal m. avental.
delante adv. diante, adiante. **/ra** f. dianteira; fachada. **/ro** adj. dianteiro. m. postilhão.
delat/ar tr. delatar, denunciar. **/or** adj. e m. delator.
delega/ción f. delegação. **/do** adj. e s. delegado; deputado. **/r** tr. delegar.
deleit/ación f. deleitação. **/ar** tr. deleitar. **/e** m. deleite. **/oso** adj. deleitoso.
deletre/ar intr. soletrar. **/o** m. soletração.
delfín m. delfim.
delgad/ez f. delgadeza; finura. **/o** adj. delgado, magro; fino.
delibera/ción f. deliberação. **/r** intr. deliberar; decretar.
delicad/eza f. delicadeza; ternura. **/o** adj. delicado; meigo; enfermiço.
delici/a f. delícia; deleite, prazer. **/oso** adj. delicioso, excelente.
delincuen/cia f. deliquência. **/te** adj. e s. delinqu(ü)ente.
delinea/ción f. delineação. **/nte** adj. e m. delineador, desenhador. **/r** tr. delinear; delimitar.
delir/ar intr. delirar, desvariar. **/io** m. delírio; disparate.
delito. m. delito; crime.
demanda f. demanda, petição. **/r** tr. demandar, pedir.
demarca/ción f. demarcação. **/r** tr. demarcar.
demás adj. demais, restante. adv. de mais, além disso.
demen/cia f. demência, loucura. **/te** adj. e s. demente, imbecil.
dem/ocracia f. democracia. **/ócrata** s. demócrata. **/ocrático** adj. democrático.
demol/er tr. demolir. / **ición** f. demolição.
demonio m. demó(ô)nio, diabo.
demostra/ción f. demonstração. **/r** tr. demonstrar.
denega/ción f. denegação, recusa. **/r** tr. denegar, recusar.
denomina/ción f. denominação. **/r** tr. denominar; nomear; assinalar.
denotar tr. denotar; designar.
dens/idad f. densidade. / **o** adj. denso, espe(ê)sso; confuso.

dent/ado adj. dentado. **/adura** f. dentadura. **/al** m. alveca. adj. dental. **/ar** tr. dentar, dentear. **/ición** f. dentição. **/ífrico** adj. e m. dentífrico. **/ista** adj. e s. dentista.
dentro adv. dentro, no interior.
denuncia f. denúncia, acusação. **/r** tr. denunciar.
deparar tr. deparar.
departamento m. departamento.
depend/encia f. dependência. **/er** intr. depender. **/iente** adj. e s. dependente; inferior.
deplor/able adj. deplorável. **/ar** tr. deplorar.
deponer tr. depor; destituir; expulsar.
deporta/ción f. deportação, exílio. **/r** tr. deportar.
deport/e m. desporte. **/ista** s. desportista. **/ivo** adj. desportivo.
deposi/ción f. deposição; exoneração. **/tar** tr. depositar. **/tario** m. depositário.
depósito m. depósito.
deprava/ción f. depravação. **/do** adj. depravado, corrompido. **/r** tr. depravar, adulterar.
depr/esión f. depressão. **/imir** tr. deprimir.
depura/ción f. depuração. **/do** adj. depurado. **/r** tr. depurar, purificar.
derech/a f. direita, lado direito. **/o** adj. direito; justo; íntegro. m. autoridade, justiça, direito.
deriva f. deriva, desvio. **/ción** f. derivação. **/r** intr. derivar; evoluir. **/rse** r. desviar do rumo.
derog/ación f. derrogação. **/ado** adj. derrogado, abolido. **/ar** tr. derrogar.
derram/amiento m. derramação. **/ar** tr. derramar; deitar. **/arse** r. derramar-se. **/e** m. derrame.
derredor m. derredor, **en —,** em derredor.
derretir tr. derreter.
derrib/ar tr. derribar, demolir. **/o** m. derribo.
derrocar tr. derrocar.
derroch/ador adj. e s. dissipador, gastador. **/ar** tr. dissipar. **/e** m. dissipação.
derrot/a f. derrota; rumo dos navios. **/ar** tr. derrotar; arruinar; destroçãr.
derru/ir tr. derruir, demolir. **/mbamiento** m. derrubamento. **/mbar** tr. derrumbar. **/umbarse** r. derrumbar-se.
desabriga/do adj. desabrigado; abandonado. **/r** tr. desabrigar, desproteger.
desacat/ar tr. desacatar, desobedecer. **/o** m. desacato; profanação.
desacreditar tr. desacreditar; infamar.
desacuerdo m. desaco(ô)rdo; desmaio.
desafiar tr. desafiar; rivalizar; convidar.
desafinar intr. desafinar, destoar.
desafío m. desafio; duelo.
desafortunado adj. desafortunado, infeliz.
desagrada/ble adj. desagradável; ingrato. **/r** intr. desagradar.
desagravi/ar tr. desagravar, vingar. **/o** m. desagravo.
desahog/ado adj. desafogado; petulante. **/ar** tr. desafogar, aliviar. **/arse** r. desafogar-se. **/o** m. desafo(ô)go; expansão.
desahuci/ado adj. desenganado, desesperado. **/ar** tr. desesperar; desalojar. **/o** m. despejo.

desajust/ar tr. desajustar, desnivelar. **/e** m. desajuste.
desalentar tr. desalentar. **/se** r. desalentar-se.
desalfombrar tr. desatapetar.
desaliento m. desalento; desmaio.
desaliñ/ar tr. desalinhar, desordenar. **/o** s. desalinho, desordem.
desaloja/miento m. desalojamento; expulsão. **/r** tr. desalojar; expulsar.
desamortiza/ción f. desamortização. **/r** tr. desamortizar; desvincular bens.
desampar/ar tr. desamparar, abandonar. **/o** m. desamparo, abandono.
desanim/ación f. desanimação. **/ar** tr. desanimar. **/arse** r. desanimar-se. **/o** m. desânimo.
desapacible adj. desaprazível; ingrato.
desapar/ecer tr. desaparecer, ocultar. **/ición** f. desaparição.
desapasiona/do adj. desapaixonado; indiferente. **/r** tr. desapaixonar.
desapego m. desape(ê)go, indiferença.
desaprobar tr. desaprovar, reprovar.
desaprovecha/do adj. desaproveitado. **/r** tr. desaproveitar, desperdiçar.
desarm/ado adj. desarmado. **/ar** tr. desarmar; desmantelar. **/e** m. desarmação.
desarregl/ado adj. desarrumado, desregrado. **/ar** tr. desregrar, desordenar. **/o** m. desregramento, desordem.
desarrollar tr. desenrolar; desenvolver.
desarticula/ción f. desarticulação. **/r** tr. desarticular.
desasosiego m. desassosse(ê)go; agitação.
desastr/ado adj. desastrado. **/e** m. desastre; sinistro. **/oso** adj. desastroso.
desatar tr. desatar.
desaten/ción f. desatenção; descortesia. **/der** tr. desatender. **/to** adj. desatento; incivil.
desatin/ado adj. desatinado. **/ar** tr. desatinar. intr. despropositar; desaforar-se. **/o** m. desatino; despropósito.
desautori/dad f. desautoridade. **/zar** tr. desautorizar; exautorar.
desayun/ar intr. desjejuar. **/arse** r. comer o pequeno almo(ô)ço. **/o** m. desjejum, pequeno almo(ô)ço.
desbanda/da f. desbandada; destroçar. **/rse** r. desbandar-se.
desbarajuste m. desordem.
desbastar tr. desbastar, acepilhar; gastar.
desboca/do adj. desbocado; destrabado. **/r** tr. desbocar.
desborda/miento m. desbordamento. **/r** intr. desbordar. **/rse** r. desbordar-se.
descabella/do adj. descabelado; absurdo. **/r** tr. descabelar.
descalabr/ar tr. descalavrar; danificar. **/o** m. descalavro; dano.
descalificar tr. desqualificar.
descalz/ar tr. descalçar. **/o** adj. descalço. fig. falto de recursos.
descamisado adj. descamisado; pobre.
descans/ado adj. descansado. **/ar** tr. e intr. descansar; apoiar. **/o** m. descanso; apoio; alívio.
descara/do adj. descarado. **/rse** r. descarar-se.

descarg/a f. descarga. **/ar** tr. descarregar. **/o** m. descargo. **/ue** m. descarga, descarre(ê)go.
descarna/dor m. descarnador. **/ar** tr. descarnar; desmoronar.
descarr/iar tr. descarreirar, descarrilar; desencaminhar. **/iarse** r. separar-se, afastar-se. **/ío** m. desencaminhamento; desatino.
descartar tr. descartar; excluir.
descend/encia f. descendência; estirpe. **/er** intr. descender; descer. **/iente** adj. e s. descendente. **/ imiento** m. descendimento.
descenso m. descensão, descenso.
descolgar tr. despendurar, descolgar. **/se** r. despenhar-se; aparecer inesperadamente.
descolor/ar tr. desbotar, descolorar. **/ido** adj. descolorido, desbotado. **/ir** tr. descolorar, descorar.
descompo/ner tr. descompor. **/nerse** r. descompor--se, apodrecer; faltar a decência. **/sición** f. descomposição. **/stura** f. descompostura, desarranjo; descaramento.
descomunal adj. descomunal.
desconc/ertado adj. desconcertado; desarranjado. **/ertar** tr. desconcertar; transtornar. **/ierto** m. desconcer(ê)rto; transto(ô)rno; confusão.
desconectar tr. desligar.
desconfia/do adj. desconfiado. **/nza** f. desconfiança. **/r** intr. desconfiar.
desconoc/er tr. desconhecer, ignorar. **/ido** adj. desconhecido; estranho.
descons/olado adj. desconsolado; desolado. **/olar** tr. desconsolar. **/uelo** m. desconso(ô)lo, aflição.
descontar tr. descontar.
descontent/ar tr. descontentar. **/o** adj. e m. descontentamento, desagrado.
descort/és adj. descortês, malcriado. **/esía** f. descortesia; incivilidade.
descos/er tr. descoser, desmanchar. **/ido** adj. e m. descosido; fig. indiscreto; falador.
descrédito m. descrédito.
descri/bir tr. descrever. **/pción** f. descrição. **/ptivo** adj. descritivo.
descub/ierto adj. descoberto; desnudo. **/rimiento** m. descobrimento. **/rir** tr. descobrir.
descuento m. desconto, diminuição.
descui/dado adj. descuidado, negligente. **/dar** tr. e intr. descuidar; esquecer. **/darse** r. descuidar-se **/do** m. descuido. omissão; e(ê)rro.
desde prep. desde, depois, de.
desd/én m. desdém, despre(ê)zo. **/eñar** tr. desdenhar. **/eñoso** adj. desdenhoso.
desdicha f. desdita; infortúnio. **/do** adj. desditado, infeliz.
dedoblar tr. desdobrar.
desear tr. desejar, cobiçar; amar.
desecar tr. dessecar.
desech/ar tr. desprezar, excluir. **/o** m. refugo, resto.
desembaraz/ar tr. desembaraçar; desligar. **/o** m. desembaraço. agilidade.
desembar/cadero m. desembarcadouro, cais. **/car** tr. desembarcar. **/co** m. desembarque. **/que** m. desembarque.
desemboca/dura f. desembocadura; foz (de rio).

/**r** intr. desembocar; desaguar.
desembragar tr. desembraiar.
desempaquetar tr. desempacotar, desembrulhar.
desempeñ/ar tr. desempenhar, resgatar. /**o** m. desempenho; resgate; função.
desempotrar tr. desencaixar, desencravar.
desencajar tr. desencaixar; desmanchar. /**se** r. descompor-se.
desencaminar tr. desencaminhar.
desencant/ar tr. desencantar; desanimar. /**o** m. desencanto.
desenfad/ado adj. desenfadado. /**ar** tr. desenfadar. /**o** m. desenfado; desembaraço.
desenfren/ado adj. desenfreado. /**ar** tr. desenfrear. /**o** m. desenfreio, desenfreamento.
desengañ/ar tr. desenganar. /**o** m. desengano.
desengrasar tr. desengordurar; fig. emagrecer.
desenlace m. desenlace.
desenrollar tr. desenrolar; despregar.
desenterrar tr. desenterrar.
desentonar tr. desentonar; intr. desentoar.
desentrañar tr. desentranhar; averiguar.
desenv/oltura f. desenvoltura; desvergonha. /**olver** tr. desenvolver. /**uelto** adj. desenvolvido, crescido; desenvolto, desembaraçado.
deseo m. desejo. /**so** adj. desejoso.
deser/ción f. deserção. /**tar** tr. desertar. /**tor** m. desertor.
desespera/ción f. desesperação. /**do** adj. desesperado; desanimado. /**r** intr. desesperar. /**rse** r. desesperar-se.
desestimar tr. desestimar; desconsiderar.
desfalc/ar tr. desfalcar; reduzir. /**o** m. desfalque.
desfallec/er tr. desfalecer. /**imiento** m. desfalecimento.
desfavorable adj. desfavorável.
desfigurar tr. desfigurar.
desfila/dero m. desfiladeiro. /**r** intr. desfilar.
desflorar tr. desflorar.
desgarr/ar tr. rasgar, esfarrapar. /**o** m. rompimento, dilaceração; fanfarronice.
desgast/ar tr. desgastar, consumir. /**arse** r. enfraquecer. /**e** m. desgaste, corrosão.
desgracia f. desgraça. /**do** adj. desgraçado, desditoso. /**r** tr. desagradar; desgraçar.
desguarnecer tr. desguarnecer; desarmar.
deshabita/do adj. desabitado; fig. agreste. /**r** tr. desabitar, despovoar.
deshacer tr. desfazer. /**se** r. desbaratar-se; enfraquecerse.
desharrapado adj. e s. esfarrapado, ro(ô)to.
deshecho adj. desfeito; destroçado.
deshelar tr. degelar.
desheredar tr. deserdar.
deshielo m. desge(ê)lo.
deshonest/idad f. desonestidade. /**o** adj. desonesto.
deshon/or m. desonra. /**ra** f. desonra. /**rar** tr. desonrar. /**roso** adj. desonroso.
deshora f. desoras; **a —**, inoportunamente.
design/ación f. designação. /**ar** tr. designar. /**io** m. desígnio.
desigual adj. desigual; variável. /**dad** f. desigualdade; irregularidade.
desinter/és m. desintere-

(ê)sse. **/esado** adj. desinteressado; desapegado.

desistir intr. desistir; deixar.

desleal adj. e s. desleal. **/tad** f. deslealdade.

desleír tr. dissolver, diluir.

desliz m. deslize; falta; descuido. **/ar** intr. deslizar; fig. evadir-se.

deslumbrar tr. deslumbrar.

deslustr/ar tr. deslustrar. **/e** m. deslustre; embaciamento.

desmantelar tr. desmantelar; fig. desemparar.

desmay/ado adj. desmaiado; desbotado. **/ar** tr. desmaiar; desbotar. **/o** m. desmaio.

desmedido adj. desmedido, excessivo.

desmemoriado adj. desmemoriado.

desmentir tr. desmentir.

desmenuzar tr. esmiuçar, esmigalhar; fig. analisar pormenorizadamente.

desmerec/er tr. desmerecer; intr. desacreditar-se. **/imiento** m. desmerecimento.

desmesurado adj. desmesurado, excessivo.

desmontar tr. desmontar; desmanchar; desarmar; intr. apear-se.

desmoralizar tr. desmoralizar.

desnivel m. desnível. **/ar** intr. desnivelar.

desnud/ar tr. desnudar, despir. **/arse** r. despojar-se. despir-se. **/ez** f. nudez. **/o** adj. nu, despido; fig. pobre; m. nu (obra artística).

desobed/ecer tr. desobedecer. **/iencia** f. desobediência.

desocupa/do adj. e s. desocupado; desabitado. **/r** tr. desocupar; esvaziar.

desola/ción f. desolação. **/do** adj. desolado; inconfortável.

desorden m. desordem, confusão. **/ado** adj. desordenado; desalinhado.

desorganiza/ción f. desorganização. **/r** tr. desorganizar.

desorienta/do adj. desorientado. **/r** tr. desorientar; despistar.

despabila/do adj. espevitado. **/r** tr. espevitar; despachar; excitar. **/rse** r. espevitar-se.

despach/ar tr. despachar; expedir. **/o** m. despacho; escritório; expedição.

despacio adv. devagar, lentamente.

desparrama/do adj. esparramado, espalhado; largo; aberto. **/r** tr. esparramar, espargir. **/rse** r. malgastar.

despavorido adj. espavorido; arrepiado.

despectivo adj. desprezativo.

despedi/da f. despedida; destituição. **/r** tr. despedir; expulsar; despachar. **/rse** r. despedir-se.

despeinar tr. despentear.

despej/ado adj. desembaraçado; espaçoso. **/ar** tr. despejar, desembaraçar; desanuviar. **/o** m. despejo; desembaraço; inteligência.

despensa f. despensa.

despeña/dero adj. despenhoso; precipicio. **/r** tr. despenhar, precipitar. **/rse** r. entregar-se aos vícios.

desperdici/ar tr. desperdiçar. **/o** m. desperdício.

desperdiga/do adj. separado. **/r** tr. separar, dispersar; desbaratar.

desperfecto m. pequeno defeito; dano.

desperta/dor adj. e s. des-

pertador. **/r** tr. despertar; relembrar.
despiadado adj. desapiedado.
despido m. despedimento.
despistar tr. despistar.
desplante m. desplante; descaro.
desplaza/miento m. *Mar.* deslocação. **/r** tr. *Mar.* deslocar.
despoj/ar tr. despojar, espoliar. **/arse** r. despir-se; tirar os bens; fraudar. **/o** m. despo(ô)jo; miúdos; pl. cadáver.
déspota m. déspota.
despotismo m. despotismo.
despreci/able adj. desprezível. **/ar** tr. desprezar. **/o** m. despre(ê)zo.
desprend/er tr. desprender. **/erse** r. despregar-se; abandonar. **/imiento** desprendimento.
despreocupa/ción *f.* despreocupação. **/ado** adj. despreocupado. **/rse** r. despreocupar-se.
desprestigi/ar tr. desprestigiar; desacreditar. **/o** m. desprestígio.
desprevenido adj. desprevenido, desacautelado.
desproporción f. desproporção.
después adv. depois; posteriormente; **— de,** prep. desde, depois de.
despuntar tr. despontar.
desquitar tr. desquitar, desforrar. **/se** r. desquitar-se; vingar-se.
destaca/mento m. *Mil.* destacamento. **/r** tr. *Mil.* destacar; fazer ressaltar. **/rse** r. sobressair.
destajo m. empreitada; tarefa, obra.
destapar tr. destapar; fig. descobrir.
destempla/do adj. destemperado. **/nza** f. destemperança. **/r** tr. destemperar; diluir; desafinar. **/rse** r. alterar-se o pulso.
desteñir tr. destingir.
desterra/do adj. e s. desterrado. **/r** tr. desterrar.
destiempo (a) adv. inoportunamente, fora de tempo.
destierro m. deste(ê)rro.
destin/ar tr. destinar. **/atario** m. destinatário. **/o** m. destino; sina.
destitu/ción f. destituição. **/ir** tr. destituir.
destornilla/dor m. desandador; chave de parafusos. **/r** tr. desaparafusar, desatarraxar.
destreza f. destreza, habilidade.
destronar tr. destronar.
destroz/ar tr. destroçar. **/o** m. destro(ô)ço.
destru/cción f. destruição. **/ctor** adj. e s. destruidor; exterminador. **/ir** tr. destruir.
desvalija/miento m. devalijamento. /r tr. desvalijar.
desván. m. desvão.
desvanecer tr. desvanecer; desmaiar. **/se** r. desprender-se; desvair-se.
desvar/iar intr. desvairar. **/ío** m. desvairo; despropósito; capricho.
desverg/onzado adj. e s. desavergonhado. **/onzarse** r. desavergonhar-se. **/üenza** f. desvergonha.
desv/iación f. desvío; afastamento. **/iar** tr. desviar. **/ío** m. desvio; desape(ê)go.
detall/ar tr. pormenorizar. **/e** m. pormenor, relação, detalhe. **/ista** m. e f. retalhista; pessoa que exagera os detalhes.
detect/ive m. dete(c)tive. /or m. dete(c)tor.
detener tr. deter; reter. **/ se** r. encalhar; demorar-se.
detergente adj. e s. detergente.

deterior/ar tr. deteriorar. **/o** m. deterioração; estragamento.
determina/ción f. determinação; decisão. **/r** tr. determinar. **/rse** r. decidir-se.
detesta/ble adj. detestável. **/r** tr. detestar.
detonar tr. detonar; explodir.
detrás adv. detrás.
detrimento m. detrimento.
deud/a f. dívida. **/o** m. parente.
devoci/ón f. devoção. **/onario** m. devocinário.
devolución f. devolução. **/ver** tr. devolver; vomitar.
devorar tr. devorar; destruir.
devoto adj. e s. devoto.
día m. dia; — **festivo,** dia santo, dia feriado; — **laborable,** dia de trabalho.
diabetes f. *Med.* diabete.
diab/lo m. diabo. **/lura** f. diabrura. **/ólico** adj. diabólico.
diácono m. diácono.
diáfano adj. diáfano.
diafragma m. diafragma.
diagn/osticar tr. *Méd.* diagnosticar. **/óstico** adj. e m. diagnóstico.
diagonal adj. e s. diagonal.
dial/éctica f. dialé(c)tica. **/ecto** m. diale(c)to.
diálogo m. diálogo.
diamante m. diamante.
diámetro m. *Geom.* diâmetro.
diana f. *Mil.* alvorada.
diario adj. diário, quotidiano; m. jornal, periódico.
diarrea f. diarre(é)ia.
dibuj/ante adj. e s. desenhador. **/ar** tr. desenhar; debuxar. **/o** m. desenho.
dicción f. di(c)ção.
diccionario m. dicionário; léxico.
diciembre m. Dezembro.
dicta/dor m. dictador. **/dura** f. ditadura. **/men** m. ditame. **/r** tr. ditar.
dich/a f. dita. **/arachero** adj. chalaceiro. **/o** adj. e m. dito. **/oso** adj. ditoso; fig. molesto.
diente m. dente.
diéresis f. diérese.
diestr/a f. direita, dextra. **/o** adj. e m. destro.
dieta f. dieta; pl. honorários; gratificação.
diez adj. e m. dez. **/mar** tr. decimar; dizimar. **/mo** m. décimo.
diferen/cia f. diferença. **/ciar** tr. diferenciar. **/ciarse** r. distinguir-se. **/te** adj. diferente.
diferir tr. diferir,
difícil adj. difícil.
dificult/ad f. dificuldade. **/ar** tr. dificultar. **/oso** adj. dificultoso.
difundir tr. difundir.
difunto adj. e s. defunto.
difusión f. difusão.
digeri/ble adj. digerível; fig. suportável. **/r** tr. digerir.
digesti/ón f. digestão. **/vo** adj. digestivo.
dign/arse r. dignar-se. **/atario** m. dignitário. **/idad** f. dignidade. **/ificar** tr. dignificar. **/o** adj. digno.
dilema m. dilema.
diligen/cia f. diligência; agilidade; experiência; corruagem. **/te** adj. diligente.
diluvio m. dilúvio; fig. abundância.
dimensión f. dimensão; magnitude.
diminuto adj. diminuto, dificiente.
dimi/sión f. demissão; exoneração; renúncia. **/tir** tr. demitir; largar.
dinámic/a f. dinâmica. **/o** adj. dinâmico.
dinam/ita f. dinamite. **/itero** adj. e s. dinamiteiro; dinamitista.

dínamo f. dínamo, ele(c)trogerador.
dinastía f. dinastia.
diner/al m. dinheiral. dinheirão. **/o** m. dinheiro; fortuna.
diócesis f. diocese.
dioptría f. dioptria.
dios m. Deus. **/a** f. deusa.
diplom/a m. diploma. **/acia** f. diplomacia. **/ático** adj. e s. diplomático. fig. discreto.
diptongo m. ditongo.
diputa/ción f. diputação. **/do** m. deputado; enviado.
dique m. dique, doca, eclusa.
direc/ción f. direc(c)ção; rumo; administração. **/tivo** adj. dire(c)tivo. **/to** adj. dire(c)to, direito. **/tor** adj. e s. dire(c)tor; *Mús.* maestro.
dirigir tr. dirigir; conduzir. **/se** r. dirigir-se; endereçar-se.
disciplina f. disciplina; autoridade. **/r** tr. disciplinar.
discípulo m. discípulo, aluno.
disco m. disco.
díscolo adj. díscolo, insociável.
discord/ancia f. discordância; desafinação. **/ar** intr. discordar. **/ia** f. discórdia.
discreci/ón f. discrição. **/onal** adj. discricionário.
discrepa/ncia f. discrepância. **/r** intr. discrepar.
discreto adj. discreto.
disculpa f. desculpa; evasiva. **/r** tr. desculpar. **/rse** r. desculpar-se.
discu/rrir intr. discorrer; imaginar. tr. inventar. **/rso** m. discurso; fala. **/sión** f. discussão. **/tir** tr. discutir.
disertar intr. dissertar.
disforme adj. disforme.
disfraz m. disfarce; simulação. **/ar** tr. disfarçar.
disfrut/ar tr. desfrutar. **/e** m. desfrute.
disgust/ar tr. desgostar; magoar. **/arse** r. desgostar-se. **/o** m. desgo(ô)sto.
disidente adj. e s. dissidente.
disimul/ación f. dissimulação. **/ar** tr. dissimular; ocultar. **/o** s. dissimulação.
disminuir tr. diminuir.
disol/ución f. dissolução; decomposição. **/uto** adj. dissoluto; libertino. **/vente** adj. e m. dissolvente. **/ver** tr. dissolver; anular.
disonancia f. dissonância.
dispar adj. díspar, diferente.
dispar/ador m. disparador, atirador. **/ar** tr. disparar; arrojar. **/atado** adj. disparatado; absurdo. **/atar** intr. disparatar. **/ate** m. disparate. **/o** m. disparo.
dispendio m. dispêndio.
dispensa f. dispensa. **/r** tr. dispensar.
dispensario m. dispensário; consultório médico.
dispers/ar tr. dispersar. **/ión** f. dispersão.
dispo/ner tr. e intr. dispor; preparar. **/nible** adj. disponível. **/sición** f. disposição.
dispuesto adj. disposto; hábil.
disputa f. disputa. **/r** tr. disputar; lutar.
dista/ncia f. distância. **/nciar** tr. distanciar, afastar. **/nte** adj. distante, longe.
distin/ción f. distinção. **/guido** adj. distinguido. **/guir** tr. distinguir. **/guirse** r. desigualar-se. **/tivo** adj. distintivo. m. marca, insígnia.
distra/cción f. distra(c)ção. **/er** tr. distrair. **/ído**

adj. distraído; descurioso.
distribuir tr. distribuir; dividir.
distrito m. distrito.
disturbio m. distúrbio.
diurno adj. diurno.
diván m. divã.
diver/gencia f. divergência. **/gir** intr. divergir. **/sidad** f. diversidade. **/sificar** tr. diversificar. **/sión** f. diversão, recreio. **/so** adj. diverso. **/tido** adj. divertido. **/timiento** m. divertimento. **/tir** tr. divertir, alegrar. **/tirse** r. entreter-se; desenfadar-se.
divid/endo m. dividendo. **/ir** tr. dividir.
divisa f. divisa; distintivo; marca. **/r** tr. divisar.
división f. divisão.
divorci/ar tr. divorciar. **/arse** r. desquitar-se; apartar-se. **/o** m. divórcio.
divulgar tr. divulgar; descobrir.
doce adj. doze. **/na** f. dúzia.
dócil adj. dócil.
docilidad f. docilidade.
doct/o adj. douto. **/or** m. doutor. **/ora** f. douto(ô)ra. **/orado** m. doutorado. **/orar** tr. doutorar. **/rina** f. doutrina.
documento m. documento.
dogma m. dogma. **/tizar** tr. dogmatizar.
dol/encia f. doença; padecimento. **/er** intr. doer; padecer; condoer-se. **/iente** adj. e s. doente; aflito. **/or** m. dor; desgo(ô)sto; padecimemto. **/orido** adj. dorido; magoado. **/oroso** adj. doloroso.
doma/ble adj. domável. **/dor** m. domador. **/r** tr. domar; dominar.
doméstico adj. e s. doméstico; criado.
domicili/ar tr. domiciliar. **/o** m. domicílio, morada.
domina/ción f. dominação.. **/dor** adj. e s. dominador. **/r** tr. dominar; reprimir.
domingo m. domingo.
dominio m. domínio.
dominó m. dominó.
don m. dom; dádiva, mercê; vocação. **/ación** f. doação. **/aire** m. donaire; elegância; gentileza. **ante** adj. e s. doador. **/ar** tr. doar; presentear. **/ativo** m. donativo; esmola.
donce/l m. donzel. **/lla** f. donzela. **/llez** m. donzelice.
dónde adv. onde.
doña f. dona.
dormi/lón adj. e s. dorminhoco. **/r** intr. dormir; fig. descuidar-se. **/rse** r. sossegar-se. **/tar** intr. dormitar, descansar. **/torio** m. dormitório.
dors/al adj. dorsal. **/o** m. dorso; lombo, revés.
dos adj. e m. dois; segundo.
dosi/ficar tr. dosar, dosificar. **/s** f. dose.
dot/ar tr. dotar. **/e** f. dote; talento; qualidades estimáveis.
draga f. draga.
dram/a m. drama; desgraça. **/ático** adj. dramático. **/aturgo** m. dramaturgo. **/ón** m. fam. dramalhão.
drog/a f. droga; fig. mentira. **/uería** f. drogaria.
dúctil adj. dúctil; dócil.
ducha f. ducha, chuveiro.
dud/a f. dúvida. **/ar** tr. e intr. duvidar. **/oso** adj. duvidoso.
duela f. aduela.

duelo m. dó; nojo, luto; séquito de um ente(ê)rro; fadiga; duelo; peleja.
duende m. duende.
dueñ/a f. dona, proprietária. **/o** m. dono, proprietário, amo.
dueto m. *Mús.* dueto.
dulc/e adj. e m. doce; agradável; suave. **/ificación** f. dulcificação; abrandamento. **/ificar** tr. dulcificar, adoçar; suavizar.
dulzón adj. melaço.
dulzura f. doçura; suavidade; bondade.
duna f. duna.
dúo m. *Mús.* duo.
dupl/icar tr. duplicar; fig. tornar maior. **/o** adj. e m. duplo.
duque m. duque. **/sa** f. duquesa.
dura/ble adj. durável. **/ción** f. duração. **/dero** adj. duradouro. **/nte** prep. durante. **/r** intr. durar; prolongar-se.
dureza f. durez ou dureza; solidez.
durmiente adj. dormente.
duro adj. duro; rijo; forte; teimoso.

E

e conj. e (usa-se em lugar de **y** antes das palavras que comecem por **i** ou **hi**).
ebanist/a m. ebanista, marceneiro. **/ería** f. marcenaria.
ébano m. *Bot.* ébano.
ebrio adj. e s. ébrio.
ebullición f. ebulição.
eclesiástico adj. e m. eclesiástico.
eclips/ar tr. eclipsar; ofuscar. **/e** m. eclipse; desaparecimento.
econ/omato m. economato. **/omía** f. economia. **/ómico** adj. econó(ô)mico. **/omista** m. economista. **/omizar** tr. economizar; poupar.
ecuación f. equação.
ecua/dor m. Equador. **/torial** adj. e m. equatorial.
ecuestre adj. equ(ü)estre.
ecuménico adj. ecumé(ê)nico.
echa/do adj. e m. deitado; despedido. **/r** tr. deitar, atirar; despedir; brotar; **— a perder,** malograr-se; **— de menos,** notar a faltar.
edad f. idade.
edición f. edição.
edific/ación f. edificação. **/ar** tr. edificar. **/io** m. edifício.
edit/ar tr. editar, publicar. **/orial** f. editorial. **/or** m. editor.
educa/ción f. educação. **/dor** m. educador. **/r** tr. educar; adestrar; aperfeiçoar.
efica/cia f. eficácia. **/z** adj. eficaz.
eficien/cia f. eficiência. **/te** adj. eficiente.
efusión f. efusão.
egoís/mo m. egoísmo. **/ta** adj. e s. egoísta.
eje m. eixo; áxis; fig. ide(é)ia.
ejecu/ción f. execução; aplicação. **/tar** tr. executar. **/tivo** adj. executivo. **/tor** m. executor.
ejempl/ar adj. e m. exemplar; mode(ê)lo. **/o** m. exemplo.

ejerc/er tr. exercer. **/icio** m. exercício.
ejército m. exército.
el art. o; **él** pron. e(ê)le.
elasticidad f. elasticidade.
elec/ción f. eleição; preferencia. **/tivo** adj. ele(c)tivo. **/to** adj. e m. eleito. **/tor** adj. e s. eleitor. **/toral** adj.
el/ectricidad f. ele(c)tricidade. **/éctrico** adj. ele(c)trico.
electr/ificar tr. ele(c)trificar. **/izar** tr. ele(c)trizar. **/ocutar** tr. ele(c)trocutar. **/ón** m. elé(c)tron, ele(c)trão. **/otécnica** f. ele(c)trotecnia.
elegan/cia f. elegância. **/te** adj. e s. elegante; **es**colhido.
element/al adj. elemental. **/o** m. elemento; base; informação.
eleva/ción f. elevação. **/r** tr. elevar. **/rse** r. extasiar-se; engrandecer-se.
eliminar tr. eliminar.
elocuen/cia f. eloqu(ü)ência. **/te** adj. eloqu(ü)ente.
elogi/ar tr. elogiar; adular. **/o** m. elogio. **/oso** adj. elogioso.
emancipa/ción f. emancipação. **/r** tr. emancipar.
embajad/a f. embaixada. **/or** m. embaixador. **/ora** embaixatriz.
embala/r tr. empacotar, encaixotar, enfardar. **/je** m. embalagem.
embalsamar tr. embalsamar.
embaraz/ada adj. e f. embaraçada. **/ado** adj. estorvado; enredado; difícil. **/ar** tr. embaraçar, impedir; gravidar. **/o** m. embaraço, esto(ô)rvo; gravidez. **/oso** adj. embaraçoso, dificultoso.
embarc/ación f. embarcação. **/adero** m. cais. **/ar** tr. embarcar. **/o** m. embarque.
embarg/ar tr. embargar. **/o** m. embargo; indigestão. **sin —,** não obstante.
embarnizar tr. envernizar.
embarque m. embarque.
embesti/da f. investida, assalto; ataque. **/r** tr. investir; fig. pedinchar.
emblema m. emblema.
emborrachar tr. emborrachar. **/se** r. embriagar-se.
embosca/da f. emboscada; traição. **/r** tr. emboscar, esconder.
embotellar tr. embotelhar, engarrafar.
embrag/ar tr. embraiar. **/ue** m. embraiagem.
embriag/ado adj. embriagado; fig. extasiado. **/ar** tr. embriagar; entusiasmar. **/uez** f. embriaguez; fig. enle(ê)vo.
embri/ón m. embrião. **/onario** adj. embrionário.
embroll/ar tr. embrulhar, enredar. **/o** m. embrulhada; mentira.
embrujar tr. embruxar.
embrutecer tr. embrutecer. **/se** r. atontar-se.
embudo m. funil.
embuti/do m. incrustação; embutido, tauxia; chouriço, enchido. **/r** tr. embutir, tauxiar; introduzir; fig. comer muito.
emerge/ncia f. emergência. **/r** tr. emergir.
emigra/ción f. emigração. **/do** adj. e s. emigrado. **/r** intr. emigrar.
eminen/cia f. eminência; saliência. **/te** adj. eminente; excelso.
emisario m. emissário, mensageiro.
emi/sión m. emissâo. **/sor** adj. emissor. **/sora** f. emissora. **/tir** tr. emitir.
emotivo adj. emotivo.
empalag/amiento m. fastio; fartura. **/ar** tr. enfastiar; cansar. **/o** m.

fastio. /**oso** adj. enjotivo; maçador.
empalizada f. paliçada.
empalm/adura f. entroncamento. /**ar** tr. juntar, ligar, enlaçar. /**e** m. junção, entroncamento.
empapar tr. empapar. /**se** r. fartar-se; apanhar chuva.
empapela/dor m. forrador. /**r** tr. empapelar; forrar.
empaque m. embalagem; catadura. /**tador** m. empacotador. /**tar** tr. empacotar, enfardar.
emparejar tr. e intr. emparelhar; acompanhar.
emparenta/do adj. aparentado. /**r** intr. aparentar.
empast/ar tr. empastar. /**e** m. empaste.
empat/ar tr. empatar; igualar. /**e** m. empate.
empeora/miento m. piora. /**r** intr. piorar.
empera/dor m. imperador. /**triz** f. imperatriz.
empero conj. mas, porém.
empezar tr. começar.
empina/do adj. empinado. /**r** tr. erguer; beber muito; empinar-se.
emp/írico adj. empírico. /**irismo** m. empirismo; experiência.
emplast/ar tr. emplastrar; enfeitar. /**o** m. emplastro; remendo.
emplaza/miento m. emprazamento. /**r** tr. emprazar.
emple/ado adj. e m. empregado. /**ar** tr. empregado. /**ar** tr. empregar. /**o** m. empre(ê)go; destino.
emprende/dor adj. e s. emprendedor. /**r** tr. empreender.
empresa f. empre(ê)sa. /**rio** m. empresário.
empréstito m. empréstimo.
empuj/ar tr. empurrar. /**e** m. empurrão. /**ón** m. empurrão.
empuña/dura f. empunhadura. /**r** tr. empunhar.
en prep. em.
enaguas f. pl. anáguas.
enajena/ción f. alienação. /**r** tr. alienar.
enamora/dizo adj. namoradiço. /**do** adj. e s. enamorado; apaixonado. /**miento** m. enamoramento. /**r** tr. enamorar, namorar. /**rse** r. apaixonar-se; afeiçoar-se.
enano adj. e s. enão.
enardecer tr. excitar. /**rse** r. inflamar-se.
encabeza/miento m. encabeçamento. /**r** tr. encabeçar.
encadenar tr. encadear.
encaj/ar tr. encaixar; juntar; impingir. /**e** m. encaixe; juntura; renda.
encajonar tr. encaixotar.
encaminar tr. encaminhar; dirigir.
encanecer intr. encanecer.
encant/ación f. encantamento. /**ado** adj. encantado; fig. distraido. /**ador** adj. e s. encantador. /**adora** f. encantadora. /**ar** tr. encantar; atrair. /**o** m. encanto.
encañona/do adj. encanado. /**r** tr. encanar; empenar.
encapotar tr. encapotar; ocultar. /**se** r. toldar-se, encobrir-se.
encarado adj. encarado.
encara/miento m. encaramento, defrontação. /**r** tr. encarar; afrontar; apontar.
encarcela/do adj. e s. encarcerado. /**r** tr. encarcerar.
encarec/er tr. encarecer; louvar. /**imiento** m. encarecimento; recomendação.
encarg/ado adj. e s. encarregado. /**ar** tr. enco-

mendar; aconselhar. /**o** m. encargo; obrigação.

encariñar tr. afeiçoar. /**se** r. enamorar-se.

encarna/ción f. incarnação. /**do** adj. e m. encarnado. /**r** intr. incarnar; encarnar. /**rse** r. encarniçar-se; unirse.

encarniza/do adj. encarniçado, ensangu(ü)entado. /**miento** m. encarniçamento; crueldade. /**r** tr. encarniçar; enfurecer.

encarrilar tr. encarrilhar, encaminhar; carrilar.

encelar tr. enciumar.

encend/edor m. acendedor. /**er** tr. acender; estimular. /**rse** r. ruborizar-se. /**ido** adj. acendido; ruborizado.

encera/do adj. e m. encerado; oleado. /**r** tr. encerar.

encestar tr. encanastrar.

encía f. gengiva.

encíclico adj. encíclico.

enciclop/edia f. enciclopédia. /**édico** adj. enciclopédico.

encierro m. encerramento, ence(ê)rro.

encima adv. em cima, so(ô)bre.

encina f. *Bot.* azinheira.

encinta adj. grávida.

enclaustrar tr. enclaustrar.

enclavar tr. cravar, pregar.

encog/er tr. encolher. /**erse** r. contrair-se; acanhar-se. /**ido** adj. e s. encolhido; tímido.

encolerizar tr. encolerizar. /**se** r. irritar-se.

encomendar tr. encomendar, encarregar. /**se** r. confiar-se.

encomi/asta adj. encomiasta. /**ástico** adj. encomiástico. /**enda** f. encomenda. /**o** m. encó(ô)mio.

encon/amiento m. inflamação; rancor. /**ar** tr. inflamar; irritar. /**o** m. animosidade; inflamação.

encontr/ado adj. encontrado; oposto. /**ar** tr. encontrar; tropeçar. /**ón** m. encontrão. /**onazo** m. encontrão, choque.

encord/ar tr. encordoar.

encortinar tr. encortinar.

encorva/dura f. encurvadura. /**r** tr. encurvar; abaular. /**rse** r. arcar-se.

encrespa/dura f. encrespadura. /**miento** m. encrespamento. /**r** tr. encrespar, riçar. /**rse** r. levantar-se o mar; irritar-se.

encrucijada f. encruzilhada; entroncamento.

encuaderna/ción f. encadernação; capa. /**dor** m. encadernador. /**r** tr. encadernar.

encub/ierta f. encoberta; fraude. /**ierto** adj. encoberto. /**ridor** adj. e s. encobridor. /**rimiento** m. encobrimento. /**rir** tr. encobrir.

encuentro m. encontro; choque.

encuesta f. indagação.

encharca/da f. charco. /**r** tr. encharcar, alagar. /**rse** r. enlamear-se.

enchuf/ar tr. ligar, pôr na tomada. /**e** m. tomada elé(c)trica; ligação; bo(ô)ca (de cano ou tubo); fig. sinecura.

endémico adj. endé(ê)mico.

enderezar tr. endireitar; endereçar. /**se** r. encaminhar-se.

endeudarse r. endividar-se.

endiablado adj. endiabrado.

endiosa/miento m. endeusamento. /**r** tr. endeusar; ensoberbecer-se.

endos/ar tr. endossar. /**o** m. endo(ô)sso.

endulzar tr. adoçar.

endurec/er tr. endurecer;

fig. robustecer; empedernir-se. **/imiento** m. endurecimento, dureza.
enemi/ga f. inimizade, ódio. **/go** adj. contrádio; m. e f. inimigo. **/stad** f. inimizade. **/star** tr. inimizar. **/starse** r. desavir-se.
energía f. energia.
enero adj. Janeiro.
enervar tr. enervar.
enfad/ar tr. enfadar. **/arse** r. arrufar-se; indignar-se. **/o** m. enfado. **/oso** adj. incó(ô)modo.
énfasis m. ênfase.
enfático adj. enfático.
enferm/ar tr. causar doença; intr. enfermar, adoecer. **/edad** f. doença. **/ería** f. enfermaria. **/era** f. enfermeira. **/ero** m. enfermeiro. **/izo** adj. enfermiço. **/o** m. enfe(ê)rmo, doente.
enflaquec/er tr. enfraquecer. **/erse** r. adelgaçar. **/imiento** m. emagrecimento.
enfocar tr. enfocar.
enfrent/ar tr. enfrentar; afrontar. **/e** adv. em frente; adiante.
enfria/miento m. esfriamento. **/r** tr. esfriar. **/rse** tr. arrefecer.
enfundar tr. embrulhar; enfronhar; encher.
enganch/amiento m. enganchamento, engatamento. **/ar** tr. enganchar; alistar; recrutar.
engañ/ar tr. enganar. **/arse** r. equivocar-se. **/ifa** f. engano. **/o** m. engano. **/oso** adj. enganoso, mentiroso.
engast/ar tr. engastar, marchetar. **/e** m. engaste.
engendr/amiento m. engendração. **/ar** tr. e r. engendrar. **/o** m. feto; boa(ô)rto.
engomar tr. engomar.
engor/dar tr. engordar. **/e** m. engorda.
engorro m. embaraço, impedimento. **/so** adj. embaraçoso.
engrandec/er tr. engrandecer. **/imiento** m. engrandecimento.
engranaje m. engranagem.
engrasar tr. engordurar; lubrificar; besuntar.
engrosar tr. engrossar; fig. tornar mais numeroso.
enguantar tr. enluvar.
engullir tr. engolir; devorar.
enh/estar tr. erigir, levantar. **/iesto** adj. erguido, levantado.
enhorabuena f. felicitação, parabém; adv. felizmente.
enigm/a m. enigma; mistério. **/ático** adj. enigmático.
enjabonar tr. ensaboar.
enjambr/ar tr. enxamear. **/e** m. enxame; fig. multidão.
enjaular tr. enjaular, engaiolar; fig. encarcerar.
enjerto m. enxe(ê)rto.
enjoyar tr. enjoiar; enfeitar.
enju/agar tr. bochechar; enxaguar. **/ague** m. enxaguadura; líquido para lavar a bo(ô)ca. **/gar** tr. enxugar; tirar a humidade; emagrecer.
enjuiciar tr. ajuizar; processar.
enjundia f. enxúndia.
enjut/ez f. secura. sequidão. **/o** adj. enxuto; magro.
enlace m. enlace; conexão; entroncamento; fig. parentesco; casamento.
enlaza/miento m. enlaçamento, enlace. **/r** tr. enlaçar; casar.
enloque/cer tr. enlouquecer.
enlutar tr. enlutar; entristecer.

enmendar tr. emendar. / **se** r. corrigir-se.
enmienda f. emenda.
enmudecer tr. emudecer.
ennegrecer tr. enegrecer; escurecer; anuviar-se.
enoj/adizo adj. enojadiço. /**ado** adj. enojado, aborrecido. /**ar** tr. enojar. /**o** m. eno(ô)jo, aborrecimento. /**oso** adj. aborrecido, enfadonho.
enorgullecer tr. orgulhar, ensoberbecer.
enorm/e adj. enorme. /**idad** f. enormidade.
enrarecer tr. enrarecer, rarear; dilatar.
enred/adera f. *Bot.* trepadeira. /**ado** adj. enredado, emaranhado. /**ador** adj. e s. enredador; mentiroso. /**ar** tr. enredar; enlaçar; emaranhar; intrigar. /**arse** r. embaraçar-se. /**o** m. enre(ê)do; engano.
enrevesado adj. arrevesado.
enriquecer tr. enriquecer. /**se** r. lucrar-se.
enrojecer tr. encandecer, envermelhar. /**se** r. envergonhar.
ensalad/a f. salada; mixórdia. /**era** f. saladeira.
ensalm/ar tr. ensalmar; exconjurar. /**o** m. ensalmo; bruxaria.
ensambla/dura f. ensambladura; encaixe. /**r** tr. ensamblar.
ensanch/amiento m. alargamento. /**ar** tr. alargar. /**arse** r. inchar-se. /**e** m. ensancha; alargamento, dilação.
ensangrentar tr. ensangu(ü)entar; macular.
ensañarse r. assanhar-se; ser cruel.
ensay/ar tr. ensaiar; instruir; examinar /**o** m. ensaio, exame; amostra.
enseña f. insígnia; bandeira.
enseña/nza f. ensino, instrução. /**r** tr. ensinar; educar; castigar.
enseres m. pl. móveis; utensílios, alfaias.
ensimismarse r. ensimesmar-se; extasiar-se.
ensoberbecer tr. ensoberbecer; engrandecer. /**se** r. ensoberbecer-se; altivar-se.
ensordec/er tr. ensurdecer. /**imiento** m. ensurdecimento.
ensuciar tr. sujar, manchar. /**se** r. sujar-se; enxovalhar-se.
ensueño m. sonho; ilusão.
entabl/ado adj. e m. entabuado, tabuado; soalho. /**ar** tr. entabuar; assoalhar. /**illar** tr. *Cir.* encanar.
entarima/do m. soalho, tabuado; adj. soalhado. /**r** tr. sobradar, entabuar; assoalhar.
ente m. ente m. fig. sujeito ridículo.
entend/ederas f. pl. fam. entendimento. /**er** tr. e intr. entender. /**erse** r. conhecer-se. **ido** adj. entendido. /**imiento** m. entendimento.
enterar tr. inteirar, informar.
entereza f. inteireza; constância.
enternec/er tr. enternecer; amolecer. /**imiento** m. enternecimento; compaixão.
entero adj. inteiro.
enterra/dor m. enterrador, coveiro. /**miento** m. ente(ê)rro. /**r** tr. enterrar.
entidad f. entidade.
entierro m. ente(ê)rro.
entona/ción f. entonação, tom; fig. arrogância. /**r** tr. entoar; fortalecer; celebrar; r. ensoberbecer-se.
entonces adv. então.
entornar tr. meio fechado

(diz-se da porta, dos olhos, etc.).

entorpec/er tr. entorpecer; fig. perturbar. **/imiento** m. entorpecimento.

entrada f. entrada; início; arbítrio.

entraña f. entranha. **/ble** adj. entranhável; bem-amado. **/r** tr. entranhar; penetrar.

entrar tr. e intr. entrar.

entre prep. entre; dentro de.

entreabrir tr. entreabrir; desabrochar.

entrecejo m. espaço entre as sobrancelhas; fig. cenho.

entredicho m. proibição; censura eclesiástica.

entrega f. entrega. **/r** tr. tr. entregar. **/rse** r. render-se; abandonar-se; desvelar-se.

entrem/és m. entremez; pl. acepipes. **/eter** tr. intrometer; mediar. **/eterse** r. meter-se onde não é chamado. **/etido** adj. e s. intrometido, metediço.

entremezclar tr. misturar.

entrena/dor m. preparador, treinador. **/miento** m. treino, adestramento. **/r** tr. treinar, adestrar.

entreoír tr. entreouvir.

entrepiernas f. pl. entrepernas; fundilhos.

entresuelo m. sobreloja.

entreten/er tr. entretener; demorar; distrair-se. **/ida** f. mulher amancebada. **/ido** adj. divertido; aprazível. **/imiento** m. entretenimento; manutenção.

entretiempo m. a Primavera e Outono.

entrever tr. entrever; adivinhar.

entrevista f. entrevista; conferência.

entristec/er tr. entristecer. **/erse** r. afligir-se. **/imiento** m. entristecimento.

entumec/er tr. entumecer; impedir. **/imiento** m. entumecimento.

enturbiar tr. enturvar; foscar.

entusiasm/ado adj. entusiasmado; empolgado. **/ar** tr. entusiasmar. **/arse** r. animar-se. **/o** m. entusiasmo.

enumera/ción f. enumeração. **/r** tr. enumerar.

enuncia/ción f. enunciação. **/r** tr. enunciar.

envainar tr. embainhar.

envanec/er tr. envaidecer. **/erse** r. desvanecer-se; enufar-se. **/imiento** m. desvanecimento.

envas/ador adj. e m. envasilhador; funil. **/ar** tr. envasar; ensacar. **/e** m. envasilhamento; vasilha.

envejecer tr. envelhecer; avelhentar. intr. encanecer; durar.

envenena/miento m. envenenamento. **/r** tr. envenenar.

envés m. invés, ave(ê)sso, revés; fam. costas.

envia/do adj. e m. enviado; mensageiro. **/r.** tr. enviar.

envidi/a f. inveja. **/able** adj. invejável. **/ar** tr. invejar. **/oso** adj. e s. invejoso.

envío m. envio; remessa; despacho.

envite m. invite; oferta; convite.

enviudar intr. enviuvar.

envol/torio m. envoltório, embrulho. **/ver** tr. envolver; embrulhar; circundar; fig. encravar.

envuelto adj. envolvido; coberto.

enyesar tr. engessar.

épic/a f. poesia épica. **/o** adj. épico.

epid/emia f. epidemia. **/émico** adj. epidé(ê)mico.

epidermis f. epiderme.
epígrafe m. epígrafe.
epigram/a m. epigrama. **/ático** adj. epigramático.
epil/epsia f. epilepsia. **/éptico** adj. epilé(p)tico.
epílogo m. epílogo.
episcopa/do m. episcopado, bispado. **/l** adj. episcopal.
episodio m. episódio.
epístola f. epístola.
epitafio m. epitáfio.
epíteto m. epíteto.
época f. época.
epopeya f. epope(é)ia.
equilibr/ar tr. equilibrar; harmonizar. **/io** m. equilíbrio; harmonia.
equinoccio m. equinócio.
equipa/je m. bagagem; tripulação. **/r** tr. equipar; apetrechar.
equiparar tr. equiparar,
equipo m. equipamento; equipa; enxoval.
equita/ción f. equitação. **/tivo** adj. equ(ü)itativo, justo.
equivale/ncia f. equivalência; igualdade. **/nte** adj e m. equivalente. **/r** intr. equivaler.
equivoca/ción f. equivocação; descuido. **/do** adj. equivocado; enganado. **/r** tr. equivocar; confundir.
era f. era; período. **/rio** m. erário.
erección f. ere(c)ção; fundação.
erem/ita m. eremíta, ermitão. **/ítico** adj. eremítico.
erigir tr. erigir, elevar.
erisipela f. *Med.* erisipela.
eriz/ar tr. arrepiar, eriçar, encrespar. **/o** m. *Zool.* ouriço-cacheiro.
ermita f. ermida. **/ño** m. ermitão.
erosi/ón f. erosão, corrosão. **/vo** adj. erosivo.
erotismo m. erotismo.
erra/dizo adj. errático; vagabundo. **/do** adj. errado. **/nte** adj. errante, nó(ô)mada. **/r** tr. errar; alucinar; equivocar. **/ta** f. errata.
err/oneo adj. erró(ô)neo; falso. **/or** m. e(ê)rro; mentira; extravio.
erudi/ción f. erudição. **/to** adj. e s. erudito; consulto.
erup/ción f. erupção; efervescência. **/tivo** adj. eruptivo.
esbelt/ez f. esbeltez, elegância. **/o** adj. esbelto.
esbozo m. esbo(ô)ço; anteproje(c)to; resumo.
escala f. escala; escada; cifra. *Mar.* **hacer —,** fazer escala. **/da** f. escalada. **/dor** m. escalador. **/r** tr. escalar; subir.
escalda/do adj. escaldado; receoso. fig. mulher desonesta. **/r** tr. escaldar, abrasar.
escalera f. escada; escadote.
escalfar tr. escalfar.
escalofrío m. escalofrio; estremeção.
escal/ón m. degrau; escalão. **/onar** tr. escalonar.
escalpelo m. *Cir.* bisturí.
escama f. escama. fig. desconfiança. **/r** tr. escamar (os peixes). **/rse** r. zangar-se.
escamot(e)ar tr. escamotear; esconder
escandalizar tr. escandalizar. **/se** r. ofender-se, zangar-se.
escándalo m. escândalo.
escandinavo adj. escandinavo.
escapa/da f. escapada, fugida. **/rse** r. escapar-se, evadir-se.
escaparate m. escaparate, vitrina, montra.
escap/atoria f. escapatória; evasão; escusa. **/e** m. escape. fuga.

escarabajo m. *Zool.* escaravelho.
escaramuza f. escaramuça. **/r** intr. escaramuçar, contender.
escarbar tr. escarvar.
escarceo m. escarcéu; divagação.
escarcha f. escarcha, geada. **/do** adj. escarchado.
escarlat/a f. escarlate, co(ô)r vermelha. **/ina** f. escarlatim (tecido). *Med.* escarlatina, sarampo.
escarm/entar intr. escarmentar; castigar. **/iento** m. escarmento; castigo; repreensão.
escarn/ecer tr. escarnecer; injuriar. **/io** m. escárnio.
escarola f. *Bot.* escarola.
escarpa f. escarpa, declive. **/dura** f. escarpamento; declive.
escas/ear intr. escassear, rarear. **/ez** f. escassez; pobreza. **/o** adj. escasso; raro.
escatimar tr. escatimar; enganar.
escayola f. escaiola, estuque.
esc/ena f. cena, palco. **/énico** adj. cé(ê)nico. **/enografía** f. cenografia.
escepticismo m. ce(p)tico; descrente.
esci/ndir tr. cindir. **/sión** f. cisão, dissidência.
esclarec/er tr. esclarecer; elucidar. **/ido** adj. esclarecido. **/imiento** m. esclarecimento.
esclav/itud f. escravatura, servidão. **/izar** tr. escravizar. **/o** m. adj. e s. escravo.
escleros/is f. *Med.* esclerose.
esclusa f. eclusa, dique.
escob/a f. vassoura. **/ar** tr. varrer com vassoura. **/illa** f. esco(ô)va; escovilha.
escoger tr. escolher; separar.
escol/ar adj. e m. escolar, estudante. **/ástico** adj. escolástico.
escolta f. escolta, acompanhamento. **/r** tr. escoltar, acompanhar.
escoll/era f. molhe, muralha, cais. **/o** m. escolho, recife; dificultade.
escond/er tr. esconder. **/erse** r. ocultar-se; anichar-se. **/ido** adj. escondido. **/ite** m. esconderijo. **/rijo** m. esconderijo; madrigueira.
escopeta f. espingarda.
escora f. *Mar.* escora. **/r** tr. escorar, especar.
escot/ado adj. decotado. **/e** m. decote; entalhe; quota. **/illa** f. *Mar.* escotilha; lumieira.
escrib/a m. escriba. **/ano** m. escrivão, notário; secretário. **/iente** m. escrevente, amanuense. **/ir** tr. escrever. **/irse** r. inscrever-se, alistar-se.
escrit/o adj. e m. escrito; requerimento. **/or** m. escritor. **/orio** m. escrivaninha; secretária (móvel); escritorio. **/ura** f. escritura, escrita; instrumento público autorizado por notário.
escr/úpulo m. escrúpulo. **/upuloso** adj. escrupuloso.
escrut/ador adj. e s. escrutador. **/ar** tr. escrutar; indagar. **/inio** m. escrutinio.
escuadr/a f. esquadro; *Mil.* e *Mar.* esquadra. **/illa** f. esquadrilha. **/ón** m. *Mil.* esquadrão.
escucha f. escuta. **/r** tr. escutar.
escud/ar tr. escudar; fig. defender. **/ero** m. escudeiro. **/o** m. escudo.
escuela f. escola.
escueto adj. desembara-

çado, livre; conciso; sem enfeites.
escul/pir tr. esculpir. **/tor** m. escultor. **/tora** f. escultora. **/tórico** adj. escultórico. **/tura** f. escultura. **/tural** adj. escultural.
escupi/dera f. escarrador. **/r** tr. cuspir; escarrar.
escurr/eplatos m. prateleira para pôr a louça a escorrer. **/idero** m. conduto por onde escorrem água. **/idizo** adj. escorregadio. **/ir** tr. escorrer; enxugar. r. escapar.
ese adj. e pron. e(ê)sse.
esencia f. essência. **/l** adj. essencial.
esf/era f. esfera. **/érico** adj. esférico.
esforza/do adj. esforçado. **/r** tr. esforçar.
esfuerzo m. esfo(ô)rço.
esfumar tr. esfumar, esbater. **/se** r. extinguir--se.
esgrim/a f. esgrima. **/ir** tr. esgrimir.
esguince m. entorse.
eslavo adj. e s. eslavo.
esmalt/ar tr. esmaltar. **/e** m. esmalte.
esmeralda f. esmeralda.
esmerilar tr. esmerilhar.
esmero m. esme(ê)ro; corre(c)ção.
eso pron. isso.
esófago m. esó(ô)fago.
espaci/ar tr. espaçar; divulgar. **/o** m. espaço. **/oso** adj. espaçoso.
espada f. espada.
espald/a f. espalda, costas; pl. ave(ê)sso. **/arazo** m. espaldeirada. **/illa** f. omoplata; decúbito.
espant/adizo adj. espantadiço. **/ajo** m. espantalho. **/r** tr. espantar. **/o** m. espanto. **/oso** adj. espantoso.
español adj. e s. espanhol. **/ada** f. espanholada. **/izar** tr. espanholizar, castelhanizar. **/izarse** r. espanholar-se.
esparadrapo m. esparadrapo.
esparci/miento m. espargimento; entretenimiento. **/r** tr. espargir; divulgar. **/rse** r. divertir-se.
especial adj. especial. **/lidad** f. especialidade.
espec/ie f. espécie; classe. **/ificación** f. especificação. **/ificar** tr. especificar. **/ífico** adj. específico; especial.
espect/áculo m. espe(c)táculo; diversão; contemplação. **/ador** adj. e s. espe(c)tador.
espectro m. espe(c)tro.
especula/ción f. especulação. **/dor** adj. e s. especulador. **/r** tr. especular. **/tivo** adj. especulativo.
espej/ismo m. miragem. **/o** m. espelho. fig. exemplo.
espeluznante adj. arripiante.
espera f. espera; calma.
esperant/ista s. esperantista. **/o** m. esperanto.
espera/nza f. esperança; expe(c)tação. **/nzar** tr. esperançar. **/r** tr. esperar; aguardar.
esperez/arse r. espreguiçar-se. **/o** m. espreguiçamento.
esperm/a f. esperma. **/atorrea** f. espermatorrea-(ê)ia.
espes/ar tr. espessar. **/o** adj. espe(ê)sso. **/or** m. espessura, solidez. **/ura** f. espessura; densidão.
espet/ar espetar; atravessar. **/ón** m. espe(ê)to.
esp/ía s. espião. **/iar** tr. espiar; espreitar.
espig/a f. *Bot.* espiga; espigão. **/ado** adj. espigado; alto. **/ador (a)** s. respigador, respigadeira. **/ar** intr. respigar; coli-

gir. **/ón** m. espigão; ferrão.

espina f. espinho. fig. pesar íntimo.

espinaca f. *Bot.* espinafre.

espin/al adj. espinhal; espinhaço. **/azo** m. espinhaço; coluna vertebral. **/illa** f. borbulha da pele. **/oso** adj. espinhoso. fig. difícil.

espionaje m. espionagem.

espiración f. espiração.

espiral adj. espiral; circunvolução.

espirar tr. espirar. intr. respirar; alentar.

espíritu m. espírito; virtude.

espiritu/al adj. espiritual. **/alidad** f. espiritualidade. **/alizar** tr. espiritualizar. **/oso** adj. espirituoso; ardente.

espl/endidez f. esplendidez. **/éndido** adj. esplêndido. **/endor** m. esplendor.

esponj/a f. esponja; fig. beberrão. **/ado** m. espécie de caramelo. **/ar** tr. tornar o(ô)co ou poroso; r. fig. envaidecer-se. **/oso** adj. esponjoso, poroso.

esponsales m. pl. esponsais.

espont/aneidad f. espontaneidade. **/áneo** adj. espontâneo; voluntário.

espos/a f. espo(ô)sa; pl. algemas. **/ado** adj. algemado. **/o** m. espo(ô)so.

espuela f. espora; fig. estímulo.

espum/a f. espuma. **/adera** f. espumadeira. **/ar** tr. espumar. **/oso** adj. espumoso.

esputo m. esputo, cuspo.

esquela f. carta breve; convite, participação, etc., em papel impreso.

esqueleto m. esqueleto.

esqu/í m. esqui. **/iador** m. esquiador.

esquife m. esquife.

esquimal m. esquimó.

esquina f. esquina, canto.

esquirol m. *Zool.* esquilo.

esquiv/ar tr. esquivar; evadir. **/ez** esquivez; desdém. **/o** adj. esquivo.

estab/ilidad f. estabilidade. **/ilizar** tr. estabilizar. **/le** adj. estável; sólido. **/lecer** tr. estabelecer; fixar morada. **/lecimento** m. estabelecimento; estatuto. **/lo** m. estábulo.

estaca f. estaca. **/da** f. estacaria. **/r** tr. estaçar; demarcar; imobilizar-se.

estaci/ón f. estação. **/onario** adj. estacionário.

estadio m. estádio.

estad/ista m. estadista. **/ística** f. estadística. **/ístico** adj. estadístico. **/o** m. estado.

estafa f. estafa. **/dor** m. vigarista. **/r** tr. estafar, burlar.

estafeta f. estafe(ê)ta; recoveiro; correio.

estall/ar intr. estalar; detonar. **/ido** m. estalido.

estambre m. estame; estambre.

estamp/a f. estampa. **/ado** adj. e s. estampado; publicado. **/ar** tr. estampar, imprimir. **/ida** f. carreira impetuosa. **/ido** m. estampido. **/illa** f. estampinha; estampilha; carimbo; se(ê)lo.

estanc/ar tr. estancar; deter. **/arse** r. esgotar-se. **/ia** f. estância. **/iero** m. fazendeiro. **/o** m. tabacaria, estanco.

estandarte m. estandarte.

estanque m. tanque, reservatório.

estante m. estante. **/ría** f. conjunto de estantes ou prateleiras.

estar intr. estar. **/se** r. estar-se; achar-se.

estátic/a f. estática. **/o** adj. estático.

estatu/a f. estátua. **/ir** tr.

estatuir. **/ra** f. estatura. **/to** m. estatuto.
este adj. este; m. este, leste.
éste pron. e(ê)ste.
estepa f. estepe.
estereofónico adj. estereofó(ô)nico.
estereotip/ar tr. estereotipar. **/ia** f. estereotipia.
estéril adj. estéril; inútil.
esterili/dad f. esterilidade. **/zar** tr. esterilizar.
esternón m. esterno.
estertor m. estertor; agonia.
estiércol m. este(ê)rco.
estil/ar intr. e tr. usar, costumar; estar na moda. **/o** m. estilo. **/ográfica (pluma)** f. caneta de tinta permanente.
estima f. estima, consideração. **/ción** f. estimação. **/r** tr. estimar; julgar, achar.
estimular tr. estimular.
estío m. estio, verão.
estipendio m. estipêndio.
estipular tr. estipular.
estirpe f. estirpe.
estival adj. estival.
esto pron. isto.
estocada f. estocada.
estoic/ismo m. estoicismo. **/o** adj. estóico.
estómago m. estômago.
estopa f. esto(ô)pa.
estoque m. estoque.
estorb/ar vt. estorvar. **/o** m. esto(ô)rvo.
estornu/dar intr. espirrar. **/o** m. espirro.
estrabismo m. estrabismo.
estrado m. estrado.
estrafalario adj. e s. estrafalário, extravagante.
estrangula/ción f. estrangulação. **/r** tr. estrangular.
estraperl/ista adj. e s. vendedor clandestino com preços indevidos. **/o** m. chatinaría.
estrat/agema f. estratagema. **/egia** f. *Mil.* estratégia. **/égico** adj. e m. estratégico.
estrat/ificar tr. estratificar. **/o** m. estrato; camada.
estratosférico adj. estratosférico.
estrech/amiento m. estreitamento. **/ar** tr. estreitar. **/ez** f. estraiteza; intimidade. **/o** adj. e m. estreito; desfiladeiro. fig. necessidade. **/ura** f. estreitura.
estrella f. e stre(ê)la. fig. destino. **/do** adj. estrelado; astrífero. **/r** tr. estrelar; estilhaçar. **/rse** r. machucar-se, despedaçar-se.
estremec/er tr. estremecer. **/erse** r. abalar-se; assustar-se. **/imiento** m. estremecimento.
estren/ar tr. estrear; debutar, inaugurar. **/o** m. debute, inauguração.
estreñi/miento m. obstru(c)ção, obstipação. **/r** tr. obstipar; constipar.
estrépito m. estrépito, estrondo. fig. ostentação.
estría f. estria, sulco.
estrib/ación f. estribo de uma cordilheira. **/ar** intr. estribar. **/illo** m. estribilho. **/o** m. estribo.
estribor m. *Mar.* estibordo.
estriden/cia f. estridência. **/te** adj. estridente.
estrofa f. estrofe.
estrop/ear tr. estropiar; deformar. **/icio** m. estropício.
estructura f. estru(c)tura.
estruendo m. estrondo. **/so** adj. estrondoso; fig. pomposo.
estuario m. estuário.
estuco m. estuque.
estuche m. esto(ô)jo.
estudi/ante m. estudante. **/antil** adj. estudantil. **/antina** f. estudantina.

/**ar** tr. estudar. /**o** m. estudo. /**oso** adj. estudioso.
estufa f. estufa.
estulticia f. estultícia.
estupefac/ción f. estupe(c)ção. /**to** adj. estupefa(c)to.
estupendo adj. estupendo.
estupidez f. estupidez.
estúpido adj. e m. estúpido.
estupor m. estupor.
estupr/ar tr. estuprar. /**o** m. estupro.
etapa f. etapa.
etcétera f. etc., abrev. de **et coetera.**
éter m. éter.
etern/al adj. eternal. /**idad** f. eternidade. /**izar** tr. eternizar. /**o** adj. eterno; imortalizado.
étic/a f. ética; moral. /**o** adj. ético; m. moralista.
etimología f. etimologia.
etiquet/a f. etique(ê)ta; cerimó(ô)nia; rótulo; marca.
étnico adj. étnico.
Eucar/istía f. Eucaristia. /**ístico** adj. eucarístico.
eufemismo m. eufemismo.
euforia f. euforia.
eunuco m. eunuco.
europeo adj. e s. europeu.
evacua/ción f. evacuação. /**r** tr. evacuar.
evadir tr. evadir; evitar. /**se** r. desaparecer.
eveng/élico adj. evangélico. /**elio** m. Evangelho. /**elista** m. evangelista. /**elizar** tr. evangelizar.
evapora/ción f. evaporação. /**r** tr. evaporar; desaparecer.
evasi/ón f. evasão, fuga. /**vo** adj. evasivo.
event/o m. evento; contingência. /**ual** adj. eventual. /**ualidad** f. eventualidade.
eviden/cia f. evidência. /**ciar** tr. evidenciar. /**te** adj. evidente.
evitar tr. evitar.
evocar tr. evocar.
evoluci/ón f. evolução. /**onar** intr. evolucionar. /**onismo** m. evolucionismo.
exact/itud f. exa(c)tidão. /**o** adj. exa(c)to.
exagera/ción f. exageração, exage(ê)ro. /**r** tr. exagerar.
exalta/ción f. exaltação. /**r** tr. exaltar; enaltecer.
exam/en m. exame; averiguação. /**inar** tr. examinar. /**inarse** r. examinar-se.
exánime adj. exânime.
exaspera/ción f. exasperação. /**do** adj. exasperado. /**r** tr. exasperar.
excava/ción f. escavação /r tr. escavar.
exceder tr. e intr. exceder. /**se** r. desmedir-se; desordenar-se.
excelen/cia f. excelência; perfeição. /**te** adj. excelente.
excentricidad f. excentricidade.
excéntrico adj. excêntrico.
excep/ción f. exce(p)ção. /**to** adv. exce(p)to. /**tuar** tr. exce(p)tuar.
exces/ivo adj. excessivo. /**o** m. excesso; tro(ô)co.
excita/ble adj. excitável. /**ción** f. excitação. /**r** tr. excitar; irritar.
exclama/ción f. exclamação. /**r** tr. exclamar.
exclu/ir tr. excluir. /**sión** f. exclusão. /**siva** f. exclusiva. /**sivo** adj. exclusivo.
excomu/lgar tr. excomungar. /**nión** f. excomunhão.
excremento m. excremento.
excursi/ón f. excursão; incursão. /**onismo** m. excursionismo. /**onista** m. e f. excursionista.
excusa f. desculpa, escu-

sa. /**ble** adj. escusável. /**do** ad. escusado. m. latrina. /**r** tr. escusar. r. negar-se.
exen/ción f. isenção; imunidade. /**tar** tr. isentar; desobrigar. /**to** adj. isento; desobrigado.
exhala/ción f. exalação. **r** tr. exalar.
exhausto adj. exausto.
exhibi/ción f. exibição. /**r** tr. exibir.
exhuma/ción f. exumação. /**r** tr. exumar.
exig/encia f. exigência. /**ir** tr. exigir, intimar.
exiguo adj. exíguo.
exila/do adj. e s. exilado; deportado. /**r** tr. exilar.
eximio adj. exímio; magistral.
exist/encia f. existência. /**ente** adj. existente. /**ir** intr. existir; viver.
éxito m. êxito.
éxodo m. êxodo; partida.
exótico adj. exótico. fig. extravagante.
expansi/ón f. expansão. fig. alegría. /**vo** adj. expansivo.
expatria/ción f. expatriação, emigração. /**r** tr. expatriar. /**rse** r. exilar--se.
expecta/ción f. expe(c)tação. /**tiva** f. expe(c)tativa.
expedi/ción f. expedição. /**cionario** adj. e s. expedicionário. /**ente** m. expediente; iniciativa. /**r** tr. expedir; resolver. /**tivo** adj. expeditivo; diligente.
expeler tr. expelir.
experi/encia f. experiência. /**mentar** tr. experimentar; examinar. /**mento** m. experimento, prova.
experto adj. experto, sabedor.
expia/ción f. expiação. /**r** tr. expiar.
explica/ción f. explicação. /**r** tr. explicar. /**rse** r. declarar-se.
explícito adj. explícito.
explora/ción f. exploração. /**dor** adj. e s. explorador. /**r** tr. explorar.
explosi/ón f. explosão; manifestação violenta. /**vo** adj. e m. explosivo.
explota/ción f. exploração, aproveitamento. /**r** tr. explorar; rebentar.
expone/nte adj. e m. exponente; expositor. /**r** tr. expor; explicar. /**rse** r. exibir-se.
exporta/ción f. exportação. /**r** tr. exportar.
exposición f. exposição; exibição.
expósito adj. e m. exposto, enjeitado.
expres/ar tr. expressar; falar. /**ión** f. expressão. /**ivo** adj. expressivo. /**o** adj. expresso.
expuls/ar tr. enxotar; expulsar. /**ión** f. expulsão; eliminação. /**o** adj. expulso.
exquisito adj. excelente, delicado.
éxtasis m. êxtase.
exten/der tr. estender; espalhar. /**derse** r. propagar-se. /**sión** f. extensão; aumento. /**so** adj. extenso.
exterior adj. exterior. /**izar** tr. exteriorizar.
extermin/ar tr. exterminar. /**io** m. extermínio.
externo adj. e s. externo.
extin/ción f. extinção. /**guir** tr. extinguir. /**to** adj. extinto; extintor.
extirpa/ción f. extirpação. /**r** tr. extirpar.
extorsión f. extorsão.
extrac/ción f. extra(c)ção. /**tar** tr. extra(c)tar; resumir. /**to** m. extra(c)to. /**tor** adj. e m. extra(c)tor.

extraer tr. extrair; copiar.
extranjer/ismo m. estrangeirismo. **/o** adj. estrangeiro; exterior; exótico.
extrañ/ar tr. desterrar; estranhar. **/arse** r. esquivar-se. **/eza** f. estranheza. **/o** adj. estranho. s extravagante; raro; estrangeiro.
extraordinario adj. e s. extraordinário; fantástico; milagroso.
extrav/iar tr. extraviar; descarrilar. **/iarse** r. perder-se. **/ío** m. extravío; descaminho.
extrem/ado adj. extremado; distinto. **/ar** tr. extremar; apartar. **/aunción** f. *Rel.* extrema-unção. **/idad** f. extremidade. **/o** adj. e m. extremo; último.
exuberan/cia f. exuberância; vigor. **/te** adj. exuberante.

F

fa m. *Mús.* fá.
fábrica f. fábrica, edifício; invenção; maquinismo. fig. origem.
fabri/cación f. fabricação, elaboração. **/cante** adj. e s. fabricante. **/ar** tr. fabricar, produzir. **/l** adj. fabril.
fábula f. fábula; boato.
facci/ón f. fa(c)ção; partido. **/oso** adj. e s. fa(c)cioso, sedicioso; parcial.
faceta f. face(ê)ta.
fácil adj. fácil; inteligível.
factible adj. fa(c)tível.
fact/or m. fa(c)tor; procurador (entre comerciante). **/oría** f. feitoria; estabelecimento comercial (em país colonial). **/ura** f. fa(c)tura, conta. **/urar** tr. fa(c)turar; expedir.
faculta/d f. faculdade; poder. **/r** tr. facultar. **/tivo** adj. e m. facultativo; arbitrário.
fachada f. fachada; frontaria.
faena f. faina, tarefa; pl. trabalhos domésticos.
faisán m. *Zool.* faisão.
faj/a f. faixa; cinta. **/ar** tr. enfaixar. **/o** m. feixe, atado, molho.
fald/a f. fralda; saia; regaço. **/ero** adj. e m. fraldiqueiro; mulharengo.
fals/ario adj. e m. falsário. **/ear** tr. falsear. **/edad** f. falsidade. **/ificación** f. falsificação. **/ificador** m. falsificador. **/isificar** tr. falsificar. **/o** adj. falso.
falt/a f. falta; pecado. **/ar** intr. faltar; morrer. **/o** adj. falto; escasso.
falla f. falta, defeito. **/r** tr. decidir, sentenciar; trunfar. intr. falhar, faltar.
fallec/er intr. falecer. **/imiento** m. falecimento.
fallido adj. falido.
fallo m. *For.* sentença, decisão; falha.
fama f. fama, reputação.
familia f. família, geração, raça. **/r** adj. familiar. m. íntimo; criado. **/ridad** f. familiaridade; confiança. **/rizar** tr. familiarizar; habituar.
famoso adj. famoso.
fanal m. fanal, farol grande; guia.

fanático adj. e s. fanático. fig. apaixonado.
fandango m. *Mús.* fandango. fig. algazarra.
fanfarr/ón adj. e m. fanfarrão; alardeador. **/onada** f. fanfarronada, bravata. **/onear** intr. fanfarronar; bazofiar.
fantas/ear intr. fantasiar. **/ía** f. fantasia, imaginação. **/ma** m. fantasma.
fantástico adj. fantástico, quimérico.
farándula f. farândola; grupo de comediantes.
faraón m. faraó.
fardo m. fardo; embrulho.
faring/e f. *Anat.* faringe. **/itis** f. faringite.
farmac/éutico adj. e s. farmacêutico, boticário. **/ia** f. farmácia.
faro m. farol; lanterna; rumo.
farsa f. farsa; mentira. **/nte** adj. e m. farsante; hipócrita.
fascículo m. fascículo.
fascina/ción f. fascinação. **/r** tr. fascinar; seduzir.
fascis/mo m. *Pol.* fascismo. **/ta** m. fascista.
fase f. fase; aspe(c)to.
fastidi/ar tr. enfastiar; enfadar. **/arse** r. aborrecer-se. **/o** m. fastio; tédio; enfado. **/oso** adj. fastidioso, enfadonho.
fastuoso adj. fastuoso.
fatal adj. fatal. **/idad** f. fatalidade. **/ismo** m. fatalismo. **/ista** adj. e s. fatalista.
fatídico adj. fatídico.
fatig/a f. fadiga; afã. **/ar** tr. fatigar; cansar. **/oso** adj. fatigoso; afanoso.
fatuo adj. fátuo.
favor m. favor. **/able** adj. favorável. **/ecer** tr. favorecer. **/ito** adj. favorito.
faz f. face, rostro; lado.
fe f. fé.
fealdad f. fealdade.
febrero m. Fevereiro.
febril adj. febril.
fécula f. fécula.
fecund/able adj. fecundável. **/ación** f. fecundação. **/ar** tr. fecundar. **/idad** f. fecundidade. **/o** adj. fecundo.
fecha f. data. **/dor** m. datador. **/r** tr. datar.
fechoría f. a(c)ção má.
federa/ción f. federação. **/l** adj. e m. federal.
felici/dad f. felicidade. **/tación** f. felicitação, parabéns. **/tar** tr. felicitar.
feligr/és m. freguês. **/esía** f. freguesia.
feliz adj. feliz.
fem/enino adj. feminino. **/inismo** m. feminismo. **/inista** adj. e m. feminista.
fenómeno m. fenó(ô)meno.
feo adj. feio.
féretro m. féretro.
feria f. féria. feira (dia semanal); folga; feira, mercado. **/l** adj. ferial, feiral.
ferment/ar intr. fermentar. **/o** m. fermento.
fero/cidad f. ferocidade. **/z** adj. feroz.
férreo adj. férreo; duro.
ferr/etería f. ferrajaria. **/ocarril** m. caminho de ferro; comboio. **/oviario** adj. e m. ferroviário.
fértil adj. fértil.
ferv/iente adj. fervoroso. **/or** m. fervor; efusão.
festej/ar tr. festejar; homenagear; cortejar. **/o** m. festejo; pl. festas públicas.
festín m. festim, banquete.
festiv/idad f. festividade. **/o** adj. festivo; alegre.
fetiche m. feitiço.
fétido adj. fétido.
feto m. feto.
fiado adj. fiado; **comprar**

al —, comprar a crédito. **/r** m. fiador.
fiambre m. fiambre; morto. **/ra** f. marmita, porta-comidas.
fianza f. fiança; garantia.
fibr/a f. fibra. **/oso** adj. fibroso.
ficción f. ficção.
fich/a f. ficha. **/ero** m. ficheiro.
ficticio adj. fictício.
fidedigno adj. fidedigno.
fideicomiso m. fideicomisso.
fidelidad f. fidelidade.
fiebre f. febre.
fiel adj. fiel.
fieltro m. fe(ê)ltro.
fier/a f. fera. **/eza** f. fereza, ferocidade. **/o** adj. fero.
fiesta f. festa; carícia.
figur/a f. figura. **/ar** tr. figurar. **/arse** r. imaginar-se. **/ativo** adj. figurativo. **/ín** m. figurino; elegante.
fij/ador adj. e m. fixador. **/ar** tr. fixar; grudar; determinar. **/arse** r. estabelecer-se. **/eza** f. fixidez; continuidade. **/o** adj. fixo, firme.
fila f. fila; alinhamento.
fil/antropía f. filantropia. **/ántropo** m. filantropo.
filarmónico adj. filarmó(ô)nico.
filatelia f. filatelia.
filfa f. fam. mentira.
filia/ción f. filiação; alistamento. **/l** adj. filial. **/r** tr. filiar.
filo m. fio, fiume.
filol/ogía f. filologia. **/ógico** adj. filológico.
filón m. filão.
filos/ofar tr. filosofar. **/ofía** f. filosofia. **/ófico** adj. filosófico.
filtr/ar tr. filtrar; penetrar. **/o** m. filtro.
fin m. fim. **/ado** adj. finado; m. morto. **/al** adj. e m. final. **/alizar** tr. finalizar.
financiero adj. financeiro; m. financista.
finca f. propiedade imóvel, herdade.
fineza f. fineza; favor.
fingi/do adj. fingido. **/r** tr. fingir.
fino adj. fino; delgado; bem educado.
firm/a f. firma, assinatura; casa comercial. **/amento** m. firmamento. **/ar** tr. firmar. **/e** adj. firme. **/eza** f. firmeza.
fisc/al m. promotor; fiscal; adj. fiscal. **/alía** f. fiscalização **/alizar** tr. fiscalizar; examinar. **/o** m. fisco.
fisg/ar tr. fisgar; bisbilhotar. **/onear** tr. bisbilhotar.
físic/a f. física. **/o** adj. e m. físico.
fisiología f. fisiologia.
fisioterapia f. fisioterapia.
flaco adj. fraco; descarnado.
flan m. pudim.
flaque/ar intr. fraquejar, fraquear. **/za** f. fraqueza.
flau/ta f. flauta. **/tista** m. flautista.
flecha f. flecha. **/r** tr. flechar. **/zo** m. flechada; fig. amor repentino.
flem/a f. fleuma. **/ático** adj. fleumático. **/ón** m. fleimão.
flet/ar tr. *Mar.* fretar. **/e** m. frete; fretamento.
floj/ear intr. fraquejar; afrouxar. **/o** adj. froixo; débil.
flor f. flor. **/a** f. flora. **/ecer** intr. florescer. **/eciente** adj. florescente. **/ero** adj. e m. galanteador; florista; jarra para flores. **/ido** adj. florido; escolhido. **/ista** m. e f. florista.
flot/a f. *Mar.* frota. **/ante** adj. flutuante. **/ar** intr.

flutuar. **/e** m. flutuação. **/illa** f. flotilha.
fluctua/ción f. flutuação. **/r** intr. flutuar; oscilar.
fluid/ez f. fluidez. **/o** adj. e s. fluido; fluente; flácido.
fluir intr. fluir; manar.
flujo m. fluxo (do mar); corrente; afluxo.
fluorescencia f. fluorescência.
fluvial adj. fluvial.
foca f. *Zool.* foca.
foco m. *Fís.* foco; centro.
fog/ata f. fogacho, fogueira. **/ón** m. fogão. **/osidad** f. fogosidade, ardência. **/oso** adj. fogoso, ardente.
folia/ción f. folheação; frondescência. **/r** tr. foliar, afolhar.
folkl/ore m. folclore. **/órico** adj. folclórico.
follaje m. folhagem.
follet/ín m. folhetim. **/o** m. folheto; impresso.
foment/ar tr. fomentar. **/o** m. fomento; estímulo.
fonda f. hospedaria; taberna.
fonética adj. fonética.
fónico adj. fó(ô)nico.
fonógrafo m. fonógrafo, gramofone.
fontaner/ía f. encanamento, canalização. **/o** adj. fontanário, fontal; m. canalizador.
forajido adj. e s. foragido.
foral adj. foral, foreiro.
forastero adj. e m. forasteiro; estrangeiro.
forense adj. forense.
forja f. forja, frágua. **/r** tr. forjar; fig. inventar.
forma f. fo(ô)rma. **/ción** f. formação. **/l** adj. formal. **/lidad** f. formalidade. **/lizar** tr. formalizar. **/r** tr. formar. **/tivo** adj. formativo. **/to** m. formato.
formidable adj. formidável.
fórmula f. fórmula.
forr/ar tr. forrar. **/o** m. fo(ô)rro.
fortale/cer tr. fortalecer. **/za** f. fortaleza.
fortifica/ción f. fortificação; fortaleza. **/r** tr. fortificar.
fortuito adj. fortuito.
fortuna f. fortuna; destino, sorte.
forz/ar tr. forçar; violentar. **/oso** adj. forçoso; indispensável. **/udo** adj. forçudo, vigoroso.
fosa f. fossa, sepultura; cavidade.
foso m. fo(ô)sso; vala; cavidade.
fotogra/bado m. fotogravura. **/fía** f. fotografia. **/fiar** tr. fotografar.
fotó/grafo m. fotógrafo. **/metro** m. fotó(ô)metro.
frac m. fraque.
fracas/ar intr. fracassar. **/o** m. fracasso; infortúnio.
fracción f. fra(c)ção; parte.
fractura f. fra(c)tura. **/r** tr. fra(c)turar, partir.
fragan/cia f. fragância; perfume. **/te** adj. fragrante.
fragata f. *Mar.* fragata.
frágil adj. frágil, fraco.
fragilidad f. fragilidade.
fragment/ar tr. fragmentar; esmigalhar. **/o** m. fragmento.
frago/r m. fragor, ruído. **/so** adj. fragoso, áspero; ruidoso.
fraile m. frade, religioso.
franco adj. franco, liberal; livre.
franela f. flanela.
franque/ar tr. franquear; libertar; selar. **/o** m. franquia (de cartas). **/za** f. franqueza; sinceridade.

franquicia f. franquia; imunidade.
frasco m. frasco; recipiente.
frase f. frase; provérbio. **/ar** tr. frasear.
fratern/al adj. fraternal; afe(c)tuoso. **/idad** f. fraternidade. **/o** adj. fraterno.
fraude m. fraude; burla.
fray m. frei, freire.
frecuen/cia f. frequ(ü)ência. **/tar** tr. frequ(ü)entar; reiterar. **/te** adj. frequ(ü)ente; continuado.
freg/adero m. pia; esfregador. **/ar** tr. esfrega; roçar.
freir tr. fritar.
frenar tr. travar, enfrenar. fig. reprimir.
frenesí m. frenesi, frenesim.
frenético adj. frenético.
freno m. freio; travão; sujeição.
frente f. fronte; fronteria; m. vanguarda; anverso.
fresc/achón adj. frescalhão; bem conservado. **/o** adj. fresco; viçoso; desvergonhado; m. frescura. **/or** m. frescor, fresquidão. **/ura** f. frescura, frescor.
frey m. frei.
frialidad f. frialdade.
fricción f. fricção.
frigorífico adj. frigorífico.
frío adj. e m. frio; indiferente.
frivolidad f. frivolidade.
frívolo adj. frívolo.
front/al adj. e m. frontal. **/era** f. fronteira. **/erizo** adj. fronteiriço; fronteiro. **/ón** m. frontão.
frota/ción f. esfregação. **/r** tr. esfregar, roçar, fricção.
frugal adj. frugal. **/idad** f. frugalidade.
frust/ación f. frustração. **/rar** tr. frustrar; inutilizar. **/rarse** r. malograr-se.
frut/a f. fruta. **/al** adj. frutífero. **/ería** f. frutaria. **/ero** adj. e m. fruteiro. **/o** m. fruto; lucro.
fuego m. fogo.
fuente f. fonte; origem.
fuera adv. fora; exteriormente.
fuero m. fo(ô)ro; poder; direito; fig. arrogância.
fuer/te adj. e m. forte. **/za** f. fo(ô)rça.
fug/a f. fuga, fugida. **/acidad** f. fugacidade. **/arse** r. escapar-se. **/az** adj. fugaz. **/itivo** adj. e m. fugitivo.
fulano m. fulano.
fulg/encia f. fulgência. **/ir** intr. fulgir. **/or** m. fulgor.
fulmina/ción f. fulminação. **/nte** adj. fulminante. **/r** tr. fulminar.
fuma/dor adj. e m. fumador. **/r** tr. fumar
función f. função.
funcionar intr. funcionar. **/io** m. funcionário.
funda f. capa; invólucro; fronha.
funda/ción f. fundação. **/mento** m. fundamento; alicerce; base. **/r** tr. fundar.
fundi/ción f. fundição. **/r** tr. fundir; fusionar.
funera/l adj. e m. funeral. **/rio** adj. funerário.
funicular adj. e m. funicular.
furi/a f. fúria; raiva. **/bundo** adj. furibundo. **/oso** adj. furioso, colérico.
furtivo adj. furtivo, oculto.
furúnculo m. furúnculo.
fusco adj. fusco, escuro.
fusible adj. e m. fusível; fundível.
fusil m. espingarda, fuzil. **/ar** tr. fuzilar. fig. plagiar. **/ero** adj. e m. fuzileiro.
fusión f. fusão; descongelação.

fustiga/ción f. fustigação. **/r** tr. fustigar, açoitar.
fútbol m. futebol.
fútil adj. fútil, inútil.
futuro adj. e m. futuro, porvir.

gabán m. gabão; sobretudo.
gabardina f. gabardina.
gabinete m. gabinete.
gacela f. *Zool.* gazela.
gacet/a f. gazeta, jornal. **/illa** f. gazetilha. **/illero** m. gazetilheiro.
gait/a f. gaita. **/ero** m. gaiteiro.
gala f. gala; ornamento.
galán m. galã.
galante adj. galante. **/ador** adj. e m. galanteador. **/ar** tr. galantear. **/o** m. galanteio. **/ría** f. galantaria.
galard/ón m. galardão. **/onar** tr. galardoar.
galería f. galeria; varanda envidraçada.
galerna f. pé de vento tempestuoso.
galón m. galão.
galop/ada f. galopada. **/ar** tr. galopar. **/e** m. galope; fig. corrida rápida.
gallard/ear intr. galhardear. **/ete** m. galhadete. **/ía** f. galhardia. **/o** adj. galhardo.
gallego adj. e m. galego.
galleta f. bolacha, biscoito.
gall/ina f. *Zool.* galinha. **/inero** m. galinheiro. **/o** m. *Zool.* galo.
gamberro adj. e m. desordeiro, rufista.
gamo m. *Zool.* gamo.
gamuza f. *Zool.* camurça.
gana f. gana, apetite; vontade de uma coisa. **/dería** f. negócio de gado; rebanho. **/dero** m. ganadeiro. **/dor** adj. e m. ganhador. **/do** m. gado. **/ncia** f. ganância. **/r** tr. ganhar.
gangrena f. gangrena. **/rse** r. gangrenar-se.
ganzúa f. gazua.
garaje m. garagem.
garant/ía f. garantia. **/izar** tr. garantir; certificar. .
garbanzo m. gravanço, grão-de-bico.
garbo m. garbo. **/so** adj. garboso; fig. generoso.
gargant/a f. garganta. **/ada** f. golfada. **/illa** f. gargantilha.
gárgara f. gargarejo.
garit/a f. guarita. **/o** m. garito.
garra f. garra.
garrafa f. garrafão.
garrot/azo m. paulada. **/e**
gas m. gás.
gasa f. gaze.
gaseos/a f. gasosa. **/o** m. gasoso.
gasolina f. gasolina.
gast/ado adj. gasto; consumido. **/ar** tr. gastar; empregar. **/arse** r. consumir-se. **/o** m. gasto.
gástrico adj. gástrico.
gastronomía f. gastronomia.
gat/a f. *Zool.* gata. **/illo** m. gatilho. **/o** *Zool.* gato; macaco, aparelho para levantar pesos. **/uno** adj. gatum.
gavia f. *Mar.* gávea.
gavilán m. *Zool.* gavião.

gavilla f. gabela, feixe.
gaviota f. *Zool.* gaivota.
gayo adj. gaio, alegre.
gemelo adj. gé(ê)meo; igual; m. pl. botões de punho; binóculo.
gemi/do m. gemido. **/r** intr. gemer.
gendarme m. gendarme.
genealogía f. genealogia.
generación f. geração.
general adj. e m. geral; *Mil.* general. **/idad** f. generalidade. **/izar** tr. generalizar.
generar tr. engendrar, gerar.
genérico adj. genérico.
género m. gé(ê)nero; pl. mercadorias, existências.
generos/idad f. generosidade. **/o** adj. generoso.
geni/al adj. genial. **/alidad** f. genialidade. **/o** m. gé(ê)nio.
genital adj. genital; m. testículo.
gent/e f. gente; povo. **/il** adj. e m. gentil. **/ileza** f. gentileza. **/ío** m. gentio.
genuflexión f. genuflexão.
genuino adj. genuino.
geogr/afía f. geografia. **/áfico** adj. geográfico.
geógrafo m. geógrafo.
geología f. geologia.
geometría f. geometria.
geranio f. *Bot.* gerânio.
geren/cia f. gerência. **/te** m. gerente.
germinar intr. germinar, brotar.
germen m. germe, gérmen. .
gestación f. gestação.
gesticula/ción f. gesticulação. **/r** tr. gesticular.
gestión f. gestão.
gestor adj. e m. gestor, que gestiona ou administra.
gigante adj. e m. gigante.
gimnas/ia f. ginástica. **/io** m. ginásio. **/ta** m. ginasta.
ginebra f. genebra.
ginecología f. ginecologia.
ginesta f. *Bot.* giesta.
gir/ar intr. girar. **/asol** m. *Bot.* girassol. **/atorio** adj. giratório. **/o** m. giro; rotação; transferência de capitais.
gitan/ada f. ciganada. **/o** m. cigano.
glacial adj. glacial.
glándula f. glândula.
glob/o m. globo. **/uloso** adj. globuloso.
glori/a f. glória. **/arse r.** gloriar-se, gabar-se. **/eta** f. praça pequena num jardim; espécie de caramanchão; praça onde terminam várias ruas. **/ficar** tr. glorificar. **/oso** adj. glorioso.
glosa f. glosa. **/r** tr. glosar. **/rio** m. glossário.
glot/ón adj. e m. glutão, comilão. **/onería** f. glutoneria.
goberna/ción f. gove(ê)rno, governação. **/dor** adj. e m. governador. **/nte** adj. e m. governante. **/r** tr. governar.
gobierno m. gove(ê)rno.
golfo m. go(ô)lfo.
golondrina f. *Zool.* andorinha.
golos/ina f. guloseima; acepipe. **/o** adj. e m. gulo(ô)so.
golpe m. golpe, pancada; **de — y porrazo,** precipitadamente. **/ar** tr. golpear.
goma f. goma, borracha; elástico.
gorila m. *Zool.* gorila.
gorr/a f. gorra. **/ero** m. barreteiro, chapeleiro; parasita que vive à custa doutrem.
gorrión m. *Zool.* gorrião, pardal dos telhados.
gorro m. barrete, gorro.
got/a f. go(ô)ta, pingo. **/ear** intr. gotejar, desti-

lar, pingar. **/era** f. goteira.

gozar tr. gozar.

gozne m. gonzo. dobradiça.

gozo m. m. go(ô)zo. **/so** adj. gozoso.

graba/do adj. e m. gravado; gravura. **/dor** m. gravador. **/r** tr. gravar.

grac/ejo m. gracejo. graça. **/ia** f. graça; indulto; pl. obrigado. **/ioso** adj. gracioso; engraçado.

grad/a f. degrau; estrado ao pé do altar; grade de locutório. **/ación** f. gradação. **/ería** f. escadaria. **/o** m. degrau; graduação; grau. **/uación** f. graduação; categoria. **/uado** adj. graduado. **/ual** adj. gradual. **/uar** tr. graduar; classificar.

gráfico adj. gráfico.

graja f. *Zool.* gralha.

gramátic/a f. gramática; **— parda,** habilidade em bem própio. **/o** m. gramático.

gramo m. grama.

gromófono m. gramofone, fonógrafo.

gran adj. grã, grão. .

grana f. co(ô)r escarlate.

granad/a f. *Bot.* romã; *Mil.* granada. **/ero** m. *Mil.* granadeiro.

granate m. granate.

grand/e adj. grande; m. prócer. **/eza** f. grandeza. **/ilocuencia** f. grandiloqu(ü)ência. **/ioso** adj. grandioso. **/or** m. grandeza.

grane/ar tr. semear; granular; granar. **/l (a)** adv. a granel. **/ro** m. celeiro.

grani/lloso adj. granuloso. **/to** m. granito. **/zada** f. granizada, saraivada. **/ zado** m. refresco que se faz com ge(ê)lo machucado. **/zar** intr. granizar. **/zo** m. granizo, saraiva.

granj/a f. granja. **/ero** m. granjeiro.

grano m. grão; borbulha; **al —,** ao assunto; dire(c)tamente.

grapa f. grampo, gancho.

gras/a f. gordura; sebo. **/iento** adj. gordurento. **/o** adj. gordurento. **/oso** adj. gordurento.

gratifica/ción f. gratificação; gorjeta. **/r** tr. gratificar; dar gorjeta a.

gratis adv. gratuitamente, de graça.

gratitud f. gratidão.

grato adj. grato, agradecido.

gratuito adj. gratuito, de graça.

grava f. cascalho.

grava/men m. gravame. **/r** tr. gravar.

grave adj. grave. **/dad** f. gravidade.

gravita/ción f. gravitação. **/r** tr. gravitar.

gremi/al adj. gremial; m. agremiado. **/o** m. gré(ê)mio.

greña f. grenha.

grieta f. gre(ê)ta.

grifo adj. grifo; m. torneira.

grillarse r. espigar-se, grelarem-se as plantas.

grillete m. grilheta.

grillo m. *Zool.* grilo.

gripe f. *Med.* gripe.

gris adj. gris, cinzento; fig. triste.

grisú m. grisu.

grit/ar intr. gritar. **/ería** f. gritaria. **/o** m. grito.

grosella f. *Bot.* groselha.

groser/ría f. grosseria, indelicadeza. **/o** adj. e m. grosseiro.

grotesco adj. grotesco.

grúa f. grua, guindaste.

grueso adj. grosso.

gruñi/do m. grunhido; rosnadela. **/r** intr. grunhir; rosnar; resmungar.

grupa f. garupa.

grupo m. grupo.
gruta f. gruta, caverna.
guante m. luva.
guap/o adj. guapo. bonito; corajoso; m. brigão; galã. **/ura** f. formosura, guapice.
guarda m. e f. guarda; sentinela. **/bosque** m. guarda-florestal. **/costas** m. guarda-costas. **/agujas** m. agulheiro. **/muebles** m. local destinado para guardar móveis. **/polvo** m. guarda-pó. **/r** tr. guardar; vigiar; economizar. **/se** r. precaver-se. **/rropa** f. guarda-fato; pessoa encarregada da guarda da roupa.
guardi/a f. guarda; defesa; m. guarda, sentinela. **/án** m. guardião.
guarn/ecer tr. guarnecer. **/ición** f. guarnição. **/icionar** tr. guarnecer.
guas/a f. insipidez; troça, burla. **/ón** adj. e m. chalaceador, zombador; insípido.
guberna/mental adj. governamental. **/tivo** adj. governativo, governamental.
guerr/a f. guerra. **/ear** intr. guerrear. **/ero** adj. e m. guerreiro. **/illa** f. guerrilha. **/illero** m. guerrilheiro.
guía m. e f. guia. **/r** tr. guiar.
guija f. seixo. **/rro** m. calhau.
guillotina f. guilhotina. **/r** tr. guilhotinar.
Guinea f. *Geog.* Guiné.
guiñapo m. farrapo.
guiñar tr. piscar os olhos.
guión m. guião; traço de união; estandarte.
guirnalda f. grinalda.
guis/ado m. guisado. **/ante** m. *Bot.* ervilha. **/ar** tr. guisar. **/o** m. guisado.
guitarr/a f. viola. **/ista** m. guitarrista.
gula f. gula.
gusano m. verme, gusano.
gust/ar tr. gostar; agradar. **/azo** m. fam. satisfação. **/o** m. go(ô)sto; satisfação. **/oso** adj. gostoso; agradável.
gutural adj. gutural.

haba f. *Bot.* fava; empo(ô)la.
habano adj. e s. havano; m. havan(a)o, charuto.
haber tr. haver; conseguir; ter; m. bens. fazenda; salário.
hábil adj. hábil.
habili/dad f. habilidade. **/tación** f. habilitação. **/tado** adj. e m. habilitado. **/tador** adj. e m. habilitador. **/tar** tr. habilitar.
habita/ble adj. habitável. **/ción** f. habitação; aposento. **/nte** m. habitante. **/r** tr. habitar, morar.
hábito m. hábito.
habitu/al adj. habitual, usual. **/ar** tr. habituar, acostumar. **/d** f. relação, conexão.
habl/a f. fala; língua. **/ador** adj. e m. falador; indiscreto. **/aduría** f. tagarelice, falatório. **/ar** tr. falar; discursar; criticar.
hacer vt e vr. fazer; — **un brindis**, fazer uma saúde.

hacia prep. em dire(c)ção a; ce(ê)rca de.
hacienda f. fazenda; bens.
hach/a f. acha, machado; brandão, tocha; archote. **/azo** m. machadada.
hache f. agá.
halag/ar tr. afagar, acariciar; adular. **/o** m. afago; adulação. **/üeño** adj. afagador; lisonjeiro.
halcón m. *Zool.* falcão.
hálito m. hálito, bafo.
halo m. halo.
halla/do adj. achado. **/r** tr. achar. **/rse** vr. estar presente. **/zgo** m. achado.
hambr/e f. fome; avidez. **/iento** adj. e m. esfomeado.
hangar m. hangar, abrigo alpendrado.
harag/án adj. y m. mandrião. **/anear** intr. mandriar. **/anería** f. mandrice.
harem m. harém.
harin/a f. farinha. **/oso** adj. farinhento.
harpillera f. serapilheira.
hart/ar tr. fartar; aborrecer. **/azgo** m. saciedade, fartadela. **/o** adj. farto; aborrecido. **/ura** f. fartura; enfartamento.
hasta prep. até; — **luego,** até logo.
hast/iar tr. enfastiar; fartar. **/ío** m. fastio; aborrecimento.
hat/illo m. dim. de **hato.** **/o** m. rebanho; roupa de uso diário; malhada; farnel.
haya f. *Bot.* faia.
haz m. feixe; f. face.
hazaña f. façanha.
he adv. eis, ei-lo; interj. ó!
hebilla f. fivela.
hebr/aico adj. hebraico. **/eo** adj. e m. hebreu.
hect/área f. hectare. **/olitro** m. hectolitro. **/ógramo** m. hectograma. **/ómetro** m. hectó(ô)metro.
hechi/cera f. feiticeira. **/cería** f. feitiçaria. **/cero** adj. e m. feiticeiro; sedutor. **/zar** tr. enfeitiçar; enlevar. **/zo** m. feitiço.
hecho adj. feito; habituado; maduro; desenvolvido; m. obra; acontecimento; episódio.
hechura f. feitio; execução; estructura.
hela/da f. geada. **/do** adj. e m. gelado; sorvete. **/r** tr. e intr. gelar; congelar.
hélice f. hélice; hélix.
helicóptero m. helicóptero.
hematoma m. hematoma.
hembra f. fêmea.
hemorr/agia f. hemorragia. **/oide** m. *Med.* hemorróides.
henchir tr. encher; inchar; entulhar.
hend/er tr. fender; cortar. **/idura** f. fenda, gre(ê)ta; incisão.
heno m. *Bot.* feno.
hepático adj. hepático.
heráld/ica f. heráldica. **/ico** adj. heráldico.
heraldo m. arauto.
herbáceo adj. herbáceo.
herb/aje m. ervagem. **/ívoro** adj. herbívoro. **/olario** adj. e m. herbolário; fam. amalucado.
hered/ad f. herdade. **/ar** tr. herdar. **/era** f. herdeiro. **/itario** adj. hereditário.
herej/e m. herege. **/ía** f. heresia.
herencia f. herança.
herético adj. herético.
heri/da f. ferida. **/do** adj. e m. ferido; ofendido. **/r** tr. ferir; ofender.
herman/a f. irmã. **/ar** tr. irmanar; uniformizar. **/astro** m. meio irmão. **/astra** f. meia irma. **/dad** f.

irmandade; igualdade. /**o** m. irmão; confrade.
hermos/ear tr. aformosear; melhorar. /**o** adj. formoso. /**ura** f. formosura.
hernia f. *Med.* hérnia.
héroe m. herói.
hero/ico adj. heróico. /**ína** f. heroína. /**ísmo** m. heroísmo.
herr/adura f. ferradura. / **amienta** f. ferramenta. / **ar** tr. ferrar. /**ería** f. ferraria. /**ero** m. ferreiro. /**ín** m. ferrugem. /**umbre** f. ferrugem. /**umbroso** adj. ferrugento.
herv/idero m. fervedoiro; ajuntamiento, multidão. /**ir** intr. ferver. /**or** m. fervura.
híbrido adj. híbrido.
hidrata/ción f. hidratação. /**r** tr. hidratar.
hidráulic/a f. hidráulica. /**o** adj. hidráulico.
hidr/oavión m. hidroavião. /**ofobia** f. *Med.* hidrofobia. /**ógeno** m. hidrogé(ê)nio.
hiedra f. *Bot.* hera.
hiel f. fel; fig. amargura.
hielo m. ge(ê)lo; indiferença.
hiena f. *Zool.* hiena.
hierba f. erva. /**buena** f. *Bot.* hortelã-pimenta.
hierro m. ferro.
hígado m. fígado.
higiene f. higiene.
hij/a f. filha; — **política,** nora. /**astra** m. enteada. /**astro** m. enteado. /**o** m. filho; — **político,** genro.
hil/a f. fileira, fila; fio (de água). /**ado** adj. e m. fiado. /**ador** m. fiandeiro. /**andera** f. fiandeira; fiação. /**andería** f. fiação. /**ar** tr. fiar. /**era** f. fileira; enfiamento. /**o** m. fio; fibra.
hilvanar tr. alinhavar.
himno m. hino.
hipar intr. soluçar.
hípico adj. hípico.
hipn/osis f. hipnose. /**ótico** adj. e m. hipnótico. /**otismo** m. hipnotismo. /**otizar** tr. hipnotizar.
hipo m. soluço.
hipocresía f. hipocrisia.
hipócrita adj. e m. hipócrita.
hipódromo m. hipódromo.
hipopótamo m. *Zool.* hipopótamo.
hipoteca f. hipoteca. /**ble** adj. hipotecável. /**r** tr. tr. hipotecar. /**rio** adj. hipotecário.
hipótesis f. hipótese.
hisp/ánico adj. e m. hispânico. /**anista** m. hispanista. /**anizar** tr. hispanizar, espanholizar. /**ano** adj. e m. hispano, espanhol. /**anoamericano** m. hispano-americano. /**anófilo** adj. e m. hispanófilo.
hist/érico adj. histérico. / **erismo** m. *Med.* histerismo.
historia f. história. /**do** adj. historiado. /**dor** m. historiador.
hocico m. focinho.
hogar m. lareira; parte da cozinha onde se faz fogo; lar.
hoguera f. fogueira.
hoja f. fo(ô)lha. /**lata** f. folha-de-flandres, lata. / **ldrado** adj. folhado. /**ldre** m. folhado. /**rasca** f. folhada; folhagem; palavreado supérfluo.
hojear tr. folhear.
¡hola! interj. olá!
holandés adj. e m. holandês.
holg/ado adj. folgado. / **anza** f. folgança; tranqu(ü)ilidade. /**ar** intr. folgar. /**azán** adj. e m. mandrião. /**azanear** intr. mandriar. /**azanería** f. ociosidade. /**ura** f. folguedo.

holocausto m. holocausto.
hollar tr. pisar, calcar; desprezar.
hombr/ada f. magnanimidade; valentía. **/e** m. homem; marido.
hombro m. ombro.
hombruno adj. mulher con maneiras de homem.
homenaje m. homenagem.
homicid/a adj. e m. homicida. **/io** m. homicídio.
homog/eneidad f. homogeneidade. **/éneo** adj. homogé(ê)neo.
homosexual adj. homossexual. **/idad** f. homossexualidade.
hond/a f. funda. **/ero** m. fundeiro. **/o** adj. e m. fundo; profundo. **/onada** f. ribanceira, fundura. **/ura** f. fundura.
honest/idad f. honestidade. **/o** adj. honesto.
honor m. honra. **/able** adj. honorável. **/ario** adj. honorário; m. paga. **/ífico** adj. honorífico.
honr/a f. honra. **/adez** f. honradez. **/ar** vt. honrar. **/illa** f. vergonha. **/oso** adj. honroso.
hora f. hora.
horadar tr. furar, esburacar.
horario adj. horário; m. ponteiro.
horchat/a f. orchata. **/ería** f. lugar onde se faz ou vende **horchata**. **/ero** m. orchateiro.
horizont/al adj. horizontal. **/e** m. horizonte.
horma f. fo(ô)rma.
hormig/a f. *Zool.* formiga. **/ón** m. formigão, betão. **/uear** intr. formigar, formiguejar. **/ueo** m. formigamento, comichão. **/uero** m. formigueiro.
horóscopo m. horoscópio ou horóscopo.
horquilla f. forquilha; gancho, grampo para o cabelo.
hórreo m. celeiro.
horr/ible adj. horrível. **/ipilante** adj. horripilante. **/or** m. horror. **/orizar** tr. horrorizar. **/oroso** adj. horroroso.
hort/aliza f. hortaliça, verduras. **/elano** m. hortelão; adj. hortense. **/icultor** m. horticultor.
hosp/edage m. hospedagem. **/edar** vt. hospedar. **/edarse** vr. alojar-se. **/edería** f. hospedaria. **/edero** f. hospedeiro. **/iciano** m. asilado. **/icio** m. hospício.
hospital m. hospital. **/ario** **/idad** f. hospitalidade. **/izar** tr. hospitalizar.
hoste/lero m. hospedeiro, estalajadeiro. **/ría** f. hospedaria, estalagem.
hostia f. hóstia.
hosti/gamiento m. fustigação; perseguição. **/gar** tr. fustigar; perseguir. **/l** adj. hostil. **/lidad** f. hostilidade.
hotel m. hotel.
hoy adv. hoje.
hoy/a f. **/o** m. fossa, cova; sepultura. **/uelo** m. covinha.
hoz f. foice; garganta.
hueco adj. e m. o(ô)co; esponjoso; vão.
huelg/a f. greve; folga.
huella f. pegada, vestígio; pisada; sinal.
huérfano m. e adj. órfão.
huert/a f. horta. **/o** m. ho(ô)rto.
hueso m. osso; caroço; fig. dificuldade. **/so** adj. ósseo.
huésped m. hóspede; estalajadeiro.
hui/da f. fuga. **/dizo** adj. fugidiço. **/r** intr. fugir.
hule m. oleado.
hulla f. hulha.
human/idad f. humanidade. **/ismo** m. humanismo. **/ista** m. humanista. **/o** adj. humano; m. homem.

hum/areda f. fumarada, fumaça. **/ear** intr. fumegar.
humed/ad f. humidade. **/ecer** tr. humedecer.
humild/ad f. humildade. **/e** adj. humilde; submisso.
humilla/ción f. humilhação. **/r** tr. humilhar. **/rse** vr. desprezar-se.
humo m. fumo.
humor m. humor; gé(ê)nio, disposição de ânimo. **/ada** f. grecejo, dito alegre. **/ismo** m. humorismo. **/ista** adj. humorista. **/ístico** adj. humorístico.
hundi/ble adj. submergível, afundável. **/miento** m. afundamento; derrumbamento. **/r** tr. afundar, submergir. **/rse** vr. arruinar-se.
huracán m. furacão.
hurgar tr. esgaravatar, remexer.
hurón m. *Zool.* furão.
huronear tr. afuroar; investigar.
hurt/ar tr. furtar. **/o** m. furto.
husmear tr. farejar, cheirar; indagar.
huso m. fuso.

I

ibérico adj. e m. ibérico.
ictericia f. *Med.* icterícia.
ida f. ida; partida.
idea f. ide(é)ia. **/l** adj. e m. ideal. **/lidad** f. idealidade. **/lismo** m. idealismo. **/lizar** tr. idealizar. **/r** tr. idear.
ídem pron. lat. idem.
idéntico adj. idêntico.
identi/dad f. identidade. **/ficar** tr. identificar.
idilio m. idílio.
idioma m. idioma.
idiot/a adj. e m. idiota. **/ez** f. idiotice.
idólatra adj. e m. idólatra.
idolatr/ar tr. idolatrar. **/ía** f. idolatria.
ídolo m. ídolo.
idóneo adj. idó(ô)neo.
iglesia f. igreja.
ignomini/a f. ignomínia. **/oso** adj. ignominioso.
ignora/do adj. ignorado. **/ncia** f. ignorância. **/nte** adj. e m. ignorante. **/r** tr. ignorar.
ignoto adj. ignoto.
igual adj. igual; liso. **/ar** tr. igualar. **/dad** f. igualdade.
ijada f. ilharga, flanco.
ilación f. ilação.
ilegal adj. ilegal. **/idad** f. ilegalidade.
ilegitim/ar tr. ilegitimar. **/idad** f. ilegitimidade.
ileso adj. ileso.
ilícito adj. ilícito.
ilimit/able adj. ilimitável. **/ado** adj. ilimitado.
ilumina/ción f. iluminação. **/do** adj. alumiado. **/r** tr. iluminar; alumiar; esclarecer.
ilus/ión f. ilusão. **/ionista** m. ilusionista. **/o** adj. e m. iluso. **/orio** adj. ilusório.
ilustr/ación f. ilustração. **/ado** adj. ilustrado. **/ar** tr. ilustrar; educar. **/e** adj. ilustre. **/ísimo** adj. ilustríssimo.
imagen f. imagem.
imagina/ción f. imagina-

ção. **/r** intr. imaginar; afigurar. **/tivo** adj. imaginativo.
imán m. imã, imame; íman; fig. atra(c)tivo.
imberbe adj. imberbe.
imita/ción f. imitação. **/dor** adj. e m. imitador. **/r** tr. imitar.
impacien/cia f. impaciência. **/tar** tr. impacientar. **/tarse** vr. arreliar-se. **/te** adj. impaciente.
impacto m. impacto.
impar adj. impar.
imparcial adj. imparcial. **/idad** f. imparcialidade.
impecable adj. impecável.
impedi/do adj. e m. impedido, tolhido. **/mento** m. impedimento. **/r** tr. impedir.
impera/r intr. imperar. **/tivo** adj. imperativo.
imperfec/ción f. imperfeição. **/to** adj. imperfeito.
imperial adj. e f. imperial.
impericia f. imperícia.
imperio m. império.
impermeab/ilizar tr. impermeabilizar. **/le** adj. impermeável.
impersonal adj. impessoal.
impertinen/cia f. impertinência. **/te** adj e m. impertinente.
ímpetu m. ímpeto. **/osidad** f. impetuosidade. **/oso** adj. impetuoso.
impiedad f. impiedade.
impío adj. ímpio.
implorar tr. implorar.
imponer tr. impor; atribuir. **/se** vr. inculcar-se.
importa/ción f. importação. **/ncia** f. importância. **/nte** adj. importante. **/r** tr. e intr. importar.
importe m. importe, custo; importância de um crédito, dívida ou saldo.
importun/ar tr. importunar. **/idad** f. importunidade. **/o** adj. importuno.
imposib/ilidad f. impossibilidade. **/ilitado** adj. impossibilitado. **/ilitar** tr. impossibilitar. **/le** adj. e m. impossível.
imposición f. imposição.
impost/or adj. e m. impostor. **/ura** f. impostura.
impoten/cia f. impotência. **/te** adj. e s. impotente; improdutível.
imprenta f. imprensa.
imprescindible adj. imprescindível.
impres/ión f. impressão. **/ionar** tr. impressionar. **/o** adj. e m. impresso. **/or** m. impressor.
imprevis/ión f. imprevisão. **/to** adj. imprevisto.
imprimir tr. imprimir, gravar.
impropio adj. impróprio.
improvis/ación f. improvisação. **/ar** tr. improvisar. **/o** adj. improviso.
impruden/cia f. imprudência. **/te** adj. imprudente.
impúdico adj. impudico.
impuesto adj. e m. impo(ô)sto, contribuição.
impugnar tr. impugnar.
impuls/ar tr. impulsar. **/o** m. impulso.
impun/e adj. impune. **/idad** f. impunidade.
impur/eza f. impureza; imundícia. **/o** adj. impuro.
inalterable adj. inalterável.
inapelable adj. inapelável.
inaugura/ción f. inauguração. **/r** tr. inaugurar.
incansable adj. insansável.
incapa/cidad f. incapacidade. **/citar** tr. incapacitar; anular. **/z** adj. incapaz; fam. insuportável.
incaut/ación f. expropriação. **/arse** vr. expropriar; apoderar-se. **/o** adj. incauto.

incendi/ar tr. incendiar. **/ario** adj. incendiário; revolucionário. **/o** m. incêndio.
incid/encia f. incidência. **/ente** adj. e m. incidente. **/ir** intr. incidir.
incienso m. incenso.
incierto adj. incerto.
incinera/ción f. incineração. **/r** tr. incinerar.
incis/ión f. incisão, cesura. **/ivo** adj. incisivo. **/o** adj. e m. inciso.
incita/ción f. incitação. **/r** tr. incitar, estimular.
incivil adj. incivil.
inclemen/cia f. inclemência. **/te** adj. inclemente.
inclina/ción f. inclinação; afeição. **/r** tr. inclinar. **/rse** vr. debruçar-se; encurvar-se.
inclu/ir tr. incluir. **/sión** f. inclusão. **/so** adj. incluso; inclusivamente.
incoar tr. incoar, começar.
incógnito adj. incógnito.
incomod/ar tr. incomodar; molestar. **/idad** f. incomodidade.
incompeten/cia f. incompetência. **/te** adj. incompetente.
inconcebible adj. inconcebível.
inconexo adj. inconexo.
incongru/encia f. incongruência. **/ente** adj. incongruente; impróprio. **/o** adj. incôngruo.
inconsciente adj. inconsciente; irresponsável.
inconvenien/cia f. inconveniência. **/te** adj. e m. inconveniente; obstáculo.
incorpora/ción f. incorporação. **/do** adj. incorporado. **/r** tr. incorporar; ajuntar. **/rse** vr. alistar-se; ingressar em.
incorrec/ción f. incorre(c)ção. **/to** adj. incorre(c)to.
incrédulo adj. e m. incrédulo.
increíble adj. incrível.
increment/ar tr. incrementar, adicionar. **/o** m. incremento.
incruento adj. incruento.
incrusta/ción f. incrustação; embutido. **/r** tr. incrustar; tauxiar; aderir.
incuba/ción f. incubação. **/r** tr. e intr. incubar, empolhar.
incult/ivable adj. incultivável. **/o** adj. inculto. **/ura** f. incultura.
incumb/encia f. incumbência. **/ir** intr. incumbir.
indaga/ción f. indagação, investigação. **/r** tr. indagar, investigar.
indecen/cia f. indecência. **/te** adj. indecente.
indecis/ión f. indecisão, hesitação. **/o** adj. indeciso, irresoluto.
indefinido adj. indefinido.
indemn/e adj. inde(m)ne, incólume. **/ización** f. inde(m)nização. **/izar** tr. inde(m)nizar.
independ/encia f. independência. **/iente** adj. independente.
indestructible adj. indestrutível.
indeterminado adj. indeterminado, irresoluto.
indica/ción f. indicação. **/r** tr. indicar.
índice m. índice; sinal.
indicio m. indício, sinal; marca.
indiferen/cia f. indiferença. **/te** adj. indiferente.
indígena adj. e s. indígena, nativo.
indigen/cia adj. indigência. **/te** adj. indigente.
indigest/ión f. indigestão. **/o** adj. indigesto.
indigna/ción f. indignação, ira. **/do** adj. indignado. **/r** **tr.** indignar, irritar. **/rse** r. indignar-se.
indign/idad f. indignidade. **/o** adj. indigno, vil.

indio adj. e s. índio, indiano.
indirect/a f. indirecta; insinuação. **/o** adj. indirecto.
indisciplina f. indisciplina, desobediência.
indiscre/ción f. indiscrição. **/to** adj. e s. indiscreto; irrefle(c)tido.
indispensable adj. indispensável.
indisp/oner tr. indispor. **/onerse** r. indispor-se. **/osición** f. indisposição.
individu/al adj. individual; particular. **/alizar** tr. individualizar. **/o** adj. e s. individual; indivíduo, pessoa.
indivis/ible adj. indivisível. **/o** adj. e s. indiviso.
indócil adj. indócil.
índole f. índole, cará(c)ter.
indomable adj. indomável.
induc/ir tr. induzir, incitar. **/tivo** adj. inductivo.
indudable adj. indubitável.
indulgen/cia f. indugência. **/te** adj. indulgente.
indult/ar tr. indultar, perdoar. **/o** m. indulto, perdão.
industri/a f. indústria. **/al** adj. industrial. **/alismo** m. industrialismo. **/oso** adj. industrioso, hábil.
inédito adj. inédito.
inefica/cia f. ineficácia. **/z** adj. ineficaz.
inelegible adj. inelegível.
inequívoco adj. inequívoco; evidente.
iner/cia f. inércia. **/te** adj. inerte; inútil.
inexcusable adj. inescusável, indispensável.
inexper/iencia f. inexperiência. **/to** adj. inexperto; inocente.
infalib/ilidad f. infalibidade. **/le** adj. infalível.
infam/ar tr. infamar. **/atorio** adj. infamatório; difamador. **/e** adj. infame; desavergonhado. **/ia** f. infâmia.
infan/cia f. infância, as crianças; orígem. **/te** m. infante, menino; soldado de infantaria. **/tería** f. infantaria. **/ticida** s. infanticida. **/ticido** m. infanticidio (crime). **/til** adj. infantil, acriançado.
infatigable adj. infatigável, incansável.
infec/ción f. infe(c)ção. **/cioso** adj. infe(c)cioso, contagioso. **/tar** tr. infe(c)tar, contaminar. **/tarse** r. infe(c)tar-se; contaminar-se. **/to** adj. infe(c)to.
infecund/idad f. infecundidade. **/o** adj. infecundo.
infeli/cidad f. infelicidade. **/z** adj. infeliz; desditoso.
inferior adj. inferior; ordinário. **/idad** f. inferioridade.
inferir tr. inferir.
infernal adj. infernal.
infestar tr. infestar.
infiel adj. e s. infiel, traidor; inconstante.
ínfimo adj. ínfimo; último.
infini/dad f. infinidade. **/to** adj. infinito.
inflación f. inflação.
inflama/ble adj. infiamável. **/ción** f. inflamação. **/r** tr. infiamar; estimular.
inflexible adj. infiexível, firme.
influ/encia f. influência; poder. **/ir** tr. influir. **/jo** m. influxo. **/yente** adj. influente.
información f. informação, notícia; averiguação.
informal adj. incorr(c)to; irregular. **/idad** f. incorre(c)ção.
inform/ar tr. informar,

avisar. **/arse** r. informar-se. **/ativo** adj. informativo. **/e** m. informe; opinião.
infrac/ción f. infra(c)ção. **/tor** m. infra(c)tor.
infringir tr. infringir, violar.
infu/ndir tr. infundir, incutir. **/sión** f. infusão.
ingeni/ar tr. engenhar, maquinar. **/arse** r. industiar-se. **/ería** f. engenharia. **/ero** m. engenheiro. **/o** m. engenho; arte. **/oso** adj. engenhoso, inventivo.
ingente adj. ingente.
ingenu/idad f. ingenuidade. **/o** adj. ingé(ê)nuo.
ingle f. *Anat.* virilha.
ingrat/itud f. ingratidão. **/o** adj. ingrato.
ingres/ar tr. ingressar, entrar. **/o** m. ingresso.
inhabilitar tr. inabilitar, incapacitar, anular.
inhalar tr. inalar, absorver.
inherente adj. inerente.
inhibi/ción f. inibição. **/r** tr. inibir.
inhumación f. inumação.
inhuman/idad f. inumanidade. **/o** adj. inumano.
inicia/ción f. iniciação. **/l** adj. inicial. **/r** tr. iniciar, começar. **/tiva** f. iniciativa; diligência.
injert/ar tr. enxertar. **/o** m. *Bot.* enxe(ê)rto.
injuri/a f. injúria. **/ar** tr. injuriar, insultar. **/oso** adj. injurioso; atacante.
injust/icia f. injustiça; agravo. **/o** adj. injusto.
inmaculado adj. imaculado; puro; inocente.
inmedia/ción f. imediação, contiguidade. pl. subúrbios. **/to** adj. imediato.
inmens/idad f. imensidade. **/o** adj. imenso, ilimitado.
inmersión f. imersão.
inmigra/ción f. imigração. **/nte** adj. e s. imigrante. **/r** intr. imigrar.
inminente adj. iminente.
inmolar tr. imolar, sacrificar.
inmoral adj. imoral.
inmortal adj. imortal. **/idad** f. imortalidade. **/izar** tr. imortalizar.
inmóvil adj. imóvel; inalterável.
inmund/icia f. imundície; excremento. **/o** adj. imundo.
inmun/e adj. imune, isento. **/idad** f. imunidade. **/izar** tr. imunizar.
inmuta/ble adj. imutável.; firme. **/rse** r. imutar-se; comover-se.
innoble adj. ignóbil.
innocuo adj. inócuo.
innova/ción f. inovação. **/r** tr. inovar.
inocen/cia f. inocência. **/tada** f. fam. ingenuidade; palavra inocente; engano ridículo. **/te** adj. inocente.
inofensivo adj. inofensivo.
inoportuno adj. inoportuno.
inquiet/ante adj. inquietante. **/ar** tr. e vr. inquietar. **/o** adj. inquieto. **/ud** f. inquietude; excitação.
inquilin/ato m. inquilinato, aluguer. **/o** m. inquilino, arrendatário.
inqui/ridor adj. e m. inquiridor. **/rir** tr. inquirir; interrogar. **/sición** f. inquisição; averiguação.
insaciable adj. insaciável.
insaluble adj. insalubre.
insano adj. insano.
inscri/bir tr. inscrever; afiliar. **/pción** f. inscrição.
insecto m. *Zool.* inse(c)to.
insegur/idad f. insegurança. **/o** adj. inseguro.

inseparable adj. inseparável.
inservible adj. inservível.
insigne adj. insigne.
insignifican/cia f. insignificância; bagatela. **/te** adj. insignificante.
insinua/ción f. insinuação. **/r** tr. insinuar.
insipidez f. insipidez.
insistir intr. insistir.
insolación f. insolação.
insolen/cia f. insolência. **/tar** tr. e vr. desavergonhar. **/te** adj. e m. insolente.
insomnio m. insó(ô)nia.
inspec/ción f. inspe(c)ção; indagação. **/cionar** tr. inspe(c)cionar; indagar. **/tor** adj. e m. inspe(c)tor.
inspir/able adj. inspirável. **/ación** f. inspiração. **/ador** adj. e m. inspirador. **/ar** tr. inspirar.
instala/ción f. instalação. **/dor** adj. e m. instalador. **/r** tr. instalar.
instancia f. instância; requerimento; jurisdição.
instant/ánea f. instantâneo. **/áneo** adj. instantâneo, repentino. **/e** m. instante.
instar tr. instar.
instiga/ción f. instigação. **/r** tr. instigar.
instinto m. instinto.
institu/ción f. instituição. **/r** tr. instituir. **/to** m. instituto.
instru/cción f. instrução; ensino. **/ctivo** adj. instrutivo. **/ido** adj. instruido. **/ir** tr. instruir.
instrument/ación f. instrumentação. **/al** adj. instrumental. **/o** m. instrumento.
insubordina/ción f. insubordinação. **/r** tr. insubordinar. **/rse** r. amotinar-se.
insult/ar tr. insultar. **/o** m. insulto.
intacto adj. inta(c)to; puro.
integr/al alj. integral. **/idad** f. integridade.
íntegro adj. íntegro.
intelect/o m. intelecto, inteligência. **/ual** adj. e m. intelectual.
inteligen/cia f. inteligência. **/te** adj. e m. inteligente.
intenci/ón f. intenção. **/onado** adj. intencionado. **/onal** adj. intencional.
intens/idad f. intensidade. **/ificación** f. intensificação. **/o** adj. intenso.
intent/ar tr. intentar; planear. **/o** m. intento; intenção.
intercambi/ar tr. trocar. **/o** m. intercâmbio, troca.
interceder intr. interceder; advogar.
intercepta/ción f. interceptação. **/r** tr. intercertar; obstruir.
interés m. intere(ê)sse; lucro; juros.
interesa/do adj. interessado; mercantil; fig. egoísta. **/nte** adj. interesante. **/r** intr. interessar; lucrar. **/rse** r. interessar-se.
interior adj. interior; íntimo. m. interior.
interjección f. interjeição.
interlinear tr. interlinear; entrelinhar.
interlocu/ción f. interlocução, diálogo. **/tor** m. interlocutor.
intermedio m. intermédio; mediano; intervalo.
interminable adj. interminável, sem fim.
internacional adj. internacional. **/izar** tr. internacionalizar.
intern/ado m. internado, aluno interno. **/ar** tr. internar. **/arse** r. introduzir-se. **/o** adj. interno.
interpela/ción f. interpe-

lação. **/r** tr. interpelar; demandar.
interpo/ner tr. interpor. **/nerse** r. entremeter-se. **/sición** f. interposição.
interpreta/ción f. interpretação. **/r** tr. interpretar; declarar.
intérprete s. intérprete; tradutor; expositor.
interroga/ción f. interrogação. **/r** tr. interrogar, perguntar. **/torio** m. interrogatório, inquirição.
intervalo m. intervalo.
interven/ción f. intervenção. **/ir** intr. intervir; influenciar.
intestino adj. intestino. fig. doméstico; nacional.
intim/ar tr. intimar. **/idación** f. intimidação. **/idad** f. intimidade. **/idar** tr. intimidar; ameaçar.
íntimo adj. íntimo; profundo.
intoxica/ción f. intoxicação. **/r** tr. intoxicar.
intr/epidez f. intrepidez. **/épido** adj. intrépido.
intriga f. intriga; maquinação. **/nte** adj. e s. intrigante. **/r** intr. intrigar.
introduc/ción f. introdução, prefácio. **/ir** tr. introduzir.
intruso adj. e s. intruso; entremetido.
inunda/ción f. inundação, cheia. **/r** tr. inundar, cobrir de água.
inusitado adj. inusitado, desusado.
inútil adj. inútil; frustado.
inutili/dad f. inutilidade; ineficácia. **/zar** tr. inutilizar, anular.
invadir tr. invadir; acometer; devassar.
invalid/ación f. invalidação, anulação. **/ar** tr. invalidar. **/ez** f. invalidez.
inválido adj. e m. inválido.
invas/ión f. invasão. **/or** adj. e s. invasor.
invencible adj. invencível.
inven/ción f. invenção. **/tar** tr. inventar; urdir; descobrir.
inventari/ar tr. inventariar; catalogar. **/o** m. inventário; registro.
inverna/dero m. invernadouro; estufa. **/l** adj. invernal. **/r** intr. invernar.
inver/sión f. inversão. **/so** adj. inverso, alterado. **/tir** tr. inverter, alterar.
investidura f. investidura.
investiga/ción f. investigação. **/r** tr. investigar.
invierno m. inverno.
invisib/ilidad f. invisibilidade. **/le** adj. invisível.
invita/ción f. convite, invitação. **/do** adj. e s. convidado. **/r** tr. convidar.
invoca/ción f. invocação. **/r** tr. invocar; suplicar.
inyec/ción f. inje(c)ção. **/tar** tr. inje(c)tar.
ir intr. ir; andar; passar.
ira f. ira, cólera. **/cundo** adj. iracundo, colérico. **/scible** adj. irascível, irritável.
iris m. *Astr.* arco-íris. *Anat.* íris (membrana ocular). **/ar** intr. irisar, iriar.
ironía f. ironia, zombaria.
irónico adj. iró(ô)nico.
ironizar tr. ironizar, satirizar.
irracional adj. irracional.
irradia/ción f. irradiação. **/r** tr. irradiar, emitir.
irrealizable adj. irrealizável.
irregular adj. irregular; anormal. **/idad** f. irregularidade; anomalia.
irrespetuoso adj. desrespeitador, irreverente.
irreveren/cia f. irreverência. **/te** adj. e m. irreverente.

irriga/ción f. irrigação. **/dor** m. irrigador. **/r** tr. irrigar.
irrisión f. irrisão.
irrita/ble adj. irritável. **/ción** f. irritação. **/r** tr. irritar.
isl/a f. ilha. **/eño** adj. e m. islenho, insular. **/ote** m. ilhote.
istmo m. istmo.
itinerario m. itinerário.
izar intr. içar, levantar.
izquierd/a f. esquerda, mão esquerda. **/o** adj. esquerdo.

J

jaba/lí m. *Zool.* javali. **/lina** f. dardo, azagaia.
jabón m. sabão.
jabon/adura f. ensaboadela; repreensão. **/ar** tr. ensaboar; repreender. **/era** f. saboneteira.
jacta/ncia f. ja(c)tância. **/ncioso** adj. ja(c)tancioso. **/rse** r. louvar-se.
jalea f. gele(é)ia.
jale/ar tr. animar; excitar. **/o** m. algazarra, animação.
jamás adv. jamais, nunca.
jamón m. presunto.
Jap/ón adj. e s. *Geog.* Japão. **/onés** adj. e s. japonês.
jaque m. xeque (no xadrez); rufião.
jaqueca f. enxaqueca.
jarabe m. xarope.
jard/ín m. jardim. **/inería** f. jardinagem. **/inero** m. jardineiro.
jarr/a f. jarra. **/o** m. jarro. **/ón** n. jarrão.
jaula f. gaiola; jaula.
jazmín m. *Bot.* jasmim.
jef/atura f. chefatura, chefia. **/e** m. chefe; superior; dirigente.
jerarquía f. jerarquia, hierarquia.
jerez m. **(vino de —)** xerez, vinho andaluz.
jeringa f. seringa. **/r** tr. seringar; aborrecer.
jeroglífico m. jeróglifo, hieróglifo.
jersey m. jérsei, casaquinho de malha.
Jesu/cristo m. Jesus Cristo. **/ita** m. jesuita. **/ítico** adj. jesuítico.
Jinete m. ginete, cavaleiro; cavalo de raça.
jira f. piquenique; tira de pano.
jirafa f. jirafa.
jirón m. girão, cercadura.
jocos/idad f. jocosidade; graça. **/o** adj. jocoso, divertido.
jornada f. jornada; etapa; andança.
jornal m. jornal, salário diário. **/ero** m. jornaleiro; mercenário.
joroba f. corcova, giba. **/do** adj. corvado.
jota f. jota, nome da letra **j**; coisa mínima; baile e canto espanhol.
jov/en adj. jovem, mancebo de pouca idade. **/ialidad** f. jovialidade, **/ial** adj. jovial, alegre. alegria.
joy/a f. jóia. **/ería** f. joalharia. **/ero** m. joalheiro; guarda-jóias.
jubila/ción f. aposentação, reforma; jubilação. **/r** tr. aposentar; jubilar.
júbilo m. júbilo.

juda/ico adj. judaico. / **ísmo** m. judaísmo. /**izante** adj. judaizante. /**izar** tr. judaizar.
judía f. *Bot.* feijão.
judicial adj. judicial.
judío adj. e m. judeu.
juego m. jo(ô)go.
juerga f. fam. pândega, borga.
jueves m. quinta-feira.
juez m. juiz; árbitro.
juga/da f. jogada; partida, engano. /**dor** m. jogador. /**r** tr. e intr. jogar; brincar; divertir-se; zombar. /**rreta** f. fam. velhacada; jogada mal feita.
jugo m. sumo, suco. /**so** adj. sumarento, sucoso.
juguet/e m. brinquedo; zombaria. /**ear** intr. brincar, joquetear; entreter-se. /**ón** adj. brincalhão; jovial.
juicio m. juízo; opinião; seriedade. /**so** adj. e m. judicioso; ajuizado.
Julio m. Julho.
junco m. *Bot.* junco; junco (embarcação).
Junio m. Junho.
junta f. junta; união. /**r** tr. juntar, unir. /**rse** r. juntar-se, associar-se; copular.
jura f. jura, juramento. /**do** m. júri; adj. jurado.
jurament/ar tr. juramentar. /**arse** r. juramentar-se. /**o** m. juramento.
jurar tr. jurar.
juris/dición f. jurisdição. /**ta** m. jurista, jurisconsulto.
justici/a f. justiça. /**able** adj. justiçavel. /**ero** adj. justiceiro.
justifica/ción f. justificação. /**nte** adj. e m. justificante. /**r** tr. justificar.
justo adj. e m. justo; imparcial; adv. justamente.
juven/il adj. juvenil. /**tud** f. juventude.
juzga/do m. julgado. /**dor** adj. e m. julgador. /**r** tr. e intr. julgar; arbitrar.

kermesse m. quermesse.
kilo m. quilo.
kilogramo m. quilograma.
kilométrico adj. quilométrico.
kilómetro m. quiló(ô)metro.
kilovatio m. quilovate, quilovátio ou quilowat.
kiosco m. quiosque.

la art. f. a; m. *Mús.* lá.
laberinto m. labirinto.
labi/a f. lábia. /**al** adj. labial. /**o** m. lábio.
labor f. labor trabalho; lavor; lavoura. /**able** adj. laborável; cultivável. / **atorio** m. laboratório. /**iosidad** f. laboriosidade.
labra/dor adj. e m. lavra-

dor, agricultor. **/ntío** adj. lavradio. **/nza** f. lavoura; labor. **/r** tr. lavrar.
lacayo m. lacaio.
lacónico adj. lacó(ô)nico.
lácteo adj. lá(c)teo.
lade/ar tr. ladear, torcer. **/arse** r. inclinar-se. **/o** m. ladeamento. **/ra** f. ladeira, encosta.
ladr/ar intr. ladrar. **/ido** m. ladrido.
ladrón adj. e m. ladrão.
lago m. lago.
lágrima f. lágrima.
laguna f. lagoa; fig. lacuna, vazio, interrupção.
laic/ismo m. laicismo. **/o** adj. e m. laico, leigo.
lament/able adj. lamentável. **/ación** f. lamentação. **/ar** tr. lamentar. **/ arse** intr. queixar-se. **/o** m. lamento.
lámina f. lâmina; estampa; fo(ô)lha delgada.
lamina/do adj. laminado; m. laminação. **/r** tr. laminar.
lámpara f. lâmpada; fig. nódoa.
lamparilla f. lamparina.
lana f. lã. **/r** adj. lanar.
lance m. lanço; lance; episódio. **/ar** tr. lancear. **/ta** f. lance(ê)ta.
lancha f. laja; lancha.
langost/a f. *Zool.* langosta; gafanhoto. **/ín** m. lagostim.
lanza f. lança. **/da** f. lançada. **/dera** f. lançadeira. **/miento** m. lançamento. **/r** tr. lançar; emitir. **/rse** r. arrojar-se; arremessar.
lápida f. lápide ou lápida.
lápiz m. lápis.
lapso m. lapso.
larg/ar tr. largar; afrouxar; ceder. **/arse** r. ir-se embora, escapar-se. **/o** adj. comprido; extenso; generoso; m. comprimento; adv. com abundância; interj. fora! **/uero** m. alizares. **/ueza** f. largueza; liberalidade. **/ura** f. comprimento; largueza.
laring/e f. laringe. **/itis** m. laringite.
larva f. larva.
lástima f. lástima.
lastim/ar tr. lastimar; ferir, danificar; ofender. **/oso** adj. lastimoso; deplorável.
lata f. lata, fo(ô)lha-de--fiandres; maçada.
latente adj. latente, oculto.
lateral adj. lateral.
látex m. *Bot.* látex, látice.
latido m. latido.
latigazo m. lategada, chicotada.
látigo m. látego.
latín m. latim.
latir intr. latir; latejar; palpitar.
latitud f. latitude.
latón m. latão.
laudable adj. laudável.
laure/ado adj. e m. laureado. **/ar** tr. laurear. **/l** m. *Bot.* loureiro; louro.
lauro m. *Bot.* laurel; fig. louro.
lava f. lava.
lavabo m. lavabo, lavatório.
lava/dero m. lavadouro ou lavadoiro. **/dor** adj. e m. lavador.
lava/r tr. lavar; fig. limpar. **/tiva** f. clister; fig. moléstia.
lax/ante adj. e m. laxante. **/ar** tr. laxar; alargar. **/itud** f. lassitude; frouxeza. **/o** adj. lasso ou laxo.
lazo m. laço; união.
le pron. o, lhe.
leal adj. leal. **/tad** f. lealdade.
lec/ción f. lição. **/tivo** adj. le(c)tivo. **/tor** adj. e m. leitor. **/tura** f. leitura.
lech/al adj. mamão; m. lactescente. **/e** f. leite.

/ecillas f. pl. fressura. **/era** f. leiteira. **/ería** f. leitaria. **/ero** adj. e m. leitero.
lecho m. leito; camada.
lechón m. leitão.
lega/ción f. legação. **/do** m. legado. **/jo** m. maço de papéis atados. **/l** adj. legal. **/lidad** f. legalidade. **/lización** f. legalização. **/lizar** tr. legalizar; autenticar.
legible adj. legível.
legi/ón f. legião. **/onario** adj. e m. legionário.
legisla/ción f. legislação. **/dor** adj. e m. legislador. **/r** intr. e tr. legislar. **/tivo** adj. legislativo. **/tura** f. legislatura.
legitimar tr. legitimar.
legítimo adj. legítimo.
lego adj. e m. leigo, laico.
legumbre f. legume; hortaliça.
leíble adj. legível.
lejan/ía f. distância. **/o** adj. distante, afastado.
lejía f. lixívia, barrela.
lejos adv. longe; distante.
lencer/ía f. lençaria; fancaria; rouparia.
lengua f. língua. **/do** m. *Zool.* linguado. **/je** m. linguagem. **/raz** adj. linguareiro.
lente m. e f. lente; luneta; pl. óculos.
lento adj. lento; vagaroso.
leñ/a f. lenha. **/ador** m. lenhador. **/era** f. depósito de lenha. **/o** m. lenho. **/oso** adj. lenhoso.
león m. *Zool.* leão.
lepr/a f. *Med.* lepra. **/osería** f. leprosaria. **/oso** adj. e m. leproso.
lesión f. lesão; prejuizo.
letal adj. letal.
letr/a f. letra. **/ero** m. letreiro.
letrina f. latrina.
levant/amiento m. levantamento; elevação. **/ar** tr. levantar. **/arse** r. erguer-se; alçar-se. **/e** m. levante. **/ino** adj. e m. levantino.
léxico m. léxico.
ley f. lei; estatuto.
leyenda f. legenda.
levita f. sobrecasaca.
liar tr. ligar, atar; embrulhar. **/se** r. pegar-se.
liberación f. liberação.
liberal adj. liberal. **/idad** f. liberalidade. **/izar** tr. liberalizar.
liberta/d f. liberdade. **/dor** adj. e m. libertador. **/r** tr. libertar.
libra f. libra.
libra/dor adj. e m. livrador; m. intendente das cavalariças; sacador. **/miento** m. livramento; livrança. **/nza** f. livrança. **/r** tr. livrar; expedir letras de câmbio.
libre adj. livre; isento; atrevido.
librer/ía f. livraria. **/o** m. livreiro.
libreta f. livrete, livro para apontamentos; caderneta.
libro m. livro.
licenci/a f. licença; autorização; devassidão. **/ado** adj. e s. licenciado; letrado; grau universitário. **/amiento** m. licenciamento. **/ar** tr. licenciar; desmobilizar. **/arse** r. licenciar-se. **/oso** adj. licencioso.
lícito adj. lícito, legal.
licor m. licor, bebida espirituosa.
licua/ción f. liquação; dissolução. **/r** tr. liquescer; liquidar.
lid f. lide, combate, contenda. **/ia** f. lida, combate. **/iador** m. lidador; toureiro. **/iar** intr. lidar, combater.
liebre f. *Zool.* lebre.
lienzo m. tecido; lenço; lanço de muro.

liga f. liga; faixa; confederação. /**dura** f. ligadura. /**mento** m. ligamento; atadura. /**r** tr. ligar; prender; misturar. /**zón** f. ligação.
liger/eza f. ligeireza; inconstância. /**o** adj. ligeiro; leviano.
lila f. *Bot*. lilás.
lima f. *Bot*. lima, limeira; *Mec*. lima. /**dura** f. limadura. /**r** tr. limar, desbastar; polir.
limita/ción f. limitação. /**do** adj.limitado. /**r** tr. limitar.
límite m. limite.
limítrofe adj. limítrofe.
limón m. *Bot*. limão.
limon/ada f. limonada. /**ero** m. *Bot*. limoeiro.
limosna f. esmola.
limpi/abarros m. limpa-pés. /**abotas** m. engraxador. /**ar** limpar. /**eza** f. limpeza. /**o** adj. limpo.
lind/ar intr. lindar. /**e** m. e f. linde. /**ero** m. confinante, limítrofe.
lindeza f. lindeza, beleza.
lindo adj. lindo, belo.
línea f. linha; trincheira.
lineal adj. lineal, linear.
lingote m. lingote.
lingü/ista m. lingu(ü)ista. /**ística** f. lingu(ü)ística.
linimento m. linimento.
lino m. *Bot*. linho.
linterna f. lanterna.
lío m. embrulho, pacote, maço; confusão.
liquen m. *Bot*. líquen.
liquida/ble adj. liquidável. /**ción** f. liquidação. /**dor** adj. em. liquidador. /**r** tr. liquefazer; liquidar; fig. matar.
líquido adj. líquido.
lira f. lira.
líric/a f. lírica. /**o** adj. lírico.
lirio m. *Bot*. lírio.
lisia/do adj. aleijado. /**r** tr. aleijar.
liso adj. liso.
lisonj/a f. lisonja. /**ear** tr. lisonjear. /**ero** adj. e m. lisonjeiro.
lista f. lista, tira; risca; rol; chamada. /**do** adj. listrado; riscado.
listo adj. lesto, répido; acabado; esperto.
listón m. lista estreita; ripa; listel; listão.
litera f. liteira, beliche.
litera/l adj. literal. /**rio** adj. literário. /**to** adj. e m. literato. /**tura** f. literatura.
litig/ante adj. e m. litigante. /**ar** tr. litigar; contender. /**io** m. litígio.
litografía f. litografia.
litoral adj. e m. litoral, beira-mar.
litro m. litro.
liturgia f. liturgia.
livian/dad f. leviandade. /**o** adj. leviano.
lívido adj. lívido.
llaga f. chaga, úlcera; infortúnio. /**r** tr. chagar.
llama f. chama; ardor.
llama/da f. chamada; sinal. /**miento** m. chamamento. /**r** tr. e intr. chamar; reclamar. /**rse** r. chamar-se.
llamarada f. labareda; arrebatamento.
llamativo adj. e s. atraente; apetitoso.
llamea/nte adj. chamejante. /**r** intr. chamejar, arder.
llan/eza f. lhaneza. /**o** adj. lhano, **plano; efusivo.** m. planície.
llanta f. aro das rodas dos carros.
llanto m. pranto, cho(ô)ro.
llanura f. planura, planície.
llave f. chave; chave de

parafusos. *Mús.* clave. /**ro** s. chaveiro.
llega/da f. chegada. /**r** intr. chegar.
llen/ar tr. encher; colmar. /**o** adj. cheio; farto; abundância.
lleva/dero adj. tolerável. /**r** tr. levar, transportar; tolerar.
llor/ar tr. chorar; gotejar. /**iquear** intr. choramingar. /**o** m. cho(ô)ro. /**ón** adj. chorão. m. *Bot.* choradeira. /**oso** adj. choroso.
llov/er intr. chover. /**izna** f. chuvinha, chuvisco. /**iznar** intr. chuviscar.
lluvi/a f. chuva; abundância. /**oso** adj. chuvoso.
lo art. neut. o.
loba f. *Zool.* lo(ô)ba. /**nillo** m. **Med.** cisto, lobinho. /**to** m. *Zool.* lobato.
lobo m. *Zool.* lo(ô)bo.
lóbrego adj. lôbrego.
lóbulo m. lóbulo.
local adj. e m. local. /**idad** f. localidade.
localizar tr. localizar.
loción f. loção.
loco adj. e m. louco.
locomo/ción f. locomoção. /**tora** f. locomotora.
locuaz adj. loquaz.
locución f. locução.
locura f. loucura.
locutor m. locutor. /**io** m. locutório.
lógic/a f. lógica. /**o** adj. e m. lógico.
logr/ar tr. lograr; apanhar. /**ero** m. logreiro. /**o** m. lucro; obtenção; lo(ô)gro.
loma f. lomba; montículo.
lombriz f. minhoca; lombriga.
lomo m. lombo.
lona f. lona.
longaniza f. lingu(ü)iça.
longevidad f. longevidade.
longitud f. longitude.
lonja f. tira, talhada, fatia; bo(ô)lsa; mercearia; átrio.
loro m. *Zool.* papagaio.
losa f. lousa, laje.
lote m. lote, porção.
loter/ía f. lotaria. /**o** m. pessoa que vende lotaria, cauteleiro.
loto m. *Bot.* loto.
loza f. louça.
lozan/ía f. louçania. /**o** adj. loução.
lubrica/ción f. lubrificação. /**dor** adj. lubrificador. /**nte** adj. e m. lubricante. /**r** tr. lubricar, lubrificar.
lúbrico adj. lúbrico.
lubrificación f. lubrificação.
lucido adj. luzido, vistoso.
luc/iérnaga f. *Zool.* pirilampo. /**ifer** m. Lúcifer. /**ífugo** adj. lucífugo. /**imiento** m. luzimento; aplauso.
lucir intr. luzir; iluminar; ostentar.
lucr/ar tr. lucrar. /**ativo** adj. lucrativo. /**o** m. lucro, ganho.
luctuoso adj. lutuoso.
lucha f. luta. /**dor** m. lutador. /**r** intr. e tr. lutar.
ludibrio m. ludíbrio.
luego adv. logo, imediatamente; depois; assim que.
lugar m. lugar; empre(ê)go; aldeia; ocasião. /**eño** adj. e m. aldeão. /**teniente** m. lugar-tenente.
lúgubre adj. lúgubre.
luj/o m. luxo. /**oso** adj. luxuoso. /**uria** f. luxúria; excesso. /**urioso** adj. luxurioso; exuberante; viçoso.

lumbago m. *Med.* lumbago.
lumbre f. lume. **/ra** f. lumiera; fig. pessoa douta.
lumin/aria f. luminária; iluminação. **/oso** adj. luminoso; resplandecente.
lun/a f. lua; vidro de espelho. **/ar** adj. lunar; m. sinal; fig. mancha. **/ático** adj. lunático. **/es** m. segunda-feira.
lupa f. lupa.
lusitan/ia *Geog.* Lusitânia. **/o** adj. e s. lusitano, português.
luso/brasileño adj. e s. luso-brasileiro. **/español** adj. e s. luso-espanhol.
luteran/ismo m. luteranismo. **/o** adj. e s. luterano.
luto m. luto, dó; tristeza.
luxación f. *Cir.* luxação.
luz f. luz; claridade; cultura.

macabro adj. macabro; triste.
macera/ción f. maceração. **/r** tr. macerar; amolecer.
maceta f. vaso para plantas.
macilento adj. macilento; triste.
macizo adj. maciço.
mácula f. mácula, nódoa; vileza.
machac/a f. pilão (do almofariz). **/ar** tr. machucar, maçar. **/ón** adj. e s. maçador.
machiembrar tr. entalhar, embutir.
macho m. peça que entra dentro de outra, macho; bigorna. *Zool.* macho, mulo.
machuca/miento m. machucação, pisadura. **/r** tr. machucar, pisar.
madama f. senhora.
madeja f. madeixa, meada.
mader/a f. madeira. **/aje** m. madeiramento. **/ero** m. madeireiro. **/o** m. madeiro; viga.
madr/asta f. madrasta. **/e** f. mãe; madre (religiosa). **/eselva** f. *Bot.* madressilva.
madrigal m. madrigal.
madriguera f. madrigueira; esconderijo.
madrileño adj. e s. madrileno, de Madrid.
madrina f. madrinha; prote(c)tora.
madroño m. *Bot.* medronheiro (planta), medronho (fruto).
madruga/da f. madrugada, aurora. **/dor** adj. e s. madrugador. **/r** intr. madrugar; anteceder.
madur/ación f. maduração. **/ar** tr. madurar. **/ez** f. madurez. **/o** adj. maduro; sisudo.
maestr/a f. mestra, professo(ô)ra. **/anza** f. mestrança. **/ía** f. mestria, habilidade. **/o** adj. magistral, notável; m. mestre, professor.
magdalena f. madalena.
magia f. magia; fascinação.
mágico adj. e m. mágico.
magist/erio m. magisté-

rio. **/rado** m. magistrado. **/ral** adj. magistral. **/ratura** f. magistratura.
magnánimo adj. magnânimo.
magnate m. magnata ou magnate.
magnesia f. magnésia.
magnético adj. magnético.
magnífico adj. magnífico.
magn/itud f. magnitude. **/o** adj. magno.
magnolia f. *Bot.* magnólia.
mago adj. e m. mago.
magulla/miento m. pisadura, machucadura. **/r** r. pisar, machucar.
maíz m. *Bot.* milho.
maizal m. milhal, milheiral.
majar tr. malhar, maçar, pisar.
majest/ad f. majestade. **/uoso** adj. majestoso.
majo adj. presumido, peralta; m. janota; chulo.
mal adj. e m. mal, mau; adv. contràriamente, sem razão.
malabarista m. malabarista.
malaria f. *Med.* malária.
malaventura f. desgraça. **/do** adj. infortunado.
malcriado adj. malcriado.
maldad f. maldade.
maldecir tr. e intr. amaldiçoar.
maldi/ción f. maldição; fatalidade. **/to** adj. maldito; amaldiçoado.
malea/ble adj. maleável, flexível. **/r** tr. danificar, estragar; perverter. **/rse** r. portar-se mal.
malecón m. molhe, paredão, repre(ê)sa.
maledicencia f. maledicência.
maleficio m. malefício.
maléfico adj. maléfico; m. feiticeiro.
malestar m. mal-estar; incomodidade.
malet/a f. maleta, mala. **/ín** m. mala pequena.
malevolencia f. malevolência.
malévolo adj. malévolo.
maleza f. maleza; moita.
malgastar tr. malgastar.
malhablado adj. malfalante.
malhechor adj. e m. malfeitor.
malherir tr. malferir.
malhumorado adj. malhumorado.
malici/a f. maldade; malícia; sagacidade; receio. **/ar** tr. maliciar. **/oso** adj. malicioso.
mali/gnidad f. malignidade. **/o** adj. maligno.
malo adj. e m. mau.
malogr/ar tr. malograr. **/arse** r. frustrar-se.
malparar tr. maltratar.
malquerencia f. malquerença.
malquistar tr. malquistar.
malta m. malte.
maltrat/ar tr. maltratar; estropear. **/o** m. mau trato.
maltrecho adj. maltratado.
malva f. *Bot.* malva.
malvado adj. malvado.
malversar tr. malversar.
malla f. malha.
mallo m. malho, martelo.
mallorquín adj. e m. maiorquino.
mama f. mamã; mama.
mamá f. mamã, mãe.
mamífero adj. e m. *Zool.* mamífero.
mamón adj. e m. mamão; ladrão; *Bot.* mamoeiro.
mampara f. anteparo; biombo; pára-vento.
mampostería f. alvenaria.
maná m. maná.
manada f. manada.
mana/ntial adj. e m. manancial; origem. **/r** intr. manar; proceder; abundar.
manceb/a f. manceba. **/ía**

f. mancebia. /**o** m. mancebo.
mancilla f. mancha, desonra. /**r** tr. ofender; enxovalhar.
manco adj. e m. manco; aleijado.
mancomun/ar tr. mancomunar. /**idad** f. mancomunação, união.
mancha f. mancha; desonra. /**r** tr. manchar.
manda/dero m. mandadeiro, mensageiro. /**do** adj. mandado; m. mandado, recado; mensagem. /**miento** m. mandamento. /**r** tr. mandar. /**tario** m. mandatário, procurador. /**to** m. mandato.
mandíbula f. mandíbula.
mandil m. mandil, avental.
mando m. mando; chefia.
mandril m. mandril.
mane/cilla f. mãozinha; sinal; ponteiro de relógio. /**jable** adj. manejável. /**jar** tr. manejar. /**jo** m. manejo.
manera f. maneira; estilo.
manga f. manga.
mango m. *Bot.* mangueira; manga; cabo, asa.
manguera f. mangueira.
manguito m. manguito.
maní m. amendoim.
manía f. mania; embrirração.
maniatar tr. maniatar; algemar.
mani/ático adj. e s. maníaco; louco. /**comio** m. manicó(ô)mio.
manicur/a f. manicuro. /**o** m. manicuro.
manifesta/ción f. manifestação; reunião pública. /**r** tr. manifestar; descobrir.
manifiesto adj. manifesto; expressivo.
maniobra f. manobra; demonstração. /**r** tr. e intr. manobrar, exercitar.
manipular tr. manipular.
maniquí m. manequim, figura em forma humana; boneco.
manivela f. *Mec.* manivela.
manjar m. manjar, comer.
mano f. mão; dire(c)ção; valimento; auxílio. /**jo** m. manojo.
manopla f. manopla.
manose/ar tr. manusear, tocar com a mão. /**o** m. manuseio; apalpamento.
manot/ada f. palmada. /**ear** tr. e intr. dar palmadas; gesticular. /**eo** m. gesticulação.
mansión f. mansão; lugar.
manso adj. manso; paciente.
manta f. manta.
mantec/a f. manteiga; pomada. /**ado** m. sorvete; bo(ô)lo. /**oso** adj. manteigoso.
mantel m. mantel, toalha de mesa. /**ería** f. serviço de toalhas.
manten/edor m. mantenedor; defensor. /**er** tr. manter; alimentar; aguentar. /**erse** r. manter-se. /**imiento** m. manutenção; víveres.
mantequ/era f. manteigueira. /**illa** f. manteiga.
mant/o m. manto, véu comprido; capa. /**ón** m. mantão.
manua/ble adj. manejável. /**l** adj. manual; dócil. m. livro de apontamentos.
manufactura f. manufa(c)tura; indústria. /**r** tr. manufa(c)turar, fabricar.
manuscrito adj. e m. manuscrito.
manutención f. manutenção.
manzan/a f. *Bot.* maçã; quarteirão, grupo de casas. /**illa** f. *Bot.* camomila, macela, esp. de vinho branco. /**o** adj.

Bot. oliveira com azeitona pequena. m. mancenilheira.
maña f. manha, astúcia; habilidade.
mañana f. manhã; o dia imediato. m. tempo futuro.
mapa m. mapa, carta geográfica. **/mundi** m. mapa-múndi.
maquillar tr. e r. aformosear com enfeites.
máquina f. máquina; engenho.
maquina/ción f. maquinação; intriga. **/l** adj. maquinal. **/r** tr. maquinar, tramar. **/ria** f. maquinaria.
mar m. mar. fig. oceano.
maraña f. maranha, fios enredados trabalho difícil.
maravill/a f. maravilha; milagre. **/ar** tr. maravilhar. **/arse** r. deslumbrar-se. **/oso** adj. maravilhoso.
marca f. marca, sinal; distintivo. **/dor** adj. e s. marcador; aferidor. **/r** tr. marcar; fixar.
marcial adj. marcial. **/idad** f. marcialidade.
marco m. quadro, moldura.
marcha f. marcha; progresso. *Mús.* marcha. **/r** intr. marchar, caminhar; progredir.
marchit/ar tr. murchar. **/arse** r. entristecer-se. **/ez** f. murchidão. **/o** adj. murcho; pálido.
mare/a f. maré. **/ar** tr. marear; governar. **/arse** r. marear-se. **/jada** f. marejada, marulhada. **/o** m. mareação, enjo(ô)o.
marfil m. marfim.
margarina f. *Quím.* margarina.
margarita f. margarita; margarida.
margen m. e f. margem, beira.
margin/al adj. marginal. **/ar** tr. marginar; anotar.
marid/ar intr. maridar, casar. **/o** m. marido.
marimacho m. marimacho, virago.
marin/a f. marinha; beira-mar; conjunto de navios ou de tripulações. **/ero** m. marinheiro, marítimo. **/o** adj. marinho. m. marinheiro.
marioneta f. francatripa; boneca movível.
mariposa f. *Zool.* borboleta.
marisco m. marisco.
marital adj. marital.
marítimo adj. marítimo.
mármol m. mármore.
marqu/és m. marqquês. **/esa** f. marquesa. **/esina** f. marquesinha; alpendre.
marran/a f. marrã, porca. **/o** adj. vil, ordinário; sujo. m. marrano, porco.
martes m. te(ê)rça-feira.
martill/ar tr. martelar. **/o** m. martelo.
mártir m. mártir.
martiri/o m. martírio. **/zar** tr. martirizar.
marxis/mo m. marxismo. **/ta** adj. e s. marxista.
marzo m. Março.
mas conj. mas, porém.
más adv. mais além; mais.
masa f. massa; aglomeração.
masa/je m. massagem, fricção. **/jista** m. massagista.
máscara f. máscara, disfarce.
masculino adj. masculino; varonil.
mas/ón s. mação, franco-mação. **/onería** f. maçonaria. **/ónico** adj. maçó(ô)nico.
masticar tr. mastigar; meditar.
mástil m. *Náut.* mastro.
mastín m. mastim.

mata f. mata, arvoredo; planta.
mata/dero m. matadouro. **/dor** adj. e s. matador; toureiro. **/nza** f. matança, carnificina. **/r** tr. matar; apagar. **/rse** r. suicidar-se; sacrificar-se. **/rife** m. magarefe. **/sanos** m. mata-sãos, mau médico.
matasellos m. carimbo para selos.
mate adj. mate, sem brilho. m. *Bot.* mate; cha-mate.
matemátic/as f. pl. matemáticas. **/o** adj. matemático; infalível.
materia f. matéria; assunto. *Med.* pus. **/l** adj. material. **/lismo** m. materialismo.
matern/al adj. maternal. **/idad** f. maternidade. **/o** adj. materno; carinhoso.
matiz m. matiz; colorido.
matorral m. matorral, mato.
matr/ícula f. matrícula; registro. **/icular** tr. matricular; registar. **/icularse** r. matricular-se.
matrimoni/al adj. matrimonial. **/o** m. matrimó(ô)nio, casamento.
matriz adj. principal; originário. f. *Anat.* matriz, útero.
matutino adj. matutino.
maull/ar intr. miar. **/ido** m. a(c)ção de miar.
mausoleo m. mausoléu, tumba.
maxilar adj. *Anat.* maxilar. m. queixada.
máxim/a f. máxima; axioma. **/o** adj. máximo, superior.
mayo m. Maio.
mayor adj. maior; superior; chefe. pl. antepassados, avós. **/al** m. maioral; capataz. **/domo** m. mordomo. **/ía** f. maioria. **/ista** m. atacadista, comerciante.
mayúscula f. maiúscula.
maza f. maça, clava.
mazmorra f. masmorra.
mazo m. maço, martelo grande; molho.
me pron. pess. me.
mear intr. mijar, urinar.
meandro m. meandro.
mecánic/a f. mecânica. **/o** adj. e s. mecânico; automático.
mecanismo m. mecanismo.
mecanograf/ía f. da(c)tilografia. **/iar** tr. da(c)tilografar. **/o** m. da(c)tilógrafo.
mece/dora f. cadeira de balanço. **/r** tr. mover, mexer, balançar.
mech/a f. mecha, rastilho. **/ar** tr. lardear. **/ero** mecheiro, isqueiro.
medalla f. medalha.
médano m. duna, médão.
media f. meia. *Mat.* média. **/ción** f. mediação. **/nía** f. mediania. **/no** adj. mediano; moderado. **/noche** f. meia-noite. **/nte** adv. mediante; com a ajuda de. **/r** intr. mediar.
medic/amento m. medicamento, medicina. **/ina** f. medicina. **/inal** adj. medicinal. **/inar** tr. medicinar, medicar.
médico adj. medicinal. m. médico; clínico.
medida f. medida.
medio adj. e m. meio; ambiente; pl. meios, bens. **/cre** adj. mediocre. **/cridad** f. mediocridade; mediania. **/día** m. meio-dia.
medir tr. medir.
medita/ción f. meditação. **/r** tr. meditar.
mediterráneo adj. mediterrâneo.
medrar intr. medrar.
médula f. medula.

mejilla f. face; maça do rosto.
mejillón m. *Zool.* mexilhão.
mejor adj. melhor, bom, superior. adv. de preferência, antes. **/a** f. melhora, melhoramento. **/ar** tr. melhorar; acrescentar. **/ía** f. melhoria; superioridade.
melanc/olía f. melancolia, tristeza. **/ólico** adj. melancólico; lúgubre.
melindr/e m. melindre, iguaria, doce; delicadeza. **/oso** adj. melindroso.
melocot/ón m. *Bot.* pêssego. **/onero** m. pessegueiro.
melod/ía f. melodia. **/ioso** adj. melodioso, suave.
melodrama m. melodrama.
melos/idad f. melosidade. **/o** adj. meloso, suave.
mellizo adj. e s. gé(ê)meo.
membrana f. membrana.
membrete m. lembrete, anotação.
memor/able adj. memorável. **/ia** f. memória, lembrança.
menaje m. alfaias, móveis.
menci/ón f. menção. **/onar** tr. mencionar.
mendi/cante adj. e s. mendicante. **/cidad** f. mendicidade. **/r** tr. mendigar. **/go** m. mendigo. **/guear** tr. mendigar.
menester m. mister, falta, necessidade; mester, empre(ê)go; ocupação. **/oso** adj. e m. necessitado.
mengua f. míngua, pobreza; descrédito. **/do** adj. minguado; cobarde; m. mate. **/nte** adj. minguante; f. míngua, escassez. **/r** intr. minguar, diminuir.
menisco m. menisco.
menor adj. e m. menor. **/oría** f. inferioridade, subordinação; menoridade.
menos adv. e m. menos. **/cabo** m. menoscabo, desprezo. **/preciar** tr. menosprezar. **/precio** m. menospre(ê)zo.
mensaje m. mensagem. **/ro** adj. e m. mensageiro.
menstru/ación f. menstruação. **/ar** intr. ter a mentruação. **/o** m. menstruação.
mensual adj. mensal. **/idad** f. mensalidade.
menta f. *Bot.* hortelã-pimenta.
ment/al adj. mental. **/alidad** f. mentalidade. **/ar** tr. nomear, mencionar. **/e** f. mente.
menti/r intr. mentir. **/ra** r. mentira. **/roso** adj. e m. mentiroso.
mentón m. mento, queixo.
menú m. ementa, lista.
menud/ear tr. amiudar; contar ou escrever minudências. **/encia** f. minudência; pl. miúdos. **/illos** m. pl. miúdos. **/o** adj. miúdo; amiudado; m. pl. miúdos.
meñique adj. e m. mínimo, meiminho.
merca/dear intr. mercadejar, comerciar. **/der** m. mercador. **/dería** f. mercadoria, mercancia. **/do** m. mercado. **/ncía** f. mercancia, mercadoria. **/nte** adj. e m. mercante; comerciante. **/ntil** adj. mercantil. **/r** tr. mercar, comprar.
merced f. mercê; graça; perdão.
mercenario adj. e m. mercenário.
mercería f. loja de capelista.
mercurio m. mercúrio.
merec/er intr. merecer. **/ido** adj. merecido; m. castigo que alguém mereceu. **/imiento** m. merecimento.

merendar intr. merendar, lanchar.
meretriz f. meretriz.
meridi/ano adj. e m. meridiano. **/onal** adj. meridional.
merienda f. merenda, lanche.
mérito m. mérito.
meritorio adj. meritório; m. empregado sem vencimento.
merluza f. *Zool.* pescada; fam. borracheira.
merma f. diminuição, perda. **/r** intr. diminuir.
mermelada f. marmelada, doce de marmelo.
merodear intr. saquear, roubar; vadiar.
mes m. mês.
mesa f. mesa.
meseta f. metamar; meseta, planalto.
mesiánico adj. messiânico.
mesías m. Messias.
mesón m. estalagem, pousada.
mesonero adj. e m. estalajeiro, mesoneiro.
mestizo adj. e m. mestiço.
mesura f. mesura; moderação. **/do** adj. mesurado.
meta f. meta, limite.
metafísic/a f. metafísica. **/o** adj. e m. metafísico.
metáfora f. metáfora.
metal m. metal.
metálico adj. metálico.
metal/urgia f. metalurgia. **/úrgico** adj. e m. metalúrgico.
metamorfosis f. metamorfose; transformação.
mete/órico adj. meteórico. **/oro** m. meteoro. **/orología** f. meteorologia.
meter tr. meter.
metódico adj. metódico.
método m. método.
metralla f. metralha.
métrico adj. métrico.
metro m. metro; apócope de metropolitano.
metrópoli f. metrópole.
metropolitano adj. e m. metropolitano.
mezcla f. mistura; fusão. **/r** tr. misturar.
mezquin/dad f. mesquinharia. **/o** adj. mesquinho.
mezquita f. mesquita.
mi m. *Mús.* mi.
mí pron. mim.
mi, mis pron. meu, minha, meus, minhas.
mico m. *Zool.* mico.
micra f. mícron ou micro.
micr/obio m. micróbio. **/ófono** m. microfone. **/oscopio** m. microscópio.
miedo m. me(ê)do. **/so** adj. e m. medroso.
miel f. mel.
miembro m. membro.
mientras adv. enquanto, entretanto, durante.
miércoles m. quarta-feira.
mierda f. merda, excremento.
mies f. planta madura de cuja semente se faz pão; messe.
miga f. migalha; miolo; medula. **/ja** f. migalha; fragmento; pl. sobejos.
migración f. migração.
mil adj. mil.
milagro m. milagre. **/so** adj. milagroso.
milenario adj. milenário.
mili/cia f. milícia. **/ciano** m. e adj. miliciano. **/tante** adj. militante. **/tar** adj. e m. militar.
mill/a f. milha. **/ar** m. milhar. **/ón** m. milhão. **/onario** adj. e m. milionário.
mímic/a f. mímica. **/o** adj. mímico.
mimo m. mimo; primor; carinho.
min/a f. mina. **/ar** tr. minar. **/eral** adj. e m. mineral. **/ero** adj. e m. mineiro,

miniatur/a f. miniatura. / **ista** m. miniaturista.
mínimo adj. mínimo, ínfimo.
minist/erio m. ministério. **/ro** m. ministro.
minor/ar tr. minorar. **/ía** f. minoria. **/idad** menoridade.
minuci/a f. minúcia. **/oso** adj. minucioso.
minué m. *Mús.* minuete.
minúscula f. minúscula.
minuta f. minuta, apontamento; conta de honorários de advogado; lista.
minutero m. ponteiro de relógio.
minuto adj. e m. minuto.
mío pron. meu.
miop/e adj. e m. míope. **/ía** f. miopia.
mira f. mira; desejo. **/da** f. mirada. **/do** adj. mirado; prudente. **/dor** adj. e s. olhador; m. atalaia; varanda; terraço. **/miento** m. miramento. **/r** tr. mirar, olhar, cuidar.
mirilla f. vigia, abertura da porta para ver quem chama.
mirlo m. *Zool.* melro.
mirón adj. s. curioso, mirão, observador curioso.
misa f. missa.
misantropía f. misantropia.
miscelánea f. miscelânea.
miser/able adj. miserável. **/ia** f. miséria. **/icordia** f. misericórdia. **/icordioso** adj. misericordioso.
mísero adj. mísero, miserável.
misi/ón f. missão. **/onero** m. missionário.
mismo adj. mesmo.
mistar tr. mussitar.
misterio m. mistério. **/so** adj. misterioso.
místic/a f. mística. **/o** adj. e m. místico.
mitad f. metade.
mitiga/ble adj. mitigável. **/ción** f. mitigação. **/r** tr. mitigar.
mito m. mito. **/logía** f. mitologia. **/lógico** adj. mitológico.
mitra f. mitra.
mixt/o adj. misto, misturado. **/ura** f. mistura. **/urar** tr. misturar.
mobiliario adj. móvel; m. mobília.
moc/edad f. mocidade. / **ero** adj. e m. luxurioso. **/etón** m. mocetão. **/ito** adj. e m. mocinho.
moción f. moção.
moco m. monco, ranho; morrão do pavio. **/so** adj. moncoso, ranhoso; insignificante.
mochila f. mochila.
mod/a f. moda. **/elar** tr. modelar. **/elo** m. mode(ê)lo.
modera/ción f. moderação. **/do** adj. moderado. **/r** tr. moderar.
modern/ismo m. modernismo. **/izar** tr. modernizar. **/o** adj. moderno.
modest/ia f. modéstia. **/o** adj. e m. modesto.
módico adj. moderado.
modifica/ción f. modificação. **/r** tr. modificar.
modis/mo m. modismo. / **ta** m. e f. modista.
modo m. modo.
modorra f. modo(ô)rra.
modula/ción f. modulação. **/r** intr. modular.
mofa f. motejo, zombaria. **/dor** adj. e s. mofador. **/r** tr. mofar.
moh/ín f. gesto, trejeito, careta. **/ina** f. desgo(ô)sto, enfado. **/ino** adj. mofino; melancólico.
moho m. mo(ô)fo, bolor. **/so** adj. mofoso, bolorento.
moja/dura f. molhadela. **/r** tr. molhar.
mojón m. baliza, marco divisório.
molar adj. molar.

molde m. molde. **/ar** tr. moldar; adaptar; dar forma a.
moldura f. moldura, caixilho.
mole f. mole.
molécula f. molécula.
moler tr. moer.
molest/ar tr. molestar. **/ia** f. moléstia. **/o** adj. molesto.
moli/enda f. moenda. **/nero** adj. e m. moleiro. **/nillo** m. molinilho. **/no** m. moinho.
molusco m. *Zool.* molusco.
molleja f. moela.
moment/áneo adj. mometâneo. **/o** m. momento.
mam/ia f. múmia. **/ificar** tr. mumificar.
mona f. *Zool.* mona, macaca; bebedeira.
monacal adj. monacal.
monada f. macacada, macaquice; coisa pequena e bonita.
monar/ca m. monarco. **/quía** f. monarquia.
monárquico adj. e m. monárquico.
monasterio m. mosteiro.
monda/dientes m. palito para dentes. **/dura** f. mondadura; pl. restos, desperdícios. **/r** tr. mondar, limpar.
moned/a f. moeda. **/ero** m. porta-moedas.
monería f. macaquice; gesto gracioso das crianças; ninharia.
monetario adj. e m. monetário.
monigote m. fantoche; boneco de trapo; mamarracho.
monitor m. monitor.
monj/a f. monja, freira. **/e** m. monge, frade.
mono adj. bonito; m. *Zool.* mono, macaco.
monóculo adj. e m. monóculo.
monogamia f. monogamia.
monólogo m. monólogo.
monopoli/o m. monopólio. **/zar** tr. monopolizar.
monotonía f. monotonia.
monstruo m. monstro. **/so** adj. monstruoso.
monta f. montada; monta, soma; montante. **/cargas** m. elevador para cargas. **/je** m. montagem.
montaña f. montanha. **/oso** adj. montanhoso.
montar intr. e tr. montar.
monte m. monte.
monter/a f. monteira. carapuça. **/ía** f. loja onde se fazem ou vendem carapuças. **/o** m. monteiro.
montículo m. montículo.
montón m. montão; pilha.
montura f. montada, cavalgadura; arreios de um cavalo.
monument/al adj. monumental. **/o** m. monumento.
monzón amb. monção.
moño m. monho; laço de fitas; poupa.
morada f. morada, habitação.
morado adj. morado, roxo.
moral adj. e m. moral; espiritual; moralidade. **/eja** f. moral; lição; fábula. **/idad** f. moralidade. **/izar** tr. moralizar.
morar intr. morar, residir.
mórb/ido adj. mórbido. **/o** m. morbo. **/oso** adj. morboso.
morcilla f. morcela.
morda/cidad f. mordacidade. **/z** adj. mordaz. **/za** f. mordaça, açaimo.
morde/dura f. mordedura, dentada. **/r** tr. morder.
moreno adj. moreno, fusco. s. pre(ê)to.

morera f. *Bot.* amoreira.
morería f. mouraria, mourama.
morfin/a f. morfina. **/ómano** adj. e s. morfinó(ô)mano.
mori/bundo adj. e s. moribundo. **/r** intr. morrer, expirar. **/rse** r. finar-se.
moros/idad f. morosidade. **/o** adj. moroso; lento.
morr/o m. morro, monte pequeno. **/udo** adj. beiçudo; rombo.
mort/aja f. mortalha. **/al** adj. mortal. **/alidad** f. mortalidade. **/andad** f. mortandade. **/ero** m. gral, almofariz. **/ífero** adj. mortífero. **/uorio** adj. mortuório.
mosaico adj. e m. mosaico.
mosca f. *Zool.* mo(ô)sca. **/rdón** m. *Zool.* moscão, tavão; pessoa impertinente. **/tel** adj. e m. moscatel.
mosquetón m. mosquetão. **/itero** m. mosquiteiro. **/ito** m. *Zool.* mosquito.
mostacho m. bigode.
mostaza f. *Bot.* mostarda, mostadeira.
mosto m. mosto, sumo de uvas.
mostr/ador adj. mostrador; m. balcão de loja; mostrador (de relógio). **/ar** tr. mostrar. **/arse** r. manifestar-se.
mote m. mote; motejo, apo(ô)do; divisa.
motear tr. sarapintar, mosquear.
motejar tr. motejar.
motín m. motim.
motiv/ar tr. motivar. **/o** m. motivo, causa.
moto m. baliza, marco; f. moto. **/cicleta** f. motocicleta.
motor adj. e m. motor. **/ista** m. e f. motorista.
mov/edizo adj. movediço. **/er** tr. mover. **/ible** adj. movível.
móvil adj. móvel; movediço; m. móbil; motor.
movili/dad f. mobilidade. **/zación** f. mobilização. **/zar** tr. mobilizar.
movimiento m. movimento.
moz/a f. mo(ô)ça; criada de servir. **/albete** m. mocinho. **/o** adj. e s. mo(ô)ço; serviçal; recruta; moço de fretes.
mucosidad f. mucosidade, muco.
muchach/a f. rapariga. **/o** m. rapaz.
muchedumbre f. multidão.
mucho adj. e adv. muito.
muda /nza f. muda, mudança. **/r** tr. mudar.
mud/ez f. mudez. **/o** adj. e m. mudo; calado.
muela f. mó; dente molar.
muelle adj. mole, brando; m. mola; cais, embarcadoiro.
muert/e f. morte. **/o** adj. e m. morto.
muesca f. entalhe, encaixe; corte, sinal.
muestra f. amostra, mode(ê)lo. **/rio** m. mostruário.
mugir intr. mugir; bramar.
mugr/e f. imundície. **/iento** adj. sujo, engordurado.
mujer f. mulher; espo(ô)sa. **/iego** adj. mulherengo. **/il** adj. mulheril.
mula f. *Zool.* mula.
mulato adj. e s. mulato; trigueiro.
muleta f. muleta; apoio.
mulo m. *Zool.* mulo, macho.
multa f. multa. **/r** tr. multar.
múltiple adj. multíplice.
multiplica/ción f. multiplicação. **/r** tr. multiplicar.

multitud f. multidão.
mullido adj. afofado, abrandado; m. enchimento.
mund/ano adj. mundano. **/o** m. Mundo.
munici/ón f. munição. **/onar** tr. apetrechar; abastecer.
munici/pal adj. municipal. **/pio** m. município.
muñec/a f. pulso; boneca. **/o** m. boneco.
muñequera f. pulseira.
muñón m. co(ô)to; munhão.
mura/l adj. mural. **/lla** f. muralha. **/r** tr. murar.
murciélago m. *Zool.* morce(ê)go.
murmu/llo m. murmúrio; murmuração. **/ración** f. murmuração. **/rar** tr. murmurar; difamar.
muro m. muro, parede.
musa f. musa.
músculo m. músculo.
muselina f. musselina.
museo m. museu.
musgo m. *Bot.* musgo.
música f. música.
musitar intr. mussitar.
muslo m. coxa.
mustio adj. melancólico; murcho.
muta/bilidad f. mutabilidade. **/ción** f. mutação.
mutila/ción f. mutilação. **/r** tr. mutilar.
mutis m. a(c)to de retirar-se. **/mo** m. mutismo; silêncio.
mutu/alidad f. mutualidade. **/o** adj. mútuo.
muy adv. mui; muito.

nabo m. *Bot.* nabo.
nácar m. nácar.
nac/er intr. nascer; principiar. **/ido** adj. nascido. **/iente** adj. nascente; m. oriente. **/imiento** m. nascimento; presépio.
nación f. nação.
nacional adj. e m. nacional. **/idad** f. nacionalidade. **/ismo** m. nacionalismo. **/ista** m. e f. nacionalista.
nada f. e pron. nada.
nada/dor adj. e s. nadador. **/r** intr. nadar; fig. abundar.
nadie pron ninguém; m. pessoa insignificante.
nafta f. nafta; gasolina. **/lina** f. naftalina.
naipe m. naipe.
nalga f. nalga.
naranj/a f. *Bot.* laranja. **/ada** f. laranjada. **/o** m. *Bot.* laranjeira.
narciso m. *Bot.* narciso.
narc/ótico adj. e m. narcótico. **/otizar** tr. narcotizar.
nardo m. *Bot.* nardo.
nari/gudo adj. e m. narigudo. **/z** f. nariz.
narra/ción f. narração. **/r** tr. narrar. **/tivo** adj. narrativo.
nata f. nata; creme; fig. o melhor.
natal adj. natal; m. nascimento. **/icio** adj. natalício. **/idad** f. natalidade.
nativ/idad f. natividade; Natal. **/o** adj. e m. nativo.
natura f. natura, natureza. **/l** adj. e m. natural. **/leza** f. natureza. **/lidad** f. naturalidade. **/lista**

adj. e m. naturalista. / **lizar** tr. e r. naturalizar.
naufrag/ar intr. naufragar; fracassar. **/io** m. naufrágio.
náufrago adj. e s. náufrago.
náusea f. náusea.
nauseabundo adj. nauseabundo.
náutic/a f. náutica. **/o** adj. e s. náutico.
navaja f. navalha. **/zo** m. navalhada.
naval adj. naval.
nave f. navio; nave. / **gable** adj. navegável. **/gación** f. navegação. **/gador** adj. e s. navegador. / **gante** adj. e s. navegante. **/gar** intr. navegar.
Navid/ad f. Natal. **/eño** adj relativo ao tempo do Natal.
navío m. navio.
neb/lina f. neblina, nevoeiro. **/uloso** adj. nabuloso, nevoento.
necedad f. necedade.
neces/ario adj. necessário. **/er** m. esto(ô)jo com obje(c)tos de toucador. **/idad** f. necessidade. **/itado** adj. e s. necessitado; pobre. **/itar** tr. e intr. necessitar; exigir.
necio adj. e s. néscio.
necr/ología f. necrologia. **/ópolis** f. necrópole.
néctar m. néctar.
nefasto adj. nefasto.
nega/ble adj. negável. / **ción** f. negação. **/do** adj. negado; desmentido. **/r** tr. negar. **/tiva** f. negativa, negação. **/tivo** adj. negativo; nulo.
negligen/cia f. negligência. **/te** adj. e m. negligente.
negoci/able ad. negociável. **/ación** f. negociação. **/ado** m. negociado. **/ante** ad. e m. negociante. **/ar** intr. negociar; pactar. **/o** m. negócio.
negr/a f. negra; escrava. **/ecer** intr. enegrecer. **/o** adj. e s. negro, pre(ê)to. **/ura** f. negrura, negridão. **/uzco** adj. negrusco.
nen/a f. menina. **/e** m. nené, criança.
nenúfar m. *Bot*. nenúfar.
neófito m. neófito.
nepotismo m. nepotismo.
nerv/io m. nervo. **/ioso** adj. nervoso. **/iosidad** f. nervosidade. **/udo** adj. nervudo.
neto adj. neto, limpo.
neumático adj. pneumático; m. pneu de veículo.
neumonía f. pneumonia.
neuralgia f. neuralgia.
neurast/enia f. neurastenia. **/énico** adj. e m. neurasté(ê)nico.
neurótico adj. e s. neurótico.
neutr/al adj. neutral; indiferente. **/alidad** f. neutralidade. **/alizar** tr. neutralizar. **/o** adj. neutro.
neva/da f. nevada. **/r** intr. nevar.
nevera f. neveira, geleira, frigorífero.
nexo m. nexo, ligação.
ni conj. nem; tambémnão.
nicotina f. nicotina.
nicho m. nicho.
nido m. ninho.
niebla f. névoa, nevoeiro.
niet/a f. neta. **/o** m. neto.
nieve f. neve.
nihilismo m. niilismo.
ninfa f. ninfa.
nin/gún adj. nenhum. / **guno** adj. neuhum; nem um só.
niñ/a f. pupila; menina. **/ada** f. criancice, infantilidade. **/era** f. ama-se(ê)ca, criada que cuida dos meninos. **/ería** f. criancice, meninice. **/ez** f. infância, meninice. **/o** adj. e s. menino, criança.
nipón adj. e s. nipó(ô)nico, japonês.

níquel m. níquel.
nítido adj. nítido.
nivel m. nível. **/ar** tr. nivelar.
no adv. não.
nob/iliario adj. nobiliário. **/le** adj. e s. nobre; generoso. **/leza** f. nobreza; aristocracia.
noción f. noção; conhecimento; ide(é)ia. pl. rudimentos.
nocivo adj. nocivo.
noct/ámbulo m. e s. no(c)tâmbulo. **/urno** adj. no(c)turno. fig. taciturno.
noche f. noite. **/buena** f. Noite de Natal.
nombr/adía f. fama, reputação. **/amiento** m. nomeação, eleição. **/ar** tr. nomear, indicar. **/e** m. nome; reputação.
nómina f. nó(ô)mina; lista.
non adj. impar, ñnico. m. nones. **pares y —es,** pares e nones; negação repetida.
nórdico adj. e s. nórdico.
noria f. nora.
norma f. norma; regra, método. **/l** adj. normal. **/lizar** tr. normalizar.
Norte m. Norte. **/americano** adj. e s. norte-americano.
nos pron. nós. **/otros** pron. pes. nós; nós outros.
nostalgia f. nostalgia, saudade.
nota f. nota; sinal; notícia. **/ble** adj. notável. **/r** tr. notar, assinalar; censurar. **/rio** m. notário, tabelião.
notici/a f. notícia; nota; sucesso. **/ero** m. noticiador, repórter.
notifica/ción f. notificação, aviso. **/r** tr. notificar, avisar.
nov/ato adj. e s. novato, principiante. **/edad** f. novidade; notícia. **/el** adj. e s. novel, noviço.
novel/a f. novela; fantasia. **/esco** adj. novelesco. **/ista** s. novelista.
novia f. noiva. **/zgo** m. noivado.
novici/ado m. noviciado. **/o** m. noviço.
Noviembre m. Novembro.
novill/ada f. novilhada, corrida de novilhos. **/ero** m. novilheiro, pastor ou toureiro de novilhos. **/o** s. *Zool.* novilho, bezerro.
novio m. noivo, próximo a casar-se ou recém-casado; amante.
nub/e f. nuvem. **/lado** m. nuvem. adj. nubloso. **/ar** tr. nublar, anuviar.
nuca f. *Anat.* nuca.
núcleo m. núcleo, centro, ponto principal.
nud/illo m. nó dos dedos. **/o** m. nó; laçada; enlace. **/oso** adj. nodoso.
nuestro pron. nosso.
nuev/a f. nova, novidade. **/o** adj. no(ô)vo, moderno.
nuez f. *Bot.* noz.
nul/idad f. nulidade; incapacidade. **/o** adj. nulo; inválido.
numer/ación f. numeração. **/al** adj. numeral. **/ar** tr. numerar. **/ario** adj e s. numerário ;dinheiro.
número m. número; unidade.
nunca adv. nunca, jamais.
nunci/atura f. nunciatura. **/o** m. núncio.
nup/cial adj. nupcial. **/cias** f. pl. núpcias, casamento.
nutri/ción f. nutrição. **/r** tr. nutrir, alimentar. **/tivo** adj. nutritivo.

ñañ/a f. ama-se(ê)ca; irmã mais velha. **/o** adj. e s. amimado; irmão.
ñiquiñaque m. fam. pessoa ou coisa desprezível.
ñoñ/ería f. parvoíce, patetice. **/ez** f. tontaria. **/o** adj. néscio, parvo; tímido.

O

o conj ou.
obceca/ción f. obcecação. **/r** tr. obcecar. **/rse** r. desvairar-se.
obed/ecer tr. obedecer. **/iencia** f. obediência. **/iente** adj. obediente.
obelisco m. obelisco.
obes/idad f. obesidade. **/o** adj. obeso, gordo.
obisp/ado m. bispado, diocese. **/o** m. bispo.
óbito m. óbito, morte.
obje/ción f. obje(c)ção. **/tar** tr. obje(c)tar. **/tivo** adj. obje(c)tivo. m. obje(c)tiva, lente; alvo, fim. **/to** m. obje(c)to; propósito.
oblicu/idad f. obliqu(ü)idade. **/o** adj. oblíquo, inclinado, em diagonal.
obliga/ción f. obrigação; dever. **/r** tr. obrigar; sujeitar. **/rse** r. comprometer-se. **/torio** adj. obrigatório; necessário.
obliterar tr. obliterar, obstruir.
óbolo m. óbolo; esmola.
obr/a f. obra; trabalho; escrito literário. **/ar** tr. obrar; trabalhar; edificar. **/ero** adj. obreiro, operário.
obscen/idad f. obscenidade. **/o** adj. obsceno.
obscur/ecer tr. obscurecer, turvar. **/idad** f. obscuridade; incerteza. **/o** adj. obscuro, sombrio.
obsequi/ar tr. obsequiar. **/o** m. obséquio, dádiva. **/oso** adj. obsequioso; galante.
observa/ción f. observação; estudo; advertência. **/dor** m. observador. **/nte** adj. observador. **/r** tr. observar, examinar; advertir. **/torio** m. observatório.
obsesi/ón f. obsessão. **/onar** tr. causar obsesão.
obst/áculo m. obstáculo. **/ar** intr. obstar, opor-se. **/inación** f. obstinação. **/inarse** r. obstinar-se.
obstru/cción f. obstrução. **/ir** tr. obstruir. **/irse** r. fechar-se.
obten/ción f. obtenção; conquista. **/er** tr. obter; adquirir.
obturar tr. obturar, tapar.
obtuso adj. obtuso, rombo.
obús m. *Mil.* obus; bomba.

ocasi/ón f. ocasião. **/onal** adj. ocasional. **/onar** tr. ocasionar.
ocaso m. ocaso; decadência.
occident/al adj. ocidental. **/e** m. ocidente.
occip/ital adj. e s. occipital. **/ucio** m. occipício.
oceánico adj. oceânico.
océano m. oceano.
ocio m. ócio. **/sidad** f. ociosidade. **/so** adj. e s. ocioso.
ocre m. ocra ou ocre.
Octubre m. Outubro.
ocul/ar adj. ocular. **/ista** m. e f. oftalmologista.
ocult/ar tr. ocultar; encobrir. **/ismo** m. ocultismo. **/o** adj. oculto, escondido.
ocupa/ción f. ocupação. **/do** adj. ocupado. **/nte** adj. e s. ocupante. **/r** tr. ocupar.
ocurr/encia f. ocorrência; pensamento agudo ou original. **/ir** intr. ocorrer.
och/enta adj. oitenta. **/o** adj. e s. oito.
oda f. ode.
odi/ar tr. odiar. **/o** m. ódio. **/osidad** f. odiosidade. **/oso** adj. odioso.
odontólogo m. odontólogo.
Oeste m. Oeste.
ofen/der tr. ofender; melindrar. **/sa** f. ofensa. **/siva** f. ofensiva. **/sivo** adj. ofensivo.
oferta f. oferta.
ofici/al adj. e m. oficial. **/alidad** f. oficialidade. **/ar** tr. oficiar. **/na** f. escritório. **/nista** m. empregado de escritório. **/o** m. ofício. **/oso** adj. oficioso.
ofrec/er tr. oferecer. **/imiento** m. oferecimento.
ofrenda f. oferenda. **/r** vt. oferendar.
ofusca/ción f. ofuscação. **/miento** m. ofuscamento. **/r** tr. ofuscar; escurecer.
oído m. ouvido.
oir vt. ouvir; escutar.
ojal m. botoeira; ilhó.
¡ojalá! interj. oxalá!
oje/ada f. olhadela. **/ar** vt. olhar atentamente. **/ra** f. olheira. **/riza** f. ódio, má-vontade. **/te** m. ilhó; ânus.
ojo m. o(ô)lho; interj. cuidado!
ol/a f. onda, vaga. **/eada** f. vaga; indulação. **/eaje** marulhada.
óleo m. óleo, azeite.
oler vt. cheirar; fig. suspeitar.
olfat/ear tr. farejar; indagar. **/o** m. olfa(c)to; fig. sagacidade.
olimpiada f. olimpíada.
olímpico adj. olímpico; altaneiro.
oliv/a f. oliveira; azeitona. **/ar** m. olival. **/o** m. *Bot.* aliveira.
olmo m. *Bot.* olmo.
olor m. olor, cheiro. **/oso** adj. oloroso, perfumado.
olvid/adizo adj. esquecediço. **/ar** vt. olvidar, esquecer. **/o** m. olvido, esquecimento.
olla f. panela; cozido de carnes, legumes, etc.
ombligo m. umbigo.
omi/sión f. omissão. **/so** adj. omisso. **/tir** vt. omitir.
ómnibus m. ó(ô)nibus, autocarro.
omnipoten/cia f. o(m)nipotência. **/te** adj. o(m)nipotente.
ond/a f. onda, vaga; ondulação. **/eado** m. ondeado. **/ear** intr. ondear; bambolear-se. **/ulación** f. ondulação. **/ular** intr. ondular; frisar.
onza f. onça.
opaco adj. opaco.
opción m. opção.
ópera f. ópera.
opera/ción f. operação. /

dor adj. e s. operador. **/r** intr. operar; manobrar. **/rio** m. operário, trabalhador.
opin/ar intr. opinar. **/ión** f. opinião.
opio m. ópio.
oponer tr. opor.
oportun/idad f. oportunidade. **/o** adj. oportuno. **/ismo** m. oportunismo.
oposi/ción f. oposição. **/tor** m. opositor; competidor.
opresi/ón f. opressão. **/vo** adj. opressivo.
óptic/a f. ó(p)tica. **/o** adj. ó(p)tico; m. oculista.
optimis/mo m. o(p)timismo. **/ta** adj. e s. o(p)timista.
opuesto adj. oposto.
opulen/cia f. opulência. **/to** adj. opulento.
oración f. oração; prece.
oráculo m. oráculo.
orador m. orador.
oratori/a f. oratória; eloquência. **/o** m. oratório.
orbe m. orbe; globo.
órbita f. órbita.
orden m. ordem; f. mandato. **/ación** f. ordenação. **/amiento** m. ordenamento; ordem; mandato. **/anza** f. e m. ordenança. **/ar** tr. ordenar; mandar.
ordeñar tr. ordenhar, mungir.
ordina/l adj. ordinal. **/rio** adj. e s. ordinário; plebeu.
oreja f. orelha.
orfebre m. ourives. **/ría** f. ourivesaria.
orfeón m. orfeão.
orgánico adj. orgânico.
organillo m. realejo.
organiza/ción f. organização. **/r** tr. organizar.
órgano m. órgão.
orgía f. orgia.
orgullo m. orgulho. **/so** adj. e s. orgulhoso.
orient/ación f. orientação. **/al** adj. e s. oriental. **/r** tr. orientar. **/e** m. oriente.
orificio m. orifício.
orig/en m. origem. **/inal** adj. e s.original. **/inalidad** f. originalidade. **/inar** tr. originar. **/inario** adj. originário.
orill/a f. borda, beira; margem; ourela. **/ar** tr. concluir um assunto; aproximar-se da margem; orlar, debruar. **/o** m. ourela.
orín m. ferrugem; urina.
orina f. urina. **/l** m. bacio. **/r** intr. urinar, mijar.
oriundo adj. oriundo, procedente.
ornament/ar tr. ornamentar. **/o** m. ornamento.
ornitología f. *Zool.* ornitologia.
oro m. ouro ou oiro.
orquesta f. orquestra.
ortiga f. *Bot.* urtiga.
ortodox/ía f. ortodoxia. **/o** adj. e s. ortodoxo.
ortografía f. ortografia.
ortopedia f. ortopedia.
orujo m. bagaço.
orzuelo m. terço(ô)lho.
os pron. vós; vos.
osa f. *Zool.* ursa.
osad/ía f. ousadia. **/o** adj. ousado.
osamenta f. ossamenta.
osar intr. ousar.
oscila/ción f. oscilação. **/r** intr. oscilar.
óseo adj. ósseo.
oso m. *Zool.* urso.
osten/sible adj. ostensível. **/sivo** adj. ostensivo. **/tación** f. ostentação. **/tar** tr. ostentar. **/toso** adj. ostentoso.
ostra f. *Zool.* ostra.
otoñ/al adj. outonal. **/o** m. Outono.
otorga/miento m. outorgamento. **/r** tr. outorgar.
otro adj. e s. outro.
ovaci/ón f. ovação. **/onar** tr. aplaudir, aclamar.
ovario m. ovário.

oveja f. *Zool.* ovelha.
óvulo m. óvulo.
oxidar tr. oxidar.
óxido m. óxido.
oxígeno m. oxigé(ê)nio.
oyente adj. e m. ouvinte.

pabellón m. pavilhão.
pacer tr. pastar, pascer.
pacien/cia f. paciência. /**te** m. f. e adj. paciente. /**zudo** adj. fam. paciente.
pacifis/mo m. pacifismo. /**ta** adj. e s. pacifista.
pact/ar tr. pactuar. /**o** m. pacto.
padec/er tr. padecer. /**imiento** m. padecimento.
padr/astro m. padrasto. /**azo** m. fam. pai muito indulgente. /**e** m. pai; **—e nuestro:** Pai-nosso. /**inazgo** m. apadrinhamento. /**ino** m. padrinho. /**ón** m. padrão.
pagano adj. e s. pagão; m. fam. pagante.
pagar tr. pagar.
página f. página.
país m. país.
paisa/je m. paisagem. /**no** adj. e s. paisano, patrício; m. e f. campesino; m. paisano.
paja f. palha. /**r** m. palheiro.
pajarera f. aviário, passareira, gaiola.
pájaro m. *Zool.* pássaro.
paje m. pajem.
pala f. pá.
palabr/a f. palavra. /**ería** f. palavrório.
palaci/ego adj. e s. palaciano. /**o** m. palácio.
palad/ar m. paladar; fig. sabor. /**ear** tr. saborear.
palanca f. alavanca.
palangana f. bacia.
palco m. palco, camarote de teatro.
palestra f. palestra.
paleta f. pàzinha; paleta; tro(ô)lha; pá. /**da** f. pàzada.
paletó m. paletó.
palide/cer intr. empalidecer. /**z** f. palidez.
pálido adj. pálido.
palill/ero m. e f. paliteiro; m. esto(ô)jo para os palitos. /**o** m. palito; pauzinho; bilro.
paliza f. sova.
palma f. *Bot.* palma; palmito; palma de mão; pl. aplausos. /**da** f. palmada; pl. aplausos.
palmear tr. aplaudir.
palmera f. *Bot.* palmeira, tamareira.
palmo m. palmo.
palmotear tr. aplaudir.
palo m. pau.
palom/a f. *Zool.* pomba. /**ar** m. pombal. /**ino** m. *Zool.* borracho. /**o** m. pombo.
palpa/ble adj. palpável. /**r** palpar, apalpar.
palpita/ción f. palpitação. /**r** intr. palpitar.
palúdico adj. palustre, palúdico.
pan m. pão.
pana f. bombazina.
panader/ía f. padaria. /**o** m. padeiro.
panadizo m. panarício ou panariz.
panal m. panal.
páncreas m. pâncreas.
pandero m. pandeiro.
pandilla f. liga, união; pandilha; grupo de pessoas.

panel m. painel.
panorama m. panorama.
pantal/ón m. calça ou calças.
pantalla f. pantalha; espantalho.
pantan/o m. pântano. **/oso** adj. pantanoso.
panteón m. panteão.
pantera f. *Zool.* pantera.
pantomima f. pantomima.
pantorrilla f. pantorrilha.
pantufla f. pantufo.
panz/a f. pança, barriga. **/udo** adj. pançudo.
pañ/al m. cueiro, fralda. **/o** m. pano. **/uelo** m. lenço.
papal adj. papal.
papa/natas m. fig. simplório. **/rrucha** f. farsa; boato falso.
papel m. papel; personagem. **/eo** m. remeximento de papéis. **/era** papeleira. **/ería** f. papelaria. **/eta** f. papeleta.
papista adj. e s. papista.
papo m. papo.
paque/bote m. peque(ê)te, navio. **/te** m. pacote, embrulho.
par adj. e m. par.
para prep. para.
parabién m. parabém.
parábola f. parábola.
parabrisas m. pára-brisa.
paraca/ídas m. pára-quedas. **/idista** m. pára-quedista.
parad/a f. parada; paragem. **/ero** m. paradeiro. **/o** adj. parado; demorado; desempregado.
parafina f. parafina.
paraguas m. guarda-chuva.
paraíso m. paraiso.
paralelo adj. e m. paralelo.
parálisis f. paralisia.
paral/ítico adj. e m. paralítico. **/izar** tr. paralizar.
paraninfo m. paraninfo.
parapet/arse intr. parapeitar-se; precaver-se. **/o** m. parapeito.
parar tr. parar deter; encalhar.
pararrayos m. pára-raios.
parásito adj. e s. parasita.
parasol m. pára-sol; umbela.
parcela f. parcela.
parcial adj. parcial. **/idad** f. parcialidade.
parco adj. parco, moderado.
parche m. parche.
pard/al m. *Zool.* pardal, pintarroxo; leopardo; fig. homem velhaco e astuto. **/o** adj. pardo; m. *Zool.* leopardo. **/usco** adj. pardusco.
parec/er m. parecer; intr. aparecer. **/erse** vr. assemelhar-se. **/ido** adj. parecido; m. semelhança.
pared f. parede. **/ón** m. paredão.
parej/a f. parelha; par. **/o** adj. parelho, semelhante.
parente/la f. parentela. **/sco** m. parentesco.
paréntesis m. parêntese.
paria m. pária.
pariente adj. e s. parente.
parihuela m. padiola.
parir tr. parir, dar à luz; produzir.
parlament/ar intr. parlamentar. **/ario** adj. e s. parlamentário. **/o** m. parlamento.
paro m. paragem; interrupção; desempra(ê)go.
parodia f. paródia.**/r** tr. parodiar.
parpadear intr. pestanejar.
párpado m. párpado, pálpebra.
parque m. parque.
parquedad f. moderação, austeridade.
parra f. parreira, ce(ê)pa.
párrafo m. parágrafo.
parricid/a m. parricida. **/io** m. parricídio.

parrilla f. grelha.
párroco m. pároco.
parroquia f. paróquia, freguesia. **/l** adj. paroquial. **/no** adj. e s. paroquiano; freguês.
parte f. parte; comunicação; m. mensagem.
partera f. parteira.
parti/ble adj. partível. **/ción** f. partição.
participa/ción f. participação; parte. **/nte** adj. e m. participante. **/r** intr. e tr. participar; colaborar.
partícipe adj. e s. partícipe, participante.
partícula f. partícula.
particular adj. e m. particular; individual. **/izar** tr. particularizar; vr. distinguir-se.
partida f. partida; certidão de registro civil; guerrilha; cada uma das parcelas de uma conta. **/rio** adj. e s. partidário.
parti/do adj. e m. partido; rachado; vantagens. **/r** tr. partir.
part/o m. parto. **/urienta** adj. e s. parturienta.
pasa f. passa.
pasable adj. passável; mediano.
pasad/a f. passagem; passadio. **/ero** adj. passável; aceitável. **/izo** m. passadiço; passadouro. **/o** adj. passado; m. o passado. **/or** adj. e s. passador; fecho, ferro(ô)lho; coador; alfine(ê)te de gravata; gancho para o cabelo.
pasaje m. passagem; conjunto de passageiros. **/ro** adj. e s. passajeiro; transitório; breve.
pasaporte m. passaporte.
pasar tr. passar; omitir; coar.
Pascua f. Páscoa; pl. Natal; **como unas—s,** muito alegre. **/l** adj. pascoal.
pase m. passe; licença por escrito. **/ar** intr. passear. **/o** m. passeio.
pasillo m. corredor.
pasión f. paixão.
pasiv/idad f. passividade. **/o** adj. e m. passivo.
pasm/ar tr. enregelar; ficar admirado; desmaiar. **/o** m. esfriamento; pasmo, admiração. **/oso** adj. pasmoso.
paso adj. passada; m. passo; passada.
pasta f. pasta; massa.
pastar tr. pastar; pascer.
pastel m. pastel, bo(ô)lo; empada; tramóia. **/ería** f. pastelaria. **/ero** m. pasteleiro.
pasterizar tr. pasteurizar.
pastilla f. pastilha.
past/izal m. pastio, pasto. **/o** m. pasto. **/or** m. pastor. **/oral** adj. pastoral; pastoril; f. pastoral. **/orear** tr. pastorear, apascentar. **/oril** adj. pastoril.
pastoso adj. pastoso; viscoso; saburroso.
pata f. pata fam. perna. **/da** f. patada. **/lear** intr. espernear, patear. **/leo** m. pateada. **/leta** f. chilique.
patata f. *Bot.* batata.
patear tr. patear; reprovar.
paten/tar tr. patentear. **te** adj. patente; f. carta-patente. **/tizar** tr. patentear, evidenciar.
patern/al adj. paternal. **/idad** f. paternidade. **/o** adj. paterno.
patético adj. patético.
patíbulo m. patíbulo.
patilla f. patilhas.
patín m. patim.
patinar intr. patinar.
patio m. pátio.
pato m. *Zool.* pato.
patología f. patologia.
patri/a f. pátria. **/arca** f. patriarca. **/cio** adj. e m. patricio. **/monio** m. patrimó(ô)nio. **/ota** m.

patriota. /**ótico** adj. patriótico. /**otismo** m. patriotismo.
patrocin/ar tr. patrocinar. /**io** m. patrocínio.
patrón m. patrão; padroeiro; patrono.
patrulla f. patrulha. /**r** intr. patrulhar.
pausa f. pausa; descanso. /**do** adj. pausado.
pauta f. pauta.
paviment/ación f. pavimentação. /**ar** pavimentar. /**o** m. pavimento.
pavo m. *Zool.* peru; fig. homem tolo; — **real,** pavão. /**near** intr. pavonear.
pavor m. pavor. /**oso** adj. pavoroso.
payaso m. palhaço.
payo adj. e s. capó(ô)nio.
paz f. paz.
pazo m. paço, palácio.
peaje m. peagem.
peana f. peanha, base; supedâneo.
peatón m. peão.
peca f. sarda. /**ble** adj. pecável. /**do** m. pecado. /**dor** adj. e s. pecador. /**minoso** adj. pecaminoso. /**r** intr. pecar.
pecera f. aquário.
pecoso adj. sardento.
pectoral adj. e m. peitoral.
peculiar adj. peculiar. /**idad** f. peculiaridade.
pech/o m. peito; valor. /**uga** f. peituga.
pedag/ogía f. pedagogia. /**ógico** adj. pedagógico. /**ogo** m. pedagogo.
pedal m. pedal.
pedante adj. e s. pedante. /**ría** f. pedanteria.
pedazo m. pedaço.
pedestal m. pedestal; fundamento.
pedestre adj. pedestre.
pedicuro m. pedicuro.
pedi/do m. pedido, tributo. /**güeño** adj. e s. pedinchão. /**r** tr. pedir; perguntar; mendigar; orar.
pedo m. peido.
pedr/ada f. pedrada. /**ea** f. apedrejamento; saraivada. /**egal** m. pedregal. /**egoso** adj. pedregoso. /**ería** f. pedraria. /**isco** m. pedrisco.
pega f. pegamento, pegadura; breadura. /**dizo** adj. pagadiço; contagioso. /**joso** adj. pagajoso; contagioso. /**r** tr. pegar; grudar; contagiar; esturrar.
pein/ado adj. e m. penteado. /**r** tr. pentear. /**e** m. pente. /**eta** f. pente convexo usado como ado(ô)rno.
pela/dilla f. amêndoa confitada. /**do** adj. pelado; liso. /**dura** f. peladura. /**gatos** m. fam. bomem pobre e desprezível. /**je** m. pelagem. /**mbre** m. pelame, courama; pelada. /**r** tr. pelar; descascar; depenar; esfolar.
película f. película; filme.
peligr/ar intr. perigar. /**o** m. perigo. /**oso** adj. perigoso.
pelirrojo adj. ruivo.
pelo m. pêlo, cabelo; penugem; fiapo.
pelot/a f. pelota, bola; **en —,** em pelote, nu. /**azo** m. pelotada. /**illa** f. bolinha de ce(ê)ra, guarnecida de pontas de vidro; **hacer la —,** adular. /**ón** m. pelotão.
peluca f. peluca.
peludo adj. peludo; m. capacho.
peluquer/a f. cabeleireira. /**ía** f. salão de cabeleireiro, barberia. /**o** m. cabaleireiro.
pellejo m. pele; odre; borracho.
pelliza f. peliça.
pellizc/ar tr. beliscar; depenicar. /**o** m. beliscadura; estorcegada.

pena f. pena; aflição.
penacho m. penacho.
penal adj. penal; m. penitenciária. **/idad** f. penalidade.
penar tr. punir; magoar; intr. penar, padecer; afligir-se.
pender intr. pender.
pendiente adj. pendente; suspenso; m. brinco; f. ladeira; inclinação.
pendón m. pendão.
péndulo adj. pendente; m. pêndulo.
penetra/ción f. penetração. **/nte** adj. penetrante. **/r** tr. penetrar.
penicilina f. penicilina.
península f. península.
peniten/cia f. penitência. **/ciaría** f. penitenciária. **/te** adj. e s. penitente.
penoso adj. penoso.
pensa/do adj. pensado, meditado. **/miento** m. pensamento. **/r** tr. pensar. **/tivo** adj. pensativo.
pensi/ón f. pensão. **/onar** tr. pensionar. **/onista** m. e f. pensionista.
pent/ágono m. pentágono. **/ecostés** m. Pentecostes.
penúltimo adj. e s. penúltimo.
penumbra f. penumbra.
penuria f. penúria.
peñ/a f. penha, penedo; associação, grupo de amigos. **/asco** m. penhasco. **/ascoso** adj. penhascoso. **/ón** m. penha grande.
peón m. peão; jornaleiro; pião.
peonaje m. peonagem.
peor adj. pior.
pequeñ/ez f. pequenez; meninice; bagatela; mesquinhez. **/o** adj. pequeno; m. menino.
pera f. *Bot.* pêra. **/l** *Bot.* pereira.
percance m. percalço; contrariedade.
perc/atar intr. precatar, prevenir. **/epción** f. percepção. **/ibir** tr. perceber.
percu/sión f. percusão. **/tir** tr. percutir.
percha f. percha; cabide.
perd/er tr. perder. **/ición** f. perdição.
pérdida f. perda; desaparecimento.
perdido adj. perdido.
perdig/ón m. *Zool.* perdigo(ô)to; perdigão; grão de chumbo, munição. **/uero** adj. perdigueiro.
perdiz f. *Zool.* perdiz.
perdón m. perdão.
perdona/r tr. perdoar. **/vidas** m. fanfarrão.
perdura/ble adj. perdurável. **/r** intr. perdurar.
perece/r intr. perecer.
peregrin/ación f. peregrinação. **/ar** intr. peregrinar. **/o** adj. e s. peregrino.
perenne adj. perene.
perez/a f. preguiça. **/oso** adj. e s. preguiçoso.
perfec/ción f. perfeição. **/cionar** tr. aperfeiçoar. **/to** adj. perfeito.
perfidia f. perfídia.
pérfido adj. e s. pérfido.
perfil. m. perfil. **/ar** tr. perfilar.
perfora/ción f. perfuração. **/r** tr. perfurar, esburacar.
perfum/ar tr. perfumar. **/e** m. perfume. **/ería** f. perfumeria.
pergamino m. pergaminho.
pericia f. perícia.
perímetro m. perímetro.
periódico adj. e m. periódico.
periodis/mo m. periodismo, jornalismo. **/ta** m. periodista, jornalista.
período m. período.
periscopio m. periscópio.
perito adj. e s. perito.
perju/dicar tr. prejudicar.

/dicial adj. prejudicial. **/icio** m. prejuízo.
perjur/ar intr. perjurar. **/io** m. perjúrio. **/o** adj. e s. perjuro.
perla f. pérola.
permane/cer intr. permanecer. **/ncia** f. permanência. **/nte** adj. permanente.
permi/sible adj permissível. **/sión** f. permissão. **/so** adj. permitido; m. licença, consentimento. **/tir** tr. permitir.
permuta f. permuta. **/ción** f. permutação. **/r** tr. permutar.
pernicioso adj. pernicioso.
perno m. perno.
pernoctar tr. pernoitar.
pero conj. porém, mas.
peroración f. peroração.
perpendicular adj. e f. perpendicular.
perpetu/ar tr. perpetuar. **/idad** f. perpetuidade. **/o** adj. perpétuo.
perplej/idad f. perplexão, perplexidade. **/o** adj. perplexo.
perr/a f. *Zool.* cadela. **/era** f. canil. **/ería** f. canzoada; fig. canalhice. **/o** m. *Zool.* cão.
perse/cución f. perseguição, perseguição. **/guir** tr. perseguir; molestar.
persevera/ncia f. perseverança. **/r** intr. perseverar, persistir.
persiana f. persiana, gelosia.
persist/encia f. persistência. **/ente** adj. persistente. **/ir** intr. persistir.
person/a f. pessoa. **/aje** m. personagem. **/al** adj. pessoal. **/alidad** f. personalidade. **/arse** vr. apresentar-se pessoalmente. **/ificar** tr. personificar.
perspectiva f. perspe(c)tiva.
perspica/cia f. perspicácia. **/z** adj. perspicaz.
persua/dir adj. persuadir. **/sión** f. persuasão. **/sivo** f. persuasivo.
pertene/cer intr. pertencer. **/ncia** f. pertença.
pértiga f. pértiga ou pírtiga.
pertina/cia f. pertinácia. teimosia. **/z** adj. pertinaz; duradouro.
pertinen/cia f. pertinência. **/te** adj. pertinente.
pertrech/ar tr. petrechar. **/os** m. pl. petrechos.
perturba/ción f. perturbação. **/r** tr. perturbar.
perver/sidad f. perversidade. **/sión** f. perversão. **/so** adj. e s. perverso. **/tir** tr. perverter.
pesad/ez f. pesadume; teimosia. **/illa** f. pesadelo. **/o** adj. pesado; maçador.
pesadumbre f. pesadume.
pésame m. pêsame, condolência.
pesar m. pesar, desgo(ô)sto; tr. e intr. pesar; ponderar. **/oso** adj. pesaroso.
pesca f. pesca. **/dería** f. peixaria. **/dero** m. peixeiro. **/do** m. pescado, peixe. **/dor** adj. e s. pescador. /r tr. pescar.
pesebre m. pesebre.
pescuezo m. pescoço.
peseta f. peseta; **cambiar la —,** vomitar.
pesimis/mo m. pessimismo. **/ta** adj. e s. pessimista.
pésimo adj. péssimo.
peso m. pe(ê)so.
pesquería f. pescaria.
pesquisa f. pesquisa.
pestañ/a f. pestana. **/ear** intr. pestanejar. **/eo** m. pestanejo.
peste f. peste.
pestilen/cia f. pestilência. **/te** adj. pestilente.
pestillo m. pestilo, fecho.
petaca f. charuteira, tabaqueira.
pétalo m. *Bot.* pétala.
petición f. petição.

petitorio adj. petitório; m. petição.
pétreo adj. pétreo.
petrifica/ble adj. petrificável. **/ción** f. petrificação. **/r** tr. petrificar.
petróleo m. petróleo.
petulan/cia f. petulância. **/te** adj. e s. petulante.
pez m. *Zool.* peixe; f. pez.
pezón m. *Bot.* pedículo; mamilo, bico do peito; chavelha.
pezuña f. úngula.
piadoso adj. piedoso.
piano m. piano.
piar intr. piar, chiar.
pica f. pique; garrocha de tourear. **/cho** m. pico, cume. **/da** f. picada, picadela. **/dero** m. picadeiro. **/dillo** m. picado. **/do** adj. picado; furado; m. picado; diz-se do mar encrespado; diz-se da pessoa irritada. **/dor** m. picador. **/dura** f. picada, picadura; picadilho, tabaco picado; princípio de cárie. **/nte** adj. picante; m. pico, acidez; fig. graça, chiste; pimenta. **/pedrero** m. canteiro, pedreiro. **/porte** m. picaporta, aldava; trinco. **/r** tr. picar; farpear; estimular; comichão. **/rse** vr. ressentir-se.
picar/día f. picardia. **/esco** adj. picaresco.
picazón m. comichão; fig. desgo(ô)sto.
pico m. bico; picareta; pico; fig. verbosidade. **/ta** f. pelourinho, picota; pico(ô)to. **/tazo** m. bicada, picada. **/tear** tr. bicar, picar; fam. tagarelar.
pictórico adj. pictórico.
pie m. pé; base.
piedad f. piedade.
piedra f. pedra.
piel f. pele; couro.
pienso m. penso.
pierna f. perna.
pieza f. peça.
pigmeo adj. e s. pigmeu.
pignora/ción f. penhora. **/r** tr. penhorar, empenhar.
pijama m. pijama.
pila f. pia; pilha; montão. **/r** m. bebedouro; baliza; pilar, coluna; fig. esteio; tr. pilar, descascar, pisar no gral. **/stra** f. pilastra.
píldora f. pílula.
pilón m. pia grande; tanque; pilão.
pilot/aje m. pilotagem. **/o** m. pilo(ô)to.
pill/aje m. pilhagem. **/ar** tr. pilhar, furtar. **/astre** m. fam. malandro. **/o** adj. e s. velhaco.
pim/entón m. pimentão. **/ienta** f. *Bot.* pimenta. **/iento** m. *Bot.* pimenteiro; pimento.
pináculo m. pináculo.
pinar m. pinhal.
pincel m. pincel. **/ada** f. pincelada; retoque.
pincha/r tr. picar; furar; estimular. **/zo** m. picada; alfinetada.
pinche m. mirmidão, ajudante de cozinheiro.
pino m. *Bot.* pinheiro. **/so** adj. pinífero.
pinta f. pinta, mancha. **/do** adj. pintado. **/r** tr. pintar.
pintor m. pintor. **/esco** adj. pintoresco.
pinzas f. pl. pinças.
piñ/a f. *Bot.* pinha; ananás. **/ón** m. *Bot.* pinhão; carre(ê)te, pequena roda dentada.
pío adj. pio, devoto; compassivo.
piojo m. *Zool.* piolho. **/so** adj. piolhoso.
piorrea f. piorre(ê)ia.
pipa f. pipa, tonel; cachimbo.
piqueta f. picareta.
pira f. pira.
piragua f. piroga.
pirámide f. pirâmide.

pirat/a m. pirata. **/ear** intr. piratear. **/ería** f. pirateria.
pirenaico adj. e s. pirenaico.
pirop/ear tr. dizer galanteios, requebrar. **/o** m. reque(ê)bro, lisonja.
pirotecnia f. pirotecnia.
piscina f. piscina.
piso m. soalho; andar; pavimento.
pisot/ear tr. calcar, pisar, ofender. **/eo** m. pisadela; calcadura. **/ón** m. pisadela.
pista f. pista.
pistol/a f. pistola. **/era** f. coldre. **/ero** m. pistoleiro.
pistón m. êmbolo, pistão.
pitar intr. apitar.
pitill/era f. cigarreira. **/o** m. cigarro de papel.
pito m. apito, assobio.
pitonisa f. pitonisa.
pizarra f. ardósia, piçarra; quadro pre(ê)to.
pizca f. pisca, bocadinho, migalha.
placa f. placa, chapa.
pláceme m. felicitação, parabém.
place/ntero adj. prazenteiro. **/r** m. e tr. prazer; m. parcel.
plácido adj. plácido.
plaga f. praga. **/r** tr. encher de pragas; infestar.
plagi/ar tr. plagiar. **/o** m. plágio.
plan m. plano; proje(c)to.
plana f. página, lauda; planície.
plancha f. plancha, lâmina; fig. e(ê)rro ridículo.
planchar tr. passar a ferro, engomar.
planear tr. planear, planejar.
planeta m. plane(ê)ta. **/rio** adj. planetário.
planicie f. planície.
plano adj. plano; liso; fig. fácil; m. superfície plana; plano.
plant/a f. planta; plano; plantação; — **baja**, rés-do-chão. **/acinó** f. plantação. **/ar** tr. plantar; fixar. **/eamiento** m. delineamento; proposta. **/ear** tr. delinear; propor. **/el** m. viveiro. **/illa** f. palmilha de sapato; quadro de pessoal; molde. **/ón** m. rebentão.
plañi/do m. pranto, lamento. **/r** tr. carpir, chorar.
plasmar tr. plasmar.
plata f. prata.
plataforma f. plataforma.
plátano m. *Bot.* plátano; bananeira; banana.
plate/a f. plate(é)ia. **/ado** adj. prateado. **/ar** tr. pratear. **/ría** f. ourivesaria. **/ro** m. ourives; prateador.
plática f. palestra, conversa; prática.
platicar tr. conversar, palestrar.
platillo m. pratinho; **prato** de balança; guisado de carne.
plato m. prato.
playa f. praia.
plaza f. praça.
plazo m. prazo.
pleamar f. pre(i)a-mar.
plebe f. plebe. **/yo** adj. e s. plebeu.
plega/ble adj. pregueável, dobradiço. **/dizo** adj. dobradiço, flexível. **/r tr.** dobrar; preguear.
plegaria f. prece, rogativa.
pleit/ear tr. pleitear. **/o** m. pleito.
plen/ario adj. plenário. **/ilunio** m. plenilúnio. **/ipotenciario** adj. e s. plenipotenciário. **/itud** f. plenidão, plenitude, totalidade. **/o** adj. e m. pleno.
plieg/o m. fo(ô)lha de papel; caderno. **/ue** m. dobra, vinco.
plom/ada f. prumo, sonda. **/ar** tr. chumbar. **/izo** adj. plúmbeo. **/o** m.

chumbo; fig. pessoa maçadora.
plum/a f. pluma, pena. **/aje** m. plumagem.
plumero m. espanador; penacho.
plural adj. e m. plural. **/idad** f. pluralidade. **/izar** tr. pluralizar.
plus m. gratificação extraordinária.
pobla/ción f. povoação; **/cho** m. povoado reles. **/do** m. povoado. **/r** tr. povoar.
pobre adj. e s. pobre. **/tón** adj. e s. pobretão. **/zar** f. pobreza.
pocilga f. pocilga.
poción f. poção.
poco adj. adv. e m. pouco.
poda f. poda, podadura. **/dera** f. podadeira. **/r** tr. podar.
poder m. e tr. poder. **/ío** m. poderio. **/oso** adj. e s. poderoso.
podredumbre f. podridão.
poe/ma m. poema. **/sía** f. poesia. **/ta** m. poeta. **/tastro** m. poetastro, poetaço.
poeti/sa f. poetisa. **/zar** tr. poetizar.
polaina f. polaina.
polar adj. polar.
polea f. polé, roldana.
polémic/a f. polé(ê)mica. **/o** adj. polé(ê)mico.
polen m. *Bot.* pólen.
polic/ía f. e m. polícia. **/íaco** adj. policial.
polígamo adj. e s. polígamo.
poligloto adj. e s. poliglоto.
polígono adj. e m. poligonal, polígono.
polilla f. traça.
poliomielitis f. poliomielite.
polític/a f. política. **/o** adj. e s. político.
póliza f. apólice; estampilha fiscal.
polizón m. vagabundo, vadio; pessageiro clandestino.
polo m. pólo.
polv/areda f. poeirada. **/o** m. pó, poeira.
pólvora f. pólvora.
polvor/iento adj. poeirento. **/ín** m. polvorim.
poll/a f. franga; fig. mocinha. **/ería** f. aviário, mercado ou loja de frangos. **/ino** m. burrico. **/o** m. frango. **/uelo** m. pintainho.
pomada f. pomada.
pomp/a f. pompa. **/oso** adj. pomposo.
pondera/ble adj. ponderável. **/ción** f. ponderação. **/ar** tr. ponderar.
pone/dero m. poedouro ou poedoiro. **/r** tr. pôr.
poniente m. poente.
pont/ificado m. pontificado. **/ifical** adj. e m. pontifical. **/ífice** m. pontífice. **/ificio** adj. pontifício.
pontón m. pontão.
popa f. po(ô)pa.
popul/acho m. populacho, ralé. **/ar** adj. popular. **/aridad** f. popularidade. **/arizar** tr. popularizar.
por prep. por.
porcelana f. porcelana.
porcentaje m. percentagem.
porción f. porção.
porche m. cobertiço, alpendre.
pordiose/ar intr. mendigar; pedir com humildade. **/o** m. mendicidade. **/ro** adj. e s. mendigo.
porf/ía f. porfia. **/iado** adj. e s. porfiado. **/iar** intr. porfiar.
pormenor m. pormenor.
pornogr/afía f. pornografia. **/áfico** adj. pornográfico.
poro m. poro. **/sidad** f. porosidade. **/so** adj. poroso.

porque conj. porque.
porqué m. fam. porquê.
porra f. cachamorra, cace(ê)te. **/da** f. cachamorrada, cacetada. **/zo** m. cacetada, pancada.
porrón m. vasilha de vidro com um gargalo comprido para beber vinho.
portaaviones m. porta-aviões.
port/ada f. portada, frontispício; fachada. **/ador** adj. e s. portador; possuidor. **/al** m. portal. **/alámparas** m. porta-lâmpadas. **/amonedas** m. porta-moedas. **/r** tr. levar, trazer. **/arse** vr. comportar-se. **/átil** adj. portátil. **/avoz** m. portavoz. **/azgo** m. portagem. **/azo** m. ruído de uma porta quando bate; a(c)ção de bater a porta na cara delguém. **/e** m. porte; comportamento.
porter/ía f. porteria; empre(ê)go de porteiro. **/o** adj. e s. porteiro; guarda-re(ê)de.
pórtico m. pórtico.
porvenir m. porvir.
pos prep. pós, detrás, depois.
posad/a f. moradia, morada, casa; pousada; hospedagem. **/eras** f. pl. nalgas **/ero** m. estalajadeiro, hospedeiro; assento.
posar intr. pousar; alojar-se; descansar, repousar.
posdata f. pós-escrito.
pose/edor adj. e s. possuido. **/er** tr. possuir. **/ído** adj. possuído; possesso. **/sión** f. possessão, posse. **/sivo** adj. possessivo.
posib/ilidad f. possibilidade. **/ilitar** tr. possibilitar. **/ble** adj. possível.
posición f. posição.
positivo adj. positivo.
poso m. sedimento, bo(ô)rra; descanso.
posponer tr. pospor; postergar.
post/al adj. postal; f. bilhete postal. **/e** m. poste.
poster/gar tr. postergar. **/idad** f. posteridade. **/ior** adj. posterior.
postigo m. postigo.
postín m. vaidade, presunção.
postizo adj. postiço; m. chinó, peruca.
postra/ción f. postração. **/r** tr. postrar.
postre m. sobremesa.
postula/ción f. postulação. **/do** adj. e m. postulado. **/r** tr. postular.
póstumo adj. póstumo.
postura f. postura; conve(ê)nio.
potable adj. potável.
pote m. pote; vaso para flo(ô)res.
poten/cia f. potência. **/tado** m. potentado. **/te** adj. potente.
potesta/d f. potestade. **/tivo** adj. facultativo.
potr/anca f. potranca, poldra. **/o** m. *Zool.* potro.
pozo m. moço.
práctica f. prática.
practica/nte adj. e m. praticante; enfermeiro; ajudante de farmácia ou de médico. **/r** tr. praticar.
prad/era f. pradaria. **/o** m. prado.
preámbulo m. preâmbulo.
prebenda f. prebenda.
precario adj. precário.
precaución f. precaução.
precaver tr. precaver. **/se** vr. acautelar-se.
precede/ncia f. precedência. **/nte** adj. e m. precedente. **/r** tr. preceder.
preces f. pl. preces.
precia/do adj. prezado, precioso. **/r** tr. apreciar. **/rse** vr. envaidecer-se.
precintar tr. precintar, atar.
precio m. preço.

precios/idad f. preciosidade. **/o** adj. precioso.
precip/icio m. precipício. **/itación** f. precipitação. **/itado** adj. e m. precipitado. **/itar** tr. precipitar; acelerar.
precis/ar tr. precisar. **/ión** f. precisão. **/o** adj. preciso; conciso.
precitado adj. pré-citado.
precocidad f. prococidade.
preconizar tr. preconizar.
precoz adj. precoce.
precursor adj. e s. precursor.
predecesor m. predecessor.
predecir tr. predizer.
predestina/ción f. predestinação. **/do** adj. e s. predestinado. **/r** tr. predestinar.
predica/ble adj. predicável. **/ción** f. predicação. **/dor** adj. e s. predicador. **/r** tr. predicar, pregar; admoestar.
predicción f. predição.
predilec/ción f. predile(c)ção. **/to** adj. predile(c)to.
predomin/ar tr. predominar. **/io** m. predomínio.
preexistir intr. preexistir.
prefacio m. prefácio.
prefecto m. prefeito.
prefer/encia f. preferência; eleição. **/ible** adj. preferível. **/ir** tr. preferir; escolher.
prefijo adj. e m. prefixo.
preg/ón m. pregão. **/onar** tr. apregoar.
pregunt/a f. pergunta. **/ar** tr. perguntar.
preju/icio m. prejulgamento; preconceito, opinião anticipada. **/zgar** tr. prejulgar.
prelado m. prelado.
preludio m. prelúdio.
premedita/ción f. premeditação. **/r** tr. premeditar.
premi/ar tr. premiar. **/o** m. pre(ê)mio. **/oso** adj. premente; importuno; estreito.
premisa f. premissa; fig. sinal, vestígio.
prenda f. prenda, penhor; jóia; presente; qualquer das partes do vestuário ou calçado. **/r** tr. penhorar; agradar; enamorar-se.
prende/r tr. prender; enredar-se uma coisa noutra; pegar. **/ría** f. loja de adelo.
prensa f. prensa; imprensa. **/r** tr. prensar.
preñ/ada adj. prenhada. **/ado** adj. prenhe; cheio, carregado. **/ar** tr. engravidar. **/ez** f. prenhez; fig. confusão.
preocup-acinó f. preocupação. **/r** tr. preocupar.
prepara/ción f. preparação. **/r** tr. preparar; aprontar. **/rse** vr. ataviar-se. **/tivo** m. preparativo. **/torio** adj. preparatório.
prepondera/ncia f. preponderância. **/r** intr. preponderar.
prerrogativa f. prerrogava.
presa f. pre(ê)sa; acéquia; açude; talhada, fatia.
presagi/ar tr. pressagiar. **/o** m. presságio.
presb/iteriano adj. e s. presbiterano ou presbiteriano. **/ítero** m. presbitério; capela-mor; reunião dos presbíteros.
prescindir tr. prescindir.
prescri/bir tr. prescrever. **/pción** f. prescrição; preceito; receita.
presen/cia f. presença. **?ciar** tr. presenciar; observar. **/table** adj. apresentável. **/tación** f. apresentação. **/tar** tr. apresentar; dar. **/te** adj. e m. presente.
presenti/miento m. pres-

sentimento. **/r** tr. pressentir; antecipar.
preserva/ción f. preservação. **/r** tr. preservar. **/tivo** adj. e m. preservativo; defesa.
presiden/cia f. presidência. **/te** adj. e m. presidente.
presidi/ario m. presidiário. **/o** m. presídio. **/r** tr. presidir; predomiar.
presilla f. presilha.
presión f. pressão.
preso adj. e s. pre(ê)so.
prestación f. empréstimo; prestação.
préstamo m. empréstimo.
prestar tr. emprestar; ajudar; vr. oferecer-se.
presteza f. presteza.
prestidigita/ción f. prestidigitação. **/dor** m. prestidigitador.
prestigio m. prestígio. **/so** adj. prestigioso.
presto adj. e adj. presto.
presumi/do adj. e s. presumido, vaidoso. **/r** tr. presumir.
presup/oner tr. pressupor. **/osición** f. pressuposição. **/uesto** adj. pressuposto; m. motivo; suposição; orçamento.
preten/der tr. pretender. **/diente** adj. e s. pretendente; candidato. **/sión** f. pretensão; vaidade.
pretérito adj. *Gram.* pretérito; passado.
pretexto m. pretexto.
pretil m. parapeito, varandim; lugar plano.
prevalecer intr. prevalecer; valer-se ou servir-se de uma coisa.
preven/ción f. prevenção. **/ido** adj. prevenido; abundante. **/ir** tr. prevenir. **/tivo** adj. preventivo.
prever tr. prever.
previo adj. prévio.
previs/ión f. previsão. **/or** adj. e s. previdente; prudente.
prim/a f. prima; luvas, gratificação. **/acía** f. primazia. **/ario** adj. primário.
primavera f. Primavera **/l** adj. primaveral.
primer adj. primeiro. **/izo** adj. e s. novato, principiante. **/o** adj. e adv. primeiro.
primicia f. primícia.
primitivo adj. primitivo.
primo adj. e s. primo. **/génito** adj. e s. primogé(ê)nito.
primor m. primor. **/dial** adj. primordial. **/oso** adj. primoroso.
princ/esa f. princesa. **/ipado** m. principado. **/ipal** adj. e m. principal.
príncipe adj. e m. príncipe.
principi/ante adj. e s. principiante; inexperto. **/ar** tr. principiar, começar. **/o** m. princípio.
prior m. prior. **/a** f. prioresa. **/idad** f. prioridade.
prisa f. pressa.
prisi/ón f. prisão. **/onero** m. prisioneiro.
priva/ción f. privação. **/do** adj. e m. privado. **/nza** f. privança. **/r** tr. privar. **/tivo** adj. privativo.
privilegi/ado adj. privilegiado. **/ar** tr. privilegiar. **/o** m. privilégio.
pro amb. prol, proveito; **en —**, em favor de.
proa f. proa.
probab/ilidad f. probabilidade. **/le** adj. provável.
proba/ción f. prova; provação. **/dura** f. provadura. **/nza** f. provação. **/r** tr. provar.
problem/a m. problema. **/ático** adj. problemático.
proca/cidad f. procacidade **/z** adj. procaz, procace.
proced/encia f. procedência. **/er** intr. e m. proceder. **/imiento** m. procedimento.

procesa/do adj. e m. processado. **/l** adj. processual. **/miento** m. processamento. **/r** tr. processar.
procesión f. processão, procedência; procissão.
proceso m. processo.
proclama f. proclama, proclama, proclamação. **/r** tr. proclamar.
procura f. procuração, mandato; procuradoria. **/dor** adj. e s. procurador. **/r** tr. procurar.
pródigo adj. pródigo.
produc/ción f. produção. **/ir** tr. produzir. **/tividad** f. produtividade. **/tivo** adj. produtivo. **/to** m. produto.
proeza f. proeza.
profan/ación f. profanação. **/ador** adj. e s. profanador. **/ar** tr. profanar. **/idad** f. profanidade. **/o** adj. e s. profano.
profecía f. profecia.
proferir tr. proferir.
profes/ar tr. professar. **/ión** f. profissão; ocupação. **/ional** adj. e s. professional. **/o** adj. professo. **/or** m. professor.
profeta m. profeta.
profiláctico adj. e m. profila(c)tico.
prófugo adj. e s. prófugo.
profund/idad f. profundidade. **/izar** tr. profundar; investigar. **/o** adj. profundo.
profus/ión f. profusão. **/o** adj. profuso.
progeni/e f. progé(ê)nie; linhagem. **/tor** m. progenitor.
programa m. programa.
progres/ar intr. progredir, avançar. **/ión** f. progressão; progresso. **/ivo** adj. progressivo. **/o** m. progresso.
prohibi/ción f. proibição. **/r** tr. proibir.
prohijar tr. perfilhar.
prójimo m. próximo; semelhante.
prole f. prole. **/tario** adj. e s. proletário.
prólogo m. prólogo.
prolonga/ble adj. prolongável. **/ción** f. prolongação. **/r** tr. prolongar.
prome/sa f. promessa. **/ter** tr. prometer. **/tido** adj. prometido; m. noivo.
prominen/cia f. prominência. **/te** adj. proeminente.
promoción f. promoção.
promontorio m. promontório.
promo/tor adj. e s. promotor; fomentador. **/ver** tr. promover; fomentar.
promulga/ción f. promulgação. **/dor** adj. e s. promulgador. **/r** tr. promulgar; propagar.
pronóstico m. prognóstico.
pront/itud f. prontidão. **/o** adj. pronto, veloz; impulso repentino.
pronuncia/ción f. pronunciação. **/miento** m. pronunciamento. **/r** tr. pronunciar.
propaga/ción f. propagação. **/dor** adj. e s. propagador. **/nda** f. propaganda. **/r** tr. propagar.
propici/ar tr. propiciar. **/o** adj. propício.
propie/dad f. propriedade. **/tario** adj. e s. proprietário.
propina f. gorjeta, propina, gratificação.
propio adj. próprio.
proponer tr. propor; oferecer.
proporci/ón f. proporção. **/onar** tr. proporcionar.
proposición f. proposição.
propósito f. propósito; fim.
propuesta f. proposta.
propulsión f. propulsão.
prorroga/ble adj. prorogável. **/ción** f. prorrogação. **/r** tr. prorrogar.

prosa f. prosa.
proseguir tr. prosseguir.
prosélito m. prosélito.
prospecto m. prospe(c)to, programa.
prosper/ar tr. prosperar. **/idad** f. prosperidade.
próspero adj. próspero.
prosterna/ción f. prosternação. **/rse** vr. prosternar-se, prostrar-se.
prostíbulo m. prostíbulo.
prostitu/ción f. prostituição. **/ir** tr. prostituir. **/ta** f. prostituta.
protagonista m. e f. protagonista.
prote/cción f. prote(c)ção. **/ctor** adj. e s. prote(c)tor. **/ger** tr. proteger. **/gido** adj. e s. protegido; favorito.
proteína f. proteína.
protest/a f. protestação; protesto. **/ación** f. protestação. **/ante** adj. e s. protestante. **/antismo** m. protestantismo. **/ar** tr. protestar. **/o** m. protesto, protestação.
proto/colo m. protocolo. **/tipo** m. protótipo.
provee/dor m. provedor, fornecedor. **/r** tr. prover, fornecer; equipar.
provenir intr. provir.
proverbio m. provérbio, sentença; rifão.
providencia f. providência. **/l** adj. providencial. **/r** tr. providenciar.
provincia f. província. **/l** adj. provincial. **/no** adj. e s. provinciano.
provisi/ón f. provisão, fornecimento. **/onal** adj. provisório, provisional.
provoca/ción f. provocação. **/dor** adj. e s. provocador. **/r** tr. provocar. **/tivo** adj. provocativo.
próximo adj. próximo.
proyec/ción f. proje(c)ção. **/tar** tr. proje(c)tar. **/til** m. projé(c)til. **/tista** s. proje(c)tista. **/to** adj. e m. proje(c)to. **/tor** m. proje(c)tor.
pruden/cia f. prudência. **/te** adj. prudente.
prueba f. prova; testemuho.
psic/ología f. psicologia. **/ológico** adj. psicológico. **/ólogo** m. psicologista, psicólogo. **/osis** f. psicose.
psiquiatr/a m. psiquiatra. **/ía** f. psiquiatria.
psíquico adj. psíquico.
púa f. pua.
pubertad f. puberdade.
public/ación f. publicação. **/ador** adj. e s. publicador. **/ar** tr. publicar. **/idad** f. publicidade.
público adj. e sm. público; auditório.
púdico adj. púdico.
pudin m. pudim.
pueblo m. povo, povoação.
puente m. ponte.
pueri/cultura f. puericultura. **/l** adj. pueril; fig. fútil. **/lidad** f. puerilidade.
puert/a f. porta. **/o** m. po(ô)rto; desfiladeiro.
pues conj. pois.
puest/a f. ocaso; posta. **/o** adj. po(ô)sto, vestido; colocado; m. posto; empre(ê)go; destino.
pugilato m. pugilato.
pulcr/itud f. pulcritude. **/o** adj. pulcro.
pulg/a f. *Zool.* pulga. **/ada** f. polegada. **/ar** m. polegar. **/ón** m. *Zool.* pulgão.
puli/do adj. polido, delicado. **/mentar** tr. polir; abrilhantar; amaciar. **/r** tr. polir; abrilhantar; instruir.
pulm/ón m. pulmão. **/onía** f. pneumonia.
pulpa f. polpa.
puls/ación f. pulsação; palpitação. **/ador** adj. e

s. pulsátil. **/ar** tr. pulsar; pulsear; palpitar. **/era** f. pulseira. **/o** m. pulso.
pulveriza/ción f. pulverização. **/dor** m. pulverizador; vaporizar. **/r** tr. pulverizar; aniquilar.
punción f. punção.
punt/a f. ponta. **/ada** f. ponto; alinhavo. **/al** m. pontalete; pontal; apoio. **/apié** m. pontapé. **/ear** tr. pontoar; alinhavar; pontilhar. **/ería** f. pontaria. **/ero** adj. e m. ponteiro. **/illa** f. pontilha, espiguilha; choupa; **de —s**, nas pontas dos pés. **/illo** m. pontinho, insignificância. **/illoso** adj. pontilhoso. **/o** m. ponto. **/uación** f. puntuação. **/ual** adj. pontual. **/ualidad** f. pontualidade. **/ualizar** tr. particularizar; gravar na memória. **/uar** tr. pontuar.
puñ/ado m. punhado; mão-cheia. **/al** m. puda. **/etazo** m. murro. **/o** nhal. **/alada** f. punhalam. punho.
pupil/a f. pupila. **/aje** m. pupilagem. **/o** m. pensionista; pupilo.
pureza f. pureza.
purga f. purga. **/nte** adj. e m. purgante. **/r** tr. purgar. **/torio** adj. purgativo; m. purgatório.
puri/ficación f. purificação. **/ficar** tr. purificar.
puro adj. puro; m. charuto.
púrpura f. púrpura.
purpúreo adj. purpúreo.
pus m. pus.
putrefac/ción f. putrefa(c)ção. **/to** adj. putrefa(c)to.

Q

que pron. que, qual, o qual.
quebra/da f. quebrada. **/dero** m. quebrador; fig. fam. perturbador. **/dizo** quebradiço; débil. **/do** adj. quebrado. **/dura** f. quebradura; hérnia. **/ntar** tr. quebrar; fender; quebrantar. **/r** quebrar; violar; empalidecer.
qued/a f. toque de recolher. **/ar** intr. quedar, ficar; estacionar. **/o** adj. que(ê)do; parado; adv. em voz baixa.
quehacer m. ocupação, trabalho.
quej/a f. queixa. **/ar** tr. afligir. **/arse** vr. lamentar-se. **/ido** m. queixume, lamentação. **/oso** adj. queixoso, ofendido.
quema f. queima; incêndio. **/dura** f. queimadura. **/r** tr. queimar; arder.
quer/encia f. querença. **/er** tr. querer; m. vontade; carinho. **/ida** f. querida; amante. **/ido** m. querido, desejado.
queso m. queijo.
¡quia! interj. qual!.
quiebr/a f. quebra; falência. **/o** m. reque(ê)bro; *Mús.* trinado.
quien pron. quem, qual, que. ao que, ou o que. **/quiera** pron. qualquer, pessoa indeterminada.
quiet/o adj. quieto; imóvel. **/ud** f. quietude.
quilate m. quilate.
quilla f. quilha.

químic/a f. química. **/o** adj. e s. químico.
quina f. quina.
quincen/a f. quinzena. **/al** adj. quinzenal.
quiniela f. toto-bola.
quinina f. quinina.
quinquenal adj. qu(ü)inqu(ü)enal.
quinquenio m. qu(ü)inqué(üé)nio, lustro.
quinteto m. *Mús.* quinteto.
quinto adj. quinto; m. aque(ê)le que é sorteado para o serviço militar.
quiosco m. quiosque ou quiosco.
quirúrgico adj. cirúrgico.
quita f. quita, quitação. **/manchas** m. tira-nódoas. **/r** tr. tirar, furtar; impedir. **/rse** vr. retirar-se, ir-se. **/sol** m. guarda-sol, sombrinha.
quizá adv. quiçá, talvez.

R

rabí m. rabi, rabino.
rabia f. raixa. **/r** intr. raivar; rabiar; enfurecer-se.
rabino m. rabino.
rabo m. rabo, cauda.
racial adj. racial.
racimo m. racimo, cacho.
raciocin/ar intr. raciocinar. **/io** m. raciocínio.
ración f. ração.
racional adj. racional. **/ismo** m. racionalismo. **/izar** tr. racionalizar.
raciona/miento m. racionamento. **/r** tr. racionar.
rada f. rada. **/r** m. radar.
radia/ción f. radiação. **/ctividad** f. radia(c)tividade. **/dor** m. radiador. **/nte** adj. radiante. **/r** intr. irradiar ; tr. radiar.
radica/ción f. radicação. **/l** adj. radical. **/r** intr. radicar, enraizar; arraigar.
radio m. *Quím.* e *Zool.* rádio; *Geom.* raio; rádio, radiodifusão. **/difusión** f. radiodifusão. **/ grafía** f. radiografia. **/telegrafía** f. radiotelegrafia. **/terapia** f. radioterapia. **/yente** s. radiouvinte.
ráfaga r. rajada; lampejo.
raíl m. carril, trilho.
raíz f. raiz.
raja f. fenda; fatia; inciso. **/ble** adj. rachável. **/r** tr. fender, abrir; incisar. **/rse** vr. não cumprir a palavra dada. **/tabla** adv. custe o que custar.
ralo adj. ralo.
rama f. ramo; galho; ramificação. **/je** m. ramagem, ramada.
ramera f. rameira.
ramifica/ción f. ramificação. **/rse** vr. ramificar-se; dividir-se.
ramo m. ramo; ramalhete.
rampa f. ladeira, plano inclinado; cãibra.
rana f. *Zool.* rã.
ranch/ero m. rancheiro. **/o** m. rancho.
rango m. classe, categoria, dignidade.
ranura f. ranhura, encaixe.
rapar tr. rapar; barbear.
rapaz adj. e m. rapaz.
rapé m. rapé.
rapidez f. rapidez.
rápido adj. e s. rápido.
rapiña f. rapina. **/r** tr. rapinar, roubar.
raposa f. rapo(ô)sa.

rapsodia f. rapsódia.
rapto m. rapto. **/r** adj. e s. raptor.
raqueta f. raqueta.
raquítico adj. e s. raquítico.
rar/eza f. rareza; anomalia. **/ificar** tr. enrarecer. **/o** adj. raro.
ras m. superfície rasa, igualdade de nível.
rasa/nte adj. e f. rasante. **/r** tr. rasar.
rasca/cielos m. arranha--céu. **/r** tr. rascar.
rasg/ado adj. rasgado, **/ar** tr. rasgar. **/o** m. rasgo. **/ón** m. rasgão.
rasguñ/ar tr. arranhar. **/o** m. arranhadela; rascunho.
raspa f. pedúnculo; fiapo; espinha de peixe; película de alguns frutos. **/dor** m. raspador, raspadeira.
rastr/a f. ancinho; rastro; réstia; arrastamento. **/ear** tr. rastear, rastejar; indigar; voar baixo. **/ero** adj. rasteiro; fig. **vil**. **/illar** tr. rastelar; esterroar. **/illo** m. raste(ê)lo; grade de ferro; ancinho. **/o** m. rasto, ancinho; rasto; matadouro. **/ojal** m. restolhal. **/ojo** m. resto(ô)lho.
rasurar tr. babear.
rat/a f. *Zool.* rata; m. ladrão. **/ear** tr. furtar; rastejar. **/ería** f. ratonice. **/ero** adj. e s. ratoneiro.
ratifica/ción f. ratificação. **/r** tr. ratificar.
rato m. momento, bocado; **—s perdidos**, folgas, vagares.
rat/ón m. *Zool.* rato; ladrão. **/onera.** f. ratoeira.
razón f. razão; origem; fundamento.
razona/ble adj. razoável. **/dor** adj. e s. raciocinador. **/miento** m. razoamento; argumentação. **/r** intr. arrazoar, raciocinar; explicar; falar; tr. expor.
reacci/ón f. rea(c)ção. **/onar** intr. reagir, resistir.
react/ivo adj. e m. rea(c)tivo. **/or** m. reator.
real adj. real.
realce m. realce; fama.
realeza f. realeza.
reali/dad f. realidade. **/sta** adj. e s. realista. **/zable** adj. realizável. **/zación** f. realização. **/zador** adj. e s. realizador. **/zar** tr. realizar.
reapar/ecer intr. reaparecer. **/ición** f. reaparição.
rebaja f. rebaixa, diminuição; abatimento. **/r** tr. rebaixar; diminuir. **/rse** vr. aviltar-se.
rebana/da f. rabanada, fatia. **/r** tr. cortar em fatias.
rebaño m. rebanho.
rebasar tr. trasbordar, ultrapassar.
rebat/ir tr. rebater; abater. **/o** m. alarma; rebate; resistir.
rebel/arse vr. rebelar-se; resistir. **/de** adj. e s. rebelde. **/día** f. rebeldia. **/ión** f. rebelião.
reborde m. rebo(ô)rdo, moldura.
rebosa/mento m. transbordamento. **/r** intr. trasbordar; abundar; sobejar.
rebot/ar tr. ressaltar; rebater; ricochetear. **/e** m. repulsão, ressalte; **de —**, indire(c)tamente.
reboz/ar tr. rebuçar; albardar. **/o** m. rebuço; pretexto.
rebusca f. rebusca. **/r** tr. rebuscar.
recad/ero m. recadista. **/o** m. recado, mensagem.
reca/er intr. recair. **/ída** f. recaída.
recámara f. recâmara.
recambio m. recâmbio.

recapacitar tr. meditar; ponderar.
recapitular tr. recapitular; resumir.
recarg/ar tr. carregar de no(ô)vo; sobrecarregar. **/o** m. sobrecarga; nova imposição.
recat/ado adj. recatado. **/ar** tr. recatar. **/o** m. recato.
recauda-ción f. arrecadação, cobrança; recebedoria. **/dor** m. recebedor. **/miento** m. recebimento, co(ô)bro ou arrecadação. **/r** tr. cobrar, receber impostos, arrecadar; assegurar.
recel/ar tr. recear. **/o** m. receio. **/oso** adj. receoso; desconfiado.
recep/ción f. recepção. **/táculo** m. receptáculo. **/tor** adj. e s. receptor.
receta f. receita. **/r** tr. receitar.
recib/idor adj. e s. recebedor; m. antessala. **/imiento** m. recebimento; antessala. **/ir** tr. receber. **/o** m. recepção; recibo.
reci/én adv. recém; recentemente. **/ente** adj. recente.
recinto m. recinto.
recio adj. rijo; grosso; áspero; difícil de soportar.
recíproco adj. recíproco.
recita/ción f. recitação. **/r** tr. recitar.
reclam/ación f. reclamação. **/ar** tr. reclamar. **/o** m. reclamo; chamariz.
reclina/ción tr. e intr. reclinação. **/r** tr. reclinar. **/torio** m. genuflexório.
reclu/ir tr. recluir. **/sión** f. reclusão. **/so** adj. recluso.
recluta f. e m. recruta. **/miento** m. recrutamento. **/r** tr. recrutar.
recobr/ar tr. recobrar. **/arse** vr. desforrar-se. **/o** m. reco(ô)bro.
recodo m. ângulo, cotove(ê)lo, curva.
recog/er tr. recolher, guardar. **/erse** vr. volta para casa; refugiar-se. **/imiento** m. recolhimento; modéstia.
recomenda/ble adj. recomendável. **/ción** f. recomendação. **/r** tr. recomendar.
recompensa f. recompensa; inde(m)nização. **/r** tr. recompensar; satisfazer.
reconcentrar tr. reconcentrar.
reconcilia/ción f. reconcialição. **/dor** adj. e s. reconciliador. **/r** tr. reconciliar.
recóndito adj. recôndito.
reconoc/er tr. reconhecer. **/ido** adj. reconhecido; agradecido; autenticado. **/imiento** m. reconhecimento; gratidão.
reconquista f. reconquista.
reconstru/cción f. reconstruir.
recorda/ble adj. recordável. **/ción** f. recordação; lembrança. **/r** tr. recordar.
recorr/er tr. recorrer. **/ido** m. traje(c)to; caminho, itinerário.
recort/ar tr. recortar. **/e** m. recorte.
recostar tr. recostar; arrimar.
recre/ación f. recreio. **/ar** tr. recrear; divertir. **/o** m. recreio; passatempo.
recriminar tr. recriminar.
recrudecer intr. recrudescer; aumentar.
rectángulo adj. e m. re(c)tângulo.
rectifica/ción f. re(c)tificação. **/r** tr. re(c)tificar; corrigir.
rectilíneo adj. re(c)tilíneo.
rectitud f. re(c)titude, re(c)tidão.
recto adj. re(c)to; verda-

deiro. **/r** adj. e s. reitor. **/ría** f. reitoria.
recua f. récua.
recuento m. reconto, contagem.
recuerdo m. recordação; lembrança; pl. cumprimentos.
recuesto m. ladeira, encosta.
recupera/ción f. recuperação. **/r** tr. recuperar.
recu/rir intr. recorrer. **/rso** m. recurso.
recusar tr. recusar.
rechaz/ar tr. rechaçar. **/o** m. rechaço; repulsa.
rechiflar tr. assobiar; troçar.
rechinar intr. rechinar; ranger.
rechupete (de) loc. fam. excelente.
red f. re(ê)de.
redac/ción f. reda(c)ção. **/tar** tr. redigir, escrever.
redada f. redada; conjunto de pessoas ou coisas apanhadas de uma só vez.
redecir tr. redizer.
rededor m. conto(ô)rno; **al** ou **en —,** em redor.
reden/ción f. redenção. **/tor** adj. redentor.
redil m. redil.
redimir tr. redimir.
rédito m. rédito, lucro.
redituar tr. render.
redond/a f. comarca, redondeza; **a la —,** ao redor. **/ear** tr. arredondar. **/el** m. círculo; redondel, arena. **/ez** f. redondeza; curvatura. **/o** adj. redondo; curvo.
reduc/ción f. redução. **/ido** adj. reduzido; exíguo. **/ir** tr. reduzir. **/tible** adj. redutível. **/to** m. reduto.
reele/cción f. reeleição. **/gir** tr. reeleger.
reembols/ar tr. reembolsar. **/o** m. reembo(ô)lso.
reemplaz/able adj. substituível. **/ar** tr. substituir. **/o** m. substituição; recrutamento.
refajo m. saia de baixo usada pelas mulheres dos povoados.
refectorio m. refeitório.
refer/encia f. referência. **/éndum** m. referendum. **/ente** adj. referente. **/ir** tr. referir.
refilón (de) m. de soslaio; ao de leve.
refin/ado adj. refinado; requintado. **/amiento** m. refinamiento. **/ar** tr. refinar; requintar. **/ería** f. refinaria; refinação.
refle/ctor m. refle(c)tor. **/jar** intr. refle(c)tir; meditar. **/jo** ad. reflexo, refle(c)tido; m. reflexo; imagem. **/xión** f. reflexão. **/xionar** tr. reflexionar. **/xivo** adj. reflexivo; meditado.
reflujo m. refluxo.
reforma f. reforma. **/ble** adj. reformável. **/r** tr. reformar. **/rse** vr. emendar-se; aposentar-se. **/torio** adj. e s. reformatório.
reforzar tr. reforçar; fortalecer.
refrán m. rifão, provérbio.
refranero m. adagiário.
refregar tr. esfregar; fazer alusões.
refrena/ble adj. refreável. **/r** tr. refrear; reprimir.
refrendar tr. referendar; visar passaportes.
refresc/ar tr. refrescar. **/o** m. refre(ê)sco.
refriega f. peleja, refrega.
refriger/ación f. refrigeração. **/ador** adj. e s. refrigerador. **/ar** tr. refrigerar. **/io** m. refrigério; frescor; refeição leve.
refrito adj. frito de no(ô)vo; m. fig. coisa refeita ou composta.
refuerzo m. refo(ô)rço; ajuda.

refugi/ado adj. e s. refugiado. **/ar** tr. refugiar. **/arse** vr. esconder-se. **/o** m. refúgio; amparo; albergue.
refulgir intr. refulgir.
refuta/ción f. refutação. **/r** tr. refutar.
regad/era f. regador. **/ío** adj. regadio; m. diz-se do terreno que se pode regar. **/izo** adj. regadiço.
regajo m. regato.
regal/ado adj. regalado; delivado; agradável. **/ar** tr. regalar, presentear; tratar bem. **/ía** f. regalia; privilégio. **/iz** *Bot.* regoliz, alcaçiz. **/o** m. presente, regalo; comodidade.
regar tr. regar; molhar.
regata f. regueira ou regueiro.
regate/ar intr. regatear. **/o** m. regateio.
regazo m. regaço; seio.
regencia f. regência.
regenera/ción f. regeneração. **/r** tr. regenerar.
regent/ar tr. reger. **/e** adj. e s. regente; gerente.
regicid/a adj. e s. regicida. **/io** m. regicídio.
regidor adj. e s. regedor; vereador.
régimen m. regime; regímem, dieta.
regimiento m. regimento; regedoria.
regio adj. régio.
regi/ón f. região. **/onal** adj. regional.
regir tr. reger.
registr/ador adj. e m. registador. **/ar** tr. registar; anotar. **/o** m. registo ou registro; regulador.
regla f. régua; norma; regra; menstruação. **/mentación** f. regulamentação; estatuto. **/mentar** tr. regulamentar. **/mento** m. regulamento; estatuto.
regocij/ar tr. regozijar. **/arse** vr. deleitar-se. **/o** m. regozijo; go(ô)zo.
regodearse vr. fam. deleitar-se; gracejar.
regoldar intr. arrotar.
regordete adj. fam. gorducho.
regres/ar intr. regressar. **/ión** f. regressão. **/o** m. regresso.
reguer/a f. re(ê)go, regueira. **/o** m. regueiro; rasto, sinal.
regula/ción f. regulação. **/r** adj. e tr. regular. **/ridad** f. regularidade; proporção.
regularizar tr. regularizar.
rehabilitar tr. reabilitar.
rehacer tr. refazer; reorganizar. **/se** vr. reforçar-se.
rehén m. refém.
rehilete m. farpa; fig. dito malicioso.
rehogar tr. refogar.
rehuir tr. retirar, afastar; recusar.
rehusar tr. refusar; denegar.
reimprimir tr. reimprimir.
reina f. rainha. **/do** m. reinado. **/r** intr. reinar.
reincid/encia f. reincidência. **/ir** intr. reincidir.
reincorporar tr. reincorporar.
reino m. reino.
reintegr/ar tr. reintegrar. **/o** m. reintegração.
reír intr. rir; zombar.
reivindicar tr. reivindicar.
reja f. relha; grade.
rejilla f. ralo; grelha.
rejón m. rojão.
rejonear tr. rojonear, garrochar.
rejuvenecer tr. e intr. rejuvenescer; renovar.
relaci/ón f. relação; lista. **/onar** tr. relacionar. **/onarse** vr. familiarizar-se.
relaja/ción f. relaxação; desmaze(ê)lo. **/do** adj. relaxado; negligente; desmoralizado. **/r** tr. re-

laxar; perverter; descuidar-se.
relámpago m. relâmpago.
relampaguear intr. relampaguear, relampejar.
relat/ar tr. relatar. **/ividad** f. relatividade. **/ivo** adj. relativo. **/o** m. relato; narração.
relegar tr. relegar.
relev/ación f. relevação, relevamento. **/ante** adj. excelente; destacável. **/ar** tr. relevar; realçar. **/o** m. rendição.
relicario m. relicário.
relieve m. rele(ê)vo.
religi/ón f. religião. **/osidad** f. religiosidade. **/oso** adj. e s. religioso.
relinch/ar intr. rinchar, relinchar. **/o** m. rincho, relincho.
reliquia f. relíquia.
reloj m. relógio. **/ería** f. relojoaria. **/ero** m. relojoeiro.
reluci/ente adj. reluzente. **/r** intr. reluzir.
rellano m. patamar (de escada); planície.
rellen/ar tr. reencher; rechear. **/o** adj. recheio; m. recheado.
remach/ar tr. arrebitar; aflançar. **/e** m. rebite.
remanente m. remanescente; resíduo.
remanso m. remanso; quietação.
remar intr. remar.
remat/ado adj. rematado; concluído. **/ar** tr. arrematar, rematar; concluir. **/e** m. remate.
remedar tr. arremedar, imitar.
remedi/ar tr. remediar. **/o** m. remédio.
remedo m. arreme(ê)do.
remend/ar tr. remendar; consertar. **/ón** adj. e s. remendão; sapateiro que se dedica a conse(ê)rtos.
remero m. remador.
remesa f. remessa; expedição; despacho.
remiendo m. remendo.
remilg/ado adj. melindroso. **/o** m. melindre; afe(c)tação.
reminiscencia f. reminiscência.
remirado adj. cauteloso, prudente.
remisión f. remessa, perdão.
remiso adj. remisso; descuidado.
remitente adj. e s. remitente.
remo m. remo.
remoj/ar tr. demolhar; empapar, remolhar. **/o** m. remo(ô)lho, demolha.
remolacha f. *Bot.* beterraba.
remolca/dor adj. e s. rebocador. **/r** tr. rebocar.
remolin/ar intr. remoinhar; amontoar-se gente. **/o** m. remoinho, redemoinho.
remolón adj. e s. lento, preguiçoso.
remolque m. reboque.
remonta f. remonta. **/r** tr. afugentar (a caça); remontar; elevar.
rémora f. re(ê)mora; esto(ô)rvo.
remord/er tr. remorder. **/imiento** m. remordimento, remorso.
remoto adj. remoto.
remover tr. remover.
remozar tr. remoçar.
remunera/ción f. remuneração. **/dor** adj. e m. remunerador. **/r** tr. remunerar.
remusgar intr. suspeitar.
renac/er intr. renascer. **/imento** m. renascimento, renascença.
renacuajo m. *Zool.* girino da rã.
rencill/a f. rixa; altercação rancorosa. **/oso** adj. brigão.

rencor m. rancor. **/oso** adj. rancoroso.
rendi/miento m. fadiga; rendimento; rédito. **/r** tr. render; dominar; cansar. **/rse** vr. entregar-se.
renega/do adj. renegado. **/dor** adj. e s. renegador, blasfemador. **/r** tr. renegar; apostatar.
renglón m. linha escrita ou impressa; **a — seguido,** imediatamente.
reniego m. blasfé(ê)mia.
renitente adj. renitente, teimoso.
renombr/ado adj. afamado. **/e** m. renome.
renova/ción f. renovação. **/r** tr. renovar.
renquear intr. coxear.
rent/a f. renda. **/ar** tr. render. **/ero** adj. e s. tributário; rendeiro. **/ista** m. financeiro; capitalista; pessoa que vive de rendimentos.
renuncia f. renúncia. **/r** tr. renunciar.
reñi/do adj. inimizado. **/r** intr. renhir; inimizar-se; repreender.
reo adj. réu; s. culpado; acusado.
reojo (mirar de) fam. olhar de soslaio.
reorganizar tr. reorganizar.
repara/ción f. reparação. **/r** tr. reparar.
repart/ición f. repartição. **/ir** tr. repartir. **/o** m. reparto; distribuição.
repas/ar tr. repassar; passar os olhos por; remendar a roupa. **/o** m. repasso; fam. repreensão.
repatria/ción f. repatriação. **/r** tr. repatriar.
repel/er tr. repelir; recusar; detestar.
repent/e m. repente; **de —,** prontamente. **/ino** adj. repentino.
repercu/sión f. repercussão. **/tir** intr. repercutir.
repertorio m. repertório.
repeti/ción f. repetição. **/r** tr. repetir.
repicar tr. repicar; repenicar.
repisa f. mísula.
replegar tr. fazer novas pregas. **/se** vr. *Mil.* retirar em ordem.
repleto adj. repleto.
réplica f. réplica.
replicar intr. replicar.
repliegue m. prega dupla; *Mil.* a(c)ção de retirar as tropas em boa ordem.
repobla/ción f. repovoação. **/r** tr. repovoar.
repollo m. *Bot.* repo(ô)lho.
reponer tr. repor.
reportación f. reportação.
report/aje m. reportagem. **/ar** tr. reprimir; alcançar; atribuir; produzir. **/e** m. notícia; mexerico. **/ero** adj. e s. repórter.
reposa/do adj. repousado. **/r** intr. repousar.
reposición f. reposição.
reposter/ía f. confeitaria, pastelaria; copa. **/o** m. confeiteiro, doceiro; reposteiro.
repren/der tr. repreender. **/sible** adj. repreensível. **/sión** f. repreensão.
represalia f. represália.
representa/ción f. representação. **/nte** adj. e s. representante. **/r** tr. representar. **/tivo** adj. representativo.
represión f. repressão.
reprim/enda f. reprimenda. **/ir** tr. reprimir.
reproba/ción f. reprovação. **/r** tr. reprovar.
reproch/ar tr. reprovar. **/e** m. reprovação, reprimenda.
reproduc/ción f. reprodução. **/ir** tr. reproduzir.
reptil adj. e m. *Zool.* réptil.
república f. república.
republican/ismo m. repu-

blicanismo. **/o** adj. e s. republicano.
repudi/ación f. repúdio. **/ar** tr. repudiar. **/o** m. repúdio.
repuesto adj. reposto; retirado; m. reserva de provisões.
repugna/ncia f. repugnância; oposição. **/nte** adj. repugnante. **/r** tr. repugnar.
repujar tr. cinzelar; repuxar.
repuls/a f. repulsa. **/ar** tr. repulsar, repelir. **/ión** repulsivo.
reputa/ción f. reputação. **/r** tr. reputar; avaliar.
requema/do adj. requeimado. **/r** tr. requeimar.
requeri/miento m. requerimento; aviso. **/r** tr. requerer; examinar.
requesón m. requeijão.
requiebro m. reque(ê)bro; elogio.
requis/a f. *Mil.* inspe(c)ção; requisição. **/ito** m. requisito.
res f. rês, cabeça de gado.
resaca f. ressaca; *Com.* ressaque.
resalado adj. fam. engraçado, chistoso.
resal/ir intr. ressair, sobressair. **/tar** intr. ressaltar; destacar-se. **/to** m. ressalto; saliência.
resaludar tr. ressaudar.
resarcir tr. ressarcir; inde(m)nizar.
resbal/adizo adj. resvaladiço. **/ar** intr. resvalar, escorregar. **/ón** m. escorregão; descuido.
rescat/ar tr. resgatar; trocar. **/e** m. resgate; permutação.
resci/ndir tr. rescindir, anular. **/sión** f. rescisão.
rescoldo m. rescaldo.
resecar tr. ressecar; dissecar.
resembrar tr. ressemear.
resenti/do adj. ressentido, ofendido. **/miento** m. ressentido, ofendido. **/miento** m. ressentimento. **/rse** r. ressentir-se.
reseña f. resenha; relato. **/r** tr. resenhar; enumerar.
reserva f. reserva. **/do** adj. reservado; discreto. **/r** tr. reservar; preservar; ocultar.
resfria/do m. resfriado, constipação. **/r** tr. resfriar; desanimar. **/rse** r. constipar-se.
resguard/ar tr. resguardar. **/o** m. resguardo; prudência.
resid/encia f. residência; domicílio. **/ente** adj. e s. residente. **/ir** intr. residir. **/uo** m. resíduo.
resigna/ción f. resignação. **/rse** r. resignar-se; submeter-se.
resina f. resina. **/r** tr. resinar.
resist/encia f. resistência. **/ente** adj. resistente. **/ir** intr. resistir; contrariar.
resol/ución f. resolução. **/ver** tr. resolver. **/verse** r. decidir-se.
resona/ncia f. ressonância. **/r** intr. ressoar, ecoar.
resopl/ar intr. assoprar; arfar. **/ido** m. asso(ô)pro.
resorte m. mola; recurso.
respald/ar m. enco(ô)sto, espaldar. tr. assentar, anotar. **/arse** r. encostar-se. **/o** m. respaldo; costas.
respect/ivo adj. respe(c)tivo. **/o** m. respeito, relação.
respet/able adj. respeitável. **/ar** tr. respeitar. **/o** m. respeito, obediência. **/uoso** adj. respeitoso.
respir/ación f. respiração; alento. **/adero** m. respiradoiro. **/ar** intr. respi-

rar; transpirar. **/o** m. respiração.

respland/ecer intr. resplandecer. **/eciente** adj. resplandecente. **/or** m. resplendor, brilho.

respon/der tr. responder. **/dón** adj. e s. respondão. **/sabilidad** f. responsabilidade. **/sable** adj. responsável. **/so** m. responso; repreensão.

respuesta f. resposta.

resquicio m. resquício; fenda.

restablec/er tr. restabelecer. **/erse** r. restabelecer-se. **/imiento** m. restabelecimento; convalescença.

resta/nte adj. e m. diminuidor; resto, restante. **/r** tr. subtrair.

restaura/ción f. restauração. **/nte** adj. e m. restaurante. **/r** tr. restaurar, reparar.

restitu/ción f. restituição. **/ir** tr. restituir.

resto m. resto; sobra.

restregar tr. esfregar.

restri/cción f. restrição. **/ngir** tr. restringir, reduzir. **/ñimiento** m. restringimento.

resucitar tr. e intr. ressucitar. ressucitar, reviver.

resudación f. ressudação.

resuelto adj. resolvido; arrojado.

resulta f. resultado. **/do** adj. e m. resultado; lucro. **/r** intr. resultar; nascer.

resum/en m. resumo, sumário. **/ir** tr. resumir.

resurrección f. ressurreição.

retablo m. retábulo, painel.

retaguardia f. retaguarda.

retal m. retalho; apara.

retallar tr. recortar, sulcar.

retama f. *Bot.* retama, giesta.

retar tr. reptar, desafiar.

retardar tr. retardar, demorar; dilatar.

retaz/ar tr. retalhar; dividir. **/o** m. retalho, fragmento.

retén m. retém. *Mil.* reserva.

reten/ción f. retenção. **/er** tr. reter; conservar. **/tiva** f. retentiva, memória.

reteñir tr. retingir.

retes/ar tr. retesar, enrijecer. **/o** m. retesamento; tesão.

reticencia f. reticência.

retina f. retina.

retir/ada f. retirada. **/ado** adj. retirado, distante; reformado. **/ar** tr. retirar; aposentar. **/o** m. retiro; solidão; reforma de militar.

reto m. repto, desafio.

retoca/dor s. retocador. **/r** tr. retocar; restaurar.

retoñ/ar intr. abrolhar, rebentar. **/o** m. rebento.

retoque m. retoque.

retorc/er tr. retorcer. **/imiento** m. retorcedura.

retóric/a f. retórica. **/o** adj. retórico.

retorn/ar tr. retornar. **/o** m. reto(ô)rno.

retortero m. volta ao redor.

retoz/ar intr. retouçar. **/o** m. retouço ou retoiço. **/ón** adj. retouçador; folgazão.

retrac/ción f. retra(c)ção; encolhimento. **/tación** f. retratação. **/tar** tr. retratar.

retra/er tr. retrair. **/erse** vr. concentrar-se. **/ído** ad. retraído; tímido. **/imiento** m. retraimento.

retras/ar tr. atrasar. **/o** m. atraso.

retrat/ar tr. retratar. **/ista** f. retratista. **/o** m. retrato.

retreta f. *Mil.* toque militar.

retrete m. latrina.
retribu/ción f. retribuição. **/ir** tr. retribuir.
retroce/der intr. retroceder. **/sión** f. retrocessão, retrocesso. **/so** m. retrocesso.
retrógrado adj. e s. retrógrado.
retrotraer tr. retrotrair.
reum/a f. reumatismo. **/ático** adj. e s. reumático. **/atismo** m. reumatismo.
reuni/ón f. reunião. **/r** tr. reunir.
revacunar tr. revacinar.
reválida f. aprovação numa faculdade perante tribunal superior.
revalidar tr. revalidar, ratificar; tomar o grau numa faculdade.
revancha f. desforra.
revela/ción f. revelação. **/do** m. revelado. **/r** tr. revelar.
reven/dedor adj. e s. revendedor; especulador. **/der** tr. revender. **/ta** f. revenda.
revenir intr. retornar, reverter.
revent/ar intr. rebentar. **/ón** m. arrebentamento.
reveren/cia f. reversão. /o **/ciar** tr. reverenciar. **/do** adj. e s. reverendo. **/te** adj. reverente.
revers/ión f. reversão. **/o** m. reverso; costas.
revés m. revés, reverso; costas; infortúnio.
revirar tr. revirar, torcer.
revis/ar tr. rever, revisar. **/ión** f. revisão. **/or** adj. e s. revisor. **/ta** f. revista; inpe(c)ção. **/tar** tr. revistar; examinar.
revivi/ficar tr. revivificar. **/r** intr. revivir.
revoca/ción f. revogação; anulação. **/r** tr. revogar; rebocar uma parede.
revolote/ar intr. revolutear; esvoaçar. /o m. revoada.
revolt/ijo m. confusão, enre(ê)do. **/oso** adj. revoltoso; inquieto.
revoluci/ón f. revolução. **/onar** tr. revolucionar. **/onario** adj. e s. revolucionário; desordeiro.
revólver m. revólver.
revolver tr. revolver; misturar.
revuelt/a f. revolta; insurreição. **/o** adj. **revo(ô)lto**; inquieto; m. mergulhão.
revulsión f. revulsão.
rey m. rei. /erta f. rixa, briga.
rezaga/do adj. e s. o que fica para trás; atrasado. **/r** tr. atrasar, diferir. **/rse** r. atrasar-se.
rezar tr. rezar.
rezo m. reza, oração.
ría f. ria.
riacho m. riacho, ribeira.
riada f. cheia, enchente.
riber/a f. ribeira, margem. **/eño** adj. e s. ribeirinho.
ribete m. ribete, orla; pl. fig. indício. **/ado** adj. rebruado. **/ar** tr. debruar.
rico adj. e s. rico; saboroso.
ridículo adj. ridículo; m. situação ridícula.
riego m. rega; água para regar.
riel m. trilho, carril.
rielar intr. resplandecer, brilhar.
rienda f. rédea.
riesgo m. risco.
rifa f. rifa. /r tr. rifar.
rifle m. rifle.
rígido adj. rígido; rijo.
rigor m. rigor. **/ista** adj. e s. rigorista.
riguroso adj. rigoroso; áspero; implacável.
rima f. rima. **/r** intr. rimar.
rincón m. rincão, canto; recanto.
rinoceronte m. *Zool.* rinoceronte.

riña f. rixa.
riñón m. rim.
río m. rio.
riqueza f. riqueza.
risa f. riso, risada.
risc/al m. terreno penhascoso. **/o** m. penhasco.
risible adj. risível; ridículo.
risotada f. risada, gragalhada.
ristra f. réstia.
risueño adj. risonho.
rítmico adj. rítmico.
ritmo m. ritmo.
rit/o m. rito; cerimó(ô)nia. **/ual** adj. e m. ritual.
rival m. e f. rival; competidor. **/idad** f. rivalidade. **/izar** intr. rivalizar.
riz/ado adj. riçado; encrespado. **/ar** tr. riçar, frisar. **/arse** vr. encrespar-se. **/o** adj. riço, cre(ê)spo; m. anel do cabelo.
robar tr. roubar, furtar.
roble m. *Bot.* carvalho, roble.
robo m. roubo.
robust/ecer tr. robustecer. **/ez** f. robustez. **/o** adj. robusto.
roca f. rocha.
roce m. roçadura.
rocia/da f rociada, orvalhada. **/dera** f. regador. **/r** tr. orvalhar; borrifar.
rocín m. rocim.
rocío m. rocio, orvalho; chuvinha; borrifo.
rocoso adj. rochoso.
roda/da f. relheira, sulco, trilho. **/do** adj. rodado, maldado; arredondado. **/ja** f. rodela. **/je** m. rodagem. **/r** intr. rodar.
rode/ar intr. rodear. **/o** m. rodeio.
rodezno m. rodízio.
rodill/a f. joelho. **/era** f. joelheira.
rodillo m. rolão; cilindro.
rodrigón m. rodriga, estaca.
roe/dor adj. e s. roedor. **/r** tr. roer.
roga/ción f. ro(ô)go, rogativa. **/r** tr. rogar. **/tiva** f. rogativa.
roj/ez f. vermilhão, rubor. **/izo** adj. avermelhado. **/o** adj. varmelho; corado; **poner al — vivo**, incandescer.
rollizo adj. roliço, gordo.
rollo m. ro(ô)lo; cilindro.
romance adj. e m. romance. **/ro** m. e f. cantador de romances; romanceiro.
roman/izar tr. romanizar. **/o** adj. e s. romano.
romántico adj. e s. romântico.
rombo m. rombo.
romer/ía f. romaria. **/o** m. *Bot.* alecrim; adj. e s. romeiro.
rompe/cabezas m. quebra-cabeças. **/hielos** m. quebra-ge(ê)los. **/nueces** m. quebra-nozes. **/olas** m. quebra-mar. **/r** tr. e intr. quebrar, rasgar; romper. **/rse** r. interromper-se.
ron m. rum.
ronc/ar intr. roncar. **/o** adj. ronco.
roncha f. vergão.
ronda f. ronda. **/lla** f. conto; serenata. **/r** tr. rondar.
ronqu/ear intr. rouquejar. **/era** f. rouquidão. **/ido** m. ronco, roncadura.
roñ/a f. ronha; sujidade; fig. astúcia. **/ería** f. fam. miséria; astúcia. **/oso** adj. ronhoso; enferrujado; astuto.
rop/a f. roupa; **— blanca**, roupa interior. **/aje** m. roupagem. **/ero** m. e f. pessoa que vende fatos feitos; roupeiro; associação benéfica para distribuir roupa; guarda-fato.

roque/dal m. penedia. /**ño** adj. rochoso.
rosa f. *Bot.* rosa; m. rosa (co(ô)r). /**da** f. orvalho da noite. /**do** adj. rosado. /**l** m. *Bot.* roseira. /**leda** f. roseiral. /**rio** m. rosário; enfiada; fig. espinha dorsal.
rosca f. ro(ô)sca.
rosetón m. rosetão.
rosquilla f. rosquilha, rosquinha.
rostro m. rosto.
rotación f. rotação.
roto adj. ro(ô)to.
rotonda f. rotunda.
rótula f. rótula.
rotular tr. rotular; epigrafar.
rótulo m. rótulo; etique-(ê)ta.
rotundo adj. rotundo; completo, preciso.
rotura f. rotura.
roza/dura f. roçadura; escoriação. /**miento** m. roçamento; divergência. /**r** tr. roçar; friccionar.
rubescencia f. rubescência; rubor.
rubí m. rubi.
rubi/cundo adj. louro, avermelhado, corado. /**o** adj. ruivo, loiro ou louro.
rubor m. rubor. /**izar** tr. ruborizar. /**izarse** r. envergonhar-se. /**oso** adj. ruborizado.
rúbrica f. rubrica.
rubricar tr. rubricar.
rud/a f. *Bot.* arruda. /**eza** f. rudeza. /**imentario** adj. rudimentar; simples. /**imento** m. rudimento. **o/** adj. rude ou rudo.
rued/a f. roda; turno. /**o** m. rodagem; circuito; conto(ô)rno; roda, orla; redondel.
ruego m. ro(ô)go.
rufián m. rufião.
rugi/do m. rugido, bramido. /**ente** adj. rugiente, rugidor. /**r** intr. rugir, bramir.
rugos/idad f. rugosidade. /**o** adj. rugoso.
ruido m. ruído. /**so** adj. ruidoso.
ruin adj. ruim. /**a** f. ruína. /**dad** f. ruindade. /**oso** adj. ruinoso.
ruiseñor m. rouxinol.
ruleta f. roleta.
rumbo m rumo; ostentação. /**so** adj. faustoso; generoso.
rumia/nte adj. e s. ruminante. /**r** tr. ruminar.
rumor m. rumor; sussurro.
runrún m. fam. rumor, boato.
ruptura f. rotura; ruptura.
rural adj. rural.
ruso adj. e s. russo.
rusticidad f. rusticidade.
rústico adj. e m. rústico.
ruta f. rota.
rutila/ción f. rutilação. /**r** intr. rutilar, brilhar.
rutina f. rotina. /**rio** adj. e m. rotineiro.

sábado m. sábado.
sábana f. lençol.
sabandija f. sevandija.
sabañón m. frieira.
sab/edor adj. sabedor. /**er** tr. saber.
sabi/duría f. sabedoria. /**hondo** adj. e s. fam. sabichão. /**o** adj. e s. sábio.
sabor m. sabor; go(ô)sto. /**ear** tr. saborear.

sabotaje m. sabotagem.
sabroso adj. saboroso.
saca f. saca; pública-forma. **/botas** m. descalçador. **/corchos** m. saca-ro(ô)lhas. /muelas m. saca-molas; fig. charlatão. **/r** tr. sacar; ganhar em sorteio.
sacarina f. sacarina.
sacerdo/cio m. sacerdócio. **/tal** adj. sacerdotal. **/te** m. sacerdote. **/tisa** f. sacerdotisa.
saci/ar tr. saciar. **/edad** f. saciedade.
saco m. saco.
sacr/amento m. sacramento. **/ificar** tr. sacrificar. **/ificio** m. sacrifício. **/ilegio** m. sacrilégio. **/ílego** adj. sacrílego. **/istán** m. sacristão. **/istía** f. sacristia. **/o** adj. sacro. **/osanto** adj. sacrossanto.
sadismo m. sadismo.
saeta f. seta; frecha, flecha; ponteiro; canção andaluza.
saga/cidad f. sagacidade. **/z** adj. sagaz.
sagra/do adj. e m. sagrado. **/rio** m. sacrário.
sahorno m. escoriação.
sainete m. sainete.
sajón adj. saxão.
sal f. sal; fig. graça; malícia.
sala f. sala.
salado adj. salgado; chistoso.
salamandra f. *Zool.* salamandra.
salar tr. salgar.
salario m. salário; estipêndio.
salaz adj. salaz. **/ón** f. salagadura.
salchich/a f. salchicha ou salsicha. **/ón** m. salsichão.
sald/ar tr. saldar. **/o** m. saldo.
salero m. saleiro; fig. graça. **/so** adj. fig. gracioso; donairoso.
sali/da f. saída; saliência; desculpa. **/do** adj. saído; saliente. **/ente** adj. saliente; notável.
salin/a f. salina. **/o** adj. salino.
salir intr. sair; partir; sobressair.
salitre m. salitre.
saliva f. saliva, cuspo. **/zo** m. cuspidura.
salm/ear intr. salmear. **/ista** m. salmista. **/o** m. salmo.
salmón m. *Zool.* salmão.
salmonte m. *Zool.* salmonete, salmonejo.
salmuera f. salmoira, salmoura.
salobre adj. salobre ou salobro.
salón m. salão.
salpic/adura f. salpico, salpicadura. **/ar** tr. salpicar; borrifar; infamar; sarapintar. **/ón** m. salpico, salpicadura; salpicão.
sals/a f. mo(ô)lho, salsa. **/era** f. salseira, molheira.
salta/montes m. *Zool.* gafanhoto. **/r** intr. saltar; pular; esguichar.
saltarín adj. e s. bailarino; saltarino; fig. buliçoso.
saltea/dor m. salteador. **/r** tr. saltear, assaltar.
salterio m. saltério.
salto m. salto; pulo.
saltón adj. saltão; m. gafanhoto.
salu/bre adj. saudável. **/d** f. saúde. **/dable** adj. saudável; fig. proveitoso. **/dar** tr. saudar; aclamar. **/do** m. saudação; chapelada.
salva f. salva; saudação. **/ción** f. salvação, salvamento. **/do** adj. salvo; m. farelo. **/dor** adj. e s. salvador. **/guardia** m. salvaguarda, salvo-conduto; amparo.
salvaj/ada f. selvajaria. **/e**

adj. e s. selvagem. **/ino** adj. salvagíneo, salvagino. **/ismo** m. selvagismo; brutalidade.
salva/mento m. salvamento, salvação. **/r** tr. salvar. **/rse** r. pôr-se a salvo. **/vidas** m. salva-vidas.
¡salve! interj. salve!
sambenito m. sambenito; fig. difamação.
san adj. são, santo.
sana/ble adj. sanável. **/r** tr. sanar. **/torio** m. sanatório.
sanci/ón f. sanção. **/onable** adj. sancionável. **/onador** adj. e s. sancionador. **/onar** tr. sancionar; confirmar.
sandalia f. sandália.
sándalo m. *Bot.* sândalo.
sandez f. sandice.
sandía f. *Bot.* melancia.
sanea/miento m. saneamento. **/r** tr. sanear.
sangr/adura f. sangradura. **/ar** tr. sangrar. **/e** f. sangre. **/ía** f. sangria; bebida feita com vinho, sumo de limão, etc. **/iento** adj. sangrento.
sanguijuela f. *Zool.* sanguessuga.
sangu/inario adj. sanguinário. **/íneo** adj. sanguíneo.
sanidad f. sanidade.
sano adj. são; saudável.
sant/iamén (en un) fig. num momento, num santiamém. **/idad** f. santidade. **/ificable** adj. santificável. **/ificación** f. santificação. **/ificar** tr. santificar. **/iguadera** f. benzedura. **/iguar** tr. e vr. santigar, benzer-se. **/ísimo** adj. santíssimo. **/o** adj. e s. santo. **/ón** m. santão; hipócrita. **/oral** m. santoral. **/uario** m. santuario. **/urrón** adj. santarrão; hipócrita.
sañ/a f. sanha, raiva. **/udo** adj. sanhudo.
sapiencia f. sabedoria,
sapo m. *Zool.* sapo.
saque m. saque. **/ador** adj. e s. saqueador; devastador. **/ar** tr. saquear; despojar. **/o** m. saque, saqueio.
sarampión m. sarampão, sarampo.
sarao m. sarau.
sarasa m. fam. maricas.
sarc/asmo m. sarcasmo. **/ástico** adj. sarcástico.
sarcófago m. sarcó(ô)fago.
sardina f. *Zool.* sardinha.
sarga f. sarja.
sargento m. sargento.
sarmiento m. sarmento.
sarn/a f. sarna. **/oso** adj. sarnoso.
sarraceno adj. e s. sarraceno.
sarrillo m. sarrido.
sarro m. sarro, sedimento; saburra.
sarta f. sarta, enfiada; fiada; fileira.
sartén f. sertã, frigideira.
sastre m. alfaiate. **/ría** f. alfaiateria.
Satán ou **Satanás** m. Satã ou Satanás. **/ico** adj. satânico.
satélico m. satélico.
satélite m. *Astr.* satélite.
satén m. cetim.
satina/do adj. sedoso; acetinado. **/r** tr. acetinar; amaciar.
sátira f. sátira.
satirizar tr. e intr. satirizar; ridicularizar.
sátiro m. sátiro.
satisf/acción f. satisfação. **/acer** tr. satisfazer. **/actorio** adj. satisfactório. **/echo** adj. e s. satisfeito.
saturar tr. saturar.
savia f. seiva.
saxófono m. saxofone.
saya f. saia; enágua. **/l** m. burel.
saz/ón f. madureza; tem-

po oportuno; sabor das comidas. **/onado** adj. sazonado, amadurecido. **/onar** tr. sazonar; amadurecer; temperar.
se pron. se.
sebe f. sebe.
sebo m. sebo, gordura.
seca f. se(ê)ca. **/dero** m. secadoiro. **/dío** adj. secante. **/dor** m. enxugador; secadoiro. **/miento** m. secagem. **/no** m. sequeiro; **terreno de —**, terreno que não é de regadio. **/nte** m. secante; mata-borrão. **/r** tr. secar. **/rse** r. enxugar-se.
sección f. se(c)ção.
secesión f. secessão.
seco adj. se(ê)co.
secreción f. secreção.
secret/aria f. secretária. **/aría** f. secretariado; secretaria. **/ario** m. secretário. **/ear** intr. segredar; bisbilhotar. **/eo** m. bisbilhotice, mexerico. **/o** adj. secreto, escondido; m. segre(ê)do.
secta f. seita. **/rio** adj. e s. sectário.
sector m. se(c)tor.
secu/az adj. e s. sequaz. **/ela** f. sequ(ü)ela. **/encia** f. sequ(ü)ência.
secuestr/ar tr. sequ(ü)estrar. **/o** m. sequ(ü)estro.
secular adj. secular. **/izar** tr. secularizar.
secundar tr. secundar. **/io** adj. secundário.
sed f. se(ê)de; fig. desejo veemente.
seda f. se(ê)da. **/ción** f. sedação.
sedal m. sedalha.
sede f. sede; **Santa —**, Santa Sé.
sedentario adj. sedentário.
sedici/ón f. sedição. **/oso** adj. e s. sedicioso; revolucionário.
sediento adj. sedente; ávido.
sediment/ar tr. sedimentar. **/o** m. sedimento.
seduc/ción f. sedução. **/ible** adj. seduzível. **/ir** tr. seduzir. **/tor** adj. e s. sedutor.
sega/dor m. segador, ceifeiro. **/r** tr. segar, ceifar.
seglar adj. e s. secular; leigo.
segmento m. segmento.
segrega/ción f. segregação. **/r** tr. segregar.
segui/da f. seguida. **/do** adj. seguido, contínuo. **/dor** adj. e s. seguidor. **/r** tr. seguir.
según prep. segundo, conforme.
segundo adj. e m. segundo.
segur/anza f. segurança. **/idad** f. seguridade. **/o** adj. seguro; indubitável; eficaz; m. segurança.
seis adj. e m. seis; sexto. **/cientos** adj. seiscentos.
selec/ción f. sele(c)ção; escolha. **/cionador** adj. e s. sele(c)cionador. **/cionar** tr. sele(c)cionar. **/tivo** adj. sele(c)tivo. **/to** adj. sele(c)to; excelente.
selv/a f. selva. **/ático** adj. selvático.
sell/ar tr. selar, estampilhar; estampar; carimbar; fechar; confirmar. **/o** m. se(ê)lo; carimbo; chancela; marca; estampilha.
semáforo m. semáforo.
semana f. semana. **/l** adj. semanal. **/rio** adj. e m. semanário.
semblante m. semblante; cara; fig. aparência.
sembra/do adj. e m. semeado; sementeira. **/dor** adj. e s. semeador. **/r** tr. semear; espalhar.
semeja/nte adj. semelhante. m. analogia. **/nza** f. semelhança. **/r** intr. semelhar. **/rse** r. parecer-se.

semen m. sé(ê)men. **/tal** adj. e m. semental; cavalo de cobrição. **/tera** f. sementeira.

semestr/al adj. semestral. **/e** m. semestre, tempo de seis meses.

semi pref. semi, meio, metade. **/circular** adj. semicircular.

semill/a f. semente; orígem. **/ero** m. viveiro; seminário.

seminari/o m. seminário; viveiro; orígem. **/sta** m. seminarista.

sémola f. sêmola, trigo esmagado.

senado m. senado. **/r** m. senador.

sencill/ez f. simplicidade, singeleza. **/o** adj. simples, singelo.

send/a f. senda. **/ero** m. senda.

senil adj. senil.

seno m. seio; regaço; fig. centro.

sensa/ción f. sensação. **/cional** adj. sensacional. **/tez** f. sensatez. **/to** adj. sensato.

sensi/bilidad f. sensibilidade. **/ble** adj. sensível.

sensual adj. sensual. **/idad** f. sensualidade.

senta/do adj. sentado; assentado. **/r** tr. sentar; assentar.

sentenci/a f. sentença; despacho; provérbio. **/ar** tr. sentenciar. **/oso** adj. sentencioso.

senti/do adj. e m. sentido; sensível. **/mental** adj. sentimental. **/miento** m. sentimento. **/r** tr. sentir; padecer; deplorar; cheirar.

seña f. senha; gesto; pl. endere(ê)ço. **/l** f. sinal; senha. **/lado** adj. designado; indigitado. **/lador** adj e s. assinalador. **/lamiento** m. demonstração; assinalamento; fixação da hora e dia. **/lar** tr. assinalar; destinar; demonstrar. **/larse** r. distinguir-se.

señor adj. e s. senhor; patrão. **/a** f. senhora; ama. **/ear** tr. senhorear; apoderar-se. **/ía** f. senhoria; soberania. **/ial** adj. senhorial. **/ío** m. senhorio. **/ita** f. senhorita, menina. **/ito** m. senhorito; jovem rico e ocioso.

separa/ción f. separação. **/do** adj. desligado; afastado; separado. **/r** tr. separar; desunir. **/rse** r. desquitar-se; despedir-se. **/tismo** m. separatismo.

septentri/ón m. setentrião. **/onal** adj. setentrional.

septiembre m. setembro.

sepul/cral adj. sepulcral. **/cro** m. sepulcro. **/tar** tr. sepultar. **/tura** f. sepultura. **/turero** m. sepultureiro, coveiro.

sequ/edad f. sequidão; aridez. **/ía** f. se(ê)ca; secura.

séquito m. séqu(ü)ito, cortejo.

ser intr. ser; m. natureza; ser, ente.

sera f. seira.

seren/ar tr. serenar; aclarar; acalmar. **/ata** f. serenata. **/idad** f. serenidade. **/o** adj. sereno, guarda no(c)turno; relento; quieto.

seri/e f. série; sequ(ü)ência. **/edad** f. seriedade. **/o** adj. sério.

serm/ón m. sermão. **/onear** tr. pregar; admoestar.

serp/ear intr. **/entear** vi. serpear, serpentear. **/iente** f. *Zool.* serpente.

serr/ador adj. e s. serrador. **/anía** f. serrania. **/ano** adj. e s. serrano. **/ar** tr. serrar. **/ín** m. serradura, serrim.

servi/cial adj. serviçal;

obsequiador. **/cio** m. serviço; utilidade. **/do** adj. servido, usado. **/dor** adj. e s. servidor. **/dumbre** f. servidão; criadagem. **/l** adj. e s. servil. **/lleta** f. guardanapo. **/r** intr. servir; aproveitar. **/rse** r. aproveitar-se, tomar para si.

sesenta adj. sessenta.

sesión f. sessão.

seso m. miolo.

sestear intr. sestear.

sesudo adj. sisudo, sensato.

seta f. *Bot.* cogumelo, seta.

seto m. sebe.

seudónimo adj. e s. pseudó(ô)nimo.

sever/idad f. severidade. **/o** adj. severo.

sexo m. sexo.

sextante m. sextante.

sexual adj. sexual. **/idad** f. sexualidade.

si conj. se.

sí pron. si; adv. sim.

sibarita adj. e s. sibarita.

sicario m. sicário.

sicómoro m. *Bot.* sicó(ô)moro.

sidra f. sidra.

siega f. se(ê)ga, ceifa.

siembra f. sementeira.

siempre adv. sempre. **/ viva** f. *Bot.* sempre-viva.

sien f. *Anat.* fonte.

sierra f. serra.

siervo m. servo.

siesta f. sesta.

siete adj. e m. sete. **/mesino** adj. sete-mesinho.

sífilis f. sífilis.

sifón m. sifão.

sigil/o m. sigilo. **/oso** adj. secreto, discreto.

sigl/a f. sigla. **/o** m. século.

signa/r tr. assinar; persignar. **/tario** adj. e s. signatário. **/tura** f. assinatura.

significa/ción f. significação. **/do** adj. e m. significado; significa/ção. **/r** tr. significar. **/tivo** adj. significativo.

signo m. sinal; estigma; signo.

siguiente adj. seguinte.

sílaba f. sílaba.

silabear intr. e tr. soletrar, silabar.

silb/ar tr. assobiar; apitar. **/ato** m. assobio, apito. **/ido** m. assobio, apito. **/o** m. assobio, silvo.

silenci/ar tr. calar, silenciar. **/o** m. silêncio. **/oso** adj. e s. silencioso.

silo m. silo.

silueta f. silhueta, perfil.

silvestre adj. silvestre.

sill/a f. cadeira, assento; sela. **/ar** m. silhar; sela. **/ar** m. silhar; selandouro. **/ería** f. conjunto de cadeiras iguais; cadeirado. **/ín** m. selim. **/ón** m. cadeirão; poltrona.

sima f. furna; abismo.

símbolo m. símbolo.

sim/etría m. simetria. **/étrico** adj. simétrico.

simiente f. semente.

símil m. símile.

simil/ar adj. similar. **/itud** f. similitude.

simio m. *Zool.* símio.

simp/atía f. simpatia; atra(c)ção. **/ático** adj. simpático; agradável. **/atizar** intr. simpatizar; fraternizar.

simpl/e adj. e s. simples; singelo; ignorante. **/eza** f. simpleza; palermice. **/icidad** f. simplicidade; facilidade. **/ificación** f. simplificação. **/ificar** tr. simplificar; facilitar.

simula/ción f. simulação. **/cro** m. simulacro. **/dor** adj. e s. simulador. **/r** tr. simular.

simultáneo adj. simultâneo.

sin prep. sem; exclusão.

sinagoga f. sinagoga.

sincer/ar tr. inocentar; reabilitar. **/arse** r. desabafar-se com alguém. **/idad** f. sinceridade; veracidade. **/o** adj. sincero.
sincronizar tr. sincronizar.
sindica/lismo m. sindicalismo. **/lista** adj. e s. sindicalista. **/r** tr. sindicar. **/to** m. sindicato.
sinfín m. sem-fim.
sinf/onía f. sinfonia. **/ónico** adj. sinfó(ô)nico.
singlar intr. singrar, navegar.
singular adj. singular; extraordinário. **/idad** f. singularidade. **/izar** tr. singularizar. **/izarse** r. distinguir-se.
siniestr/a f. siniestra. **/ado** adj. e s. sinistrado. **/o** adj. sinistro.
sinnúmero m. sem-número, infinidade.
sino conj. senão, mas; m. sina, destino.
sinónimo adj. e m. sinó(ô)nimo.
sinopsis f. sinopse.
sinrazón f. sem-razão.
sinsabor m. sensaboria, insipidez; fig. pesar, dissabor.
sintaxis f. *Gram.* sintaxe.
síntesis f. síntese.
sint/ético adj. sintético. **/etizable** adj. sintetizável. **/etizar** tr. sintetizar.
síntoma m. sintoma.
sintomático adj. sintomático.
sinton/ía f. sintonia. **/ización** f. sintonização. **/izar** tr. sintonizar.
sinuos/idad f. sinuosidade; tergiversação. **/o** adj. sinuoso; tortuoso.
sinusitis f. sinusite.
sinvergüen/cería f. fam. desfaçatez. **/za** adj. e s. desvergonhado.
sionismo m. sionismo.
siquier(a) conj. ainda que, se bem que, mesmo que; ou, já, ora; adv. pelo menos, tão sòmente.
sirena f. sereia.
sirvient/a f. servente, criada. **/e** adj. e s. servente; criado.
sisa f. cava; pequena parte que se furta nas compras. **/r** tr. furtar pequenas partes nas compras; fazer cavas.
sísmico adj. sísmico.
sistem/a m. sistema. **/ático** adj. sistemático.
sit/ial m. setial. **/iar** tr. sitiar; assediar. **/io** m. sítio; qualquer lugar. **/o** adj. situado. **/uación** f. situação. **/uar** tr. situar. **/uarse** r. estabelecer-se.
so prep. sob, debaixo; interj. xó!
soba/co m. sovaco. **/do** adj. sovado; coçado. **/jar** tr. amarrotar, amachucar. **/quina** f. sovaquinho. **/r** tr. sovar; manusear; molestar.
soberan/ía f. soberania. **/o** adj. e m. soberano.
soberbi/a f. soberba. **/o** adj. soberbo.
soborn/able adj. subornável. **/ar** tr. subornar. **/o** m. subo(ô)rno.
sobra f. sobra, excesso; pl. desperdícios, restos. **/nte** adj. e m. excesso; pl. sobras, restos. **/r** tr. sobrar; sobejar.
sobrasada f. espécie de paio das Baleares.
sobre prep. so(ô)bre, em cima de; m. envelope. **/abundancia** f. suprabundância. **/alimentación** f. superalimentação. **/carga** f. sobrecarga. **/ceja** f. sobrolho. **/coger** tr. surpreender; assustar. **/cogimiento** m. surpre(ê)sa; sobressalto. **/hilar** tr. alinhavar. **/humano** m. sobre-humano. **/elevar**

tr. sustentar; sofrer; ter resignação. /**manera** m. sobremaneira. /**mesa** f. toalha de mesa; tempo que se está na mesa depois da refeição. /**natural** adj. sobrenatural. /**nombre** m. alcunha; sobrenome. /**ntender** vt. subentender. /**poner** tr. sobrepor; acrescentar. / **ponerse** r. dominar-se /**precio** m. aumento no preço comum. /**saliente** adj. e m. sobressalente; eminente; distinção, nota máxima nos exames; suplente. /**salir** intr. sobressair; fulgurar. /**saltar** tr. sobressaltar / **saltarse** r. assustar-se. /**salto** m. sobressalto; alvoro(ô)ço. /**stante** m. sobrestante, capataz; superintendente. /**sueldo** m. gratificação. /**todo** m. sobretudo. /**venir** intr. sobrevir. /**vivir** tr. sobreviver.

sobriedad f. sobriedade.

sobrin/a f. sobrinha. /**o** m. sobrinho.

sobrio adj. sóbrio.

socarr/ar tr. torrar, chamuscar. /**ina** f. fam. chamusco. /**ón** adj. e s. socarrão, astuto. /**onería** f. astúcia, velhacaria.

socav/ar tr. socavar. /**ón** m. socava.

soci/abilidad f. sociabilidade. /**able** adj. sociável. /**al** adj. social. /**alismo** m. socialismo. /**alista** adj. e s. socialista. /**alización** f. socialização. /**alizar** tr. socializar. /**edad** f. sociedade. /**o** m. sócio. /**ología** f. sociologia. /**ológico** adj. sociológico.

socorr/er tr. socorrer; ajudar. /**ido** adj. socorrido. /**o** m. socorro.

soda f. soda.

sodom/ía f. sodomia. /**ita** adj. e s. sodomita.

sofis/ma m. sofisma. /**ta** adj. e s. sofista. /**tería** f. sofisteria. /**ticación** f. sofisticação. /**ticar** tr. sofisticar.

sufoc/ación f. sufocação. /**ar** tr. sufocar. /**o** m. sufocação; fig. grave desgo(ô)sto que se dá ou recebe.

sojuzgar tr. subjugar, submeter.

Sol m. Sol. /**ana** f. soalheiro, lugar exposto ao sol.

solapa f. lapela. /**do** adj. solapado.

solar adj. solar. /**iego** adj. solarengo.

soldad/esca f. soldadesca. /**esco** adj. soldadesco. /**o** m. soldado.

solda/dura f. soldadura. /**r** tr. soldar.

soleado adj. soalhado.

soledad f. soledade, solidão.

solemn/e adj. solene. /**idad** solenidade. /**ización** f. solenização. /**izar** tr. solenizar.

solf/a f. solfa. /**ear** intr. solfejar. /**eo** m. solfejo, solfeio.

solicit/ación f. solicitação. /**ar** tr. solicitar. /**ud** f. solicitude.

solid/aridad f. solidariedade. /**ario** adj. solidário. /**ez** f. solidez. /**ificación** f. solidificação. /**ificar** tr. solidificar.

sólido adj. sólido.

solimán m. solimão.

solista m. solista.

solitario adj. e m. solitário.

solo adj. só; solitário; m. solo.

sólo adv. só, sòmente.

solsticio m. solstício.

soltar tr. soltar; alargar; desatar. /**se** r. desprender-se; desabrochar-se.

solter/ía f. celibato. **/o** adj. e s. solteiro. **/ón** adj. e s. solteirão. **/ona** f. solteirona.
soltura f. soltura; destreza.
solu/ble adj. solúvel. **/ción** f. solução. **/cionar** tr. solucionar.
solven/cia f. solvabilidade, solvência. **/te** adj. solvente.
solloz/ar intr. soluçar. **/o** m. soluço.
sombr/a f. sombra. **/aje** m. ramada. **/ear** tr. sombrear. **/erazo** m. chapelão; chapelada. **/erera** f. chapeleira. **/ero** m. chapéu. **/illa** f. sombrinha, guarda-sol. **/ío** adj. sombrio.
somero adj. superficial; exíguo; aparente.
someter tr. submeter; subordinar.
somnámbulo adj. e s. sonâmbulo.
somn/ífero adj. sonífero. **/olencia** f. sonolência; modo(ô)rra. **/olento** adj. e s. sonolento.
son m. som; ruído. **/able** adj. sonor, notável. **/ado** adj. soado; afamado. **/ajero** m. guizo. **/ar** intr. soar; assoar. **/ata** f. sonata.
sond/a f. sonda. **/aje** m. sondagem. **/ar** tr. sondar; averiguar. **/eo** m. sondagem; investigação.
soneto m. sone(ê)to.
sonido m. som; sonido.
sonor/idad f. sonoridade. **/o** adj. sonoro.
sonr/eír intr. e r. sonrrir. **/iente** adj. e s. sorridente. **/isa** f. sorriso.
sonroj/ar tr. ruborizar, corar. **/o** m. rubor, vergonha; ofensa.
sonrosar r. e tr. ruborizar-se; rosar-se.
sonsacar tr. surripiar; solicitar secretamente.
soñ/ador adj. e s. sonhador. **/ar** tr. sonhar; fantasiar; **ni —lo,** de nenhum modo. **/olencia** f. sonolência. **/oliento** adj. sonolento.
sopa f. sopa.
sopapo m. sopapo, murro.
sopera f. sopeira.
sopesar tr. sopesar.
sopetón m. sopapo; **de —,** sùbitamente.
sopl/ar intr. soprar, assoprar; bafejar. **/ete** m. maçarico. **/illo** m. abano. **/o** m. so(ô)pro. **/ón** m. mexeriqueiro.
sopor m. sopor; modo(ô)rra. **/ífero** adj. e m. sonífero.
soport/able adj. suportável. **/al** m. soportal; alpendre. **/ar** tr. suportar. **/e** m. suporte.
sor f. só(o)ror.
sorb/er tr. sorver; sugar. **/ete** m. sorvete. **/ible** adj. sorvível. **/o** m. gole; so(ô)rvo.
sordera f. surdez.
sordidez f. mesquinharia; asquerosidade; sordidez.
sórdido adj. sórdido.
sordina f. surdina.
sordo adj. e m. surdo. **/mudo** adj. e s. surdo-mudo.
sorna f. so(ô)rna.
sorpre/ndente adj. surpreendente. **/nder** tr. surpreender. **/sa.** f. surpre(ê)sa.
sorte/able adj. sorteável. **/ar** tr. sortear. **/o** m. sorteio, sorteamento.
sorti/ja f. anel. **/legio** m. sortilégio.
sosega/do adj. sossegado. **/dor** adj. e s. sossegador. **/r** tr. sossegar; descansar.
sosiego m. sosse(ê)go, descanso.
soslay/ar tr. esguelhar; fig. passar por alto; evi-

tar. **/o (al de)** adv. de soslaio.
soso adj. inso(ô)sso; insulso.
sospech/a f. suspeita. **/able** adj. suspeitoso. **/ar** tr. e intr. suspeitar. **/oso** adj. e s. suspeitoso.
sost/én m. sustento; amparo; apoio; porta-seios, "soutien". **/ener** tr. suster, sustentar; apoiar. **/enido** adj. sustentado.
sotana f. sotaina ou sotana.
sótano m. cave.
sotavento m. sotavento.
soterrar tr. soterrar, enterrar; fig. esconder.
soto m. souto.
su pron. seu, sua; pl. seus, suas.
suav/e adj. suave; delicado. **/idad** f. suavidade. **/ización** f. suavização. **/izar** tr. suavizar.
subalterno adj. e m. subalterno; inferior.
subarr/endar tr. subarrendar. **/endatario** m. subarrendatário. **/iendo.** m. subarrendamento.
subasta f. leilão subasta. **/r** tr. leiloar, subastar.
subconsciencia f. subconsciência.
súbdito adj. e s. súbdito.
subdivi/dir tr. subdividir. **/sión** f. subdivisão.
subi/da f. subida; encosta; ascendimento; aumento. **/do** adj. subido. **/r** intr. subir; elevar.
súbito adj. súbito.
subleva/ción m. sublevação. **/r** tr. sublevar. **/rse** r. amotinar-se.
sublim/ación f. sublimação. **/ar** tr. sublimar. **/e** adj. sublime; excelso.
submarino adj. e m. submarino.
subordina/ción f. subordinação. **/do** adj. e s. subordinado. **/r** tr. subordinar.
subrayar tr. sublinhar.
subscri/bir tr. subscrever. **/pción** f. subscrição. **/ptor** m. subscritor.
subsecretario m. subsecretário.
subsidio m. subsídio.
subsis/tencia f. subsistência. **/tir** intr. subsistir.
substancia f. substância. **/l** adj. substancial.
substitu/ción f. substituição. **/ible** adj. substituível. **/ir** tr. substituir. **/to** adj. e s. substituto; suplente.
substra/cción f. substra(c)ção. **/er** tr. substrair. **/erse** r. esquivar-se.
subsuelo m. subsolo.
subterfugio m. subterfúgio.
subterráneo adj. e m. subterrâneo.
suburb/ano adj. e m. suburbano. **/io** m. subúrbio.
subvenci/ón f. subvenção, subsídio. **/onar** tr. subvencionar.
succ/ión f. su(c)ção. **/ionar** tr. chupar, sugar.
suce/der intr. suceder. **/dido** adj. sucedido; m. sucesso. **/sión** f. sucessão; continuação. **/sivo** adj. sucessivo. **/so** m. sucesso.
suciedad f. sujidade.
sucio adj. sujo.
suculento adj. suculento.
sucumbir intr. sucumbir.
sud m. sul. **/americano** adj. e s. sul-americano.
sudar tr. suar.
sudeste m. sueste, sudeste.
sudor m. suor. **/ífero** adj. sudorífero. **/oso** adj. suado, suarento.
suegr/a f. sogra. **/o** m. sogro.
suela f. sola.
sueldo m. so(ô)ldo, salário.
suelo m. solo, chão.

sueño m. sono; sonho.
suero m. so(ô)ro.
suerte f. sorte; fortuna.
suficien/cia f. suficiência. **/te** adj. e m. suficiente.
sufrag/ar tr. sufragar. **/io** m. sufrágio. **/ista** f. e m. sufragista.
sufri/ble adj. sofrível; suportável **/do** adj. e s. sofrido. **/miento** m. sofrimento. **/r** tr. sofrer; aguentar.
suge/rir tr. sugerir. **/stión** f. sugestão. **/stionar** tr. sugestionar.
suicid/a adj. e m. e f. suicida. **/arse** r. suicidar-se. **/io** m. suicídio.
suizo adj. e s. suíço.
suje/ción f. sujeição. **/tar** tr. sujeitar; atar. **/to** adj. e s. sujeito.
sulfato m. sulfato.
sultán m. sultão.
suma f. soma. **/r** tr. somar; recopilar. **/rio** adj. e m. sumário; abreviado.
sumergi/ble adj. e m. submergível. **/r** tr. submergir, mergulhar; afundar.
sumersión f. submersão.
sumidero m. sumidouro; sarjeta.
suministr/ar tr. subministrar. **/o** m. subministração; fornecimento.
sumi/r tr. sumir; submergir. **/sión** f. submissão. **/so** adj. submisso.
sumo adj. sumo; excelso.
suntu/ario adj. sumptuário (Bras. suntuário). **/osidad** f. sumptuosidade. **/oso** adj. sumptuoso.
super/able adj. superável. **/abundar** intr. superabundar. **/ar** tr. superar. **/ávit** m. superavit.
supercheria f. fraude, engano.
superfici/al adj. superficial; ligeiro. **/alidad** f. superficialidade. **/e** f. superfície; dimensão.
superfluo adj. supérfluo.
superior adj. e m. superior. **/idad** f. superioridade.
supernumerario adj. supranumerário.
superproducción f. superprodução.
supersticí/ón f. superstição. **/oso** adj. supersticioso.
superviv/encia f. supervivência. **/iente** adj. e s. supervivente.
suplanta/ción f. suplantação. **/dor** adj. e s. suplantador. **/r** tr. suplantar.
suple/mento m. suplemento. **/nte** adj. e s. suplente.
súplica f. súplica.
suplicar tr. suplicar.
supli/icio m. suplício. **/dor** adj. e s. suplente, substituto. **/r** tr. suprir; dissimular.
supo/ner tr. supor. **/sición** f. suposiçâo. **/sitorio** m. supositório.
supradicho adj. sobredito, mencionado.
suprem/acía f. supremacia. **/o** adj. supremo.
supresión f. supressâo.
suprimir tr. suprimir.
supurar intr. e tr. supurar.
sur m. sul.
sur/car tr. sulcar. **/co** m. sulco, re(ê)go; risco; ruga..
surgir intr. surgir.
surrealismo m. surrealismo.
surti/do adj. sortido; m. sortimento. **/dor** adj. fornecedor, m. repuxo, cho(ô)rro. **/r** tr. sortir, repuxar, brotar a água.
susceptib/ilidad f. suce(p)tibilidade. **/le** adj. susce(p)tível.
suscitar tr. suscitar.
suscribir tr. subscrever.
suspen/der tr. suspender; adiar; pendurar. **/sión** f.

suspensão. /so adj. suspenso; hesitante; m. reprovado em exame.
suspica/cia f. suspicácia. /**z** adj. suspicaz.
suspir/ar intr. suspirar. /**o** m. suspiro.
sustancia f. substância.
sustent/able adj. sustentável. /**ación** f. sustentação. /**áculo** m. sustentáculo. /**ar** tr. sustentar. /**o** m. sustento.
susto m. susto.
susurr/ar intr. sussurrar. /**o** m. sussurro.
sutil adj. subtil; delgado. /**eza** f. subtileza. /**izar** tr. subtilizar.
sutura f. sutura.
suyo, suya pro. seu, sua; seu, de(ê)le, dela.

T

tabaco m. tabaco.
tabaquer/a f. tabaqueira. /**ría** f. tabacaria. /**o** adj. e s. tabaqueiro.
tabern/a f. taberna. /**ero** m. taberneiro. /**ucho** m. fam. taberna pequena e suja.
tabi/car tr. tabicar. /**que** m. tabique.
tabl/a f. tábua; prega dum vestido; aduela; tabuada; lista; palco, cenário. /**ado** m. tablado, estrado, palco; sobrado; andaime. /**ero** m. tabuleiro; tábua aparelhada; tabual. /**eta** f. dim. tabuinha; pastilha. /**etear** intr. matraquear. /**illa** f. dim. tabuinha; tabuleta. /**ón** m. tabuão; pranchão, prancha.
tabuco m. cubículo.
taburete m. tamborete.
tacañ/ear intr. tacanhear. /**ería** f. tacanharia, mesquinharia. /**o** adj. tacanho, avarento; mesquinho.
tácito adj. tácito.
taciturno adj. taciturno.
tacón m. tacão, salto (de sapato).
táctic/a f. tá(c)tica. /**o** adj. e s. tá(c)tico.
tacto m. ta(c)to.
tach/a f. tacha, nódoa; falta. /**ar** tr. tachar; apagar, riscar com traços; culpar. /**ón** m. tachão; traço, risco. /**uela** f. tachinha; percevejo.
tafetán m. tafetá.
tahalí m. talim, boldrié.
taimado adj. e s. taimado; astuto.
taj/ada f. talhada; fatia; bebedeira. /**amiento** m. talhamento. /**ar** tr. talhar, cartar. /**o** m. talho; cutilada; gume, corte.
tal adj. tal; igual, semelhante; adv. ta, desta maneira, assim mesmo.
tala f. corte de árvores; desbaste.
taladr/adora adj. e s. furador. /**ar** tr. furar; brocar; atroar. /**o** m. verruma.
talco m. talco.
talego m. taleigo.
talento m. talento.
talismán m. talismã.
tal/ón m. talão; calcanhar. /**onario** adj. talonário.
talud m. talude; declive.
talla f. talha; entalhe. /**r** tr. e intr. talhar.
talle m. talhe. /**r** m. oficina de trabalho manual.
tallo m. talo; rebento.
tamaño adj. e m. tamanho.

tambale/ar intr. cambalear. **/o** m. camboleiro.
también adv. também.
tambor m. tambor; bastidor para bordar.
tamiz m. tamis. **/ar** tr. tamisar.
tampoco adv. também não.
tan adv tão, tanto.
tanda f. vez, turno; tarefa, trabalho; camada; turma de trabalhadores.
tangente adj. e s. tangente.
tango m. tango.
tanque m. tanque.
tante/ar tr. tentear, calcular; medir; considerar. **/o** m. número de tentos que se ganham no jo(ô)go; fig. ponderação.
tanto adj. e m. tanto; porção; tento.
tañe/dor m. tangedor. **/r** tr. tanger.
tapa f. tampa; cobertura; capa. **/dera** f. encobrideira; tampa; cobertura. **/r** tr. tapar; abrigar; encobrir. **/rrabo** m. tanga.
tapete m. tape(ê)te; pano de mesa; **— verde** mesa de jo(ô)go de cartas.
tapia f. taipa; ado(ô)be. **/r** tr. taipar.
tapicer/ía f. tapeçaria. **/o** m. tapeceiro.
tapioca f. tapioca.
tapiz m. tape(ê)te, tapiz. **/ar** tr. tapizar, atapetar.
tap/ón m. tampão, tampa; ro(ô)lha. **/onamiento** m. tapamento. **/onar** vt. tapar; pensar uma ferida. **/onazo** m. estalo dado pela ro(ô)lha ao abrir-se uma garrafa.
tapujo m. embuço; fig. disfarce; **sin —s,** às claras.
taquigrafía f. taquigrafia.
taquígrafo m. taquígrafo.
taquill/a f. bilheteira. **/ero** m. bilheteiro.
tara f. tara; defeito; enfermidade hereditária.
tarambana m. e f. doidivanas.
tararear tr. cantarolar.
tard/anza f. tardança, demora. **/ar** intr. tardar; atrassar. **/e** f. tarde. **/ecer** intr. entardecer. **/ío** adj. tardio; pausado.
tarea f. tarefa; empreitada.
tarifa f. tarifa; tabela de preços; pauta de direitos.
tarima f. tarima, estrado.
tarja f. tarja; contra-senha.
tarjeta f. cartão de visita.
tarro m. tarro, boião.
tarta f. torta, pastel. **/mudear** intr. tartamudear, gaguejar. **/mudez** f. tartamudez. gaguice. **/mudo** adj. e s. tartamudo.
tartera f. torteira.
tarugo m. tarugo; naco; pop. imbecil.
tasa m. taxa; preço legal; pauta; medida. **/ción** f. taxação. **/dor** adj. e s. taxador; avaliador. **/r** tr. taxar; avaliar; moderar.
tasca f. tasca, bodega.
tatara/buela f. tataravô. **/buelo** m. tataravó. **/neto** m. tataraneto.
¡tate! interj. tate! cautela!
tatua/je m. tatuagem. **/r** tr. tatuar.
taumaturg/ia f. raumaturgia. **/o** taumaturgo.
taur/ino adj. taurino. **/omaquia** f. tauromaquia.
taurología f. taulogia.
tautología f. tautologia.
tax/i m. fam. taxi. **/ímetro** m. taxímetro.
taz/a f. taça, xícara, chávena; pia. **/ón** m. malga; chávena grande.
té m. chá.
te pron. te, a ti.
tea f. teia, facho.

teatr/al adj. teatral. **/o** m. teatro.
tec/a f. *Bot.* teca; relicário. **/la** f. tecla. **/lado** m. teclado. **/lear** intr. bater as teclas.
técnic/a f. técnica. **/o** adj. e s. técnico.
tecnología f. tecnologia.
tech/ado adj. telhado, com te(c)to; m. te(c)to. **/ador** m. telhador. **/ar** tr. construir o tecto. **/o** m. tecto; fig.lar. **/umbre** f. tecto.
tedio m. tédio. **/so** adj. tedioso.
teja f. telha; **a toca —,** a pronto pagamento. **/do** m. telhado. **/r** m. telheira, telhal.
tej/edor adj. e s. tecedor. **/emaneje** m. fam. destreza. **/er** tr. tecer; intrigar. **/ido** adj. tecido; m. textura.
tela f. tela, pano; quadro; teia. **/r** m. tear. **/raña** f. teia de aranha.
tel/efonear tr. telefonar. **/éfono** m. telefone.
tel/egrafiar tr. telegrafar. **/égrafo** m. telégrafo. **/egrama** m. telegrama.
telepatía f. telepatia.
telescopio m. telescópio.
televis/ión f. televisão. **/or** m. televisor.
telón m. pano de fundo do teatro.
tema m. tema.
tembl/ar intr. tremer. **/equear** intr. fam. tremelicar. **/or** m. tremor; agitação. **/o(ro)so** adj. tré(ê)mulo.
temer tr. e intr. temer. **/ario** adj. temerário. **/idad** f. temeridade. **/oso** adj. temeroso.
temible adj. temível.
temor m. temor.
témpano m. timbale; bloco de ge(ê)lo; manta de toucinho.
tempera/ción f. moderação. **/mento** m. temperamento. **/r** tr. moderar, temperar. **/tura** f. temperatura.
tempest/ad f. tempestade; agitação. **/uoso** adj. tempestuoso; desabrido.
templ/ado adj. temperado; mo(ô)rno; valente. **/anza** f. temperança; sobriedade. **/ar** tr. temperar; amornar; entensar; afinar um instrumento. **/arse** r. corrigir-se. **/e** m. temperatura; têmpera; feito.
templo m. templo.
tempor/ada f. temporada. **/al** adj. e m. temporal. **/alidad** f. temporalidade. **/ero** adj. interino.
tempran/al adj. e s. temporão. **/ero** adj. prematuro. **/o** adj. temporão; antecipado; adv. cedo.
tena f. cobertiço; rebanho. **/cidad** f. tenacidade. **/cillas** f. pl. tenazes; pinças; espevitador. **/z** adj. tenaz; obstinado. **/za** f. tenaz; turquês.
tende/dor m. e f. estendedor. **/ncia** f. tendência. **/ncioso** adj. tendencioso. **/r** tr. tender; espalhar. **/rse** r. estender-se. **/rete** m. fam. barraca para venda ao ar livre. **/ro** m. e f. tendeiro, lojista; merceeiro.
tendón m. tendão.
tenducha ou **tenducho** m. lojeca.
tenebros/idad f. tenebrosidade. **/o** adj. tenebroso.
tened/or m. possuidor; garfo; **— de libros,** guarda-livros. **/uría** f. cargo e escritório de guarda-livros; **— de libros,** escrituração comercial; contabilidade.
tener tr. ter; possuir. **/se** r. manter-se.

tenería f. curtume.
tenis m. té(ê)nis.
tenor m. tenor; teor; estilo.
tens/ar tr. estirar, alongar. **/ión** f. tensão. **/o** adj. tenso.
tenta/ción f. tentação. **/dor** adj. e s. tentador. **/r** tr. tentar; tentear. **/tiva** f. tentativa.
tenue adj. té(ê)nue.
teñir tr. tingir; corar.
teo/cracia f. teocracia. **/logía** f. teologia.
teólogo m. teólogo.
teor/ema m. teorema. **/ía** f. teoría.
terapéutic/a f. terapêutica. **/o** adj. terapêutico.
terc/ería f. terçaria, intervenção. **/ero** adj. terceiro; m. medianeiro; alcoviteiro. **/io** adj. e m. te(ê)rço. **/iopelo** m. veludo.
terco adj. teimoso.
térmico adj. térmico.
termina/ción f. terminação; fim. **/l** adj. terminal. **/r** tr. e intr. terminar.
término m. té(ê)rmino; limite; te(ê)rmo.
termodinámica f. termodinâmica.
termómetro m. termó(ô)metro.
terna f. termo, trio.
terner/a f. terneira, vitela. **/o** m. terneiro, vitelo, bezerro.
ternura f. ternura.
terquedad f. teimosia.
terrapl/én m. terrapleno; trincheira; ate(ê)rro. **/enar** tr. terraplenar; aterrar.
terraza f. terraço.
terre/moto m. terremoto. **/nal** adj. terrenal. **/no** adj. e m. terreno. **/stre** adj. terrestre.
terrible adj. terrível.
territori/al adj. territorial. **/o** m. território.
terrón m. torrão, terrão.
terror m. terror. **/ífico** adj. terrorífico. **/ismo** m. terrorismo. **/ista** s. terrorista.
tertulia f. tertúlia.
tesis f. tese.
tesón m. riqueza; constância.
tesor/ería f. tesouraria. **/ero** m. tesoureiro. **/o** m. tesouro.
testa f. cabeça; fronte. **/dor** m. testador. **/ferro** m. testa-de-ferro. **/mentario** adj. e s. testamentário. **/mento** m. testamento. **/r** intr. testar. **/rudez** f. teimosia. **/rudo** adj. e s. teimoso.
testículo m. testículo.
testifica/ción f. testificação. **/r** tr. testificar.
testigo m. e f. testemunha.
testimoni/ar tr. testemunhar. **/o** m. testemunho.
testuz ou **testuzo** m. testa, fronte; cachaço.
teta f. te(ê)ta; úbere.
tetánico adj. tetânico.
tetera f. chaleira, bule.
tétrico adj. tétrico.
text/il adj. e s. têxtil. **/o** m. texto. **/ual** adj. textual. **/ura** f. textura.
tez f. tez, cútis.
ti pron. ti.
tía f. tia.
tiara f. tiara.
tibi/eza f. tibieza. **/o** adj. tíbio, mo(ô)rno.
tiburón m. *Zool.* tubarão.
tic m. tique.
tiempo m. tempo.
tienda f. loja, tenda.
tient/a f. tenta. **/o** m. tento; bordão de cego; firmeza.
tierno adj. tenro; fig. recente; afe(c)tuoso.
tierra f. terra.
tieso adj. te(ê)so; rijo.
tiesto m. vaso.
tiesura f. tesura; rigidez.
tifón m. tromba de água; furacão, tufão.
tigre m. *Zool.* tigre. **/sa** f. tigre fêmea.

tijera f. tesoura ou tesoira.
tila f. *Bot.* tília.
tild/ar tr. pontuar; notar; fig. censurar. **/e** m. til; labéu.
tima/dor adj. e s. vigarista. **/r** tr. vigarizar; enganar.
timbr/ar tr. timbrar; selar; carimbar. **/e** m. timbre; carimbo; se(ê)lo.
timidez f. timidez, acanhamento.
tímido adj. tímido.
timo m. vigarice; burla.
tim/ón m. temão; leme. **/onel** m. timoneiro. **/onero** m. timoneiro.
timorato adj. timorato.
tímpano m. tímpano; xilofone.
tinglado m. alpendre, cobertiço; tabuado armado ligeiramente. fig. trama, enre(ê)do.
tiniebla f. treva; cegueira.
tino m. tino; orientação; habilidade; tina, tanque; lagar.
tint/a f. tinta; **medias —s,** panos quentes; **saber de buena —,** estar bem informado. **/e** m. tintura, tingidura. **/ero** m. tinteiro. **/o** adj. tinto; tingido. **/orería** f. tinturaria. **/orero** m. tintureiro.
tío m. tio.
tiovivo m. carrocel.
típico adj. típico.
tiple m. tiple; s. soprano.
tipo m. tipo; mode(ê)lo. **/grafía** f. tipografia. **/ gráfico** adj. tipográfico.
tipógrafo m. tipógrafo.
tir/a f. tira; banda, faixa, ourela. **/abuzón** m. saca-ro(ô)lhas; cacho, anel, caracol de cabelos. **/ada** f. arreme(ê)sso; lançamento; tirada; tiragem. **/ado** adj. atirado; m. tiragem. **/dor** m. e f. atirador.
tiran/ía f. tirania. **/izar** tr. tiranizar. **/o** adj. e s. tirano.
tirante adj. e m. tirante; tenso; pl. suspensórios. **/z** f. tensão.
tirar tr. atirar; derrubar; disparar; estender; malgastar; puxar; atrair. **/ se** r. lançar-se.
tiritar intr. tiritar, tremer.
tiro m. tiro; tiragem de uma chaminé; folga entre as pernas das calças.
tirón m. aprendiz, novato; puxão; esticão.
tirote/ar tr. tirotear. **/o** m. tiroteio.
tisis f. tísica.
titube/ar intr. titubear; oscilar. **/o** m. titubeação; incerteza.
titula/do adj. titulado; m. titular. **/r** tr. titular.
título m. título.
tiz/a f. giz. **/na** f. tisna; fuligem. **/najo** m. fam. mascarra. **/nar** tr. tisnar; enegrecer fig. difamar. **/ ne** m. e f. tisne, fuligem. **/nón** m. farrusca, mascarra. **/ón** m. tição; *Bot.* fungão.
toalla f. toalha.
tobillo m. tornozelo.
tobogán m. tobogã.
toca f. touca. **/do** adj. tocado; m. toucado. **/dor** m. toucador; adj. e s. tocador. **/nte** adj. tocante; contíguo. **/r** tr. tocar. **/yo** m. e f. xará; tocaio.
tocin/ería f. açougue. **/ero** m. toucinheiro. **/o** m. toucinho ou toicinho.
todavía adv. todavia, contudo, ainda assim, mas; porém; não obstante.
todo adj. todo; m. tudo; adv. de tudo, inteiramente. **/poderoso** adj. todo-poderoso; m. O(m)nipotente.
toga f. toga.
toldo m. to(ô)ldo.
tolera/ble adj. tolerável; mediocre; suportável. **/n-**

cia f. tolerância. **/nte** adj. tolerante. **/r** intr. tolerar.
toma f. tomada; porção dalguma coisa. **/r** tr. tomar; ado(p)tar; encaminhar-se; — **el pelo,** entrar de semana com alguém.
tomate m. *Bot.* tomate; tomateiro (planta).
tómbola f. tômbola.
tomillo m. *Bot.* tomilho.
tomo m. tomo.
tonel m. tonel; barrica. **/ada** f. tonelada; tonelagem. **/aje** m. tonelagem. **/ería** f. tanoaria, tonelaria.
tónico adj. e s. tó(ô)nico; f. *Mús.* tó(ô)nica.
tonifica/ción f. tonificação. **/r** tr. tonificar.
tono m. tom, tono; entoação.
tont/ada f. tontice, parvoíce. **/ear** intr. tontear; disparatar. **/ería** f. tontice, tonteira. **/o** adj. tonto, parvo.
top/acio m. topázio. **/ar** tr. topar; esbarrar. **/e** m. tope, to(ô)po; travão; amortecedor. **/etar** tr. topetar. **/etazo** m. marrada. **/etón** m. encontrão.
tópico adj. e m. e m. tópico.
top/inera f. lura, toca da toupeira. **/o** m. *Zool.* toupeira. **/ografía** f. topografia. **/ógrafo** m. topógrafo.
toque m. toque.
tórax m. tórax.
torc/edura f. torcimento, torcedura; entoce. **/er** tr. torcer. **/erse** r. vergar-se. **/ido** adj. torcido; curvo. **/imiento** m. estorcimento; sinuosidade.
tore/ador m. toureiro, toureador. **/ar** intr. tourear ou toirear; fig. zombar. **/o** m. toureio; tauromaquia. **/ro** adj. e m. toureiro.
torment/a f. tormenta. **/o** m. tormento. **/oso** adj. tormentoso.
torne/ador m. torneiro, torneador. **/ar** tr. tornear; contornear. **/o** m. torneio. **/ro** m. torneiro; recadeiro de freiras.
tornillo m. parafuso.
torniquete m. torniquete.
torno m. to(ô)rno.
toro m. *Zool.* touro.
toronj/a f. *Bot.* toronja. **/il** ou **/ina** f. *Bot.* melissa, erva-cidreira.
torpe adj. torpe.
torpede/ar tr. torpedear. **/o** m. torpedeamento. **/ro** adj. e m. torpedeiro.
torre f. to(ô)rre; campanário; torreão.
torrefac/ción f. torrefa(c)ção. **/to** adj. torrado, tostado.
torren/cial adj. torrencial. **/te** m. torrente.
torreón m. torreão.
torsión f. torção, torcedura.
tort/a f. torta; fam. bofetão. **/icolis** m. torcicolo. **/illa** f. omeleta.
tortuga f. *Zool.* tartaruga.
tortuoso adj. tortuoso.
tortura f. tortura. **/r** tr. torturar; fig. afligir.
torzal m. torçal; fig. torcida.
tos f. tosse; — **ferina,** tosse convulsa.
tosco adj. to(ô)sco; inculto.
toser intr. tossir.
tosquedad f. rusticidade; desamabilidade.
tost/ada f. torrada. **/ado** adj. tostado; m. tostadura. **/ador** adj. torrador, tostador; m. torradeira. **/ar** tr. torrar, tostar. **/ón** m. grão-de-bico torrado; leitão assado.
total adj. total, geral; m. soma; adv. em suma, em resumo. **/idad** f. totali-

dade. **/itario** adj. totalitário. **/itarismo** m. totalitarismo. **/izar** tr. totalizar.

tóxico adj. tóxico.

tozud/ez f. teimosia. **/o** adj. teimoso.

trabaj/ado adj. trabalhado; cansado; ornado. **/ador** adj. e s. trabalhador. **/ar** tr. trabalhar. **/o** m. trabalho; pl. desgostos, dificuldades. **/oso** adj. trabalhoso; árduo; cansativo.

traca f. fiada de petardos ou foguetes.

trac/ción f. tra(c)ção. **/tor** m. tra(c)tor.

tradici/ón f. tradição. **/onal** adj. tradicional.

traduc/ción f. tradução. **/ir** tr. traduzir. **/tor** adj. e s. tradutor.

trae/dor adj. e s. trazedor. **/r** tr. trazer.

trafica/nte m. traficante, negociante. **/r** intr. traficar, negociar.

tráfico m. tráfico; tráfego.

traga/ble adj. tragável. **/deras** f. pl. faringe; fig. boa-fé; pouco escrúpulo. **/dor** adj. e s. tragador; comilão. **/luz** clarabóia. **/r** tr. tragar.

tragedia f. tragédia.

trágico adj. e s. trágico.

traici/ón f. traição. **/onar** tr. atraiçoar. **/onero** adj. e s. traiçoeiro.

traidor adj. e s. traidor.

traje m. traje, fato. **/ar** tr. trajar, vestir.

trama f. trama; conjuração; intriga. **/r** tr. tramar; intrigar; conspirar.

tramitación f. trâmites.

trámite m. trâmite.

tramo m. tramo.

tramp/a f. armadilha; fraude; alçapão; trapaça. **/ear** intr. trapacear, trampear; calotear; suportar (doenças, penúria, etc.). **/olín** m. trampolín. **/oso** adj. e s. trampolineiro, caloteiro.

trance m. trance, transe.

tranquil/idad f. tranqu(ü)ilidade. **/izador** adj. tranqu(ü)ilizar; pacificar. **/o** adj. tranqu(ü)ilo; pacífico.

transacción f. transa(c)ção.

transatlántico adj. e m. transatlântico.

transborda/dor m. barco que trafega entre dois pontos dum rio. **/ar** tr. baldear. **/o** m. baldeação; trasbo(ô)rdo.

transcri/bir tr. transcrever. **/pción** f. transcrição.

transcur/rir intr. transcorrer. **/so.** m. transcurso.

transeúnte adj. e s. transeunte.

transfer/encia f. transferência. **/ible** adj. transferível. **/rir** tr. transferir.

transfigura/ción f. transfiguração. **/r** tr. transfigurar; transformar.

transforma/ble adj. transformável. **/ción** f. transformação; desfiguração. **/r** tr. transformar; converter; demudar.

transfusión f. transfusão.

transgre/dir tr. transgredir. **/sión** f. transgressão. **/sor** adj. transgressor.

transi/ción f. transição. **/gencia** f. transigência. **/gir** intr. transigir.

transistor m. transístor.

transita/ble adj. transitável. **/r** intr. transitar; caminhar.

tránsito m. trânsito; passagem.

transitorio adj. transitório.

transmis/ible adj. transmissível. **/ión** f. transmissão. **/or** adj. e m. transmissor.

transmitir tr. transmitir; transportar.

transparen/cia f. transparência. **/tarse** r. transparentar-se; transluzir. **/te** adj. transparente.
transpira/ble adj. transpirável. **/ción** f. transpiração. **/r** intr. transpirar.
transport/ación f. transportação. **/ar** tr. transportar. **/e** m. transporte.
transversal adj. transversal; colateral.
tranvía m. carro elé(c)trico, (bonde).
trapecio m. trapézio.
traper/ía f. traparia; loja de adelo. **/o** m. trapeiro; adelo.
trapo m. trapo, farrapo.
tráquea f. traque(é)ia.
tras prep. atrás, trás, detrás, após, depois de.
trascende/ncia f. transcendência. **/ntal** adj. transcendental, transcendente. **/r** intr. transcender; transparecer; penetrar; trescalar.
trasegar tr. trasfegar; transtornar.
trasero adj. e m. traseiro.
trasfer/encia f. transferência. **/ir** tr. transferir.
trasfi/jo adj. transfixo. **/xión** f. transfixação.
transformar tr. e r. transformar.
trasla/ción f. trasladação, translação. **/dación** f. trasladação. **/dar** tr. trasladar, transferir. **/do** m. traslado; cópia.
traslu/cirse r. transluzir-se; deduzir-se. **/mbrar** tr. translumbrar, deslumbrar. **/z** m. luz refle(c)tida; **al —,** contra a luz.
trasnocha/do adj. amanhecido; estragado; macilento. **/dor** adj. e s. tresnoitado, no(c)tívago. **/r** intr. tresnoitar.
traspas/ar intr. trespassar; transferir; exceder. **/o** m. trespasse.
trasplant/ar tr. transplantar. **/e** m. transplantação.
traspo/ner tr. transpor. **/rtar** tr. transportar.
trasto m. traste, móvel velho; pessoa inútil; velhaco; utensílios.
trastorn/ar tr. transtornar. **/o** m. transto(ô)rno; desordem.
trastrocar tr. transtrocar; confundir.
trata f. tráfico de escravos. **/ble** adj. tratável. **/dista** m. tratadista. **/do** m. tratar; pactuar; assistir; conferenciar. **/rse** r. tratar-se; ocupar-se.
trato m. trato; pacto.
traumatismo m. *Cir.* traumatismo.
trav/és m. través; flanco; fig. desgraça. **/esero** m. travesseiro. adj. atravessado. **/esía** f. travessa, caminho. *Mar.* travessia. **/esura** f. travessura, traquinice. **/ieso** adj. trave(ê)sso; transversal.
trayecto m. traje(c)to. **/ria** f. traje(c)tória.
traz/a f. traçado, plano. **/ado** adj. traçado. m. percurso, dire(c)ção; plano. **/ar** tr. traçar, delinear. **/o** m. traço; desenho; desígnio; vestígio.
trébol m. *Bot.* trevo.
trecho m. trecho; fragmento.
tregua f. trégua; armistício; descanso.
trementina f. trementina.
trémulo adj. tré(ê)mulo, tremido.
tren m. trem; comboio.
trenza f. trança; cole(ê)ta. **/dera** f. trançadeira. **/r** tr. trançar.
trepar intr. trepar, subir. tr. verrumar, furar.
trepida/ción f. trepidação. **/r** intr. trepidar, vibrar.
tres adj. três. **/doblar** tr. triplicar, tresdobrar.

triángulo m. triângulo.
tribu f. tribo.
tribulación f. atribulação.
tribuna f. tribuna; eloqu(ü)ência. **/l** m. tribunal.
tribut/ar tr. tributar; cole(c)tar. **/ario** adj. tributário. **/o** m. tributo, contribuição.
triciclo m. triciclo.
tricolor adj. tricolor.
trien/al adj. trienal. **/io** m. trié(ê)nio.
trig/al m. trigal. **/o** m. trigo. pl. riqueza. **/ueño** adj. trigueiro, triguenho.
trilla f. trilho; trilha, debulha; caminho. **/do** adj. trilhado; experiente. **/dora** f. debulhadora. **/r** tr. trilhar.
trimestr/al adj. trimestral. **/e** m. trimestre.
trinar intr. *Mús.* trinar.
trinca f. trinca; trindade.
trincha/nte m. trinchador. **/r** tr. trinchar.
trinchera f. trincheira; anteparo.
trineo m. trenó.
trin/idad f. Trindade. **/o** adj. trino; ternário.
trío m. trio, terce(ê)to.
tripa f. tripa, intestino.
tripl/e adj. e s. triplo, triple. **/icar** tr. triplicar.
trípode m. tripode; tripé.
tríptico m. tríptico.
tripula/ción f. *Mar.* tripulação. **/r** tr. tripular; equipar.
tris m. tris. fam. porção pequena.
trist/e adj. triste; lutuoso. **/eza** f. tristeza; luto.
tritura/ción f. trituração. **/r** tr. triturar.
triunf/al adj. triunfal. **/ar** intr. triunfar, vencer. **/o** m. triunfo.
triunvirato m. triunvirato.
trivial adj. trivial, vulgar. **/idad** f. trivialidade.
trocar tr. trocar, cambiar; confundir.
trocha f. atalho, azinhaga.
trofeo m. troféu.
trole m. tró(o)lei; rolador (de máquina elé(c)trica).
trom/ba f. tromba. **/bón** m. *Mús.* trombone. **/pa** f. trompa; tromba. **/pada** f. trombada; encontrão. **/peta** f. *Mús.* trombeta.
trompicón m. tropeção.
trona/da f. trovoada. **/r** intr. troar, trovejar; estourar.
tronco m. tronco; caule; estirpe.
tronch/ar tr. tronchar, quebrar. **/o** m. troncho, talo.
tronera f. troneira; ameia.
trono m. trono.
tronzar tr. dividir; destroçar.
tropez/ar tr. e intr. tropeçar. **/ón** m. tropeção.
trópico adj. e m. figurado; trópico.
troquel m. troquel. **/ar** tr. cunhar.
trot/ar intr. trotar. **/e** m. trote. **/ón** adj. trotão, troteiro.
trova f. verso. **/dor** adj. e m. trovador; poeta. **/r** intr. trovar.
trozo m. bocado, fragmento.
truco m. truque, tramóia.
trueno m. trovão; estampido.
trueque m. troca; mudança.
tu, tus pron. pos. teu, tua, teus, tuas.
tú pron. pess. tu.
tubercul/izar tr. tuberculizar. **/osis** f. tuberculose. **/oso** adj. e s. tuberculoso.
tub/ería f. tubagem. **/o** m. tubo, cano. **/ular** adj. tubular.
tuerca f. *Mec.* porca de parafuso.
tuerto adj. torto; vesgo. m. injúria.
tuétano m. tutano, medula.
tufo m. exalação, vapor; cheiro desagradável.

tugurio m. tugúrio.
tul m. tule (tecido).
tulipán m. *Bot.* túlipa.
tulli/do adj. e s. tolhido, entrevado. **/r** intr. tolher, paralisar.
tumba f. tumba, sepulcro. **/dillo** m. *Mar.* tombadilho. **/r** tr. tombar; derrubar; pertubar. **/rse** r. deitar-se.
tumbo m. tombo, queda;
tum/efacción f. *Med.* tumefa(c)ção, inchaço. **/or** m. tumor.
túmulo m. túmulo.
tumult/o m. tumulto, motim. **/uoso** adj. tumultuoso, barulhento.
tuna f. tuna, estudantina; vadiagem. **/nte** m. tunante, vadio. **/ntería** f. tunantaria.
tunda f. tunda, sova.
túnel m. túnel.
tupi/do adj. espe(ê)sso; apertado; torpe. **/r** tr. tupir, apertar. r. fartar--se.
turba f. turba; multidão. **/ción** f. turbação. **/multa** f. turbamulta, multidão.
turbante m. turbante.
turbar tr. e r. enturvar.
turbi/na f. turbina.
turbio adj. turvo, escuro; confuso.
turbulen/cia f. turbulência; opacidade. **/to** adj. turbulento; turvo.
turis/mo m. turismo. **/ta** s. turista.
turn/ar intr. alternar. **/o** m. turno; turma; vez.
turrón m. nogado.
tutear tr. tutear; atuar.
tutela f. tutela. fig. dire(c)ção; prote(c)ção. **/r** adj. tutelar, amparar.
tuteo m. tuteamento.
tutor m. tutor; prote(c)tor. **/a** f. tuto(ô)ra, tutriz. **/ía** f. tutoria, prote(c)ção.
tuyo, tuya, tuyos, tuyas pron. pos. pl. e sing. teu, tua, teus, tuas.

ubérrimo adj. ubérrimo, abundante.
ubic/ación f. ubiquação. **/uidad** f. ubiqu(ü)idade. **/uo** adj. ubíquo.
ubre f. úbere, te(ê)tas dos animais.
ufan/arse r. ufanar-se. **/o** adj. ufano; alegre.
úlcera f. *Med.* úlcera.
ulterior adj. posterior.
ultima/ción f. ultimação, fim. **/r** tr. ultimar, finalizar.
ultimátum m. ultimato.
último adj. último; final; irrevogável.
ultraj/ar tr. ultrajar. **/e** m. ultraje, insulto.
ultramar m. ultramar, ultramarino. **/ino** adj. ultramarino, pl. loja de comestíveis.
ultrapasar tr. ultrapassar.
ulular intr. ulular, uivar.
umbral m. umbral, soleira.
umbr/ía f. umbria. **/ío** adj. umbroso, sombrio.
un/ánime adj. unânime. **/animidad** f. unanimidade.
unci/ón f. unção, junção. **/r** tr. jungir.
undula/ción f. ondulação. **/r** intr. ondular; serpear.
ung/ir tr. ungir; olear. **/üento** m. ungu(ü)ento.

único adj. único; extraordinário; exclusivo.
uni/dad f. unidade; união. **/ficar** tr. unificar.
uniform/ar tr. uniformar. **/e** adj. uniforme. *Mil.* fardamento. **/idad** f. uniformidade.
uni/ón f. união. **/onismo** m. unionismo. **/r** tr. unir; atar; casar. **/rse** r. unir-se; associar-se.
unisexual adj. unissexual.
univers/al adj. universal. **/alidad** adj. universalidade. **/idad** f. universidade. **/o** adj. e m. universo.
uno adj. uno, singular. m. um, unidade. pl. uns, alguns.
unt/ar tr. untar, lubrificar. fig. subornar. **/o** m. unto, gordura. **/uoso** adj. untuoso. **/ura** f. untura.
uñ/a f. unha. **/ero** m. *Med.* unheiro.
urban/idad f. urbanidade, civilidade. **/ización** f. urbanização. **/izar** tr. urbanizar, edificar. **/o** adj. urbano; afável; polícia de trânsito.
urbe f. urbe, cidade populosa.
urdi/mbre f. urdume; maquinação. **/r** tr. urdir, intrigar.
urg/encia f. urgência. **/ente** adj. urgente. **/ir** intr. urgir; exigir.
urna f. urna, caixão.
usa/do adj. usado; velho; prático. **/nza** f. usança; moda. **/r** tr. usar; empregar; praticar.
usía f. vossa senhoria.
uso m. uso; moda; costume; usufruto.
usted m. e f. você, senhor.
usua/l adj. usual, habitual. **/rio** adj. usuário, utente.
usufruct/o m. usufruto; proveito. **/uar** tr. usufruir; possuir.
usur/a f. usura. **/ero** m. usurário, agiota; avarento.
usurpa/ción f. usurpação. **/r** tr. usurpar.
utensilio m. utensílio.
útero m. *Anat.* útero.
útil adj. útil; prestável; lucrativo. pl. utensílios.
utili/dad f. utilidade; préstimo; lucro. **/tario** adj. utilitário. **/zación** f. utilização. **/zar** tr. utilizar.
ut/opía f. utopia, fantasia. **/ópico** adj. utópico.
uva f. *Bot.* uva.
úvula f. *Anat.* úvula.

vaca f. *Zool.* vaca.
vacación f. vacação, vacância. pl. férias, descanso.
vaci/ado m. vazado; moldagem. **/ar** tr. vazar, esvaziar; copiar. **/arse** r. esgotar-se. **/edad** f. vacuidade.
vacila/ción f. vacilação. **/r** intr. vacilar; hesitar.
vacío adj. vazio; descarregado; deserto; ocioso.
vacuidad f. vacuidade.
vacuna f. vacina. **/ción** f. vacinação. **/r** tr. vacinar.
vacuo adj. vácuo,
vadea/ble adj. vadeável. **/r** tr. vadear; vencer.
vado m. vau (de rio).
vaga/bundear intr. vaga-

bundear, vadiar. **/bundo** adj. e s. vagabundo; errante. **/ncia** f. vagância, desocupação. **/r** intr. vagar, decambular.
vagina f. *Anat.* vagina. **/l** adj. vaginal.
vago adj. vago; errante. m. terra inculta.
vag/ón m. vagão, carruagem. **/oneta** f. vagoneta.
vague/ar intr. vaguear. **/dad** f. vacuidade.
vaina f. bainha. *Bot.* vagem.
vainilla f. *Bot.* baunilha.
vaivén m. vaivém; flutuação; revés.
vajilla f. baixela; impo(ô)sto so(ô)bre jóias.
val/e m. Com. vale; pré(ê)mio escolar. **/edero** adj. valioso. **/entía** f. valentia, coragem. **/entón** adj. e s. valentão. **/entonada** f. fanfarronada. **/er** tr. valer, amparar. **/erse** r. valer-se. **/eroso** adj. valoroso, valeroso. **/ía** f. valia; prestígio. **/idez** f. validez.
válido adj. válido; legítimo.
valiente adj. e s. valente, forte.
valija f. maleta, mala de mão.
val/ioso adj. valioso; magnífico. **/or** m. valor, coragem; decisão; mérito; renda; importância. **/oración** f. avaliação. **/orar** tr. avaliar; louvar. **/orizar** tr. avaliar, valorizar.
valua/ción f. avaliação; estimação; medição. **/r** tr. avaliar; contar.
válvula f. válvula.
valla f. valo, muro, valado; obstáculo.
valle m. vale; várzea; conjunto de casas num vale.
vanagloria f. vanglória, ja(c)tância. **/rse** r. vangloriar-se.
vanguardia f. vanguarda, dianteira.
vanid/ad f. vaidade, futilidade. **/oso** adj. vaidoso.
vapor m. vapor; navio a vapor. **/ación** f. evaporação. **/ización** f. vaporização. **/izar** tr. vaporizar. **/oso** adj. vaporoso; transparente.
vaquer/ía f. vacaria; leitaria. **/iza** f. vacaria, curral. **/o** adj. e s. vaqueiro.
varia/ble adj. variável. **/ción** f. variação; mudança. **/do** adj. variado, diverso. **/r** tr. e intr. variar, mudar.
varice f. *Med.* variz. **/la** f. *Med.* varicela.
variedad f. variedade.
varilla f. varinha, vareta.
vario adj. vário, diferente, pl. variados.
var/ón m. varão, homem. **/ona** f. mulher varonil. **/onil** adj. varonil; forte, valoroso.
vas/ija f. vasilha. **/o** m. vaso, copo; navio.
vast/edad f. vastidão, infinidade. **/o** adj. vasto, extenso.
vatio m. *Elct.* vátio.
vecin/al adj. vicinal; municipal. **/dad** f. vizinhança. **/dario** m. vizindário. **/o** adj. e s. vizinho; contíguo, próximo.
veda f. veda, vedação; proibição. **/r** tr. vedar, coitar; proibir.
vegeta/ción f. vegetação. **/l** adj. e m. vegetal. **/r** intr. vegetar; viver; pulular. **/riano** adj. e s. vegetariano.
vehemen/cia f. veemência. **/te** adj. veemente.
vehículo m. veículo, carro; transmissor.
veinte adj. e s. vinte.
vejig/a f. *Anat.* bexiga. **/oso** adj. bexigoso.
vela f. vela; vigia; vela para alumiar. *Mar.* vela, embarcação. **/da** f. veladura; serão. **/dor** adj. e

s. velador, vigilante; castiçal; cuidadoso. **/men** m. *Mar.* velame. **/r** intr. velar; vigiar. tr. tapar, cobrir.
veleid/ad f. veleidade. **/oso** adj. volúvel, caprichoso.
velocidad f. velocidade, ligeireza.
velódromo m. velódromo.
veloz adj. veloz, rápido.
vell/o m. pêlo, penugem. **/osidad** f. vilosidade. **/oso** adj. veloso; felpudo. **/udo** adj. veludo; cabeludo.
vena f. *Anat.* veia; filão, veio. **/l** adj. venal, venoso. **/lidad** f. venalidade.
vencedor adj. e s. vencedor.
venc/er tr. vencer, dominar; superar. **/ible** adj. vencível. **/ido** adj. vencido.
vencimiento m. vencimento, prazo.
vend/a f. venda, ligadura. **/aje** m. vendagem, ligadura. **/ar** tr. vendar, ligar; atar; cobrir; escurecer.
vendaval m. vendaval.
vend/edor adj. e s. vendedor; alienador. **/er** tr. vender; **— al por mayor,** vender por grosso; **— al por menor,** vender por miúdo. **/ible** adj. vendível.
vendimia f. vindima. **/dor** s. vindimador. **/r** tr. vindimar.
veneno m. veneno, tóxico. **/so** adj. venenoso.
venera/ble adj. venerável. **/ción** f. veneração. **/r** tr. venerar; respeitar.
venga/dor adj. e s. vingador. **/nza** f. vingança; represália. **/r** tr. vingar, desforrar. **/rse** r. vingar-se. **/tivo** adj. vingativo.
venia f. vé(ê)nia; reverência.
venid/a f. vinda, chegada. **/ero** adj. vindouro.
venir intr. vir, voltar; acudir; **— al mundo,** vir ao Mundo.
venta f. venda; loja de venda, mercado.
ventaj/a f. vantagem. **/oso** adj. vantajoso.
ventana f. janela. **/l** m. janela grande.
vent/arrón m. ventania. **/ear** imp. ventar. tr. farejar; indagar. **/ilación** f. ventilação; debate. **/ilador** m. ventilador. **/ilar** tr. ventilar, arejar; debater. **/isca** f. nevada com vento. **/isquero** m. nevada; glaciar. **/olera** f. lufada de vento. fig. vaidade. **/osa** f. respiradoiro. *Zool.* e *Cir.* ventosa. **/osear** intr. e r. ventar; soltar ventosidades. **/osidad** f. ventosidade; flatulência. **/oso** adj. ventoso, airoso; flatulento.
ventrílocuo m. *Anat.* ventríloquo.
ventu/ra f. ventura, felicidade; casualidade. **/roso** adj. venturoso; afortunado.
ver tr. ver; imaginar. **/se** r. ver-se, avistar-se.
veracidad f. veracidade; fidelidade.
veran/eante adj. e s. veraneante. **/ear** intr. veranear. **/eo** m. veraneio. **/iego** adj. estival. **/o** m. Verão, estio.
verbal adj. verbal, oral.
verbo m. verbo; palavra. **/sidad** f. verbosidade. **/so** adj. verboso, loquaz.
verdad f. verdade; realidade. **/ero** adj. verdadeiro; sincero.
verd/e adj. e m. verde; fresco; juvenil; obsceno; **viejo —,** velho-verde. **/ear** intr. verdejar. **/ete** m. verdete, cardenilho. **/or** m. verdor; juventude. **/oso** adj. verdoso.

verdura f. verdura; hortaliças; vigor.
vereda f. vereda, caminho.
vergel m. vergel, jardim; pomar.
verg/onzante adj. **/onzoso** adj. vergonhoso; tímido; indecoroso. **/üenza** f. vergonha, pudor, timidez; indecoroso. pl. partes pudentas.
verídico adj. verídico.
verifica/ción f. verificação. **/r** tr. verificar, examinar. **/rse** r. verificar-se.
verija f. *Anat.* virilha.
verja f. grade, gradil.
vernáculo adj. vernáculo, nativo; puro.
veros/ímil adj. verosímil, aparente. **/imilitud** f. verosimilitude; aparência.
vers/ado adj. versado, experto, instruído. **/ar** intr. versar. **/átil** adj. versátil. **/atilidad** f. versatilidade. **/ificación** f. versificação. **/ificar** tr. versificar. **/ión** f. versão; interpretação; explicação. **/o** m. verso.
vértebra f. *Anat.* vértebra.
vertebrado adj. vertebrado.
verte/dero m. desaguadoiro, vazadoiro. **/r** tr. e intr. verter, derramar; divulgar.
vertical adj. vertical.
vértice m. vértice. *Anat.* cocoruto.
vértigo m. vertigem, desmaio.
vesícula f. *Med.* vesícula.
vespertino adj. vespertino.
vestíbulo m. vestíbulo, átrio.
vestid/o m. vestido, fato, vestuário. **/ura** f. vestidura, vestimenta.
vestigio m. vestígio.
vest/imenta f. vestimenta. **/ir** tr. e intr. vestir; cobrir; forrar. **/uario** m. vestuário, vestes.
veterinari/a f. veterinária. **/o** m. veterinário, alveitar.
veto m. veto; recusa.
vez f. vez, turno.
vía f. via, caminho; carril; sistema. — **férrea**, caminhos de ferro.
viab/ilidad f. viabilidade. **/le** adj. viável; executável.
viaducto m. viaducto.
viaj/ante adj. e m. viajante. **/ar** intr. viajar; visitar. **/e** m. viagem; excursão; navegação. **/ero** adj. e s. viageiro, viajante.
vianda f. vianda, comida.
viático m. viático.
víbora f. *Zool.* víbora.
vibra/ción f. vibração. **/r** tr. e intr. vibrar; estremecer.
vicario adj. e s. vicário, vigário.
vici/ar tr. viciar. **/arse** r. viciar-se; corromper-se. **/o** m. vício; imperfeição. **/oso** adj. vicioso.
vicisitud f. vicissitude.
víctima f. vítima.
victori/a f. vitória. **/oso** victorioso.
vid f. *Bot.* vide, videira.
vida f. vida; energia, vitalidade.
vidente adj. e m. vidente.
vidri/ado adj. vidrado. m. louça vidrada. **/ar** tr. vidrar. **/era** f. vitral; montra. **/o** m. vidro; coisa frágil. **/oso** adj. vidroso.
viejo adj. e s. velho; antigo; usado.
viento m. vento; ar.
vientre m. *Anat.* ventre.
viernes m. sexta-feira.
viga f. viga, trave.
vigente adj. vigente.
vig/ía f. vigia, sentinela; baixio. **/iar** tr. vigiar; guardar. **/ilancia** f. vigilância; precaução. **/ilar** tr. e intr. vigilar, vigiar, espiar. **/ilia** f. vigília; serão.

vigor m. vigor. **/oso** adj. vigoroso.
vil adj. vil; humilde. **/eza** f. vileza. **/ipendiar** tr. vilipendiar. **/ipendio** m. vilipêndio; vileza.
vill/a f. vila; municipalidade. **/aje** m. vila pequena, vilório.
villancico m. vilancico, vilancete; cântico de Natal.
villan/ía f. vilania; vileza. **/o** adj. e s. vilão; rústico.
vina/gre m. vinagre. **/grera** f. vinagreira; galheteiro. **/jera** f. galheta para a missa. **/tero** adj. vinhateiro. **/zo** m. vinhão, vinho forte.
vincular tr. vincular; perpetuar.
vínculo m. vínculo, união.
vindica/ción f. vindicação. **/r** tr. vindicar; defender.
vin/icultura f. vinicultura. **/o** m. vinho.
viñ/a f. vinha. **/edo** m. m. vinhedo.
viñeta f. vinheta, estampa.
violáceo adj. violáceo.
viol/ación f. violação, profanação. **/ador** adj. e s. violador. **/ar** tr. violar; desobedecer. **/encia** f. violência. **/entar** tr. violentar. **/ento** adj. violento.
violeta f. *Bot.* violeta.
viol/ín m. *Mús.* violino. **inista** m. violinista. **/ón** m. violão, contrabaixo. **/oncelo** m. violoncelo.
virg/en adj. virgem; donzela. **/inal** adj. virginal. **/inidad** f. virgindade. **/o** m. virgindade. *Astr.* Virgo.
viril adj. viril, varonil. **/idad** f. virilidade.
virtu/al adj. virtual; implícito. **/d** f. virtude. **/oso** adj. e m. virtuoso.
viru/ela f. *Med.* variola. **/lencia** f. virulência. **/lento** adj. virulento. **/s** m. *Med.* virus, gérmen.
visa/do m. visado. **/je** m. visagem; cara. **/r** tr. visar.
víscera f. víscera, entranhas.
viscos/idad f. viscosidade. **/o** adj. viscoso, pegajoso.
visi/bilidad f. visibilidade. **/ble** visível. **/ón** f. visão, espe(c)tro, aparição. **/onario** adj. visionário. **/ta** f. visita; entrevista; inspe(c)ção. **/tar** tr. visitar; inspe(c)cionar.
viso m. viso, altura; saia interior de mulher.
visor m. *Fot.* visor.
víspera f. véspera; precursor.
vist/a f. vista; aparência. **/azo** m. olhadela, olhar rápido. **/o** adj. visto; conhecido; versado. **/oso** adj. vistoso.
visual adj. visual.
vital adj. vital, fundamental. **/icio** adj. vitalício. **/idad** f. vitalidade. **/izar** tr. vitalizar; fortificar.
vitamina f. *Med.* vitamina.
vitorear tr. vitoriar, aplaudir.
vitrina f. vitrina.
vitriolo m. *Quím.* vitríolo.
viud/a f. viúva. **/edad** f. pensão de viuvez. **/ez** f. viuvez. **/o** m. viúvo.
¡viva! interj. Viva!, aclamação. **/c** m. *Mil.* bicaque. **/cidad** f. vivacidade; ardência. **/que** m. *Mil.* bivaque. **/quear** intr. bivacar, acampar. **/racho** adj. vivo, alegre. **/z** adj. vivaz. fig. resistente.
vivero m. viveiro; aquário; seminário.
vivi/dor adj. e s. vivedor, fura-vidas. **/enda** f. vivenda, residência. **/ente** adj. vivente. **/ficar** tr. vivificar, alentar. **/r** intr. viver; existir; habitar.

vivo adj. vivo; ardente; enérgico; alegre.
vizconde m. visconde.
voc/ablo m. vocábulo, palavra. **/abulario** m. vocabulário. **/ación** f. vocação; inclinação. **/al** adj. e s. vogal, vocal; membro duma junta. **/alizar** intr. vocalizar. **/ear** tr. e intr. vozear. **/ería** f. vozearia, algazarra. **/iferar** tr. e intr. vociferar.
vola/dero adj. voador; flutuante. **/dizo** adj. e m. saliente. **/dor** adj. voador; flutuante; rápido. m. *Zool.* peixe-voador. **/dura** f. voadura, vo(ô)o; explosão. **/nte** adj. voante, voador; móvel. **/r** intr. voar; explodir. **/tería** f. volataria, altanaria.
volátil adj. volátil, volúvel.
volcán m. vulcão. **/ico** adj. vulcânico; exaltado.
volcar tr. voltar, tombar. **/se** r. tombar-se, virar-se.
volt m. *Fís.* vóltio. **/aje** m. voltagem.
volte/ar tr. voltear, virar; mudar. **/reta** f. reviravolta, cambalhota.
volum/en m. volume; tomo (livro). **/inoso** adj. volumoso.
volunta/d f. vontade, desejo. **/riedad** f. voluntariedade. **/rio** adj. voluntário; arbitrário. **/rioso** adj. voluntarioso.
voluptuos/idad f. volu(p)tuosidade. **/o** adj. volu(p)tuoso.
volver tr. volver, voltar; dirigir; inclinar; traduzir; restituir. **/se** r. voltar-se, virar-se.
vomit/ado adj. vomitado; desmedrado; expelido. **/ar** intr. vomitar, expelir. **/ivo** adj. e s. vomitivo, ametizante.
vómito m. vó(ô)mito.
vora/cidad f. voracidade, avidez. **/z** adj. voraz; ávido.
vos pron. pess. vós. **/otros** pron pess. pl. vós.
vot/ación f. votação, sufrágio. **/ante** adj. e s. votante, eleitor. **/ar** tr. e intr. votar; jurar. **/ivo** adj. votivo. **/o** m. voto, sufrágio.
voz f. voz, palavra; opinião.
vuelo m. vo(ô)o. fig. aspiração.
vuelta f. volta, desvio; curvatura; devolução; turno; mudança.
vuestr/o, /a, /os, /as pron. poss. vosso, vossa, vossos, vossas.
vulg/acho m. vulgo, vulgacho, ralé. **/ar** adj. vulgar, corrente. **/aridad** f. vulgaridade. **/arizar** tr. vulgarizar. **/o** m. vulgo, plebe.
vulnera/ble adj. vulnerável. **/ción** f. vulneração; ferimento. **/r** tr. vulnerar; ofender.

xen/ofilia f. xenofilia. **/ófilo** adj. xenófilo. **/ofobia** f. xenofóbia, aversão a estrangeiros. **/ófobo** adj. xenófobo.
xilófono m. *Mús.* xilofone.
xilogr/afía f. xilografia. **/áfico** adj. xilográfico.

Y

y conj copul. e.
ya adv. já; imediatamente.
yac/ente adj. jacente. **/er** intr. jazer. **/ija** f. cama; jazida; jazigo. **/imiento** m. *Geol.* jazigo (de minerais).
yate m. *Mar.* iate.
yay/a f. avó. **/o** m. avô.
yedra f. *Bot.* hera.
yegua f. *Zool.* égua. **/da** f. eguada, manada de éguas.
yema f. *Bot.* gema, rebento; gema (do o(ô)vo). fig. centro.
yerba f. *Bot.* erva. **/jo** m. erva daninha.
yermo adj. e(ê)rmo; desabitado; inculto, deserto.
yerno m. genro.
yes/ería f. fábrida de (ge(ê)sso. **/o** m. ge(ê)sso. **/oso** adj. gípseo, gipsífero.
yo pron. pess. eu.
yodo m. *Quím.* io(ô)do. **/formo** m. iodofórmio.
yugo m. jugo, canga. fig. opressão; encargo.
yugular adj. e f. *Anat.* jugular (veias). tr. extinguir; assassinar.
yunta f. junta, parelha, um par.
yuxtapo/ner tr. justapor. **/sición** f. justaposição.

Z

zabordar tr. *Mar.* varar, encalhar.
zafa/r tr. safar; desembaraçar, libertar; embelezar. **/rse** r. safar-se, evadir-se. **/rrancho** m. *Mar.* desempacho, desembaraçar parte dum navio; fig. estrago; briga.
zafío m. *Zool.* safio.
zafir(o) m. safira.
zafo adj. safo, livre.
zafra f. safra, colheita.
zaga f. saga, retaguarda, parte traseira.
zagal m. adolescente, mancebo, mo(ô)ço.
zaguán m. saguão; átrio.
zalamer/ía f. bajulação; ciganagem. **/o** adj. e s. lisonjeador.
zamarr/a f. samarra. **/o** m. samarra, pele de carneiro. fig. grosseiro; astuto.
zambra f. *Mús.* zambra; fig. algazarra.
zambulli/dura f. mergulho. **/dor** adj. e s. mergulhador. **/r** tr. mergulhar, imergir. **/rse** r. meter-se; esconder-se.
zanc/a f. sanco, perna de ave; trave. **/ada** f. pernada, passo largo. **/adilla** f. sancadilha; rasteira; fig. engano. **/ajoso** adj. cambaio, zambro. **/** m. andas, pernas de pau. **/cudo** adj. sancudo, de pernas grandes.
zanja f. escavação; cabouco, fundação; sanja. **/r** tr. sanjar; fundar; transigir.
zapa f. sapa; escavação.

/dor m. *Mil.* sapador. / **pico** m. alvião, picareta. **/r** intr. sapar, escavar.
zapat/ear tr. sapatear, dançar o sapateado. **/ería** f. sapataria, loja de calçado. **/ero** adj. e m. sapateiro. **/illa** f. sapatilha, chinela. **/o** m. sapato.
zar m. czar.
zarande/ar tr. cirandar; estrebuchar. **/arse** r. esfalfar-se, saracotear-se. **/o** m. cirandagem.
zarina f. czarina.
zarpa f. garra; a(c)ção de sarpar (um navio). **/r** tr. *Mar.* sarpar, zarpar. **/zo** m. sapatada com gara; estrondo
zarza f. *Bot.* sarça, silva. **/l** m. sarçal. **/mora** f. *Bot.* amora. **/parrilla** f. *Bot.* salsaparrilha.
zarzuela f. *Mús.* zarzuela, peça teatral espanhola.
zedilla f. celdilha, sinal gráfico.
zepelín m. zepelim, dirigível.
zigzag m. ziguezague. / **uear** intr. ziguezaguear, serpentear.
zócalo m. *Arq.* soco, supedâneo, peanha.
zodiaco m. *Astr.* zodíaco.
zona f. zona; circunscrição.
zoo m. jardim zoológico. **/logía** f. zoologia. **/lógico** adj. zoológico.
zorr/a f. *Zool.* rapo(ô)sa, zorra; prostituta. **/ería** f. astúcia, ardil. **/o** m. zorro, rapo(ô)so; fig. matreiro; velhaco.
zozobra f. soço(ô)bro; fig. angústia, aflição. **/r** intr. *Mar.* soçobrar, naufragar; petrturbar.
zueco m. soco, tamanco.
zumb/a f. chocalho, guizo; surra. **/ar** intr. zubar, zunir; rastejar; motejar. **/ido** m. zumbido; sussurro. **/ón** adj. chocalho grande; zombador. m. pombo torcaz.
zum/iento adj. suculento. **/o** m. sumo, suco. fig. lucro. **/oso** adj. sucoso, sumarento.
zurci/do m. cerzidura. **/r** tr. cerzir, coser.
zurra f. surra; sova, tunda; repreensão. **/dor** adj. e s. surrador. **/r** tr. surrar; castigar. **/rse** r. sujar-se.
zurriar intr. zunir, sussurrar.
zurrón m. surrão, bo(ô)lsa de couro. *Anat.* placenta.
zutano m. fam. beltrano.